빌립보서 강해

빌립보서 강해
Copyright ⓒ 새세대 2012

초판발행   2012년 10월 10일

지 은 이   곽요셉
펴 낸 곳   도서출판 새세대
홈페이지   www.newgen.or.kr
이 메 일   churchgrowth@hanmail.net
출판등록   2009년 12월 18일 제2009-000055호
주   소   경기도 성남시 분당구 정자동 210-1
전   화   031) 761-0338   팩스   031) 761-1340

ISBN 978-89-967016-4-4 03230
책값은 뒤표지에 있습니다.

빌립보서 강해

그리스도 안에서의 기쁨

곽요셉 목사 지음

Philippians

도서
출판 새세대

신앙생활의 진수는 복음 안에서의 형통한 삶입니다. 종종 신앙생활을 고행이나 금욕과 같은 율법주의와 혼동하는 경우가 많이 있습니다. 그래서 교회와 그리스도인이 세상 사람들보다 훨씬 더 엄격하고 고고한 윤리적 모습을 보여주어야 한다는 주장이 자주 들립니다. 물론 틀린 말은 아닙니다. 하지만 성경은 그리스도인의 신앙생활을 인간의 도덕적 선행이나 율법에 기초할 때 실패하고 넘어질 수밖에 없다는 점을 일관되게 보여주고 있습니다. 오직 하나님의 은혜로만 인간은 변화된 삶을 누릴 수 있습니다. 그리고 이 변화된 삶의 가장 두드러진 특징은 바로 감사와 기쁨입니다.

참된 그리스도인에게는 도덕과 윤리에 앞서 먼저 놀라운 구원의 은혜에 대한 감사와 기쁨이 먼저 나와야 합니다. 그리스도인의 삶은 자기 노력에 기초하지 않고, 하나님의 전적인 은혜에 대한 응답이기 때문입니다. 이 은혜에 대한 감사와 기쁨으로부터 성도의 거룩한 삶이 넘쳐흘러 나옵니다. 빌립보

서는 그리스도 안에서의 기쁨을 말합니다. 오늘날 사람들이 행복의 기준으로 재미와 즐거움을 찾습니다. 자신의 욕망을 충족시키는 쾌락과 물질적 만족은 유한하며 고로 불안합니다. 반면 그리스도 안에서의 기쁨은 천국의 시민권에 근거하기에 영원합니다.

본서는 예수소망교회의 강단을 통해서 선포된 말씀들을 담고 있습니다. 불안하고 공허한 쾌락의 시대를 사는 이들에게 가장 깊고 영원한 기쁨의 근원을 더욱 많은 이들과 나누고자 본서를 출간하게 되었습니다. 본서를 통해서 독자들이 하나님의 사람 C. S. 루이스가 말한 것처럼 그리스도 안에서 '예기치 못한 기쁨'(surprised by joy)의 삶을 맛보기를 간절히 소원합니다.

2012년 10월
예수소망교회 목사 곽 요 섭

은혜와 평강의 복음

그리스도 예수의 종 바울과 디모데는 그리스도 예수 안에서 빌립보에 사는 모든 성도와
또한 감독들과 집사들에게 편지하노니 하나님 우리 아버지와
주 예수 그리스도로부터 은혜와 평강이 너희에게 있을지어다 (빌1:1-2)

빌립보서는 매우 독특한 특징을 지닌 바울서신입니다. 다른 복음서나 서신들과 비교할 때 읽는 것 자체로도 복음의 의미와 복음의 기쁨과 복음의 능력을 경험할 수 있는 매우 귀중한 하나님의 말씀입니다.

처음 믿는 분들은 성경을 대하기가 참 어렵습니다. 그래서 구약에서 한 편을 권한다면 아마도 시편을 권할 것입니다. 하나님에 대한 이해와 선지식이 부족해도 쉽게 그 말씀의 아름다움과 신비로움과 진리됨을 느끼고 깨달을 수 있기 때문입니다. 복음서 중에서는 요한복음을 권할 수 있을 것입니다. 가장 단순하고 명확한 언어로 표현되어 있음에도 불구하고 그 속에 담긴 의미가 깊고 심오하기 때문입니다. 원래 요한복음은 이방인들을 대상으로 한 것입니다. 그래서 더 쉽게 하나님의 말씀을 일차적으로 접할 수 있습니다. 이 둘을 제외한 나머지 서신서들 중 하나를 꼽으라면 저는 빌립보서를 서슴없이 권할 것입니다.

빌립보서는 중심교리가 쉽게 융화되고 혼합되어 실제적인 이야기와 메

시지로 우리에게 다가옵니다. 이런 특징을 지닌 서신서로서 빌립보서는 우리에게 많은 사랑을 받고 있습니다. 또 짧아서 좋기도 하고 여러 관점에서 아주 가깝게 대할 수 있는 말씀입니다. 단순하고 순수한 복음적 진리를 담고 있습니다. 특별히 빌립보서 2장 5절에서 11절에는 그 유명한 '기독론'이 나옵니다. "너희 안에 이 마음을 품으라. 곧 그리스도 예수의 마음이니" 본체는 하나님과 동등하시나 스스로 낮추시어 이 세상에 오시고, 또 죽기까지 복종하시어 십자가에 돌아가시고, 결국 하나님께서 그의 이름을 모든 이름 위에 가장 뛰어난 이름으로 높이시사 구주되게 하셨다는, 아주 간략하면서도 완벽한 기독론적 메시지입니다. 그래서 우리는 빌립보서를 다른 어떤 서신서들보다 더 쉽게 이해할 수 있고, 더 가까이 접할 수 있는 것입니다.

빌립보서의 주제는 한 마디로 '그리스도 안에서의 기쁨'입니다. 또 '그리스도 안에서의 능력'입니다. 그냥 읽는 것 자체로도 전체의 주제가 그리스도적 기쁨과 능력이라는 사실을 느낄 수 있을 만큼 집중적이고 의도적으로 반복하여 이 주제를 설명하고 있습니다. '참 기쁨'이나 '기뻐하라'라는 단어가 무려 16번이나 나옵니다. 그리고 각 장마다 그 용어가 나옵니다. 아주 분명한 주제입니다.

이에 대한 이해를 위해 조금 더 거슬러 올라가 바울이 경험한 상황을 보면, 사도행전 16장에 빌립보에서 겪은 사도 바울의 체험적 사건이 나옵니다. 감옥에서 수많은 고초를 당하면서도 사도 바울은 찬송을 부릅니다. 그리고 찬송 중에 기적을 체험합니다. 복음적 기쁨과 복음적 능력을 경험합니다. 그래서 이 메시지가 더 힘이 있고 산 경험으로 증거되고 있습니다. 종말론적 가치관을 지니고, 그 안에서 감사하고, 화목하고, 인내하라는 주제와 메시지를 담고 있는 것이 빌립보서입니다. 이 점을 염두에 두고 빌립보서를 읽으면 큰 은혜가 될 것입니다.

오늘 말씀은 전체적이고 개론적인 내용입니다. 빌립보서를 읽는데 10분이면 충분합니다. 다음 주 수요사경회까지 한번 이상 읽어보시기 바랍니다. 전체적인 흐름을 놓고 읽어보면 한눈에 쉽게 이해가 될 것입니다. 새로운 깨달음이 있을 것입니다.

빌립보서에는 구체적인 특징 몇 가지가 있습니다. 첫째, 옥중서신이라는 특징입니다. 에베소서, 골로새서, 빌레몬서 그리고 빌립보서는 모두 감옥에서 쓴 편지라는 공통점이 있습니다. 몇몇 신학적인 문제들이 있지만, 많은 신학자들은 빌립보서가 사도 바울이 말년에 로마감옥에서 쓴 편지라는 데 동의하고 있습니다. 저도 그렇게 생각합니다.

둘째, 보통 서신서들은 공적인 사도의 입장에서 쓴 것인데 반해 빌립보서는 다소 개인적이라는 특징이 있습니다. 빌립보 교인과 사도 바울 사이의 아주 특별한 사랑의 관계를 전제한, 개인적인 친분에서 마치 친구가 친구한테 쓸 법한 용어와 방법론으로 이 서신서를 썼다는 것입니다. 그 근거가 오늘 본문 1장에 나옵니다. 다른 서신서는 이렇게 시작됩니다. "하나님께로부터 난 예수 그리스도의 사도 된 나 바울은…." 하지만 오늘 본문에서는 사도라는 호칭을 강조하지 않습니다. 할 필요도 없습니다. 그냥 "그리스도 예수의 종 바울(1절)"이라고 쓰고 있습니다. 표현 자체가 다릅니다. 내용도 아주 따뜻한 사랑의 애틋한 친밀감을 내포하고 있습니다. 빌립보 교회는 사도 바울에게는 없어서는 안 될 교회입니다. 온 일생을 통틀어 사도 바울의 선교 여행에 영적으로, 정신적으로, 물질적으로 후원한 유일한 교회입니다. 4장에 그런 말씀이 있습니다. "나의 이 고난에 참여한 교회가 오직 너희 교회뿐이다. 너희 외에는 참여한 바가 없느니라." 실제로 성경 외의 신학적 사료를 보면 사도 바울이 큰 선교 팀을 이끌고 있었는데 그 모든 비용을 후원했다고 되어 있습니다. 감옥에 있으면 감옥에 있는 대로, 선교지로 향해 가면 또 그때마다 비용이 필요할 것 아닙니까? 그 전부를 빌립보 교회가 후원했다고 합니다. 그러니 그만큼 아주 특별하고 밀접한 관계를 맺고 있는 그들입니다. 마치 사랑하는 사람에게 친구로서 권면의 말씀을 주는 듯합니다. 이것이 빌립보서의 특징입니다.

셋째, 특별한 교리중심의 메시지가 없습니다. 다른 서신서에는 항상 교리중심의 메시지가 있습니다. 아주 중요한 것입니다. 로마서는 앞부분 전체가 이신칭의(以信稱義)의 교리입니다. 그리고 뒷부분에서 그런고로 이렇게 이렇게 하라고 그 적용을 말합니다. 갈라디아서도 그렇고, 골로새서도 그렇습니다. 그러나 빌립보서는 아주 특별합니다. 그냥 실제적인 삶의 경험과 함께 표현하고 있습니다. 그래서 우리가 이 서신서를 대하기가 아주 쉽습니다.

넷째, 메시지의 내용입니다. 기쁨, 행복, 소망의 메시지를 가득 담고 있습니다. 그런데 이 기쁨은 세상이 줄 수 있는 기쁨과는 차원이 다릅니다. 어느 누가 감옥에서 매 맞으면서 언제 죽을지 모르는 상황에서 찬송을 부를 수 있습니까? 이런 기쁨을 '역설적 기쁨', 또는 '종말론적 기쁨'이라고 합니다. 이 시간, 고통과 고난을 통하여 하나님의 역사가 이루어짐을 바라보고, 이 사건 자체도 하나님의 크신 경륜 속에 있음을 알고 그 뜻을 이루고 있는 자기의 삶을 놓고 하나님께 감사합니다. 아주 담대하고 용기있게 그 소망을 하나님 나라에 두고 이 세상에서는 경험할 수도 없고 또 배울 수도 없는 놀라운 하늘나라의 기쁨을 메시지로 삼고 있는 것이 빌립보서의 특징입니다. 그래서 더욱 더 귀중한 하나님의 말씀으로 우리에게 다가서고 있습니다.

에델 뒤퐁이라는 여자가 있었습니다. 아주 유명한 사람입니다. 세상에서 가장 좋은 것, 가장 좋은 조건을 다 가진 20세기에 실재한 여인입니다. 그녀는 미국의 대재벌기업인 뒤퐁사의 상속녀입니다. 더욱이 많은 사람들이 그녀 개인의 미모에 대하여도 아주 높은 평가를 하고 찬사를 보냅니다. 그러니 이 세상에 태어난 사람으로서는 가히 완벽한 조건을 다 갖춘 사람이라 할 만합니다. 게다가 미국 역대 대통령 중 4선의 존경받는 대통령 루즈벨트의 셋째아들과 결혼까지 했습니다. 그야말로 세상에선 그보다 더 좋을 조건이 없습니다. 그러나 이 여인이 49세에 자살을 합니다. 그리고 이런 기록을 남깁니다. "이 세상은 살만한 세상이 못된다. 삶의 의미가 없다. 보람이 없다. 내 안에 기쁨이 없다. 소망이 없다." 예수 그리스도 안에 있는 복음적 기쁨과 소망을 알았더라면 그녀가 가진 모든 것이 얼마나 유익하게 쓰여지고 또 얼마나 귀한 삶을 살았겠습니까? 그러나 가장 본질적인 생명 자체가 없었던 것입니다. 그러니 죽음을 선택할 수 밖에 없었던 것입니다.

우리는 최근 참으로 슬픈 소식을 접하고 안타까워하고 있습니다. 아주 인기 있는 배우가 자살을 했습니다. 흔치 않은 사건이라고 많이들 이야기하는데, 안타깝기 그지없습니다. 죽을 이유가 없지 않습니까? 단지 있다면 그 안에 소망, 기쁨, 그리고 삶의 의미를 지니지 못했기 때문일 것입니다. 조건만 따진다면 그녀는 정말 복 받은 사람입니다. 참 마음이 아픕니다. 인터넷에 이런 내용의 이야기가 올랐습니다. 그 배우가 강남 H교회의 신실한 교인이라고 하니 누군가 못마땅했나봅니다. 그 밑에 답글을 달았습니다. "신실한 교인일지는 모르지만 신실한 그리스도인은 아니다." 교회 다닌 교인일지는 모르지만, 신실한 그리스도인은 아니라는 것입니다. 그리스도인은 그리스도의 사랑과 은혜를 알고 그 안에서 종말론적 기쁨으로 오늘을 충성되이 용기있게 살아가는 존재여야 하기 때문입니다.

이제, 빌립보서의 교회 배경을 조금 더 살펴보겠습니다. 사도행전 16장에 자세히 나옵니다. 제2차 세계 선교여행 중에 사도 바울은 아시아에서 복음증거하기를 원합니다. 하지만 성령께서 막으십니다. 사도 바울은 환상을 봅니다. 9절 이하에 나옵니다. 한 마게도냐인이 그를 부릅니다. 그리고 가서 최초로 세운 교회가 빌립보 교회입니다. 한마디로 성령께서 직접 개입하시고 보내시어 설립한 유럽 최초의 교회가 빌립보 교회입니다.

또 이 교회의 특징은 이방인 중심의 교회라는 점입니다. 세 가지 중심사건과 인물이 나옵니다. 루디아, 귀신들린 소녀, 그리고 간수입니다. 자주장사 루디아, 소위 상류계층의 아주 부유한 유대 여인이 하나님 말씀을 듣는 순간 복음을 영접합니다. 그리고 전적으로 사도 바울을 섬기고 자기 집으로 초대합니다. 그 집에서부터 초대교회가 태동됩니다. 이후 복음을 증거하러 나갈 때 한 귀신들린 소녀를 사도 바울이 치유해줍니다. 그는 이방인이요, 소외된 계층의 사람입니다. 사도 바울은 이 사건으로 인해 감옥에 갇힙니다. 죄 없이 감옥에 갇혀 갖은 고초를 받습니다. 그 때 자살 직전에 있던 한 간수를 구원해냅니다. 그 사람은 로마사람이요, 로마관리요, 로마시민입니다.

문화와 인종적으로는 유대인, 로마인, 이방인으로 나뉘고, 경제적으로는 상류계층, 중류계층, 하류계층으로 나뉘어 섞여 있습니다. 빌립보는 그 당시 로마의 상업중심지요, 또한 동서양을 잇는 좋은 전략지였습니다. 그리고 로마식민지로서 아주 대표적인 군사적 요충지입니다. 그래서 그들은 로마의 식민지됨을 자랑합니다. 특별히 로마시민됨을 자랑합니다. 그런 자부심을 가진 대 상업 도시가 빌립보입니다. 그런 배경을 알고 빌립보서를 보아야 합니다.

사도 바울은 빌립보서 3장에서 이런 말씀을 합니다. "우리의 시민권은 하늘에 있는지라…(20절)." 그들이 너무도 자부심을 가졌기 때문입니다. 그런 메시지를 놓고 그 상황을 이해하면 왜 이런 메시지가 있고 그들이 어떻게 이 말씀을 들었겠는가를 좀 더 구체적으로 이해할 수 있습니다. 이 빌립보 교회, 작고 가난하지만 무척 관대하고 사랑이 넘치는 교회였습니다. 예루살렘에 기근이 있으니까 구제헌금을 냅니다. 사도 바울이 감옥에 갇히니까 그를 돕습니다. 그리고 선교여행을 할 때 물질적으로 후원합니다. 아름다운 교회입니다. 비록 그 교회에도 시기, 질투, 분열 그리고 율법주의로 인한 약간의 문제가 있었지만, 그럼에도 불구하고 그 교회는 선교하는 교회, 모범이 되는 교회요, 교인들이었습니다. 그것이 오늘 우리에게 주시는 메시지의 중심입니다. 우리가 본받아야 할 교회론입니다. 또한 이 메시지를 통하여 그리스도적 삶을 우리에게 오늘도 들려주고 있습니다.

다음은 빌립보 서신의 동기와 목적입니다. 왜 이 서신을 적게 되었는가? 이 전체 내용을 보면 첫 번째 동기는 감사입니다. 이미 말씀 드린 대로 사도 바울은 그들의 사랑에 감사하고, 그들의 기도에 감사하고, 그들의 계속적인 물질적 후원에 아주 감격했습니다. 그 감사의 내용이 4장에 나옵니다. 여기서 잠깐 멈추고 한번 생각해보십시오. 누가 어떤 사람을 사랑합니다. 그런데 말로만 사랑하고 실제적인 외적 표현이 없다면 참사랑일 수 있습니까? 누가 누구를 불쌍히 여깁니다. 그런데 그를 위하여 기도는 하지만 실제로 하는 행동은 아무 것도 없습니다. 물질적으로 그를 돕지 않고 시간적으로 그를 돕지 않습니다. 그렇다면 그 누구를 측은히 여기고 불쌍히 여기는 마음은 가식입니다. 바로 이 점에서 빌립보 교회와 교인은 질적인 것과 양적인 것이 온전하게 균형을 이룬 아름다운 교회요, 성도였다는 것입니다.

오늘, 우리도 마찬가지입니다. 예수님을 사랑하고, 예수님의 은혜에 감격하고, 하나님의 사람으로 살기 원하여 찬송합니다. 하지만 진정으로 예배하지 않고 마땅히 하나님께 드려야 할 십일조, 감사헌금, 성전건축헌금, 선교헌금 그리고 많은 수고와 헌신과 봉사를 하지 않는다면 그 신앙고백, 그리스도에 대한 사랑은 어디에 있는 것입니까? 사도 바울은 많은 사랑을 입었습니다. 이제 그는 그들에게 구체적으로 그 일을 조목조목 밝혀가며 감사의 편지를 쓰는 것입니다. 그래서 이 빌립보서는 개인적인 친분과 사랑의 관계에서 쓴 편지라고 말할 수 있는 것입니다.

두 번째 동기는, 사람과 관계에 대한 배려입니다. 2장에 에바브로디도라는 사람에 대한 이야기가 나옵니다. 사도 바울이 선교여행을 하고 있을 때 그는 몸이 불편했던 사람입니다. 많은 일을 하고 있습니다. 그에게 협력자가 필요합니다. 물론 디도도 있었고 디모데도 있었고 실라도 있었습니다마는, 특별히 그가 감옥에 있을 때 더욱더 그를 돕는 사람이 필요했습니다. 빌립보 교회가 가만히 있지 않았습니다. 그 교회에서 한 사람을 선출하여 소위 선교사를 파송하게 됩니다. 사도 바울을 전적으로 돕기 위해서입니다. 그 에바브로디도가 사역과정에서 큰 병을 얻습니다. 사도 바울이 그를 위해 기도합니다. 그는 하나님의 은혜로 치유함을 받습니다. 그런데 이 소식을 들은 빌립보 교인들이 걱정할 것 아닙니까? 과연 그가 잘하고 있나, 혹시 사도 바울에게 근심이 되지는 않는가, 또 그가 아프다는데…하며 많이 걱정합니다. 그래 그들의 근심을 없애고 덜어주기 위하여 다시 에바브로디도를 보내면서 편지를 쓰는 것입니다. "이 사람은 충성된 사람이다. 너무도 내게 중요한 사람이다. 너희도 나를 대하듯 이 사람을 대하라…." 이렇게 보증을 서고 그를 보냅니다. 그러니 편지 쓴 목적이 에바브로디도와의 관계에서 비롯된 것이라고 볼 수 있겠습니다.

세 번째 동기는, 현재 상황에서의 자신의 신앙적 고백입니다. 사도 바울이 지금 감옥에 있습니다. 위대한 사도, 하나님의 사람, 능력의 종, 그 많은 기적을 일으키면서 하나님의 나라를 이룬 그 사람이 꼼짝달싹할 수 없이 오랫동안 로마감옥에 갇혀 있는 것입니다. 그들은 이 사건을 두고 많은 실의에 빠졌을 것입니다. 걱정과 근심 속에서 신앙을 잃은 사람도 있을 것입니다. 이 일에 대하여 사도 바울은 자기가 이렇게 고난받는 것의 참된 의미와 참된 경륜을 그들이 깨닫기를 바랍니다. 낙담하지 말고 염려하지 않기를 원합니다. 1장 12절에서 이렇게 말씀합니다. "내가 당한 일이 도리어 복음 전파에 진전이 된 줄을 너희가 알기를 원하노라." 이 목적으로 편지를 쓴 것입니다. 걱정하지 마라. 더 큰 하나님의 세계가 있다. 이것이 하나님의 뜻이고 이러한 고난을 통해서 하나님의 뜻이 이루어져가고 있고 복음의 진보가 이루어졌음을 깨닫게 해주는 동기를 가지고 이 서신을 기록한 것입니다.

네 번째 동기는, 교인들을 위한 신앙적 권면입니다. 빌립보 교회도 핍박이 있고 시련이 있었습니다. 약간의 문제들이 있었습니다. 이러한 상황에서 그럼에도 불구하고 믿음을 굳게 지키라는 메시지를 주고 싶었던 것입니다. 믿음의 인내로 복음에 합당한 생활을 하여 승리하라는 말씀을 그들에게 전합니다. 그 목적을 가지고 이 편지를 쓰게 된 것입니다.

네브래스카 의과대학의 교수이자 심장전문의인 로버트 엘리어트는 스트레스를 극복하고 치유하는 전문의로 아주 유명합니다. 오랜 경험을 통하여 그는 세 가지 제안을 합니다. 너무도 쉽지만 아주 확실한 효과가 있으리라고 생각됩니다. 첫째는, 작은 일에 연연하지 말라는 것입니다. 우선순위를 두고 작은 일에 연연하지 말라는 것입니다. 그러면 스트레스를 극복할 수 있다는 것입니다. 과학적이고 의학적인 방법의 제시입니다. 둘째가 재미있습니다. 모든 일은 작은 일에 불과하다는 것입니다. 다 작은 일입니다. 하긴 다 작은 일로 생각하면 스트레스 받을 일이 어디 있겠습니까. 우리는 하룻밤만 자고 나도 생과 사가 달라진 것을 보게 될 때가 있습니다. 또 시간을 10년, 20년 지나보면 그전에는 그토록 중요했던 사건이 이제는 별로 중요하지 않습니다. 그보다 더 중요한 게 있다는 것을 압니다. 그래서 종말론적 가치관으로 오늘의 문제를 바라보라는 것입니다. 그러고 보면 모든 것이 사소한 것입니다. 셋째는, 그럼에도 불구하고 당신이 싸울 수도 도망갈 수도 없으면 있는 그대로를 용납하라는 것입니다. 즉, 믿음으로 받아들이라는 권면입니다.

승리의 길은 오직 믿음 밖에 없습니다. 더우기 안 믿는 사람도 스스로 잘 될 것이라는 소망으로 극복합니다. 막연하지만 더 나은 미래를 바라보는 것입니다. 우리 믿는 사람들은 사나 죽으나 하나님께서 살아 계시고 하나님 나라가 있고 더 좋은 세상이 있다는 것을 확신하기에 오직 하나님의 역사가 이루어져가는 것을 믿고 그 믿음 안에서 인내할 수 있고 용기를 가질 수 있고 지혜를 얻을 수 있습니다. 형통하고 승리합니다. 그러니까 믿음 외에는 길이 없는 것입니다. 오직 믿음 뿐입니다. 이것이 종교개혁의 기치입니다. 그래서 그 믿음을 굳게 지키라는 메시지를 어려운 상황에 있는 빌립보 교인에게 전할 목적으로 서신을 기록하고 있다는 것입니다.

다섯 번째 동기는, 교회의 일치와 화목입니다. 빌립보 교회 안에도 시기와 질투가 있었습니다. 4장 2절에 유오디아와 순두게라는 인물이 나옵니다. 사도 바울은 그들과 성도들에게 이런 메시지를 줍니다. "내가 유오디아를 권하고 순두게를 권하노니 주 안에서 같은 마음을 품으라." 열심히 교회생활을 하다 보면 어느 교회에나 다 있는 일입니다. 열심을 내다가 내 뜻이 하나님의 뜻이 되어버립니다. 내 방법만이 절대로 옳습니다. 이러다보니 부딪칩니다. 섭섭해 합니다. 싸웁니다. 빌립보 교회에도 이런 일이 있었습니다. 대표적으로 그들의 이름까지 밝히고 있습니다. 주의 뜻 안에서 한마음을 품으라는 것입니다. 하나됨이 그리스도의 목적이요, 하나님의 뜻임을 알려줍니다. 3장에는 거짓교사들과 율법주의자들이 나옵니다. 그래서 3장 2절에 이렇게 말씀합니다. "개들을 삼가고…." 아주 개들이라고 표현합니다. "행악하는 자들을 삼가고 몸을 상해하는 일을 삼가라." 왜? 일치하기 위해서입니다. 성육신의 목적이 하나님과의 화해요, 세상과의 화해요, 세상 안에서의 성도들의 화해입니다. 그것이 궁극적 목적입니다. 일차적입니다. 그것을 이루기 위하여 지금 너희들이 하고 있는 잘못된 방법을 다 멈추고 다시 한 번 십자가를 생각하라는 것입니다.

왜 예수 그리스도께서 오셨고 십자가에 못박혀 돌아가셨습니까? 그것은 화해요, 화평이요, 화목입니다. 그래서 그 가장 우선적인 복음적 메시지를 알려주며, 교회를 새롭게 하여 하나님 안에서 화해하고 화목하게 하기 위하여 서신서를 기록한 것입니다.

이러한 전체적 이해의 틀 안에서 오늘 본문 말씀을 깊이 상고해보도록 하겠습니다. 수요 강해설교 시간에는 신학교에 왔다고 생각하십시오. 준신학교육입니다. 성경을 이와 같이 깊게 봐야 합니다. 그래야 다른 사람에게 성경을 가르칠 수 있습니다. 하나님을 아는 지식에 깊게 들어갈 수 있습니다. 이런 시간을 사모하고 와야 성경을 밝히 알 수 있습니다. 그저 뭐 재미있는 일 없나 하는 마음으로 오면 수요사경회의 설교메시지와 맞지 않습니다. 성경을 잘 보고 듣고 이해한 다음 돌아가서 한 번쯤 또 읽어보고 말씀을 생각하면 큰 은혜를 경험하고 내게 주시는 하나님의 음성을 들을 수 있습니다.

오늘 말씀은 서론입니다. 그야말로 문안인사입니다. 그러나 이 안에 아주 중요한 복음적 메시지들이 있습니다. 이에 대하여 상고해 봅니다. 첫 번째는, '그리스도 예수의 종 바울'이라는 표현입니다. 아주 깊은 의미가 있습니다. 이미 말씀 드린 대로 사도권을 주장하지 않습니다. 그 표현 안에서 사도 바울과 빌립보 교인과의 관계를 이미 충분히 알 수 있습니다. 사도 바울의 마음을 알 수 있습니다. 종이라는 표현이 중요합니다. 헬라어로 '둘로스'라는 것인데, 영어로 servant입니다. 그러나 그 이상의 의미를 갖고 있습니다. '종'하면 노예입니다. 분명 그리스도의 종이라는 표현은 노예라는 의미가 있지만, 이것은 책임적 자유인입니다. 하나님께 소명을 받은 하나님의 뜻을 이루는 사람입니다. 특별한 의미가 있습니다. 이를 신학적으로 생각해보면 오늘 이 간단한 표현 중에도 여러 모양의 자기 자신을 소개할 수 있었을 것입니다. 다른 서신서들에서처럼, 그러나 이 본문에는 오직 하나의 신분만을 주장하는 것에 더 깊은 의미가 있습니다. 나는 오직 그리스도 예수의 종이라는 것입니다.

여기에서 세 가지로 그 의미를 생각해봅니다. 하나는, 예수 그리스도의 종이라는 표현의 뜻입니다. '종'은 '나는 예수 그리스도의 보혈의 피로 새로워진 피조물'이라는 말과 동일합니다. 십자가에서 이미 내 삶은 끝났습니다. 예수님께서 십자가에 돌아가신 것처럼 그 보혈의 피로 내 과거의 인간은 죽었습니다. 그의 부활처럼 이제 내 삶은 새로운 삶입니다. 그래서 내 삶은, 내 주인은, 나 자신이 아니라 내 속에 사는 예수 그리스도입니다. 이를 한마디로 종이라 표현하는 것입니다. 좁은 의미에서는 선지자요 목회자요 하나님의 일꾼이지만, 넓은 의미에서는 성도 모두가 하나님의 종입니다. 다른 하나는, 예수 그리스도께 이제 절대복종 해야됨을 의미한다고 볼 수 있습니다. 종은 주인에게 절대복종해야 됩니다. 모든 결단을 하나님 뜻 안에서 합니다. 내 상식도 아니요, 내 지식도 아니요, 내 관점도 아닙니다. 오직 하나님 나라의 가치관 안에서 성령께 기도하고 그 뜻을 이루기 위해 결단합니다. 이 약속과 고백이 '종'이라는 표현 속에 들어 있습니다. 생명까지 내어주면서 이 일에 충성하겠다는 약속입니다. "그리스도의 종" 참 담대한 신앙선언입니다.

그리고 나아가 또 다른 하나는, 그리스도의 동역자됨을 말하는 것입니다. 영광된 표현입니다. 하나님 나라의 하나님과 함께 동역자된 자기의 정체성을 밝힙니다. 마치 구약의 선지자처럼 적극적으로 '종'이라는 표현을 쓰는 것입니다. 그러므로 이 '종'은 이 세상의 종과는 다릅니다. 하나님께서 인정한 사람입니다. 하나님께서 능력을 주신 사람입니다. 하나님께서 권위를 주신 자입니다. 그래서 하나님의 일을 이룹니다. 그가 그리스도의 종입니다. 자기 자신을 이렇듯 여러 가지 깊은 의미를 내포하는 한 마디로 표현하는 것입니다. 예수 그리스도의 종 사도 바울! 얼마나 아름다운 표현입니까? 하나님 안에서 성령의 인도하심 가운데 우리 자신도 이렇게 표현할 수 있습니다. 예수 그리스도의 종 아무개. 신앙의 극치입니다. 그 종됨의 정체성으로 오늘을 살아간다면 그야말로 특등교인입니다. 정말 온전한 하나님의 사람이라고 할 수 있을 것입니다.

두 번째는, 수신인입니다. 뒤이어 '빌립보에 사는 모든 성도'라는 표현이 있습니다. 여기서 중요한 것은 '성도'입니다. 헬라어로 '하기오스'라는 표현으로, 영어의 Holy와 같은 말입니다. '거룩하다', 그 의미가 다르다는 것입니다. 우리가 '거룩'을 봤습니까? 이 세상에는 거룩이란 것이 없습니다. 세상적 의미의 거룩이란 '다르다' 혹은 '구별되다'라는 뜻입니다. 오직 하나님만이 거룩하십니다. 더더군다나 거룩을 본 것이 아니고 세상은 거룩한 것이 없으므로 그 분만 거룩하다는 것입니다. 그런 신비적 표현입니다. 그런고로 다른 구별된 가치관으로 이 세상을 살아가야 됩니다. 다른 말로 풀면, 이제 우리는 예수 그리스도 안에서 이 세상 사람이 아닙니다. 우리는 하나님의 백성입니다. 하나님 나라의 시민권을 가진 자가 성도입니다. 그것이 우리의 주민등록증입니다. 그런고로 하나님 나라의 가치관을 지녀야 되고, 하나님 나라의 행복관을 알아야 되고, 하나님 나라의 목적을 가지고 사는 자가 성도입니다. 그가 죄인이냐? 도덕적으로 어떠냐? 이런 것은 이차적인 문제입니다. 아무 문제가 안 됩니다. 중요한 것은 그 마음의 진실이 진정 이러한 정체의식을 가지고 살아가느냐입니다. 그가 얼마나 하나님 나라의 존재됨을 의식하며 하나님 나라의 가치관을 알고 그것을 지향하며 살아가는가? 그렇게 할 수 있을 때 비로소 우리는 성도입니다. 하나님께서 인정하신 거룩한 자입니다. 왜? 세상인과는 다른 사람이기 때문입니다. 세상 그 어떤 사람이 그런 가치관을 가지고 살아갑니까? 오직 그리스도인에게만 주어진 신분이요, 영광입니다. 그래서 '빌립보에 사는 성도'라고 표현한 것입니다.

세 번째는, '그리스도 예수 안에서' 입니다. 이 용어가 너무도 중요합니다. 신학적으로 바울신학이나 바울서신에서 가장 중요한 핵심 용어입니다. 앞으로 계속 이 말씀을 설명할 것입니다. 예수 그리스도 안에서, 오직 'in Christ', 'in Jesus Christ', 'in the Lord, Jesus Christ', 각각 의미는 다르지만, 중요한 것은 예수 그리스도 안에서입니다. 참 신비한 것입니다. 그러나 실제입니다. 하나님 나라, 보이지 않습니다. 신비입니다. 그러나 실재합니다. 예수 그리스도 안에서만 이루어진 관계입니다. 너와 나와 성도, 너와 나와 하나, 연합, 오직 그리스도 안에서만 되는 것입니다. 그것을 사도 바울적 용어로 '그리스도 예수 안에서'라고 표현합니다. 그의 고백을 들으면 쉽습니다. 빌립보서 1장 21절에서 말씀합니다. "To live is Christ." 내게 사는 것이 그리스도다. 나는 죽었습니다.

갈라디아서 2장 20절에 아주 유명한 말씀이 있습니다. "내가 그리스도와 함께 십자가에 못 박혔나니 그런즉 이제는 내가 사는 것이 아니요 오직 내 안에 그리스도께서 사시는 것이라…." I have been crucified with Jesus Christ. 예수 그리스도와 함께 방금 십자가에 못박혀 죽었습니다. 절정은 바로 이 고백입니다. '아, 예수님께서 우리를 위하여 십자가에 돌아가셨다. 그 은혜가 크다.' 여기서 멈추면 안 됩니다. So what? 그래서 어떻게 되었다는 것입니까? 내가 그리스도 안에서 새 존재가 되었다는 것을 고백해야 됩니다. 그래서 그는 그렇게 말씀합니다. 저 십자가에 내가 못 박힌 것입니다. 그리고 다시 태어납니다. 이제 내 안에 사는 것이 내가 아니요 그리스도시다. 신비지만 이것이 실제입니다. 이것을 경험하고 고백하는 자가 성도입니다. 그리스도인입니다. 그리스도 안에 있는 자입니다. 그래서 그리스도 안에서 예수 그리스도와 연합합니다. 예수 그리스도의 심장과 피와 능력으로 살아갑니다. 예수 그리스도 외의 삶은 아무 의미가 없습니다. 그러므로 궁극적 가치관이 달라집니다. 이것을 재창조의 역사라고 합니다. 예수 그리스도 안에서 재창조된 삶입니다. 이제는 세상적인 것에 연연하지 않습니다. 마음은 유혹받을 수 있지만 그리스도 안에서 하나님 나라의 가치관으로 결단합니다. 감사하고 기뻐합니다. 복음과 은혜의 통로가 됩니다. "예수 그리스도 안에서!" 너무도 귀한 표현입니다.

네 번째는, "은혜와 평강이 너희에게 있을지어다."입니다. 여기에 또 신학적 의미가 있습니다. 은혜라는 말은 헬라어로 '카리스' 입니다. 기쁨, 평강이라는 의미입니다. 헬라식 인사입니다. 평강은 샬롬입니다. 히브리식 인사입니다. 평강을 빈다, 평화를 빈다는 말입니다. 한마디로 헬라식 축복과 히브리식 축복을 동시에 사용하면서 사도 바울은 의도하고 있습니다. 이 빌립보 교회가 유대인과 이방인과 헬라인이 다 연합한 교회이기에 이 축복적 표현을 통하여 하나 되기를 원하는 것입니다. 목적은 그들에게 복을 비는 것입니다. 이것이 복음입니다. 은혜와 평강, Good News입니다.

은혜와 평강의 복음. 복음의 핵심은 은혜와 평강에 있습니다. 이 복음을 영접하셨습니까? 간단한 질문을 통해 내 삶을 보십시오. 나는 지금 은혜와 평강의 사람인가? 내 안에 그리스도적 평강과 은혜가 있는가? 더 나아가 나는 누군가에게 은혜와 평강의 사람인가? 은혜와 평강을 품은 사람은 마땅히 은혜와 평강을 증거해야 됩니다. 복을 빌어줘야 됩니다. 복의 근원이 되어야 합니다. 그래서 예수님께서 십자가에 돌아가신 것입니다. 은혜와 평강의 복음이 우리에게 새생명을 줍니다. 아무리 절망하고 힘들고 낙담해도 그것에 매여 삶을 포기하지 않습니다. 그 안에 은혜와 평강이 있기 때문입니다. 그러니까 얼마나 오래 믿었느냐, 얼마나 신학교육을 많이 받았느냐는 중요하지 않습니다. 내 안에 은혜가 있습니까? 평강이 있습니까? 그렇다면 완전히 삶이 달라집니다. 얼굴표정부터 달라집니다. 삶의 자세도 달라집니다. 적극적이고 긍정적이고 수용적인 사람으로 변합니다. 그래 그를 통하여 그리스도의 은혜와 사랑이 증거되는 것입니다. 말로 증거되고 삶으로 증거됩니다. 그러니까 내가 누구인가 생각해봐야 합니다.

철학자 키케로의 유명한 말이 있습니다. "은혜를 입은 사람은 그것을 마음속 깊이 가슴 속에 간직하고 있어야 한다. 그러나 은혜를 베푼 사람은 그것을 가슴 속에 간직하고 있으면 안 된다." 이것이 무조건적인 하나님의 사랑입니다. 그 사랑과 은혜를 입은 자는 하나님의 은혜를 항상 기억하고 있지만 남에게 베푼 것은 항상 잊어버립니다. 그래서 오른손이 한 것을 왼손이 모르게 하듯, 항상 익명적 헌신을 할 수 밖에 없습니다. 그것은 내가 한 것이 아닙니다. 하나님께서 나를 통해 하신 것입니다. 그 선행과 봉사를 통하여 하나님께서 영광을 받으십니다.

"은혜와 평강이 너희에게 있기를 원한다"는 말, 이 얼마나 아름답습니까? 그 축복과 복음의 기원, 근원이 하나님께 있다는 것입니다. 그래서 오늘 본문에도 "하나님 우리 아버지와 주 예수 그리스도로부터…(2절)"라고 하였습니다. 영문이 더 직접적입니다. "from God our Father and the Lord Jesus Christ." 하나님과 예수 그리스도로부터 나온 은혜와 평강이어야 됩니다. 세상이 주는 은혜와 평강으로는 새 삶을 살아갈 수 없습니다. 오직 하나님과 예수 그리스도로부터 나온 은혜와 평강이어야 합니다. 그래서 오늘 비록 이런 세상을 살지만 새 나라, 새 땅, 새 하늘을 바라봅니다. 그 하나님과 예수 그리스도가 동격인 삼위일체의 하나님을 고백합니다. 엄청난 신령한 복, 막히지 않는 기쁨, 끝없는 화평과 사랑…. 은혜 자체는 오직 예수 그리스도로 말미암아 우리에게 주어지는 것입니다. 이것이 복음입니다.

이 은혜의 평강과 기쁨이 내 안에 있습니까? 우리는 그리스도 안에서 날마다 이것을 회복해야 합니다. 오늘 우리는 구원받은 존재로 살아가야 합니다. 그럴 때 우리 마음속에 신령한 은혜와 평강이 새롭게 넘쳐납니다. 하나님의 말씀을 날마다 우리에게 확증해줍니다. 살아계신 하나님께서 오늘도 우리와 함께하심을 고백케 합니다. 이럴 때 우리는 선교적 소명을 감당할 수 있을 뿐 아니라, 하나님 안에서 영광스러운 삶을 살아갈 수 있는 것입니다. 이것이 그리스도인의 정체의식입니다.

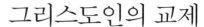

02.
그리스도인의 교제

내가 너희를 생각할 때마다 나의 하나님께 감사하며 간구할 때마다
너희 무리를 위하여 기쁨으로 항상 간구함은 너희가 첫날부터 이제까지
복음을 위한 일에 참여하고 있기 때문이라 (빌 1:3-5)

지난 시간에는 빌립보서의 인사말 즉, 서론을 통하여 빌립보서 전체의 대략
적인 메시지를 상고해 보았습니다. 그 중에서도 빌립보서의 특징들, 빌립보
교회의 배경, 빌립보 서신의 동기와 목적, 그리고 주제인 예수 그리스도 안
의 기쁨과 능력에 대한 말씀을 드렸습니다. "은혜와 평강이 너희에게 있을
지어다(2절)." 빌립보 교인에게 은혜와 평강의 복음을 증거하고 있습니다. 이
것은 오직 예수 그리스도와 하나님께로부터 오는 신령한 기쁨이요 은총의
말씀입니다. 또한 우리 모든 그리스도인에게 주시는 복음의 본질을 말씀하
고 있습니다. 복음은 은혜와 평강입니다.

앞으로 3절에서 11절까지의 말씀을 네 번에 걸쳐 계속 상고해보겠습니
다. 이 3절에서 11절까지는 빌립보 전체 교인에게 특별한 하나의 목적으로
상황에 맞추어 그들의 문제에 답을 주기 이전에 가장 본질적이며 꼭 필요한
반드시 영접하고 믿고 따라야 할 복음을 증거하고 있습니다. 매우 중요한 하
나님의 말씀입니다. 이 안에는 그리스도인의 본질, 그리스도인의 표지에 대

한 내용으로 가득 차 있습니다. 우리는 이 세상에서 그리스도인으로서 살아가야 하기 때문입니다. 너무도 자명하지만, 항상 우리는 하나님 나라의 임재를 믿고 하나님의 자녀답게 살아가야 합니다. 그래야 하나님께서 영광 받으시고, 우리는 그 하나님의 능력을 체험할 수 있습니다. 말씀은 능력입니다. 우리에게 말씀이 주어졌습니다. 그러나 말씀의 능력을 체험하지 못했습니다. 그 이유는 말씀의 능력이나 말씀의 부족함에 있지 않습니다. 문제는 나에게 있는 것입니다. 내가 오늘 그리스도인으로 살아가느냐? 그 정체의식에 달려 있습니다.

복음은 오직 그리스도인에게만 복음입니다. 하나님께서 택하신 자, 그들에게만 복음은 기쁜 소식입니다. 하나님을 믿지 않는 사람에게 복음은 심판의 메시지입니다. 믿지 않는 세상 사람들에게 하나님의 말씀이 능력으로, 복음으로, good news로 들릴 이유가 없습니다. 그런고로 하나님의 말씀이 내게 은총의 말씀으로, 능력으로 다가오려면 내가 그리스도인으로 오늘을 살아가야 합니다. 그래야 말씀이 내 안에서 능력으로 나를 이끌어가고, 하나님의 영광으로 이끌어가고, 하나님 나라의 임재에 대한 확신으로 인도해갑니다. 이것을 분명히 알아야 합니다. 그래서 은혜와 평강의 복음이 빌립보 교인에게 주어지는 것입니다. 하나님의 말씀을 믿는 그리스도인에게만 하나님의 말씀은 복음입니다.

사도 바울은 그 자신의 삶을 통하여 그리스도인이 누구이며, 그리스도인의 표지가 무엇인지, 또 그 본질은 어떤 것인지를 먼저 묻습니다. 그리고 그 근거를 제시합니다. 신학적으로는 이것을 여러 가지로 나눌 수 있지만, 네가지로 나누고 싶습니다. 첫째, 그리스도인의 교제입니다. 둘째, 하나님 역사에 대한 믿음입니다. 셋째, 그 크신 은혜에 참여함입니다. 넷째 성도의 기도입니다. 이 네 가지가 있어야만 그리스도인으로 살아갈 수 있습니다. 그리고 말씀의 신비한 능력을 체험할 수 있습니다. 또한 이 세상에 그리스도인의 삶으로 영향을 주고 충격을 줄 수 있습니다. 물론 지식이나 교리로도 깨우침을 줄 수 있고, 믿지 않는 사람을 설득하여 좋은 지식과 교훈을 줄 수 있지만 큰 영향을 미칠 수는 없습니다. 아무리 신학적 지식이 풍부한 사람이라도 안 믿는 사람을 지식이나 교리만으로 변화시킬 수는 없습니다. 이는 성령의 오묘한 신비입니다.

우리의 책임은 바로 그리스도적 삶에 있습니다. 그 삶을 통해서만 변화를 끼칠 수 있습니다. 대표적인 예가 사도행전 22장에 나옵니다. 사도 바울이 다메섹 도상에서의 계시적 사건과 그에 대한 자신의 순종의 삶을 아그립바 왕과 베스도총독 앞에서 증거합니다. 아주 확신있는 말로 증거합니다. 이에 베스도총독과 로마총독이 충격을 받습니다. 그들은 말합니다. "너, 미쳤구나!" 그리스도인은 어떤 면에서는 복음에 미친 자가 되어야 합니다. 왜냐하면 세상 사람들은 상식적인 세상에 관심이 있지만, 그리스도인은 오직 하나님 나라에만 관심이 있기 때문입니다. 그리스도인의 삶 자체가 세상 사람들에게는 충격입니다. 그러므로 그 삶에 영향을 받을 수 밖에 없는 것입니다. 이 점을 우리는 알고 깊이 생각해야 합니다.

영국 속담에 우리에게 교훈을 주는 재미있는 이야기가 있습니다.

하루 동안 행복하려면 이발을 하여라. 일주일 동안 행복하려면 여행을 하여라. 한 달 동안 행복하려면 집을 사라. 일년 동안 행복하려면 결혼을 하여라. 평생 행복하려면 이웃을 섬겨라.

이웃과 화해하고 화목한 공동체적 삶을 살지 않으면 믿는 사람이든 믿지 않는 사람이든 행복은 없다는 것입니다. 그리스도인으로서 그리스도적 공동체의 삶을 살 때에만 세상을 변화시킬 수 있고, 스스로도 복된 삶을 살아갈 수 있습니다.

오늘 본문은 그리스도인의 표지로서 먼저 그 본질을 말씀합니다. 그리스도인의 교제를 강조하는 것입니다. 성도의 교제, fellowship입니다. 홀로 구원받을 수 없습니다. 홀로 복 받고 홀로 즐겁고 홀로 기쁠 수 없습니다. 그리스도인은 반드시 성도와 교제해야 합니다. 그 교제의 중심이 교회입니다. 사도신경에도 나옵니다. "성령을 믿사오며 거룩한 공회와 성도가 서로 교통하는 것과…." 매주 성도가 서로 교통하는 것을 말하면서 교통한 적이 없고 교통할 생각도 안한다면, 그것은 스스로 비본질적 삶을 살아가는 것입니다. 그래서 말씀의 은혜는 있으나 은혜의 능력을 체험할 수 없는 것입니다. 그리스도적 공동체의 삶이 내게 하나의 문화가 되고 습관이 되고 성품이 될 때 비로소 놀라운 하나님의 은총과 능력을 체험할 수 있는 것입니다. 예수 그리스도 안에서 함께 교제해야 합니다. 세상에는 많은 모임들이 있습니다. 정치적, 경제적, 문화적인 많은 모임들이 있습니다. 하다못해 스포츠모임도 있습니다. 무엇이든 거기에 깊은 관심을 기울이고 그것을 많이 좋아하다보면 그것을 중심으로 모이게 되어 있습니다. 그들은 공동체적 삶을 삽니다.

예수 그리스도 안에서 하나님의 자녀로 부르심받은 자들이 어떻게 공동체적 삶을 나의 삶의 본질로 삼지 않을 수 있겠습니까? 오직 그리스도 안에서의 공동체적 삶에만 새로운 삶과 인생의 의미가 있는 것입니다. 거기에 참된 행복이 숨어 있습니다. 그 행복을 우리는 그 안에서 발견하는 것입니다. 성도는, 그리스도인은 교회의 책임있는 성원이 되어야 합니다. 'responsible member'가 되어야 합니다. 그 헌신과 응답을 통하여 하나님께서는 영광 받으시고 우리에게 신령한 은총을 더해주십니다. 이는 교회의 책임있는 성원으로 기도하고 헌신해본 사람들만이 아는 영적인 기쁨입니다. 이를 우선시해야 합니다. 그리스도인의 본질은 바로 그리스도인의 교제로부터 시작됩니다. 반드시 있어야 되는 것입니다. 이를 피하면 단적으로 말해 구원받기 어렵습니다. 왜? 그 삶은 은혜 밖의 삶이기 때문입니다. 하나님의 은혜가 그 안에 있지 않기 때문입니다.

오늘 본문은 그리스도인의 교제에 관하여 구체적인 행동 방향의 지혜를 네 가지로 알려줍니다.

첫 번째는, 생각하는 사람이 되어야 한다는 것입니다. 생각하는 관계로부터 그리스도인의 교제는 시작됩니다. "내가 너희를 생각할 때마다…(3절)." 관심을 갖게 됩니다. 그리스도인은 예수 믿는 자가 누구인지에 관심을 기울여야 합니다. 하물며 한 교회에서 함께 예배 드리며 찬양하는 사람들끼리 서로에게 관심이 없다면 그것은 병든 심령입니다. 아주 자연발생적으로, 자발적으로 관심을 가져야 됩니다. 관심을 기울이면 생각할 수 밖에 없습니다. 모든 일에 관심을 가져야 됩니다. 기쁜 일에나 슬픈 일에나 어려운 일에나 즐거운 일에나…. 우리 예수소망교회에서 특별히 강조하는 것이 '어려울 때'입니다. 그래서 병원심방이나 경조사를 무엇보다도 중요시합니다. 누가 큰 슬픔을 당하면 가장 기도 많이 하는 분, 가장 많이 봉사하는 권사님들께 그 일을 맡깁니다. 어떤 일보다도 우선하여 권사의 직분으로 그 일을 가장 귀하게 여기고 자부심을 가지고 하십니다. 잘 모르는 사람이지만, 그가 어려운 일을 당했다면, 그리스도인의 교제에 가장 중요한 일이니까 그를 생각하고 그에게 관심을 갖는 것입니다. 함께 참예하는 것입니다. 이것이 그리스도적 삶입니다.

영성신학자 더글라스 스티어가 쓴 『On Listening to Another』(서로서로 경청하기)라는 책이 있습니다. 이 책에서 그는 서로 경청하고 서로의 삶을 높이고 도와주기 위해서는 세 가지 삶의 태도가 필요하다고 말합니다. 첫째, acceptance입니다. 용납하는 태도입니다. 그렇다고 그냥 무관심하게 나도 그거 이해한다는 식의 용납이 아닙니다. 적극적으로 관심을 가지고 용납해야 됩니다. 자신의 틀을 깨고 이해가 되든 안 되든 다양성을 인정해야 됩니다. 모가 나면 모가 난대로 인정하고 서로 다른 장점이 있으면 있는 그대로를 인정하는 것입니다. 그 다양성을 인정하는 것으로부터 성도의 교제는 시작됩니다. 둘째, openness입니다. 개방성이 필요합니다. 이는 자신의 견해는 접어둔 채 무조건 받아들인다는 말이 아닙니다. 자신의 편견과 선입견의 틀을 깨고 솔직하고 진실하게 서로 대화함으로써 시작되는 관계를 말합니다. 바로 여기에서부터 이웃과의 진정한 관심과 교제가 시작되는 것입니다. 셋째, caring입니다. 보살핌이 필요합니다. 사람들과의 관계에서 구체적인 보살핌의 실천이 있어야만 교제라 할 수 있습니다. 누구와 교제한다 하면서 구체적인 실천이 없다면 그것은 공허한 말뿐입니다. 실제성이 없습니다. 그리스도인의 교제는 구역예배를 통해서나 어떤 공동체를 통해서나 혹은 성가대나 특별히 맡겨진 어떤 상황 안에서 구체적으로 서로를 돌보는 관계여야 합니다.

기도의 돌봄, 함께하는 어떤 관계에서부터 성도의 교제는 시작됩니다. 추수감사절 이후 신문에서 본 내용입니다. 미국 대통령 부시에 대해서는 참 말들이 많습니다. 지성인들이 쓰고 읽는 유럽 쪽의 잡지들을 보면 부시는 전쟁광이나 아주 냉혹한 인간으로 묘사되곤 합니다. 하긴 전쟁을 일으킨 장본인이니까 그렇게 매도될 법도 합니다. 하지만 어떻든 그는 그리스도인입니다. 매사를 기도하고 결정한다고 합니다. 대통령이라는 자리, 힘들다고 안 할 수도 없고 그렇다고 마음대로 할 수도 없는 힘든 자리 아닙니까? 어떻든 그는 작년 추수감사절 때 아주 전격적으로 전쟁터 이라크의 미군 기지를 방문합니다. 미국사람들의 가장 큰 명절이 추수감사절입니다. 무려 일주일 동안이나 휴가입니다. 그 시기에 다른 나라 대통령이 이라크에 가는 것과는 차원이 다릅니다. 이라크의 테러분자들의 마지막 표적이 부시대통령입니다. 그런 상황입니다. 그런 때에 무려 13시간이나 비행기를 타고 가서 그들을 만났습니다. 거기에 참여합니다. 왜 그랬을까요? 부시대통령도 마음으로는 가족과 함께 추수감사절을 즐겁게 보내고 싶었을 것입니다. 하지만 전쟁터에 나가 있는 병사들을 더욱 생각했던 것입니다. 나라를 위해 수고하고 생명을 담보로 전쟁터에 나가 있는 병사들을 생각하며 그들과 함께하고자 한 것입니다. 병사들은 추수감사절이니만큼 부시대통령도 다른 사람들처럼 당연히 가족과 함께 지내리라 여겼을 것입니다. 그런 부시대통령이 그들 앞에 갑자기 떡하니 나타났으니, 그것도 그들과 같은 군복차림에 칠면조 고기까지 들고…. 병사들 감동받을 수밖에요. 그래서 열심히 싸우지 않습니까?

관심이 있으면 생각하게 되어 있다는 것입니다. 생각하면 관심을 가집니다. 성도의 교제가 이와 같은 것입니다. 그 생각이 그리스도인에게 향해야 됩니다. 가족과 같습니다. 가족은 혈연공동체입니다. 그러나 그리스도 안에서의 성도의 공동체는 영적인 가족입니다. 교회 생활 열심히 하신 분들, 특별히 구역을 섬기는 분들은 이미 경험하셨을 것입니다. 형제자매보다 더 가깝습니다. 더 가까이 만나고 더 가까이 나누는 신령한 기쁨이 있습니다. 바로 이것이 그리스도인의 교제에 마땅한 응답적 삶입니다.

두 번째는, 범사에 감사할 줄 아는 사람이 되어야 한다는 것입니다. 그래서 말씀 중에 "나의 하나님께 감사하며"라고 말씀합니다. 이것은 차원이 다른 것입니다. "나의 하나님께 감사하며(3절)" 가장 성숙한 감사를 말씀하고 있습니다. think-생각한다는 말과 thank-감사한다는 말은 그 어원이 같습니다. 생각하니 감사하고, 감사하니 생각하는 것입니다. 주님을 생각할 때마다 우리는 감사해야 됩니다. 주님께 감사할 때마다 그 위대한 역사를 생각해야 됩니다. 그런데 주님을 생각할 때마다 한숨이 나옵니다. 왜 내 기도에 응답해주시지 않는지 답답합니다. 그래 세상을 향해 원망하고 불평하고 탄식합니다. 이것은 바른 신앙인의 삶이 아닙니다. 그리스도인의 본질을 잃어가는 것입니다. 예수 그리스도를 생각할 때마다 감사가 넘쳐야 됩니다. 그래야 우리는 이 세대를 향하여 긍정적이고 적극적인 삶의 태도를 지닐 수 있습니다. 지난 시간에도 말씀드렸습니다마는, 오늘 본문에서 사도 바울은 감옥에 있습니다. 그것도 말년에 로마감옥에 있습니다. 앞으로 어떻게 될지 모릅니다. 당장 그 앞에 죽음이 있을지도 모릅니다. 그러나 사도 바울은 하나님께 감사드립니다. 자기소원이 이루어져서 감사하는 것이 아닙니다. 가장 성숙한 차원의 감사입니다. 다른 사람으로 인하여 하나님께 감사하는 것입니다. 빌립보 교인들로 인하여 그는 하나님께 감사하고 있습니다. 아무 보상도 바라지 않습니다. 그저 감사한 것입니다. 은혜 안에서의 영적인 감사입니다. 바로 이것이 성도들 간에 있어야 합니다.

제 아이들이 요즘 돈쓰는 법을 알았습니다. 겨우 7살짜리 아이입니다. 문방구에 가 물건 사는 재미를 느낀 것입니다. 며칠 전 아이가 엄마한테 돈 달라고 그러더랍니다. 원하는 물건을 사고 싶었던 것입니다. 그래 엄마는 안 된다고 그랬답니다. 수고하고 노력해야 돈을 벌 수 있는데, 너는 한 일이 아무것도 없지 않느냐며, 아이가 막 조르는데도 안 된다고 그랬답니다. 그러자 아이는 자기 방에 들어가 한참 있다가 다시 나와 이렇게 말하더랍니다. "엄마, 세상에 공짜는 없는 거지?" "그렇지. 수고를 해야지." 그랬더니 이번에는 갑자기 난데없는 절을 세 번 하고 돈을 달라고 하더라는 것입니다. 세배를 하고 돈 받은 기억이 났나봅니다. 이런 유아기적 감사, 이 대가성 있는 감사, 이런 것은 정말 수준낮은 것입니다. 아이들만이 아니라 우리도 일상적으로 이런 감사를 합니다. 이렇게 헌신했고 봉사했고, 오랫동안 신앙생활 했으니까 하나님께서 우리에게 복주심이 마땅하지 않은가 하는 식의 감사로는 응답받기 어렵습니다.

하나님께서는 주신 자에게 더 주십니다. 진정으로 감사하는 자, 오직 예수 그리스도로 만족한 신령한 기쁨을 가진 자, 이웃이 잘 되는 것을 보고 더 크게 함께 즐거워하는 자에게 하나님께서는 복을 주십니다. 신앙생활 하면서 누구 때문에 상처받았다느니, 누구 때문에 마음이 아프다느니 하는 말은 할 것이 못됩니다. 그런 모습 보면, 그냥 '그런가 보다' 하고 인정해주면 됩니다. 그것 때문에 왜 상처받습니까? 나는 지금 그리스도 안에서 신령한 은혜에 감격하고 있는데 뭐가 부족하단 말입니까? 남 잘난 체하는 것이 그렇게 중요하여 내가 상대적 빈곤감을 느낀단 말입니까? 조금 더 깊이, 가장 성숙하고 높은 차원의 감사가 무엇인지를 생각해보시기 바랍니다. 사도 바울은 바로 그러한 높은 차원의 감사를 보여주고 있습니다. 자기 소원과는 무관합니다. 단지 저 멀리 있는 빌립보 교인들의 신앙생활을 그는 하나님께 감사하고 있습니다. 감사의 본을 보인 것입니다. 그리스도인은 그와 같아야 한다는 것입니다.

세 번째는, 항상 일상적 삶에서의 기쁨이 있어야 한다는 것입니다. 그래야 그리스도인입니다. 하루하루를 살면서 내가 병들든 어떠한 삶의 큰 역경을 겪든 중요한 것은 조용히 하나님과 나와의 관계에서 내 안에 얼마나 신령한 기쁨이 있는가 하는 것입니다. 내가 얼마나 주 안에서 밝은 미래를 바라보는가 입니다. 그 기쁨의 정도가 그 사람의 신앙의 척도입니다. 신학적 지식과는 무관합니다. 결론은 기쁨이 있어야 된다는 것입니다. 오늘 본문에서 말씀합니다. "기쁨으로 항상 간구함은…(4절)." 먼저 본을 보입니다. 기도할 때마다 항상 기쁨 충만하여 그들을 위해 간구하고 있습니다. 이미 말씀드린 것처럼, 이 빌립보서 전체의 주제가 '그리스도적 기쁨'입니다. 이것은 빌립보서의 주제를 넘어 성경 전체의 주제이기도 합니다. 항상 기뻐하라. 세상 사람들이, 예수 그리스도를 믿지 않는 그들이 제일 관심을 갖는 것은 무엇입니까? 지금은 '웰빙 시대'입니다. 행복한 삶, 기쁨이 있는 삶에 관심을 가지고 있습니다. 그리스도인만 그런 것이 아닙니다. 세상 사람들은 더욱 그렇습니다. 그래서 아무리 대단한 신학적 지식이나 교리로 그들에게 증거해 봐야 별 반응이 없습니다.

지금 이 시간 여기 모인 분들은 성경에 특별한 관심이 있기 때문에 일상에서 깊은 신학적 지식을 스스로 적용할 수 있게끔 성경강해를 할 수 있지만, 주일예배 때 이런 내용의 설교를 하면 처음 듣는 사람들은 알아들을 수 없을 것입니다. 처음에는 성경에 그다지 관심이 없습니다. 그래서 주일설교의 총 주제는 항상 예배에 있습니다. 주일에는 믿는 자나 안 믿는 자나 모두 예배를 드리기 위해 교회에 온 것이기 때문입니다.

세상 사람들의 관심은 행복에 있고 기쁨에 있습니다. 그런 그들의 삶에 변화를 주고 충격을 주고 영향을 주려면 그리스도인의 삶에 먼저 기쁨이 있어야 합니다. 선교적 삶을 살아야 하는 것입니다. 무턱대고 전도한답시고 예수 믿으라고 한들 소용없습니다. 조직신학적으로, 선교신학적으로 아무리 설명해봐야 큰 변화를 기대하기 어렵습니다. 들을 때 뿐입니다. 그러나 기쁨이 충만한 삶을 살아가는 그리스도인을 보면 세상 사람들은 관심을 가지게 될 것입니다. 그것이 무엇이냐고 물을 것입니다. 왜? 그들의 궁극적인 목적이 바로 기쁨이기 때문입니다. 행복이기 때문입니다. 그리스도인들은 도대체 행복할 수 있는 조건이 아닌데도 행복해합니다. 사람들은 바로 그 비결을 알고 싶어할 것입니다.

사도 바울은 지금 감옥에 있습니다. 그런데 항상 기뻐하라 말씀합니다. 그 스스로가 기뻐합니다. 누구보다도 이 편지를 받은 빌립보 교인들이 제일 먼저 충격을 받았을 것입니다. 자기들은 그토록 자유롭게 하나님의 많은 은택 가운데 살고 있는데도 사도 바울과 비교하면 너무도 초라하게 느껴집니다. 왜냐하면 기뻐하지 못하기 때문입니다. 오늘 이 시대에 가장 큰 문제는 교회에 기쁨이 없다는 것입니다. 그리스도인 개개인이 기쁨으로 충만하지 못하고 기쁨을 상실한 것을 참회해야 합니다. 이것이 우리의 기도 제목 1순위가 되어야 합니다. 그 많은 은혜 가운데 살고, 그 받은 바 은혜를 고백하면서도 진정한 삶의 기쁨을 누리지 못한다면 문제있는 것 아닙니까? 그런 신앙생활을 하는 사람이 믿는 예수 그리스도를 누가 믿고자 하겠습니까?

성 아우구스티누스의 『고백록』에 나오는 이야기입니다. 그는 이렇게 말합니다. "한때 잃어버릴까봐 그렇게도 두려워했던 헛된 쾌락들이 한꺼번에 다 제거되었을 때 제 마음은 정말로 상쾌했습니다." 그러면서 말합니다. "제게서 그것들을 몰아내신 당신은 진정 최상의 기쁨입니다. 당신은 모든 영광을 초월하신 분입니다. 오, 주 나의 하나님. 나의 빛, 나의 행복, 나의 구원이시여." 그가 바로 우리 주님이십니다. 이전에는 맛볼 수 없던 가장 신령한, 그 무엇과도 바꿀 수 없는 기쁨의 극치를 우리로 경험케 하시고 우리를 위해 그것을 예비하신 예수 그리스도 외의 다른 곳에서 만일 그 이상의 만족을 누리고 기뻐한다면 그는 참된 그리스도인이 아닙니다. 20세기의 유명한 신학자 윌리엄 바클레이는 이 그리스도인의 기쁨에 대하여 몇 가지를 말합니다. 먼저 기도의 기쁨을 말합니다. 그리스도인만이 아는 기도의 기쁨이 있지 않습니까? 또 예수 그리스도께서 전해주시는 기쁨이 있습니다. 복음 그 자체가 기쁘지 않습니까? 또한 신앙의 기쁨이 있습니다. 믿는 자의 신령한 행복이 있지 않습니까? 한마음으로 서로 교제하는 기쁨도 있습니다. 그리스도를 위하여 고난 받는 기쁨도 있습니다. 이것은 오직 그리스도인만이 맛볼 수 있는 기쁨입니다. 사랑하는 사람의 소식을 듣는 기쁨도 있습니다. 그리스도인의 환대를 받는 기쁨도 있습니다. 그리스도 안에 있는 기쁨도 있습니다. 그리스도로 인하여 한 사람의 영혼을 승리로 이끄는 기쁨도 있습니다. 그리스도인으로부터, 하나님께로부터 선물 받는 기쁨도 있습니다. 그리스도 안에서 맛볼 수 있는 수많은 기쁨들이 있습니다.

아직도 복 받기만 바라고 있습니까? 복을 좇아 복을 받는 사람은 아무도 없습니다. 성경에서도 그런 복은 발견되지 않습니다. 먼저 본질을 회복해야 됩니다. 예수 그리스도 안에서 그리스도인된 나의 정체성의 본질과 궁극을 회복해야 합니다. 그것이 기쁨입니다. 영적인 기쁨, 오직 그리스도께서만 주실 수 있는 기쁨, 그 하나님 나라의 기쁨을 먼저 회복해야 하나님께서 더 큰 은총을 넘치도록 주십니다. 충만하게 해주십니다. 흘러넘쳐 모든 주변사람들과 세상에 영향을 끼칩니다.

네 번째는, 복음 안에서의 교제가 이루어져야 한다는 것입니다. 그리스도인의 교제는 항상 복음 안에서 이루어져야 합니다. 복음 안에서 합당한 자가 되라. 오늘 본문은 말씀합니다. "첫날부터 이제까지 복음을 위한 일에 참여하고 있기 때문이라(5절)." 첫날부터 이제까지란 복음 안에서 첫날부터 마지막까지를 뜻합니다. 달리 말하면 예수 그리스도께서 십자가의 보혈로 대가를 치르고 시작하신 것입니다. 성도의 교제는 오직 주의 보혈로 시작된 것입니다. 그리고 주께서 다시 오심으로 완성될 것입니다. 그 시작과 끝이 예수 그리스도 안에 있습니다. 이를 믿는 하나님의 사람은 오직 순수한 마음으로 성도의 교제를 해야 합니다. 오직 믿음으로 교제를 해야 됩니다. 그래야 내가 하나님의 풍요로운 신령한 것들이 통하는 통로가 됩니다. 누군가 나를 통하여 하나님의 능력을 맛볼 수 있습니다. 그리고 하나님께로 돌아오게 됩니다. 놀라운 역사입니다.

그리스도인의 교제는 종말론적인 공동체입니다. 이 세상에서의 교제가 아닙니다. 하나님 나라 백성으로서의 교제입니다. 나는 누구이고 어떤 삶을 살아야 하나님께서 기뻐하시고 또한 복된 삶을 살 수 있을까, 그것은 먼저 그리스도인의 교제로 시작되는 것입니다. 이는 그리스도인된 마땅한 의무요, 당연한 응답입니다.

프랑스인들이 역사적으로 매우 존경하는 사람이 있습니다. 몇 해 전 세상을 떠난 피에르 신부님으로 『삐에로 신부』라는 책도 있습니다. 그 책을 보면 피에르 신부는 아주 상류층에서 태어났습니다. 하지만 그는 19살 때 모든 유산을 다 포기하고 수도원으로 들어가 사제가 됩니다. 전쟁에도 참여했고 정치도 했습니다. 하지만 그의 삶 전체를 집중케 한 것은 '엠마우스'라는 공동체입니다. 그가 창립한 것입니다. 우리나라에도 있습니다. 세계 도처에 있습니다. 빈민구호 공동체입니다. 피에르 신부는 이를 위해 무려 50년간이

나 봉사하였습니다. 그가 이런 말을 합니다.

온갖 잔혹한 행위들이 우리 모두에게 상처를 입히지만 그럼에도 내 신앙
생활의 핵심은 오직 세 가지 확신에 토대를 두고 있습니다. 첫째는, 하나
님은 사랑이시라는 확신입니다. 둘째는, 그 하나님의 사랑을 지금 나는 받
고 있다는 확신입니다. 셋째는, 하나님의 사랑에 우리도 사랑으로 응답할
수 있도록 해주신다는 확신입니다. 하나님께서 인간에게 주시는 자유가
존재하는 이유에 대한 확신입니다.

그리스도인의 선택, 그리스도인의 결단은 바로 하나님의 사랑 안에 있는
것입니다. 그 사랑을 경험하고 느낀 자는 그리스도인의 교제를 귀히 여깁니
다. 성도의 교제, 그 신비하고 종말론적인 공동체적 삶을 통하여 더 큰 은혜
의 세계를 경험할 수 있기 때문입니다. 그런고로 그리스도 안의 교제는 위대
한 교제입니다. 의미가 다릅니다. 그리스도 안에서의 기쁨은 위대한 기쁨입
니다. 무엇과도 바꿀 수 없습니다. 신령한 것이요, 영적인 것입니다. 하나님
나라로부터 오는 것입니다. 하나님께로부터 우리에게 주어지는 것입니다.
그리고 그 삶에 바르게 응답하는 우리는 세상으로 나아가 빛과 소금으로 살
아갑니다. 복음의 증인으로 살아갑니다. 하나님 나라의 증인으로 살아갑니
다. 신령한 기쁨으로 충만하게 형통한 삶을 살아갑니다. 그래서 우리는 하
나님을 찬양합니다. 오직 하나님만을 찬양합니다. 이 신령한 복음의 비밀과
기쁨을 우리에게 주신 분이 하나님이십니다. 하나님께서는 오늘도 그 일을
성령의 역사 가운데 이루고 계십니다. 그래서 우리는 하나님만을 경배하며
하나님의 성호를 거룩히 높이기 위하여 오늘도 주 안에서 선교적 삶을 살기
로 결단하는 것입니다. 이 놀라운 하나님의 은총, 그 신령한 기쁨을 날마다
맛보고 증거하며 하나님 나라의 백성으로 살아가시기 바랍니다.

03.
하나님의 역사

│ 일을 시작하신 이가
│ 그리스도 예수의 날까지 이루실 줄을 우리는 확신하노라 (빌1:6)

복음은 생명입니다. 복음은 진리와 능력이며 하나님의 구원 역사입니다. 그러나 복음은 오직 복음을 믿는 그리스도인에게만 기쁨이요, 소망입니다. 모든 인류에게 주신 말씀이지만 복음을 영접하지 않는 사람들에게는 아무 능력이 없습니다. 어떤 의미에서 복음은 그들에게 충격이요, 두려움이요, 심판이요 멸망일 수도 있습니다. 그래서 사도 바울은 빌립보 교회를 향한 서신에서 그리스도인의 본질이 우선될 때 비로소 하나님의 구원 역사에 동참할 수 있고 신령한 복을 받아 그리스도인다운 삶을 살 수 있다고 말씀합니다. 3절부터 11절까지, 아주 집중적이며 의도적으로 그리스도인됨의 본질에 대하여 강조, 설명하고 있습니다. 이 본문을 네 번에 걸쳐 계속하여 살펴볼 예정입니다.

　지난 시간 3절에서 5절까지, 그리스도인의 교제와 성도의 교제가 그리스도인의 본질이라는 말씀을 드렸습니다. 오늘 6절의 주제는 하나님의 역사에 관한 것입니다. 그리스도인은 하나님의 역사와 하나님의 경륜에 대한 바른 이해와 믿음을 가지고 있어야 합니다. 그리스도인의 믿음과 확신의 근거가 오직 하나님께만 있습니다. 하나님의 말씀과 하나님의 역사 안에 우리 믿음의 근거가 있음을 잊지 말아야 합니다. 항상 깨닫고 고백해야 합니다. 그러나 우리의 실제 삶은 그렇지 못합니다. 일상적 삶에서 우리는 먼저 내 경험과 내 생각과 내 판단과 내 지식을 근거로 결단을 합니다. 때로는 요행히 그것이 하나님의 뜻과 일치하여 선한 일을 이루기도 하지만, 그렇지 않은 경우도 무척 많습니다. 항상 먼저 하나님의 뜻에 내 뜻을 맞추는 삶을 살아갈 때 우리는 비로소 진정으로 복된 기쁨이 충만한 삶을 살아갈 수 있습니다. 바로 그 본질적인 그리스도인의 삶을 지금 말씀하고 있는 것입니다. 그것만이 절대불변의 진리이기 때문입니다.

이런 이야기가 있습니다. 고대 페르시아의 한 황제가 아주 지혜로운 신하들과 철학자들을 다 불러놓고 "저마다의 모든 인생에게 적용되는 단 하나의 문장을 제시하면 내가 아주 큰 상을 내리겠다"라고 말했습니다. 그러자 그들뿐만 아니라 다른 많은 사람들도 황제가 내리는 상을 받고자 명구를 찾기도 하고 만들기도 하는 등, 갖은 애를 다 써서 저마다 제출하였습니다. 결국 한 문장이 선택됐습니다. 이것입니다. "이것도 지나갈 것이다." 모든 것은 다 지나간다는 말입니다. 왕의 권력도 지나가고 지식도 지나가고 돈과 명예와 수많은 수고를 하여 세운 업적도 다 지나갈 것이다. 그렇습니다. 다 사라질 것입니다. 세상적 지식이 아무리 오래되고 귀한 것이라 하더라도 우리 믿음의 근거가 될 수는 없습니다. 그럼에도 불구하고 우리는 세상적 지식과 내 경험적 판단에 매여 결정을 합니다. 그리고 미래가 내 뜻대로 될 것이라고 기대합니다. 이것은 그리스도인의 삶이 아닙니다.

사도 바울은 지금 감옥에 있습니다. 도대체가 기뻐할 일이 없습니다. 언제 죽을지도 모릅니다. 그런데 그는 빌립보 교회를 향해 말씀합니다. 전체 메시지의 주제가 이것 아닙니까? "기뻐하라. 주 안에서 기뻐하라. 항상 기뻐하라. 나도 기뻐하니 너희도 기뻐하라." 그 마음의 근거가, 그 소망의 근거가 오직 하나님께 있기 때문에 기뻐합니다. 나는 다 알지 못합니다. 그러나 하나님만은 분명히 그 섭리 가운데 내 삶을 인도하고 계십니다. 하나님께서 강권하시는 역사 속에 내 삶이 있음을 믿습니다. 나를 믿는 것이 아닙니다. 하나님을 믿습니다. 살든지 죽든지 하나님의 뜻대로 될 것을 믿기에, 사도 바울은 그토록 열악한 상황과 환경에도 불구하고 영적 기쁨으로 충만하여 찬송할 수 있었던 것입니다. 오늘 본문을 통하여 사도 바울은 그 믿음의 근거가 하나님의 역사에 있음을 말씀합니다. 만일 그렇지 못하다면 그것은 불신앙적 삶입니다. 그 불신앙은 결핍된 삶을 만들어냅니다. 빈곤한 것이요, 항상 불만족입니다. 그래서 원망하고 불평하는 것입니다. 더 나아가 부정적인 세계관, 부정적인 생각을 갖게 됩니다. 이 모든 것은 불신앙의 시작이요, 결과입니다.

흔히 우리는 세계 교회와 한국 교회의 미래를 전망할 때 매우 부정적인 생각을 많이 합니다. 하나님 나라는 어떻게 될 것인가? 교회는 점점 더 침체되어가고 유럽의 교회는 슈퍼마켓이나 나이트클럽으로 변하고 있으며, 교회에 출석하는 사람들이 이제는 손가락으로 꼽을 만큼 줄어 한 자리 숫자가 되어가고 있는데 도대체 하나님의 나라는 확장되고 있는 것인지 교회의 현 상황과 그 침체된 결과를 접하면 답답하기만 합니다. 아주 부정적인 생각을 갖지 않을 수 없습니다. 그러나 분명한 것은 그 자체가 불신앙이라는 것입니다. 그것은 어디까지나 우리가 보는 역사이고 하나님께서는 반드시 이 일을 끝내십니다. 십자가로 이루신 일을 반드시 끝내실 것입니다. 그러니 우리 눈앞에 어떤 일이 있든, 어떤 변화가 있든 그것과 상관없이 우리 믿음의 근거는 하나님께 있어야 됩니다. 그럴 때 우리는 평온을 회복하고 용기있게 살아갈 수 있습니다.

하나님 나라는 말씀과 성령의 역사로 이루어져갑니다. 신비한 세계이지만 이것은 오늘의 구체적 사건으로 드러납니다. 이에 대한 믿음을 가져야 됩니다. 그래야만 승리할 수 있습니다. 오늘 본문 6절은 그런 그리스도인의 믿음의 극치요, 완성이요, 본질에 대한 말씀입니다. 그리스도인의 본질에 대해 상고해 보겠습니다.

첫 번째, "너희 안에서 착한 일을…." A Good Work입니다. 그리스도의 삶의 과정, 그 구원의 과정은 착한 일로부터 시작됩니다. 하나님께서 그 일을 시작하셨다는 것입니다. 항상 착한 일을 생각하고 선한 일을 결정하고 선한 일을 갈망해야 됩니다. 우리는 과연 그런 마음으로 살아가고 있습니까? 매일 매일 하나님의 선하신 일을 생각하고 있습니까? 바로 그가 그리스도인입니다. 그만이 복음의 기쁨, 그 능력을 경험할 수 있습니다. 이것은 하나님의 은혜에 대한 마땅한 응답입니다. 만일 그렇지 못하면 하나님의 능력을 체험할 수 없습니다. 왜냐하면 이미 그리스도인의 본질을 잃었기 때문입니다.

세계적으로 유명한 백화점 왕 존 워너메이커는 평생을 하나님의 사역을 우선시한 인물입니다. 유명한 일화가 있습니다. 대통령이 그를 체신부장관으로 임명했을 때입니다. 그는 조건을 걸었습니다. "주일을 지킬 수 있게 해 주십시오. 그래야만 나는 그 일에 헌신할 것입니다. 만일 주일을 범해야 한다면 절대 그 직무를 수행할 수 없습니다." 대통령은 그의 청을 받아들였습니다. 그런 인물입니다. 그는 무려 67년간이나 주일학교 교사를 했습니다. 참으로 존경스러운 인물입니다. YMCA를 창설한 사람이 바로 그 존 워너메이커입니다. 65년간을 그 일에 종사했습니다. 수많은 구제와 봉사와 선교, 전도를 했습니다. 그렇다면 그는 이 일을 언제부터 하게 되었는가? 그는 배운 사람도 아닙니다. 10대에 성경책 한 권을 만났습니다. 그 성경책을 읽음으로써 인생이 변했습니다. 성실하게 변했습니다. 오직 믿음으로 당대 최고의 부를 이루었습니다. 존경받는 사업가가 되었습니다. 수많은 선한 일을 항상 마음에 품고 일했습니다. 선한 생각이 아닙니다. 선한 일을 구체적으로 해야 됩니다. 우리가 북한을 위해서 기도합니다. 그러나 정작 행하는 일은 아무것도 없습니다. 우리가 세계선교를 위해서 기도합니다. 그러나 정작 구체적인 사역은 없습니다. 문제가 있는 삶입니다. 오늘 본문도 착한 일, 선한 일을 품고 그것을 실천하는 자가 바로 하나님의 사람임을 말씀하고 있습니다.

존 워너메이커가 중국에 시찰을 갔습니다. 그는 밭에서 농부가 농사를 짓는데, 쟁기의 한쪽은 사람이 끌고 다른 한쪽은 소가 끄는 광경을 보게 되었습니다. 두 마리 소가 끌어야 할 것을 사람과 소가 나누어 끌고 있었던 것입니다. 그게 너무 이상하여 그는 옆의 농부한테 물었습니다. "어찌 소가 끌 것을 사람이 끕니까? 저 힘든 일을. 이유가 뭡니까?" 농부가 답합니다. "저 사람, 내 아들입니다." 그리고 덧붙입니다. "지금 교회가 성전 건축 중인데, 그 건축헌금을 내기 위해 소 한 마리를 팔았기 때문입니다." 아들이 그 팔아버린 소의 몫을 자기가 대신하겠다고 아버지와 약속을 했다는 것입니다. 그 약속을 지키느라고 아들이 지금 소와 함께 쟁기를 끌고 있었던 것입니다. 이러한 선한 일의 주역이 되어야 할 자가 그리스도인입니다. 존 워너메이커는 몹시 감동을 받았습니다. 그 아들을 당장 미국으로 데려가 신학 공부를 시킵니다. 그 아들이 후에 중국 복음화의 기수가 된 성문삼 목사님입니다.

크든 작든 항상 선한 일을 생각하고 하나님의 약속에 충성하고 순종하면서 그 일을 실행해나가야 됩니다. 그리고 착한 일은 일단 시작했으면 끝을 맺어야 합니다. 그러나 우리는 선한 일을 계획하고 시작은 하지만 끝을 맺지 못합니다. 이것이 문제입니다. 그래서 모든 일은 오직 하나님의 지혜로 교회 안에서 교회와 함께 교회를 통해서 해야 합니다. 그것만이 가장 선한 일이 될 것입니다. 같은 일이라도 하나님께 예배하고 봉헌된 물질을 통해 할 때 하나님께 영광과 기쁨을 돌릴 수 있을 것입니다. 똑같은 사역, 똑같은 물질을 통해 하는 일이라도 개인적 차원에서 하는 일은 때로 너무도 큰 유혹과 시험을 받습니다. 그 영광이 하나님께 돌아가야 하는데 그 영광이 내가 원하든 원하지 않든 내게로 오는 경우가 너무 많습니다. 더욱이 그것으로 인하여 겸손을 잃고 실망하고 큰 어려움을 겪기도 합니다. 그리스도인은 선한 일을 하고 잊어야 됩니다. 베푼 은혜는 다 잊어야 합니다. 받은 은혜만을 기억해야 합니다. 바로 그가 하나님의 사람입니다. 그러기 위하여 하나님께서 세우신 통로인 교회를 통하여 하나님의 일을 하는 것이 가장 마땅합니다. 그래야 끝까지 선한 일이 됩니다. 이것을 우리는 깊이 생각해야 합니다.

두 번째, 착한 일을 이루신 이가 누구냐는 것입니다. 오늘 본문은 말씀합니다. "너희 안에서 착한 일을 시작하신 이가…." 시작하신 이는 하나님이십니다. 너무나 당연한 것 같지만, 이것을 항상 기억해야 합니다. 그리스도인의 마음에 선한 일은, 그 생각하고 계획한 모든 일은 오직 하나님께서 시작하신 것입니다. 하나님께서 계획하신 일입니다. 이것이 그리스도인의 고백이요, 믿음입니다. 사도 바울이 그의 삶의 경험을 통하여 간증하는 것입니다. 그는 대제사장들과 당시의 종교지도자들에게서 권세를 위임받아 예수 믿는 자들을 핍박하러 다메섹으로 갑니다. 그리고 도중에 예수 그리스도의 현현을 통하여 전적인 회심을 경험합니다. 그리고 그는 그 즉시 그 안에 선한 일을 시작합니다. 선한 일을 할 용기가 생겼습니다. 끝까지 그 선한 일을 이루고자 하는 열망으로 그 삶이 헌신됩니다. 그는 분명히 압니다. 자기는 원래 그런 사람이 아니라는 것을, 그러나 그리스도인이 되고 이런 선한 일을 생각하고 기도할 수 있게 되었다는 것을, 이 일을 하신 이는 하나님이시라는 것을, 모든 일상적 삶에서 선한 일의 시작이 하나님이심을 알면 겸손하게 그 일을 끝낼 수 있습니다. 이것이 바른 신앙고백입니다.

선은 하나님께 있는 것입니다. 내가 좋은 일 했다고 선한 것이 아닙니다. 동기가 하나님의 뜻에 합당하지 않으면 선한 일이 아닙니다. 결과가 그렇습니다. 하나님께서 모든 것을 아시지 않습니까? 그런고로 이 모든 일은 하나님께서 하신 일로 고백되어야 합니다. 더 결정적으로는 빌립보 교인도 동일한 경험을 가지고 있습니다. 빌립보 교회는 누가 세운 것입니까? 혹자는 루디아가 세웠다고 말할 수도 있을 것입니다. 첫 교인이 루디아였으니까요. 그는 큰 부자입니다. 그의 집에서 교회가 시작됐습니다. 아마 교회의 역사라고 하면 루디아로부터 시작되었다고 말할 수도 있을 것입니다. 또는 귀신 들린 여종이나 간수가, 그들이 교회를 세웠다고 할 수도 있을 것입니다. 그러나 그들에게 마음을 주시고 믿음을 주시고 모이게 하시고 하나님의 말씀을 전하시는 이는 성령이십니다. 사도 바울도 아닙니다. 보통사람의 눈으로 보기에는 사도 바울이 빌립보 교회를 세웠다고 할 수 있겠지만, 그는 그곳으로 가고자 한 것이 아닙니다. 사도 바울은 아시아로 가고자 했습니다. 그런데 하나님께서 그에게 환상을 보여주셨습니다. 마게도냐인이 나타나 그를 부릅니다. 그래 하는 수 없이 강권에 의해 마게도냐로 간 것입니다. 그리고 첫 교회를 세웠습니다. 그것이 빌립보 교회입니다. 그러니 누가 하신 일입니까? 성령께서 하신 일입니다. 그는 고백합니다. "이 일을 시작하신 이, 착한 일을 시작하신 이는 하나님이시다."그래서 선교를 말할 때 '미쇼다이'라는 선교적 용어를 씁니다.

하나님의 선교입니다. 하나님 구원의 역사에 대한 증인, 증거가 선교입니다. 그 증거가 없으면 선교는 할 수 없습니다. 그런고로 그 일을 보여주시고 우리로 할 수 있도록 인도해주신 이는 오직 하나님이십니다. 모든 선교의 역사는 하나님께서 주도적으로 계획하신 것입니다. 봉사, 전도, 구제도 마찬가지입니다. 그래서 선한 일에 대하여 우리는 말합니다. "영광은 오직 하나님께…" 오직 하나님께만 돌리는 것입니다. 그렇게 하나님께만 영광을 돌리려 우리에게는 익명적 헌신이 요구됩니다. 자기 이름이 드러나고, 타의에서든 자의에서든 그 일이 들춰지면 영광은 하나님께로가 아니라 어느덧 내게로 옵니다. 그래서 시험받는 것입니다. 전적으로 이 모든 일을 시작하신 분은 오직 하나님이시라는 고백과 함께 우리가 착한 일을 할 때는 겸손하게 익명적 헌신을 통하여 할 수 밖에 없는 것입니다. 이 일을 사도 바울은 오늘 본문을 통하여 그리스도인의 신앙고백으로 말씀하고 있습니다.

세 번째, 오늘 본문 "너희 안에서 착한 일을 시작하신 이가…"라는 말씀에서, "너희 안에…" 여기에 깊은 의미가 있습니다. 첫째 의미는, 먼저 New International Version, NIV에 나옵니다. King James Version에도 이 말씀이 "in you", '우리 깊은 마음속'이라고 되어 있습니다. 내적 차원에서, 그 깊은 영적이고 정신적인 차원에서 하나님의 역사가 시작되었다는 것입니다. 선한 일을 그것에서 일으키셨다는 것입니다. 이를 신학적으로 '중생'이라 말합니다. Regeneration, Born-again 즉, 새생명을 얻고 새롭게 태어나는 것입니다. 이 중생에 대하여 깊이 생각해야 됩니다. 중생은 하나님께서 하신 일입니다. 또한 하나님께서 단 한 번 하신 일입니다. 이것을 처음부터 아는 사람이 있고, 어떤 사람은 과정 중에 알기도 하고, 어떤 사람은 아주 뒤늦게 압니다. 중생한 역사에 대한 인간의 응답이 회심입니다. 인간의 회심은 '날마다 회심'입니다. 하나님의 중생의 역사로 인한 인간의 응답이 매일 매일의 결단이요, 하나님의 응답에 대한 찬양입니다. 그것을 우리는 회심이라고 합니다. 그러니 먼저 하나님의 중생의 역사가 있는 것입니다. 그것이 있어야만 우리는 회심할 수 있습니다. 매일매일 참회하고 찬송할 수 있습니다. 근원적인 것은 우리 마음속 깊은 곳에 하나님께서 중생의 역사를 일으키셨다는 것입니다.

"너희 안에서 착한 일을 시작하신…" 이 말씀의 둘째 의미는, New Revised Standard Version, NRSV에 나옵니다. 이 성경에는 "among you"로 되어 있습니다. 여기에 또 깊은 의미가 있습니다. 너희 가운데, 소위 성도의 교제, 성도의 공동체적 차원을 의미하는 것입니다. 내적 차원뿐만 아니라 공동체적 차원, 그 안에서 하나님의 일이 시작되고 완성됩니다. 혼자서 무슨 선한 일을 합니까? 혼자서 무슨 하나님의 일을 합니까? 천만의 말씀입니다. 그 일은 반드시 함께 이루어지게 되어 있습니다. 그래서 이렇게 말씀하는 것입니다. "너희 안에서 착한 일을 시작하신 이가…" 그러니 우리도 간혹 느끼지만, 어떤 사람이 외로움 속에서 고독을 느끼면서 절망한다면 그것은 불신앙입니다. 우리 안에 하나님의 영이 계시고, 또 우리 사이에 성도의 교제가 있습니다. 그리스도인은 항상 하나님과 함께, 성도와 함께 있는 것입니다. 여기로부터 착한 일을 시작하게 되고 착한 일을 이루게 됩니다. "너희 안에서 착한 일을 시작하신 이가…"

프린스턴신학교의 세계적으로 유명한 기독교신학자 제임스 로더는 실천신학자라기보다는 철학적인 기독교 신학자입니다. 그의 주요 관심은 인간의 변화입니다. 어떻게 하면 인간이 교육적으로 변화할까 생각하다 그는 바로 그 점을 강조하여 "Human Transformation"에 대한 강의를 합니다. 그의 저서에 『The Transforming Moment』(변화하는 순간)라는 유명한 책이 있습니다. 그는 이 책에서 인간의 삶의 변화를 네 가지 영역에서 설명합니다. 저는 그의 강의를 직접 들었습니다. 눈에 생생합니다. 호남형에 체격도 좋고 나이도 지긋하신 분입니다. 아주 열정적입니다. 그런 그가 강의 시간에 거의 두 번에 한 번꼴로 웁니다. 저는 미국사람이 강의하면서 열정에 사로잡혀 우는 모습을 보면 무턱대고 감동이 됩니다. 그렇게 그는 눈물로 많은 학생들한테 크게 인상적인 기억을 남기고 존경받는 세계적인 인물입니다. 그의 삶에 간증이 있습니다. 딸이 불의의 사고로 죽었습니다. 얼마나 큰 고통을 겪었겠습니까? 한번은 아내와 같이 운전을 하는 중에 고장난 자동차가 서 있는 것을 보고 도와주려고 내렸다가 다른 차에 치였습니다. 그래 차 밑에 깔렸습니다. 그때 키가 160cm가 안 되는 그 사모님이 나섭니다. 키는 자그마하지만 사랑의 힘은 굉장합니다. 주변사람들 아무도 그 차를 못 드는데 사모님이 혼자 힘으로 차를 들어 남편을 구합니다. 그가 살았습니다. 그때 새끼손가락이 잘렸습니다. 그래 강의하다가 그 잘린 손가락 보면서 또 웁니다. 그때의 사건을 얘기하면서 우는 것입니다. 그런 삶의 경험이 있습니다. 그래서 철학적으로 깊이 있는 주제를 다루면서도 생생한 경험에서 우러나온 그만의 신학이 이루어지는 것입니다. 그는 네 가지 영역으로 삶의 변화를 설명합니다. 첫째, The Lived World, 인간의 구체적 삶의 자리가 있어야 된다는 것입니다. 구체적인 삶의 현장이 없으면 마음속으로 아무리 변화를 생각하고 경험했다고 해도 현실에서는 능력이 없습니다. 실제적인 변화가 없는 것입니다. 둘째, self 즉, 자기가 있어야 된다는 것입니다. 자기는 삶의 영역과 상호작용하면서 살아가기 때문에 변화의 근본적인 요인이 된다는 것입니다. 이 두 가지 모두가 변화의 요소들이지만 별로 중요하지는 않습니다. 셋째와 넷째가 결정적임을 그는 강조합니다. 셋째 void, 허무입니다. 그래서 변화를 가져오는 결정적인 요소가 갈등이요, 고통이요, 허무입니다. 이를 경험해야 됩니다. 소위 고난을 통하여, 그 극심한 고통 가운데 자기도 모르는 사이에 변화되고, 변화의 요구를 생각하게 되고, 어떨 때는 강압적으로 변할 수 밖에 없는 결단을 내리게 되지 않습니까? 본인이 그것을 경험했거든요. 자기 사랑하는 딸이 죽고 또한 그 큰 사고를 통하여 이전에 가졌던 사고가 강압적으로 더 큰 은혜의 세계로 발전합니다. 결정적인 요소가 자기가 체험한 고통이었습니다. 허무를 경험함으로써 새로운 은혜의 때를 바라보았거든요. 그래서 그러한 변화의 가장 중요한 요소로 허무를 강조하는 것입니다. 넷째, The Holy 즉, 거룩입니다. 오직 거룩에 의해서만 허무가 극복될 수 있습니다. 어떠한 물질적, 인간적 도움으로도 허무는 극복될 수 없습니다. 오직 거룩함입니다. 그래서 예수 그리스도 안에서, 예수 그리스도의 말씀을 통하여 하나님과 만나야 합니다. 그 하나님의 거룩함에 참예하는 은총적 경험만이 절망으로부터, 허무로부터 벗어날 수 있게 합니다. 승리할 수 있게 합니다. 그래서 그는 신학적으로 이 말을 아주 확실하게 Convictional Transformation, '신념 있는 변화'라고 말합니다. 그의 가장 유명한 이론입니다. 아주 실제적인 체험을 통하여 변화됐기 때문입니다.

우리의 그리스도인됨은 우리 깊은 속에서 하나님께서 시작하신 일입니다. 그것을 느껴야 됩니다. 그로부터 우리 삶의 용기와 지혜가 생깁니다. 이것은 십자가로 맺어진 삶입니다. 십자가의 대속적 능력의 비싼 대가를 치르고 우리에게 저저 주신 바의 은혜입니다. 너무도 귀중한 것입니다. 극심한 인간 한계의 고통과 하나님의 뜻에 대한 온전하고도 거룩한 순종, 그 역사를 통하여 우리 깊은 내면의 세계에서 중생의 역사가 시작되는 것입니다. 아무리 외적인 것이 변해도 그 사람이 그 사람입니다. 결국은 현실에 종속되고 말 것입니다. 세속화될 것입니다. 그러나 항상 우리 속 깊은 곳에 그 위대한 하나님의 역사가 십자가로 시작되었다는 깊은 깨달음이 있을 때, 하나님의 영적인 은총이 우리에게 주어졌다는 것을 인식하고 깨달을 때, 우리는 날마다 찬송할 수 있습니다. 진정 믿음을 지키고 지혜로운 삶을 살 수 있습니다. 그래서 오늘 본문은 말씀합니다. "너희 안에서 착한 일…." 우리는 날마다 이를 깊이 생각해야 합니다.

네 번째, 이 착한 일, 선한 일에 대한 목적이 무엇인가 하는 것입니다. "너희 안에서 착한 일을 시작하신 이가 그리스도 예수의 날까지 이루실 줄을 우리는 확신하노라." 그리스도의 날까지입니다. 이것이 목적입니다. 기원전을 의미하는 BC는 Before Christ, 예수님 오시기 전입니다. AD는 아노 도미니 (Anno Domini), in the years of the Lord, 주님의 해를 의미합니다. 주님의 해 안에 우리가 살아가고 있습니다. 언제까지? 주님께서 다시 오시는 그날까지입니다. 신학적으로 이 기간을 'Interim Period'라고 합니다. 임시적 기간입니다. 왜냐하면 예수님의 부활과 함께 성령님이 오심으로 초대교회가 태동되었지만, 하나님 임재의 약속에 대한 확신이 있는 하나님 나라의 유일한 도구인 교회도 예수님께서 다시 오시는 날에는 없어지고 말 것이기 때문입니다.

예수 그리스도께서 오시는 날 하나님 나라가 완성되면서 교회는 사라지는 것입니다. 마땅히 지나가야 됩니다. 그러니 그리스도의 날을 향하여 기독교의 역사는 목적 지향적으로 나아가는 것입니다.

여기서 우리는 바른 역사관을 가져야 합니다. 하나님께서 창조하셨습니다. 더 중요한 것은 하나님께서 예수 그리스도 안에서 재창조의 역사를 시작하셨다는 것입니다. 그리고 그 날은 예수 그리스도의 오심으로 완성됩니다. 이를 성경은 '여호와의 날, 예수님의 재림'이라고 말씀합니다. 분명히 이 날은 구원의 완성이요, 역사의 완성입니다. 모든 피조물, 모든 피조된 세계는 그리스도의 날을 위한 존재적 삶입니다. 그것이 삶과 사역의 목적입니다.

오늘 본문의 말씀에서 보신 '그리스도 예수의 날까지' 이 모든 착한 일은 있을 것이고, 이 선한 일의 완성이 예수 그리스도의 날까지라는 것입니다. 우리는 단지 그 안에서 그때그때 하나님의 역사 안에 충성하고 순종하고 오늘을 감사하면서 흘러가는 것입니다. 그 일을 전적으로 주관하시는 분은 예수 그리스도십니다. 그런데 우리가 만일 하나님의 역사에 대하여, 그 성취에 대하여, 그 완성에 대하여 확신을 갖지 못하고 불안해하고 비관적인 생각을 하고 절망한다면 그것은 불신앙입니다. 하나님께서 시작하시고 그리스도의 날을 향하여 역사를 이루어나가십니다. 우리는 그 안에서 점과 같은 삶을 살아가는 존재입니다. 그럼에도 불구하고 그리스도인의 가장 큰 희망과 기쁨은 무엇입니까? 초대교인은 말합니다. 성경에 있습니다. "마라나타, 주여! 오시옵소서."라며 예수 그리스도의 날이 오기를 갈망함이 우리의 최고의 능력이요, 소망입니다. 그것을 간절히 사모하는 마음으로 하루하루를 살아가면 그는 권세있는 자와 같은 삶을 살 수 있는 것입니다. 인간의 지식과 경험을 넘어서 하나님의 능력으로, 하나님의 지혜로 진정 기쁨과 만족이 있는 복된 삶을 살 수 있습니다. 그러기에 오늘 본문에서 말씀합니다. "그리스도 예수의 날까지 이루실 줄을…." 바로 이 모든 선한 일에 목적이 있다는 것입니다.

다섯 번째, 이 모든 것에 대한 우리의 확신과 믿음이 하나님의 역사라는 것입니다. 하나님께서 시작하시고 그리스도의 날까지 완성하실 모든 하나님의 구원역사, 하나님의 경륜에 대한 믿음입니다. I believe, 나는 믿는다. 하지만 내가 믿는 것을 믿는 것은 믿음이 아닙니다. 우상숭배입니다. '우리는 전적으로 하나님께서 하신 일을 완성하신다, 하나님께서 살아계시고 다 이루실 것이다'라는 것을 믿어야 합니다. 그 안에 모든 그리스도인됨의 삶이 있는 것입니다. 그에게 하나님 나라는 복음이요, 소망입니다. 바로 그것을 믿는 것입니다. 그것뿐입니다.

사도 바울은 로마에서 이 편지를 쓰고 있습니다. 감옥에 갇힌 채입니다. 그는 생각했을 것입니다. 멀리 갈 필요도 없이 바로 그 3년 전 예루살렘에 도착하여 가이사랴에 있을 때 하나님께서 말씀하십니다. "예루살렘에서 내 증인된 것 같이 로마에서도 내 증인이 되리라." 환상을 주시고 말씀을 주셨습니다. 사도 바울은 힘을 짜냈을 것입니다. '아, 조금 있으면 나는 자유의 몸이 되나보다. 1차, 2차, 3차 전도여행처럼 이제 복음을 전하러 가야겠다. 누굴 데려갈까? 마가를 데려갈까? 실라를 데려갈까?' 수많은 계획을 세웠을 것입니다. 그런데 3년 동안 갇혀 있습니다. 게다가 가는 중에 몇 달씩 배가 난파되어 많은 어려움을 겪습니다. 그것도 죄수의 몸으로. 그러나 그것이 하나님의 뜻입니다. 그것이 하나님의 방법입니다. 그는 소망하기를 다른 뜻을 가지고 있었을 것입니다. 영광된 모습으로, 하나님의 역사이니 영광된 모습으로 당당하게 로마로 들어가 복음을 전해야겠다고요. 천만의 말씀입니다. 가장 초라한 모습으로 끌려가 복음을 증거하게 됩니다. 여기서 그는 하나님의 경륜을 생각합니다. 하나님의 뜻이 분명히 이루어졌습니다. 로마로 온 것입니다. 자기 뜻과 다른 방법, 자기 생각과 다른 시기였지만, 분명히 하나님께서는 살아 계시고, 말씀대로 그는 로마에 온 것입니다. 이제 그는 하나님의 경륜을 생각하면서 구체적 경험 속에서 빌립보 교회를 향하여 편지를 씁니다. "이 모든 일을 시작하신 이는 하나님이시요, 나는 그 일에 대해 확실히 믿노라." 바로 그 하나님의 역사에 대한 그 증거에 대한 증인된 삶이 선교입니다. 하나님의 경륜은 그대로 이루어질 것입니다. 말씀 그대로 이루어질 것입니다. 문제는 그리스도인의 믿음의 문제입니다. 내 방법이어야 하고, 내가 원하는 시기여야 하고, 내 뜻이 하나님의 뜻이 되어야 한다는 그 생각이 문제입니다. 우리는 오직 하나님의 뜻대로 되기를 믿고 열망하는 가운데 하나님의 경륜 안에 내가 있음을 발견합니다.

우리는 주기도문에서 고백합니다. "나라와 권세와 영광이 아버지께 영원히 있나이다." 나라와 권세와 영광이 하나님이 아니라 우리에게 있다면 큰일인 것입니다. 아무것도 이루어지지 않을 것이기 때문입니다. 그러나 나라와 권세와 영광은 아버지께 있습니다. 그래서 우리는 안심할 수 있는 것입니다. 소망을 가질 수 있습니다. 하나님의 말씀대로 이루어질 것이기 때문입니다. 모든 크리스천의 믿음의 본질은 바로 하나님의 역사입니다. 한 하나님, 창조주 하나님, 역사의 주인이신 하나님 안에 동일한 소망을 가진 자들이 그리스도인들입니다. 그것이 가장 큰 본질입니다. 그 공동체가 교회입니다. 하나님의 백성이 만일 다른 소망을 가지고 있다면 그는 세상인입니다. 그리스도인이 아닙니다. 하나님께서는 하나님의 뜻을 강권적으로 이루어가십니다. 그것을 기뻐해야 됩니다. 어차피 그 외에 다른 선택이 없습니다.

예수님의 어머니 마리아의 삶을 오늘 현실에서 생각하면 참으로 엄청난 것입니다. 처녀가 임신했다는 것, 여러분 같으면 믿겠습니까? 내 딸이, 옆집에 사는 누구가 동정녀 임신을 했다면 선뜻 믿을 수 있겠습니까? 성경에서도 그 일을 사실로 증언해주는 사람은 아무도 없습니다. 마리아 혼자서 씨름하는 것입니다. 더욱이 죄인의 몸에 어떻게 감히 하나님의 인격이 잉태되느냐는 것입니다. 얼마나 두려웠겠습니까? 바로 이것을 상상하면서 쓴 참으로 귀한 짧은 시가 있습니다. "'네'하게 하소서"라는 제목의 시입니다. 들으면서 자신의 믿음을 반성해보기 바랍니다.

오, 주여! 주님의 요구는 참으로 무섭습니다.
그러나, 누가 주님의 요구를 거역할 수 있습니까.
내 나라가 아니라 주님의 나라가 임하며,
내 뜻이 아니라 주님의 뜻이 이루어지기 위해서
'네'하게 하소서. Amen!

은혜에 참예한 자

내가 너희 무리를 위하여 이와 같이 생각하는 것이 마땅하니 이는 너희가 내 마음에 있음이며
나의 매임과 복음을 변명함과 확정함에 너희가 다 나와 함께 은혜에 참여한 자가 됨이라
내가 예수 그리스도의 심장으로 너희 무리를 얼마나 사모하는지
하나님이 내 증인이시니라 (빌1:7-8)

그리스도인은 그리스도인의 본질을 먼저 회복해야 합니다. 하나님께서 주신 그리스도인만의 고유한 본질을 깨닫고 기억해야 합니다. 그리고 그 본질 중심의 삶을 살아야 합니다. 하나님 나라 백성의 가치관으로 살아가야만 하나님께서 우리와 동행해주십니다. 그래야 하나님께 영광을 돌리고 그 영광 중에 살 때 우리의 삶이 복되기 때문입니다. 이 점을 항상 생각하십시오. 하나님께서 복을 주십니다. 하나님께서 주시지 않는 복은 거절해야 됩니다. 그것은 우리에게 복이 아니라 화입니다.

하나님께서는 항상 사람을 통하여 복을 주십니다. 우리는 먼저 하나님의 사람이 되어야 합니다. 하나님의 사람과 함께 지내야 됩니다. 하나님의 사람으로 인하여 하나님의 은혜가 흘러넘치고 많은 사람들이 하나님의 능력과 크신 은혜를 경험하게 됩니다. 모든 그리스도인은 복의 근원입니다. 사도 바울은 빌립보서를 통하여 모두가 다 하나님의 은총을 경험하고 복된 삶

을 살고 그리스도적 기쁨에 동참키를 바라면서 무엇보다도 그리스도인의 본질을 강조합니다. 3절에서 11절 전체에 걸쳐 네 가지 그리스도의 본질이 있다고 말씀드렸습니다. 먼저는 그리스도인의 교제입니다. 다음은 하나님의 역사에 대한 믿음을 가져야 참된 하나님의 자녀입니다.

오늘은 그 다음으로, 은혜에 참예하는 것에 대하여 상고해보겠습니다. 그리스도인은 하나님의 은혜에 참예한 자입니다. 이 점을 분명히 알아야 합니다. 하나님의 은혜와 그리스도인은 절대적 관계입니다. 누가 그리스도인이라고 자처하면서 정작 하나님의 은혜는 기억하지 못하고, 하나님의 은혜가 충분하지 못하다고 하고, 하나님의 은혜가 아닌 다른 은혜를 사모한다면 그는 아직 그리스도인이 아닙니다. 그리스도인은 하나님의 은혜가 충만함을 경험하고 그에 대한 감사와 감격으로 오늘을 살아가는 사람입니다. 은혜 없는 삶, 은혜 밖의 삶을 사는 사람은 아무리 도덕적이고 윤리적인 삶을 살아도, 아무리 성공적이고 명예로운 삶을 살아도 하나님께 인정받을 수 없습니다. 늘 하나님의 은혜를 기억하고 늘 하나님의 은혜 안에 있어야 하나님의 사람입니다. 깨닫든 깨닫지 못하든 모든 인간은 하나님의 사랑 안에서 살아갑니다. 그 절대적인 은혜를 은혜로 고백하는 그를 우리는 하나님의 자녀라고 합니다. 아주 보편적인 진리입니다. 먼저 하나님의 은혜가 있음을 깨닫고 고백해야 합니다. 하나님의 은혜보다 더 큰 위로가 어디 있겠습니까? 하나님의 은혜보다 더 큰 위안이 어디 있습니까? 그리스도인의 가장 큰 기쁨과 소망은 오직 하나님의 은혜로 결정되는 것입니다. 그 삶을 고백하는 자가 그리스도인입니다.

1984년 미국 LA올림픽 개막식에 얽힌 아주 재미있는 일화가 있습니다. 미국이 얼마나 강력한 국가입니까? 그 미국의 막강한 힘, 강대한 국력을 세계 만방에 자랑하고 싶었을 것입니다. 그래서 특별히 국가의 이미지를 과시하기 위하여 여러모로 준비를 했습니다. 개막식 행사에서 국가가 연주될 때 미국의 국조인 흰머리 독수리를 올림픽 주경기장 위를 맴돌게 한 다음 음악과 함께 경기장 안에 장식된 오륜기 위에 내려앉도록 하는 것이 개막식 행사의 절정이었습니다. 이를 위하여 많은 사람들이 동원됩니다. 하지만 그들은 뜻밖의 난관에 부딪힙니다. 야생의 흰머리 독수리를 사로잡는 것부터가 불가능하다는 사실을 알게 된 것입니다. 하는 수 없이 차선책으로 메릴랜드의 야생동물 연구소에 있는 '범버'라는 흰머리 독수리를 택합니다. 이 독수리를 아주 유명한 조련사에게 훈련시키도록 했습니다. 하지만 이번에는 이 독수리가 아예 날지를 못합니다. 너무도 어처구니없는 사태가 벌어진 것입니다. 이 독수리, 22년간이나 새장 안에만 있다 보니 그만 나는 것을 잊은 것입니다. 그래 갖은 수를 다 써서 나는 법을 가르칩니다. 이 독수리, 그 스트레스가 너무 심하여 죽고 맙니다. 전혀 독수리답지 않은 죽음입니다. 하나님께서 하늘을 호령하라고 하늘의 왕으로 창조해주신 독수리가 태어나는 길로 줄곧 22년간이나 새장 속에서만 있다 보니 그만 자기 자신의 정체성을 완전히 잃은 것입니다.

우리는 그리스도인입니다. 그리스도인되기 전에는 내가 누구인지 몰랐습니다. 누가 세상을 창조하고 역사의 주인인지 알지 못했습니다. 그러나 이제 그리스도인된 자는 그리스도인의 본질을 알고 자기가 하나님께서 택하신 백성이요, 하나님 나라의 자녀임을 확실히 알아야 됩니다. 그래야 창조된 바 하나님의 형상대로 인간의 존엄성을 지키며 하나님의 능력과 권능으로 권세 있는 자와 같은 삶을 살아갈 수 있는 것입니다. 그리스도인의 정체성을 먼저 회복해야 됩니다. 그러기 위해서는 가장 우선적으로 하나님의 은혜를 깨닫고 고백해야 됩니다. "우리 삶 자체가 하나님의 은혜로 이루어졌다. 오늘도 은혜 안에 있고 내일도 은혜 안에서만 우리의 존재는 있는 것이다." 이렇게 먼저 하나님의 초월적 은혜를 고백해야 된다는 것입니다. 그가 그리스도인입니다.

14세기의 영성가 월터 힐튼은 하나님에 관한 지식을 아는 데 세 단계가 있다고 설명합니다. 첫째 단계는, 이성적 판단을 통하여 하나님을 아는 지식에 도달하는 것입니다. 이는 가장 일반적인 것입니다. 듣고 읽고 배워서 아는 것입니다. 지식과 정보와 판단을 통하여 하나님의 지식이 이러이러할 것이라고 받아들이는 것입니다. 이성적 존재인 모든 인간의 방법입니다. 둘째 단계는, 이보다 좀 더 깊이 들어갑니다. 바로 헌신을 통하여 하나님을 아는 것입니다. 내적 사랑, 또는 영적인 열정을 통하여 경험되는 하나님을 아는 지식입니다. 하나님의 일에 봉사해본 사람만이 알 수 있습니다. 그냥 얻은 깨달음이 아닙니다. 몸소 경험함으로써 하나님에 대한 지식이 더 깊고 풍성해집니다. 우리 교회에서 많은 공동체 생활을 통하여 간접적으로 하나님을 아는 지식에 참예토록 여러 계획을 세우는 것은 그래서입니다. 중요한 것은 셋째 단계입니다. 깊은 묵상을 통하여 하나님에 대한 지식을 얻는 것입니다. 깊은 영적 통찰력이 필요합니다. 깊은 명상의 과정을 통하여 전적인 마음으로 하나님의 임재를 경험합니다. 그러므로 내 과거, 현재, 미래의 모든 삶을 하나님의 말씀 가운데서 재해석할 수 있는 영적 분별력을 가질 수 있습니다. 이는 전적으로 하나님의 은혜로 가능하지만 동시에 하나님의 말씀에 순종하는 영적 훈련이 필요합니다. 이 단계에서는 하나님을 알 수 있는 인간의 한계성을 자각하게 됩니다. 모든 것이 하나님께서 일깨워주시고 하나님께서 불러주시고 하나님의 사랑으로 시작된다는 것을 우리는 고백하고 깨달아야 됩니다. 이것이 셋째 묵상의 단계입니다.

우리 교회 7층에 '묵상의 방'을 만들어 개방하고 있습니다. 바로 이 묵상의 단계를 통하여 하나님의 은혜를 발견케 하기 위함입니다. 자기 자신을 단순화시켜야 됩니다. 이미 내게 주어진 은혜, 그 은혜의 말씀만 생각하십시오. 그 방에는 앞면에 성경 한 구절만을 적어 두었습니다. 내 과거, 현재, 미래의 삶을 그 은혜의 말씀과 함께 깊이 실제적으로 생각해보라는 것입니다. 더 깊은 영적 세계에서 하나님께서 함께 하시고 보호하시고 인도해주시는 확실한 경험을 하게 될 것입니다. 이는 하나님께서 먼저 시작하신 것입니다. 하나님께서 우리에게 지혜를 주셨지만 우리가 반복하여 헌신하고 수고함으로써 경험되는 것입니다. 물론 꼭 그 자리에서만 경험되는 것은 아닙니다. 걷거나 산책할 때도 자동차를 타고 있을 때도 경험됩니다. 일상생활에서 자꾸자꾸 쉽게 경험되는 것입니다. 그리하여 항상 영적으로 민감하게 오늘의 사건에 대한 하나님의 음성을 듣기 위함입니다.

사도 바울은 고린도전서 15장 10절에서 이렇게 고백합니다. "내가 나 된 것은 하나님의 은혜로 된 것이니…" 이것은 이성적 판단, 헌신 또는 깊은 묵상을 통하여 경험되는 은혜의 절정에서 고백되는 것입니다. 나의 나됨은 하나님의 은혜로 된 것입니다. 여러분, 오늘 나의 나됨이 진정 하나님의 은혜로 된 것임을 믿습니까? 그가 그리스도인입니다. 앞으로도 동일하게 되리라는 것을 믿습니까? 그가 하나님의 사람입니다. 다른 어떤 세상지식과 경험으로도 하나님의 사람이 될 수 없습니다. 거기에서는 하나님의 임재를 느낄 수 없습니다. 더욱이 사도 바울은 하나님의 은혜에 대한 분명한 인식을 하고 있었기에 더 깊고 심오하고 적극적으로 이해할 수 있었습니다. 근본적으로는 모든 그리스도인들처럼 절대적인 하나님의 은혜를 고백합니다. 무조건적인 하나님의 사랑, 나를 강권하시는 하나님의 선택에서부터 그리스도인이 된 것입니다. 오직 은혜로 되었다는 것을 고백합니다.

그러나 오늘 말씀을 통하여 그는 한층 더 깊은 은혜의 세계에서 하나님의 은혜에 대한 새로운 차원의 신앙고백을 하고 있습니다. 하나님께서 주신 사역, 선교가 바로 하나님의 은혜라는 것입니다. 이를 신학적으로 흔히 하나님의 은혜에 대한 응답이라고 합니다. 순종이라고 합니다. 신앙인의 책임이라고도 합니다. 그러나 사도 바울은 그 어디에서도 그렇게 표현하는 것을 보지 못합니다. 오히려 그는 더 나아가 이것은 또 다른 차원의 은혜라고 말씀합니다. 땅 끝까지 증인이 되리라. 이것은 명령이 아닙니다. 하나님의 절대 구원의 은혜를 경험한 그에게는 바로 하나님의 사역에 동참하고 그 명령에 순종하는 것 자체가 또 다른 더 큰 은혜의 경험이라는 것입니다. 한마디로 하나님께서 주신 선물이라는 것입니다. 왜냐하면 그것을 명령으로 알고 책임을 질 요량으로 한 것이었는데 어느덧 그 은혜의 세계에서 더 큰 은혜를 경험하게 되었기 때문입니다. 그 사역 가운데서 그는 하나님께서 말씀해주시고, 인도해주시고, 공급해주시고, 끝까지 그를 말씀으로 무장시켜주시는, 은혜의 세계를 경험한 것입니다. 그러므로 이것은 또 다른 차원의 은혜의 선물입니다. 진정한 하나님의 은혜를 아는 신앙고백입니다.

예수소망교회에서 제일 처음 만들어진 공동체가 '예수소망 전도단'입니다. 지난 주에 찬양을 했습니다. 다른 중요한 것들도 많지만 그 공동체를 만든 것은 의도적이었습니다. 그것은 그분들만 하는 것이 아닙니다. 전교인이 거기 참여해야 됩니다. 그래서 지금 구역예배나 여러 부서를 통하여 전 교인이 꼭 한번 이상 다 같이 동참하도록 했습니다. 그 경험이 꼭 필요하기 때문입니다. 이것은 더 큰 은혜의 선물에 동참하는 특별한 기회이기 때문입니다. 신중하게 하나님의 은혜를 생각하면서 꼭 한 번씩 동참하기 바랍니다.

미국의 전 대통령 지미 카터는 대통령을 그만둔 뒤의 삶으로 더 유명합니다. 세계적으로 많은 영향을 끼쳤습니다. 그가 아주 감동적인 참회이자 신앙고백을 했습니다. "나는 내 교회의 전도프로그램에 14년 동안 참가하여 10가정씩 모두 140가정을 방문하여 전도한 것을 자랑으로 여기고 있다. 그랬는데 1966년 내가 주지사에 입후보하여 선거운동 3개월 동안 악수를 하고 만난 사람이 약 30만 명이다." 이제 그는 생각합니다. "나는 나를 위하여 무려 3개월 동안 30만 명을 만나고 내 뜻을 전했지만 돌이켜보면 하나님을 위해서는 14년 동안 겨우 140가정을 찾아가 복음을 전하고 자랑스러워했을 뿐이다. 이것을 나는 너무도 부끄럽게 생각한다." 참회의 고백입니다. 여러분은 어떻습니까? 하나님의 은혜에 대한 새로운 차원의 신앙고백이 있어야 합니다. 복음을 전하고 증거하는 것이 내게 주신 은혜요, 더 큰 하나님의 은혜를 경험케 하기 위하여 하나님께서 주신 선물로 고백되어야 합니다.

이런 하나님의 초월적 은혜가 은혜 되도록 하기 위해, 오늘 본문에서 사도 바울은 우리가 가져야 하고 인정해야 하고 선언해야 할 세 가지 근본요소를 자기경험에 근거하여 알려주고 있습니다.

첫 번째, 선교적 사랑이 있어야 된다는 것입니다. 오늘 본문은 말씀합니다. "너희가 내 마음에 있음이며…(7절)." 항상 내 마음에 있습니다. 그리스도의 사랑으로 복음 안에서 선교적 사랑 가운데 서로간의 마음에 있습니다. 그가 그리스도인입니다. 그래서 그리스도인의 교제가 이루어집니다. 이 아름다운 관계를 시작하신 분은 하나님이십니다. 그리스도 예수의 날까지 이 일이 계속될 것을 그는 압니다. 사도 바울은 말씀합니다. "내가 예수 그리스도의 심장으로 너희 무리를 얼마나 사모하는지 하나님이 내 증인이시니라(8절)." 얼마나 감격적이고 아름다운 신앙고백입니까? '내가 예수 그리스도의 심장으로' 내 심장이 아닙니다. 내 인격이 아닙니다. 그리스도의 인격이요, 그리스도의 심장입니다. 그리스도의 심장의 뜀으로, 그 보혈의 피로 너희 무리를 향하여 어떻게 사모하는지 하나님이 내 증인이시니라. 곧, 예수 그리스도의 심장으로 사모한다는 것입니다. 시편 42편에 같은 말씀이 있습니다. How I long for…. "사슴이 시냇물을 찾기에 갈급함 같이…(1절)." 그와 같은 갈급한 마음이 항상 내 안에 너희를 향하여 있다는 것입니다. 이는 한 개인의 인격이나 삶의 고백이 아닙니다. 그리스도의 은혜가 그를 이렇게 만들었습니다. 하나님의 선교에 동참함으로써 복음 안에서 새로운 은혜공동체를 이루었습니다. 그 안에 뜨거운 열정이 있습니다. 그리스도의 심장으로 이렇게 됐다는 것입니다. 표현이 다소 강렬하지만, 언어적으로 보면 그리스도의 연민이요, 애정이요, 긍휼입니다. 내 것이 아닌 하나님의 것으로 이렇게 되었다는 것입니다. 이것이 고백되어야 합니다.

예수님께서 원수를 사랑하라 말씀하십니다. 네 인내와 네 인격으로 말고, 그리스도의 인격과 그리스도의 사랑으로 원수를 사랑하라는 것입니다. 그것이 아니면 불가능하기 때문입니다. 예수님께서는 가룟 유다가 자신을 파는 것을 아시면서도 그의 발을 먼저 닦아주십니다. 원수를 사랑하는 것을 보여주셨습니다. 그 사랑이 너희에게 은혜로 주어질 테니, 이 선교적 사랑으로 그러한 관계를 가지라는 것입니다. 또한 십자가에서 돌아가실 때 예수님께서는 말씀하셨습니다. "저들이 하는 짓을 알지 못하니 저들을 용서해주시옵소서." 오직 복음 안에서 뜨거운 긍휼과 선교적 사랑으로 모든 것을 하나님께 맡기고 새로운 관계를 만들어 가십니다. 우리 그리스도인은 이를 고백하고 영접하고 행하는 사람입니다. 내 판단을 멈추어야 합니다. 하나님의 말씀이 내 안에 있고, 하나님과의 그 관계를 생각할 때는, 하나님의 일에 동참할 때는, 내 지식과 경험이 멈추어야 합니다. 십자가의 은혜, 그 사랑만이 나를 끌어가는 것입니다. 나는 거기에 끌려갈 뿐입니다. 놀라운 은혜를 경험하게 됩니다. 바로 이것이 그리스도인의 삶에 있어야 된다는 것입니다.

두 번째, 선교적 고난이 있고 그 고난을 인정해야 된다는 것입니다. "나의 매임과…." 영어성경에는 이렇게 되어 있습니다. I am in chains. 나는 지금 쇠사슬에 묶여 있다, in my imprisonment-감옥에 갇혀 있다. 사도 바울이 지금 빌립보 교회에 편지를 쓴 현장이 로마감옥입니다. 착고에 매여 감옥에 있습니다. 이 매임이 하나님의 경륜 안에 있다는 것을 항상 먼저 깨달아야 합니다. 그리고 고백해야 합니다. 아니면 다 여기서 시험받고 맙니다.

성서적으로 보면 고난에는 세 가지가 있습니다. 하나는, 우리 모든 사람이 경험하는 죄인의 고난입니다. 다른 하나는, 나는 크게 잘못한 것이 없는데 억울하게 받는 고난입니다. 예를 들면 지도자의 잘못으로 함께 겪는 고난이 있습니다. 또 다른 하나는, 오늘 본문에서 말씀하는 고난입니다. 의인의 고난입니다. 하나님 일에 전적으로 순종했습니다. 그 결과가 감옥입니다.

나의 매임입니다. 쇠사슬에 묶여 있단 말입니다. 불공평합니다. 그러나 이것이 하나님의 뜻입니다. 하나님의 방법입니다. 인간적으로는 도저히 이해가 되지 않습니다. 사도 바울도 모릅니다. 나중에 알게 되는 것입니다. 하나님의 경륜 안에서 하나님의 뜻을 이루기 위하여는 이 선교적 고난이 반드시 필요하다는 것입니다. 그래서 수많은 순교자들이 있을 수 밖에 없고 예수님께서 십자가에 못 박혀 돌아가실 수 밖에 없는 것입니다.

이 말씀을 믿고 이를 당연하게 여긴다면 한번 생각해보십시오. 과거이거나 현재이거나 억울함이 있습니까? 무엇 때문에 억울한가 생각해보십시오. 정말 의인의 고난이거든 찬양하여야 됩니다. 그 고난을 통하여 하나님의 뜻이 이루어지기 때문입니다. 한데 그냥 내 잘못인 것을, 공연히 억울한 마음으로 남을 비평하고 정죄하고 원망한다면 이것은 더 큰 죄입니다. 하나님께서 다 아십니다. 기도하고 결정한 문제에 대해서 생각을 할 수는 있습니다. 저도 이 과정을 항상 깊이 생각합니다. 생각은 할 수 있습니다. 안하려고 해도 생각나는 것을 어떡합니까? 하지만 말을 해서는 안 됩니다. 원망을 품어서는 안 됩니다. 분노를 보여서는 안 됩니다. 빨리 기도하고 하나님의 경륜을 생각하면, 하나님의 사람의 삶을 생각하면, 하나님의 은혜가 나를 주장하여 용서하는 마음이 생깁니다. 하나님께 다 맡깁니다. 하나님의 뜻이 나를 통하여 이루어져가는 것입니다. 이래도 안 되면 또 하나 생각하십시오. 들키지 않은 내 죄들, 들키지 않은 그 수많은 내 허물들을 생각하고 고난을 당연하게 여기십시오. 먼저 하나님의 경륜 속에 의인의 고난이 있음을, 선교적 고난이 있음을 알아야 합니다. 이를 성경을 통해, 사건을 통해 경험한다면 오늘 내 삶에 억울하고 원망할 일이 없습니다. 깊이 생각해야 됩니다. 너무도 많은 사람들이 여기서 실수하고 넘어집니다.

실제로 세계의 선교역사는 고난을 통해서 이루어집니다. 대표적인 것이 가난과 질병입니다. 우리도 정신적, 육체적, 영적 고통을 통하여 하나님께 돌아온 것 아닙니까? 그 일로 성숙해지고 성장하는 것 아닙니까? 한국의 선교역사만 봐도 그렇습니다. 전 세계가 주목할 만한 선교파송국가입니다. 정말 놀랄만한 사건입니다. 불과 1세기만입니다. 그 20세기에 우리는 어느 나라와 비교해도 더 많은 역경을 겪었습니다. 바로 그 과정을 통하여 하나님께서 하나님의 사람을 부르신 것입니다. 중국이 그렇습니다. 정치적, 경제적 탄압 속에서 기껏 300만에 불과하던 교인 수가 40년이 지나 6천만, 지금은 1억이 넘습니다. 고난이 없이는 하나님의 역사가 이 모순된 사회에서 이루어질 수 없는 것입니다. 저는 예언자는 아니지만 북한에는 틀림없이 아주 깨끗한 순교적 신앙을 가진 분들, 허다한 증인들이 많이 있을 것이라고 말할 수 있습니다. 우리나라가 그랬고, 중국이 그랬고, 세계 선교역사가 그랬습니다. 하나님께서 하신 일이기 때문입니다. 또 우리가 기도하기 때문입니다. 선교적 고난이 있다는 것을 그대로 수용해야 됩니다. 그럴 때 비로소 은혜에 참예하는 자가 됩니다.

세 번째, 선교적 증언이 있어야 된다는 것입니다. 이것이 가장 중요합니다. 오늘 본문은 말씀합니다. "복음을 변명함과 확정함…(7절)." 이것이 있어야 됩니다. 복음을 변명한다는 것은 apology, 변증한다는 말입니다. 여기 절대 진리가 있습니다. 그런데 누가 부정합니다. 잘못됐다고 합니다. 이럴 때 바로잡아주는 것이 변증입니다. 한마디로 믿지 않는 사람들, 왜곡되게 믿는 사람들에게 바른 진리를 가르쳐주는 것입니다. 이것은 항상 필요한 것입니다. 그 당시에도 로마황제 네로가 로마를 불태우고 그 죄를 그리스도인들에게 덮어씌웁니다. 그래서 엄청난 사람들이 죽어갔습니다. 그들에게는 그리스도인들이 야만인입니다. 범죄자들입니다. 서로 형제님, 자매님 하니 근친상간하는 사람들이기도 합니다. 그들이 그 당시 실제로 그런 의식을 가지고 있었습니다. 그들에게 그것이 아님을, 그리스도인은 비폭력주의요, 그리스도의 사랑과 은혜로 사는 사람들임을 가르쳐야 하고 분명히 변증해주어야 하는 것입니다. 그래야 복음이 바로 섭니다. 설득시킬 수 있습니다. 동일한 은혜에 동참시킬 수 있습니다. 바로 이런 변명, 변증이 필요합니다. 또 '확정함'이라 하였습니다. 이 말은 교회 안에 있는 것입니다. 이미 믿은 자들에게 믿음을 더 성숙, 성장시켜야 되기 때문입니다. 그래서 아주 분명하게 하나님의 은혜의 사람으로 서야 되는 것입니다. 오늘과 같은 시간은 변증의 시간이 아닙니다. 확정함의 시간입니다. 꼭 필요한 것입니다. 이 두 가지가 항상 필요합니다. 이 점을 깊이 생각해야 합니다.

사도 바울은 유대인들 앞에서 얼마나 많은 변증함과 확정함을 했습니까? 모든 서신서들을 통하여, 특히 사도행전에 수많은 권면과 설교와 변증의 기록들이 있습니다. 오늘 본문은 어떻습니까? 오늘 우리가 깊이 생각해야 할 것이 하나 있습니다. 이 시대가 종교적으로 어떤 시대인가를 생각해야 된다는 것입니다. 이것은 어떤 철학자나 종교학자나 역사학자들도 다 동일하게 인정하는 것입니다. 지금 이 시대는 한마디로 종교다원주의의 시대입니다. 종교다원성의 시대입니다. 이것이 왜 생겼을 것 같습니까? 이유는 하나입니다. 역사학자와 미래학자들이 말합니다. "21세기에는 문화 간의 갈등이 있을 것이다. 종교 간의 충돌이 있을 것이다." 기독교와 이슬람교, 힌두교가 세계를 멸망시킬 것이라고 예언합니다. 다 그렇다고 인정합니다. 이를 피해가려고 만든 것이 '종교다원'이라는 말입니다. 생각은 좋습니다. 그런데 조금 더 깊이 생각하면 이것 자체가 또 하나의 종교입니다. 그래서 이 또 하나의 새로운 종교적 가치관은 불교, 이슬람교, 힌두교를 비롯한 모든 기존종교들의 전통을 무시하고 부숩니다. 기독교까지 부숩니다. 기존의 모든 종교들을 다 부숩니다. 그냥 범신론적이고 혼합주의적인 새로운 종교적 가치관을 만들고 그리로 몰아가는 것입니다. 깊이 생각해야 합니다. 이것은 또 다른 갈등의 씨앗입니다. 결코 해결책이 아닙니다. 어떠한 이데올로기도 해결할 수 없습니다. 하나님께서만 하실 수 있습니다. 복음만이 할 수 있습니다.

그러나 인간적인 판단으로 기독교의 복음에는 배타적인 요소가 있고, 오직 구원이 거기에만 있다고 주장하니까 그로 인해 종교간 충돌이 일어나면 세계가 어떻게 되겠느냐 합니다. 그렇다고 종교다원주의를 인정해본들 그것이 인간에게 화평과 질서를 주지는 않는다는 것을 알아야 합니다. 이것은 복음에 대한 또 다른 무서운 도전입니다. 그렇다면 이 시대에는 변증적 통찰이 더욱 필요합니다. 복음에 대한 변증적 용기와 지혜가 필요한 시대입니다. 그들에게 절대 진리인 복음을 알려줘야 되지 않겠습니까? 우리의 책임입니다. 은혜에 동참한 모든 하나님의 사람들의 마땅한 책임입니다.

여기에서 신학적으로 두 가지를 강조하고 싶습니다. 한 가지는, 다원주의와 다원성을 구별해야 된다는 것입니다. 분별력이 있어야 됩니다. 이 둘은 같은 것이 아닙니다. 어차피 모순된 사회입니다. 하나님께서 아십니다. 죄악이 많은 세상인 줄을 아십니다. 세상에는 많은 종교들이 있습니다. 그 다원성은 인정해야 됩니다. 그러나 다원주의는 안 됩니다. 하나님께서 이스라엘 백성을 택하시던 당시에는 지금 이 시대만큼이나 수많은 종교들이 주변에 있었습니다. 성경 어디를 봐도 다른 종교를 믿었다고 당장 죽이거나 심판하지 않았습니다. 그냥 둬야 됩니다. 하나님께서 그냥 두셨으면 그냥 두는 것입니다. 우리 힘으로 되는 것이 아닙니다. 오히려 하나님께서는 하나님께서 택하신 백성으로 하여금 하나님의 뜻을 이루게 하시고 하나님의 나라를 세우셨습니다. 이를 통하여 나머지는 하나님께서 하실 것입니다. 그래서 다원성은 인정하되 다원주의에 동참해서는 안 되는 것입니다. 오직 하나님은 한 분 뿐이시기 때문입니다.

다른 한 가지는, 종교 간에 대화를 해야 한다는 것입니다. 협력해야 한다는 것입니다. 이것 꼭 해야 됩니다. 그러나 어느 차원에서 해야 되느냐 하면 세속적 차원에서만 해야 됩니다. 예를 들어 환경문제에서는 협력해야 합니다. 동참할 수 있습니다. 또 정치적인 문제에서는 협력할 수 있습니다. 3·1

운동은 기독교인을 중심으로 하여 불교나 천도교가 다 같이 동참하지 않았습니까? 이와 같이 세속적 차원에서 인간의 존엄성을 지키기 위한 일에는 얼마든지 대화할 필요가 있습니다. 이런 협력조차 안한다면 곤란합니다.

그러나 종교적 차원에서는 절대로 안 됩니다. 구원은 오직 하나님께만 있기 때문입니다. 거기에는 구원이 없습니다. 그것을 인정하면서 무슨 대화를 합니까? 이 분별력을 가지고 복음의 변증, 즉 지식으로 그들에게 하나님의 말씀을 전해야 됩니다. 사도행전 4장 12절은 말씀합니다. "다른 이로써는 구원을 받을 수 없나니 천하 사람 중에 구원을 받을 만한 다른 이름을 우리에게 주신 일이 없음이라…." 말씀 그대로 될 것입니다. 이 복음의 절대성으로 우리는 그들에게 설명해나가야 합니다. 이것이 변명이요, 변증입니다.

또한 확정함의 중심은 예배에 있습니다. 하나님께서 역사하신 바를 선포합니다. 하셨고, 하시고, 하실 일을 선포합니다. 우리는 그것을 소망하며 하나님을 찬양하고 두려움 없이 이 세대를 살아갑니다. 이것은 날마다 있어야합니다. 오늘 같은 성경공부는 변증함이 아닙니다. 확정함입니다. 결론은이미 정해졌습니다. 이 일에 대하여 더 큰 영적 지식과 지혜를 줍니다. 말씀 그대로 될 것을 믿고 약속의 성취를 믿고 오직 믿음으로 영접합니다. 그래서점점 자라납니다. 분명한 하나님의 경륜 속에 내 삶이 있음을 발견하고 고백하게 됩니다. 이런 확정함이 없으면 신앙은 자라지 않습니다. 자꾸 들으시고 깨닫고 묵상하고 경험해야 됩니다. 그래야 하나님에 대한 지식이 내게서산지식이 될 수 있는 것입니다. 사도 바울은 오늘 본문에서 결론적인 말씀을합니다. "너희가 다 나와 함께 은혜에 참예한 자가 됨이라." 은혜에 참예한자가 되어야 그리스도의 본질을 회복한 자입니다. 초월적인 하나님의 은혜와 그 은혜의 부르심, 그 하나님의 말씀에 순종하여 선교에 동참하는 것이, 하나님 나라의 일입니다. 하나님의 일입니다. 이것은 우리의 일입니다. 우리에게 주시는 또 하나의 은혜요, 하나님의 선물입니다. 그럴 때 하나님께서 그에게 복을 주십니다. 진정 영생의 기쁨과 충만함으로 이 시대를 살아갈 수 있습니다.

빌립보 교인들이 이와 같았습니다. 먼저는 선교적 사랑입니다. 그들은 하나님의 사람 사도 바울을 존경합니다. 말로만 사랑한 것이 아닙니다. 필요한 것을 공급했습니다. 다음으로는 선교적 고난입니다. 그들도 빌립보 교회를 통하여 고난을 받습니다. 선교적 고난입니다. 또한 사도 바울이 감옥에서 고난을 받을 때 에바브로디도를 보내어 그 고난에 동참케 하고 함께 기도합니다. 그 다음으로는, 선교적 증언입니다. 빌립보 교회를 통하여 빌립보지역에 복음을 증거하는 데 함께 동참합니다. 선교적 증언입니다. 사도 바울이 복음을 증거할 때 같이 기도합니다. 그에게 필요한 모든 선교적 자원을 지원합니다. 이렇게 하여 하나님의 은혜에 전적으로 함께 참예한 자가 되었습니다. 이것이 그리스도인의 본질입니다.

현재 미국에서 가장 유명한 목사님 중 한 분이 레이튼 포드 목사님입니다. 「타임」에서 현재 미국에서 가장 강한 영향을 끼치는 목사님으로 레이튼 포드 목사를 뽑았습니다. 그가 어떤 글에서 자기 생애를 통틀어 잊을 수 없는 사건이 하나 있음을 간증했습니다. 우리에게 큰 간증이 됩니다. 그가 아프리카에 선교를 갔습니다. 서부 아프리카 다카 공항에서 비행기에 기름을 넣기 위해 잠시 서 있을 때였습니다. 그 기다리는 시간에 그는 프랑스 출신의 아프리카 선교사를 만나 함께 교제를 하게 되었습니다. 그때의 사건입니다. 그 아프리카 선교사가 레이튼 포드 목사에게 자신을 소개합니다. "나는 모슬렘 지역에서 10년간 선교한 사람입니다." 그러자 레이튼 포드 목사 옆에 있던 사람이 그 선교사에게 묻습니다. "그 동안 얼마나 많은 회심자가 있었습니까?' 궁금할 것 아닙니까? 이에 그 선교사가 말합니다. "두 명 있었습니다." 그 말을 듣고 사람들이 생각합니다. '아니, 10년 동안 단 두 명이라니, 이게 말이 되는 거야?' 다시 이렇게 질문합니다. "그럼 도대체 당신은 무엇 때문에 이곳에 있는 것입니까?" 이 질문에 그 선교사가 깜짝 놀라더랍니다. 그리고 아주 겸손하고 진지하게 답했다는 것입니다. "내가 왜 이곳에 있느냐고요? 그 이유는 그리스도께서 나를 이곳에 두셨기 때문입니다. 내가 이곳에 있는 이유는 오직 예수 그리스도께서 나를 이곳에 두셨기 때문입니다. 내가 이곳에 있는 이유는 오직 예수 그리스도께서 나를 이곳에 보내셨기 때문입니다." 이 말에 다른 사람들은 몰라도 레이튼 포드 목사님은 엄청난 충격을 받았습니다. 그 일이 자기 일생에서 도저히 잊을 수 없는 사건이었다는 것입니다. 하나님께서 나를 이곳에 보내셨다는 것입니다. 결과는 상관없습니다. 나는 단지 충성할 뿐입니다. 그 모습에 레이튼 목사는 너무나 부끄러웠던 것입니다.

우리는 지금 어디에 있습니까? 어느 곳에서, 어떤 뜻 안에서 생활하고 있습니까? 하나님께서 나를 이곳, 이 나라, 이 교회에 부르셨다는 정체의식을 가지고 살아가고 있습니까? 하나님께서는 모든 그리스도인들 각자에게 선교적 소명을 주셨습니다. 말로써, 삶으로써, 하나님의 은혜에 대한 간증으로써, 하나님의 뜻을 증거해야 할 책임이 우리에게 있습니다. 그렇게 우리는 부르심을 받았습니다. 그 하나님의 뜻을 기억해야 합니다. 그리고 내 삶이 하나님의 경륜 안에 있음을 고백해야 됩니다. 그 사람이 바로 은혜에 동참한 자입니다. 따라서 교회는 은혜공동체인 것입니다. 그 은혜에 참예한 자만이 모든 것이 하나님의 은혜임을 고백하고 날마다 그 은혜 가운데서 하나님의 사람답게 살아갈 수 있는 것입니다. 그래서 우리는 기도합니다. 그래서 우리는 말씀을 사모합니다. 말씀의 능력을 믿습니다. 그리고 하나님을 찬양합니다. 그럼으로써 하나님의 놀라운 경륜이 이루어져갑니다. 이것이 우리의 소망입니다. 이 그리스도인의 본질을 회복하고 더 큰 은혜의 삶을 살기 바랍니다.

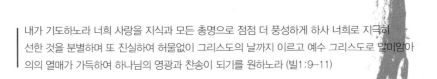

05.
영적 기도

내가 기도하노라 너희 사랑을 지식과 모든 총명으로 점점 더 풍성하게 하사 너희로 지극히
선한 것을 분별하며 또 진실하여 허물없이 그리스도의 날까지 이르고 예수 그리스도로 말미암아
의의 열매가 가득하여 하나님의 영광과 찬송이 되기를 원하노라 (빌1:9-11)

그리스도인은 그리스도인의 본질을 분명히 깨닫고 이해하면서 그 가치관
안에서 살아가야 합니다. 그리스도인의 본질을 잃으면 그는 그리스도인이
아닙니다. 세례 받고 스스로 그리스도인이라 말하여도 그 삶에, 그 믿음에
그리스도인의 본질이 분명하게 드러나 있지 않다면 진정한 그리스도인이라
할 수 없습니다.

　사도 바울은 빌립보 교회에 편지를 쓰면서 의도적으로 먼저 그리스도인
의 본질에 대하여 강조하고 있습니다. 그 이유는 너무나 자명합니다. 하나
님께서는 하나님의 사람, 그리스도인에게만 우선적 관심을 두십니다. 결국
은 하나님께서 복을 주시지만, 그 복은 그리스도인에게 주어진 복입니다. 그
리스도인에게 하나님의 나라가 선포됐고, 그 하나님의 나라는 그리스도인
에게 신비입니다. 생명입니다. 능력입니다. 그러나 그리스도인이 아닌 자
에게는 아무 의미가 없는 것입니다. 예수님께서 오셨다, 가셨다…. 별의미
가 없습니다. 이것은 그리스도인에게만 완전히 새로운 가치관이요, 새생명

입니다. 그 하나님 나라의 기쁨, 하나님 나라의 소망, 하나님 나라의 승리는 오직 그리스도인에게만 허락되는 것입니다. 그래서 그는 그 본질을 강조하고 있습니다. 첫째는, 성도의 교제입니다. 그리스도인은 그리스도인다운 교제를 가져야 합니다. 둘째는, 그리스도인은 하나님의 역사와 그 역사에 대한 확신을 가져야 됩니다. 내가 그 역사 가운데 있는 존재임을 고백해야 합니다. 셋째는, 하나님의 은혜에 참예하는 자가 되어야 합니다. 모든 것이 하나님의 은혜이고, 그 은혜 안에 내가 있고, 그 은혜에 적극적으로 참여하는 것이 의무나 책임이 아니라 오히려 내게 큰 기쁨이요, 특권이요, 영광임을 발견하고 자랑할 수 있어야 합니다.

오늘 본문은 넷째, 본질에 대하여 말씀합니다. 영적 기도자가 바로 그리스도인이라는 것입니다. 이 본질이 우리의 삶을 통하여 체질화되고 문화화되어 그 본질이 저절로 나를 이끌어가야 됩니다. 이것이 그리스도인의 정체성입니다. 그리스도인은 기도하는 사람입니다. 예수 그리스도의 이름으로 기도하는 사람만이 그리스도인입니다. 기도하지 않는다면 그리스도인이라 할 수 없습니다. 그렇다고 모든 기도가 기도일 수는 없습니다. 하나님께서 기뻐하시는 기도, 응답해주시는 기도, 함께 해주시는 기도를 해야 합니다. 그래야 true Christian, 진정한 그리스도인입니다. 그는 영적 기도의 자세를 가질 뿐만 아니라, 영적 기도의 내용을 분명히 알고 있습니다. 그런고로 그리스도인의 본질은 바로 영적인 기도의 사람이라고 사도 바울은 오늘 본문을 통하여 말씀합니다.

신학자 매튜폭스의 『Original Blessing』이라는 저서가 있습니다. 원초적인 축복에 관한 책입니다. 이 책에서 그는 기도의 내용을 언급합니다. 매우 감동적이고 공감이 가는 내용입니다. 그는 말합니다. "기도하는 마음으로 깨닫는다는 것은 현재의 상황에 민감하다는 것이다." 우리는 오늘의 상황에 민감해야 됩니다. 오늘의 기쁨, 오늘의 은혜, 오늘의 필요, 오늘의 능력, 오늘의 사랑…. 오늘의 문제들을 놓고 하나님의 도우심과 인도하심이 꼭 필요하다고 고백하는 것입니다. 그리고 하나님의 뜻을 묻는 것입니다. 진정한 그리스도인은 죽은 다음의 천국만을 바라지 않습니다. 오늘 그리스도인다운 삶을 하나님께 기도로 간구합니다. 오늘 현재 내 주변에, 오늘의 문제에 민감할 수밖에 없습니다. 그래서 말합니다. "깨달은 사람의 매일매일은 신비를 가져오며, 만나는 사람마다 들려오는 뉴스의 사건마다 그리고 내 속에 느껴지는 이 느낌마다, 하나님의 신비를 간직하고 있다는 사실을 깨닫는 것이다." 하루하루의 삶이 하나님의 신비 안에 있는 삶이 되는 것입니다. 그래서 우리는 하나님 나라의 자녀입니다. 오늘 현재의 모습이 그렇다는 것입니다. 이것은 그리스도인만이 가지고 있는 정체성입니다. 바로 그 기도, 그 확신에 하나님께서 함께 하시고 능력을 주십니다. 그런고로 그리스도인은 기도로 시작하고 기도로 끝나지 않습니까? 일상적 삶이 기도입니다. 그것도 사람 앞에서가 아닙니다. 자기 주문적 확신도 아닙니다. 하나님 앞에서 기도하는 것입니다. 살아계신 하나님 앞에서 기도로 시작해서 기도로 끝납니다. 그가 진정한 그리스도인입니다.

저는 예수소망교회의 첫 수요사경회에서 기도에 관하여 강해설교를 하였습니다. 그 내용을 정리하여 『주여, 기도를 가르쳐 주옵소서』라는 책으로 출간하였습니다. 기도가 가장 본질적인 것이기 때문입니다. 기도가 막힐 수도 있습니다. 그러면 다시 영적 기도가 무엇인지 계속 스스로의 기도의 질과 수준을 점검해야 합니다. 기도는 배워야 합니다. 예수님께로부터 배워야 합니다. 가장 우선적인 것입니다. 성경에 나타난 하나님의 사람으로부터 배우고, 내 주변 사람들로부터도 배워야 합니다. 그냥 되는 것이 아닙니다. 기도의 이유와 목적이 분명해야 합니다.

성경에 많은 기도가 있습니다. 오늘 본문도 그런 사례의 하나입니다. 이는 성서적으로 몇 가지 이유가 있습니다. 첫째, 기도가 그리스도인의 본질임을 알려주기 위한 것입니다. 그래서 바른 영적 기도의 내용, 하나님께서 기뻐하시는 기도가 무엇인지를 가르쳐주기 위하여 성경에 많은 기도문이 있는 것입니다. 기도는 곧 말씀입니다. 왜냐하면 기도를 통하여 하나님의 뜻을 알아야 하기 때문입니다. 하나님께서 원하시는 것을 알아야 됩니다. 하나님의 뜻 안에 내 기도가 있어야 됩니다. 그래서 기도는 그 안에 성경적 지식과 교리와 신앙고백이 다 담겨 있는 것입니다. 기독교 교리에 관심 있다면 기도 책을 보십시오. 그 안에 다 압축돼 있습니다. 가장 간단명료한, 구원받기에 충분한 것이 그 안에 이미 내재돼 있는 것입니다. 둘째, 기도자의 가치관과 세계관과 신앙을 알아서 배우게 하기 위한 것입니다. 성령께서 의도적으로 기록하셨습니다. 이런 공적 예배에서나 어떤 모임에서 목사님이든 평신도든 기도하는 모습을 보면 다 알 수 있습니다. 기도하는 사람의 평소 습관에서부터 성경 읽는 양, 어떤 관점에서 성경을 보는지, 평소 생각이 무엇인지 대충 95%는 맞출 수 있습니다. 자기의 평상시 생각과 가치관이 담겨 있습니다. 우선순위가 다 담겨 있습니다. 그것을 성경으로부터 하나님께로부터 배우게 하기 위하여 성경에 기록되어 있는 것입니다. 셋째, 모든 사람이 이와 같이 기도하게 하기 위한 것입니다. 하나님께서 기뻐하시는 기도, 하나님의 사람의 기도와 같은 질과 내용으로 기도하기를 하나님께서는 원하십니다. 그래서 성경에 많은 기도문이 있는 것입니다.

재미있는 이야기가 있습니다. 미국의 로널드 레이건 대통령이 많이 사용하던 이야기로 알려져 있습니다. 내용은 이렇습니다. 어느 교회에서 산으로 어린이 캠핑을 갔습니다. 선생님들은 산에 도착하자마자 먼저 아이들에게 아주 엄중한 주의를 줍니다. "캠프 밖을 벗어나지 마라. 수많은 맹수들과 짐승들이 있고 수많은 위험들이 도사리고 있다. 절대로 벗어나지 마라." 하지만 꼭 문제아는 있게 마련입니다. 흔히 목사님 아들이 문제아 노릇을 하는 경우가 많습니다. 여기에서도 목사님 아들이 주의를 준 말을 듣고도 살금살금 캠프 밖으로 빠져나갑니다. 호기심이 발동하여 가다보니 너무 멀리까지 갔습니다. 아차 싶었습니다. 한데 마침 눈앞에 큰 곰 한 마리가 나타났습니다. 다가옵니다. 얼마나 두렵고 당황스럽겠습니까? 어찌해야 할지 알 수 없는 상황입니다. 그런데 교회에서 가르쳐준 것이 하나 생각납니다. 기도입니다. 그래서 그는 하나님께 기도합니다. "주님, 저를 보호해주세요. 인도해주세요. 제 목숨을 구원해주옵소서." 그런데 아무 기적이 느껴지지 않습니다. 눈을 살그머니 떠보니 곰이 무릎 꿇고 기도하고 있는 것이었습니다. 그는 깜짝 놀랐습니다. "야, 역시 하나님께서는 위대하시다!" 그가 곰에게 말을 겁니다. "너랑 나랑은 애초에 다르게 태어났고 생각도 다르고 뜻도 다르고 습관도 다른데 어떻게 네가 기도를 하냐. 역시 우리는 한 형제다." 그러자 곰이 이렇게 답하더랍니다. "글쎄, 너는 어떤 기도를 했는지 모르겠지만, 나는 지금 식사에 대한 감사의 기도를 하고 있다."

영적 기도는 하나님 뜻 안에서 일치되어야 합니다. 왜냐하면 하나님의 뜻에 합당한 것이 응답받는 기도요, 하나님께서 기뻐하시는 기도이기 때문입니다. 아무리 처음 본 사람이라 하더라도 영적 기도의 본질은 일치할 수밖에 없습니다. 예를 들어 어느 부모님이 자식을 두고 열심히 공부해서 학자가 되기를 기대합니다. 그런 내용으로 기도를 합니다. 하지만 자녀는 공부에 관심이 없습니다. 신앙생활도 열심히 하는데, 그 자녀가 정말 좋아하는 것은 운동입니다. 운동선수가 되고 싶어 합니다. 이럴 때 하나님께서는 누구의 소원을 들어줘야 합니까? 결국은 하나님의 뜻대로 될 것 아닙니까? 그렇다면 어느 것이 하나님의 뜻이냐는 것입니다. 그런데 한 번도 아니고 항상 이렇게 기도합니다. 이것은 기도가 아닙니다. 자기소원입니다. 기도는 항상 하나님의 뜻 안에서, 특히 함께 기도하는 공동체에서는 일치돼야 합니다. 가정에서 일치되고, 한 공동체 안에서 일치되어야 합니다. 내 뜻이 아닙니다. 하나님의 뜻 안에서 일치가 돼야 합니다. 저는 이 점에 익숙한 사람입니다. 왜냐하면 저는 철없던 어린 시절에 목사가 되고 싶다고 했습니다. 하지만 어느 순간부터 가만히 보니 목회가 너무너무 힘든 것입니다. 그래서 생각했습니다. '아, 나도 그냥 평신도가 되어야겠다. 구원만 받아야 되겠다.' 그리고 방향을 바꾸었습니다. 그런데도 항상 마음이 불편합니다. 집에서 강요하지도 않습니다. 부모님의 소원을 제가 알지 않습니까? 뭐라고 기도하고 있는지 다 압니다. 부모님께서는 제가 태어나기 전부터 이다음에 꼭 목사가 되라고 저를 하나님께 바쳤습니다. 고문입니다. 항상 마음이 불편합니다. 하는 일마다 신나지도 않습니다. 나중에는 삶의 의미도 없습니다. 내가 이거 왜 하나 싶기도 합니다. 그리고 나서 깨달았습니다. 제가 부모님이랑 기도로 게임이 되겠습니까? 누가 더 센 기도를 했겠습니까? 애초 제가 영적인 눈치가 없었던 것인지도 모릅니다. 빨리 포기했어야 되는 것입니다. 더욱이 하나님께서 작정하신 것을 감히 내가 어떻게 바꿉니까? 그러니까 기도는 하나님의 눈치를 봐야 됩니다. 하나님께서 원하시는 것에 민감해야 합니다. 함께 기도하는 사람들 안에서 기도하는 사람과 그 기도의 응답에, 그의 기도에 민감해야 됩니다. 하나님께서는 바로 그 기도를 먼저 들어주실 것 아닙니까? 저는 제 삶으로 깨달았습니다. 영적 기도는 하나님의 뜻 안에서 함께 하나의 본질을 향하여, 그리스도의 영광을 위하여 하는 기도입니다. 이를 우리는 분명히 깨달아야 합니다. 영적 기도를 드려야 합니다.

오늘 본문에 사도 바울의 기도가 나옵니다. 영적 기도의 본질이 무엇인지 그 의미와 내용과 핵심적인 본질에 대하여 다섯 가지로 깊이 살펴보겠습니다.

첫 번째는, "내가 기도하노라…(9절)." 우선순위입니다. 그가 빌립보 교인들을 위하여 하나님께 기도할 때 그 우선순위가 가장 중요하다는 것입니다. 그들은 지금 핍박 속에 있습니다. 경제적, 정치적 위기 속에 있습니다. 하지만 그런 말씀은 전혀 나오지 않습니다. 먼저 사도 바울이 간구하는 것은 사랑에 관한 것입니다. 왜? 사랑이 없으면 아무것도 아니기 때문입니다. 먼저 그리스도적 사랑이 충만해야 모든 문제를 해결할 수 있기 때문입니다. 그래서 오늘 본문에서 그는 말씀합니다. "너희 사랑을 지식과 모든 총명으로 점점 더 풍성하게 하사(9절)." overflowing more and more, 너희 사랑이 점점 더 넘쳐흐르기를 나는 간절히 기도한다. 이것이 하나님의 뜻에 합당한 빌립보 교인들을 위한 기도였습니다. 왜냐하면 이것이 가장 중요한 것이기 때문입니다.

빌립보 교인만이 아닙니다. 우리 모두에게도 적용되는 말씀입니다. 사랑 없는 기도를 신앙인의 기도라 할 수 있습니까? 한이 맺혀 있습니다. 불평, 불만, 원망이 있습니다. 결핍된 삶에서 오직 내 소원이 충족되기만을 바라는 간절함이 있습니다. 과연 이 기도가 응답되겠습니까? 먼저 해야 될 것이 있습니다. 하나님께서는 원점에서부터 출발시키십니다. 하나님의 사랑을 충만히 느끼고 그 사랑 안에서 인격이 자라며 사랑의 존재가 되도록 하십니다. 그리고 나머지를 허락해주십니다. 그래야 그리스도께 영광 돌리는 삶이 되기 때문입니다.

톨스토이는 한평생 사랑에 관한 사랑의 길, 사랑의 아픔, 사랑의 의미에 대하여 우화를 비롯한 많은 글들을 썼습니다. 그러나 정작 그 자신은 진정한 사랑을 잘 몰랐던 것 같습니다. 그의 아내가 남편에 대하여 이렇게 말합니다. "그는 진정한 온정이라는 것을 찾아보기 아주 힘든 사람이었습니다. 그의 친절, 그의 사랑은 마음에서 우러나온 것이라기보다는 자신의 신조, 신념에서 비롯된 것입니다. 그는 일평생 가족을 위하여 단 5분도 사랑을 느끼게 해준 적이 없었습니다." 톨스토이는 사랑의 본질을 글로 써서 수많은 사람들에게 감동을 주었는데, 정작 그의 가족은 사랑을 받지 못했습니다. 그래서 그를 가리켜 사랑을 모르는 사람이라고 말합니다. 사랑도 받아본 사람이 합니다. 그래서 하나님께서 우리를 먼저 사랑하신 것입니다. 어느 누구도 사랑받지 못했다고 얘기할 수 없습니다. 그리스도인은 하나님의 사랑으로 그리스도인 되었기 때문입니다. 그 사랑이 먼저 충만하고 풍성해야 영적인 형통을 이룰 수 있습니다. 사도 바울은 간절히 기도합니다. 이것이 영적 기도입니다.

또 말씀합니다. "지식과 모든 총명으로…." 사랑이 자라야 됩니다. 지식과 총명으로 충만해야 됩니다. 지식과 총명이 없는 사랑은 맹목적이며 이기적인 것입니다. 세상적인 욕망의 사랑입니다. 이런 사랑은 반드시 실패합니다. 그래서 사랑 때문에 원수되고 사랑 때문에 불행한 것입니다. 사랑의 지혜가 없습니다. 지식과 총명은 영적 지식을 말합니다. 과거에도 오늘 현재에도 영적 지식이 없는 사랑은 빠지면 빠질수록 느끼면 느낄수록 불행의 시작입니다. 후회와 상처만 남습니다. 절대 성숙할 수 없습니다. 우리가 그리스도의 사랑을 느꼈지만, 사랑은 자라나야 됩니다. 지식과 총명으로 계속 자라나야 됩니다. 성장하고 성숙하지 못하면 항상 원망하고 불평만 하게 되고 사랑의 흔적, 그 감격을 품고 살아갈 수 없습니다. 여기서 깊은 영적인 교훈을 생각해야 합니다. 우리가 누구를 사랑합니다. 그러면 그 사람을 알고 싶어집니다. 그 사람이 좋아하는 것, 싫어하는 것, 기뻐하는 것, 일상적인 삶, 그 밖의 모든 것에 관심이 생깁니다. 정말 사랑하고 가까이하면 자꾸 관심을 갖게 되고 지식이 쌓입니다. 예수님을 사랑한다고 말하면서 예수님에 대한 관심이 없다면, 예수님의 지식과 말씀에 대한 관심이 없다면 그 사랑은 가짜입니다. 순간적인 것입니다. 지속될 수 없습니다.

예수님을 사랑하면 예수님의 마음, 예수님께서 가장 좋아하시는 것, 가장 미워하시는 것, 원하시는 것들에 점점 더 민감해집니다. 영적으로 눈치가 빨라집니다. 그래야 내가 사랑하는 대상에 합당한 사람이 될 수 있습니다. 너무나 단순한 진리입니다. 자기 인간적인 사랑이나 다른 세상적인 것에는 관심이 가는데, 예수님을 사랑한다면서도 정작 예수님에 대한 관심은 없습니다. 이것이 오늘의 크나큰 문제입니다. 본 교회에서 이 지식과 총명, 영적 지식을 집중적이고 의도적으로 훈련시킬 수 있는 시간은 수요사경회 뿐입니다. 새벽기도회도 수요사경회만은 못합니다. 수요사경회를 주변사람들한 테 권장하기 바랍니다. 이렇게 질문하십시오. "예수님을 사랑하십니까?" 예 수님의 말씀, 하나님의 말씀에 깊은 관심이 있어야 합니다. 최소한의 지식 이 있어야 합니다. 그래야 그 사랑이 충만해집니다. 그런데 여기서 빗나간 다면, 말씀에 대한 지식이 없다면 하나님의 방법을 따르지 못하는 것입니다. 사랑과 영적 지식은 밸런스가 맞아야 합니다. 이 점을 항상 생각하고 성경을 가까이해야 됩니다. 여기서 지식이란 영적 지식을 말합니다. 칼뱅이 말하는 '하나님을 아는 지식'입니다. 이성적으로 깨닫습니다. 이성적으로 이해하기 바랍니다. 한마디로 이성이 중생하는 것입니다. 생각이 중생합니다. 그러면 내 상식이 성경이 됩니다. 내 상식이 그리스도의 말씀이 됩니다. 나도 모르 게 자꾸 이렇게 변해갑니다. 말씀으로 꼭 차 있기 때문입니다. 자꾸 그 생각 을 하기 때문입니다. '하나님께서 원하시는 것은 무엇일까? 하나님께서 기뻐 하시는 것은 무엇일까?' 그렇게 성경을 계속 반복적으로 깊게 묵상하다보면 이성이 중생하게 됩니다.

그리고 모든 총명, full insight입니다. 영적 분별력입니다. 지식이 많습니 다. 성경공부 많이 했습니다. 그러나 막상 내 삶의 문제, 내 주변 문제에 부 딪히면 적용이 안 됩니다. 분별력이 없습니다. 외운 것은 많지만 현장에서 실천력이 없습니다. 그래서 성경은 이것을 구별하여 말씀합니다. 지식과 모 든 총명. 대표적인 예가 솔로몬입니다. 솔로몬은 지혜를 달라고 기도합니 다. 하나님께서 너무너무 기뻐하십니다. 모든 부귀와 영광까지도 함께 주십 니다. 솔로몬이 원한 지혜는 일차적으로 번역하면 wisdom이지만, 신학적으 로 좀 더 깊이 따지면 discerning입니다. discerning heart, 분별력 있는 마음 입니다. discernment, 분별력입니다. 하나님의 뜻을 분별할 수 있는 마음을 가져야 됩니다. 하나님의 뜻을 분별할 지혜를 가지면 나머지는 쉬운 것입니 다. 그러나 성경구절은 많이 외웠지만 정작 이것이 안 됩니다. 솔로몬은 하나님의 마음을 너무너무 기쁘게 해드렸습니다. 지금 사도 바울이 바로 그런 마음으로 빌립보 교인을 위하여 기도하고 있다고 생각됩니다. 삶에서 바른 답을 깨달아 알아야 합니다. 성경에 대하여 재해석 능력이 있어야 합니다. 그런데 그것이 없는 것입니다. 그래서 사도 바울은 그 사랑으로, 지식과 모든 총명으로 풍성하게 자라기를 기도하고 있습니다. 세상에는 지식, 철학, 사상을 비롯하여 좋은 것이 참 많습니다. 그러나 사랑이 없습니다. 그리스도적 사랑이 있어야 활력이 넘치고 유익이 되는데, 그냥 논쟁뿐입니다. 무미건조합니다. 능력이 없습니다. 어느 세상지식도 진리는 아닙니다. 그리스도적 사랑 위에 있는 지식만이 진리입니다. 우리 그리스도인들은 기도합니다. 그 간절한 소망이 모두 하나님의 사랑으로 충만합니다. 그래서 그 하나님의 지식으로 충만하여 그 사랑이 자라는 것이, 모든 하나님의 사람의 소망이 되어야 합니다. 그가 하나님의 사람입니다.

두 번째는, "지극히 선한 것을 분별하며…(10절)."입니다. 지금 그 사랑이 지식과 총명으로 풍성하기를 바랍니다. 그 목적과 이유가 무엇입니까? 주식투자를 어떻게 할까, 어디에 있는 땅을 살까 하는 세상적 성공과 명예가 아닙니다. 하나의 목적을 갖고 있습니다. 지극히 선한 것을 분별하는 것입니다. 지고선이요, 절대 선을 알기 위하여 구하고 있습니다. 사도 바울이 로마서 12장 1절에서 이와 같은 말씀을 합니다. "너희 몸을 하나님이 기뻐하시는 거룩한 산 제물로 드리라…." 또 말씀합니다. "너희는 이 세대를 본받지 말고 오직 마음을 새롭게 함으로 변화를 받아 하나님의 선하시고 기뻐하시고 온전하신 뜻이 무엇인지 분별하도록 하라(2절)." 왜냐하면 세상이 너무 복잡하니까 하나님의 뜻이 무엇인지 잘 모르겠다는 것입니다. 더욱이 그 당시에는 거짓 선지자도 있었습니다. 거짓 예언자도 있었습니다. 거짓 교사도 있었습니다. 이단들이 수두룩했습니다. 오늘날도 똑같습니다. 게다가 전 세계를 지배하는 헬라철학, 헬라의 문화, 기독교 안의 영지주의자들, 수많은 잘못된 사상과 진리라고 하는 것들이 있었습니다. 그 안에 살면서, 무엇이 하나님의 뜻이고 무엇을 하나님께서 가장 원하시는지를 분별할 줄 알아야 되는데 자꾸 혼동되는 것입니다. 바로 그런 시기에 사도 바울이 이러한 기도를 하게 됩니다.

하나님의 뜻을 분별할 수 있는 것은 오직 성령의 역사밖에 없습니다. 성령의 역사만이 하나님의 말씀을 깨우쳐주시어 참 진리를 알게 합니다. 나머지는 다 가짜입니다. 너무도 쉬운 논리입니다. 분명한 하나님의 말씀을 성령의 인도하심으로 확실히 안다면 나머지는 쉽게 분별할 수 있습니다. 예를 들어 일반인들은 진짜 다이아몬드가 무엇인지 잘 모르지만, 전문가는 가짜를 주면 금방 알아차립니다. 가짜를 다 알기 때문이 아닙니다. 진짜 하나만 분명히 알면 나머지 가짜들은 쉽게 알 수 있는 것입니다. 참 복음을 분명히 알면 나머지는 쉽게 발견할 수 있습니다.

지극히 선한 것을 분별할 능력을 갖기 위해 사랑이 필요합니다. 지식이나 총명 이전에 사랑이 있습니다. 그리스도의 사랑만이 하나님의 뜻을 분별할 수 있게 합니다. 그래서 성경말씀을 대하면서도, 지식도 많고 외운 것도 많고 주석도 많이 펼쳐놨지만 정작 말씀은 가슴에 와 닿지 않습니다. 마음에 사랑이 없기 때문입니다. 본질이 사랑으로 넘쳐흘러야 하나님의 길을 발견할 수 있습니다. 어떤 인간적인 지식과 경륜으로도 하나님의 뜻을 분별할 수 없습니다. 그래서 비밀이라고 하지 않습니까? 복음은 secret, 비밀입니다. 숨겨져 있습니다. 그러나 그리스도적 사랑을 체험하고 말씀으로 충만한 자는 누구나 그 비밀을 발견할 수 있습니다. 이것은 위로부터, 하나님께로부터 내려오는 신령한 것이기 때문입니다. 그래서 우리는 이것을 은혜라고 말합니다. 오늘 하나님의 말씀을 읽고 내게 주신 하나님의 말씀을 듣고 분별할 수 있는 영을 가졌다면, 그는 은혜가 충만한 가운데 있는 것입니다. 그것은 하나님께서 주시는 유일한 길이기 때문입니다.

오늘날도 이단이 얼마나 많은지 아십니까? 얼마 전에 전화로 한 성도와 상담을 했습니다. 참 화목한 가정입니다. 그 가정의 가장이 되는 분, 대학원 이상의 학력도 가진 분인데 누가 권하여 잘못된 신앙의 길로 빠졌습니다. 한 십 년 지나고 나서야 이단이라는 것을 알았습니다. 그러나 부인과 자녀들에게는 누군가 올바른 복음을 전해주었습니다. 하지만 남편은 요지부동입니다. 그래서 도저히 한 가족으로 못 살겠다는 것입니다. 아직도 남편을 사랑하지만 어떻게 해야 좋을지 모르겠다는 것입니다.

예수님께서 말씀하지 않으십니까? "내가 화평을 주러 온 줄 생각하지 마라. 검을 주러 왔노라." 복음을 선택해야 되는데, 그러자니 당장 가정이 파괴될 것만 같고 영적으로 불쌍하고 현실적으로도 안타까운 일입니다. 여러 모로 기도하도록 권면하기는 하였습니다마는, 애초부터 분별력이 없었던 것이 문제였습니다. 너무 늦었습니다. 앞으로 참 힘든 삶을 살겠더라고요. 우리 주변에는 가짜 복음이 너무 많습니다. 참 복음, 하나님께서 가장 원하시는, 가장 우선순위로 기뻐하시는 복음을 먼저 알아야 되는데, 주변적인 것, 기복적인 사상이 만연합니다. 어떤 사람은 신비주의에 너무 깊이 빠져 있습니다. 어떤 사람은 이성주의에 빠져 있습니다.

우리는 하나님께서 주신 십자가와 부활, 그 신비의 능력 안에서 영적 지식을 가져야 됩니다. 그리고 나머지 것들을 소화해야 하는데, 정작 십자가에는 관심이 없습니다. 십자가의 진리가 참 진리인데 십자가 없는 진리에 관심을 둔 채로 계속 복 받기만을 원합니다. 하나님의 일에 참여하고자 하는 마음이 없습니다. 먼저 복을 받아야 됩니다. 이것이 복음에 대한 빗나간 지식입니다. 그래서 지극히 선한 것을 분별케 하고자 하는 목적으로 사도 바울은 빌립보 교회 교인들을 위하여 기도하고 있습니다.

세 번째는, "진실하여 허물 없이 그리스도의 날까지 이르고(10절)"입니다. 왜냐하면 모든 인생의 삶의 목적은 그리스도의 날을 준비하는 삶이기 때문입니다. 그 날을 맞이해야 합니다. 그 날 영원한 보상, 영생을 받아야 됩니다. 그리스도인이 예수를 믿는 이유는 '예수 천당'입니다. 그것이 가장 큰 우선순위입니다. 나머지는 다 차선입니다. 우리는 하나님 나라에 가야만 됩니다. 하나님 나라 안에 살면서 그대로 가야 됩니다. 그것이 궁극적 목적입니다. 그래서 "그리스도의 날까지 이르고"라고 하였습니다. 그러기 위해서 그 날을 준비하라는 것입니다. "진실하여 허물 없이" 그것을 위해 기도해야 합니다. 종말론적 가치관입니다. "진실하여"라는 것은 pure, 순전하고 거짓이 없다는 말입니다. 허탄한 것이 없습니다. 허황된 생각을 하지 않습니다. 이것이 진실이요, 정직입니다.

노아의 방주에 대한 재미있는 이야기가 있습니다. 노아가 방주를 완성하고 하나님 뜻에 순종하여 동물들을 한 쌍씩 배에 태웁니다. 그런데 한번은 큰 하마 한 쌍을 몰고 방주의 문으로 들어서는데 갑자기 하나님의 음성이 들립니다. "노아야, 그 두 마리 하마는 모두 수놈들이란다." 그 말씀을 듣고 노아는 너무 기가 막혔습니다. 하마가 얼마나 큽니까. 또 말은 잘 듣습니까. 걷기를 빨리 걷습니까. 먼 데서 가까스로 오랜 시간을 들여 방주까지 데려왔는데, 한 마리 보내고 다시 암컷을 한 마리 새로 데리고 오라고 하시니 앞이 캄캄한 것입니다. 그래 노아가 하나님께 이렇게 소리쳤답니다. "하나님, 너무하십니다. 하나님께서 기적을 베푸시어 여기 한 놈을 암컷으로 바꾸어 주시지, 굳이 제가 다시 가서 암컷을 데려와야 되겠습니까." 이것이 허황된 생각이라는 것입니다. 하나님의 몫은 그냥 두십시오. 기적을 바라는 마음은 사탄의 마음입니다. 예수님께서 말씀하셨습니다, 이것은 악한 세대라고. 하나님의 몫은 건드리지 마십시오. 그냥 편안하게 기다리십시오. 먼저 내가 할 일을 생각하십시오. 내 성실, 내 진실, 내 정직이 있어야 됩니다. 여기서 빗나가면 잘못되고 그릇된 신앙으로 바뀌고 마는 것입니다. 그래서 그리스도의 날을 준비함에 진실해야 한다고 말씀합니다.

또한 "허물 없이"라고 하였습니다. blameless입니다. 세상에 허물 없는 사람이 어디 있습니까? 이 말은 참회를 말합니다. 매일매일 참회하는 자, 매일매일 그리스도의 사유의 은총을 믿고 기도하는 자, 그리고 그리스도 안에 있기를 사모하는 자, 그가 허물 없는 자입니다. 왜? 용서함을 받았기 때문입니다. 한마디로 예수님께서 우리에게 주신 첫사랑에 대한 우리의 사랑, 그 사랑을 끝까지 지켜가야 됩니다. 그런데 그 첫사랑이 사라졌습니다. 변질됐습니다. 그러면 구원받지 못하지 않습니까? 그리스도의 날을 준비하라고 말씀합니다. 우리는 말씀 그대로 진실함과 허물 없이 그 날을 준비하는 삶으로 일관해야 합니다. 그래서 이를 위해 기도해야 합니다.

네 번째는, "예수 그리스도로 말미암아 의의 열매가 가득하여(11절)"입니다. 의의 열매를 맺어야 됩니다. 깊이 생각해야 합니다. 의의 열매는 곧 실천을 말하는 것입니다. 행동을 말하는 것입니다. 아무리 마음속으로 믿고 생각하고 신앙고백을 하면서 주여를 백 번 외쳐봐야 다 소용없습니다. 실천적 삶이 의의 열매입니다. 이것이 있어야 우리는 구원받을 수 있습니다. 이것은 소극적인 삶이 아닌 적극적인 삶입니다. 예수님께서는 우리에게 죄악 많은 이 세상에서 빛과 소금이 되라고 하셨습니다. 산으로 가지 마십시오. 그 현장, 이 세상 속에서 그리스도인다운 삶을 살아야 됩니다. 이 기준은 세상적 기준이나 나의 기준이 아닙니다. 하나님의 기준입니다. 하나님께서 보시기에 의로워야 됩니다. 내가 이만큼 했으니 의로운 열매가 있겠지 한다면 천만의 말씀입니다. 그렇다면 바리새인은 의의 열매가 있습니까? 이것은 절대적으로 하나님의 기준에서 의의 열매입니다. 이것은 눈으로 볼 수 있는 것이 아닙니다. 볼 수 있기도 하고 없기도 합니다. 그 본질은 오직 하나, 헌신입니다. 예수님의 십자가는 헌신을 말하는 것입니다. 세상이 보기에는 수치요, 저주입니다. 그런데 그 자체를 하나님께서 인정하십니다. 그 마음에 100%의 헌신이 있습니다. 하나님 뜻에 합당한 삶입니다. 순종적 삶입니다. 그래서 대표적인 의의 열매인 것입니다. 사람의 눈으로 평가하려들지 마십시오. 하나님 앞에서 의의 열매가 무엇인지 생각하고 그 열매를 맺어야 됩니다. 각자의 은사대로의 헌신입니다. 남과 비교해서 내가 더 의의 열매가 많다고 착각하지 마십시오. 판단은 하나님께서 하십니다.

오늘 말씀을 보면 "예수 그리스도로 말미암아"라고 하였습니다. 예수 그리스도로 말미암지 않고는 의의 열매를 맺을 수가 없기 때문입니다. 처음부터 끝까지 예수 그리스도의 은혜로 말미암아 내가 이와 같이 할 수 있는 것입니다. 오직 은혜로, 오직 그의 능력으로 된다는 것을 고백하는 것입니다. 그래야만 의의 열매입니다. 그것을 알고 깨닫고 의의 열매를 맺기를 기도하고 있습니다.

다섯 번째는, "하나님께 영광"입니다. "하나님의 영광과 찬송이 되기를 원하노라(11절)." 나의 영광, 우리의 영광이 아닙니다. 이 영광을 탐하면 안 됩니다. 순간순간 우리는 실수합니다. 처음부터 끝까지, 그 과정조차도 오직 하나님께 영광입니다. 이것이 궁극적 목적입니다. 모든 피조물의 목적입니다. 우리는 결국 하나님 앞에서 칭찬받아야 됩니다. 하나님께 인정받아야 됩니다. 성경말씀대로 후에 하나님께서 우리를 착하고 충성된 종이라고 인정해주셔야 됩니다. 그것이 우리의 소망입니다. 예수님께서는 십자가의 영광, 즉 하나님께 영광을 돌립니다. 그래서 십자가가 완성입니다. 그런데 하나님께서 하나님의 영광을 예수님께 허락하십니다. 그것이 부활입니다. 승천입니다. 하나님 우편에 앉아 계신 것입니다. 그 다음은 하나님의 몫입니다. 우리는 십자가까지입니다. 하나님의 말씀에 대한 순종, 그 헌신이 하나님께 영광을 돌리는 것입니다. 이것은 하나님의 주권이요, 경륜입니다.

지금 의의 열매를 맺고 있습니까? 지금 나의 삶은 하나님의 영광과 직접적 관련이 있는 삶입니까? 하나님의 사람 사도 바울의 기도를 본받아 우리로 기도하게 하십니다. 영적 기도를 행하여 의의 열매를 충만히 맺고, 하나님께 영광 돌리는 삶을 살도록, 오늘 우리에게 이 영적 기도의 내용을 알려주십니다. 이것은 십자가 중심의 기도요, 하나님 중심의 기도여야 합니다. 오직 예수 그리스도 중심의 기도, 그것이 우리 기도의 내용이요, 본질이 되어야 합니다. 내가 듣기에 좋고 내가 은혜 받는 것은 아무 소용없습니다. 오직 성경적 본질이 중심된 기도이어야만 하나님께서 영광 받으십니다. 그러니 어느 누가 기도해도 그 본질은 같습니다. 그 기도에 함께 아멘 할 수 있습니다. 함께 동참하고 하나님께 영광 돌릴 수 있습니다. 이것은 하나님의 지혜로 배워야 합니다. 그래서 말씀을 가까이하고 하나님의 사람의 기도로부터 영적 기도의 의미와 본질을 깨달아야 됩니다. 그리고 날마다 기도 가운데 살아야 됩니다. 그리고 날마다 하나님의 응답을 받는 능력 있는 기도 가운데 살아야 합니다. 이것이 오늘 우리에게 주시는 복음입니다.

06.
복음의 역사와 능력

형제들아 내가 당한 일이 도리어 복음 전파에 진전이 된 줄을 너희가 알기를 원하노라
이러므로 나의 매임이 그리스도 안에서 모든 시위대 안과 그 밖의 모든 사람에게 나타났으니
형제 중 다수가 나의 매임으로 말미암아 주 안에서 신뢰함으로 겁 없이 하나님의
말씀을 더욱 담대히 전하게 되었느니라 (빌1:12-14)

인간의 실존은 하나님의 계시 안에서만 존재합니다. 분명 성경은 하나님의
말씀 안에서 순종하고 깨닫고 하나님께 영광 돌리는 삶만이 인간다운 삶이
요, 또한 하나님의 자녀된 삶이라고 증거하고 있습니다. 그러므로 이처럼 하
나님의 말씀 안에 있는 사람이 절대 확신하는 하나의 사실이 있습니다. 그것
은 변치 않는 믿음을 갖고 살아가야 한다는 것입니다. 바로 하나님의 사랑에
대한 확신입니다. 하나님께서 이 세상과 나를 이처럼 사랑하신다는 진리를
깨닫고 경험하고 느끼면서 간증할 수 있다면 바로 그 사람이 은혜 받은 사람
입니다.

예수 그리스도께서는 삶으로 그 사실을 증거해 주십니다. 특별히 십자
가라는 구체적 사건을 통하여 하나님의 대속적 사랑, 계시적 사랑을 보여주
셨습니다. 그 안에서만 인간실존의 의미가 있고, 행복이 있고, 기쁨이 있고,
하나님께 영광돌림이 있다는 것을 항상 기억해야 합니다. 그런고로 하나님

의 사람인 그리스도인은 새로운 가치관과 새로운 세계관을 가지고 생활합니다. 그것은 하나님의 말씀 즉, 복음과 나와의 관계입니다. 과거에는 복음과 나와는 아무 상관 없는 무의미였습니다. 알지도 못했고 그렇게 절실하지도 않았습니다. 내 삶의 가치와 의미를 복음 안에서 생각하는 것은 내게 아무 의미가 없었습니다. 그러나 그리스도의 사랑을 경험하고 그 십자가의 사랑을 깨닫고 나서는 생이 완전히 변합니다. 복음 안에 있는 나를 발견합니다. 오직 믿는 자에게만 하나님의 말씀이 복음으로 들려옵니다. 믿지 않는 사람한테는 아무리 하나님께서 복음을 주시고 기쁜 말씀을 주셔도 아무 관계가 없는 것입니다. 그러니까 이제부터 나의 나됨은 복음 안에서만 있습니다. 깊은 내적 차원에서 자기 존재를 새롭게 발견합니다. 그리고 나서 그 복음에 대한 증인됨에 자발적으로 결단하고 나섭니다. 내가 결단하는 것 같으나 이미 복음이 내 안에 있기 때문에, 비록 내 의지 같으나 먼저 하나님께서 나를 사랑하셨고 내게 그 소명을 주셨기 때문에 가능한 것입니다.

더 나아가 나와 복음과의 관계에서 절대적 우선순위가 오직 복음 안에 있음을 알고 고백하는 그가 진정 하나님께 영광 돌리고 바른 신앙적 삶을 살아가는 사람입니다. 복음의 절대 우선성입니다. 그래서 내가 어떤 일을 겪든지, 실패하든 위기든 병들어 있든 깊은 하나님의 말씀을 깨닫는 중에 생각합니다. '내가 정말로 원하는 것이 무엇일까?' 내 사업, 내 기대, 내가 바라는 무엇은 모두가 차선인 것을 압니다. 어찌 보면 다 지나가고 무의미하다는 것을 깨닫습니다. 그리고 하나님의 말씀을 전적으로 사모하고, 그 말씀을 가장 우선시하게 됩니다. 바로 이러한 나의 나됨을 복음의 빛 안에서, 복음의 은혜 안에서 새롭게 조명하는 것입니다. 그리스도인은 반드시 이러한 과정을 거치게 되어 있고, 큰 위기 때마다 구체적인 사건 속에서 직면하고, 여기 복음의 빛 앞에까지 가야 새 출발을 할 수 있습니다. 아니면 원점으로 다시 돌아가야 됩니다.

사도 바울은 빌립보서에서 이렇게 말씀합니다. "나의 간절한 기대와 소망을 따라 아무 일에든지 부끄럽지 아니하고 오직 전과 같이 이제도 온전히 담대하게 살든지 죽든지 내 몸에서 그리스도가 존귀하게 되게 하려 하나니(20절)." 또 말씀합니다. "이는 내게 사는 것이 그리스도니 죽는 것도 유익함이니라(21절)." 자기 존재라는 것이 없습니다. 내가 이루고자 하고, 내가 노력하고, 내가 업적을 남기고…. 아무것도 없습니다. 오직 그리스도께서 존귀케 되시고, 그리스도만이 살아계시고, 그리스도의 역사하심만이 드러나기를 바랍니다. 복음의 절대우선순위성이 그 삶에서 나타나기 시작합니다. 결국은 그것을 깨달으면서 하나님께 영광 돌리고 하나님의 은혜의 통로가 되는 것이 그리스도인의 바른 정체의식입니다.

오늘 본문 말씀 12절은 너무도 귀한 말씀입니다. 꼭 기억해야 할 말씀입니다. 특별히 인생의 많은 사건을 경험한 사람일수록, 깊은 영적 은혜를 사모할수록 이미 고백한 바 있고 또 고백되어져야 할 말씀입니다. 사도 바울의 세계관이 이 말씀 안에 있습니다. "형제들아 나의 당한 일이 도리어 복음의 진보가 된 줄을 너희가 알기를 원하노라(12절)." 지금 그는 로마감옥에 있습니다. 수많은 생각이 있습니다. 계획이 있습니다. 하나님께 영광을 돌리기 위한 것입니다. 하나님 나라를 위하여 크고 작은 계획을 지금 가지고 있단 말입니다. 그럼에도 불구하고 지금 자기 자신의 문제는 아무것도 아닙니다. 내 계획은 그것이 비록 하나님의 영광을 위하여 오래 준비한 것이라 하더라도 아무 의미가 없습니다. 이 순간 오직 복음만을 생각합니다. 오직 복음의 진보, 오직 복음의 능력, 오직 하나님 나라의 확장만을 생각하게 되더라는 말씀입니다. 이것이 복음 안에서 바른 정체의식을 가진 세계관입니다.

하나님의 경륜에 대한 깨달음과 지혜가 내게만 머무는 것이 아닌 다른 사람들도 알기를 원합니다. 빌립보 교인들도 간절히 알기를 원합니다. "너희도 알기를 원하노라." 이와 같이 살아야만 하나님의 뜻을 발견하고, 하나님의 뜻이 무엇인지 깨닫고, 하나님께서 진정으로 기뻐하시는 형통이 무엇인지를 깨달을 수 있기 때문입니다. 그래서 그들에게 이런 삶의 경험을 통한 증언을 하고 있는 것입니다. 그는 수많은 고난과 고통을 당했습니다. 이미 아시는 것처럼 1차, 2차, 3차 전도여행을 하는 동안 수없이 매를 맞고 돌던짐을 당하고 감옥에 갇혔습니다. 지금도 감옥에 있습니다. 그의 열정, 그의 성품으로 봐서는 하루빨리 로마로 가서 복음을 증거해야 됩니다. 그는 한시도 쉬지 않는 사람입니다. 빨리 교회를 세우고 큰 역사를 이루어나가야 됩니다. 지금 이러고 있을 때가 아닙니다. 이러한 그가 너무나 오랫동안 감옥에 갇혀 있는 것입니다. 이미 한 3년 갇혀 있었고, 지금 또 갇혀 있습니다. 최소한 5년 이상을 갇혀 있는 것입니다. 얼마나 낙심했겠습니까? 그는 생각합니다. 지금 많은 사람들에게 복음을 증거해야 하고, 기도해주어야 할 사람들도 많은데, 이럴 때가 아닌데, 악한 세상 아무 죄도 없는 이 사람, 하나님의 복음을 증거해야 될 나를 이렇듯 감옥에 꼭 가두고 꼼짝 못하게 하는가 하는 생각에 아마도 크게 낙심했을 것입니다. 그리고 이것이 끝인가 하는 생각도 했을 것입니다. 왜냐하면 사도 바울은 감옥에 있기를 원치 않았습니다. 그래서 가이사에게 호소합니다. 빨리 복음을 증거하고 싶어서입니다.

그러나 재판이 또 연기되어 계속 감옥에 있는 것입니다. 그는 생각했을 것입니다. '이렇게 쇠사슬에 매인 채로 허송세월 하는 것이 아닌가? 모든 것이 정말 이대로 끝나려나?' 그러나 그는 아주 깊은 상실과 낙담과 위기감 속에 하나님께 기도하고 하나님의 뜻을 분명히 알았습니다. 그것이 말씀에 나타납니다. 이제는 정말 자기의 조그만 계획도 없습니다. 오직 하나님의 영광을 위한 마음뿐입니다. 하나님의 뜻만을 발견합니다. "나의 당한 일이 도리어 복음의 진보가 된 줄을 너희가 알기를 원하노라(12절)." 깊은 영적 세계관입니다. 우리가 꼭 알아야 할 복음입니다.

고행을 하는 수도자가 있었습니다. 그는 독방에서 하나님께 불만을 터뜨립니다. "주님, 저를 사랑하신다면 왜 제게 이처럼 큰 고통을 주십니까?" 그러자 한 목소리가 하늘로부터 들려왔답니다. "아들아, 네가 날 사랑한다면 왜 고통을 달게 받지 못하느냐?" 사랑한다면, 그 대상을 기쁘게 해야 합니다. 그 대상의 뜻이 이루어지는 것을 우선적으로 원하게 됩니다. 그를 즐겁게 하기 위하여 수고하고 봉사합니다.

하나님께 기도하고 하나님의 경륜이 거기에 있다는 것을 안다면, 자기에게 주어진 십자가 아니 그보다 더한 고통이라도 즐겁게 져야 합니다. 왜? 하나님을 사랑하기 때문입니다. 사도 바울은 하나님의 경륜 안에서 나의 나됨을, 지금 이 모든 역경과 고통의 깊은 의미를 깨달았습니다. 이것이 복음의 역사입니다. 이것이 복음의 능력입니다. 오랜 선교활동과 지금 현 상황의 모든 것을 하나님 은혜와 복음의 빛 안에서 조목조목 분석하고 통찰해보니, 이것이 하나님의 뜻입니다. 바로 이 가운데 놀라운 하나님의 은총이 나타난단 말입니다. 더욱이 그는 2차 전도여행 때 빌립보 감옥에 갇힙니다. 억울하게 갇힌 것입니다. 재판도 없이 매부터 맞았습니다. 쇠사슬에 묶였습니다. 그는 더 큰 하나님 은혜의 세계를 발견하고 찬송을 부릅니다. 그 때 기적이 일어납니다. 간수가 회심하는 사건이 벌어지는 것입니다. 바로 그들을 통하여 빌립보 교회가 태동됩니다. 그 은혜의 빛 안에서 그는 그 사건들의 흐름이 하나님의 뜻으로 이루어졌다는 놀라운 섭리를 발견했을 것입니다. 감옥에 있으면서 깨닫고 보니 바로 이것이 하나님의 뜻입니다. 더 크고 깊은 하나님 은혜의 세계에서 하나님께서 하신 일임을 발견하게 되었습니다.

우리가 예수를 믿고 여러 가지 좋은 계획을 가지고 또 여러 사람을 위로하고 복음을 증거하며 많은 사역에 동참할 수 있습니다. 그 과정에서도 많은 사건들을 경험하게 됩니다. 그 일 자체는 물론이고 그 일과 무관한 일이 동시에 생기기도 합니다. 많은 고통과 낙심할 만한 일들과 위기들이 있었다고 한다면 여러분은 문제의 답을 어디서 찾습니까? 하나님의 뜻을 어디서 발견합니까? 먼저 복음의 빛 안에서, 은혜 안에서 삶을 새롭게 생각해야 됩니다. 새로운 가치관과 세계관 안에서 새롭게 생각해야 합니다. 그래야 나와 하나님의 더 깊은 직선적 관계에서 그 이유와 결과를 발견할 수 있습니다.

오늘 본문말씀에 나타나 있는 하나님의 경륜에 대하여 몇 가지로 깊이 상고해보도록 하겠습니다.

첫 번째는, "내가 당한 일입니다." 수많은 사건을 겪었습니다. 그는 지금 로마감옥에 있습니다. 오늘 본문에도 "나의 매임이…"라고 하였습니다. 사도행전 28장에서도 말씀합니다. "내가 이 쇠사슬에 매인 바 되었노라(20절)." 그 당시의 역사적 기록을 보면 그것은 짧은 쇠사슬을 로마 군인과 함께 같이 차고 다니는 것입니다. 하루 온종일, 그 공간에서 어느 정도 자유가 있었는지 모르지만, 절대 로마군인의 눈을 벗어날 수 없습니다. 그래 그는 "나의 매임"이라고 말씀합니다. 쇠사슬입니다. 이 사건을 빌립보 교인들은 압니다. 그들은 사도 바울을 위하여 많은 수고를 했습니다. 물질적으로 필요를 공급하고 사람들을 보내기도 하고 영적으로 많이 기도에 동참하기도 했습니다. 지금 그들은 뭐라고 기도할 것입니까? 위대한 사도 바울이 감옥에 갇힌 사건에 대한 그들의 영적인 이해는, 그들의 간절한 영적인 소망은 도대체 무엇이었을까요? 너무도 자명합니다. 하루 빨리 풀려나는 것입니다. 이것은 있을 수 없는 사건입니다. 하나님의 뜻과는 무관하다고 생각했을 것입니다. 이를 복음의 역사와 능력으로 고백할 만한 영적 지각과 지혜가 있는 사람이 아무도 없었습니다. 그런 상황에서 사도 바울이 말씀합니다. "도리어 복음의 진보가 된 줄을 너희가 알기를 원하노라." 이것이 하나님의 경륜임을 고백합니다. 그런 상황에서 말씀을 생각해야 합니다.

유명한 교회사가인 존 맥린은 이렇게 기록했습니다.

사도 바울은 그의 선교일생 중 사분의 일을 감옥에서 보냈다. 로마인들은 죄수를 투옥하기 전에 먼저 발가벗기고 채찍으로 때렸다. 이를 통하여 죄수에게 모욕과 수치를 주고 피 흘리는 고통을 당하게 했다. 피가 흐르는 상처를 치료받지도 못한 채 죄수들은 발목이나 손목에 쇠사슬을 차고 앉아 있어야 했다. 심지어 겨울의 추위에도 찢겨지고 피로 얼룩진 옷을 갈아입지 못했다. 대부분의 감방은 아주 어두웠다. 참을 수 없는 추위, 갈증, 비좁은 공간, 변기에서 나오는 구역질나는 악취는 잠들 수조차 없게 만들었을 뿐 아니라, 아침에 깨어나는 것을 가장 비참한 일로 만들었다. 그런 비참한 환경에서 많은 죄수들은 빨리 죽여 달라고 애걸하기도 하고, 쉽게 자살을 선택하는 사람들도 있었다.

사도 바울이 바로 이런 상황에 있는 것입니다. 역사적 증언입니다. 그럼에도 불구하고 오히려 기뻐하라고 말씀하고 있습니다. 그의 현실은 복음에 장애가 되지 않습니다. 현실의 사건을 복음의 빛 안에서 새롭게 보면 오히려 이것이 하나님의 큰 영광에 동참하는 일이요, 복음의 능력이 현재 나타나는 것임을 알 수 있다는 것입니다.

두 번째는, "너희가 알기를 원하노라."입니다. 이미 하나님께서 주신 응답을 잘못 해석하게 되면 원망과 불평밖에 더하겠습니까? 그래서 사도 바울은 그들이 알기를 원한다는 신앙고백을 한 것입니다. 실제로 시위대 안에 갇혔다고 오늘 성경은 말씀합니다. 그 당시 로마의 왕은 시위대를 만 명, 어떤 왕은 만 육천 명까지 두었습니다. 로마시내 안의 유일한 군대입니다. 자신의 권력을 지키기 위하여 둔 것입니다. 사병과도 같이 절대충성 하는 사람들입니다. 그러니 그들이 얼마나 거칠고 교만하고 무례했겠습니까? 더욱이 사도 바울은 로마시민권을 가진 사람이지만 식민지의 핏줄을 타고난 사람입니다. 게다가 죄수로 왔습니다. 그들은 사도 바울을 아주 난폭하게 대했을 것입니다. 거친 말투와 행동에 온갖 욕설과 폭력을 가했을 것입니다. 사도 바울은 시련과 고통과 수치와 고난을 경험합니다. 그런 상황에서는 사도 바울이나 우리나 다 같이 질문하는 것이 있습니다. "왜 하나님의 사람에게 이런 일이 있어야 할까? 자기 개인적인 욕망은 조금도 없이 오직 하나님의 일만을 하고자 하는 사람이 왜 이런 엄청난 고통과 수치를 경험해야 할까? 어떻게 이런 일이 있을 수 있을까?" 묻지 않을 수 있습니까? 그 답은 오직 하나님의 말씀 가운데서, 복음 안에서 다시 한 번 생각하는 수밖에 없습니다. 사도 바울은 그 답을 발견하게 되었습니다. 모든 것이 하나님의 경륜 안에 나타난 하나님의 능력입니다. 그래서 그는 오히려 권면합니다. 기뻐하라, 즐거워하라. 아주 신령한 은총을 경험하고 있습니다. 그리고 이와 같이 모든 문제와 직면하기를 권면하고 있습니다.

세 번째는, "도리어 복음의 진보가 된 줄을" 입니다. 사도 바울은 지금 자신이 어떤 상황에 있느냐는 잊었습니다. 나의 문제가 아닙니다. 너희들은 오직 복음의 문제만 생각하라는 것입니다. 하나님의 뜻, 하나님의 능력이 어디에 있는가를 생각하라는 것입니다. 자기문제와 고통과 고민이 하나도 나타나 있지 않습니다. 이 사건이 너희들 보기에는 복음의 장애 같고 사탄의 역사 같지만 실은 아니라는 것입니다. 하나님께서 이미 아시는 일입니다. 이것은 오히려 복음의 진보와 능력입니다. 아니, 형통입니다. 그것을 성령께서 이 사건을 통하여 사도 바울로 하여금 깨닫게 하셨습니다.

오늘 본문에 나온 '진보'라는 말은 헬라어로 '프로코페' 입니다. 영어로는 advance 또는 spread입니다. '진격하다, 진보하다, 넓게 퍼지다'라는 뜻입니다. 진군하는 탐험대나 군대의 용어입니다. 한마디로 장애물을 제거하면서 앞으로 나아갔다는 것입니다. 참 놀라운 표현입니다. 지금 감옥에 있으면서 고통을 받고 있는데, 그 자체가 이미 하나님께서 복음의 장애를 제거하시고 아주 순수한 복음만을 증거할 수 있는 깨달음을 주시고 능력 주심을 의미한다는 것입니다. 그러니까 감옥에 갇힌 것은 복음의 문이 닫힌 것이 아닙니다. 사람의 눈으로는, 심지어 사도 바울 스스로조차도 닫혔다고 생각했으나, 복음의 빛 안에서 다시 보니 아니더라는 것입니다. 오히려 이것은 활짝 열린 것입니다. 여기에야말로 인간의 생각이 0.01%도 안들어가 있습니다. 완전히 하나님께서 크신 경륜가운데 여신 새로운 선교의 길이요, 복음증거의 길로 지금 쓰시고 있다는 것입니다. 온전히 100%, 하나님의 경륜입니다. 이것이 사도 바울이 은혜가 충만하여 깨달은 새로운 세계관, 선교적 세계관입니다. 드디어 깨달았습니다. 말 못할 낙심과 고통과 위기 속에서 복음의 역사를 발견했습니다.

선교신학에서는 고난과 선교를 절대적 관계라고 교리화하고 신학화하여 말합니다. 실제로 세계 선교의 역사를 보면 가난과 질병을 통하지 않고 복음이 증거된 예가 없습니다. 그러나 우리는 원치 않습니다. 어느 누가 원하겠습니까? 그래도 복음이 증거되기 위해서는, 그 마음이 깨어지기 위해서는, 하나님 앞에서 복음을 영접할 마음의 그릇을 갖추기 위해서는 그 사건이 필요합니다. 꼭 필요했다는 것입니다. 멀리 갈 것도 없이 우리 자신의 삶을 가만히 생각해보십시오. 꼭 필요한 것입니다. 사도행전에도 아주 결정적으로 이런 기록이 나타납니다. "땅 끝까지 복음을 전파하라." 성령의 역사가 충만하고, 많은 기적이 일어나는데, 꿈쩍도 안합니다. 그 때에 환난이 일어납니다. 이를 거꾸로 풀이하면 이렇게 됩니다. 환난이 있어서 흩어진 것이 아니고, 선교하지 않아서 환난이 생긴 것입니다. 스데반이 죽게 됩니다. 결국은 선교하지 않아서 스데반의 죽음이 필요했습니다. 그리고 핍박당하니까 흩어집니다. 흩어져서 이제는 no choice, 강제로 복음을 증거할 수 밖에 없게 생겼습니다. 그 결과 세계 역사에 선교의 역사가 열리게 된 것입니다. 이미 사도행전을 통하여 그 사건을 잘 알지 않습니까? 꼭 필요한 것입니다. 현실상 필요한 것입니다. 그런고로 복음 자체에 역사와 능력이 있다는 것을 항상 인정해야 합니다. 하나님의 말씀은 하나님의 역사임으로, 그 자체가 능력입니다. 그 자체가 스스로 일을 하십니다.

세계적으로 유명했던 부흥 집회자 무디 목사님이 어느 날 큰 집회를 끝내고 시간에 딱 맞춰 집으로 돌아가는데 한 청년이 헐레벌떡 뛰어와 그를 찾습니다. 그리고 묻습니다. "어떻게 해야 제가 구원을 받을 수 있습니까? 제가 무엇을 해야 됩니까?" 이때 무디는 딱 잘라 이렇게 말합니다. "Too late"(너무 늦었어). 청년이 깜짝 놀라 반문합니다. "아니, 집회가 끝났기 때문에 늦었습니까? 무엇이 늦었습니까? 제게도 길을 알려주십시오. 제가 하겠습니다." 무디가 다시 말합니다. "자네가 무엇을 하기에 늦었단 말이야. 왜냐하면 예수님께서 벌써 다 하셨기 때문이야. 구원받는 데 필요한 것은 그분이 다 이루셔서 자네가 할 일이 없어. 단지 믿고 순종하는 것 외에는." 복음에는 능력이 있습니다. 하나님의 은혜를 깨달았다는 사람이 무엇인가 자기가 한 일이 기억난다면 그것은 이미 은혜가 아닙니다. 이것은 참으로 신비한 복음의 능력 가운데에 있는 하나님의 사람의 신앙고백입니다.

어느 종교 신학자들의 모임에서 말씀에는 오류가 없고 말씀은 능력 자체임을 신학적으로 변증하고자 며칠 동안 심포지엄을 열었답니다. 그래 많은 이야기들이 나왔는데, 유독 러시아에서 온 신부님들, 그 정교회 목사님들만 끝까지 아무 말 않고 참관만 하고 있더랍니다. 그래서 마지막으로 그들한테 발언기회를 주었습니다. 그들은 이렇게 말했습니다. "참 중요한 말씀들 많이 하셨는데, 그게 뭐 필요합니까? 그냥 살면서 말씀에 순종하다보면 말씀이 능력이 있는지 없는지 경험하게 되고 그러면 되는 거지, 무슨 말이 이렇게 많이 필요합니까?" 하나님 말씀 자체에 능력이 있는데, 그것을 굳이 말로 변증하기 위해 모일 필요가 무엇이냐는 것입니다. 이 점을 분명히 기억해야 합니다. 하나님의 말씀 그 자체가 능력입니다. 그 자체가 역사합니다. 이것을 우리는 경험하고 고백할 뿐입니다. 그럴 때 우리는 모든 삶을 복음의 빛 안에서 재조명할 수 있는 것입니다. 이렇게 되면 헌신이 있고, 아무리 큰 역경과 위기와 고통과 질병과 슬픔의 상황이 있다 하더라도 절대 원망하지 않습니다. 절대 불평하지도 않습니다. 복음의 능력을 믿기 때문입니다.

『실락원』을 쓴 존 밀턴은 유명한 말을 많이 남겼습니다. 그 중 대표적인 것으로 이런 말이 있습니다. "소경이 되는 일은 비참한 일이 아니다. 다만 소경됨을 견디지 못하는 것이 가장 비참한 것이다." 그 자신이 나중에 소경이 되지 않습니까? 시각장애인이 되는 경험을 하고 말하는 것입니다. 정말 말 못할 상실과 슬픔입니다. 그러나 그 자체를 원망할 이유가 없다는 것입니다. 정작 문제는 그것을 견디지 못하는 것입니다. 그는 실명한 가운데 더 큰 하나님의 은혜, 그 경륜 안에서의 자기 삶을 깨닫고 명작을 남깁니다. 그것이 『실낙원』입니다. 문제는 하나님께서 하시는 일이 내 생각과 다를 수 있다는 것입니다. 아니, 다른 경우가 훨씬 더 많습니다. 또한 이 세상에 일어나는 사건들, 이 모순되고 죄 많은 세상에서 일어나는 일들을 감당하기 어려울 때도 있습니다. 그러나 문제는 그것이 아닙니다. 내가 어떻게 여기에 대처하느냐, 어떤 마음과 자세로 사건에 직면하느냐가 중요합니다. 복음이 나를 그렇게 끌어갑니다. 내 인격과 내 경험으로는 감당할 수 없습니다. 불평과 원망이 가득합니다. 그러나 하나님의 은혜를 생각하고 복음의 경륜을 생각해 보니 할 말이 없습니다. 오히려 그 가운데 더 큰 하나님 그 은혜의 세계가 열릴 것을 기대하게 됩니다. 그리고 경험하게 됩니다.

사도 바울은 지금 그처럼 어처구니없는 사건에 직면해 있지만, 단 한 마디의 원망과 불평도 없습니다. 오히려 그는 "복음의 진보가 된 줄을 너희가 알기를 원하노라"라고 말씀합니다. 놀라운 하나님의 말씀을 선포합니다. 한마디로 그는 새로운 복음의 기회를 얻었다는 사실을 안 것입니다. 아주 구체적으로 말씀드리면, 사도 바울은 감옥에서 시위대사람들, 로마황제의 그 친위대원들에게 복음을 전할 절호의 기회를 얻은 것입니다. 세계 역사를 보면 복음은 보통 아래로부터, 그러니까 서민들이나 소외된 계층으로부터 위를 향해 올라갑니다. 그러나 나라 전체가 모두 기독교국가가 되는 큰 변화가 있을 때는 거꾸로 위에서부터 아래로 내려옵니다. 대표적인 것이 로마입니다. 로마의 고관들, 그 정치 권력자들부터 예수를 믿게 됩니다. 서기 313년 콘스탄티누스 대제가 예수를 믿으면서 기독교가 로마제국의 국교로 정해집니다. 그 당시 로마 전체의 인구 중에서 로마인은 7~10%정도밖에 안되는 상황이었습니다. 그러나 그들이 지배계층이기 때문에 로마전체가 세계전체라고 볼 수 있습니다. 그 나라가 기독교국가가 됩니다. 참으로 놀라운 일 아닙니까? 그 시작이 바로 사도 바울입니다.

이제 조금 더 생각해볼 문제는 이것입니다. 사도 바울은 로마 감옥에 갇히기 전 가이샤라에서 배를 타고 수개월 동안 풍랑을 비롯한 많은 사건을 겪고 난 뒤 백부장 율리오의 손으로 황제에게 인계됩니다. 백부장은 탄원서를 냈을 것입니다. 사건기록에서 밝혔을 것입니다. "이 사람은 죄인이 아니다. 신비한 사람이요, 능력 있는 사람이다. 우리들이 다 보았다. 독사에 물리고도 죽지 않았다. 그로 인해 215명이 다 살았다." 그렇게 인수인계가 된 후에 그 소문이 계속 퍼졌을 것입니다. 그래서 지금 재판이 계속 연기되고 있습니다. 시위대 안에 있습니다. 친위대사람들이 그 소식을 들었을 것입니다. 그러자 그에게 호기심을 품게 되었을 것입니다. 정말 사람인가 싶어 한 번 찔러보았을 것입니다. 아예 쇠사슬로 꽉 묶어서 일대일로 항상 붙어 있게 만들어줍니다. 서로 무슨 얘기를 했겠습니까? 시간이 지나면서 생각해보니 만일 이런 사건이 아니면 이렇게 권력있고 교만한 그 시대 지배계층 사람들에게 복음을 증거할 길이 없었습니다. 상상도 못할 일입니다. 그런데 하나님께서는 무려 2년도 더 넘게 사도 바울이 그들과 일대일로 하루 종일 붙어 있게 만드십니다. 그들 가운데 예수님을 영접하고 구원받는 사람들이 생깁니다.

이제 사도 바울은 생각합니다. '도대체 이게 어떻게 여기까지 오고 이런 일이 벌어지는가?' 깊은 차원의 하나님의 말씀과 사역, 그 모든 것을 다시 한 번 생각합니다. 그리고 바로 이것이 하나님께서 만드신 작품임을 깨닫습니다. 복음을 전도할 기회로 준비하신 현장입니다. "나의 당한 일이 도리어 복음의 진보가 된 줄을 너희가 알기를 원하노라." 이 결과, 몇 백 년 후 마침내 로마는 기독교 국가가 됩니다. 놀랍지 않습니까? 그래서 사도 바울은 로마서 8장에서 이렇게 말씀합니다. "그 뜻대로 부르심을 입은 자들에게는 모든 것이 합력하여 선을 이루느니라(28절)." 복음의 빛 안에서 내 삶을 조명했을 때 항상 우리에게 발견되는 복음의 능력입니다. 모든 것이 합력하여 선을 이루느니라. 얼마나 아름다운 복음의 능력에 대한 경험입니까?

창세기 50장에서 요셉은 아버지 야곱의 장례를 치르고 온 형제들에게 이렇게 말합니다. "당신들은 나를 해하려 하였으나 하나님은 그것을 선으로 바꾸사…(20절)." 마지막 때에 하나님의 은혜 가운데 깊은 묵상을 통하여 하나님의 뜻을 깨달은 것입니다. 그냥 묵상이 아닙니다. 한 생을 경험하고 하나님의 뜻을 발견한 그에게 성령께서 일러주신 말씀입니다. 모든 것이 복음의 기회로 바뀝니다. 복음의 빛을 사모하고 그 가운데 있는 자에게는 모든 상황을 하나님께서 바꿔주십니다. 은혜의 때로, 은혜의 통로 됨으로, 모든 것이 합력하여 선을 이루도록 하십니다. 인간이 개입할 부분이 조금도 없는 것입니다.

"나의 당한 일이 도리어 복음의 진보가 된 줄을 너희가 알기를 원하노라." 이것을 반드시 알아야 됩니다. 특히 그 당시 핍박이 있는 시기에 이런 사건은 너무나 많았습니다. 오늘날에도 있습니다. 이럴 때 우리는 조용히 하나님 은혜의 빛 안에서, 복음의 역사 가운데서 나의 삶, 나의 행동, 나의 모든 상황을 다시 재해석해봐야 합니다. 남는 것은 오직 그뿐입니다. 하나님의 복음의 증인이 되고 있는가? 복음의 절대성을 내 삶의 목표로 하고 있는가? 그만이 크리스천이기 때문입니다. 그만이 진정 은혜 받은 사람이기 때문입니다. I want to know. 반드시 알아야 되겠습니다. 왜? 그들은 지금 사도 바울이 석방되기를 기도하고 있습니다. 또한 같은 상황과 고난 중에 있습니다. 더욱이 하나님의 경륜에 대하여 너무 무지합니다. 맹목적으로 기도하고 있습니다. 이미 하나님께서 밝히신 이 신비한 세계, 그 복음의 역사, 그 능력을 같이 알아야겠기에 사도 바울은 그리 쓰고 있는 것입니다.

우리의 시험, 환난, 고통, 더 나아가 질병과 실패, 위기를 복음 안에서 다시 한 번 생각하기 바랍니다. 하나님 은혜의 빛 안에서, 복음의 경륜 안에서, 과연 내 삶이 어디로 가고 있는가? 나는 복음의 증인으로 살고 있는가? 복음의 절대성 앞에서 내 삶이 새롭게 변화된 것을 발견하고 있는가? 이를 깨닫게 하기 위하여 일어난 사건입니다. 더 큰 은혜를 누군가에게 체험시키기 위하여 하나님께서 은혜의 통로를 만들고 계십니다.

사도 바울은 말씀합니다. "형제 중 다수가 나의 매임을 인하여 주 안에서 신뢰하므로 겁 없이 하나님의 말씀을 더욱 담대히 말하게 되었느니라(14절)." 이 놀라운 사건을 보면서 로마의 시민들은 신기해합니다. 시위대 사람들이 하나 둘씩 예수를 믿고 돌아오는 것입니다. 세상에 이런 놀라운 일이 어디 있습니까? 그래서 더 담대히 하나님 말씀을 전하게 되었다고 그는 말씀하고 있습니다. 하나님께 감사하고 있습니다. 기뻐하라, 기뻐하라, 복음을 주신 하나님을 기뻐하고, 복음의 기회를 주신 하나님을 기뻐하고, 복음의 능력을 체험케 하신 하나님께 감사하고 있는 것입니다. 무엇과도 바꿀 수 없는 신령한 은혜의 기쁨입니다.

1999년 4월 20일 미국 콜로라도 주 덴버의 고등학교에서 큰 총기사고가 있었습니다. 두 학생 해리스와 클리볼드가 저지른 일입니다. 무려 13사람의 학생과 교사들이 죽었습니다. 그들은 히틀러의 생일을 맞아 광기어린 학살을 자행한 것입니다. 더 놀랄 일은 그들이 학생들을 한군데 모아놓고 한 사람씩 머리에다 총구를 겨누고 이렇게 질문한 일입니다. "너는 하나님을 믿느냐?" 학생들 대부분은 너무나 두려워 안 믿는다고 답을 했습니다. 그럴 때마다 그들은 아주 음흉한 미소를 띠고 그 아이들을 살려주었습니다. 하지만 캐시 버넬 이라는 학생은 그 공포분위기 속에서도 아주 확실하게 신앙을 밝혔습니다. "너는 하나님을 믿느냐?" 그는 대답했습니다. "하나님은 지금도 살아계신다. 너희도 하나님의 길을 따라야만 될 것이다." 그러자 총을 든 그 두 학생은 "그래? 네가 믿는 하나님 곁으로 가라." 하면서 방아쇠를 당겼다는 것입니다. 이 일이 나중에 밝혀져서 미국 10대들 사이에 엄청난 부흥의 불길이 일어납니다. 그들은 자신의 연약한 신앙이 너무 부끄러웠습니다. 그 현장에 있었든 없었든 자기들의 용기 없음과 비겁함이 너무도 부끄러웠습니다. 그들은 캐시 버넬과 같이 담대한 증인으로 사는 것이 인간다운 삶이요, 의미 있는 삶이요, 진정한 그리스도인의 삶임을 깨닫게 됩니다. 그리고 미국 전역의 각 학교에서 이 사건이 부흥운동으로 확산되었다고 기록되어 있습니다.

인간의 실존은 오직 하나님의 말씀, 복음 안에서만 생각할 수 있습니다. 하나님께서 인정해주셔야 되는 것입니다. 또 하나님께서는 그 사건을 복음의 능력이 나타나는 새로운 기회로, 합력하여 선을 이루는 도구로 쓰십니다. 우리가 모든 것을 알 수는 없습니다. 하나님만이 모든 것을 아십니다. 분명한 것은 복음에 능력이 있다는 사실입니다. 복음 자체에 역사성이 있다는 것입니다. 우리는 거기에 동참해야 됩니다. 그래서 어떤 사건을 경험하든 복음의 빛 안에서 내 삶을 새롭게 재조명해봐야 합니다. 그럴 때 복음 안에 있는 나의 나됨, 나의 소망, 나의 기쁨을 새롭게 발견하고 하나님께 영광 돌릴수 있는 것입니다. 사도 바울은 다시 말씀합니다. "나의 당한일이 도리어 복음의 진보가 된 줄을 너희가 알기를 원하노라." 참 위대한 간증이고 위대한 선포입니다. 이 은혜를 사모하며 이 은혜의 경륜 안에서 놀라운 은총을 경험하시기 바랍니다.

그리스도의 증인의 기쁨

어떤 이들은 투기와 분쟁으로, 어떤 이들은 착한 뜻으로 그리스도를 전파하나니
이들은 내가 복음을 변증하기 위하여 세우심을 받은 줄 알고 사랑으로 하나 그들은
나의 매임에 괴로움을 더하게 할 줄로 생각하여 순수하지 못하게 다툼으로 그리스도를 전파하느니라
그러면 무엇이냐 겉치레로 하나 참으로 하나 무슨 방도로 하든지 전파되는 것은 그리스도니
이로써 나는 기뻐하고 또한 기뻐하리라 (빌1:15-18)

예수 그리스도께서 이 땅에 오신 궁극적 목적은 하나님 나라를 선포하시고 하나님 나라를 성취하시기 위함입니다. 그래서 그 나라의 백성으로 예수 그리스도를 믿는 하나님의 자녀를 부르십니다. 이 사람들을 우리는 오늘날 '그리스도인'이라 말합니다. 그리스도인은 이 땅에 사나 이 땅에 속하지 않았습니다. 예수 그리스도를 믿는 하나님의 자녀는 하나님나라에 속해 있습니다. 항상 그것을 기억하고 그 안에서 생각해야 합니다. 이 그리스도인의 정체의식을 잃으면 아무리 성경을 많이 읽고 큰 깨달음을 얻었다 하더라도 다 빗나가게 되어 있습니다. 항상 하나님 나라의 자녀인 우리의 소속이 어디인가를 기억하고 그 안에서 목적을 세우고, 그 방법도 하나님의 뜻을 따라 지혜로써 구해야 합니다.

그러기 위해서는 성경 전체에 나타난 몇 가지 성경적 원리를 우리가 기

억하고 깨닫고 영접할 필요가 있습니다. 이에 대하여 상고해보겠습니다.

첫 번째는, 하나님의 은혜로 그리스도인이 되었다는 것입니다. 모든 것이 하나님의 은혜로 된 것임을 항상 기억해야 됩니다. 이에 대하여 사도 바울은 이 서신서에서 반복적으로 말씀합니다. "내게 주신 하나님의 은혜로 내가 하나님의 자녀가 되었다. 때를 따라 주신 이 은혜로 내가 하나님께서 주신 사도직을 감당할 수 있다. 모든 것이 하나님의 은혜다." 이것은 사도바울만의 고백이 아닙니다. 우리 모두의 고백이어야 합니다. 이 고백은 창조 때 하나님께서 하나님의 형상으로 존엄성을 주시고, 만물 위에서 만물을 지배하도록 책임적 위임을 주신 그 형상, 그 특권을 회복함을 말합니다. 그 자체가 창조적 은혜입니다. 이 창조의 섭리 가운데 있는 오직 하나님께로부터 오는 창조적 은혜로 말미암은 구원의 역사를 말합니다.

오늘 우리의 삶을 한번 생각해보십시오. 나 자신은 물론이고 만일 자녀에게 내가 가장 바라는 것이 있다면 무엇이 되어야겠습니까? 하나님의 은혜로 그리스도인됨을 깨닫고 그 정체의식 속에서 살아가는 것이 가장 소원하는 것이요, 가장 큰 기도제목이 되어야 합니다. 그런데 그런 모습을 보는 것이 쉽지 않습니다. 특히 고등학교 3학년이라든지 중요한 시험을 앞에 두고 있으면 다 필요 없습니다. 장로님의 자녀든 권사님의 자녀든 다 똑같아집니다. 우선순위가 다른 데 있습니다. 그러나 하나님의 은혜로 그리스도인된 정체의식, 이것이 항상 모든 판단의 근본이 되어야 하며, 일관되어야 합니다. 여기서 빗나가면 정말 기도 따로, 세상적 삶 따로입니다. 다 따로따로 지낼 수밖에 없습니다.

세계적인 화가 밀레의 부모님은 프랑스 노르망디의 가난한 농부였습니다. 밀레는 낮에는 부모님을 따라 밭에서 농사를 지었습니다. 그래서 밤이 되어야 비로소 그림공부를 할 수 있었다고 합니다. 그가 항상 소원하는 것은 소리 나는 그림을 그리는 것이었습니다. 어느 날 그는 큰 영감을 받아 황혼넘의 밭에서 부부가 조용히 선 채로 손을 모으고 기도하는 모습을 그렸습니다. 그 그림에는 멀리 지평선에 예배당의 종탑이 있습니다. 마치 거기에서 울리는 종소리가 들려오는 듯한 그림입니다. 이제 그 그림의 제목을 붙이려는데 그는 친구들한테 부탁합니다. 하지만 이 제목 저 제목 다 마음에 안듭니다. 그러고 있는데 한 친구가 그림을 보더니 대뜸 "이것은 만종이다"라고 말합니다. 마치 종소리가 들리는 것 같다는 것입니다. 밀레는 그 제목이 아주 마음에 들었습니다. 그래서 그 그림 제목이 '만종'이 되었다는 것입니다. 그 밀레가 프랑스로 그림을 배우러 유학길을 떠날 때 어머니가 이렇게 말했다고 합니다. "네가 화가이기 전에 크리스천이라는 사실을 잊지 말아라. 나는 네가 주님을 잃어버린 화가가 되는 것보다는 차라리 죽는 것을 보는 것이 나을 것이다." 그는 서슴없이 고백하고 자랑합니다. "내가 화가로서 세상에 많은 영향을 끼치는 귀한 일을 하게 된 것은 다 어머님의 신앙교육 덕분이다."

전적인 하나님의 은혜로 오늘의 내가 되었다면, 그 다음이 중요합니다. 가정에서 누구보다도 사랑하는 자녀들에게 근본적인 것을 동일하게 가르치는 것입니다. 자녀들도 자기를 위하여 부모님이 간절한 마음으로 기도했다는 것, 동일한 바람이 있다는 것을 알도록 해야 한다는 것입니다. 그러나 신앙생활은 잘하는 것 같으나, 정작 자녀에게 바라는 것은 다른 것 같다면 여기서 문제가 생기지 않습니까? 전적인 하나님의 은혜로 그리스도인이 되는 것입니다.

두 번째는, 하나님께서 유일한 길을 두셨다는 것입니다. The Way입니다. 그 길 외에는 없습니다. 오직 예수 그리스도뿐입니다. 예수 그리스도 안에서만 하나님의 자녀가 될 수 있습니다. 거기에만 구원이 있습니다. 보통 심각한 문제가 아닙니다. 세상은 모자이크입니다. 각기 다릅니다. 지금 교인도 마찬가지입니다. 각기 모습이 다릅니다. 성품이 다르고 성향이 다르고 지식이 다르고 방향이 다릅니다. 그렇다고 세상 사람들이 모자이크라고 교인도 모자이크인 것은 아닙니다. 교회는 하나의 공동체입니다. 교회의 성도는 각기 다른 모습들이지만 예수 그리스도 안에서 하나입니다. 근본적으로 동일한 신앙을 가진 공동체가 교회요, 교회의 성도입니다. 항상 이것을 극대화해야 됩니다. 여기에는 다양성이 있을 수 없습니다. 오직 구원은 예수 그리스도입니다. 이 신앙을 고백하는 모임이 교회요, 은혜의 공동체라는 것입니다. 지금 교황이 선종하여 온 세상 사람들 입에 오르내립니다. 뉴스에서는 앞을 다투어 그 분의 생애를 말합니다. 인도주의자로서 박애주의자로서 화평을 주장한 사람으로서 인류역사상 몇 안 되는 성자의 하나로 꼽을 수 있을 만한 인물입니다. 의심의 여지가 없습니다. 문제는 그것이 아닙니다. 그것은 어디까지나 세상의 시각입니다. 우리는 그리스도인의 시각으로 보아야 됩니다. 그가 정말 오직 예수 그리스도를 믿고 그 안에 오직 구원이 있다는 절대적 신앙을 가지고 있었느냐는 것입니다. 아닙니다. 그 분은 이슬람은 이슬람대로, 불교는 불교대로, 힌두교는 힌두교대로 다 구원이 있을 수 있다고 말했습니다. 보편적 진리를 상대화한 것입니다. 워낙 그의 영향력이 크고 그를 추종하는 사람들이 많고 그의 발언권이 크니까 다들 그냥 있는지 모릅니다. 하지만 우리 그리스도인은 오직 말씀으로, 성경적 진리로 보이지 않는 것을 보아야 합니다.

복음에는 타협이 없습니다. 그리스도인됨은, 구원받음은 오직 그리스도 안에서만 가능한 것입니다. 너무나도 단순한 진리지만 항상 이런 생각을 가지고 있지 못하기 때문에 세상 되어가는 꼴을 보면서 휘청거리는 것입니다. 판단도 흐려집니다. 누가 그리스도인인지 모릅니다. 누가 참 진리를 증거하는지 모릅니다. 그래서 그리스도인은 그리스도인의 이 정체성을 회복해야만 하는 것입니다.

세 번째는, 그리스도의 말씀, 그 절대 진리 안에서 성경적 진리를 바르게 이해하고 순종해야 된다는 것입니다. 빌립보서 1장에서 사도 바울은 계속 그리스도인의 본질에 대하여 말씀하지 않습니까? 자기가 경험하는 우선적인 본질들 다시 말해 성도의 교제, 하나님의 역사에 대한 믿음, 은혜에 참예함, 영적인 기도 이 모든 것이 그리스도인의 본질입니다. 누구나 가지는 본질이 되어야 합니다. 스스로 그렇게 믿고 증거하고 있습니다. 그럼에도 불구하고 성경 전체에서 그리스도인의 본질에는 우선순위가 있습니다. 말씀 중에서도 우선순위가 있습니다. 절대적 우선순위입니다. 그것은 십자가와 부활입니다. 십자가와 부활의 진리 안에서 모든 예수님의 말씀을 재해석해야 됩니다. 만일 그렇지 못하면 혼합주의가 되고 맙니다. 그리하여 다른 쪽에도 구원이 있을 수 있고, 그들과 같이 대화할 수 있다는 식으로 생각하게 됩니다. 이 부분에서는 성경적 절대 진리 안에서 판단하고 행해야 됩니다. 영적 분별력은 각자의 몫입니다. 성령께서 역사하시고 성경을 근거로 분명히 판단해야 합니다.

네 번째는, 예수 그리스도와 그 말씀에 대한 증인이 되어야 한다는 것입니다. 복음을 전파해야 됩니다. 이것이 성령의 역사입니다. 사도행전 1장에서 예수님께서 말씀하십니다. "오직 성령이 너희에게 임하시면 너희가 권능을 받고 예루살렘과 온 유대와 사마리아와 땅 끝까지 이르러 내 증인이 되리라…(8절)." 성령이 오셨고 권능을 주심은 우리로 증인되게 하시기 위함입니다. 이것을 알아야 됩니다. 다른 목적이 아닙니다. 다른 모든 것은 부수적입니다. 우선하는 것은 증인되는 것입니다. 이것은 모든 보편적 그리스도인의 삶이며 기준입니다. 단 몇 사람한테만 주신 말씀이 아닙니다. 오늘 짧은 본문에도 그리스도를 전파한다는 말씀이 무려 세 번이나 나옵니다. 왜? 그것이 보편적인 진리이기 때문입니다. 복음의 능력입니다. 사도 바울은 그것을 믿고 그 안에서 절대 진리를 자기의 가치관으로 받아들이며 살아간 사람입니다. 그러기에 그는 그리스도인됨과 그 정체의식에 대하여 아주 깊이 통찰하여 성경적으로 우리에게 증거하고 있습니다.

그리스도인의 궁극적 목적은 오직 예수 그리스도입니다. 살든지 하나님께로 돌아가든지 그리스도 안에서 살고 그리스도를 향하여 나아가는 것입니다. 항상 그리스도와 관계되어야 합니다. 여기서 방향성을 잃으면 아무것도 아닙니다. 그리스도인이 아닙니다. 적어도 그 순간은 그리스도인이 아닙니다. 현재의 삶과 미래의 삶이 모두 그리스도 중심적이어야 합니다. 종말론적 신앙이 있어야 됩니다. 사도 바울은 이 부분에 있어서 철저한 사람입니다. 그래서 그는 부활사건조차도 종말에 있을 구원의 비밀로 재해석하여 받아들였습니다. 그리고 오늘에 나타난 하나님의 은총적 사건으로 증거하고 있습니다. 그러니 살든 죽든 오직 살아있는 것은 그리스도니…. 그의 간증 아닙니까? 모든 신앙인의 궁극적 목적은 예수 그리스도로 향해야 합니다. 너무나 단순한 것 같지만, 이 자체가 위대한 진리요, 위대한 원칙입니다. 항상 이것을 기억해야 됩니다.

사도 바울은 6절에서도 이런 말씀을 합니다. "너희 안에서 착한 일을 시작하신 이가 그리스도 예수의 날까지 이루실 줄을 우리가 확신하노라." 오직 그리스도의 날을 위하여 준비된 삶을 사는 것이 그리스도인이라는 말씀입니다. 그런고로 그리스도인은 그리스도 중심적으로 목적이 이끄는 삶을 살아야 됩니다. 여기에 행복이 있고, 여기에 성공이 있고, 여기에 기쁨이 있습니다. 아무리 세상 사람들이 성공했다, 존경한다, 많은 것을 이루었다 말할지라도 그 목적이 그리스도 중심적이 아니고 영혼 지향적이 아니라면 그것은 실패한 삶입니다. 그 자신 안에 이미 평안이 없습니다. 또한 최종심판은 하나님께서 하실 것입니다. 얼마나 잘못했느냐가 문제가 아닙니다. 그것은 참회하면 됩니다. 문제는 그 방향성이 항상 그리스도 지향적이냐 아니냐입니다. 이 정체의식을 갖고 사는 자만이 주께서 동행하심을 생각하고 주께서 주신 지혜와 용기와 능력으로 살아갈 수 있습니다. 그것이 그리스도인입니다. 한마디로 소명중심의 삶입니다.

예수소망교회 예배당을 지은 회사는 LG건설입니다. 1년 동안 매 주일마다 미팅을 했습니다. 그 담당자들 가운데 참 귀한 분이 있었습니다. 박 대리라는 분입니다. 그때 LG건설은 이 근처에서 또 다른 높은 건물을 짓고 있었습니다. 그분은 거기에서 일하고 있었는데, 예배당 짓는다는 소리를 듣고 참여하겠다고 자원하여 왔습니다. 그에게는 이 예배당이 단순한 건물이 아닙니다. 교회입니다. 똑같은 일을 해도 얘기가 완전히 다른 것입니다. 결국 이 예배당 지은 다음, 그분은 회사에 사표를 내고 신학공부를 시작하였습니다. 하지만 현장소장을 비롯한 다른 사람들은 그냥 단순히 건물을 짓는 것입니다. 그런 사람들 일하는 것 보면 화가 납니다. 좀 더 성의있게 하라고 항상 말합니다. "여러분 지금 알지 모를지 모르겠습니다. 그러나 나는 분명히 얘기해야겠습니다. 여러분들이 지금 하는 일은 보통 일과는 다릅니다. 더 큰 건물을 지은 경험도 있을 것입니다. 얼마든지 그런 일 할 수 있습니다. 그러나 지금 이 예배당은 가치가 다릅니다. 의미가 다릅니다. 이것은 하나님의 일이요, 하나님의 성전을 짓는 일입니다. 언젠가 여러분들이 예수 그리스도를 영접하게 되면 두고두고 저의 말이 기억날 것이고 이 일에 참여하게 된 것이 여러분에게 큰 간증이 될 것입니다. 그러니 기도하는 마음으로 해주십시오." 끊임없이 소명을 일깨워 주었습니다.

예수 믿는 사람은 작은 일이나 큰 일이나 모든 것이 소명중심이요, 그리스도 중심적입니다. 특별한 일입니다. 그 자체가 의미가 있습니다. 그러니까 각자 맡은 일, 주부로서나 기업인으로서나 직장인으로서나 누구에게나 거기에는 소명이 있습니다. 저는 이렇게 생각합니다. 누군가가 해야 되는 일이지만, 그 일을 내가 하고 있다면 거기에는 의미가 있는 것입니다. 왜? 아무리 하찮은 일이라도 그 일은 하나님께서 나에게 주신 일이기 때문입니다. 내가 그 일을 기뻐하느냐 안 기뻐하느냐, 나는 이런 일을 할 사람이다 아니다의 문제가 아닙니다. 그 자체를 하나님께서 주신 일로 받아들여야 합니다. 그래야 하나님께서 또 다른 길로 인도해주실 것입니다. 그러니까 아무리 작은 일도 거기에는 의미가 있습니다. 그리스도 중심적인 가치관과 목적을 가지고 사는 사람한테만 주어지는 신비한 영적 지각입니다.

사도 바울은 오늘 본문 16절에서 말씀합니다. "이들은 내가 복음을 변증하기 위하여 세우심을 받은 줄 알고…." 바울이 그리스도의 증인된 삶을 사는 것, 복음을 증거하는 삶을 사는 것을 빌립보 교인들도 안다는 것입니다. 참 아름다운 관계입니다. 바로 이것이 성도의 교제, 그리스도인의 공동체입니다. 예수소망교회 교인이라면 서로 간에 이것을 알아야 됩니다. 저 분이 궁극적으로 예수 그리스도를 향한 삶을 살고 있다는 것을 인정해줘야 합니다. 그 안에서 서로 기도할 수 있고 서로를 위하여 사랑으로 간구할 수 있는 것입니다. 하나님께서 주신 영적인 가치관입니다.

그래서 사도 바울은 빌립보서 1장을 통하여 두 가지를 말씀합니다. 하나는, '변증함'입니다. 복음을 변명하기 위하여 내가 세움을 받았습니다. 안 믿는 사람들에게, 잘못되고 왜곡된 편견을 가지고 있는 사람들에게, 잘못된 진화론이나 윤회사상을 가지고 있는 사람들에게 이렇게 변증할 수 있어야 합니다. "잘못됐다. 오직 세상은 하나님께서 창조하신 세계다." 또 이미 믿는 사람이라도 잘못 믿는 사람, 종교지도자와 같은 분들에게도 구원은 오직 예수 그리스도 한 분뿐임을 이야기해야 합니다. 아무리 지식이 많고 많은 일을 해도 그거 다 소용없습니다. 오직 복음은 하나입니다. 예수 그리스도로 말미암아 우리에게 구원의 역사가 이루어진 것입니다. 바로 이것이 변증이라는 것입니다. 이것은 모든 그리스도인에게 주어진 소명입니다. 또 다른 하나는, 복음의 '확정함'입니다. 이제는 믿는 분들에게도 구원이 무엇이고 진리가 무엇이고 영원한 소망이 무엇인지를 분명히 깨닫게 해 주어야 합니다. 그 책임이 우리에게 있습니다. 예를 들어 소망이라 함은 미래에 하나님의 뜻 안에서, 역사 안에서 확실히 이루어질 사건입니다. 아니, 이미 이루어졌습니다. 그것을 오늘 기대하는 것입니다. 그러나 그리스도를 믿지 않는 사람은 미래에 대하여 소망이 없습니다. 낙관할 뿐입니다. 그것은 막연한 기대요 이루어질 근거가 아무것도 없습니다. 그런고로 그리스도적 진리, 성경적 진리에 대하여 분명한 자기 확신이 있어야 합니다. 바로 그것이 목적을 그리스도께로 둔 그리스도인의 삶의 정체의식이요, 삶 자체입니다.

오늘 본문말씀의 배경에는 흥미로운 사건이 나타납니다. 이 사건은 빌립보 교회에 있는 사건이지만 동시에 예수님께서 오시기까지 모든 교회에 있었고, 있고, 있을 사건입니다. 아주 보편적인 사건입니다. 우리 교회에도 있고, 옆 교회에도 있고, 항상 있을 사건입니다. 아주 흥미롭습니다. 이야기는 이것입니다. 지금 사도 바울이 로마감옥에 갇혀 있습니다. 그런데 그 감옥에 갇혀 그가 고난받는 모습을 보고 소망하고 목적으로 한 그의 삶과 그의 목표를 아는 참 그리스도인, 동일한 신앙의 근거를 가지고 사랑으로 복음의 증거를 전파하는 데 합심하여 열심을 내는 한 부류가 있습니다. 모범적인 좋은 성도입니다. 그런데 또 하나의 부류는 외적으로 볼 때는 비슷비슷합니다. 복음을 증거합니다. 선교를 합니다. 열심을 냅니다. 그러나 깊이 들여다보면 그 동기가 다릅니다. 동기가 바르지 않습니다. 다툼과 투기와 분쟁의 마음으로 이 일을 하고 있다는 것입니다. 왜요? 빌립보 교회는 사도 바울이 세운 교회입니다. 루디아를 통하여 또는 간수장을 통하여 사도 바울이 세운 교회입니다. 특별히 그 교회는 사도 바울의 사역에 전적으로 동참한 참으로 은혜 충만한 교회였습니다. 그런데 이제 사도 바울이 감옥에 갇혔습니다. 가이사랴에서 일어난 것까지 합하면 무려 5년입니다. 언제 풀릴지 모릅니다. 눈으로 볼 때는 빨리 복음을 증거해야 될 사람이 갇혀 있는 것입니다. 영적 지각이 없는 사람들은 실패한 삶이라고 생각합니다. '뭔가 이유가 있겠지. 언제 복음을 증거 하나? 이것은 우리의 기회다. 우리가 주도권을 쥐게 될 절호의 찬스다.' 그렇게 되어 그 교회 안에서 당파싸움이 일어납니다. 그리고 더 큰 주도적 위치를 차지하기 위하여 투기와 분쟁의 마음으로 교회 일을 더 열심히 한다는 것입니다. 지금 그런 상황입니다.

오늘날의 교회에도 그 같은 일이 너무나 많습니다. 한 공동체든 구역예배든 예배위원이든 다들 좋은 마음으로 봉사하지만 때로 시기와 질투도 하게 되고 또 다른 마음도 갖게 됩니다. 별로 좋지 못한 모습들로 다투고 상처받고, 누구는 교회를 떠나기도 하고, 남은 사람들은 그 떠난 사람을 비난하기도 합니다. 이런 일들이 왕왕 벌어집니다. 그러나 이 사건은 조금 다릅니다. 그 안에서는 어땠는지 모르지만, 적어도 이 문제로 교회를 파괴하고 그를 넘어 오히려 사도 바울과의 경쟁적 관계로 자기들의 지위를 높이기 위하여 사도 바울보다 더 열심히 복음을 증거하는 것으로 나타났다는 것입니다. 어찌 보면 긍정적입니다. 오늘도 정말 그랬으면 좋겠습니다. 안에서 싸우니까 문제지, 밖에 나가서 복음만 증거 한다면…. 지금 이러한 차원의 문제를 놓고 그들은 생각합니다. '이렇게 하면 사도 바울이 더 괴로워할 것이다.' 왜? 사도 바울을 자기들과 똑같다고 생각하는 것입니다. '시기와 질투로 내 위치를 빼앗기면 어떡하나 괴로워한다'고 생각한 것입니다. 지금 사도 바울이 그 속사정을 알고 있는 것입니다.

오늘 본문말씀입니다. 한 부류에 대해서는 목적이 같음을 알았습니다. "이들은 내가 복음을 변증하기 위하여 세우심을 받은 줄 알고 사랑으로 하나(16절)." 궁극적 목적이 예수 그리스도이신 것을 알았습니다. 그들은 진정 사랑하는 마음으로 복음을 증거합니다. 바울 대신 그 일을 합니다. 얼마나 좋은 사람들입니까? 참 훌륭한 교인들입니다. 그러나 다른 부류에 대해서는 목적이 다름을 알았습니다. "그들은 나의 매임에 괴로움을 더하게 할 줄로 생각하여 순전치 못하게 다툼으로 그리스도를 전파하느니라(17절)." 외적으로는 큰 차이가 없습니다. 그러나 그 깊은 내적인 동기는 완전히 정반대입니다. 한쪽은 정말 그리스도를 향한 사랑으로 그리스도를 위하여 일하고 있습니다. 다른 한쪽은 동일한 열심을 내기는 하지만 내적으로는 자기의 명예와 욕구, 자존심과 명예, 인정받으려고 하는 보상주의적 마음에서 열심을 내고 있는 것입니다.

이런 일, 교회 내에 항상 있는 것 아닙니까? 내 마음 속에도 있을 수 있습니다. 오늘날 교회의 보편적인 문제를 사도 바울은 지금 아주 흥미롭게 사건을 통하여 우리에게 설명하고 있습니다. 그렇기 때문에 그리스도인은 받은 바 은혜만을 기억해야 합니다. 그래야 항상 감사할 수 있습니다. 그러나 그것보다도 내가 한 일 자체를 기억하고 그 일을 통하여 무엇인가를 인정받고 보상받으려면 아무도 이에서 벗어날 수 없습니다. 그가 구원을 받을지는 하나님 앞에 올라가봐야 압니다. 내적 동기가 더 중요하기 때문입니다. 그 내적 동기, 순수한 마음, 그 과정을 주께서 아십니다. 제사보다 순종이 더 낫습니다. 깊은 마음 속 영적 지각을 하나님께서는 더 인정해주십니다. 이런 유명한 말이 있습니다. "우리가 하나님 안에서 최고로 만족할 때 하나님께서는 우리 안에서 최고로 영광을 받으신다." 내가 내게 주어진 것에 대하여 그것을 전적인 하나님의 은혜로 생각할 때 하나님께서는 최고로 영광을 받으십니다. 내가 큰일을 이루어야 하나님께서 영광을 받으시는 것이 아닙니다. 그 동기가 빗나갈 수 있기 때문입니다.

일본의 세계적인 신학자인 우치무라 간조는―그의 삶과 신학이 개인적으로 저와 다 맞는 것은 아니지만―뛰어난 지각을 갖고 있는 분이라고 생각합니다. 좋은 영적 지혜의 말씀을 우리에게 많이 남겼습니다. 그 중에 하나를 소개해 봅니다.

반드시 내 저술을 할 필요가 없다는 생각이다. 작은 저술로도 족하다. 내가 본 진리를 간단명료한 글로 엮어 이를 세상에 내어놓을 것이다. 반드시 큰일을 할 필요도 없다. 작은 일로 충분하다. 반드시 완전할 필요도 없다. 불완전해도 좋다. 나는 날마다 내가 할 수 있는 최선을 다하며 환난과 고통이 있는 이 세상에 조금이라도 위로와 기쁨을 줄 뿐이다. 큰일을 하려고 하는 사람은 결국 아무것도 하지 못할 것이다. 완전만을 구하는 사람은 아무것도 얻지 못할 것이다. 진실로 위대한 일면은 작은 일에 부지런한 것이다.

이 사람이야말로 진정 하나님께서 자기에게 주신 은혜에 만족한 사람입니다. 이렇게 사는 삶이야말로 겸손하고 하나님 말씀에 전적으로 순종하는 삶입니다. 그리스도 중심적 삶을 사는 하나님의 사람입니다. 이것을 통하여 하나님께서 영광을 받으십니다. 그러나 그릇된 동기, 잘못된 동기와 목적으로 행하는 사역은 하나님께 영광돌리기 어렵습니다.

신약에 나오는 바리새인들의 바리새인적 의에 대해 생각해보겠습니다. 성경을 보면 바리새인보다 더 많은 일을 한 사람은 별로 없습니다. 그들은 헌금도 무려 십의 삼조를 했습니다. 일주일에 정해진 금식기도도 몇 번씩이나 했습니다. 수많은 시간을 성경과 씨름하고 그 성경을 증거까지 했습니다. 그렇게 열심이 있는 사람들입니다. 그러나 예수님께서는 그들을 향해 말씀하십니다. "외식하는 자들이여 화 있을진저…." 그 동기가 틀렸기 때문입니다. 그 마음 깊은 곳에 있는 하나님께서 보시는 그 영적인 동기와 영적인 목적이 틀렸다는 것입니다. 하나님의 영광이 아니라 자기의 영광을 구하는 사람입니다. 항상 봉사를 하면서도 보상을 기대합니다. 헌신을 하면서도 인정받기를 기대합니다. 지금 이러한 상황에 있는 빌립보 교회나 오늘 이 시대의 모든 교회의 보편적 사건을 놓고 사도 바울은 우리에게 매우 귀중한 메시지를 주고 있습니다. 모든 크리스천의 삶은 그 궁극적 목적이 예수 그리스도께 있어야 된다는 것입니다. 사도 바울의 삶이 그랬습니다. 최우선의 구체적인 삶은 예수 그리스도를 전파하는 것입니다. 그것이 성령의 목적이기 때문입니다. 그런고로 그는 하나님께 다 맡깁니다. 남을 정죄하지 않습니다. 사람에 대해 판단하지 않습니다. 그가 판단한 사람은 오직 예수 그리스도를 부인하는 사람, 성령의 역사를 부인하는 사람, 말씀의 진리를 부인하는 사람입니다. 이런 사람은 조목조목 그 이름까지 대면서 멀리하라고 말씀합니다. 그러나 그 외의 문제는 다 하나님께 두고 더 큰 관점에서 이 문제를 재해석합니다.

궁극적 관점은 오직 예수 그리스도요, 그리스도를 전파함에 있습니다. 오늘 본문에서 말씀합니다. "그러면 무엇이냐 겉치레로 하나 참으로 하나 무슨 방도로 하든지 전파되는 것은 그리스도니 이로써 나는 기뻐하고 또한 기뻐하리라(18절)." 아주 신령한 삶의 고백입니다. 궁극적 목적이 오직 예수 그리스도입니다. 그러나 사도 바울은 이를 방해하지 않습니다. 그들의 동기가 아무리 나빠도 결과를 놓고 함께 기뻐할 뿐입니다. 자신의 자존심의 문제가 아닙니다. 지금 그들이 사도 바울의 명예와 자존심을 깎고 비방하고 있지만 그러면서도 더욱더 복음전파에 열심을 내고 있습니다. 사도 바울은 이에 대하여 아랑곳하지 않습니다. 궁극적 관심은 오직 예수 그리스도를 증거함에 있기 때문입니다. 만일 우리가 봉사를 하고 사역을 할 때 그 진정한 중심이 그리스도의 영광, 그리스도를 증거함에 있다면 그 일로 조금 사소한 일, 조금 심각한 일이 생겨도 상처받지 않을 수 있습니다. 목적이 예수 그리스도께 있기 때문입니다. 그러나 본인의 깊은 곳에 보상심리가 있으면 다 휘청거립니다. 같이 싸우고 분열되고 맙니다. 여기에서 사도 바울은 크고 놀라운 덕을 보입니다. 사도 바울은 그렇게 덕 있는 사람이 아닙니다. 그러나 오직 하나님의 은혜로 크고 놀라운 덕을 보입니다. 그는 교회의 일치와 화평을 생각하며 그리스도께 영광 돌리는 삶을 구체적으로 설명합니다. "나는 기뻐한다. 내일도 기뻐할 것이다." 전파되는 것은 오직 그리스도이시기 때문입니다. 그들이 어떠한 마음으로 하든 복음을 증거하는 데는, 삶을 헌신하는 데는 아무 문제가 되지 않는다는 것입니다. 얼마나 신령하고 놀라운 지혜입니까? 얼마나 덕 있는 삶입니까?

　가라지 비유를 통하여 예수님께서 말씀하십니다. "좋은 씨를 심었습니다. 좋은 열매가 나와야 됩니다. 그러나 악마가 거기에 가라지를 심었습니다. 열매와 가라지가 함께 나옵니다." 가라지를 뽑으려는데 예수님께서 그냥 두라고 말씀하십니다. 왜? 가라지를 뽑으려다 열매가 다칠까봐서입니다. 그래서 추수 때까지 그냥 두라 하십니다. 하나님께서 하실 것이라는 말씀입니다. 그 말씀 그대로입니다.

　진정 그리스도의 목적 지향적 삶을 살아가는 사람은 예수님의 말씀 그대로가 그의 삶의 가치관이요, 판단근거가 됩니다. 더 큰 덕을 이루어야 됩니다. 그래서 사도 바울만이 가지는 기쁨, 그리스도 지향적으로 큰 덕을 세우는 자의 영적인 기쁨이 있습니다. "전파되는 것은 그리스도니 이로써 나는 기뻐하고 또한 기뻐하리라(18절)." 조금도 시기나 원망이나 질투가 없습니다. 얼마나 놀라운 영적 세계입니까? 감옥에 있음에도 불구하고 만족합니다. 행복해합니다. 이와 같은 행복을 맛보는 것은 누구에게나 허락되는 하나님의 은총 속에 있습니다. 그 삶의 궁극적 목적을 그리스도께 두고 그리스도인의 증인된 삶에 충실하다면 지혜와 용기로써 큰 덕을 세울 수 있는 것입니다. "나는 기뻐하고 또한 기뻐하리라." 참된 동기와 목적을 가진 그리스도의 증인만이 누릴 수 있는 기쁨입니다.

　여러분, 지금 나의 목적과 내 삶의 동기가 어디에 있습니까? 항상 기도하는 최우선순위의 궁극적 목적이 어디에 있습니까? 그 안에서 내 삶과 누군가의 삶과 주님의 몸된 교회를 위하여 아주 진실하게 하나님 앞에 기도해야 할 것입니다. 바르게 신앙고백을 해야 될 것입니다. 그러면 지금 내가 안고 있는 그 많은 근심, 걱정, 불평조차도 작아집니다. 안 느껴집니다. 그리스도께서만 커집니다. 그 안으로 내 모든 삶이 나아갑니다. 그리스도 지향적으로 나아갑니다. 내가 겪는 오늘의 모든 문제들이 하찮게 여겨집니다. 하나님께서는 누구에게나 이런 영적 기쁨을 주십니다. 문제를 해결할 수 있습니다. 더 큰 영적 성숙의 단계로 올라갈 수 있습니다.

한 남자가 있었습니다. 그는 어려서부터 예수 그리스도를 믿었고 주일학교를 잘 다녔습니다. 나중에 성인이 되어 출세를 했습니다. 돈도 많이 벌었습니다. 그때부터 점점 그 마음속에서 예수 그리스도가 멀어지기 시작합니다. 마음이 항상 허무하고 불안합니다. 그는 시카고 방송국의 연출가였고 그 당시 최고의 인기절정 가수였습니다. 돈과 명예를 많이 얻었지만 마음에 평안이 없습니다. 그러던 그가 어느 날 문득 어렸을 적 생각이 나 성경을 펴 놓고 읽기 시작했습니다. 그러면서 이런 질문을 하게 됩니다. '나는 어쩌면 인생을 낭비하고 있는지 모른다. 이렇게 사는 것이 아닌데…' 이러면서 깊은 묵상에 잠겨 있을 때 방송국에서 전화가 왔습니다. 재계약을 하자는 것이었습니다. 다시 전속계약을 맺자는 것입니다. 지금 출연료의 몇 배를 더 주겠다는 것이었습니다. 그는 이렇게 답했습니다. "미안하지만 전화를 너무 늦게 하셨습니다. 나는 앞으로 나의 목소리와 재능, 모든 것을 나를 구원하신 예수 그리스도와 창조주 하나님의 영광을 위하여 사용할 것입니다." 그리고 그는 빌리 그레이엄 전도협회에 들어가 노래로 헌신하게 됩니다. 오늘 우리가 부른 찬송가 '주 예수보다 더 귀한 것은 없네.'가 바로 그가 지은 것입니다. 그는 조지 베브리 쉐아 입니다.

그리스도인은 하나님의 나라에서 하나님께서 주시는 기쁨을 기대하고 열망하고 그리스도 지향적인 삶을 살 때만 그리스도인입니다. 그리고 항상 그리스도께서 함께하심을 느끼면서 주의 평안으로 오늘의 형통한 삶, 승리의 삶을 살아갈 수 있습니다. "내가 기뻐하고 또한 기뻐하리라." 감옥에서조차 이런 진정한 기쁨을 간증할 수 있다는 것은 오직 그리스도의 증인으로서의 삶에 동참한 사람만이 가질 수 있는 신령한 은총입니다. 여기 모인 모든 하나님의 사람들에게 이 기쁨과 이 지혜와 이 용기있는 삶이 있기를 바랍니다.

08.
오직 그리스도

> 이것이 너희의 간구와 예수 그리스도의 성령의 도우심으로 나를 구원에 이르게 할 줄 아는 고로
> 나의 간절한 기대와 소망을 따라 아무 일에든지 부끄러워하지 아니하고 지금도 전과 같이
> 온전히 담대하여 살든지 죽든지 내 몸에서 그리스도가 존귀하게 되게 하려 하나니 이는
> 내게 사는 것이 그리스도니 죽는 것도 유익함이라 (빌1:19-21)

오늘 본문말씀 중에는 사도 바울의 위대한 체험적 신앙고백이 나타나 있습니다. 진실로 거룩한 간증이요, 우리 모두에게 주시는 하나님 말씀의 선포입니다. 그것은 바로 21절 말씀입니다. "이는 내게 사는 것이 그리스도니 죽는 것도 유익함이니라." For to me 내게는, to live is Christ 사는 것 자체가 그리스도시다, and to die is gain 죽는 것도 유익하니라…. 어떻게 이런 놀라운, 위대한 신앙고백을 할 수 있는 것입니까? 무엇이 사도 바울의 삶을 이렇듯 담대하게, 그야말로 가장 완벽하고 온전한 신앙인의 삶의 고백을 하게 만들었습니까? 단지 감정적인, 말뿐의 신앙고백입니까? 아니면, 사도 바울만이 할 수 있는 신앙고백입니까? 우리는 이 문제에 대하여 깊이 생각해야 합니다.

성경은 진리입니다. 성경은 사건이요, 사실입니다. 성경은 모든 사람에게 허락된 보편적인 생명의 말씀입니다. 그런고로 이것은 사도 바울 개인에게만 허락된 성령 충만의 역사가 아닙니다. 그를 통하여 성령께서 역사하시

어 모든 그리스도인에게 이와 같은 신앙고백의 의미론적 삶을 살기를 우리에게 강권하시는 것입니다. 이런 말씀을 만일 내 이성이나 이 세상적 지식을 근거로 아무리 분석적이고 통찰적으로 생각해봐도 이것은 사람이 할 수 있는 말씀이 아닙니다. 실제적이고 구체적인 삶의 간증이라고 말할 수 없는 것입니다. 또 내 개인적인 체험이나 경험이나 감성의 차원에서 해석할 문제도 아닙니다. 그렇게 되면 의심이 있고 혼란이 있게 됩니다. 오직 성령의 역사하심으로 성령 충만한 가운데 이 말씀을 믿음으로 받아들여야 합니다. 왜? 하나님의 말씀이요, 성령께서 주장하시는 성경말씀이기 때문입니다. To live is Christ, 사는 것이 오직 그리스도시다.

실존주의 철학자 키에르케고르가 젊은 시절 썼던 일기에 쓰여 있던 내용입니다. "온 세계가 무너진다해도 내가 꽉 붙들고 놓을 수 없는 이념, 내가 그것을 위하여 살고 그것을 위하여 죽을 수 있는 사명을 나는 찾아야만 한다." 여러분은 과연 그러한 사명과 목적을 찾았습니까? 아니면, 찾고 있습니까? 아니면, 하나님께 간절히 그 사명을 가르쳐주십사 기도하고 있습니까? 만일 찾았다면 얼마나 많은 구체적인 삶의 헌신을 하고 있습니까?

사도 바울은 분명히 찾았습니다. 아니, 발견한 것입니다. 그것이 21절 말씀입니다. 초월적인 신앙입니다. "살아계신 것은 오직 그리스도시다." 그는 십자가를 놓고 고백합니다. 예수님께서 십자가에 못 박혀 돌아가신 그 계시론적 사건을 놓고, 내가 저 십자가에 못 박혀 죽었다, 이제 나는 그리스도인 됨으로 인하여 내게 살아계신 자는 오직 예수 그리스도뿐이시다. 이 위대한 고백을 아주 간단명료하게 선포하고 있습니다. 이 말씀을 놓고 우리는 아주 깊은 본질적인 질문 하나를 던지고 깊이 생각해봐야 하겠습니다. 그것은 삶이란 무엇인가?입니다. 이것은 매일매일 생각하고, 때에 따라 생각하고, 죽을 때까지 생각해야 할 문제입니다. 인생이란 무엇인가? 진정한 의미론적 삶은 무엇인가? 어떤 것이 하나님께서 기뻐하시는 삶인가? 인생의 목적은 무엇인가? 내 삶은 과연 그러한 의미론적 삶 안에 있는가? 그것을 위해서 나는 무엇을 하는가? 그리스도인은 반드시 질문하고 그 답을 찾아야 합니다.

오늘날 가장 큰 비극 중 하나가 질문하지 않는다는 것입니다. 삶의 의미가 무엇이냐? 골치 아프다며 생각하려 하지 않습니다. 과거에는 철학사상이나 이데올로기로 인하여 그래도 많은 사람들, 지식인들이 이런 질문을 종종 했는데, 이제는 피곤해합니다. 답을 찾지도 못했고 알지도 못합니다. 그냥 살아가는 것입니다. 존재 자체가 삶이라고 합니다. 그래서 그냥 살아가는 것뿐입니다. 한마디로 무의미한 삶입니다. 저는 이것을 영적으로 사탄의 아주 은밀하고 교묘한 역사라고 생각합니다. 그래서 질문조차도 하지 않고 답도 찾지 않습니다.

성도는 반드시 이 질문을 해야 됩니다. 인생은 어디에서 와서 어디로 가는가? 인생의 참 의미가 무엇인가? 궁극적 가치가 무엇인가? 이런 질문들을 하고 예수 그리스도 안에서 답을 발견해야 됩니다. 확실하게 알도록 성경은 우리에게 그 답을 주고 있습니다. 그런데 묻지 않습니다. 그러니 사탄의 역사일 수 밖에요. To live is Christ, 삶 자체가 예수 그리스도라는 것입니다. 삶의 의미가 예수 그리스도라는 것입니다. 삶의 목적이 예수 그리스도라는 것입니다. 이 얼마나 위대한 신앙고백입니까? 그리스도인의 삶의 의미와 본질을 말하고 있습니다. 바로 이것만이 가장 구체적으로 확실하게 예수 그리스도를 믿지 않는 불신자들, 예수 그리스도를 믿으나 대충 믿는 그리스도인, 또는 그런 본질을 깨닫지 못하는 사람들과 확실한 그리스도인의 정체의식, 하나님의 자녀됨을 분명히 알고 살아가는 자와의 본질적 차이입니다. 그래서 사도 바울은 말씀합니다. To live is Christ, 살아있는 자체, 삶 자체, 생명 자체가 예수 그리스도라는 것입니다. '나'는 없습니다. 참 신비한 신앙고백입니다마는 이것은 현실입니다. 이 본질을 분명하고 확실하게 내게 주신 하나님의 말씀으로 듣고, 이 의미를 깨닫고, 이 신앙고백이 우리의 고백이 되어야 합니다. 여기서 빗나가면 세대를 바로 읽을 수 없습니다.

　재미있는 이야기가 있습니다. 어느 동네에 마음씨 착한 등대지기 할아버지가 있었습니다. 아주 많은 사람들에게 칭찬받는 분입니다. 그가 매일매일 하는 일은 등대에 불을 밝혀 배가 안전하게 항구로 입항하도록 돕는 역할이었습니다. 어느 날 밤늦게 동네 할머니가 찾아왔습니다. 집에 기름이 떨어졌으니 기름 좀 달라는 것입니다. 밤늦은 시간에 어디 다른 데 가서 구하기는 어려우니까 등대로 온 것입니다. 마음씨 착한 할아버지는 당장 그 할머니한테 기름을 주었습니다. 며칠 뒤 이번에는 어떤 아저씨가 왔습니다. 자기 집 등잔불이 꺼졌는데 기름 좀 빌려달라는 것입니다. 할아버지는 군말 없이 또 빌려주었습니다. 이렇게 동네사람들한테 후하게 인심을 베푼 덕에 그는 아주 칭찬받는 좋은 등대지기로 살아가고 있었습니다. 그러던 어느 날 비가 억수같이 쏟아지는 캄캄한 밤이었습니다. 할아버지가 기름의 양을 조금 잘못 측정했습니다. 마침 그때 등대에 기름이 떨어졌습니다. 그래 그 칠흑 같은 어둠 속에서 그만 배가 암초에 부딪혀 파선하게 됩니다. 이 사건 때문에 관청에서 조사관이 나왔습니다. 두루두루 조사하다보니 그 등대지기가 마을사람들에게 기름을 나눠주는 아주 좋고 인자한 사람이더라는 진술들을 접했을 것 아닙니까? 조사관이 그 할아버지에게 분명히 말합니다. "당신에게 기름이 주어진 유일한 이유는 오직 한 가지, 등대를 밝히는 것입니다. 당신은 가장 중요한 본질과 목적을 상실했습니다. 당신은 큰 잘못을 범했습니다. 당신은 죄인입니다."

　하나님 나라의 백성으로서 하나님의 영광에 동참하는 우리에게는 다른 상대적 가치나 평가나 기준이 없습니다. 오직 하나님의 말씀이요, 오직 예수 그리스도입니다. 아무리 세상이 인정하고 칭찬해도 그것은 우리와 무관합니다. 하나님께서 평가해주셔야 되는 것입니다. 하나님께서 하나님의 말씀으로 우리를 평가하십니다. 절대가치기준을 우리에게 주신 것입니다. 절대 진리 입니다.

그러나 세상 사람들은 물론이고 이 세상을 살아가는 그리스도인들에게도 타협되고 교육되고 학습된 세상적 가치관들과 인생관들이 너무나 많습니다. 몇 가지를 생각해 봅니다. 첫째, 쾌락주의 인생관입니다. 대표적인 철학사상입니다. 한마디로 먹고 마시고 즐기는 것입니다. 너무 단순하여 나와는 무관한 것 같지만, 아닙니다. 삶의 즐거움이 목적입니다. 예를 들어 이사를 간다고 합시다. 시골로 갈 수도 있고 도시로 갈 수도 있습니다. 여기 분당으로도 옵니다. 하지만 신앙과는 아무 상관이 없습니다. 그저 보다 더 나은 삶, 즐거운 삶을 위해서 왔습니다. 그 자체가 쾌락주의적 사고에 젖어 있는 것입니다. 또 취업을 하고 봉사를 한다고 하더라도 나와 내 가족의 행복한 삶, 즐거운 삶이 우선입니다. 이는 모든 사람들에게 기본적으로 있는 것입니다. 문제는 이것을 궁극적 가치관으로 판단하느냐 아니냐 입니다.

둘째, 금욕주의적 인생관입니다. 역사는 한마디로 무한 경쟁이요, 투쟁입니다. 그래서 인간다운 삶은 끝까지 견뎌서 인내해야 되는 것입니다. 절제를 통하여 선을 이루는 것입니다. 도덕적, 윤리적, 가치적 삶을 삽니다. 언뜻 듣기에는 참 좋은 것, 좋은 말씀인 듯하지만, 이 또한 신앙적인 것은 아닙니다. 이에 너무 치우치면 비신앙적인 것이 됩니다. 셋째, 회의주의적 인생관입니다. 현대 지성인이 가장 많이 가지고 있습니다. 무엇을 열심히 하다가도 혼자 깊이 생각하다 결론을 이렇게 내립니다. '그것이 다 무슨 소용 있나? 과연 의미가 있는 것인가?' 그리고 보면 아무것도 아니게 됩니다. 아무것도 없습니다. 아주 소극적인 삶을 살아가게 됩니다. 넷째, 신비주의적 인생관입니다. 이것은 그야말로 영과 정신의 세계를 추구합니다. 육체는 별것이 아닙니다. 육체는 때로 악이기도 하고 유혹 자체이기도 합니다. 특별히 왜곡된 기독교 진리관에 젖어 있는 사람들이 빠지기 쉬운 가장 큰 함정이 바로 이것입니다. 예수 잘 믿습니다. 봉사 잘 합니다. 그러나 오직 성령, 오직 성령 하는데, 예수 그리스도 없습니다. 말씀도 없습니다. 십자가도 없습니다. 그것은 잘못된 신앙고백입니다. 다섯째, 이상주의적 인생관입니다. 소위 정치적 지도자나 지식인들 층에 많습니다. 이 세상에 유토피아가 있다고 믿습니다. 그렇게 해서 잘못된 이데올로기로 많은 사람들에게 고통을 줍니다. 비현실적입니다. 지금 내가 어디 있는지도 모릅니다. 이 세상이 어떻게 되어 가는지도 모릅니다. 꿈꾸는 듯합니다. 몽상입니다. 여섯째, 기복주의적 인생관입니다. 한마디로 요행을 바랍니다. 신앙생활을 해도 물질주의적 사고관에 빠져 복 받기만 바랍니다. 일곱째, 종교주의적 인생관입니다. 이슬람교, 불교, 유교, 천도교…. 많은 종교들이 있습니다. 그런 종교적 의무를 수행함으로써 종교인이 되는 것이 참의미의 삶이라 믿고 그런 삶을 추구합니다. 그러나 다 가짜입니다. 우리 인간은 이미 예수 믿기 전에 이러한 세속적이고 잘못된 사상과 철학에 물들어 있습니다. 이 밖에도 여러 가지가 있습니다. 샤머니즘적인 것도 있고, 또 다른 것도 많이 있을 것입니다.

그러나 성경에는 이런 것들에 대해서는 한마디도 없습니다. 다 무익하다는 말씀만 있습니다. 하나님 나라에는 오직 예수 그리스도 중심적인 가치관만 있을 뿐입니다. 그래서 사도 바울은 담대하게 말씀합니다. "내게 사는 것이 그리스도니…." 얼마나 단순명료합니까? 이 외에는 다 가짜라는 말씀입니다. 다 환상입니다. 삶의 의미, 그 과정과 목적을 너무도 확실하게 선포하고 있습니다. 바로 이러한 정체의식을 가지고 사는 자가 그리스도인입니다. 물론 이 고백이 그대로 삶을 이루었다는 것은 아닙니다. 어느 누가 이룰 수 있겠습니까? 이것은 분명한 삶의 의미와 가치관과 목적의식과 방향성을 말하는 것입니다. 그래서 빌립보서 3장 12절에서 그는 이렇게 말씀합니다. "내가 이미 얻었다 함도 아니요 온전히 이루었다 함도 아니라 오직 내가 그리스도 예수께 잡힌 바 된 그것을 잡으려고 달려가노라." 이 믿음, 이 기대, 그러한 궁극적이고 목적적인 삶이 바로 그의 신앙고백입니다. 그는 다메섹 도상에서 예수님을 만납니다. 그리고 완전히 뒤바뀝니다. 그도 귀로만 십자가 사건과 부활 사건을 들었습니다. 그러나 이제 그리스도의 영광을 직접 경험하게 됩니다. 그리고 자신이 가지고 있었던 그 많은 지식과 경험을 다 버립니다. 배설물과 같이 여긴다고 말씀합니다. 이제 남은 것은 오직 그리스도 뿐입니다. 나 자신도 없습니다. 내 안에서 그리스도의 말씀이 나를 주장합니다. 그 안에서만 내 존재가 있습니다. 내 가치가 있습니다. 내 삶의 의미가 있음을 고백하는 것입니다. "살든지 죽든지…(20절)." 절대 신앙이요, 절대가 치관을 오늘 본문에서 말씀하고 있습니다.

지금 사도 바울은 감옥에 있습니다. 감옥에 계속 있을지 아니면 곧 죽을지 아니면 방면되어 자유롭게 몇 년 또는 몇 십 년을 더 살게 될지 모릅니다. 그러나 그런 것과는 무관합니다. 살든지 죽든지 그런 것과는 아무 관계가 없습니다. 이미 사도 바울에게는 감옥에 있든 나가서 복음을 증거하든 내게 사는 것은 그리스도 뿐입니다. 그래서 그는 감옥 안에서조차 영적으로 충만한 기쁨의 선포를 빌립보 교인들에게 하고 있습니다. "내가 당한 일이 도리어 복음 전파에 진전이 된 줄을 너희가 알기를 원하노라. 전파되는 것은 그리스도니 이로써 나는 기뻐하고 또한 기뻐하리라." 이런 가치관 속에서 빌립보 교인들에게 너희도 이와 같이 바른 삶의 의미와 질문으로, 그리스도 안에서 답을 얻고, 동일한 신앙으로, 오늘을 살기를 권면하고 있는 것입니다. 그런고로 이 고백은 사도 바울 혼자만의 신앙 간증이 아닙니다. 우리 모두의 신앙 간증이 되어야합니다. 그런데 깨달음도 없고 삶의 질문도 없고 말씀의 확신도 없습니다. 내게 주신 성령 충만의 응답이 없기에, 은혜를 기억함이 없기에, 이런 고백을 못하는 것뿐입니다. 우리 모두에게 주시는 고백입니다. To live is Christ….

이렇게 확실한 초월적 신앙은 아주 초연한 삶의 자세와 태도로 나타나게 됩니다. 그 결과는 담대하고 용기 있는 삶입니다. 오늘 본문에 이런 말씀이 있습니다. "온전히 담대하여 살든지 죽든지 내 몸에서 그리스도가 존귀하게 되게 하려 하나니(20절)." 살든지 죽든지 오직 담대하고 용기있는 삶을 그는 살아갑니다. 살아 있는 자체, 그 생명력이 오직 그리스도이기 때문입니다. 우리 모두가 아는 대로 생과 사의 문제를 해결하지 못하면 누구도 담대할 수 없습니다. 결정적인 사건 앞에서 용기를 잃게 되고, 때로는 비겁해지기까지 하고, 때로는 신앙을 버릴 수 밖에 없는 불신앙적 삶을 살아갈 수밖에 없습니다. 그런고로 그리스도인은 생과 사의 문제를 항상 해결하고 지내야 됩니다. 조금 더 깊은 차원의 문제는 이것입니다. 생과 사의 문제를 해결하는 것이 만일 나라를 위하여 목숨을 던진다, 명예를 위해서 목숨을 던진다, 자존심 때문에 뛰어내려 죽는다, 철학적 가치관을 위해 또는 종교적 신념을 위하여 죽는다는 차원의 것이라면 어떻겠습니까? 이슬람 사람들 보십시오. 자살테러, 그것 아무나 할 수 있는 일입니까? 생사의 문제를 넘었습니다. 그러나 그 또한 아무 의미가 없습니다. 오직 내 몸에서 그리스도가 존귀케 되서야 합니다. To live is Christ. 이것만이 가치입니다. 그는 확실하고 분명하게 고백합니다. "온전히 담대하여 살든지 죽든지 내 몸에서 그리스도가 존귀하게 되게 하려 하나니" 이것만이 진정한 삶의 의미입니다. 진정한 삶의 가치관입니다. 그래서 그에게는 두려움이 없습니다. 삶의 무의미도 없습니다. 삶의 무익도 없습니다. 모든 것이 예수 그리스도 안에서 예수 그리스도를 향하여 맡긴 바 되어야 합니다. 복음의 능력이 죽을 수 밖에 없는 죄인을 이처럼 담대한 하나님의 사람으로 변화시킵니다. 우리 모두에게 주시는 성령의 능력입니다. 복음의 역사입니다.

올리버 하워드는 19세기 미국의 남북전쟁 당시의 유명한 장군입니다. 하워드 대학의 창설자이기도 합니다. 그에 관한 교훈적인 에피소드가 하나 있습니다. 그가 미국의 서부를 방문했을 때의 이야기입니다. 그 쪽에 친구들이 많습니다. 유명하고 영향력 있는 친구가 온다는 소식에 그들은 큰 환영파티를 준비합니다. 깜짝 파티입니다. 그래서 아주 저명하고 영향력 있는 사람들을 많이 초대했습니다. 심지어 대통령에게까지 연락하여 그날 그 시에 축전을 보내기로 계획을 짰습니다. 그리고 수요일로 날을 잡았습니다. 하워드 장군한테는 그 바로 며칠 전에 통보해주었습니다. 그런데 하워드 장군이 안 된다는 것이었습니다. 선약이 있다는 것입니다. 그래 그 다음날인 목요일로 연기했으면 좋겠다고 말합니다. 대통령까지 축전을 보내고 수많은 사람들이 오기로 돼 있으니 예정대로 수요일에 참석해달라고 통사정을 하는데도 끝까지 안 된다는 것입니다. 그 이유를 물으니 이렇게 답합니다. "당신들이 알고 있다시피 나는 그리스도인입니다. 나는 나를 구원해주신 예수 그리스도를 영접하고 믿게 된 날 주님께 약속을 했습니다. 주일예배, 수요사경회는 꼭 참석하여 주님을 만나겠다고. 나는 그 약속을 어길 수 없습니다." 결국 수요일이 아닌 목요일에 만났답니다. 유명한 이야기입니다. 얼마나 담대합니까? 삶의 우선순위입니다. 예수 그리스도 중심적 삶, 그분에게 헌신하고 충성하겠다는 약속, 그 안에서 존경받고 영향력있는 삶을 살아갈 수 있는 것입니다. 내가 결단한 삶이 아닙니다. 복음이 나를 그와 같이 만들어갑니다.

그런 담대한 용기의 근거는 어디서 오느냐? 막연한 내 확신으로부터가 아닙니다. 그리스도인은 반드시 그 근거가 성경적이어야만 합니다. 사도 바울은 오늘 본문에서 그 근거가 구원에 대한 확신과 믿음에 있다고 말씀합니다. "이것이 너희의 간구와 예수 그리스도의 성령의 도우심으로 나를 구원에 이르게 할 줄 아는 고로(19절)." 내 구원의 확신을 분명히 알고 믿었습니다. 그래서 그는 어떤 상황에 있든 담대합니다. 지금 감옥에 갇혀 있는데도 초연한 삶을 살 수 있습니다. 그 용기, 그 담대함의 근거는 오직 구원에 대한 믿음입니다.

아우구스티누스의 유명한 말이 있습니다. "당신이 만일 하나님의 복음 가운데서 당신이 좋은 것만을 믿고 싫은 것은 거절한다면 당신이 믿는 것은 복음이 아니라 당신 자신이다." 성경은 있는 그대로 모두 받아들여야 합니다. "나를 구원에 이르게 할 줄 아는 고로" '내 구원'이라고 하는 말씀은 적어도 세 가지 차원에서 생각해봐야 합니다. 구원에는 여러 차원의 의미가 있습니다. 첫째, 보호, 안전, 해방의 의미입니다. 그야말로 이스라엘 백성이 출애굽하여 정치적으로 사회적으로 자유와 해방과 보호를 보장받는 구원입니다. 그런데 사도 바울은 지금 감옥에 있습니다. 그가 정말 그것을 생각했는지 아닌지는 불확실합니다. 다른 보고에 의하면 로마감옥에서 그가 풀려납니다. 그리고 다시 붙잡혀 순교당합니다. 하지만 그가 정말 방면을 확신했는지는 확실치 않습니다. 그러나 중요한 것은 그가 살든지 죽든지, 감옥에 있든지 나가 있든지, 그 여부를 중요하게 생각하지 않았다는 점입니다. 둘째, 종말론적 구원의 의미입니다. 이제 이 세상을 떠나 하나님 나라에 가서 하나님 은혜의 보좌에 앉아 하나님과 함께 사는 그 영생적인 삶, 천국의 확신입니다. 이 확신으로 너무도 분명한 믿음을 가졌습니다. 셋째, 현재적인 기쁨의 의미입니다. 현재적인 행복입니다. 현재적인 만족입니다. 비록 감옥에 있지만 그는 오히려 자유한 몸으로 있는 빌립보 교회를 향하여 말합니다. "내가 기뻐한다. 내가 앞으로도 기뻐한다. 너희도 앞으로 기뻐하라." 만족해합니다. 왜냐하면 살든지 죽든지 전파되는 이는 오직 그리스도요, 이미 내 안에 사는 것은 내 존재가 아니요, 내 생명력이 아니요, 오직 예수 그리스도 이시기 때문입니다. 하나님의 높은 경륜 속에서 자기 삶을 재해석해보니 그는 은혜 충만함으로 만족합니다. 예수가 나의 구주되심, 그 하나로 충만합니다. 그래서 오히려 그가 위로받을 자임에도 다른 이를 위로하고, 가장 많은 도움이 필요한 자임에도 오히려 남을 돕고 있습니다.

이러한 구원의 확신을 가지기 위해서는 두 가지 절대조건이 필요하다는 것을 오늘 성경은 우리에게 깨우쳐주고 있습니다. 첫째는, 기도입니다. 그는 말씀합니다. "너희의 간구와…(19절)." 빌립보 교인들이 지금 기도하고 있습니다. 그로 인하여 내가 구원의 확신을 가지고 있다는 것입니다. 흔히 어떤 분들은 참 잘 믿으십니다. 봉사도 많이 하십니다. 그런데 절대 남에게 자기 기도제목을 알려주지 않습니다. 기도 부탁도 안합니다. 때로는 참 잘 믿는 것처럼 느껴지나, 조금 더 깊이 생각하면 그것은 영적 교만입니다. 사도 바울 같은 분도 자기의 기도제목을 주고 기도를 부탁합니다. 그런데 어느 누가 직통으로 계시 받아 다 해결하겠다고 기도부탁을 안합니까? 구원의 확신은 중보기도를 통하여 우리가 가질 수 있는 것입니다. 만일 나를 위하여 많은 사람들이 기도해준다면 그 얼마나 든든합니까? 내 믿음뿐만 아니라 누군가가 나를 위하여 기도해준다면 나는 분명한 구원의 확신을 현재도 가지고 살아갈 수 있습니다. 그래서 각 구역을 통하여, 또는 교구를 통하여 그 교구 목사님과 권사님들과 다른 중보기도하시는 분들께 그 제목을 알려드릴 필요가 있습니다. 중요한 기도제목일수록 담당 목사님이 같이 기도해줄 것을 부탁할 특권이 있습니다. 또한 책임도 있는 것입니다. 하나님께서 가장 잘 들어주시는 기도는 남이 나를 위하여 해주는 기도입니다. 중보기도를 가장 잘 들어주십니다. 가장 귀하게 여기십니다. 사도 바울도 너희 기도, 너희 간구가 나를 이런 구원의 확신에 이르게 하는 것이라고 말씀하고 있습니다.

둘째는, 성령의 역사입니다. "너희의 간구와 예수 그리스도의 성령의 도우심으로 …." 이 두 가지입니다. 중보기도와 성령의 도우심으로 내가 구원의 확신을 갖는 것을 내가 안다. 신비의 세계를 말씀하고 있습니다. 성령의 도우심 없이는 아무것도 없는 것입니다. 내가 믿는 자체는, 아무리 기도하고 봉사하고 헌신해도 Nothing, 아무 의미가 없습니다. 반드시 성령께서 인도해주셔야 됩니다. 그것을 느껴야 됩니다. 기도하는 사람은 느낍니다. 그러나 기도하는데 왜 못 느끼는지 아십니까? 말씀이 없어서 그렇습니다. 객관적 계시와 진리로 깊은 깨달음을 받고 그 말씀 안에서 기도해야 됩니다. 그럴 때 확신을 갖게 되는데, 아무리 혼자 한 시간을 기도해보십시오. 내 주관밖에 없습니다. 그 영적 기도의 지혜를 성경으로부터 배워야 합니다. 사도 바울은 너무도 위대하고 거룩한 신앙적 선포를 우리에게 하고 있습니다. "내게 사는 것이 그리스도니 죽는 것도 유익함이라." 오직 그리스도, To live is Christ, 너무도 아름답고 은혜 충만한 간증입니다. 그래서 그는 로마서 14장 8절에서 이렇게 말씀합니다. "우리가 살아도 주를 위하여 살고 죽어도 주를 위하여 죽나니 그러므로 사나 죽으나 우리가 주의 것이로다."

페니실린을 발견한 노벨상 수상자 알렉산더 플레밍 박사에게 어떤 사람이 이렇게 질문했답니다. "박사님의 가장 위대한 발견이라면 무엇이 되겠습니까?" 아마 그는 기대하기를 페니실린이라든지 아니면 또 다른 어떤 발견을 기대했을지도 모릅니다. 그러나 알렉산더 플레밍 박사는 엉뚱하게도 이렇게 답합니다. "네, 나는 가장 큰 죄인이요, 주 예수는 위대한 구주라는 사실을 발견한 일입니다."

하나님 앞에서 우리가 무엇을 자랑할 수 있습니까. 얼마나 많은 선한 일과 업적을 남겨 성자가 되기를 바랍니까? 예수 그리스도 앞에 우리 모두는 죄인입니다. 우리에게 남겨진 의, 우리에게 남겨진 선, 우리에게 남겨진 아름다움은 오직 그리스도께서 허락하신 것이요, 그리스도의 은혜로 이루어진 것입니다. 그래서 사도 바울은 아주 결정적 고백을 하는 것입니다. "내게 살아계신 것은, 살아계신 생명 자체는, 삶의 의미 그 존재가치는 오직 그리스도시다." 이러한 신앙고백 안에서 바른 구원의 확신을 가지고 담대하고 용기있는 귀한 삶을 살아가시기 바랍니다.

09.
그리스도와 함께 있을 욕망

> 그러나 만일 육신으로 사는 이것이 내 일의 열매일진대
> 무엇을 택해야 할지 나는 알지 못하노라 내가 그 둘 사이에 끼었으니
> 차라리 세상을 떠나서 그리스도와 함께 있는 것이 훨씬 더 좋은 일이라 그렇게 하고 싶으나
> 내가 육신으로 있는 것이 너희를 위하여 더 유익하리라 내가 살 것과 너희 믿음의 진보와 기쁨을
> 위하여 너희 무리와 함께 거할 이것을 확실히 아노니 내가 다시 너희와 같이 있음으로
> 그리스도 예수 안에서 너희 자랑이 나로 말미암아 풍성하게 하려 함이라 (빌1:22-26)

사람은 인생을 살면서 누구나 두 가지 궁극적인 문제를 가지고 산다고 생각됩니다. 하나는 삶이고, 다른 하나는 죽음입니다. 삶의 문제, 무엇이 인생인가? 어떤 것이 바른 삶인가? 어떻게 살아야 하는가? 죽음의 문제, 죽음은 과연 무엇인가? 죽은 다음의 세계는 어떤 것인가? 오늘 내게 죽음은 어떤 의미로 내게 영향을 끼치는가? 이 죽음과 삶의 본질적이고 근원적인 문제를 해결하지 못한다면 인생은 아무 의미가 없습니다. 이 문제를 해결해야만 용기 있고 지혜롭게 살 수 있습니다. 그래서 시대마다 각 시대의 철학자와 사상가 모두가 삶의 문제와 죽음의 문제에 대한 질문을 던지고 스스로 그 답을 추구했고, 또 찾은 답을 우리에게 알려주고 있습니다. 아주 귀한 지식들입니다. 지혜입니다. 그러나 그리스도인은 이 차원을 넘어 영적인 지혜, 영적인 지식

의 답을 얻어야 합니다.

하나님의 말씀 안에서 삶과 죽음의 의미에 대한 확실한 답을 갖고 살아가야 그리스도인입니다. 이 점을 깊이 생각해야 합니다. 그러나 우리가 형통할 때, 성공을 구가할 때, 기쁠 때는 이런 질문이 떠오르지 않습니다. 답도 찾으려 하지 않습니다. 역설적으로, 아주 큰 위기와 고난과 고통에 직면했을 때 비로소 우리는 묻습니다. "인생은 무엇인가? 죽음은 무엇인가?" 체험적으로 간절히 이 질문을 던지고 답을 찾고자 합니다. 시한부인생의 삶을 사는 사람들을 보십시오. 그들에게는 삶의 의미가 건강한 사람들과는 차원이 다릅니다. 그 과정을 통해 하나님의 사람은 하나님의 음성을 듣습니다. 그리고 찬양할 수 있습니다. 사도 바울도 본질적으로 우리와 같은 사람입니다. 그도 감옥에서 이러한 질문을 던집니다. 언제 죽을지 모릅니다. 지금 로마감옥에 갇혀 남은 자신의 삶이 얼마인지 알지 못합니다. 그런 가운데 삶의 본질적인 질문을 던집니다. "인생이 무엇인가? 그리고 죽음은 무엇인가?"

지난 시간에 삶에 대하여 메시지를 전했습니다. 이 시간에는 죽음에 대한 말씀을 전하겠습니다. 사도 바울은 빌립보서 1장 21절에서 말씀합니다. "내게 사는 것이 그리스도니 죽는 것도 유익함이라." For to me, to live is Christ. 내 안에 있는 살아 있는 존재는 내가 아닙니다. 그리스도입니다. 삶의 분명한 의미와 목적을 발견하고 고백합니다. 동시에 죽음의 문제도 해결합니다. To die is gain, 죽는 것도 유익하니라. 그에게는 삶의 시작이 길리기아 다소가 아닙니다. 거기에서 태어났습니다. 그러나 그의 삶의 시작은 그곳이 아닙니다. 그 삶의 시작은 다메섹 도상입니다. 예수 그리스도를 만난 그 시점, 그 안에서 삶의 모든 궁극적인 의미와 과제와 목적에 답을 얻습니다. 그 현장에서 모든 문제를 해결했다는 것이 아닙니다. 살아가면서 여러 과정을 통하여 많은 문제에 직면하면서 받은 바 은혜를 기억하고 말씀 안에서 질문함으로써 성령께서 그에게 답을 주십니다. 그리고 그것을 신앙으로 고백합니다. 그것이 성경입니다. 그의 인격과 그의 삶을 통하여 그에게 궁극적 질문에 대한 답을 주는 것입니다. 그는 갈라디아서 2장 20절에서 이렇게 고백합니다. "내가 그리스도와 함께 십자가에 못 박혔나니 그런즉 이제 내가 사는 것이 아니요 오직 내 안에 그리스도께서 사시는 것이라." 자기 자신은 죽었습니다. 십자가에 함께 못 박혔습니다. 오직 그리스도께서 사신 것이라. 오늘 찬송 492장 4절에 이런 말씀이 있습니다. "내가 그리던 주를 뵈올 때 나의 기쁨이 넘치리라." 우리도 같은 고백을 한 것입니다. 이것은 살아 있는 동안이 아닙니다. 그리스도 만나기를 간절히 바랐다, 죽기를 바랐다는 것입니다. 찬송을 부름으로써 우리도 비슷한 고백을 한 것입니다. 우리는 바른 신앙 고백적 찬양과 기도를 해야 합니다.

대문호 톨스토이의 유명한 말이 있습니다. "삶을 이해하지 못한 사람들은 죽음을 두려워하지 않을 수 없다." 진정 인생의 가치와 의미를 바르게 깨닫고 살지 못하는 사람은 죽음을 항상 두려워한다는 말입니다. 철학자 쇼펜하우어는 말합니다. "죽음을 이해하지 못한 사람들은 삶을 두려워할 수 밖에 없다." 죽음의 문제를 해결하지 못한 사람은 주어진 삶도 바르게 살 수 없습니다. 용기있게 살아갈 수 없기 때문입니다. 그래서 삶은 고통이다, 삶은 허무다, 삶은 무의미하다고 고백하는 것입니다. 여기서 제가 드리고 싶은 말씀은 이것입니다. 삶과 죽음은 절대적 상관관계에 있다는 것입니다. 바르고 의미있게 살고 싶습니까? 죽음의 문제를 해결해야 됩니다. 죽음의 공포, 죽음의 두려움을 이기고 극복한 용기있는 삶을 살고 싶습니까? 삶을 바로 이해해야 됩니다. 이 두 관계가 항상 같이 가는 것입니다. 그래서 쇼펜하우어의 유명한 말이 있습니다. "삶이란 죽음과의 대화이다." 진정한 삶은 죽음을 안고 문제를 해결하고, 죽음 안에서 오늘의 삶의 의미를 찾으며 살아갈 때 주어지는 것이라는 말입니다. 이것은 회의적이고 자기부정적인, 소극적이고 체념적인 삶을 말하는 것이 아닙니다. 오히려 더 적극적인 자기실존의 변화요, 삶의 자각이요, 긍정이요, 전체 생명의 책임감을 말하는 것입니다. 모든 인간은 단지 죽음으로부터 해방되기를 원합니다. 근본적인 욕구입니다. 벗어나기를 원합니다. 항상 벗어나고자 노력합니다. 그런 기대감으로 삽니다. 그러나 오히려 이럴 때 죽음을 배제함으로써 삶으로부터도 소외당하는 것이 인간입니다. 예컨대 진시황은 불멸의 삶을 원했습니다. 불로장생하기를 바랐습니다. 때문에 현실에 충실할 수 없었습니다. 항상 두려움 속에서 살았습니다. 오늘 내게 주어진 일에 주도적이고 책임적으로 임하며 살아갈 수 없었습니다. 무의미하고 허황된 삶을 살 수 밖에 없었습니다.

죽음에 관하여 제게 깊은 교훈을 준 전설적인 이야기 하나가 생각납니다. 주일예배 때 이 이야기를 소개한 적이 있습니다. 다시 한 번 말씀드리겠습니다. 바그다드에 한 상인이 있었습니다. 그에게는 종이 있었습니다. 상인은 무엇을 사오라고 그 종을 시장에 심부름 보냈습니다. 그런데 종은 나갔다가 금방 얼굴이 아주 창백해져서 허겁지겁 돌아옵니다. 겁에 질려 벌벌 떨면서 돌아온 것입니다. 그래 상인이 물었습니다. "왜 이렇게 놀라 돌아왔느냐?" 종은 답합니다. "제가 시장통에서 군중 사이로 지나가고 있는데 웬 여인이 와서 제 옆구리를 쿡 찔렀습니다. 그래 쳐다보니 그 여인이 말하기를 자기가 죽음이라는 것이었습니다." 그 여인이 종을 보고 위협적인 몸짓을 한 것입니다. 종이 말합니다. "그러니, 제발 주인님, 제게 말 한 필만 빌려 주십시오. 빨리 여기에서 도망가야 합니다. 그래서 사마라로 가 숨어 있겠습니다. 그러면 죽음이 저를 결코 발견할 수 없을 것입니다." 듣고 보니 안됐습니다. 상인은 종에게 말을 빌려줍니다. 종은 말을 타고 전속력으로 달려 사마라로 도망갑니다. 나중에 그 상인이 시장에 갔다가 그 여인을 만났습니다. 그래 물어봤습니다. "왜 당신은 내 종에게 그토록 위협적인 몸짓을 하여 겁을 주었습니까?" 그러자 그녀가 말합니다. "저는 결코 그런 일이 없습니다. 위협적인 몸짓을 한 적이 없습니다. 오히려 제가 깜짝 놀랐습니다." 상인이 되물었습니다. "왜 당신이 놀랍니까?" 그러자 그녀가 다시 말합니다. "오늘밤 제가 그 사람을 사마라에서 만나야 하는데, 그 사람이 어떻게 바그다드에 있습니까?" 그래서 본인이 놀랐다는 것입니다. 우리 각자가 사마라에서의 약속을 가지고 있다는 교훈적인 메시지입니다.

하나님께서 정하신 날 가는 것입니다. 누가 거부합니까? 그게 어딘지 모릅니다. 여기가 안전하다고 하지만 천만의 말씀입니다. 저기가 위험하다고 하지만 아닙니다. 그것은 정한 날, 정한 장소, 정한 때가 있는 것입니다. 우리 경험으로 판단할 수 있는 문제가 아니라는 것입니다. 사도 바울은 이 인간의 궁극적인 삶과 죽음의 문제를 분명히 깨달았습니다. 모든 것이 하나님의 주권 안에 있는 것을 압니다. 그래서 이와 같은 위대한 간증을 하는 것입니다. 우리 모두에게 주어진 고백입니다. 이것은 사도 바울만의 특별한 신앙고백이 아닙니다. 우리 전체 그리스도인, 바로 내가 고백해야 할 하나님의 말씀입니다.

죽음은 여러 차원에서 설명할 수 있지만, 간단하게 말씀드려 두 종류의 죽음이 있다고 생각됩니다. 그것은 타인의 죽음과 나의 죽음입니다. 타인의 죽음은 나 외의 수많은 죽음들입니다. 그런 죽음은 매일 신문이나 방송을 통하여 간접적으로 경험합니다. 그리고 나의 죽음이 있습니다. 내가 죽는 나의 죽음이 있지만, 관계적인 차원에서 보면 타인의 죽음도 내 죽음입니다. 사랑하는 사람이 죽었다면, 부모님이나 자녀가 죽었다면, 이 죽음은 타인의 죽음입니까? 결코 그럴 수 없습니다. 이것은 내 죽음입니다. 그러고보면 그리스도인에게는 타인의 죽음이란 없는 것입니다. 사랑이 없고 관심이 없는 것이지, 불쌍히 여기는 마음이 없는 것이지, 타인의 죽음이란 절대로 없습니다. 그리스도인에게는 모든 것이 내게 주시는 사건으로서의 말씀입니다. 말씀으로 죽음을 받아들이고 이해해야 합니다. 그래서 죽음이라는 본질적인 문제가 그리스도인에게는 더욱더 중요한 것입니다.

죽음의 의미는 두 가지로 정의할 수 있습니다. 하나는, 죽음은 끝이라는 것입니다. The End입니다. 이를 철학적으로 말하면 한계상황으로서의 죽음입니다. 인간은 죽게끔 태어났습니다. 한계적 상황 안에서 살아가는 존재입니다. 성경은 이것을 이렇게 말씀합니다. "흙으로 왔으니 흙으로 돌아갈지어다." 흙의 존재임을 항상 깨달아야 합니다. 그래야 인간은 창조주를 기억할 수 있습니다. 창조주를 사모할 수 있습니다. 칼뱅은 말합니다. "모든 인간의 본성에 종교적 씨앗을 두었다." 그래서 샤머니즘을 믿든, 다른 어떤 종교를 믿든, 이데올로기를 믿든, 인간은 종교적일 수 밖에 없는 것입니다. 바로 그러한 틀 안에서 우리에게 복음이 주어집니다. 복음은 창조주 하나님께서 계시고 우리는 피조물이라는 것입니다. 항상 시간적, 공간적 제한성 안에 있다가 흙의 것은 흙으로 돌아가고, 영은 하나님께로 돌아갑니다. 아주 중요한 진리요 사건이요 지식인데, 이조차도 남의 것이라고 생각합니다. 아닙니다. 이것은 나의 문제입니다. 죽음의 보편성을 생각해야 됩니다. 누구에게나 있다, 어디에나 있다, 어느 때나 있다는 것 하나만 알아도 오늘의 삶이 다릅니다. 오늘이 얼마나 귀한 줄 모릅니다.

새벽기도 때마다 항상 기도하는 것이 있습니다. 마지막 마무리에서 의도적이며 자원적으로 반복하여 기도합니다. 오늘이 너무 중요하기 때문입니다. "오늘을 통하여 하나님의 사람의 온전함을 회복하게 해주소서. 오늘, 충성되게 살게 해주소서. 오늘, 주 안에서 살게 해주시옵소서." 오늘을 살아가는데 어제 아무리 은혜 받았으면 뭐합니까? 오늘 은혜가 없는데 어제 아무리 감격했으면 뭐합니까? 오늘 말씀이 없는데…. 하나님께서 부르시면 가야 합니다. 그래서 항상 오늘을 의미있게 충성되게 기쁘게 살아야 합니다. 그것이 또한 내일의 내 모습이기도 합니다. 다른 하나는, 죽음은 초월적 삶의 시작이라는 것입니다. 끝이 아닙니다. 이것이 종교성입니다. 새로운 생명의 시작입니다. 그래서 기독교 진리는 바로 그 부활신앙에 기초합니다. 죽음은 영원으로 이어지는 새로운 시작일 뿐입니다. 십자가와 부활이 이것을 우리에게 영원한 진리로 알려줍니다. 이 말씀을 모르는 기독교인이 어디 있겠습니까? 이것은 역사적으로 절대불변의 사건이요, 진리입니다. 그러나 잘 안 믿습니다. 아니, 내 삶의 가치관으로 자리잡지 못하고 있는 것입니다.

죽음은 새로운 시작입니다. 이에 대하여 오늘 본문 말씀 속에 나타나 있는 죽음의 의미를 생각해 보겠습니다.

첫째는, '잔다'입니다. 잔다는 것이 무엇입니까? 일상적으로 반복하는 것이 아닙니까? 잤다 깼다, 잤다 깼다 하는 것입니다. Continuity, 계속적이고 일상적으로 하는 것을 계속하는 것이 죽음이란 말입니다. 찬송에서 "요단강 건너" 할 때 그것은 그냥 강을 건너가는 것입니다. 특별한 것이 아닙니다. 그냥 일상적 삶에서 훈련한 것 그대로 이어진 것 뿐입니다. 이것이 죽음에 대한 성경적 이해입니다.

둘째는, '그리스도와 함께 있을 욕망'입니다. 아주 적극적인 부활신앙의 극치가 있습니다. 그것은 그리스도 앞에 가까이 가는 것입니다. 사도 바울은 그 실존적 고민을 통하여 이 음성을 들었습니다. 그래서 오늘 본문에서 귀한 말씀을 합니다. "그리스도와 함께 있는 것이 훨씬 더 좋은 일이라(23절)." 그리스도와 함께 있을 욕망, 곧 죽음을 말하는 것입니다. 죽음은 그리스도인에게는 그리스도와 함께 있을 욕망입니다. 강한 욕구입니다. 가장 강렬한 소원이라고 말씀합니다. 이것이 적극적인 죽음에 대한 그리스도인의 삶의 자세입니다. 그래서 그는 용기있는 삶을 살아갑니다. 복음이 그를 이렇게 만들었습니다. 우리 모두에게 주어진 능력입니다. 문제는 믿느냐 안 믿느냐, 바르게 깨닫느냐 못 깨닫느냐의 문제입니다. 한마디로 그리스도와의 결합을 말합니다. 거울로 희미한 듯 보이는 예수님의 모습이 face to face, 얼굴과 얼굴을 대하여 보듯이 그처럼 바라던 주님을 이제 만납니다. 직접 만나는 그 은총적 시간, 그래서 오늘 성경에서 그는 말합니다. "그리스도와 함께 있을 욕망을 가진 이것이 더욱 좋으나" 좀 더 적극적으로 번역하면, 이 세상 사는 것과 비교할 수 없다는 것입니다. 한시바삐 주님께서 부르시면 달려가고 싶다 이것입니다. 고상한 표현이지만, 죽고 싶다는 것입니다. 그런 간절한 소망을 가지고 오늘 생을 삽니다. 그러니 얼마나 권세있는 자와 같은 담대한 삶을 살겠습니까? 우리 모두의, 그리스도인의 본질적 고백이 되어야 합니다. 이제 그는 이러한 이유로 갈등을 겪고 있습니다. 두 가지 소원을 가지고 고민하고 있습니다.

오늘 본문말씀을 보면 내가 그 둘 사이에 끼였다고 말하고 있습니다. 삶과 죽음의 문제, 너희와 함께 있는 삶의 문제 또는 그리스도와 함께 있을 그 소원의 문제, 이 둘 사이에서 고민하고 있습니다. 어쩌면 이렇게 초연합니까? 복음이 주는 능력입니다. 복음은 죽음에 대한 태도와 생각을 전적으로 변화시킵니다. 삶 뿐만 아니라 죽음의 문제까지도 전적으로 변화시킵니다. 오직 복음만이 우리에게 이러한 능력을 갖게 합니다.

오늘 현대인에게도 아주 흔하게 나타나는 모순이 있습니다. 그게 뭐냐하면 예수 믿는 분이든 안 믿는 분이든 누구나 죽음의 얘기는 별로 안 좋아한다는 것입니다. 가장 중요한 인생의 본질적인 문제인데, 이에 대한 말씀 증거를 한 달에 한번만 해도 아마 교인들 예배에 많이 빠질지 모릅니다. 죽음의 문제에 대하여 심각한 것을 싫어합니다. 그리고 두려워합니다. 그런데 무엇이 모순적인 것인가 하면 집에 돌아가서 생명보험은 죄다 듭니다. 나름대로 죽음에 대한 준비는 합니다. 그리고 가만히 생각해보면 끝까지 세상적입니다. 죽음 후를 예비하는 게 아닙니다. 막연한 죽음에 대한 자기 나름의 보호 장치입니다. 편안해합니다. 얼마나 우습습니까? 신앙인은 이 죽음의 문제를 하나님 말씀 안에서 적극적으로 깨닫고 영접해야 합니다. 그래서 사도 바울은 빌립보 교회를 향하여 이 삶과 죽음의 문제를 그들에게 선포하고 있습니다. 왜냐하면 이 세상에서 가장 큰 유혹은 삶과 죽음의 유혹입니다. 살면서 얼마나 유혹받습니까? 항상 유혹받는 것 아닙니까? 죽기 전까지 유혹받는 것입니다. 그러니 삶의 문제를 해결해야 합니다. 가장 인간다운 삶, 하나님 형상의 삶, 하나님께서 기뻐하시는 삶, 예비적인 삶, 이것이 무엇인지를 알아야 됩니다. 더 나아가 그 가치관으로 살아가는 사람이 그 유혹을 넉넉히 극복할 수 있게 됩니다. 또한 죽음의 문제, 죽음으로 유혹받지 않는 사람이 어디 있습니까? 지금 죽음의 공포가 다가옵니다. 예수 그리스도를 믿는다는 한 가지 문제로 인하여 죽고 사는 문제가 생겨보십시오. 정말 신령한 은혜 가운데 하나님의 영광을 보기 전에야 누가 죽음을 그렇듯 쉽게 선택할 수 있습니까? 가장 큰 유혹이 또한 죽음의 문제입니다. 그래서 이 문제를 해결해야 됩니다.

우리 교회에 지금 시한부의 삶을 사는, 또는 그 비슷하게 암 같은 매우 중한 질병으로 고통 받는 교인이 여러 분 있습니다. 오늘 아침에도 모레 수술 받는 한 권사님을 위해 기도해드렸는데, 하나님의 말씀에 대한 답을 항상 알아야 됩니다. 죽음에 대해서 우리는 두려워하면 안 됩니다. 고통은 두려워할 수 있습니다. 고통은 무서운 것입니다. 저는 이 아픈 것이 제일 싫습니다. 아니, 아픈 것은 참을 수 있는데 시린 것은 못 견딥니다. 고통이란 정말 무서운 것입니다. 그러나 고통은 두려워해도 죽음은 두려워하지 말아야 합니다. 하나님께서 주신 삶에 대한 이별, 사랑에 대한 이별, 추억에 대한 단절은 고통스러워할 수 있습니다. 힘들어할 수 있습니다. 그러나 죽음만은 두려워해서는 안 됩니다. 그것은 그리스도인의 삶이 아닙니다. 바로 부활신앙 때문입니다. 예수님께서는 이미 십자가와 부활을 보여주셨습니다. 바로 이 둘 사이, 삶과 죽음의 문제에 대하여 지금 사도 바울은 선택의 시간에 놓여 있습니다. 그리고 그는 자기가 알지 못한다고 말합니다. 한 마디로 선택을 통한 결단의 시점에 놓여 있습니다. 이 순간에도 그는 깊이 생각했을 것입니다. 어떤 것이 하나님의 뜻이냐? 여기에서 그는 또 하나의 큰 영적 진리를 발견합니다. 이 선택은 내가 하는 것 즉 다시 말해서 내 경험, 내 지혜로 할 수 있는 것이 아닙니다. 이것은 하나님의 선택에 의한 주어진 삶일 뿐입니다. 주어진 것일 뿐입니다. 삶과 죽음의 문제는 전적으로 하나님의 선택에 맡겨야 합니다. 그래서 우리는 하나님의 뜻대로 단지 오늘 충성할 뿐입니다. 오늘, 새 삶이 주어졌습니다. 감사합니다 고백하면 그뿐입니다.

진정한 죽음은 하나님께 대한 소망이 없는 사람입니다. 이미 죽은 자입니다. 눈으로 보기에는 살아 있습니다. 행복하게 살고 건강하게 사는 것 같지만, 이미 죽은 자입니다. 죽어가고 있는 사람입니다. 절망하는 사람은 죽어가는 사람입니다. 모든 선택은 하나님께 있습니다. 하나님의 주권, 하나님의 통치에 있습니다. 그러므로 하나님께 소망을 둔 자는 절망하지 않습니다. 언제 어디서도 그는 살아있는 자입니다. 그래서 사도 바울은 감옥에서 언제 죽을지 모르면서도 이렇게 고백합니다. "내가 기뻐하고 또한 기뻐하리라."

오늘 본문 23절에서 이렇게 말씀합니다. "내가 그 둘 사이에 끼었으니 차라리 세상을 떠나서 그리스도와 함께 있는 것이 훨씬 더 좋은 일이라." 여기서 '떠나서'라는 말이 이 전체의 말씀을 이해하는 데 아주 깊은 지침을 우리에게 줍니다. '떠나서'는 헬라어로 '아날루센'입니다. 이 말은 두 가지 용도로 쓰입니다. 요약하여 살펴보면 이렇습니다. 첫째, 닻을 올린다는 뜻입니다. 항해를 하기 위하여, 멀리 떠나기 위하여 닻을 올릴 때 쓰이는 용어가 아날루센입니다. 둘째, 천막을 거둔다는 뜻입니다. 그 당시 전쟁을 하면 지고 간 천막을 펴고 거기에 기거했다가 다음날이면 그 천막을 접어들고 떠납니다. 다음 여행을 준비하기 위하여 천막을 거둘 때 아날루센이라는 말을 썼습니다. 성경에 쓰인 말은 이 두 가지 뜻 중 어느 쪽도 좋습니다. 그러나 특별히 둘째 의미가 중요합니다. 고린도후서 5장 1절에서 사도 바울은 말씀합니다. "만일 땅에 있는 우리의 장막 집이 무너지면…" 장막을 거두었다는 것입니다. 어디로 가기 위해서입니까? "하늘에 있는 영원한 집이 우리에게 있는 줄 아느니라." 하늘의 처소로, 본향으로 가기 위해서 장막을 거뒀다, 떠났다는 적극적인 의미로 씁니다. 그런고로 그리스도인은 누구냐? 답이 나옵니다. 이방인입니다. 순례자입니다. 본향은 천국입니다. 그리스도와 함께 있는 은혜의 보좌, 그곳입니다. 절대 믿음입니다. 이 세상이 아닙니다. 그래서 이 죽음의 문제를 해결한 하나님의 사람은 종말론적 기도를 해야 합니다. 어떻게 죽을 것인가? 그것을 하나님께 맡기고 내 소원을 기도할 수 있어야 됩니다. 그리스도인의 본향은 이 세상이 아니고 천국이기 때문입니다. 우리는 주를 믿고, 주의 부활신앙을 믿고, 천국을 믿습니다. 거기에 빨리 가고 싶은 욕망으로 오늘을 살아가는 것입니다. 이것이 그리스도인입니다.

신학을 하는 사람들은 다 아는 위대한 교부 테르툴리아누스에게 유명한 회심사건이 있었습니다. 개종사건입니다. 이야기는 이렇습니다. 테르툴리아누스는 아주 유능하고 지적인 사람이었습니다. 예수 믿으라고 아무리 전해도 소용없었습니다. 지적으로 변증하고 논쟁하여 그를 예수 믿도록 설득한다는 것은 정말 거리가 먼 이야기입니다. 그런 그가 어떻게 예수 믿게 되었느냐? 초대교인들의 삶의 모습을 보고 깊은 감명을 받습니다. 그리고 개종합니다. 그것이 어떤 모습이냐? 투기장 안에 사자 밥으로 던져진 그리스도인의 삶의 자세, 그 모습을 보고 충격을 받습니다. 그는 말합니다. "그들을 보라. 그들에게는 틀림없이 무엇인가 있다. 그 믿음이 사람을 저렇게 변화시킨다면 그 믿음 안에는 틀림없이 무엇인가가 있다. 그들은 모든 것 생명까지도 포기할 준비가 되어 있다." 죽음의 문제를 극복하고 승리하는 용기있는 삶의 모습을 보고 큰 영향을 받고 감명을 받은 그는 그 믿음을 좇아 그리스도인이 됩니다. 오늘도 동일합니다. 적극적으로 내가 당한 그 삶의 현장은 하나님께서 이미 알고 허락하신 것입니다. 삶과 죽음의 문제는 하나님께 있습니다. 이것이 은총적 시간으로 영접되어야 합니다. 용기있게 지내야 됩니다. 우리의 본향은 바로 하늘나라이기 때문입니다.

사도 바울의 고백대로 주님과 함께 있을 우리의 진정한 소원은 바로 주님과 동행하는 삶 아닙니까? 이 세상이 아닌, 영원히 고통 없는, 하나님께서 약속하신 나라, 그곳에서의 삶이 영원한 삶이요 우리의 궁극적 종착지입니다. 그래서 오늘 그는 언제나 이 죽음에 대한 예비적 삶으로, 지혜로, 담대하게 살아갑니다. 사도 바울은 삶의 동기와 그 의미가 매우 신앙적이요, 성경적입니다. 그것을 오늘 본문 24절에서 말씀하고 있습니다. "내가 육신으로 있는 것이 너희를 위하여 더 유익하리라." 이것은 살고 싶은 욕망의 신앙표현이 아닙니다. 내 마음은 하나님께로 향하고 그리스도와 함께 있는 것이 더욱 좋고 비교할 수 없이 좋으나, 내가 이곳에 있는 것이 필요하다. 이것이 하나님께서 주신 내 삶이다. 그런고로 이 삶의 의미, 삶의 목적은 차원이 다르다. 내가 육신에 거하는 것이 너희를 위하여 더 유익하니라. 그리스도인의 삶의 목적은 내 유익이 아니라 누군가의, 성도의 유익을 위하여 내 삶이 하나님의 뜻에 따라 주어졌다는 신앙고백입니다.

더 나아가 이렇게 말씀합니다. "그리스도 예수 안에서 너희 자랑이 나로 말미암아 풍성하게 하려 함이라(26절)." 내 자랑이 아니라 타인의 자랑을 풍성하게 하기 위한 것이 내가 살아가는 목적이요, 삶과 죽음의 문제를 해결한 그리스도인의 참된 고백입니다. 이것을 덕이라 합니다. 복음이 주는 덕입니다. 그리스도인은 교회 안에서 이것을 훈련받습니다. 교회의 덕을 세우며 성도의 덕을 높이며 덕 있는 사람으로 변화돼갑니다. 그리고 세상에 나아가 이와 같은 삶의 연장선 안에서 살아갑니다. 이것이 하나님의 뜻입니다.

여러분은 어떤 생의 철학을 가지고 오늘을 살아갑니까? 이것은 철학적 질문이 아닙니다. 성경적 질문이요, 그리스도인의 본질적 질문입니다. 어떤 생의 신학을 가지고 살아갑니까? 우리는 하나님의 뜻, 하나님을 사랑하고 네 이웃을 내 몸과 같이 사랑하는 그 사랑 안에서 살아가는 존재입니다. 그럴 때 성도의 덕을 세우게 됩니다. 만일 그렇지 않으면 그는 말로만 고백하는 것이지 참그리스도인은 아닙니다. 가장 궁극적인 본질의 문제를 아직 응답받지 못했기 때문입니다.

사도 바울은 다메섹 도상에서 예수 그리스도를 만납니다. 거기에서 생의 시작이 새로워집니다. 인생의 과제와 소명을 받습니다. 또한 삶의 능력이 어디로부터 오는가를 분명히 알고 믿고 기도하며 살아가게 됩니다. 더욱이 생의 목적이 어디서 끝나는가를 압니다. 그리스도와 함께 있을 장소, 그 시간, 그것을 향해 나아가는 삶입니다. 그래서 그는 깊은 삶의 실존과 고난을 통하여, 죽음의 위기를 통하여, 삶과 죽음의 근본적인 문제에 대한 답을 성령의 인도하심을 따라, 그리스도 안에서, 하나님의 음성으로 듣습니다. 그래서 자유합니다. 감옥에 갇혀서도 자유합니다. 행복합니다. 항상 복음 안에서 참된 자유인으로 살아갑니다. 어느 누구도 그리스도의 사랑 안에서 그를 끊을 수 없습니다. 위협할 수도 없습니다. 그는 종말론적 가치관을 지녔기 때문입니다. 또한 모든 삶과 죽음을 하나님께 맡깁니다. 맡기든 안 맡기든 오직 하나님께서만 선택하실 수 있는 것이기 때문입니다. 그래서 하루하루 삶 속에서 깊이 하나님을 만나고, 묵상과 그 말씀의 인도함 가운데 하나님 나라의 실재를 믿고 하나님 나라의 자녀로 살아가게 됩니다.

그리고 고백합니다. 그리스도와 함께할 욕망으로, 죽음의 문제를 극복하고 오늘을 적극적으로 살아갑니다. 그가 받은 이 은혜, 이 영원한 진리와 생명의 말씀, 궁극적인 질문의 답변을 빌립보 교회에 선포하고 있습니다. 성령의 역사하심 속에서 우리에게도 알려주고 있습니다. 모든 그리스도인의 동일한 고백이 되어야 할 것을 성경은 증거하고 있습니다. 여러분은 삶과 죽음의 의미와 그 가치에 대한 문제를 해결하고 있습니까? 주신 말씀을 통하여 남은 삶은 적어도 이 본질적인 문제에 대한 답을 얻어, 오직 진리 안에서 살아가는 자유한 사람이 되어야 할 것입니다.

10.
복음에 합당한 생활

오직 너희는 그리스도의 복음에 합당하게 생활하라 이는 내가 너희에게 가 보나 떠나 있으나
너희가 한마음으로 서서 한 뜻으로 복음의 신앙을 위하여 협력하는 것과 무슨 일에든지
대적하는 자들 때문에 두려워하지 아니하는 이 일을 듣고자 함이라
이것이 그들에게는 멸망의 증거요 너희에게는 구원의 증거니 이는 하나님께로부터 난 것이라
그리스도를 위하여 너희에게 은혜를 주신 것은 다만 그를 믿을 뿐 아니라
또한 그를 위하여 고난도 받게 하려 하심이라 너희에게도 그와 같은 싸움이 있으니
너희가 내 안에서 본 바요 이제도 내 안에서 듣는 바니라 (빌1:27-30)

인생의 가장 궁극적이고 본질적인 질문은 삶과 죽음에 대한 것입니다. 여기에는 상호 절대적 관계가 있습니다. 죽음의 문제를 바로 깨달아야만 삶을 용기있게 살 수 있습니다. 진정한 삶의 의미를 아는 사람은 반드시 죽음에 대한 바른 이해를 가져야 합니다. 그럴 때 진정으로 가치 있는 삶을 살 수 있습니다. 참으로 수많은 철학자들과 사상가들, 그리고 수많은 인생들이 이 질문을 받았고, 오늘도 이를 질문하고 있으며, 수많은 답들을 내었습니다. 수많은 책들이 그 증거입니다.

앞으로도 이 질문과 답은 계속될 것입니다. 모든 답들이 다 나름대로 설득력이 있지만, 이것 한 가지는 분명히 알아야 합니다. 그 모든 것은 답이 아닙니다. 자기 바람이요, 자기의 좁은 소견과 자기 경험 안에서 나온 지혜일

뿐 입니다. 오직 예수 그리스도께서만 완전한 답을 우리에게 주실수 있습니다. 이것을 항상 믿고 궁극적으로 바라야 합니다.

예수님께서만 답을 주실 수 있습니다. 그 이유는 물론 예수님께서는 곧 하나님이시기 때문이지만, 무엇보다도 '역사적인' 예수님이시기 때문입니다. 하나님께서 인간이 되셨다. 이런 것은 오직 기독교 밖에 없습니다. 하나님께서 직접 십자가와 죽음을 체험하셨기 때문에 답을 주실 수 있는 것입니다. 그리고 부활을 통하여 새 생명, 새 삶을 우리에게 가르쳐주셨습니다. 유일한 삶과 죽음의 해답은 오직 예수 그리스도 안에서만 찾아야 합니다. 그러기에 성경은 말씀합니다. "누구든지 그리스도 안에 있는 자는 새로운 피조물이라." 새로운 삶, 완전히 새로운 차원의 삶을 살아갑니다. 죽음을 통하여 새로운 하나님 나라의 생명을 부여받고, 그 삶을 추구하고 발견하며 살아갑니다. 이것을 복음 안에서 우리에게 말씀하십니다.

그리스도인은 예수 그리스도 안에서 하나님의 형상을 회복한 자입니다. 항상 기억해야 합니다. 예수 그리스도 안에서만 하나님의 자녀됨으로 살아갈 수 있고, 하나님의 나라를 믿을 수 있고, 하나님의 말씀을 들을 수 있습니다. 그러기에 전적으로 새로운 가치관을 가지고 살아갑니다. 예수 믿기 전과 후를 비교해보십시오. 내 안에 전적으로 새로운 가치관, 새로운 차원의 삶이 있다면, 그는 하나님의 사람입니다. 그러나 믿음의 고백만 있고 아직도 새로운 가치관, 새로운 나라의 실재를 믿지 못하면, 그는 여전히 옛사람입니다. 새로운 피조물이 아닙니다. 실수를 할 수 있고, 반복하여 잘못을 저지를 수 있습니다. 그러나 궁극적으로 구할 가장 큰 행복, 영적 지주는 오직 예수 그리스도와 그 말씀에 있습니다. 이 점을 기억해야 합니다.

영국 BBC방송에서 주최한 자리입니다. 인류학자 마거리지가 테레사 수녀를 인터뷰하면서 이렇게 물었습니다. "수녀님과 수천 명의 수녀님들이 인도 28개 도시와 런던과 호주 등지에서 '자선 수녀회'라는 이름으로 수많은 봉사사역을 하시는데, 어쩌면 한결같이 그들의 모습이 아름답습니까? 왜 그렇게 행복해 보입니까?" 그가 관찰한 바를 이야기합니다. 테레사 수녀는 조용히 이렇게 대답했답니다. "예수님께서 내 마음 속에 계시는데 내가 아무리 힘든 일을 하더라도 어찌 즐겁지 않을 수 있겠습니까? 행복은 예수님께서 주시는 것 아니겠습니까?" 이 고백, 이 가치관, 이 기쁨으로 살아가는 자가 그리스도인입니다. 그래서 그는 이렇게 고백할 것입니다. "내게 사는 것이 그리스도니 죽는 것도 유익함이라(21절)." 성경말씀입니다. "For to me, to live is Christ, and to die is gain." 이것은 사도 바울만의 고백이 아닙니다. 우리 모든 그리스도인의 고백입니다. 예수 그리스도 안에서 새로운 생명과 죽음에 대한 이해를 가지고 살아가는 인생의 새로운 차원의 가치관입니다. 한마디로 그리스도 중심적 삶입니다.

그리스도 중심적 삶을 사는 사람에게는 오직 하나가 요구됩니다. 성경에 여러 가지 표현으로 되어 있지만, 오늘 본문은 너무도 자세하고 강하게, 그리스도인의 삶이 어떠해야 하는가에 대하여 말씀하고 있습니다. 첫 말씀이 그것입니다. "오직 너희는 그리스도 복음에 합당하게 생활하라…(27절)." 이 것뿐입니다. only, 오직 그리스도 복음에 합당하게 생활하는 것만이 그리스도인에게 주어진 삶입니다. 이 깊은 의미를 우리는 깨닫고, 기억하고, 이 안에서 우리의 삶을 살아가야 합니다.

복음은 어떤 사상이나 생각이나 철학이나 형이상학이 아닙니다. 만일 그런 것이라면 깨달음으로 족합니다. 그러나 복음은 구체적 사건입니다. 구체적 진리입니다. 삶 자체입니다. 복음에 응답하는 삶이 요구됩니다. 왜? 복음에 능력이 있기 때문입니다. 문제는 내가 거부하는 것에 있습니다. 내가 깨닫지 못하는 것입니다. 단지 예수 그리스도를 믿는다, 하나님 나라를 믿는다는 고백과 말만으로는 구원받지 못합니다. 그 믿음은 하나님의 말씀에 순종하는 삶의 믿음을 말하는 것입니다.

복음 자체가 우리를 변화시킵니다. "복음에 합당하게 생활하라." 여기에서의 강조점은 이것입니다. 그리스도인은 세상의 도덕, 가치, 윤리에 맞춰서 기뻐하고 그것을 자랑하는 것이 아닙니다. 부러워할 것도 없고 그들을 무시할 것도 없습니다. 오직 그리스도의 복음에 합당하게 생활하는, 그래서 복음의 도덕과 윤리와 가치관 안에서 살아가는 자만이 그리스도인입니다. 만일 그렇지 못하다면 nothing입니다. 아무것도 아닌 것입니다. 아무리 그가 도덕적으로 윤리적으로 훌륭하더라도 아무것도 아닙니다. 복음에 합당한 삶이 아니기 때문입니다. 그것은 좋은 가치관, 좋은 윤리관을 가지고 바르게 살아가는 것일 뿐입니다. 그리스도의 복음에 응답하는 삶이 아닙니다. 그 때문에 문제가 있는 것입니다. 그 중심은 하나님께서 아십니다. 우리는 헤아릴 수 없습니다.

그리스도인과 그리스도 복음의 절대적 관계를 항상 기억해야 합니다. 그리스도인은 누구냐? 그리스도인의 삶은 어떠해야 되는 것이냐? 그리스도의 복음에 응답하는 삶만이 구원받은 삶이요, 유일한 가치관입니다. 『부활』이라는 명작을 쓴 대문호 톨스토이가 방황하던 죄스러운 생활에서 스스로 어떻게 돌아섰는지에 대하여 신앙고백을 할 때 들려준 유명한 말이 있습니다.

예수 그리스도의 말씀은 제게 믿음을 주었습니다. 저는 그 말씀을 믿게 되었습니다. 그로부터 저의 모든 삶이 변화되어 이전에 제가 바라던 것을 이제는 바라지 않게 되었습니다. 전에는 원하던 것을 이제는 원하지 않게 되었습니다. 또한 이전에 저의 눈에 악으로 보이던 것이 선으로 보이며, 선으로 보이던 것이 악으로 보이게 되었습니다.

하나님의 말씀이 자신을 이와 같이 변화시켰다는 것입니다. 이것이 그리스도인입니다. 이것 말고 다른 길은 없습니다. 오직 믿음으로, 이것이 복음입니다. 하나님의 말씀을 바로 믿으면 저절로 그 말씀에 응답하는 삶을 살게 되어 있습니다. 우선적인 것은 복음입니다. 복음이 먼저입니다. 복음적 차원을 분명히 깨달아야만 행위적 차원의 삶이 나타납니다. 그래서 "오직 너희는 그리스도의 복음에 합당하게(27절)"입니다. '다른 세상적 진리에 합당하게'가 아닙니다. 그러자면 먼저 복음을 알아야 되는데, 여기에 근본적인 문제가 있습니다. 이것을 모르는 것입니다.

부목사님들께서 구역예배를 통하거나 성경공부를 통하여 동일한 내용으로 강의를 할 것입니다. 그 내용을 간단히 말씀드리면 이렇습니다. '렉시오 디비나'라는 말이 있습니다. '렉시오'는 무엇을 '관찰하다' 혹은 '집중하다'라는 뜻입니다. '디비나'는 '신적인 것'이라는 뜻입니다. '하나님의 것'을 의미합니다. 그러므로 '렉시오 디비나'란 곧 '하나님의 것을 집중하여 관찰하다'라는 뜻이 됩니다. 이 말을 영어로 옮기면 'Spiritual Reading' 곧 '성독(聖讀)'입니다. '성독'이란 '성서 읽기'입니다. 준말로 '성독'입니다. '성령이 인도하시는 독서'이기도 하고, '성스러운 독서'이기도 합니다. 이것은 전승적으로 초대교회 이전부터, 구약시대부터 흘러나오는 가장 중요한 신앙인의 한 본 입니다. 그런데 이것이 자꾸 사라져가고 있습니다. 다시 이것을 회복해야 되겠습니다.

성독에는 네 단계가 있습니다. 첫째 단계는, 영적 독서입니다. 성경을 봐야 됩니다. 읽는 것도 중요하지만, 깊이 생각하는 것도 중요합니다. 설교집이나 좋은 강연집을 비롯한 영적인 책들을 자꾸 읽어야 됩니다. 이를 통하여 소위 영적인 재료들을 얻게 됩니다. 생각할 거리를 얻어야 합니다. 둘째 단계는, 묵상입니다. 다시 읽어 보니 참으로 귀한 말씀들이 많습니다. 그 중에서 내게 주시는 말씀, 내게 주어지는 귀한 보물, 그것이 무엇인가에 대해 깊이 생각하게 됩니다. 그런데 이 첫 단계가 없으면 묵상하려고 해도 할 수가 없습니다. 묵상할 거리가 없는 것입니다. 독서와 묵상이라는 두 가지 단계에는 인간의 노력이 필요합니다. 인간의 능동적인 행동이 요구됩니다. 이 두 단계를 넘어서 더 귀중한 두 단계가 있습니다. 셋째 단계는, 기도입니다. 우리는 흔히 기도는 아무 때나 앉아서 기도하면, 또 오래 기도하면 영적인 기도라고 생각하지만 그것이 아닙니다. 성경 말씀에 중언부언하지 말라고 하지 않았습니까? 하나님께서 들으시는 기도를 해야 됩니다. 그러려면 먼저 하나님의 뜻을 깊이 상고해야 됩니다. 한번 생각해보십시오. 스스로 한번 시험해보십시오. 성경을 깊이 보고, 주어진 말씀을 깨달으면서 다시 깊이 반복해보면서 기도해보십시오. 기도의 내용이 다릅니다. 말씀이 나로 하여금 새롭게 입을 열게 만듭니다. 이런 훈련을 통하여 하나님의 뜻을 헤아리면서 기도할 수 있습니다. 기도했다고 무조건 다 기도인 것은 아닙니다. 하나님의 말씀을 보고 깊이 묵상함으로써만 기도할 수 있는 것입니다. 이때는 사실 '아멘'으로도 족합니다. 하나님께서는 모르시는 것이 없으시지 않습니까? 그리고 더 깊은 단계, 네 번째 단계는 '관상'입니다. 이제 그 보물을 하나님께서 기도를 통하여 응답으로 주실 것입니다. 그럴 때 주시는 자, 하나님을 만납니다. 예수 그리스도를 만납니다. 관상. 그 만남을 통하여 하나님의 임재를 체험할 수 있습니다. 이것은 너무도 귀중한 훈련의 단계인데, 이것을 잃었습니다. 그래서 우리 교회에서 '묵상의 방'을 만든 것입니다.

말씀이 나를 주장합니다. 복음적 차원에서 사는 것이 먼저입니다. 그러면 응답은 저절로 되는 것입니다. 성령께서 인도하여 지혜를 주십니다. 그런 욕구를 주십니다. 그런데 복음적 차원의 하나님의 말씀에 대한 이해가 없습니다. 깊이 생각해야 합니다. 그래서 오늘 본문도 "그리스도의 복음에 합당하게(27절)"라고 말씀합니다. 복음에 response, 응답하는 것이 크리스천의 삶입니다. 실천적 삶을 살려면 먼저 복음적 차원의 이해가 있어야 된다는 것입니다. 이 세상에서 증인으로 살라 하십니다. 이 세상에서 하나님 나라의 복음을 증거하며 영향력을 끼치라 하십니다. 빛과 소금이 되라 하십니다. 말로써, 변증으로써, 글로써, 전파함으로써 할 수 있습니다. 그러나 이것은 항상 제한적입니다. 해보신 분들은 알지 않습니까? 가까운 사람이든 처음 본 사람이든 "예수믿으세요." 한다고 그 당장 "복음 주셔서 감사합니다. 교회 갑시다." 하는 사람 봤습니까? 참 답답한 것입니다. 이것은 기본적인 것이지만, 정말 누군가가 하나님께로 돌아오도록 하는 그 영향력은 삶에서 이루어지는 것입니다. 복음에 합당한 삶, 복음적 삶의 태도와 특성이 그들에게 영향을 끼치는 것입니다.

감리교의 창시자인 존 웨슬리는 초기 기독교인에 대하여 이렇게 말합니다. "그들은 잘 죽었을 뿐 아니라 잘 살았다." 간단하지만 진리입니다. 대부분 순교했기 때문입니다. 그러니까 순교자의 삶입니다. 잘 죽은 것입니다. 그런 핍박의 시기에는 사는 것 자체가 너무나 고통스럽습니다. 사람답지 못하게 노예로 사니까 하루빨리 죽는 것이 복입니다. 그다지 어려울 것 같지도 않습니다. 또 나 혼자만 죽는 것이 아니라 여럿이 함께 죽으니까 그럴 수 있습니다. 그러나 오늘같이 죽이는 사람이 없을 때는 잘 사는 것이 순교입니다. 큰 영향을 끼치기 때문입니다. 잘 산다는 것, 이 그리스도적 삶이 얼마나 힘든지, 얼마나 귀한지를 알아야 됩니다. 그래서 삶과 죽음의 문제, 그 중심적 가치관에 대한 답을 예수 그리스도께로부터 들어야 됩니다. 그럴 때 주변 사람들이 그것을 보고 영향을 받습니다. 가장 구체적인 증거요, 효과적인 방법입니다. 이것이 그리스도 중심적 삶, 복음에 합당한 삶, 가장 높은 증인된 삶입니다.

개인이, 교회가 그리스도적 삶, 복음에 충성된 경건한 모습을 보여주는 것 외에 무엇으로 세상에 충격을 주겠습니까? 무엇으로 영향을 끼치겠습니까? 예수님께서 오셨는데도 안 되었던 일입니다. 예수님께서도 3년이나 복음을 외치셨지만 한 명도 못 건지셨습니다. 돌아가신 다음에 이루어졌습니다. 우리가 말로 복음을 전하기는 해야겠지만, 증인된 삶 외에는 정말 길이 없습니다. 우리나라 공산주의 사회나 오직 그리스도적 삶, 복음적 삶만이 하나님께 영광을 돌리고 세상을 변화시키는 길입니다. 보고 충격을 받는 것입니다. 그리고 무조건적인 사랑의 표현, 환대에서 그 마음이 움직입니다.

오늘 본문은 말씀합니다. "그리스도의 복음에 합당하게 생활하라(27절)." 이 '합당'이라는 말이 중요합니다. '폴리튜에스다이'입니다. '시민이 된다'는 뜻입니다. '시민이 되다' 이것은 그 시대의 문화적 상황을 살펴보며 생각할 필요가 있습니다. 빌립보 교회에 보낸 편지입니다. 빌립보는 로마 식민지의 대표적인 도시입니다. 로마의 중심은 아니지만 로마의 정치권력과 가장 밀접하게 연결되어 있으므로 여러모로 영향을 끼치는 아주 큰 대도시입니다. 이런 상황에서 아주 두드러진 사람들이 있었습니다. 바로 로마시민입니다. 그 당시 로마시민은 특권 중의 특권을 누렸습니다. 로마에 있든 어디를 가든 세계를 지배하던 나라니까 로마시민에게는 아무도 함부로 손을 못 댑니다. 로마황제의 허락을 받아야만 손을 댈 수 있습니다. 사도 바울도 그래서 로마에 고소하는 것 아닙니까? 엄청난 특권입니다. 로마시민권은 굉장한 것입니다. 그리스도인은 하나님 나라의 시민권을 가졌다는 것을 말합니다. 그 특권을 알라, 그 시민답게 살라. 로마시민권을 가지고 저렇게 자랑하고 누리고 자기가 최고라는 특권의식에 젖어 사는데 우리는 그것과 비교할 수 없지 않습니까? 우리는 하나님 나라의 시민권을 가진 존재입니다. 그것을 말하는 것입니다.

그 당시에나 지금이나 우리가 생각해야 할 것이 있습니다. 유대인입니다. 유대의 풍속과 문화와 교육입니다. 예컨대 옷차림만 해도 그렇습니다. 그들은 이상한 모양으로 구레나룻을 기르고 더운 날씨에도 시커먼 옷을 입습니다. 왜 그러겠습니까? 자기들 유대인은 하나님 나라의 택함을 받은 백성이라는 것입니다. 선민의식을 보여주기 위해서입니다. 그것은 배워야 됩니다. 그 마음, 그 믿음, 잘못된 것이긴 하지만, 그 삶의 문화와 그 철학은 배워야 합니다.

하나님 나라의 하나님의 자녀다운 삶, 이것만이 그리스도인다운 삶입니다. 모든 기준, 모든 행복의 기준을 여기에 맞춰야 됩니다. 그래서 그리스도 복음에 합당하게, 그리스도 복음에 맞는 그리스도인답게, 하나님 나라의 시민으로 생활하라는 말씀입니다. 이것이 그리스도인에게 요구되는 것입니다. 그래서 오늘 본문에서 오직, 유일하다고 말씀하는 것입니다. 이것은 오직 그리스도인만의 특권이요, 자랑입니다. 이 안에서만 행복할 수 있습니다.

오늘 본문은 집중적으로 그리스도 중심적인 삶, 그 복음에 합당한 삶이 과연 무엇인가에 대하여, 성경 전체를 통해서 봐야겠지만 다음 세 가지로 말씀하고 있습니다.

첫 번째는, 협력입니다. "복음의 신앙을 위하여 협력하는 것(27절)"입니다. 협력해야 됩니다. 그러면 무엇에 협력하는가? 복음의 신앙을 위해서입니다. 나를 위해서도 아니요, 우리 모두를 위해서도 아닙니다. 오직 복음을 위하여 협력해야 됩니다. 한마디로 예수 그리스도와 그의 말씀을 중심으로 하나 되라는 것입니다. 오늘 본문도 말씀합니다. "한마음으로 서서 한 뜻으로…(27절)." 이것이 하나님 나라의 백성다운 삶입니다. 은혜 안에서 협력합니다. 은혜 안에서 하나 됩니다. 오직 은혜를 추구합니다. 이것 뿐입니다. 다른 생각을 하면 안 됩니다. 왜? 그리스도 복음은 은혜이기 때문입니다. 오직 교회는 은혜만을 추구해야 됩니다. 정의는 하나님께 맡겨야 됩니다. 하나님의 권한입니다. 그것으로 다 시험받습니다. 하나님만이 심판자이십니다. 어찌하여 은혜 아닌 것을 스스로 판단합니까? 또한 교회는 주님의 뜻을 구하는 곳입니다. 그래서 어느 모임이든, 작든 크든 우리는 기도하고 하나님의 뜻을 묻습니다. 은혜 안에서 협력해야 됩니다. 하나님의 뜻 안에서만 모두가 일치해야 됩니다. 하나님의 뜻을 구하는 것입니다. 먼저, 우리는 모두가 하나님의 협력자임을 생각해야 됩니다. 그리스도인은 모두가 하나님의 파트너입니다. 이 세상에 빛과 소금이 되는 하나님의 협력자로 부름을 받았습니다.

다음은, 각기 은사 중심적 삶을 살아야 한다는 것입니다. 비교할 것 없습니다. 하나님과 나와의 수직관계만 생각하십시오. 하나님께서 물으실 것입니다. 많이 맡은 자에게 많이 달라 할 것이다. 그것은 책임이 있습니다. 지적으로, 경제적으로, 교육적으로 많은 것을 부여받은 사람에게는 하나님께서 그만큼 많은 것을 요구하실 것입니다. 그것은 하나님께 맡기십시오. 이것을 인정해야 됩니다.

세계적인 영성신학자인 마르바 던은 "교회는 근본적이고 본질적인 것이다"라고 하면서 두 가지에서의 일치를 말합니다. 하나는, Spiritocracy입니다. 성령주의에서 하나되어야 합니다. 성령께서 예수의 그리스도 되심을 우리에게 알려주시고, 깨닫게 하시고, 믿게 하시고, 교회의 머리는 오직 한 분 예수 그리스도이심을 고백케 하십니다. 그러니까 오직 성령의 역사를 영접하고 믿고 순종하는 것이 교회라는 것입니다. 다른 하나는, Charismacracy입니다. 은사주의입니다. 이것은 성령의 선물입니다. 각자에게 나름대로 주셨습니다. 내 것이 더 적다고 불평할 수 없습니다. 한 달란트 받은 자가 불평하는 가운데 "악하고 게으른 종아"라는 엄청난 심판의 메시지를 받습니다. 교회도 철저하게 성경적, 은사중심이어야 합니다. 나이, 경력, 성별 이런 것들이 아닙니다. 철저하게 성경적, 은사 중심적이어야 합니다. 그럴 때 자유합니다. 각기 주어진 그 은사를 통하여 하나님께서 하나님의 역사를 이루어 가시는 것을 인정하고 믿어야 됩니다. 여기서 협력관계가 생기는 것입니다. 그렇지 않습니까?

두 번째는, 두려워함이 없는 것입니다. 그것이 그리스도인의 삶입니다. 이런 말씀을 주십니다. "아무 일에든지 대적하는 자를 인하여 두려워하지 아니한다." 죽음이나 삶이나 고난이나 어떤 일에도, 비록 눈앞에 원수가 있다 하더라도 두려움이 없어야 됩니다. 임종을 앞둔 환자나, 질병으로 고통받는 이들을 볼 때마다 항상 이것을 생각하게 됩니다. 참 잘 믿으셨습니다.

참 훌륭한 분입니다. 그런데 죽음 앞에서는 꼼짝 못하더라고요. 고통을 힘들어할 수는 있습니다. 그러나 죽음이라는 그 사실 자체는 아무것도 아닙니다. 기독교인에게 죽음은 예수 그리스도께로 가까이 가는 것입니다. 항상 찬송하던 그대로 그렇게 그것을 받아들여야 되는데, 가지고 있는 소유나 모든 관계로부터의 상실과 이별이 너무 큰 것입니다. 또 하지 못한 것에 대한 후회가 큽니다. 그러다보니 애처로울 만큼 너무나 힘들어하는 모습을 보게 됩니다. 그것은 올바른 그리스도인의 삶이 아닙니다. 이 문제를 완전히 해결하고 살아야 됩니다. 두려움이 없어야 됩니다.

중국 고서 『한비자』에 이런 이야기가 나옵니다. 제나라에 경봉이라는 중신이 있었는데, 이 사람이 반란을 일으켰다가 실패합니다. 그래서 월나라로 도망가려고 한다는 말에 친척이 그에게 묻습니다. "아니, 옆에 진나라가 가까운데, 왜 그 먼 월나라로 도망가려고 하는가?" 그때 그는 이렇게 말합니다. "월나라가 진나라보다 더 멀기 때문에 몸을 숨기기에는 월나라가 훨씬 더 나을 것 같아 그리로 가고자 합니다." 그러자 그 친척이 다시 이렇게 말합니다. "마음만 바꾸어 먹으면 진나라에 숨더라도 무서울 리 없지. 중요한 것은 마음인데, 그 마음을 그대로 가지고 있으면 멀리 월나라에 간들 편안하겠는가?"

그리스도인은 이미 영적으로 이 죽음에 대한 문제, 고난에 대한 문제, 삶의 문제를 해결하고 사는 존재입니다. 예수님께서 십자가와 부활로 그것을 이미 보여주시지 않았습니까. 그것을 우리는 믿지 않습니까. 그래서 담대해야 하는 것입니다. 여기에도 우선순위가 있습니다. 먼저 죽음부터 해결해야 됩니다. 그것이 십자가입니다. 인간은 삶보다 죽음을 더 두려워하기에 죽음부터 해결해야 합니다. 그래서 사도 바울은 죽음부터 해결했습니다. "저 십자가에 내가 못 박혔느니라." 그리고 부활하신 생명의 삶으로 오늘을 살아갑니다. 두려움이 없습니다. 담대합니다. 이것이 복음에 합당한 삶이라고 사도 바울은 말씀하고 있는 것입니다. 마태복음 10장에서 예수님께서 직접 말씀하십니다. "몸은 죽여도 영혼은 능히 죽이지 못하는 자들을 두려워하지 말고 오직 몸과 영혼을 능히 지옥에 멸하실 수 있는 이를 두려워하라(28절)." 하나님 외에 두려워할 자가 없습니다. 예수님께서 직접 말씀하십니다. 오늘 본문도 "그들에게는 멸망의 증거요 너희에게는 구원의 증거니⋯(28절)." 하였습니다. 하나님 나라의 역사의식입니다. 눈에 보이는 것은 실패요, 저주인 것 같으나 오직 구원의 승리는 십자가의 길입니다. 두려움 없는 그 담대함이 성령의 역사입니다. 하나님 나라의 영광을 봅니다. 두려워하지 말라. 이것이 그리스도적 삶입니다.

세 번째는, 은혜 중심적 삶입니다. 은혜를 영접하고 기억하고 추구해야 합니다. 오늘 본문에서 말씀합니다. "너희에게 은혜를 주신 것은 다만 그를 믿을 뿐 아니라 또한 그를 위하여 고난도 받게 하심이라(29절)." 은혜를 주셨습니다. 우리는 은혜를 받은 자입니다. 그래서 은혜 중심적 삶을 살아가야 합니다. 거기에는 두 가지 목적이 있습니다. 그것은 예수 그리스도를 믿는 것과 고난을 극복하는 것입니다. 고난에 동참하는 것입니다. 깊이 생각해야 합니다. 복음적 삶, 은혜 중심적 삶을 흔히 이렇게 생각합니다. 누구누구보다 돈을 많이 버는 것, 명예를 얻는 것, 건강하게 사는 것, 높은 인기를 얻는 것, 업적을 남기는 것⋯. 전혀 무관합니다. 성경 어디에 그런 말씀이 있습니까? 그런데도 끊임없이 성령 충만한 삶, 은혜 중심적 삶을 그런 것과 일치시킵니다. 이것은 사단의 역사입니다. 십자가를 생각하십시오. 그 많은 순교자를 생각하십시오. 그들은 그것을 가장 큰 은혜라고 생각했습니다. 왜? 하나님의 뜻이기 때문입니다. 그러므로 오직 은혜 중심적 삶은 복음에 합당한 삶이요, 하나님 나라의 시민으로서 구원의 확신을 가지고 사는 것입니다. 오직 하나님 앞에서 판단합니다. 복음으로 판단합니다. 성경말씀으로 판단합니다. 그리고 자유합니다. 두려움이 없습니다. 항상 기뻐합니다. 그래서 그 많은 순교자들이 경기장에서 사자 밥이 되면서도 찬송합니다. 성령의 역사입니다. 이 시간, 하나님께서 함께 하시고 곧 영원한 하나님 나라로 가는 그것을 봅니다. 이것이 은혜 중심적 삶입니다. 기도했습니다. 이제 응답받은 기도자는 마음이 다릅니다. 이미 확신이 있습니다. 하나님의 뜻대로 되어지기를 사모하며 힘차게 세상으로 나아갑니다. 이 깊은 은혜적 차원의 영적 세계를 경험해야 합니다.

초대교인들은 예수 그리스도를 위하여 고난받는 것을 축복으로 생각했습니다. 그리고 유무상통하여 끝내 복음에 충성된 삶으로 순교합니다. 고난은 은혜의 통로입니다. 시편에 귀한 말씀이 있지 않습니까? 다윗의 고백입니다. "고난당한 것이 내게 유익이라. 이로 인하여 내가 주의 율례를 배우게 되었나이다." 오늘 말씀 중에도 있습니다. "은혜를 주신 것은 다만 그를 믿을 뿐 아니라 또한 그를 위하여 고난도 받게 하려 하심이라(29절)." 이것을 당연하게 생각해야 됩니다. 다윗은 또 고백합니다. "고난당하기 전에는 내가 말씀에 불순종했다. 그러나 이제는 주의 말씀을 지키나이다." 내 개인적으로 이 모든 것은 하나님께서 주신 은혜의 통로입니다. 하나님과 더 가까워지는 은혜의 순간입니다. 또한 타인을 위한 은혜의 통로입니다.

헨리 나우웬의 유명한 말이 있습니다. "예수 그리스도는 상처입은 치유자이다." 예수님만 말씀하는 것이 아닙니다. 예수님께서는 모든 상처를, 모든 인간적 고통과 고난을 직접 체험하셨습니다. 부활하신 몸에 못 자국, 창 자국이 있습니다. 그런데 그 고난을 통하여 모든 인간의 고통을 아시고 치유해주시는 분이십니다. 우리 중 누가 죽음과 같은 질병을 경험했거나 앓고 있다면, 그는 비슷한 처지에 놓인 사람들에게 위로를 줄 수 있습니다. 다른 사람은 할 수 없는 일입니다. "은혜를 주신 것은 다만 그를 믿을 뿐 아니라 또한 그를 위하여 고난도 받게 하려 하심이라." 은혜 중심적 삶입니다. 더 큰 하나님의 세계가 증거되기 위하여 꼭 필요한 것입니다.

다시 한 번 오늘의 말씀을 생각하십시오. "오직 너희는 그리스도의 복음에 합당하게 생활하라(27절)." 복음은 우리를 하나님 나라의 자녀답게 살도록 강권하며 우리를 변화시킵니다. 그 복음을 사모하고 기억하고 증거할 때, 하나님께 영광을 돌리고, 이 세상에서 담대한 권세있는 자와 같은 삶을 살도록 성령께서 인도하십니다.

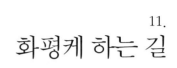

화평케 하는 길

그러므로 그리스도 안에 무슨 권면이나 사랑의 무슨 위로나 성령의 무슨 교제나 긍휼이나
자비가 있거든 마음을 같이하여 같은 사랑을 가지고 뜻을 합하며 한마음을 품어 아무 일에든지
다툼이나 허영으로 하지 말고 오직 겸손한 마음으로 각각 자기보다 남을 낫게 여기고
각각 자기 일을 돌볼뿐더러 또한 각각 다른 사람들의 일을 돌보아
나의 기쁨을 충만하게 하라 (빌2:1-4)

인류 최초의 범죄가 성경에 기록되어 있습니다. 가인이 동생 아벨을 살해한
범죄입니다. 눈에 보이는 대로는, 그 원인이 가인의 제사는 열납되지 않고
아벨의 제사는 열납되었다는 데 있습니다. 이 사건으로 말미암아 가인은 분
노하였습니다. 형제 사이에 어떤 대화가 오고갔는지는 모르겠지만, 가인은
시기와 질투로 동생을 살해하게 됩니다. 좀 더 신학적으로 그 원인을 상고해
보면, 가장 우선적인 것은 불신앙입니다. 하나님께서 하신 일을 인정하지 않
은 것입니다. 있는 그대로 수용하지 못했습니다. 아니, 그에 앞서 이미 하나
님께 온전히 믿음으로 제사를 드리지 못했습니다. 하나님께서 흡족해하실
만한, 열납해주실 만한 예배를 드리지 못했다는 것입니다. 가인의 안에는 교
만이 있었습니다. 교만은 뿌리 깊은 악입니다. 가인은 하나님을 두려워하지
않았습니다. 나아가 하나님의 사람도 두려워하지 않았습니다. 온통 자기본

위의 성취감에 사로잡혀 있었던 것입니다. "내 것이 열납되지 않았다"는 것입니다. "내 뜻이 이루어지지 않았다"는 것입니다.

그 마음이 아우에 대한 시기와 질투로 변합니다. 결국은 분노에서 범죄로 이어지게 됩니다. 이 최초의 사건 깊은 곳에는 수직적인 하나님과의 관계와 수평적인 인간관계에서의 불일치가 있는 것입니다. 하나님의 뜻과 내 뜻이 일치하지 않습니다. 하나님 뜻 안에 내 뜻이 있어야 하는데, 그 둘이 서로 일치하지 못했습니다. 인간관계에서도 무엇인가 한마음이 되지 못합니다. 같은 마음이 아니었습니다. 함께할 수 없었습니다. 그래서 화평이 깨집니다. 하나님의 형상, 그 온전한 모습인 평화와 화목과 일치와 화평함이 깨졌습니다. 하나님과의 관계에서 먼저 깨지고, 그 결과로 인간관계에서도 깨집니다. 이로써 범죄하게 됩니다.

역사적으로도 그렇지만, 오늘 이 시대에 가장 절실한 과제가 무엇입니까? 그것은 일치함이 없다는 것입니다. 어느 곳에서도 진정한 화평을 보기가 어렵습니다. 진정한 평화를 느끼기가 어렵습니다. 이 자체가 인간사회의 비극입니다. 그러다보니 나라 간에 불일치가 생기면 전쟁을 합니다. 비록 오늘의 세계는 UN이라는 제도 안에서 하나가 된 것 같지만, 동상이몽입니다. 일치가 이뤄지지 않습니다. 설사 일치된다 해도 소용없습니다. 다들 자기 할 짓만 합니다. 자기유익과 맞아야 경제적인 상황, 정치적인 상황 안에서 잠시 일치된 틀을 가질 뿐입니다. 어렵습니다. 그래서 항상 불안하고 미래의 전망이 어둡습니다. 사회 어느 부분에서도, 직장에서도, 어떤 사적인 모임에서도 진정한 일치와 평화를 찾아보기가 어렵습니다. 가장 최소의 단위이자 하나님의 질서인 가정에서는 어떻습니까? 사랑으로 결혼했기에 잘 살려고, 화목하려고 애썼는데, 오래 살면 살수록 따로따로 놉니다. 결국은 딱 고만큼만 유지하는 것입니다. 정말 깊은 곳을 보면 화평은 없습니다. 일치함이 없습니다. 그러다보니 깨지고 분열되지 않을 수 없습니다. 그렇다면 교회에서는 어떨까요? 안 믿는 사람들이 '아, 교회는 다를 것이다'라는 생각으로 기대를 품고 신앙생활을 하려고 찾아옵니다. 처음에는 뭔가 되는 것 같았는데, 한두 해 지내면서 깊숙한 속사정을 알게 되니까 결국 다 똑같은 것입니다. 교회에서도 일치함은 없습니다. 선한 일을 하다가도 서로 다투고 틀어져버립니다. 항상 갈등을 느낍니다. 회의를 품습니다.

하나님의 뜻은 화평케 함에 있습니다. 화목해야 됩니다. 반드시 일치해야 됩니다. 이것이 교회의 참모습입니다. 그런데도 결코 서로 양보하지 않습니다. 내 뜻이 곧 하나님의 뜻이요, 우리 뜻이 곧 하나님이 뜻이라 주장합니다. 오늘 본문에 나타난 빌립보 교회는 그 당시 많은 교회들 중에서도 대표적으로 본이 되는 교회였습니다. 선교적인 교회요, 나눔을 아는 교회요, 구제하는 교회요, 영적으로 충만한 교회였습니다. 약간의 율법주의적인 교리의 문제가 있었지만, 거의 문제되지 않았습니다. 그러나 그런 빌립보 교회에도 단 한 가지 깊은 문제가 있었습니다. 전적으로 일치하지 못했다는 것입니다. 화평하지 못했습니다. 빌립보서 4장에 그 이름들이 나옵니다. "내가 유오디아를 권하고 순두게를 권하노니 주 안에서 같은 마음을 품으라(2절)." 이 사람들 지금 교회의 책임있는 성원들입니다. 열심히 하는 가운데 더 거룩한 하나님의 뜻으로 본인들이 하고 있다고 생각했을 것입니다. 그래 서로 부딪쳤습니다. 그러나 언제나 그렇듯, 별로 중요하지 않은 아무개가 소리를 내면 아무 영향도 못 끼치지만, 중요한 신분의 열심있는 누군가가 소리를 내면 그 영향이 큽니다. 더욱이 그 부딪침은 겉에서 볼 때는 만날 싸우는 것으로밖에는 보이지 않습니다. 그래 사도 바울은 오늘 성경말씀을 통하여 그 불일치에 대한, 빌립보 교회의 가장 큰 문제에 대한 직접적인 답을 줍니다. 성령 충만한 역사 가운데 이 교회를 통하여, 아니 온 세계에서 잠재적 불일치의 가능성을 안고 있는 교회문제의 답을 주고 있습니다. 교회뿐만이 아닙니다. 나 개인의, 공동체의, 사회의, 모든 나라의 근본적인 문제를 지적하고 그 해결책을 주고 있습니다.

일치와 화평만이 교회의 참모습이요, 증거입니다. 그래서 예수님 오셨을 때 천사는 외칩니다. "하늘에는 영광, 땅에는 평화" 예수님께서 이 땅에 성육신으로 오신 목적이 화평케 하는 데 있습니다. 하나님과 먼저 화평하고 그리고 세상과 화평해야 합니다. 그래서 "네 이웃을 사랑하라"는 계명을 주십니다. 십자가로 이루신 것입니다. 십자가는 모든 담을 허뭅니다. 의인이 대속 제물로 바쳐짐으로 화평의 길을 여셨습니다. 그래서 하나님의 속성 중 화평의 하나님은 아주 중요한 하나님의 모습입니다. 만일 어떠한 이유에서도 일치와 화평을 이루지 못한다면, 그 교회는 주님께서 주인으로 계신 교회가 아닙니다. 누군가 때문에, 바로 나 때문에 이러한 불일치 사건이 있다는 것을 기억해야 합니다.

『탈무드』에 판사에 대한 유익한 이야기가 있습니다.

> 판사가 되려는 사람은 항상 겸손하고 언제나 선행을 행해야만 한다. 판사는 반드시 진실함과 평화를 모두 추구해야 한다. 만일 진실만을 추구하고자 한다면 평화를 잃고 말 것이다. 그러므로 진실함과 평화로움을 함께 지킬 수 있는 방법을 찾아야만 한다. 그것이 타협이다.

진리만을 외쳐서는 되지 않습니다. 세상이 진리를 받아들이지 못합니다. 하나님의 의를 이루는 지혜가 있어야 됩니다. 분명한 것은 주님의 뜻 안에서 하나가 돼야 한다는 것입니다. 그것 밖에 길이 없습니다. 진리와 화평이 함께 이루어져가야 되는 것입니다. 빌립보 교회를 통하여 오늘 성경은 바로 그 불일치의 원인과 화평의 해결책을 우리에게 알려줍니다. 그 원인과 해결책을 반드시 기억하고 깨달아야 합니다. 보편적 진리가 이 말씀 안에 있기 때문입니다.

요즘 신문이나 방송을 보면 서로 하나가 되자, 화평하자, 평화롭고 정직하자, 진실하자고 외치는 단체들이 많습니다. 퍼포먼스도 합니다. 그러나 속지 마십시오. 그렇게 피상적으로, 막연한 기대로 되는 것이 아닙니다. 그러면 예수님께서 이 땅에 오시어 십자가를 지실 이유가 없습니다. 그렇게 모여 소리친다고 된다면, 왜 하나님께서 이 땅에 내려오시어 그 많은 고통을 당하시고 십자가를 지셨겠습니까? 기독교인조차도 이런 모습을 보일 때면 참 답답합니다. 예를 하나 들어보겠습니다. 요즈음 북핵문제가 참 심각합니다. 평화롭게 해결돼야 됩니다. 하지만 아무리 평화해야 된다고 만장일치로 결의한들 평화가 이루어집니까? 구체적이고 실제적인 대안이 있어야 됩니다. 때로는 그것을 위하여 고난도 각오해야 됩니다. 그렇게 피상적으로 이루어지는 것이 아니지 않습니까? 노인문제를 비롯하여 많은 사회문제들이 외친다고 정화됩니까? 조직을 만든다고 됩니까? 역사적으로 된 적이 한 번도 없습니다. 그런데도 대중은 항상 속습니다. 그리스도인만큼이라도 이제 그만 속으면 좋겠습니다. 분명한 원인과 대안을 알아야 됩니다. 그것도 하나님의 말씀 속에서입니다. 그것만이 길입니다. 말과 외침으로는 되지 않습니다.

오늘 본문은 "아무 일에든지 다툼이나 허영으로 하지 말고 오직 겸손한 마음으로 각각 자기보다 남을 낫게 여기고(3절)."라는 말씀으로 불일치와 불화의 원인 두 가지를 제시합니다.

첫 번째 원인은, 다툼입니다. '다툼'은 원뜻에 더 가까운 영어로는 selfish ambition입니다. 이기적인 대망, 이기적인 포부, 이기적인 야망입니다. 나라끼리 이기적인 대망이 부딪치면 전쟁입니다. 집단과 개인이 부딪치면 폭력과 다툼입니다. 우리가 물질과 돈의 가치를 말합니다. 물론 이것은 귀합니다. 하나님께서 주신 것이기 때문입니다. 필요합니다. 그러나 그 안에 깊은 이기적인 욕망이 있으면 화입니다. 큰 다툼이 일어납니다. 유익이 되지 못합니다. 가장 고상한 사랑도 똑같습니다. 사랑하고 사랑을 결단하여 가정을 이룹니다. 다 진실입니다. 그런데 깊은 속에는 각자의 이기적인 욕망이 있습니다. 결국은 싸움으로 끝납니다. 원수로 돌아섭니다. 그 근본적인 불일치의 원인이 다툼입니다. 이렇게 되면 비이성적 편견을 품게 됩니다. 그리고 나만이, 우리만이 옳다고 생각합니다. 내가 절대로 옳으니 다른 사람은 틀린 것입니다. 나랑 같지 않으면 틀린 것이기 때문입니다.

『사랑은 지독한 그러나 너무나 정상적인 혼란』이라는 책이 있습니다. 사랑이라는 주제를 통하여 현대사회의 다양한 변화를 분석한 책입니다. 여기에 귀한 지혜가 있습니다.

사랑은 현대의 신흥종교이며 사랑에 대한 갈망은 현대의 근본주의가 되고 있다. 그러나 드디어 찾았다고 닻을 내린 항구는 안전하지 않다. 결혼한 부부는 기대와 달리 전쟁을 벌이고 상처를 입힌다. 짝을 잘못 만나서가 아니다. 개인의 성장을 최우선으로 하는 현대사회의 특성이 희생과 헌신이라는 사랑의 덕목과 충돌하는 근본적인 부조화 때문이다.

서로 사랑합니다. 그 감정이 있습니다. 그것은 사실입니다. 성격차이라고 하지만, 짝을 잘못 만난 것이 아닙니다. 먼저 생각해야 될 것이 있습니다. 깊은 곳에 있는 개인주의적인 극단적 이기심과 자기욕망이 아름답고 거룩한 사랑조차도 불일치 가운데 폭력적인 다툼으로 변질, 변화시키고 만다는 것입니다. 이런 자기 집중적 성취욕이 병입니다. 절대 일치할 수 없습니다.

『탈무드』에 나오는 이야기입니다. 한 쌍의 남녀가 서로를 깊이 사랑했습니다. 그 관계를 서로 잘 압니다. 그래 남자가 여자를 찾아가 청혼을 하려고 합니다. 당시 풍습대로 여자 집에 가서 문을 두드립니다. 안에서 소리가 들려옵니다. "누구세요?" 남자는 자신 있게 말합니다. "나요." 문이 안 열립니다. 아무리 기다려도 안 열어줍니다. 결국 남자는 되돌아오면서 깊은 고민에 빠졌습니다. 몇날 며칠 고민에 빠졌습니다. '왜 그랬을까? 서로 사랑하는데 왜 문을 열어주지 않았을까? 내가 청혼하러 가는 것을 알고 있었을 텐데.' 그러다 답을 찾았습니다. 그래 다시 가서 문을 두드렸습니다. 안에서 묻습니다. "누구세요?" 그는 말합니다. "당신이요." 그제야 문을 열어주더랍니다. 내가 곧 당신이라는 말입니다. 인간사회에는 다양성이 존재합니다. 보편적입니다. 나와 꼭 맞는 사람을 찾지 마십시오. 서로 다를 수 밖에 없다는 것을 알아야 합니다. 부부끼리도 다르고 쌍둥이도 다릅니다. 얼마나 보편적인가를 알아야 됩니다.

20세기의 유명한 신학자인 맥가브런은 선교의 대상인 '세상'을 '모자이크 사회'라고 정의합니다. 세상은 모자이크와 같습니다. 여기서 우리는 깊은 내적 요소를 생각해야 됩니다. 다릅니다. 항상 다릅니다. 이것이 전제되어야 합니다. 그럴 때 비로소 대상을 이해할 수 있습니다. '아니, 그럴 수가?' 이러지 마십시오. 항상 '그럴 수가'입니다. 아무리 오랫동안 같이 지내는 죽마고우로 같은 뜻을 가지고 지내고 있어도 다른 것입니다. 어쩔 수 없습니다. 다른 속성이 있는 것입니다. 그렇다는 것을 전제로 대상을 이해해야 합니다. 이렇게 '다름'을 전제로 하여 인간관계를 올바로 맺지 못하면 일치는 없습니다. 그래서 이기적인 야망, 이 다툼이 불일치의 근본적인 원인이라고 성경은 말씀합니다. 교회도 똑같습니다.

두 번째 원인은, 허영입니다. 영어로는 conceit, 자만심 혹은 교만입니다. 다툼보다 더 깊은 악입니다. 더 심각한 문제입니다. 성경에서 가장 큰 죄로 여기는 것이 교만입니다. Original Sin, 아주 근원적인 죄입니다. 이 죄가 우리 모두에게 있습니다. 이 죄가 있다는 사실을 자각하고 이 죄를 극복해야 합니다. 아니면, 나로 인하여 항상 불일치가 나타납니다. 내가 문제의 원인입니다.

나폴레옹이 아주 비참한 최후를 맞이하게 됐습니다. 결정적으로는 러시아와의 전쟁에서 패했기 때문입니다. 그 전쟁을 준비하면서 갈 때의 기록을 보면 참모들이 다 말렸다고 돼 있습니다. 그 이야기를 소재로 만든 영화를 봐도 알 수 있지만, 다들 러시아 원정을 떠나려는 나폴레옹을 말립니다. 왜? 과학적이고 경험적인 근거를 댑니다. 추위가 빨리 온다는 것입니다. 러시아의 혹독한 추위를 견디기는 힘들고 지금 준비도 제대로 돼 있지 않으니 좀 천천히 하자, 시간은 얼마든지 있다는 것이 그들의 주장이었습니다. 나폴레옹이 그때 그 충고를 들었더라면 세계의 역사가 바뀌었을 것입니다. 하지만 나폴레옹은 그 충고를 듣고 이렇게 답합니다. "힘없는 인간의 충고가 나에게 무슨 필요가 있단 말인가. 나는 한다면 할 수 있다. 나에게 불가능이란 없다." 그러고 가서 죽은 것입니다. 교만의 극치입니다. 그래도 자기 혼자 죽고 말면 괜찮겠는데, 그를 따르는 수많은 사람들도 같이 죽습니다. 나폴레옹 한 사람의 허영 때문에 죽은 것입니다. 이런 교만은 파괴력이 엄청납니다. 허영은 스스로 높은 권위를 가지고 있다고 믿는 것입니다. 때로 그 높은 권위를 만들려 하는 자의 마음이 허영입니다. 그래서 항상 그 주변에는 강압적인 일치, 내면적인 불화가 있는 것입니다.

세상에는, 하나님 나라에는, 교회에는, 오직 두 가지 권위만이 있습니다. 하나는, 하나님의 권위입니다. 또 하나는, 하나님께서 주신 권위입니다. 이 두 가지 권위가 있어야 평화롭습니다. 이 두 권위를 인정해야 일치가 있습니다. 둘 중 어느 하나라도 인정하지 않으면 항상 불일치와 불화가 있을 수 밖에 없는 것입니다. 교회의 분열이 바로 여기서 시작됩니다. 교회의 불일치는 바로 하나님의 권위를 인정하지 않는 데서 생깁니다. 하나님의 뜻을 묻지 않고 내 생각, 내 뜻 뿐입니다. 하나님의 권위, 하나님께서 주신 권위를 인정하지 않을 때 크고 엄청난 불화를 겪게 됩니다.

예수님 당시에 바리새인이라는 부류가 있었습니다. 그들은 요즘으로 치면 항상 검은 양복에 넥타이 매고 교회에 나오는 사람들입니다. 지식도 높습니다. 학력은 대학원 이상입니다. 사회적, 경제적 명성도 높은 사람들입니다. 헌금도 많이 합니다. 십의 삼조를 합니다. 항상 교회에 와서 금식기도를 합니다. 선행도 많이 합니다. 전도도 많이 합니다. 그리고 또 다른 부류가 있습니다. 고리대금업자와 창녀들이 있습니다. 이 둘을 예수님께서 비교하십니다. 저 쪽을 독사의 자식들이라 말씀하십니다. 이쪽은 그 중심을 보니 더 의인이라는 것입니다. 바리새인들이 가만히 있겠습니까? 예수님의 말씀을 하나님의 말씀으로 받아들이지 않았기 때문에 그들은 예수님을 거침없이 죽입니다. 오늘도 동일합니다. 항상 하나님과 하나님의 말씀, 하나님께서 주신 권위를 인정해야만 그 안에 평화가 있는 것입니다. 이 복음과 복음의 능력은 하나님의 권위 안에서 일치를 만들어갑니다. 그래서 그리스도인은, 교회는, 말씀과 권위 안에서 화평을 만들어갑니다. 그가 하나님의 사람입니다.

세계적인 베스트셀러였던 『소중한 것을 먼저 하라』라는 스티브 코비의 공저입니다. 이 책에는 자만과 교만의 네 가지 종류가 나옵니다. 우리에게 새로운 관점을 가지게 도와줍니다. 첫째, 사는 것에 자만이 있다는 것입니다. 자기수입이 있다면 그 수입이 나와 적절한가, 내 삶에 맞는가를 따지는 것이 아니라, 저 사람은 나보다 얼마나 더 받을까 하면서 항상 남과 자신을 비교하는 것입니다. 자기의 외모, 머리카락, 옷, 체형 들을 항상 남과 비교하는 삶입니다. 모든 것을 비교하면서 사는 사람입니다. 그래 자기가 남보다 조금 더 많이 가지고 있다는 것이 분명해지면 그제야 만족해합니다. 이것이 교만입니다. 둘째, 사랑하는 것에 대한 자만이 있습니다. 이것은 자신이 가진 친구의 수와 지위 또는 다른 사람으로부터 받는 칭찬의 양으로 자기 자신의 가치를 측정합니다. 가장 불행한 사람입니다. 스스로 나는 이만큼 친구가 있고, 권력 있는 자들이 있고 이만큼 나를 인정한다고 하지만, 천만에입니다. 교만한 사람입니다. 이런 사람은 그 교만이 깨지지 않는 한 아무리 예수 그리스도를 외쳐봐야 멀었습니다. 하나님께서 주신 평안을 경험할 수 없습니다. 셋째, 배우는 것에서의 자만이 있습니다. 배우면 진리가 무엇인지, 그 깊은 뜻을 깨닫는 데 의미를 둬야 하는데 그것이 아닙니다. 최고점수는 몇 점일까? 최고의 지위에 오르는 사람은 누구일까? 그 지식의 결과에만, 세속적 욕구에만 관심이 있습니다. 그리고 스스로 지적인 사람이다, 구체화된 생산적인 지식이 있다고 자족합니다. 교만한 사람입니다. 넷째, 유산을 남긴 것으로서의 자만이 있습니다. 누가 선행을 베풉니다. 그렇다면 그 베푸는 것 자체에 의미를 두어야 하는데 누가 자기보다 좀 더 했다는 사실을 알고 열 받습니다. 자기가 그 누구보다 꼭 더 내야 되는 것입니다. 이런 사람들은 헌금을 해도 그렇습니다. 저 사람 건축헌금 얼마나 했을까? 그것을 알고야 내가 헌금할 액수를 정할 수 있습니다. 최소한 그의 헌금 액수가 나와 비슷하거나 내 헌금이 그가 낸 것보다 조금 더 많아야 마음이 편합니다. 병든 심령입니다. 우리는 일상생활에서 자기도 모르는 교만 죄를 범하고 있음을 알아야 합니다. 하나님 앞에 참회하고 반복되는 교만의 죄를 지어서는 안됩니다. 그럴 때는 항상 나로 인해 타인이 피해를 봅니다. 내가 피해자가 아니라 가해자입니다. 화평을 말하면서도 그로 인해 분란이 있습니다. 가정이나 사회에서나 교회에서 흔히 일어날 수 있는 일입니다.

오늘 본문 말씀을 보면, 일치와 화목과 화평을 위하여 꼭 필요한 두 가지 절대적이고 본질적인 진리가 나옵니다.

첫 번째는, 보편적 가치관입니다. 일치를 어떻게 이룰 수 있느냐? 그 해결책입니다. 보편적 가치 안에서 보편적 가치관을 추구함으로써 하나가 될 수 있습니다. 반드시 기억해야 합니다. 본문의 말씀입니다. "마음을 같이 하여 같은 사랑을 가지고 뜻을 합하며 한마음을 품어(2절)." 보편적인 가치관 안에서만 한 마음, 한 뜻, 한 사랑을 가질 수 있습니다. 어느 개인이나 다수가 자기 뜻이 옳다고 밀어붙이면 다른 사람은 다 소외됩니다. 그들도 포함할 수 있는 더 구체적이고 보편적 가치관을 만들어야 됩니다. 그렇지 않으면 결코 하나가 될 수 없습니다. 이것은 실제적인 것입니다. 정치하는 사람들은 늘상 말합니다. 국민을 위하여 하나가 됩시다. 하지만 정작 그들이 하는 일은 자기 눈의 들보는 그냥 두고 남의 눈에 든 티끌 빼내기에만 바쁩니다. 여기에는 보편적 가치관이 없습니다. 그래서 하나되지 못하는 것입니다. 예를 들어 IMF가 터졌습니다. 그 시기에 있었던 아름다운 사건 하나를 다 기억하실 것입니다. '나라를 살리자.' 보편적 가치관입니다. 다들 '금 모으기 운동'에 열심히 참여하지 않았습니까? 더 큰 가치관이 있었기에 하나가 될 수 있었던 것입니다. 수해나 재난을 입은 사람들을 돕자고 하면 하나가 됩니다. 그것이 보편적 가치관이기 때문입니다.

성경을 보면 이스라엘 백성들은 참 평온하고 번영하고 하나님 앞에 예배드릴 수 있는 자유가 있지만 하나되지 못합니다. 항상 다툽니다. 잘못된 종교도 들어옵니다. 그러다가 하나님의 심판으로 말미암아 멸망했습니다. 포로 되었습니다. 노예로 기약없는 생활을 합니다. 여기서는 하나가 됩니다. 하나님 앞에 나온 그 하나로 하나가 되더라, 이것입니다. 그 많은 환경, 좋은 이슈 가지고는 안됩니다. 그러나 고난을 통하여 한 가지 보편적 진리와 그 대상 앞에서는 하나가 됩니다. 그들은 생각합니다. '나는, 우리는 죄인이로소이다.' 더 큰 죄인, 더 작은 죄인 없습니다. 다 죄인입니다. 절대 진리 앞에서 하나되는 것입니다. 바로 이것이 교회입니다. 이것이 그리스도의 공동체입니다. 가정에서든 친구관계에서든, 각종 모임에서든 우리 그리스도인은 이것을 추구해야 됩니다. 그 사람의 생각이 옳든 그르든 문제가 안됩니다. 우리는 화평케 하는 자입니다. 하나님의 진리로 내가 그 평안을 안고 그 진리 안에서 나로 인하여 주변이 다 화평해야 됩니다. 그러므로 서로 정죄함이 없어야 합니다. 악이 있다고 내놓고 대놓고 정죄해보십시오. 금방 갈라집니다. 그렇다고 악과 타협하라는 것은 아닙니다. 그것은 더욱 안 될 일입니다. 예수님께서 하신 일을 생각해보십시오. 가룟 유다가 있습니다. 지금 살인죄를 범할 것입니다. 그것도 하나님의 아들인 예수님을 팔아넘길 것입니다. 그 마지막 날 밤 예수님께서 가롯 유다에게 이렇게 말씀하십니다. "네가 하는 일을 속히 하라(요 13: 27)." 구체적으로 지적하지도 않았습니다. 그냥 끝까지 사랑으로 말씀을 하시고 발을 닦아주십니다. 회개의 기회를 주셨습니다. 그러나 아무 변화가 없습니다. 그러자 주께서 말씀하십니다. "네가 하던 일을 속히 하라."

예수님께서 비유 중에 말씀하십니다. "가라지를 추수 때까지 두어라." 가라지를 뽑다가 알곡이 다칩니다. 교회 안에서도 보면 어떤 것이 분명히 잘못된 것입니다. 그래서 이 사건을 놓고 자꾸 얘기하다보면 그 가라지 하나 때문에 밭 전체가 나빠집니다. 용서가 없습니다. 교회는 은혜만을 추구하고 은혜만을 기억하고 은혜로 덮어줘야 합니다. 이것은 초월적 이성관입니다. 합리적인 것이 아닙니다. 초월적 신앙이요, 초월적 은혜입니다. 그것이 교회입니다. 그것이 없다면 교회와 여느 기관이 서로 뭐가 다르겠습니까? 바로 이곳에서 하나됨이 있는 것입니다. 오직 보편적 진리, 그 하나님 말씀 안에서만 하나되는 것입니다.

오늘 본문 1절을 다시 한 번 상고해보면, 그리스도 안에서 사랑, 성령, 긍휼과 자비, 이것이 다 보편적 덕목입니다. 이것을 하려면 이 안에서 하나될 수 밖에 없는 것입니다. 이것을 추구하는 한 그리스도 안에서 다 하나될 수 있습니다. 교파가 문제가 아닙니다. 진정한 크리스천이냐 아니냐는 하나님께서 심판하실 문제입니다. 우리는 알 수도 없습니다. 긍휼, 여기서는 하나될 수 있습니다. 그리스도적 사랑으로만 하나 될 수 있습니다. 성령의 역사, 하나 될 수 밖에 없습니다. 그러나 이 외에 나와 우리의 시대적 가치관을 더 중시하게 될 때는 반드시 깨어집니다. 교회 안에서도 분열이 생깁니다. 그래서 교단이 생기는 것입니다. 다시 한 번 깊이 빌립보 교회를 통하여 구체적으로 주시는 하나님의 음성을 들어야 합니다.

고린도전서 14장 33절 말씀입니다. "하나님은 무질서의 하나님이 아니시요, 오직 화평의 하나님이시니라." 그들은 많은 은사를 받았습니다. 교회 봉사에 충실했습니다. 성실하게 일했습니다. 그러나 선한 목적을 가지고 갈라집니다. 네 은사가 더 크냐, 내 은사가 더 크냐, 누가 더 중요한 사람이냐. 이러면서 싸웁니다. 하나님께 여쭙고 성령의 역사로 답을 내립니다. "하나님은 화평의 하나님이시니라." 화평을 위해 침묵해야 됩니다. 화평만이 드러나야 됩니다. 그것이 성육신의 목적이요 하나님의 뜻이기 때문입니다. 그 유치함을 통하여 세상에 충격을 줍니다. 화평이 있고 일치가 있는 곳은 교회 밖에 없습니다. 그리스도밖에 없는 것입니다. 어떤 종교도 어떤 모임도 그런 일치는 있을 수 없습니다. 그래서 보편적 가치관 안에서 하나되어야 함을 오늘 본문은 1절과 2절을 통하여 잘 설명하고 있습니다.

두 번째는, 화평을 위한 본질적 진리입니다. 3절에 나타납니다. "오직 겸손한 마음으로···." 오직 겸손, 그것입니다. 겸손만이 화평케 한다고 성경은 말씀하고 있습니다. 겸손한 마음의 태도, 그래서 "오직 겸손한 마음으로 각각 자기보다 남을 낮게 여기고···각각 다른 사람들의 일을 돌보아" 그리스도인은 이타주의자입니다. 타인을 더 배려하는 마음을 가져야 됩니다. 내 유익 내 일만 아니라, 타인의 유익, 타인의 일을 먼저 생각하는 마음입니다. 여기서 일이라는 것은 'interests'입니다. 유익, 실제이익을 뜻합니다. 타인의 유익을 함께 생각해야 됩니다. 이것이 겸손입니다. 인사 잘하고 친절한 것을 겸손이라고 생각하지 마십시오. 그것은 겸손의 가장 낮은 수준입니다. 겸손의 중심을 갖춰야 합니다. 진정한 내적 차원의 겸손의 열매는 남을 나보다 더 낮게 여기는 것입니다. 깊이 생각하십시오. 하나님의 말씀입니다. 또 남의 유익을 항상 함께 생각합니다. 그것이 겸손입니다. 겸손의 열매입니다.

저는 겸손에 대하여 참 많이 생각해봤습니다. 성경 전체를 보면 중심을 보시는 하나님께서는 겸손한 자에게 복을 주십니다. 그것은 바로 하나님 앞에서 겸손해야 된다는 것입니다. 우리가 아무리 사람 앞에서 겸손하고, 스스로 겸손하다고 여길지라도 하나님께서는 진실을 아십니다. 사람 앞에서는 오히려 좀 뻣뻣할 수도 있습니다. 그러나 그 중심에는 진정한 겸손이 있을 수도 있습니다. 어떤 사람은 좀 실수할 수도 있고 잦은 죄를 지을 수도 있습니다. 그러나 그가 더 겸손할 수 있습니다. 세리와 창녀의 중심을 인정하십니다. 모세가 잘못했는데도, 모세가 더 잘못했는데도 그를 온유한 사람이라 하십니다. 또한 가장 겸손한 사람 중 하나가 바로 다윗입니다. 내 눈을 믿지 말아야 합니다. 똑바로 알아볼 능력이 있습니까?

하나님 앞에 먼저 내가 겸손해야 됩니다. 내적으로 하나님 앞에 선 자의 겸손입니다. 그럴 때 타인의 은혜 안의 겸손을 조금씩 엿볼 수 있을 것입니다. 그런 사람은 그의 삶을 통하여 그 겸손이 흘러나옵니다. 왜? 하나님께서 주시는 은혜의 충만함 때문에 항상 넘칩니다. 하나님께서 주시는 충만이 넘쳐흘러 그것이 은혜를 끼치게 되는 것입니다. 그러면서 그가 변합니다. 점점 겸손한 사람으로 하나님의 능력 가운데 변화되는 것을 볼 수 있습니다. 남을 낫게 여기고 다른 사람의 유익을 돌보는 사람으로 변화됩니다. 이것은 복음의 능력이 아니고는 그 누구도 못하는 일입니다. 오직 하나님의 말씀, 하나님의 은혜, 하나님의 능력만이 우리를 겸손케 합니다.

어느 석공이 무릎을 꿇고 비석을 다듬습니다. 땀을 뻘뻘 흘려가면서 최선의 노력을 다해 강한 돌을 아름답게 깎고 다듬습니다. 마침내 비석을 완성했습니다. 비문도 적었습니다. 정치인 한 사람이 이 과정을 처음부터 쭉 지켜보았습니다. 그가 너무 놀라워 석공에게 말합니다. "나도 돌같이 단단한 사람들의 마음을 당신처럼 유연하게 다듬는 기술이 있으면 좋겠습니다." 석공이 답합니다. "선생님께서도 저처럼 무릎을 꿇고 일하신다면, 가능한 일입니다."

여러분, 모든 일의 결정에서, 사건 앞에서 우리는 그리스도인입니다. 먼저 십자가를 바라봐야 됩니다. 예수님의 십자가의 목적이 화평케 하는 역사인 것을 알진대, 또 내가 저 십자가의 은혜로 된 존재임을 깨달을 때, 누가 교만할 수 있겠습니까? 누가 내가 옳다고 주장할 수 있겠습니까? 전적으로 하나님의 은혜로 된 것인데, 은혜 안에서 생각해야 합니다. 이럴 때 내가 나도 모르는 사이에 겸손한 자로 화평케 하시는 역사에 쓰임받고 있음을 깨닫게 됩니다. 이것이 반복될 때 진리가 내 삶의 구체화된 능력으로 나타납니다.

앗시시의 유명한 성자 프란체스코에게 제자가 묻습니다. "어떻게 하면 선생님처럼 겸손하게 지낼 수 있습니까? 어떻게 그렇게 할 수 있습니까?" 프란체스코는 아주 단순하게 대답합니다. "하나님을 한번만이라도 진실로 진실하게 쳐다보거나. 그러면 인간은 결코 교만할 수가 없다네." 깊이 생각하십시오. 지금 내게 다툼이 있습니까? 불화가 있습니까? 누군가와 불일치가 있습니까? 나로부터 하나님께서 화평케 하시는 역사가 나타나기를 기대하십니다. 하나님의 능력을 체험하기를 원하십니다. 십자가를 바라보고, 하나님을 먼저 바라보고, 그리스도의 삶으로 하나님의 화평케 하시는 역사가 나타나기를 바랍니다. 이것이 성령의 역사입니다.

오직 진리의 길, 십자가의 길 안에서만 화평케 하는 역사가 있습니다. 성령의 가장 큰 역사는 하나님을 보게 하시고, 내 존재를 잊게 하시고, 나를 겸손케 하시는 것입니다. 죽은 사람이 일어나고 아픈 사람이 낫는 것만을 기적이라고 생각하지 마십시오. 그런 것으로는 구원받지 못합니다. 하나님의 능력이 나를 통하여 나타나야 됩니다. 겸손케 하시는 역사, 어떤 일에든 나를 겸손케 하시고 기도하게 하시는 것은 하나님께서 내게 주신 잔입니다. 그것을 통하여 놀라운 하나님의 은혜와 능력이 나타납니다.

하나님의 뜻은 하나되는 것입니다. 하나님의 뜻은 화평한 삶입니다. 진정한 그리스도인, 진정한 교회는 이 화평의 역사를 이루고 증거합니다. 이럴 때 세상의 빛과 소금이 될 수 있는 것입니다.

12.
그리스도 예수의 마음

너희 안에 이 마음을 품으라
곧 그리스도 예수의 마음이니 그는 근본 하나님의 본체시나
하나님과 동등됨을 취할 것으로 여기지 아니하시고 오히려 자기를 비워 종의 형체를 가지사
사람들과 같이 되셨고 사람의 모양으로 나타나사 자기를 낮추시고 죽기까지 복종하셨으니
곧 십자가에 죽으심이라 이러므로 하나님이 그를 지극히 높여 모든 이름 위에 뛰어난 이름을 주사
하늘에 있는 자들과 땅에 있는 자들과 땅 아래에 있는 자들로
모든 무릎을 예수의 이름에 꿇게 하시고 모든 입으로 예수 그리스도를 주라 시인하여
하나님 아버지께 영광을 돌리게 하셨느니라 (빌2:5-11)

오늘 본문은 성경 전체를 통틀어서도 가장 중요하고 심오한 진리를 담고 있는 하나님의 말씀입니다. 가장 장엄하고 선포적인 하나님의 말씀일 것입니다. 기독교 복음의 진수가 이 안에 간단명료하게 담겨 있기 때문입니다. 바로 '기독론'입니다. 고린도전서 15장이나 골로새서 2장에서 기독론을 잘 설명하고 있지만, 오늘 본문처럼 간단명료한 곳은 아마도 이 빌립보서 2장뿐일 것입니다. 사도 바울은 예수 그리스도의 위치를 우주적 중심, 역사적 중심, 만물의 중심에 놓습니다. 그리고 예수 그리스도께서 어떤 분이신지를 깊은 성경적 이해 안에서 성령의 인도하심으로 가르쳐줍니다. 놀랍고도 명확한 기독론의 진수입니다.

마틴 루터도 말했습니다. "예수 그리스도 없이 하나님을 알 수 없다." 성경

을 바로 이해하려면 예수님을 먼저 알아야 됩니다. 예수님께서 어떤 분이신지를, 그 마음과 그 뜻을 깊이 알아야만 그만큼 성경을 깊이 이해할 수 있습니다. 20세기에 가장 유명한 신학자의 하나인 칼 바르트도 그의 신학적 출발론과 근거를 예수 그리스도에 두고 있습니다. 그래서 오직 예수 그리스도 안에서만 하나님의 참지식을 깨달을 수 있다고 말합니다. 물론 다른 지식이나 다른 우주만물이나 다른 사건을 통해서도 듣지만 그것은 어디까지나 간접적인 것입니다. 가장 직접적으로 하나님의 마음과 뜻을 계시하는 것은 바로 예수 그리스도 안에서 뿐이라고 정의하고, 하나님을 아는 모든 지식을 예수 그리스도 안에서 재정립합니다. 아주 중요한 신학적이고 성경적인 메시지입니다.

오늘 본문의 목적, 왜 이 말씀을 주셨는지 그 이유를 먼저 기억해야 합니다. 이 말씀을 듣는 모든 사람을 화평케 하시기 위하여, 일치된 삶을 살게 하시기 위하여, 그리고 하나 되게 하시기 위하여 오늘의 말씀을 주신 것입니다. 빌립보서는 빌립보 교회에 보낸 편지입니다. 그 교회는 타 교회와 비교하여 가장 하나님의 뜻에 합당한 선교적이고 아름다운 교회였지만, 어디까지나 세상에 있는 교회인지라 그 교회에도 문제가 있었습니다. 어찌 보면 하나인 것처럼도 보이는 그 문제는 불일치요, 불화요, 다툼이었습니다. 이미 지난 시간에 말씀 드렸습니다마는, 다툼과 허영이 본질적인 불일치의 이유입니다. 이 문제를 해결하기 위해서는 오직 보편적 가치를 추구하며, 겸손한 마음으로 살아야만 합니다. 그래야만 하나님께서 화평케 하는 은총을 허락하실 것입니다. 사도 바울은 지난 본문에서 빌립보 교회가 화평케 되기 위한, 이 말씀을 듣는 모든 성도와 교회가 하나님 안에서 하나되고 일치하는 놀라운 화목함을 이루기 위한 목적으로 권면을 하였고, 또 오늘 본문에서 궁극적인 호소를 합니다. 우리는 오늘 본문이 어떤 목적으로 우리에게 하나님의 말씀을 전해주는지를 먼저 알아야 합니다.

어느 백화점에서 있었던 일입니다. 엘리베이터가 너무 느리게 움직이니까 고객들의 불평이 많아졌습니다. 백화점 지배인은 이 문제를 전문 엔지니어링 자문회사에 의뢰합니다. 6명의 엔지니어들이 달려들어 많은 시간을 투자하며, 연구 검토하였습니다. 그리고 마침내 해결책을 찾았습니다. 물론 해결책은 새로운 장치를 설치하는 것이었습니다. 그러면 속도가 빨라져 고객의 불평이 없어질거라는 것입니다. 그런데 문제는 비용이 너무 많이 들어간다는 점이었습니다. 그래서 이 작업을 지금 해야 하나 나중에 해야 하나 하고 망설이고 있는데 엘리베이터 청소를 하는 사람이 엉뚱한 제안을 합니다. "그거 단돈 5만원이면 됩니다. 하루면 제가 해결할 수 있습니다." 별로 마음에 들지는 않았지만 하루면 된다고 하니 속는 셈 치고 허락했습니다. 결과는 그 청소부의 제안이 옳았습니다. 고객의 불평이 싹 없어졌습니다. 청소부는 엘리베이터 안에 큰 거울을 갖다 붙여 놓았습니다. 그랬더니 전에는 무료하여 기다리는 시간 동안 불평을 토로하던 고객들이 이제는 거울 보면서 머리도 매만지고 옷매무새도 고치고 또 거울을 통해 다른 사람들 얼굴도 살펴보느라 시간 가는 줄 모르더라는 것입니다. 불평이 싹 없어졌습니다. 물리적 차원의 시간적 개념의 문제가 엉뚱하게도 심리적 차원에서 간단하게 해결됐다는 말입니다. 우리가 직면하고 있는 많은 문제들의 해결책이 꼭 물리적이고 환경적인 차원에만 있는 것처럼 보이기 쉽지만, 좀 더 깊고 내적인 차원에서 생각해보면 심리적인 마음의 문제가 먼저인 경우가 많습니다. 문제가 아닌 문제들이 더 많습니다.

오늘 말씀은 가장 본질적인 궁극적 차원의 해결방법을 우리에게 제시해주고 있습니다. "너희 안에 이 마음을 품으라. 곧 그리스도 예수의 마음이니 (5절)." 예수 그리스도의 마음을 깨닫고 이해하고 영접하고 그 안에 있으면 어떤 삶과 환경과 역경 속에서도 그 공동체, 예수님의 몸된 교회는 평안할 것입니다. 일치할 것입니다. 화평할 것입니다. 바로 그 말씀을 최종적으로 아주 본질적인 차원에서 우리에게 제시하고 있는 것입니다.

오늘 본문을 아주 깊게 상고해보도록 하겠습니다. 먼저, 오늘 본문은 예수님의 신성과 인성을 우리에게 알려주고 있습니다. True God 참 하나님, True Humanity 참 인간. 제가 왜 이를 강조하느냐 하면, 그리스 신화에 나오는 것과 같은 반신반인의 개념이 아니기 때문입니다. 신화적 인물이 아닌 완전한 신성을 가졌고, 완전한 인간으로 오신 예수 그리스도를 말하는 것입니다. 예수라 함은 역사적 예수, 인간 예수를 말합니다. 하지만 그리스도란 신성을 가진 하나님을 말하는 것입니다. 따라서 '그리스도 예수'란 하나님이신 인간 예수의 마음을 함축적으로 가리키는 성경적 용어입니다. 흔히 다른 많은 철학이나 사상들은 예수님의 인성이나 신성에 대하여 끊임없이 질문과 회의를 던집니다. 예를 들어 예수님 당시에도 '영지주의(靈智主義)'라는 것이 있었습니다. 그 당시 있었던 몇 가지 사상들 중에서도 대표적인 것입니다. 예수님께서 세례를 받으실 때 하늘이 열리고 하나님의 음성이 들립니다. 그때부터 십자가 지시고 부활하실 때까지 공생애 3년 동안만 하나님이시자 인간이셨다는 것입니다. 성경에 보면 예수님께서 이 땅에 오시어 우리와 같이 지혜도 자라고 몸이 자랐다고 하였는데, 어찌 그런 분이 하나님이실 수 있느냐는 것입니다. 이성적으로는 그 말이 옳습니다. 그러나 성경은 참 하나님, 참 인간이신 예수 그리스도를 말씀합니다. 신비입니다. 저는 이 질문으로 15년을 헤맸습니다. 보통 어려운 문제가 아닙니다. 이 문제가 해결돼야 삼위일체 하나님을 이해할 수 있습니다. '삼위일체 하나님'의 중점은 예수님께서 참 하나님 참인간이신가 아닌가 하는 문제입니다. 아버지 하나님을 의심하는 사람은 없습니다. 성령 하나님을 의심하는 사람도 별로 없습니다. 이슬람도 인정하고 유대교도 인정합니다. 문제는 그 아들 하나님이십니다. 그가 정말 인간이냐 아니면 하나님이시냐 이것이 문제입니다. '여호와의 증인'에서는 예수님을 하나님 아래 있는 존재로 봅니다. 하나님께서 make, 창조하신 존재입니다. 하나님보다 아래 있는 존재입니다. 하나님으로 믿지 않습니다. 그래서 이단인 것입니다. 앞에서 말씀드린 대로 예수님을 바로 알지 못하면 하나님을 바로 알지 못합니다. 그 고백에서 끝나는 것이 아니라 다른 성경말씀도 바르게 깨달을 수 없습니다. 그것이 문제입니다. 그래서 삼위일체 신앙의 핵심은 예수님께서 참인간이시요, 참 하나님이시라는 데서부터 출발합니다. 이것이 믿어지고 이해되고 납득될 때 하나님의 말씀을 바로 들을 수 있습니다. 성령께서 지혜를 주셔야 됩니다. 성경적 총명과 지혜를 주시어 그 믿음으로 하나씩 이해될 뿐입니다.

이제는 오늘 본문 말씀에 나타나 있는 그리스도 예수 우리 주의 마음에 있는 본성에 대하여 상고해 보겠습니다.

첫 번째는, "하나님의 참 본성 안에 있음"입니다. 오늘 본문 6절 말씀입니다. "그는 근본 하나님의 본체시나…(6절)." 하나님의 신성, 예수님의 완전한 신성을 말씀하는 것입니다. 영문으로는 "He was in the form of God."입니다. 하나님의 형상이었다는 것입니다, 인간으로 오시기 바로 직전에. 또 다른 영문으로는 "who, being in very nature of God"입니다. 하나님의 참본성 안에 있는 존재다, 그런고로 예수님께서는 참 하나님이시라는 것입니다. 지금 그것을 설명하고 있습니다. 인간의 언어에는 한계가 있습니다. 이 표현은 인간이 쓸 수 있는 가장 설득적인 용어일 뿐입니다. 이 설명, 이 개념 안에 하나님의 신성이 있는 것은 아닙니다. 이러한 개념을 통하여 하나님의 신성을 그대로 말로 설명해야 되니까 믿게끔 이해되도록 설명한 것일 뿐입니다. 원 개념은 '불변하시고 영원하신 하나님'입니다. 인간은 항상 가변적입니다. 변합니다. 그러나 하나님의 신성, 본성, 본체는 절대 변하지 않습니다. 초월적입니다. 영원합니다. 그 본질적인 신성을 지니신 예수님을 설명할 때 "그는 근본 하나님의 본체시나" 라고 하는 것입니다.

두 번째는, '하나님과 동등됨'입니다. "하나님과 동등됨을 취할 것으로 여기지 아니하시고(6절)" equality, 동등됨입니다. 하나님과 같습니다. 하지만 그 같음을 억지로 노력해서 추구하지 않으십니다. 왜? 이 말씀의 본래 핵심은 하나님께서는 신성이시니까, 예수님께서는 신성이시니까, 예수님께서는 하나님이시니까 굳이 그것을 취할 권리는 주장할 필요가 없다는 것입니다. 역설적입니다. 예수님께서도 굳이 "나 하나님이다"라고 말씀하실 필요가 없는 것입니다. 본래 하나님이심으로 동등함을 애써 취하실 필요가 없습니다. 그 진실, 한번만 밝히면 그것으로 충분합니다. 억지로 취하지 아니하십니다. 그럴 필요가 없는 것입니다. 역설적인 예수님의 신성을 6절에서 설명합니다. 강조입니다. 바로 '그 하나님께서 인간이 되셨다.' 이것입니다. 이를 신학적 용어로 '성육신'이라고 합니다. Incarnation, '하나님께서 인간이 되셨다' 이보다 더 큰 진리는 없습니다. 오직 기독교에만 있는 진리입니다. becoming humanity. 목적이 무엇입니까? 하나님과 하나되게 하시기 위해서, 화평케 하시기 위해서입니다. 인간 스스로 너무 큰 죄악 가운데 있어서 하나님의 빛 안에 돌아올 수가 없습니다. 중보자가 필요합니다. 그 일을 이루시기 위하여 대속적 제물로 직접 오셨다는 것입니다. 그래서 인간사회에서도 화평의 길을 열어주십니다. 그런고로 예수 그리스도 외에는 화평의 길이 없습니다. 화평한 모습이 있을 뿐입니다. 진정한 평안과 일치함은 없는 것입니다. 역사적으로 경험적으로 이미 알려진 것입니다. 그래서 성육신한 목적, 그 궁극적 목적은 화평케 함입니다. 사도 바울은 빌립보 교회의 일치를 위하여, 화평함을 위하여 예수님의 성육신 사건을 두고 그 궁극적 목적이 화평케 하는 것이니 고로 화평하라고 지금 그 교회에 하나님의 말씀을 선포하는 것입니다.

어느 책을 보니 예수님 탄생 당시 목자라는 직업은 유대인 사회에서 아주 천시 받는 직업이었다는 것입니다. 심지어 경건한 유대인은 가져서는 안 될 6가지 직업 중 하나입니다. 예컨대 바리새인들은 양과 젖이 필요해도 목자들과 직접 거래하지는 않습니다. 어디까지나 간접적으로 삽니다. 왜? 자기도 더러워질까봐서입니다. 그처럼 목자는 천시 받는 직업의 하나였다는 것입니다. 목자들은 법정에 증인으로 서지도 못했습니다. 성전과 회당에 들어가는 일조차 허용되지 않았습니다. 그만큼 더럽고 불결한 존재로 취급받았기 때문입니다. 이런 문화적 맥락에서 생각해보면, 하나님께서, 예수님께서 이 땅에 오신 '하늘에는 영광 땅에는 평화'라는 그 놀랍고 위대한 복음을 제일 먼저 누구에게 알려주셨습니까? 목자들입니다. 하나님의 의도적이고 선택적인 결정입니다. 모든 사람들이 구원받게 하시기 위해서입니다. 만일 그 당시 가장 의인이며 가장 경건한 자에게 제일 먼저 하나님께서 이 소식을 알려주셨다면 예수님께서 이 땅에 오셨다는 그 복음을 믿고 영접하여 구원받을 사람 별로 없을 것입니다. 자격미달입니다. 그러나 하나님께서는 당시 가장 천한 사람들에게 그 기쁜 하늘의 소식을 제일 먼저 알려주셨습니다. 초월적 은혜입니다. 그리고 하나님의 아들 독생자 예수님, 자신 스스로도 가장 천하고 열악한 말구유에 오셨습니다. 모든 인류를 구원하시기 위해서입니다. 이것이 성육신 사건입니다. 이것은 단 한번의 역사적 초월적 사건입니다.

유명한 예화가 있습니다. 성 다미앵에 대한 이야기입니다. 그가 어느 섬에 가서 문둥병(한센씨병) 환자들에게 복음을 증거합니다. 열정적으로 증거합니다. "당신과 나는 같다. 내게 주신 하나님의 이 복음은 당신에게도 허락된 것이다." 그런데도 받아들이지 않습니다. 들으려고도 하지 않습니다. 너와 나는 다르다는 것입니다. 다미앵 신부는 하나님께 기도합니다. "하나님, 문둥병을 주소서. 그래서 저들에게 복음이 증거되게 해주십시오." 기도에 응답받아 그는 문둥병에 걸립니다. 그렇게 되니 비로소 문둥병자들이 다미앵 신부의 말을 듣게 됩니다. 일치감을 갖게 된 것입니다.

바로 이러한 목적, 그러한 커뮤니케이션으로 하나님의 말씀이 말씀되게 하시기 위하여 하나님께서 인간이 되신 것입니다. 이것이 성육신입니다. 전적으로 인간의 구원을 위한 것입니다. 하나님의 빛이 너무 밝아 도저히 올

수 없는 그들에게 같은 죄있는 모양의 인간으로 오셔서 함께 거하시고 말씀하시면서 그 구원의 복음을 듣게 하시려는 것입니다. 이것이 성육신의 의미요, 사건입니다.

세 번째는, '비움'입니다. 오늘 본문은 말씀 합니다. "그는 근본 하나님의 본체시나 하나님과 동등됨을 취할 것으로 여기지 아니하시고(6절)," empty, 오히려 자기를 비웁니다. 존귀한 자가 이 땅에 내려오셨습니다. 자기를 비움으로, 여기에서 깊은 의미를 깨달아야 합니다. 불교에서 열반에 이르는 해탈 과정은 자기를 비우는 것입니다. 불교에서의 비움은 비움이 목적이지만, 우리 기독교에서의 비움은 하나님의 뜻을 채우는 것이 목적입니다. 예수님께서 하나님의 구원 역사, 하나님의 복음을 전하시고, 하나님의 뜻을 이루시기 위하여 자신을 비우신 것입니다. 하나님의 말씀으로 채우셨다는 것입니다. 그것을 이루시기 위하여, 하나님의 뜻을 성취하시기 위하여 비우셨습니다.

네 번째는, '종의 형태를 가지심'입니다. 성경은 말씀합니다. "종의 형체를 가지사 사람들과 같이 되셨고(7절)" 하나님의 신성, 아들 하나님으로 인간의 모양이 되셨는데 종의 형체를 가지셨습니다. 이것이 예수님의 겸손이십니다. 인간은 반대입니다. 우리는 애초에 진노의 자녀요, 죄의 자녀요, 종의 모습인데, 인간에게는 끊임없이 신적 존재가 되고자 하는 욕망이 있습니다. 하나님과 같이 되고자 하는 마음이 있습니다. 이것이 원죄입니다. 선악과를 따먹는 과정에서 성경은 기록합니다. "하나님과 같이 되고자 하더라." 이 마음이 원죄입니다. 우리 모두에게 끊임없이 있는 마음입니다. 기적을 행하고 싶은 마음, 그런 초월적 능력을 가지고 싶은 마음, 그 욕구가 하나님의 뜻에 반대되는 욕구입니다. 이것을 우리는 영적 교만이라고 합니다. 예수님께서는 이미 가지고 계십니다. 그러나 그것을 버리시고 하나님의 뜻으로 채우십니다. 끝없이 낮아져서 종의 형체를 가지셨습니다.

다섯 번째는, '보여주심'입니다. 8절에서 말씀합니다. "사람의 모양으로 나타나사…." 은혜중의 은혜입니다. 말씀으로 하는데 안 믿습니다. 그러니까 마지막 방법입니다. 보여주셨습니다. 볼 수 없는 하나님이십니다. 그러나 보이는 모습으로 이 땅에 오셨습니다. 깨닫게 하시기 위해서입니다. 은혜 중의 은혜요, 기적 중의 기적입니다. 그래서 하나님의 사랑을 귀로만 듣는 것이 아니라 눈으로 보고 느끼게 하시기 위하여 그것도 초월적인 하나님께서 인간의 모습으로 그 초월적인 사랑을 느끼게 하시기 위해서 나타나셨습니다. 그를 보고 주목하고 만진 바 되었더라. 역사적 사건입니다. 이것이 성육신의 의미입니다.

여섯 번째는, '낮추심'입니다. 성경은 이어 말씀합니다. "자기를 낮추시고 죽기까지 복종하셨으니 곧 십자가에 죽으심이라(8절)." 자기를 낮췄다는 것은 humbled himself, 겸손을 뜻합니다. 하나님께서 인간이 되신 만큼의 겸손이 어디 있습니까? 우리 인간이 조금 더 낮은 인간의 모습으로 보이는 것은 하나님께서 인간이 되신 그 겸손에는 비할 바가 못 됩니다. 오직 겸손으로 화평을 이루라. 그런 겸손의 모습으로 본을 보이셨다는 것입니다. 이 말씀에는 깊은 의미가 있습니다. 그 겸손, 자기 낮춤은 복종입니다. 죽기까지 복종하셨으니 그 겸손은 복종입니다. 우리가 하나님 앞에 겸손합니다. 그러나 하나님의 말씀에는 복종하지 않습니다. 그런 겸손은 위선입니다. 또 사람 앞에서 겸손한 모습을 보이고 그를 존경한다고 해도 그의 뜻을 따르고자 하는 마음이 없고 그의 뜻에 순종하고자 하는 내적 의도성이 애초 없다면 그것은 위선입니다. 나는 누구를 존경하는가? 내가 지금 누구 앞에 겸손한 자인가? 깊이 생각해보십시오. 진정 하나님의 말씀에 복종하는 자는 겸손한 자입니다. 내가 사랑하고 존경하는 자의 말씀을 따르고 그 뜻을 이루는 자는 그 앞에 겸손한 자입니다. 그러나 겸손 따로 복종 따로라면 그것은 위선입니다. 예수님께서는 참 겸손을 복종으로 보여주셨습니다.

여기서 몇 가지 비교를 하면서 복종의 뜻을 생각해볼 필요가 있습니다.

먼저 순종은 기쁨으로 그 대상의 뜻을 받아들이는 것입니다. 그러니까 하나님의 뜻과 내 뜻이 같습니다. 그때 순종이 됩니다. 복종은 하나님의 뜻과 내 뜻이 다를 때입니다. 그러나 하나님의 뜻이기에 그 뜻 안으로 자발적으로 헌신을 결단합니다. 그것이 복종입니다. 겟세마네 동산에서 예수님께서 기도하십니다. "아버지, 할 수 있으시거든 이 잔을 내게서 옮기소서." 이것은 예수님의 뜻입니다. 예수님께서는 다른 뜻을 가지고 계셨습니다. 그러나 "내 뜻대로 마옵시고" 하십니다. 내 뜻과 아버지의 뜻이 다릅니다. 그러나 "아버지의 뜻대로 하옵소서." 하시고 자발적으로 십자가를 지러 나가십니다. 이것이 복종입니다. 그리고 보면 우리가 순종할 확률은 거의 없는 것입니다. 복종을 배우는 것입니다. 표현적으로는 순종이 조금 더 나은 듯하지만, 그렇게 할 사람 별로 없지 않습니까? 그리스도인은 하나님의 뜻 안에서 복종을 배우는 것입니다. 내 뜻과 하나님의 뜻이 다릅니다. 항상 빗나갑니다. 그러나 하나님의 말씀을 들을 때 하나님만이 옳으십니다. 하나님의 뜻대로 하옵소서. 그리고 용기를 가지고 일어나는 사람은 기도에 응답받은 자입니다. 확신이 있는 것입니다. 아버지의 뜻대로 하옵소서. 이것이 겸손한 자의 삶입니다. 하나님 사람의 삶입니다.

반면 굴종은 억지로 하는 것입니다. 이것은 안하는 것보다야 낫지만 피할 것입니다. 아주 강권해서 끝까지 도망가는 것을 붙잡아 딱 앉혀놓습니다. 이쯤 되면 상처가 많습니다. 제가 그 대표적인 사람입니다. 좋은 것이 아닙니다. 빨리 복종으로 가야 됩니다, 자발적인 심령으로. 하나님의 뜻을 들었으면 그것이 답입니다. 나를 거기에 맞추는 것입니다. 그런 사람이 훌륭한 그리스도인입니다. "십자가에 죽으심이라." 그 복종은 죽기까지, 끝까지 충성함입니다. 생명을 내놓는 것입니다. 생명 따로 충성 따로가 아닙니다. 그 복종으로 죽기까지 십자가에 못 박혀 돌아가십니다.

동양사상에는 '목숨을 다하여 충성한다'는 뜻의 충성진명(忠誠盡命)이라는 말이 있습니다. 알렉산더 대왕에 얽힌 이런 우화가 있습니다. 그가 어느 날 전쟁을 치르기 많은 군사를 거느리고 한 성을 함락하러 갔습니다. 가서 보니 성이 아주 견고합니다. 그는 큰소리로 그 성 안에 있는 왕을 부릅니다. "나와라. 우리 같이 얘기 좀 하자." 그래 왕이 신하들과 백성들과 함께 성 꼭대기에 나와 내려다봅니다. "무슨 말을 하자는 거냐?" 알렉산더가 말합니다. "항복해라." 그러자 왕이 껄껄 웃으면서 답합니다. "그 말도 안되는 소리 하지도 마라. 이 성이 얼마나 견고한지 아느냐? 게다가 우리는 너희보다 훨씬 더 많은 군대를 가지고 있다." 알렉산더가 말합니다. "시범을 하나 보이겠다. 한번 봐라. 그리고 대답하라." 그리고 알렉산더는 자기군대를 일렬로 세우고 앞으로 가라고 명령합니다. 군대는 계속 갑니다. 저 앞에는 낭떠러지가 있습니다. 한 사람이 떨어져 죽습니다. 또한 사람이 떨어져 죽습니다. 그렇게 계속 죽어가는데도 병사들은 명령대로 계속 걸어갑니다. 그때 알렉산더가 멈추라고 명령합니다. "뒤로 돌아와." 이 모습을 보여주니 그 왕 당장 항복하더랍니다. 병사들이 알렉산더 대왕의 명령에 목숨을 바쳐 충성하는 모습을 보고는 도저히 당해낼 자신이 없었던 것입니다.

하나님께서 그리스도인에게 원하시는 것은 하나님의 뜻에 복종하되 생명을 다하는 결사적인 충성입니다. 하나님께서는 그 마음을 원하십니다. 그럴 때 하나님의 영광 안에 우리의 삶을 회복시켜 주신다고 약속하십니다. 그런고로 예수 그리스도 안에서 예수 그리스도와 함께하는 길만이 화평의 길입니다. 바로 그런 예수 그리스도의 삶을 통하여 하나님께서 화평의 길, 일치의 길을 이루셨습니다. 이것이 복음입니다. 이것이 하나님의 뜻, 하나님의 방법입니다. 이것 말고는 일치의 길이 없습니다.

사도 바울은 오늘 가장 결론적인, 최종적인 일치의 비결을 성육신 사건을 통하여 우리에게 말씀합니다. "너희 안에 이 마음을 품으라. 곧 그리스도 예수의 마음이니(5절)" 바로 이 마음입니다. 그러면 예수님께서는 인간이 되셨는데도, 우리와 같이 나약하고 깨어지기 쉬운 심령을 가지셨는데도 어떻게 그토록 하나님의 말씀에 죽기까지 충성할 수 있으셨던 것입니까? 그것은 하나님의 말씀을 깨달으셨기 때문입니다. 하나님의 약속을 믿으셨기 때문입니다. 우리에게 주신 복음과 똑같습니다. 히브리서 12장 2절은 말씀합니다. "저는 그 앞에 있는 즐거움을 위하여 십자가를 참으사…." 십자가만 보면 참을 사람 없습니다. 예수님께서도 못 참으십니다. 그래서 다른 길을 원하십니다. 그러나 십자가 뒤에 있는 하나님의 약속, 하나님의 영원한 생명, 그 은혜의 보좌, 그 약속을 믿으셨고 보셨기에 잠시잠깐 오늘의 고난을 넉넉히 극복할 수 있으셨습니다. 우리에게도 똑같은 복음으로 주신 하나님의 약속 아닙니까? 그래서 그리스도의 마음으로 화평을 이루라 하십니다. 이것이 오늘 본문의 깊은 하나님의 말씀입니다. 그런데 여기서 멈추지 않습니다. 여기에서 멈추면 우리가 하나님께 충성하기 어려울 것입니다.

일곱 번째는, '영광'입니다. 9절 말씀입니다. "이러므로…." 하나님의 더 큰 경륜을 우리에게 알려주십니다. 십자가가 끝이 아니라는 것입니다. 그 후의 세계를 보여주십니다. 그래서 그리스도의 마음을 가진 자는 화평할 뿐 아니라 영광에 이르게 됩니다. 하나님의 영광에 이르러 그가 영광 받고 그 영광 받음으로 하나님께 영광을 돌리는 놀라운 삶을 살아가게 된다는 말씀입니다. 오늘 본문은 말씀합니다. "하나님이 그를 지극히 높여-God highly exalted Him." 우리는 사도신경으로 고백합니다. "하나님 우편에 앉아 계시다가 저리로서 산 자와 죽은 자를 심판하러 오시리라." 또 "모든 이름 위에 뛰어난 이름을 주사(9절)-God gave Him the name."

어떤 이름을 주셨을까요? 이 다음 구절에서 말씀합니다. "예수 그리스도를 주라 시인하여-Jesus Christ is the Lord." '주'라는 이름을 주신 것입니다. 이 '주'라는 것은 성경 상에서 하나님을 호칭하는 말입니다. 구약 전체에서 하나님을 한마디로 '주'라 고백합니다. 그 이름을 예수님께 주셨다는 것입니다. 그러니까 오늘 우리처럼 모든 자가 그 이름을 '주'라 부르는 것입니다. 그리고 이어 말씀합니다. "모든 무릎을 예수의 이름에 꿇게 하시고(10절)." 모든 피조물의 존재가 주 앞에서 무릎을 꿇습니다. 그리고 고백합니다. "예수 그리스도를 주라 시인하여… 만왕의 왕이여" 심판주로 고백한다는 말씀입니다.

또 말씀합니다. "하나님 아버지께 영광을 돌리게 하셨느니라(11절)." 이처럼 지극히 높임 받고 하나님의 영광스러운 이름을 허락받고 만유의 존재가 그 앞에 무릎을 꿇는 그 영광을 하나님께서 만드시고 그것으로 하나님께서 영광 받으십니다. 영광을 돌리는 궁극의 길을 보여주고 계십니다. 이것이 예수 그리스도를 통하여 이루신 하나님의 구속의 역사요, 그를 통해 영광받기 위하여 그를 높이시는 하나님의 초월적 역사를 오늘 성경에 기록한 것입니다. 여기에 우리에게 주시는 놀라운 격려와 위로의 말씀이 숨어 있습니다. 궁극적 소망이 이 안에 있습니다. 그것은 이미 이 말씀이 하늘에서 성취되었다는 것입니다. 한글로 보면 좀 애매하게 되어 있는데, 하나님께서 그를 지극히 높이셨다, 모든 이름 위에 더 뛰어난 이름을 주사. 현재형이지만 실은 과거형입니다. The highly exalted Him. 이미 높이셨습니다. 그리고 이름을 주셨습니다. 그러므로 우리가 주라 부르는 것입니다. 이 사건이 하늘에서 이루어졌다는 것입니다. 이루어질 것이 아니고 이미 이루어진 사건입니다. 그러니 이보다 더 확실한 구원의 복음이 어디 있겠습니까?

우리는 주기도문으로 고백합니다. "나라가 임하옵시고 뜻이 하늘에서 이룬 것같이 땅에서도 이루어지이다-Your will be done on earth as it is in Heaven." 하늘에서 이루어진 것같이 현재 이루어졌습니다. 아버지 하나님의 뜻이 땅에서 이루어질 것입니다. 지금 이루어져가고 있습니다. 우리가 소망한 바는 이미 하늘나라에서 이루어지고 성취된 사건입니다. 우리가 그 예수를 주라 부릅니다. 예수님께서는 이미 하나님 우편에서 온 세상을 통치하십니다. 최상 최고의 복음입니다. 이대로 될 것이라는 말씀입니다. 가장 확실하고 소중한 복음을 우리에게 소망으로, 오늘의 말씀으로 주십니다.

강철왕 카네기의 사무실에는 그림 한 점이 걸려 있었습니다. 유명한 그림도 아니고 예술적 가치가 있는 그림도 아닙니다. 단지 썰물에 밀려나가 아무렇게나 놓여 있는 나룻배 한 척의 그림입니다. 하지만 카네기는 그 보잘것없는 그림을 애지중지했다는 것입니다. 왜? 그 밑에 적힌 글 한 마디 때문입니다. '반드시 밀물은 밀려온다.' 이미 경험된 바요, 역사적인 사실입니다. 소망입니다. 반드시 밀물은 들어옵니다.

하나님의 그 역사는 이미 이루어진 것입니다. 그것을 우리는 주기도문으로 고백하고 말씀으로 고백하고 삶으로 간증합니다. 하나님께서 이미 가장 높은 명예를 주셨고 이름을 주셨습니다. 온 우주만물을 통치케 하셨습니다. 그 구원의 비밀을 예수 그리스도를 통하여 우리에게 알려주셨다는 것입니다. 그래서 복음입니다. 오직 예수 그리스도 안에서만 구원받을 수 있는 것입니다. 이것을 믿는 것입니다. 가장 확실한 하나님의 메시지입니다. 그래서 예수 그리스도의 마음을 가지고 화평을 이루라고 말씀하십니다. 예수 그리스도의 마음을 가지고 하나님의 영광에 이르라고 우리에게 말씀하십니다. 그것이 오직 하나님께 영광을 돌리는 유일한 길이기 때문입니다. 그것을 예수 그리스도께서 이 땅에 오시는 성육신사건을 통하여 우리에게 보여주셨다는 것입니다. 성경 전체는 이 예수 그리스도의 진리를 우리에게 깨닫게 합니다. 믿게 합니다. 이것만을 소망하고 이 안에서 하나님의 그 초월적 사랑을 경험하게 되는 것입니다. 이런 유명한 글을 보았습니다.

세상에는 세 종류의 친구가 있다. 나를 사랑하는 친구, 나를 미워하는 친구, 내게 무관심한 친구다. 나를 사랑하는 친구한테서는 내가 유순함을 배우고, 나를 미워하는 친구한테서는 내가 조심성을 배우고, 내게 무관심한 친구한테서는 내가 자립심을 배운다.

이 지혜와 이 마음이 그리스도의 마음일 것입니다. 그리스도의 마음을 가진 자는 모든 자와 하나될 수 있습니다. 그를 통하여 화평케 하시는 하나님의 역사가 이루어집니다. 그 근거는 이미 성취된 예수 그리스도의 사건을 통하여 우리가 소망하고 믿을 때 저절로 그리스도 안에서 이루어져간다는 것을 사도 바울은 경험하고, 영적으로 충만하여 그의 삶에서 믿고, 이것을 빌립보 교회에 선포하는 것입니다. 그리고 오늘 이 성경을 보는 모든 하나님의 사람들에게 동일한 은혜의 말씀을 증거하는 것입니다. 이 놀라운 예수 그리스도의 성육신 사건, 오직 진리이신 그 안에 이루신 하나님의 초월적 역사, 그 사랑을 오늘도 체험하면서 그리스도 안에서 그리스도의 마음을 품어 하나되는 놀라운 역사를 이루어나가시기 바랍니다.

13.

하나님의 강권적 역사

그러므로 나의 사랑하는 자들아
너희가 나 있을 때뿐 아니라 더욱 지금 나 없을 때에도 항상 복종하여
두렵고 떨림으로 너희 구원을 이루라 너희 안에서 행하시는 이는 하나님이시니
자기의 기쁘신 뜻을 위하여 너희에게 소원을 두고 행하게 하시나니
모든 일을 원망과 시비가 없이 하라 (빌2:12-14)

오늘 본문말씀은 성경 전체에서도 그리스도인의 삶과 구원에 대한 가장 간결하고 완전한 하나님의 말씀으로 알려져 있습니다. 한마디로 위대한 성서적, 신학적 진리를 선포하고 있습니다. 동시에 신학적으로 가장 논쟁거리가 되는 본문의 하나이기도 합니다. 그만큼 심오한 하나님의 말씀임을 기억해야 할 것입니다.

오늘 본문 말씀을 다시 깊이 상고해보도록 하겠습니다. 첫째는, "그러므로"입니다. 12절 첫 말씀이 이렇게 시작됩니다. "그러므로…." 이 접속사는 앞의 말씀과 뒤의 말씀을 서로 연결하는 구실을 합니다. 그래서 오늘 말씀을 분명히 깨달으려면 앞의 말씀과 연결하여 하나님의 말씀을 헤아려야 합니다. 사도 바울은 지금 빌립보 교회를 향해 화평하라 말씀합니다. 그리스도 안에서 하나된 일치된 신앙적 삶을 살 것을 권면하고 있습니다. 실제로 빌립

13. 하나님의 강권적 역사 183

보 교회의 불일치와 불화의 여러 흔적들이 빌립보서에 나옵니다. 그래서 다툼과 허영으로 하지 말고 보편적인 가치관 안에서 서로 겸손한 마음으로 화평을 이루라 권면하는 것입니다. 그러고 나서 최종적이며 궁극적인 증거와 호소로써 그리스도의 마음을 품으라 권면합니다. 또 그리스도의 성육신 사건, 하나님과 동등한 분이시나 자기를 낮추어 인간의 몸으로 이 땅에 오신 성육신 사건, 죽기까지 복종하여 십자가를 지신 그 사건을 놓고 이와 같이 그리스도의 마음으로 하나님 앞에 복종하여 온전한 하나님의 뜻을 이루라 말씀합니다. 바로 그 예수 그리스도를 하나님께서 부활 승천케 하시어 만왕의 왕이 되게 하심으로 그리스도의 통치를 이루신 것입니다. 특별히 11절은 말씀합니다. "모든 입으로 예수 그리스도를 주라 시인하여 하나님 아버지께 영광을 돌리게 하셨느니라." 바로 예수 그리스도를 통해서만 하나님께 영광을 돌릴 수 있고, 바로 예수 그리스도를 주라 고백한 그 자체가 하나님의 영광 안에 있음을 선포하는 말씀입니다. 그래서 이와 같은 일로 하나가 되어 일치된 화평한 삶을 보이고 그런 삶을 살라고 말씀한 것이 바로 앞의 말씀입니다. 그러므로 그리스도의 본질을 회복하여 예수 그리스도 안에서 화평한 역사를 이루라는 맥락의 말씀입니다.

둘째는, "너희가 나 있을 때 뿐 아니라 더욱 지금 나 없을 때에도…"입니다. 오늘 본문 12절 상반절에 있는 말씀입니다. "너희가 나 있을 때 뿐 아니라 더욱 지금 나 없을 때에도…" 사도 바울과 빌립보 교회 교인들과의 참 아름답고 깊은 인격적인 사랑의 관계를 보여주는 말씀입니다. 사도 바울은 지금 감옥에 있습니다. 멀리 떨어져 있습니다. 언제 죽을지 모릅니다. 그런데 사도 바울과 빌립보 교인과의 특별한 관계로 그들은 물질적으로, 정신적으로, 영적으로 그 사도 바울의 필요에 동참합니다. 깊은 영적인 헌신을 사도 바울에게 보여주고 있습니다. 그런 관계 안에서 지금 사도 바울은 생각합니다. 그들과 자기의 관계가 아주 전인격적인, 친밀한 그리스도의 교제를 이루었다는 장점도 있지만 그 안에는 큰 단점이 있기 때문입니다. 그것은 사도 바울에게 너무 의존한 것입니다. 전적인 의존이었기에 사도 바울이 있을 때는 별문제 없었지만, 그가 없으니까 당장 교회 안에 문제가 생깁니다.

셋째는, "너희 구원을 이루라."입니다. 오늘 본문 12절 후반절 말씀입니다. " 원문에 가까운 성경에는 이렇게 되어 있습니다. "너희가 내 말에 복종한 것같이…." 전에는 그렇게 복종했다는 말씀입니다. 그런고로 지금 이렇게 말씀하고 있는 것입니다. "내가 없을 때에도 너희는 항상 하나님 말씀에 순종하는 것이 가장 중요한 일이다."라는 것입니다. 결국 이제는 너희 스스로 독립적으로 영적인 생활을 해야 하는 것이 하나님께서 원하시는 것이고, 그 일을 위하여 하나님 앞에서 행하며 성령의 인도하심을 받으라 말씀하는 것입니다. 그래서 오늘의 말씀을 줍니다. "두렵고 떨림으로 너희 구원을 이루라(12절)." 굉장한 말씀입니다. "이제 너희들은 노예가 아니요 어린아이도 아니요 스스로 장성한 자다. 이미 구원의 씨, 구원의 생명이 너희 자신에게 있다. 나 사도 바울은 그 동안 그 복음을 증거하고 그 구원에 이르는 길과 본을 보여주고, 위하여 기도했다. 그러나 이제는 내가 없어도 독립적으로 하나님 앞에 바로 서야 한다." 이런 말씀을 하고 있는 것입니다. 그래서 너희 구원을 이루라 선포하는 것입니다. 여기서 중요한 말씀은 이것입니다. '내가 너희에게 절대적으로 중요한 하나님의 사람인 것 같으나 나는 아무것도 아니다. 문제는 하나님이시다. 하나님 앞에 스스로 독립적으로 서야 한다.' 이것이 가장 중요한 그리스도인의 삶입니다. 특히 목회자인 저에게는 더욱더 귀한 말씀입니다. 예를 들어 어떤 목사님이 교인들한테서 목회 참 잘했다는 평가를 받는다고 할 때, 그 교인들이 전적으로 그 목사님만 의존한다면, 그래서 그 목사님만 진짜 목사이고 다른 목사님은 반쯤만 목사라고 평가한다면, 그 목사님 목회 잘못한 것입니다. 그 목사는 마치 샤머니즘의 샤먼과도 같은 존재가 된 것입니다. 무당을 매개로 하지 않으면 아무도 신을 만날 수 없는, 아주 원시적이고 초보적인 단계입니다. 하나님의 사람은 하나님의 은혜의 도구일 뿐입니다. 그러니까 목회자 자체가 아니라 목회자가 전하는 말씀을 통하여 하나님을 만나는 것입니다. 하나님과 더 가까워지고 궁극적으로 하나님 앞에서 독립적인 인격체로 서야 합니다. 그러나 빌립보 교회는 이 부분에서 아직 미성숙했습니다. 그런고로 중요한 것은 하나님과의 관계다. 바로 여기서 중요한 말씀은 이것입니다. 이미 구원의 씨, 구원의 선물이 너희에게 주어졌다는 것입니다. "내 안에 그 구원의 생명력이 있어서 너희를 양육한 것처럼, 이제는 스스로 너희 안에 성령께서 주신 구원의 씨, 그 선물로 너희 구원을 하나님 앞에서 직접 이루라." 이렇게 말씀하는 것입니다. 이것은 성령의 역사요, 그 성령의 역사는 우리로 그리스도의 마음을 갖게 하고 하나님 앞에서 온전한 삶을 살게 합니다.

오늘의 구원은 하나님 앞에 온전한 삶을 살아가는 사람에게 이루어지는 것입니다. 한마디로 하나님의 뜻에 복종하는 자입니다. 저도 개성이 좀 강하여 과거에는 이 복종이라는 말을 별로 좋아하지 않았습니다. 하지만 복종이란 정말 아름다운 말입니다. 아주 성경적인 표현입니다. 지난 시간에도 말씀드렸지만, 순종은 하나님과 내 뜻이 같을 때입니다. 이럴 때는 고민할 것도 없습니다. 아니, 뜻이 같은데 뭘 고민합니까 그냥 순종하면 되지요. 그러나 문제는 하나님의 뜻과 내 뜻이 다르다는 데 있는 것입니다. 그럴 때 고민하지 않습니까? 그때 하나님 뜻에 일치하도록 행동하는 것이 복종입니다. 자발적인 것입니다. 자발적으로 순종합니다. 하나님의 뜻이 절대로 옳습니다. 그 하나님의 뜻 안에서 다시 내 뜻을 수정해나갑니다. 이것이 성숙한 그리스도인의 삶입니다. 이것을 조금 다르게 표현하면 '복종의 미덕'이라고 할 수 있을 것입니다. 이 복종이 없으면 덕 있는 신앙생활을 할 수 없습니다. 또 구원을 이룰 수도 없습니다. 예를 들면 이와 같습니다. 교통신호가 있습니다. 운전자는 교통신호를 반드시 지켜야 합니다. 아무리 급해도 빨간불일

때는 가면 안됩니다. 사고가 나 크게 다칠 수 있습니다. 그 정지신호에 복종해야 합니다. 내 뜻과 지금 다르지만 그 신호가 있는 한 나는 그 신호를 지켜야 안전합니다. 마치 하나님의 뜻이 이와 같다는 것입니다. 하나님의 뜻이 있는 한 그 뜻을 따르지 않으면 만족도 없고, 기쁨도 없고, 화평도 없습니다. 무엇이 되는 듯해도 항상 불안합니다. 그런 미래는 하나님의 뜻과 반대되는 것입니다. 하나님의 뜻에 복종하는 것 자체가 아름다운 삶이요, 그것을 오늘의 구원이라 하는 것입니다. 현재적 구원을 이루는 것입니다. 그래서 두렵고 떨림으로 너희 구원을 이루라고 지금 말씀하고 있는 것입니다.

이에 대하여 다시 깊은 신학적 이해를 생각해보겠습니다. 구원은 하나님께서 이루시는 것입니다. 초월적인 하나님의 은혜로 강권적인 역사를 하나님께서 이루십니다. 오늘 본문은 강조합니다. "너희 구원을 이루라." 인간의 실천, 하나님께 대한 복종의지를 강조하고 있습니다. 뭔가 꽝하고 부딪치는 대립적인 모순적 관계가 나타납니다. 그래서 이것이 신학적 논쟁거리가 되기도 하는 본문입니다. 이것을 교회사적으로 보면 이렇게 됩니다. 장로교는 하나님의 전적인 은혜로 선택받아 구원에 이릅니다. 구원론적 예정을 말합니다. 그러나 감리교는 다릅니다. 그것은 인정하지만 그보다도 내가 하나님의 뜻에 순종하지 않으면, 인간적 실천의지가 없으면 구원받지 못합니다. 웨슬리는 인간의 의지를 강조하고, 칼뱅은 하나님의 초월적 사랑을 강조합니다. 다 옳습니다. 그러나 이것이 꽝하고 부딪혔습니다. 그 강조하는 것의 다름으로 인해 교단이 갈라진 것입니다. 그만큼 이 구원에 대한 성서적 진리는 아주 깊고 오묘합니다.

여기서 우리는 이제 이 본문을 근거로 분명히 알아야 되겠습니다. 구원이 어떤 것인가? 우선순위가 있을 뿐입니다. 이것은 자명코 칼뱅 목사님이 옳습니다. 예수 믿기 전에 구원을 고민한 적 있습니까? 아니, 예수 믿기 전에 예수 믿고 구원받는 것을 알 수 있습니까? 구원 자체에 대한 심각성도 없고 열망도 없습니다. 하나님께서 구원의 기쁜 소식을 먼저 주셔야 됩니다. 초월적인 하나님의 강권적인 선택이 먼저 있고야 구원이고 뭐고 있는 것입니다. 그러고야 말씀에 순종함이 있는 것입니다. 그것 없이 어떻게 진리로 나아갑니까? 또 그것이 진리인지 어떻게 알겠습니까? 그런고로 하나님의 절대 은혜가 먼저 있어야 되는 것입니다. 그것이 우선순위입니다. 그리고 그 하나님의 은혜에 동참하는 인간의 순종과 복종이 필요합니다. 이것이 인간의 의지적 차원의 선택입니다. 이 둘 다 꼭 필요한 구원의 요소이지만 우선순위가 있다. 이렇게 우리는 받아들여야 합니다.

이런 말이 있습니다. 하나님께서는 전지전능하시지만 절대 하실 수 없는 것이 몇 가지 있다. 대표적인 것이 하나님께서는 예수 그리스도를 믿지 않는 자는 절대 구원하실 수 없다는 것입니다. 하나님께서는 절대 진리를 우리에게 주셨습니다. 오직 예수 그리스도를 통해서만, 그 안에서만 구원의 역사가 있음을 말씀하셨습니다. 하나님께서는 하나님의 말씀을 어기실 수 없습니다. 하나님께서는 faithfulness, 신실하신 분이시기 때문입니다. 그런고로 우리가 아무리 하나님의 은혜와 사랑을 알아도 내가 'No'해버리면 구원의 역사는 일어나지 않습니다. 하나님의 초월적 역사, 그 강권적 은혜와 인간의 응답인 의지와 실천이 함께 어우러져 구원을 이루는 것입니다. 여기서 중요한 것은 인간의 의지가 필요함에도 불구하고 인간 스스로는 절대로 구원을 이룰 수 없다는 것입니다. 하나님의 부르심과 택하심이 있어야 됩니다. 우리 안에 이미 하나님께서 구원의 역사를 이루시어 우리로 그 진리를 알게 해주셨습니다. 이미 그리스도인은 구원의 비밀을 소유한 자입니다.

성서적 맥락에서 예를 들겠습니다. 출애굽 사건을 생각해 봅니다. 400년 동안 억압 속에 있었던 그 비참한 삶에서 하나님께서 초월적인 역사로 그들을 출애굽 시키십니다. 하나님께서 이 출애굽 역사를 일으키시지 않으면 이스라엘 백성은 절대 스스로의 힘으로 그 애굽에서 벗어날 수 없습니다. 하나님의 무조건적인 은혜입니다. 그들이 한 일은 아무것도 없습니다. 강권적으로 그들을 인도해내신 것입니다. 그러나 그때도 자발적으로 따라 나온 사람만 구원받았습니다. 애굽이 좋다고 그냥 눌러 앉은 사람들은 구원받지 못합니다. 출애굽할 수 없습니다.

또 광야 사건이 있습니다. 하나님의 초월적 은혜로 구원받은 백성은 이제부터 하나님의 자녀답게 살아가야 합니다. 그래서 하나님께서 하나님의 말씀을 주십니다. 십계명을 주시고 많은 가르침을 주십니다. 그렇게 하여 하나님 나라의 백성을 이루시고자 함입니다. 현재적 구원을 이루시고자 함입니다. 그러나 그들은 하나님의 말씀에 순종하지 않았습니다. 하나님의 뜻보다 자기 뜻을 더 강조했습니다. 원망했습니다. 불신앙으로 결국은 구원에 이르지 못합니다. 가나안 땅에 못 들어갑니다. 이 역사적인 간단한 계시적 사건을 통하여 바른 이해를 할 수 있습니다. 출애굽 사건 없이 광야 사건은 없습니다. 먼저 출애굽이 있어야 됩니다. 이것은 하나님의 초월적이고 강권적인 역사입니다. 그러나 인간도 응답해야 됩니다. 따라 나와야 됩니다. 그리고 광야에서 이제 하나님의 말씀대로 살아감을 통하여 가나안으로 갈 수 있습니다. 여기서 하나님의 뜻과 나는 무관하다, 그것은 그 은혜고 나는 나대로 살아가리라 하면 가나안 땅에 못 들어갑니다.

그래서 오늘 본문은 말씀합니다. "Work out your salvation-너희 구원을 이루라." 각자 너희의 구원을 이루라. 하나님의 초월적 은혜에 바르게 응답하라는 것입니다. 오늘, 현재적 구원을 이루라는 말씀입니다. 우리는 매일매일 이 하나님의 구원의 역사에 대한 바른 깨달음으로 응답하며 살아갑니까? 반드시 기억해야 합니다. 예수를 믿는 것은 구원받기 위함이기에 이 구원의 진리인 오늘 본문의 말씀을 항상 반드시 기억하고 그렇게 살아내야 합니다.

2005년 6월호 「리더스 다이제스트」에 나온 글입니다. 세상의 진리를 많이 알고 있는 듯한 지혜로운 사람이 있었습니다. 그에게는 많은 제자가 있었습니다. 그 중에서도 총명하고 똑똑한 제자가 스승에게 묻습니다. "스승님, 인간이 물질과 명예욕 같은 인생의 고뇌에서 벗어날 방법이 있습니까?" 참으로 심오한 질문이었습니다. 스승이 그를 물끄러미 보다가 갑자기 어디론가 나갑니다. 제자는 스승을 따라나섭니다. 스승은 큰 숲 앞에 서서 가만히 쳐다보다가 숲속으로 뛰어 들어갑니다. 그러더니 큰 나무 밑에 가서 그 나무를 꽉 붙잡고 크게 소리칩니다. "나를 놔라, 나무야 제발 나를 놔라." 제자는 깜짝 놀라 뛰어듭니다. "아니, 스승님. 이게 무슨 일이세요?" 그러면서 아무리 스승을 나무에서 잡아떼려 해도 꿈쩍도 안합니다. 그래 가만 보니 이 스승님이 나무를 꽉 잡고 있는 것입니다. "아니, 지금 뭐하십니까?" 그제야 스승은 그 나무를 탁 놓으면서 제자에게 말합니다. "내가 이제 여기서 너의 인생의 고민에 대한 질문에 아주 귀한 답을 주겠다. 바로 인생의 고뇌에서 벗어나는 길은 이것이다. 실제로 물질과 명예욕이 나를 놓아주지 않는 것이 아니라 자기 자신이 물질과 명예욕을 붙잡고 놓지 않는 것이다. 이것이 모든 고뇌의 시작이다." 그렇습니다. 문제는 사람입니다. 하나님께서 아무리 초월적 은혜를 주시고 사랑을 베푸셔도 인간이 'No'하고 세상을 향하면 끝입니다. 그 사랑을 영접해야 됩니다. 보통 불교나 타종교에서는 바로 여기에, 이 진리에 충실하여 모든 소유욕과 물욕과 욕망을 내려놓는다, 비운다 하면서 여러 방법으로 그것을 추구합니다. 그렇다고 구원받는 것이 아닙니다. 왜? 목적이 없습니다. 비우는 것 자체로 끝나는 것입니다. 그러나 기독교의 진리는 이것을 어떻게 이루느냐? 비우는 것도 비우는 것이지만, 중요한 것은 하나님의 진리에 복종하다보면 저절로 이것이 없어진다는 것입니다. 그리고 이미 구원받은 존재로 자기 자신을 발견합니다. 방법이 완전히 다릅니다.

칼뱅 목사님은 『기독교 강요』에서 그리스도인의 삶을 두 가지로 설명합니다. 하나는, 자기 부정의 삶입니다. 비슷한 맥락입니다. 자기 유익보다 타인의 유익을 구합니다. 타인의 행복을 구하는 삶이 그리스도인의 삶입니다. 타인의 행복을 추구함으로써 자기의 유익이 작아집니다. 자기 유익이 작아지면서 구원을 이루게 되는 것입니다. 결론적으로 자기의 뜻이 아니라 하나님의 뜻을 추구함으로써 내 뜻이 하나님의 뜻 안에서 새롭게 변화되고 일치됩니다. 그것이 그리스도인의 삶입니다. 그것이 구원을 이루는 것입니다. 또 하나는, 순례자적인 삶입니다. 오늘 우리의 세상이 끝이 아닙니다. 그 궁극적 끝은 하나님 나라입니다. 그 하나님 나라로 가는 여정에 이 세상이 있습니다. 마치 광야와도 같습니다. 그래서 나그네의 삶을 삽니다. 목적은 오직 하나님 나라입니다. 바로 그러한 자가 그러한 존재 의식 있는 삶이 구원을 이루는 삶입니다.

여러분, 나는 오늘 현재적 구원을 이루고 있습니까? 아니면, 왜곡된 구원의 진리로 나는 구원받았다, 세례 받을 때 구원받았다, 그러니까 나는 어떻게 지내든 구원받을 것이다. 이런 막연한 기대 속에 살아갑니까? 깊이깊이 생각해야 합니다. 구원의 시작과 완성은 하나님께서 이루십니다. 하나님께서 택하셔야 됩니다. 시작은 하나님께서 하십니다. 그리고 완성도 하나님께서 하십니다. 이것은 인간이 할 수 있는 문제가 아닙니다. 그러나 그 시작과 완성의 과정에 인간의 동참이 필요합니다. 하나님의 뜻에 대한 전적인 복종이 필요합니다. 그것만이 구원을 이루는 길입니다. 그래서 너희 구원을 이루라는 참으로 위대한 구원의 진리를 선포하고 있는 것입니다.

넷째는, "너희 안에서 행하시는 이"입니다. "너희 안에서 행하시는 이는 하나님이시니 자기의 기쁘신 뜻을 위하여 너희로 소원을 두고 행하게 하시나니." 이 말씀은 암송해야 됩니다. 중요한 말씀입니다. 영문을 보면 조금 더 단락이 분명합니다. 강조용법입니다. "It is God who is at work in you - 너희 안에서 일하시는 이는 오직 하나님이시다." 지금 하나님만을 강조하고 있습니다. 초월적인 하나님의 역사입니다. 그리고 enabling you-너를 가능케 하신다, both-두 가지에서, to will and to work-소원을 가지고 사역하게 하는 것, for his good pleasures-자기의 기쁘신 뜻을 위하여. 아주 조직적으로 잘 설명되어 있습니다. 이 13절은 꼭 암송하여 깊은 묵상을 하기 바랍니다. 지금 이 13절은 하나님의 초월적이고 강권적인 역사를 말씀함과 동시에 미래적 구원 즉, 예정을 말씀합니다. 아주 깊은 신학적 진리를 담은 말씀입니다. 먼저 생각해봐야 할 것은 '행하시는' 그리고 '행하게'라는 단어입니다. at work 또는 to work입니다. 원어는 헬라어로 '에네르게인'입니다. 그 의미가 중요합니다. 이 말은 항상 하나님의 행위 그리고 효과적인 행위를 뜻합니다. 다시 말하여 '하나님께서 하시는 일은 완전합니다. 하나님께서 하신 일은 반드시 능력이 있습니다. 하나님께서 하신 일은 반드시 효과가 나타납니다. 하나님께서는 계속 이 일을 이루십니다.' 라는 의미를 담은 성경적 용어입니다.

이미 살펴본 빌립보서 1장 6절에 이런 말씀이 있었습니다. "너희 속에 착한 일을 시작하신 이가 그리스도 예수의 날까지 이루실 줄을 우리가 확신하노라." 너희 속에 착한 일을 시작하신 이, 하나님께서 그 일을 이루실 줄을, 시작과 완성, 이 모든 것을 하나님께서 하신다는 말씀입니다. 그것을 오늘 성경은 말씀하고 있습니다. 한마디로 모든 것이 하나님의 은혜란 말입니다. 여러분은 어떻게 생각합니까? 지금 내가 이곳에 와 있는 것, 하루하루의 삶, 구원의 역사, 이 모든 것이 전적으로 하나님의 은혜라고 생각합니까? 그래야 진정 하나님의 은혜에 바르게 응답하는 사람입니다. 만일 이것이 부분적이고 어떤 것은 내 노력과 의지에 달려 있지 않은가 싶다면, 그는 아직 고만큼만의 은혜밖에 없는 것입니다.

다섯째, "소원을 두고 행하게 하시나니"입니다. 오늘 본문 13절 말씀을 보면, '소원을 주시고 행케 하신다'는 한마디로 모든 것이 하나님의 은혜란 말입니다. 사도 바울을 생각해보십시오. 예수 믿는 자를 핍박하고 죽이려 했던 자입니다. 자기가 의도하지 않았습니다. 다메섹에 예수 믿는 자들을 핍박하러 가던 중 예수 그리스도께서 그의 앞에 나타나십니다. 그가 하나님 되심을 보여주셨습니다. 그리고 무엇을 해야 할지도 가르쳐주셨습니다. 구원의 역사가 이제 전적인 하나님의 은혜 가운데 시작되었습니다. 그리고 그 안에서 그는 생각합니다. 모든 것이 하나님의 뜻에 합일합니다. 그리고 때를 따라 성령께서 역사해주십니다. 환상을 주십니다. 말씀의 능력을 주십니다. 또 권세도 주십니다. 이 모든 것이 성령의 역사입니다. 내가 한 일이 없습니다. 그냥 하나님의 강권에 끌려가듯이 갈 뿐입니다. 그러니 소원을 주신 자도 하나님이시요, 일을 행케 하시는 이도 하나님이십니다. 아무리 내가 시계 4개로 새벽에 일어날 시간을 맞추어놓고 일어나도 그것도 역시 하나님께서 하신 일입니다. 그런 열정을 주셨으니까요.

칼뱅 목사님 생애의 위대한 고백 하나를 기억하고 있습니다. 그는 말합니다. "내 인생은, 내 삶은 마치 소에게 고삐를 채워 끌고 가듯 하나님께서 나를 끌고 가시는 것처럼 나는 느낀다." 참 위대한 간증입니다. 저도 목회자로서 항상 이 생각을 합니다. 도대체 하나님의 은혜 없이 된 것이 무엇인가 싶은 것입니다. 하나님의 은혜 없이 어떻게 말씀을 증거합니까? 하나님의 은혜 없이는 한시도 의미 있는 것이 없습니다. 이 모든 것이 어떻게 여기까지 왔나? 그리고 그런 소원을 주시나? 하나님의 뜻 안에서 가능한 것입니다. 그러니까 그 절정의 고백이 바로 '모든 것이 하나님의 은혜다.' 바로 이것입니다.

조직신학에서는 성령의 역사를 세 가지로 구분합니다. 동시적이지만 구별되는 성령의 중요한 역사입니다. 세 가지는 이것입니다. 첫째 Justification, '칭의' 입니다. 지금 자식 하나 없는 아브라함이 뭇별과 같이 많은 자손을 주겠다는 하나님의 말씀을 믿습니다. 그의 나이가 당시에 85세였습니다. 그런데도 전적으로 믿습니다. 하나님께서는 그것을 의로 여기십니다. 그래서 의롭다 하셨습니다. 의인이 아닙니다. 의롭게 여기셨습니다. 이제 그에게 죄가 없습니다. 하나님께서 인정하셨으므로. 이것이 칭의(稱義)입니다. 단 한번 있는 사건입니다. 이것을 요즘으로 치면 '성령세례'라고 할 수 있습니다. 단 한번 중생의 역사입니다. 의롭다 여기십니다. 예수 그리스도 안에 있는 자는 의롭습니다. 그것은 단회적인 것입니다. 둘째 Sanctification, '성화'의 과정입니다. 셋째 Glorification, '영화'의 과정입니다. 하나님 나라에서 하나님의 영광중에 있는 그것을 영화라고 합니다.

오늘 본문은 둘째에 해당합니다. 성화의 과정을 말씀하는 것입니다. "너희 구원을 이루라. 너희 안에 소원을 두고 행하게 하신다." 우리를 하나님의 초월적 역사, 성령의 역사 가운데 거룩하게 만드시는 그 사건을 오늘 이렇게 설명하는 것입니다. 그런고로 하나님의 초월적 역사와 인간의 의지는 서로 부딪히지 않습니다. 하나님의 초월적 은혜 안에 인간의 바른 응답이 의지로 실천으로 나타나게 됩니다. 그래서 오늘 본문은 말씀합니다. "너희로 소원을 두고 행하게 하시나니(13절)." 하나님께서 하나님의 뜻을 깨닫게 하시고 그 뜻에 대한 열망을 주셨습니다. 강렬한 소망을 갖게 하셨습니다. 그 안에서 우리는 그것을 이루고자 실천합니다. 그런데 이 모든 것이 하나님께서 주시는 능력이라고 고백하는 그 자체가 바른 신앙인 것을, 아주 적극적이고 합리적인 신앙고백인 것을, 성경은 말씀하고 있는 것입니다.

이런 이야기가 있습니다. 전쟁직후에 나환자촌을 방문한 미국관광객이 있었습니다. 가보니 선교사로 파송된 한 여성간호사가 있습니다. 그 더럽고 추한 나환자들의 상처를 손으로 감싸고 씻겨주고 싸매주는 모습을 봅니다. 참 특별한 모습이라 사진을 찍습니다. 그러면서 스스로 중얼거립니다. '나는 백만 불을 줘도 저건 못한다.' 그런데 그 간호사가 그 소리를 들었습니다. 그래 이렇게 말합니다. "나도 못합니다. 그러나 그리스도의 사랑이 강권하여 나는 이 일을 할 뿐입니다." 하나님의 사랑이 너무 커서 그 구원받은 은혜로 이와 같은 일을 할 수 있는 것이지 그 또한 백만 불이 주어져도 못한다는 것입니다. 그 뜻을 갖게 하고 그 일을 하게 하신 이는 하나님이십니다. 성령의 역사입니다. 그래서 너희로 소원을 두고 행하게 하신다, 이렇게 말씀하는 것입니다.

신학자 다익스트라 박사는 기독교 언어의 역할을 설명하면서 종교적 언어, 특히 성서적 언어를 자꾸 들음으로써 인간은 세 가지 변화의 차원을 겪는다고 말합니다. 첫째는, 인지적 차원입니다. 여기서는 그 말씀을 들음으로써 깨닫습니다. 그리고 자신이 누구인가를, 죄인됨을 참회하며 고백하게 됩니다. 이런 과정을 겪습니다. 둘째는, 정신적 차원입니다. 여기는 자기가 깨달은 것에 대한 응답이 나타납니다. 그렇게 하여 어떤 결단을 하게 됩니다. 셋째는, 행동적 차원입니다. 이것은 직접 결단한 것을 실천함으로써 그 깨달은 바에 참예함으로써 구체적으로 확실한 자기정체의식을 창조해나갑니다.

하나님께서 우리를 하나님의 자녀로 부르셨습니다. 처음에는 이것을 고백하지만 무슨 뜻인지는 모릅니다. 그렇게 점차적으로 말씀 안에 살아가면서 일상적 사건을 통하여 내 안에 뜻을 두시고 이것을 행케 하시는 자가 하나님이심을 앎을 통하여, 점점 구체적으로 확실하게 내가 하나님 나라의 자녀임을 알게 되는 것입니다. 아주 자신있게 고백하게 됩니다. 보이지 않는 그 하나님 나라의 실상이 내게 와 닿습니다. 하나님의 은혜가 없이는 나는 도저히 하나님의 자녀가 될 수 없습니다. 그럼에도 불구하고 나는 하나님의 자녀입니다. 하나님의 아들이요, 딸입니다. 이것이 점점 더 분명해집니다. 무엇을 통해서입니까? 하나님의 말씀을 통해서입니다. 하나님의 초월적인 은혜를 통하여, 십자가를 통하여 이것이 기억되고 확증됩니다. 그러니 내 안에 소원을 주신 이는 하나님이시요, 그 안에서 변화하게 하시는 이도 하나님이시요, 순종하게 하시는 이도 하나님이시요, 기도하게 하시는 이도 하나님이시요, 행하게 하시는 이도 하나님이십니다. 참으로 하나님께서 은혜로 주시는 놀라운 신앙고백입니다.

그러므로 사도 바울은 말씀합니다. "Work on your own salvation with fear and trembling", 두렵고 떨림으로 너희 구원을 이루라. 왜냐하면 하나님의 초월적 역사이기 때문입니다. 하나님의 놀라운 미래적 경륜입니다. 내 뜻이 아닙니다. 반드시 이루어질 하나님의 거룩한 행위이기 때문입니다. 그러니 그 안에 있는 나, 그 역사 안에서 소원을 가지고 그 뜻에 동참하는 나는 두려움과 떨림으로 해야 합니다. 이것을 '경외(敬畏)'라고 하는 것입니다.

오늘 이 시대의 가장 큰 문제는 경외가 없다는 것입니다. 경외가 사라져 가고 있습니다. 보통 큰 문제가 아닙니다. 신앙인의 가장 기본적이고 본질적인 구원의 핵심은 하나님 앞에서의 경외입니다. 그런 모습을 가진 자를 경건한 자라고 말합니다. 오직 경건한 자만 구원받을 수 있기 때문입니다. 경건한 자는 항상 모든 것이 하나님의 역사임을 알아야 됩니다. 깨달아야 됩니다. '아멘'이라고 응답합니다. '아멘'이라고 했을 때는 하나님의 말씀대로 되어가는 것입니다. 그러니 거기에는 긴장감이 있습니다. 흥분이 있습니다. 열정이 있습니다. 또한 감사가 있습니다. 그리고 신중함이 있습니다. 하나님의 뜻이기 때문입니다. 이 모든 것을 '경외'라고 말합니다. 특별히 오래 믿은 분일수록, 직분이 있는 분일수록, 신앙이 깊어질수록 경외가 있어야 됩니다. 점점 더 하나님 앞에서 경건함이 나타나야 합니다. 왜? 경건은 창조주 하나님 앞에 피조물된 나를 고백할 때 아주 자연적으로 생기는 것이기 때문입니다. 하나님의 전지전능을 생각해보십시오. 나는 무기력한 자요, 무능력한 자입니다. 거기에 경외감이 있습니다. 또한 하나님의 거룩하신 뜻 앞에 나는 반복적으로 죄를 짓고 있습니다. 계속 불신앙적 삶을 살아갈 수밖에 없습니다. 너무도 죄송합니다. 하나님 앞에 너무 미안합니다. 그럴 때 품는 마음, 그것이 경외입니다. 더욱이 하나님의 사랑이 너무 큽니다. 그럼에도 불구하고 계속 나를 사랑해주십니다. 계속 말씀을 주십니다. 구원의 역사를 일으켜주십니다. 항상 소망을 주십니다. 거기에 대한 바른 응답과 감사함이 경외입니다.

하나님의 거룩한 임재 앞에 어느 누가 경건하지 않을 수 있겠습니까? 경건하지 않다면 그 사람은 신앙이 없는 것입니다. 지금 내가 누구 앞에 있는가를 모르는 것입니다. 그래서 사도 바울은 두려움과 떨림으로 말씀합니다. 이것은 공포의 두려움이 아닙니다. 하나님의 초월적 은혜, 그 강권하시는 사랑, 오늘도 나와 함께하시고 내 모든 생각을 주도하시고 끝내 구원을 이루신다는 그 약속, 그래서 기도하게 하시고 겸손하게 하시고 그 많은 사건을 일으키시어 하나님의 은혜 앞에 나아가게 하는 그 역사, 이것을 생각할 때 하나님 앞에 우리는 경건하게 엎드릴 수밖에 없습니다. 이것이 경외입니다. 이것이 구원받은 자의 마땅한 행위입니다. 바로 이러한 마음으로 하나님을 찬양하고 말씀을 듣는 것을 예배라고 합니다. 이러한 마음으로 헌신하는 것을 봉사라고 합니다. 이러한 마음으로 하나님의 역사를 증거하는 것을 선교요 전도라고 합니다. 이러한 마음으로 하나님의 말씀을 듣는 것이 성경 앞에 있는 나의 모습입니다. 항상 하나님의 역사하심으로 일어나는 모든 것은 작든 크든 내가 정할 바가 아닙니다. 하나님의 역사입니다. 하나님의 초월적인 역사입니다. 그 앞에 나는 경건한 마음으로 경외심을 가지고 그 일에 임해야 합니다.

마틴 루터의 유명한 말이 있습니다. "하나님의 사랑은 대상을 찾는 것이 아니라 창조하신다." 끝없이 우리는 사랑받을 자격이 없습니다. 정말 없습니다. 하나님의 말씀대로 되기를 원하지만 조금만 시간이 지나면 어김없이 내 뜻이 나옵니다. 마음에는 원이로되 정말 육신이 약하여 온전히 이루지 못합니다. 그럼에도 불구하고 하나님께서는 우리를 의롭다 하십니다. 그 순전함, 그 경외심, 그 중심을 보시고 우리를 끝까지 사랑해주십니다. 아예 창조적으로 만들어 우리를 인도해주십니다. 그래서 성경은 말씀합니다. "누구든지 예수 그리스도 안에 있는 자는 새로운 피조물이라." 재창조의 역사를 하나님께서 이루시고, ~ing, 그 과정에 우리가 있는 것입니다.

"너희 구원을 이루라." 현재적 구원을 매일매일 이루며 하나님의 은혜 앞에 응답적 삶을 살라고 말씀하십니다. 그래서 우리는 아무리 힘들고 어려워도 원망하지 않습니다. 불평하지 않습니다. 하나님의 은혜, 그 사랑을 생각하면 저절로 감사가 우러납니다. 기쁨이 있습니다. 영원한 소망이 있기에 용기를 가질 수 있습니다. 담대합니다. 당당합니다. 하나님의 자녀이기에 그 존재감이 높아야 됩니다. 믿는 대로 되는 것입니다. 그 약속은 반드시 이루어집니다. 믿는 대로 이루어집니다. 구원의 모든 주도권은 하나님께 있습니다. 우리에게는 없습니다.

그래서 오늘 말씀합니다. "너희 안에서 행하시는 이는 하나님이시니 자기의 기쁘신 뜻을 위하여 너희로 소원을 두고 행하게 하시나니(13절)." 이 얼마나 아름다운 말씀입니까? 복음 중의 복음입니다. 그래서 이러한 신앙고백을 하는 자가 주께서 가르쳐주신 기도문을 귀하게 여깁니다. "나라와 권세와 영광이 아버지께 영원히 있사옵나이다." 내게 있어서는 안됩니다. 그 나라와 권세와 영광이 내게 있으면 다 망합니다. 그것은 오직 하나님께만 있어야 됩니다. 그래야 나를 하나님의 영광 안으로 인도해주십니다. 우리는 이것을 소망하고 그 약속대로 구원받는 자로 하나님 나라에 함께할 확신을 가지고 오늘을 살아가는 것입니다. 그러니 찬양할 수밖에 없습니다. 그러니 항상 기쁨이 있을 수밖에 없습니다. 이 모든 하나님의 구원의 세계를 알게 해주시고 깨닫게 해주시고 신앙고백을 하게 하시고, 그 안에서 기쁨으로 찬송케 하시는 하나님의 초월적 역사, 강권하시는 역사를 항상 기억하고 승리하는 삶을 살아야 할 것입니다.

하나님의 흠 없는 자녀

모든 일을 원망과 시비가 없이 하라
이는 너희가 흠이 없고 순전하여 어그러지고 거스르는 세대 가운데서 하나님의 흠 없는 자녀로
세상에서 그들 가운데 빛들로 나타내며 (빌2:14-15)

빌립보서 2장 12절에서 18절까지에는 신학적이며 실제적이고 교리적인 아주 중요한 말씀이 담겨 있습니다. 그래서 세 번에 걸쳐 이 말씀을 상고할 것입니다. 지난 시간에 12절에서 14절까지의 본문을 읽으며 12절과 13절을 중심으로 '하나님의 강권적 역사'라는 제목으로 말씀을 전해드렸습니다. 이 시간에는 14절과 15절을 중심으로 '하나님의 흠 없는 자녀'라는 제목으로 말씀을 전해드리겠습니다. 그리고 다음 기회에는 16절에서 18절의 말씀을 중심으로 하나님의 말씀을 전해드리겠습니다. 이 12절에서 18절까지의 말씀 전체는 구원받은 하나님의 자녀의 삶에 대하여 아주 신중하게 하나님의 뜻을 우리에게 알려주고 있습니다. 아주 구체적입니다. 그리스도의 자녀된 삶에 대한 동기와 과정과 목적에 대하여 아주 선명하게 진술하고 있습니다. 이 점을 우리는 깊이 생각해야 합니다.

지난 시간에 하나님의 강권적 역사에 대하여 말씀드렸습니다. "너희 안에서 행하시는 이는 하나님이시다." It is God, 하나님이시다. who is at working you, 너희 안에서 행하시는. 이 '행하시는 하나님'께서 우리에게 소원을 주시고 또한 행하게 하십니다. enabling both to will and to work, 소원도 주시고 행하도록 그것을 가능하도록 만드시는 분 역시 동일한 하나님이십니다. 그래서 이것이 초월적 하나님의 강권적 구속의 역사라고 말씀드렸습니다. 그래서 하나님의 자녀는 두려움과 떨림으로 경외함을 가지고 우리의 구원을 이루어야 합니다.

성경은 말씀합니다. "두렵고 떨림으로 너희 구원을 이루라(12절)." 구원은 하나님께로부터 옵니다. 초월적인 하나님의 역사입니다. 그러나 그 하나님의 강권적 역사에 우리는 아멘으로 응답해야 합니다. 하나님께서는 진실로 선하시고 하나님의 역사는 옳다고 믿어야 합니다. 그대로 이루어지기를 소원하며 그 뜻을 이루고자 하는 헌신이 있어야 합니다. 그래야 구원의, 아니 '나의' 구원의 역사가 일어납니다. 참신비의 말씀입니다. 이것은 나의 능력, 우리의 의지로 되는 것이 아닙니다. 비록 우리의 응답과 결단과 충성으로 그 모습이 나타나지만, 이것은 어디까지나 하나님의 지혜요, 하나님의 능력으로 되는 것입니다. 바로 이런 구원의 신비한 역사와 진리를 오직 하나님의 관점 안에서 성경말씀대로 깨닫고 기억하고 살아가야 합니다. 아주 중요한 하나님의 말씀입니다.

오늘 본문 14절은 말씀합니다. "모든 일을 원망과 시비가 없이 하라." 너희 구원의 역사를 이루라. 반드시 이루어야 하나님의 구원에 동참할 수 있습니다. 그러기 위해서는 모든 일에 원망과 시비가 없이 하라는 것입니다. 하나님 말씀입니다. 나의 구원을 이루는 것뿐만 아니라, 더 나아가 하나님의 뜻이 이루어지는 것입니다. 성육신의 목적이 화평이라 말씀드렸습니다. 일치함이요, 하나됨입니다. 인간의 능력으로는 하나가 될 수 없습니다. 아무리 그것이 성도의 모임이라도, 아니 예수님의 12사도들의 모임이라도 일치가 될 수 없습니다. 결국 가룟 유다는 정반대로 나가지 않았습니까? 그러나 하나님의 뜻이기에 그 뜻에 충성할 때는 일치가 되는 것입니다. 그것이 신비입니다. 화평이 인간의 뜻이라면 절대로 일치가 될 수 없습니다. 그러나 하나님의 뜻임을 알고 그 뜻을 이루고자 할 때는 그 뜻 안에서 그 소원 안에서 그 소원이 행하게 하는 능력 안에서 일치가 됩니다. 화평케 됩니다. 그것이 구원에 동참하는 것입니다. 모든 것이 하나님의 능력이지만, 우리의 삶의 응답이 필요합니다. 그래서 오늘 성경은 아주 구체적으로 간단명료하게 말씀합니다. 절대 진리입니다. "모든 일을 원망과 시비가 없이 하라." 왜냐하면 우리는 하나님의 자녀이기 때문입니다. 오늘 본문의 '모든 일'은 그냥 막연하게 모든 일이 아닙니다. 이 모든 일은 구원의 역사입니다. 나의 구원을 이루는 그 모든 일입니다. 모든 그리스도인이 보편적으로 추구해야 할 모든 일입니다. 그 안에서만 구원의 역사가 일어나기 때문입니다. 한 마디로 신비한 역사임과 동시에 불가능한 것입니다. 그러나 이미 말씀드린 대로 하나님께서는 하실 수 있습니다. 이것이 복음입니다.

또 말씀합니다. "하나님의 흠 없는 자녀…(15절)." 본질적으로 하나님의 자녀요, 예수 그리스도 안에 있는 하나님의 자녀입니다. 하나님의 자녀이기 때문에 자녀다운 삶을 이루어야 됩니다. 이것이 하나님의 뜻이요, 그 안에 복된 삶이 있습니다. 아주 핵심적인 말씀입니다. 이에 대하여 좀 더 깊이 생각해보겠습니다. 흔히 세상에서는 또 어떤 신학자들은 그리스도인의 삶을 평가할 때 세상적 도덕과 윤리를 기준으로 합니다. 틀린 말은 아니지만 그것은 복음이 아닙니다. 그리스도인은 세상의 윤리와 도덕을 이루는 자가 아닙니다. 그런 사람은 물론 훌륭한 자이지만 구원받은 자는 아닙니다. 물론 세상적인 윤리와 도덕도 이루겠지만 그리스도인은 그 이상입니다. 왜? 하나님의 자녀이기 때문입니다. 예를 들어 설명하면, 세상적 윤리와 도덕, good 또는 right이라는 이 당위성을 노력하여 이룬 사람이 역사적으로 한 사람도 없습니다. 이루고자 했을 뿐입니다. 부분적으로 이루는 듯해도 단지 상대적,

도덕적 우월감일 뿐입니다. 하나님 보시기에는 다 똑같은 죄인일 뿐입니다. 그렇기 때문에 항상 도덕과 윤리를 추구하는 삶은 허무합니다. 이것은 세상에서 추구하는 소위 의로운 삶입니다.

하지만 복음은 차원이 다릅니다. 우리는 하나님의 자녀요, 하나님 나라의 뜻과 가치관을 이루는 자입니다. 그 안에 세상적 도덕과 가치관이 포함되어 있습니다. 그러나 그 평가는 본질적으로 다릅니다. 아브라함을 믿음의 조상이라고 합니다. 그는 '약속의 자녀'입니다. '혈육의 자녀'가 아닙니다. '혈통의 자녀'가 아닙니다. '언약의 자녀'입니다. 오직 하나님 말씀 안에서만 하나님의 자녀가 될 수 있는 것입니다. 그 하나님 말씀 안에는 세상적 도덕과 윤리가 있기도 하고 없기도 합니다. 그것을 이루는 것이 아닙니다. 이 점을 우리는 깊이 생각해야 합니다. 그래서 로마서 8장의 말씀은 참으로 오묘합니다. "누구든지 그리스도의 영이 없으면 그리스도의 사람이 아니라(9절)." 세상에 아무리 도덕적, 윤리적으로 높은 평가를 받는 사람이 있다 하더라도 그 안에 그리스도의 영이 없으면 그는 그리스도인이 아닙니다. 하나님의 자녀가 아닙니다. 의인이 아닙니다. 하나님 앞에 영원히 죄인일 수 밖에 없는 것입니다. 이 본질에 대하여 자기정체성을 분명히 알아야 됩니다.

아브라함에게 말씀하십니다. "내 앞에서 완전하라." 무엇에 완전하라는 말씀입니까? 하나님의 말씀에 완전하라는 것입니다. 도덕과 윤리가 아니고 하나님의 뜻, 즉 구원에 이르기 위하여 하나님의 뜻에 그 중심이 합당해야 된다는 말씀입니다. 그러니까 하나님의 능력으로만 가능한 것입니다. 하나님께서 말씀하십니다. "여호와 앞에 능치 못할 일이 어디 있느냐?" 전능하신 하나님을 믿고 우리는 구원받습니다. 왜? 하나님만이 나를 구원해주실 수 있기 때문입니다. 이 절대 믿음 안에서 하나님 나라의 가치관을 이루어나갑니다. 그러나 우리는 끊임없이 어떻게 사느냐로 걱정합니다. 자꾸만 내 능력, 내 학력, 내 지식, 내 경험, 내 도덕관, 내 윤리관으로 무언가를 이루려고 끊임없이 생각합니다. 이것이 사탄의 역사입니다. 그래서 충만한 기쁨이 없습니다. 깊이 생각해보십시오. 만족이 없습니다. 어떻게 하나님 앞에서 완전할 수 있는가, 어떻게 모든 일에 원망과 시비가 없을 수 있는가, 불가능한 것을 어떻게 우리에게 요구하는가…. 이 생각 자체가 잘못된 것입니다. 나의 인간적인 생각으로는 그 말이 옳습니다. 그러나 하나님 앞에서는 옳지 않습니다. 능치 못할 일이 없다. 바로 전능하신 하나님께서 성령의 역사를 가능케 하신다는 말입니다. 바로 그런 특별한 그리스도의 자녀의 본질적 가치를 우리는 깨닫고 살아가야 합니다. 그럴 때 비로소 구원의 역사가 이루어지고 나의 구원이 이루어지는 것입니다.

오늘 본문 14절과 15절 말씀을 다시 깊이 상고해 보겠습니다. 첫 번째는, "원망"에 대해 생각해 봅니다. 본문 14절 말씀입니다. "모든 일을 원망과 시비가 없이 하라." 원망의 어원은 헬라어로 '고구스모스'입니다. 이는 아주 특별한 의미가 있습니다. 사건으로 말씀드리면, 출애굽 당시 이스라엘 백성이 모세를 원망합니다. 성경기록에 "백성이 모세를 향하여 원망하여 가로되….".라고 합니다. 바로 이 '원망'입니다. 어원이 같습니다. 모세로 인하여 하나님의 은혜를 입었습니다. 도저히 희망이 없는 오늘을 살아가는데 출애굽하여 진정 자유인으로 살아가는 무한한 가능성의 삶을 부여받았습니다. 그런데 이를 원망합니다. 지도자에 대한 불신이요, 반항입니다. 아니, 당장 죽이고자 합니다. 모반을 일으키려고 합니다. 그래서 불평불만으로 가득 차 있습니다. 바로 그런 원망을 말하는 것입니다. 이런 원망은 하나님 앞에 절대 있어서는 안된다는 것입니다. 사건으로 보여주셨습니까. 그렇게 원망한 사람 가나안에 못 들어갔습니다. 구원을 이루지 못합니다. 오늘 우리도 동일합니다. 이런 원망은 없어야 됩니다. 우리의 구원을 이루는 모든 일에 그런 원망은 없습니다. 오직 하나님 은혜와 사랑으로 우리가 하나님의 자녀되었기 때문입니다. 좀 다른 차원에서 말씀드리면, 원망은 한마디로 하나님의 사랑과 은혜에 대한 결핍에서 나옵니다. 우리 마음이 하나님의 사랑으로 충만하지 못할 때 우리는 원망하게 되는 것입니다.

이스라엘 역사로 설명을 드리면, 이스라엘이 출애굽했습니다. 얼마나 기뻤겠습니까? 우리와는 차원이 다른 기쁨입니다. 직접 하나님의 역사를 봤습니다. 초월적인 기적, 열 가지의 재앙, 홍해를 건너는 것, 그리고 광야에서의 신비로운 기적들을 경험합니다. 여기 분명한 것이 있습니다. 그들은 우리보다 더 하나님의 실재를 믿었습니다. 그들은 하나님의 능력을 우리보다 더 많이 봤습니다. 그들은 우리보다 더 많이 하나님 말씀의 능력을 체험했습니다. 그런데도 왜 원망했느냐 하는 것입니다. 간단합니다. 지금 눈앞에 현실적으로 위기가 닥칩니다. 당장 먹을 것이 없고 물이 없습니다. 여기서 그들은 하나님의 능력을 의심합니다. 능력보다는 하나님의 사랑을 의심하는 것입니다. 하나님의 은혜를 의심합니다. '아니, 전능하신 하나님께서 좀 더 풍요로운 곳에 그냥 우리를 먼저 데려다놓으시면 될 일을, 왜 하필 이런 물도 없는 광야에서 이토록 결핍된 세상적 위기를 맞이하게 하시는가?' 여기서 그들은 생각했을 것입니다. 'Something wrong-뭔가 잘못됐다. 정말 이것이 하나님의 사랑일까?' 하나님과 하나님의 말씀에 대한 불신이 아니라 하나님의 사랑에 대한 구체적인 확신이 희미해져가는 것입니다. 결핍되어갑니다. 그러다보면 원망하게 돼 있습니다. 우리가 원망하는 것과 똑같습니다.

그리스도인은 누구입니까? 하나님을 믿습니다. 하나님 말씀을 믿습니다. 그런데 왜 우리 안에 원망이 생깁니까? 하나님의 사랑이 충만하지 않기 때문입니다. 하나님의 은혜가 충만하지 못합니다. 기억에서 자꾸 사라져갑니다. 오늘의 부족함이 구체적으로 떠오릅니다. 그럴 때 나도 모르게 원망이 나옵니다. 바로 이러한 원망의 원인을 알고 무엇이 원망인지 알고 이 원망을 모든 일에 없이 하라, 이것이 나와 너의 구원을 이루는 하나님의 은혜에 대한 응답이라고 오늘 본문은 말씀합니다. 아주 구체적이고 직접적인 말씀으로 우리에게 권면하고 있습니다.

두 번째는, "시비"에 대해 생각해봅니다. 이것은 arguing-다툼, 논쟁입니다. 이 말을 번역할 때 흔히 '시비'라고 하는데, 이것은 한마디로 원망의 결과입니다. 보통 우리는 이렇게 생각합니다. 세상 사람들은 시비를 벌입니다. 다툼이 있습니다. 그러면 원망합니다. 이것은 세상적 방법입니다. 하나님의 사람들은 그 안에 먼저 하나님의 은혜가 없고 사랑이 결핍돼 있을 때 원망합니다. 보는 것마다 시비입니다. 평안이 없습니다. 자꾸 다투게 되고 분쟁하게 됩니다. 하나님의 능력이 그 안에 없기 때문입니다. 이런 시비와 다툼이 습관화되어 있는 사람은 가만히 생각해보십시오. 그 안에 이미 하나님의 은혜와 사랑의 부족으로 내 안에 원망이 있기 때문에 다른 사람과의 원만한 관계를 이룰 수가 없는 것입니다. 그것을 말씀하고 있습니다. 그런고로 하나님의 자녀, 특히 교회는 다툼과 논쟁이 없어야 됩니다. 내 안에 또 어느 모임에 다툼과 논쟁이 있을 때마다 생각하십시오. 그 근본원인은 원망입니다. 원망 이전의 것은 하나님 사랑의 임재의 결핍입니다. 그래서 그런 결과가 나타나는 것입니다.

이솝우화에 재미있는 이야기가 있습니다. 고양이 두 마리가 큰 고깃덩어리를 발견했습니다. 이것을 나눠먹으려고 하는데 서로 큰 것을 먹겠다고 막 싸웁니다. 그때 여우 한 마리가 그곳을 지나가다가 자기가 재판관이 되어주겠다고 나섭니다. 고양이들은 흔쾌히 승낙합니다. 여우가 고깃덩어리를 뚝 잘라 나눠주니 한쪽은 조금 크고 다른 한쪽은 조금 작습니다. 작은 것을 가진 녀석이 불평합니다. "내 것이 더 작잖아." 그러자 여우가 말합니다. "큰 거 줘봐." 그리고는 한 입 쓱 베어 먹고는 다시 줍니다. 그런데 이번에는 그것이 더 작아졌습니다. 그래 또 불평이 나옵니다. 여우는 이번에는 다른 쪽 것을 또 한 잎 베어 먹었습니다. 그런 식으로 계속 싸웁니다. 결국 여우는 계속 이쪽 저쪽 한 입씩 베어 먹다가 급기야 다 먹어버렸습니다. 그리고 도망갔습니다. 그제야 고양이들은 싸움을 후회했다는 것입니다. 아주 간단한 우화지만 이것이 인간의 모습입니다.

다툼의 결과를 생각하면 백 번 양보하는 것이 훨씬 낫습니다. 그런데 이것이 안 되는 것입니다. 결국 후회할 결과를 맞이합니다. 아주 힘든, 생각하고 싶지도 않은 좋지 못한 결과에 직면하게 된다는 말입니다. 하나님의 사람은 어떠한 일이 있어도 원망과 시비가 없어야 합니다. 그래서 성경은 "이 원망과 시비가 없는 것이 그리스도인의 삶이다, 너희 구원을 이루는 것이다." 라고 말씀하십니다.

세 번째는, "어그러지고 거스르는 세대"에 대해 생각해 봅니다. 15절 말씀에서 "어그러지고 거스르는 세대"라고 말씀합니다. 어그러지고 거스르는 세대, 이것이 세상입니다. 하나님 보시기에 이 세상은 어그러지고 거스르는 세상입니다. 이 세상이 변화될 것으로 기대하지는 마십시오. 이 세상은 이렇게 갈 것입니다. 그래서 예수님께서 오신 것입니다. 하나님의 자녀를 구원하시기 위하여, 그 안에 하나님 나라를 이룩하시기 위하여 오신 것입니다. 요한계시록에도 나오지만 이 세상은 점점 더 악해집니다. '어그러진다'라는 말은 crooked입니다. 구부러지고 비뚤어졌다는 말입니다. '거스르다'라는 말은 perverse입니다. 비꼬이고 사악하다는 말입니다. 외적, 내적으로 구부러지고 사악합니다. 이것이 세상이고 또한 이것이 하나님께서 보시는 세상입니다.

그러나 하나님께서는 이 세상을 구원하시고자 이 세상을 이처럼 사랑하신다고 말씀하십니다. 사랑받을 자격이 있는 아름다운 세상을 사랑하시는 것이 아니고, 이처럼 악하고 죽을 수 밖에 없고 심판받을 수 밖에 없는 세상을 사랑하신다는 것입니다. 이것이 복음입니다. 십자가가 그것을 말해줍니다. 예수님께서 십자가에 돌아가실 만큼 하나님의 진노가 나타날 만큼 세상이 악합니다. 이것을 성경은 "어그러지고 거스르는 세대"라고 말씀하는 것입니다. 사실 이런 정도면 원래는 심판 당하는 것입니다. 그런데 구약을 보시면 왜 심판이 유보됐는지를 압니다. 노아의 홍수 때 하나님께서 무지개 언약을 주십니다. 그리고 말씀하십니다. "다시는 이와 같은 일이 없으리라." 성경 전체의 말씀으로 보면 예수님의 재림이 있을 최후의 심판 날까지 이러한 심판은 없으리라는 것입니다. 그래서 심판이 유보되고 있는 것입니다. 그 가운데 우리가 구원받은 것입니다. 전적인, 초월적인 하나님의 은혜입니다. 이 세대가 이러한 세상이라는 것을 우리는 항상 알아야 됩니다. 그러니까 이 세상에서 세상 사람으로 잘살고 행복하다는 것은 불가능한 것입니다. 그래서 그 모든 것을 가진 것 같은, 아주 행복하고 만족해야 될 것 같은 사람들도 끊임없이 불행하고 만족하지 못합니다. 왜? 세상이 그만큼 악하고 어그러졌기 때문입니다.

빌리 그레이엄 목사의 유명한 일화가 있습니다. 그가 부흥회를 하는데 참 열정적으로 수많은 사람들이 하나님께로 돌아오는데, 그 가운데에서도 꼭 비뚤어진 사람은 있게 마련입니다. 한 사람이 묻습니다. "나는 부흥회라는 것 신뢰하지 않습니다. 단지 일시적인 것 아닙니까?" 이렇게 아주 뒤틀어진 마음으로 말하니까 빌리 그레이엄 목사님은 이렇게 대답했답니다. "목욕도 역시 일시적인 효과일 수밖에 없지요. 그래서 자주 목욕하는 게 아닙니까?" 참 우문현답입니다. 하나님 말씀의 진리를 안고 그 안에 있지 못하면 말씀의 능력은 금방 사라집니다. 말씀을 들을 때 너무 기쁩니다. '아, 우리가 이런 존재구나! 하나님께서 이런 역사를 일으키시는구나.' 그러나 그 진리를 추구하지 못하면, 온전히 그 진리를 믿지 못하면 진리의 능력을 경험할 수 없습니다. 끊임없이 세상은 우리를 이 진리의 능력으로부터 멀어지게 합니다. 이 세상의 아주 무서운 유혹입니다.

오늘 찬송가 455장을 불렀습니다. '주 안에 있는 나에게⋯.' 이 찬송은 큰 감동을 줍니다. 언제나 밝고 큰 미래를 바라보게 됩니다. 이 찬송가 작사자는 애드먼즈 히윗 여사입니다. 일평생 독신으로 살면서 주일학교 교사를 하고 수많은 비행청소년들과 불량소년들을 도와준 교육자였습니다. 아주 헌신적으로 그리스도의 사랑을 그들에게 베풀고 봉사했습니다. 그런데 어느날 어떤 녀석이 히윗 여사에게 큰 돌을 집어던졌습니다. 여사는 그 돌에 맞아 척추를 다쳐 병원에 입원하게 됩니다. 투병생활이 얼마나 답답하겠습니까? 원망을 하게 됩니다. 그 소년을 원망하게 되고, 이 세대를 원망하게 됩니다. 마음에 화평을 잃었습니다. 점점 더 그의 신앙생활에서 영적인 것이 약해집니다. 어느 날 그 병실을 청소하는 흑인여인이 자꾸 콧노래를 부르면서 기뻐하는 것입니다. 여사는 아주 신경질이 납니다. 그래서 짜증섞인 목소리로 여인에게 말합니다. "나는 지금 힘들고 괴로운데 당신은 무엇이 좋다고 그렇게 노래를 부르는 겁니까?" 여인이 대답합니다. "오히려 나는 괴롭거나 슬플 때 찬송으로 모든 난관을 극복합니다. 그래서 찬송합니다." 그 신앙고백에 여사는 큰 감동을 받습니다. 그리고 참회하고 새로운 영적 회심을 경험합니다. 그리하여 다시 기쁨의 찬송을 부를 수 있게 되었습니다. 그 뒤 여사는 병실에서 이 찬송가의 가사를 짓게 되는 것입니다. '주 안에 있는 나에게 딴 근심 있으랴…' 그 많은 수고를 했지만 돌아온 것은 수치요, 폭력이요, 입원이었습니다. 여사는 노래합니다. '주 안에 있는 나에게 딴 근심 있으랴…' 아무리 선한 목적을 가지고 이 세대를 향하여 복음을 말하고 헌신한다고 해도 하나님께서 열어주시지 않는, 하나님께서 택하시지 않는 자는 돌아오지 않습니다. 예수님의 가르침을 받고 가룟 유다는 예수님을 팔아먹었습니다. 이 세대를 보여주는 것입니다. 끝까지 그렇게 사악한 사람, 그런 무리를 향하여 성경은 "어그러지고 거스르는 세대"라고 말씀합니다. 바로 이런 세상, 이런 세대에 어떻게 그리스도인으로 살아야 하는가? 그 본질 세 가지를 15절에서 사도 바울은 권면합니다. 그야말로 불가능의 불가능입니다. 이 성경 말씀 빨리 읽고 지나갔으면 좋겠습니다. '어쩌라고 이렇게 살라고 하는가?

이러한 세대에 어떻게 우리가 이렇게 살아갈 수 있는가? 그러나 이것은 보편적 진리입니다. 그렇지만 이미 말씀드린 바대로 내 능력으로 살아내는 것이 아닙니다.

이런 아주 우스운 얘기가 있습니다. 어떤 사람이 대서양을 횡단하기 위해 큰 배를 탔습니다. 아주 오랫동안 돈을 저축하여 배표를 하나 살 수 있었습니다. 그래 배를 타고 가는데 자기는 가난하니까 따로 돈을 내고 식사를 하지 않으려고 비스킷이랑 치즈 등을 준비해 갔습니다. 식사 때마다 참 좋은 음악이 들리고 풍성한 음식냄새가 솔솔 납니다. 그러나 자기는 돈이 없으니까 몰래 비스킷과 치즈만 먹었습니다. 하지만 그것도 하루 이틀입니다. 너무너무 지겹고 힘듭니다. 식사 때마다 사람들 피하는 일도 너무 비참합니다. 그러다 배에서 내릴 때가 되었습니다. 어떤 사람이 배에서 내리자마자 "다이어트 해야겠네."하고 말하는 것입니다. 그러면서 그에게 묻습니다. "아니, 선생님은 왜 좋은 음식들 다 놔두고 그 차가운 치즈랑 비스킷만 드셨습니까?" 그는 부끄러워 얼굴이 새빨개졌습니다. 그래 솔직히 말했습니다. "죄송합니다만 제가 가난하여 돈이 없어 그랬습니다." 그랬더니 물은 사람이 더 놀랍니다. "아, 이 무슨 말씀입니까? 배 탑승권에 음식 값이 다 포함돼 있는데요." 그런 사실도 모르고 그렇게 비스킷과 치즈조각이나 먹고 있었다니 이 얼마나 기막힌 일입니까? 바로 이 간단한 사건 중에 우리 삶의 모습이 있습니다.

하나님께서 우리를 자녀로 부르실 때는 하나님의 자녀답게 살 수 있는 능력을 주셨습니다. 이미 주셨습니다. 또 계속 주실 것입니다. 그것이 성령의 역사입니다. 우리는 그것을 은유적으로 하나님 나라의 지혜와 진리와 풍요와 하나님의 영광이라고 말합니다. 그것으로 오늘을 살아가라는 것입니다. 그래서 복의 근원입니다. 그런데도 계속 자기 치즈와 비스킷만 먹습니다. 자기는 도저히 그 풍요를 경험하지 못할 존재, 자기는 안 되는 존재라고

만 생각합니다.

네 번째는, "너희가 흠이 없고"에 대해 생각해 봅니다. 오늘 본문 15절의 말씀은 참 불가능한, 너무도 두려운 말씀이 될 수 밖에 없습니다. 내가 누구인가? 하나님의 자녀됨, 그 존재의식을 가지고 다시 한 번 이 말씀을 보십시오. 첫 번째 말씀이 이렇습니다. "너희가 흠이 없고…." blameless, 나무랄 게 없다는 것입니다. 무슨 말입니까? 세상에 대하여 흠이 없어야 된다는 것입니다. 하나님의 자녀는 세상에 대하여 흠이 없이 살아야 된다는 것입니다. 바로 외적 표현을 말하는 것입니다. 세상 사람들은 하나님의 자녀에 대한 호기심이 있습니다. 그래서 실망하면 이렇게 말합니다. "교회 다니는 사람이, 예수 믿는 사람이…." 불평입니다. 무관심하여 가만히 있다가도 일단 사건이 터지면 예수 믿는 사람이 그러면 되겠느냐고 비난을 합니다. 여기까지는 좋습니다. 그러나 그들은 그것을 생각하고 하나님을 판단합니다. 믿는 사람도 그렇잖습니까? 누가 잘못했든 자기들끼리 부딪쳐 문제가 생기면 그 사람이 싫어서 교회를 떠납니다. 아예 교회도 안다닙니다. 다른 교회라도 다니면 다행인데 아예 안 믿습니다. 예수 믿는 사람조차도 예수 믿는 사람을 놓고 하나님을 평가하는데, 하물며 세상이야 당연한 것 아닙니까? 그 한 그리스도인의 흠과 잘못된 것을 보고 하나님을 평가하기 때문에 성경은 말합니다. "세상에 대하여 흠이 없어야 한다." 참 신비의 말씀입니다. 내 능력으로는 불가능합니다. 그러나 항상 생각하십시오. 하나님의 능력으로는 쉬운 것입니다.

극단적인 예를 들겠습니다. 죽음을 생각해보십시오. 하나님을 믿지 않는 사람은 죽음이 두려움이요, 공포요, 끝입니다. 그러나 하나님을 믿는 자녀는 새로운 시작입니다. 영광에 이르는 길입니다. 평생 예수 믿고 그리던 천당에 가는 길입니다. 그래서 찬송을 부릅니다. 비록 하나님께서 맺어주신 사랑의 관계이지만 슬픔이 있습니다. 상실감이 있습니다. 그것은 극히 인간적입니다. 예수님께서도 우셨습니다. 그러나 원망해서도 안 되고, 어찌 이럴 수가 하는 말도 해서는 안 되고, 탄식해서도 안 됩니다. 통곡해서도 안 됩니다. 왜? 우리는 하나님의 자녀이기 때문입니다. 진정한 믿음의 사람은 그 죽음 앞에서도 초연합니다. 그래서 오늘은 이렇게 살아가지만 하나님께서 나를 오늘 부르시면 언제든지 '아멘!'하고 가는 것입니다. 그러한 준비된 삶을 삽니다. 그가 진정한 그리스도인 아닙니까? 완전히 다르지요. 그야말로 가장 두려워하는 죽음, 그 사건 앞에서 보면 그리스도인은 흠이 없습니다. 그 중심과 그 가치관이 그렇습니다. 세상에 큰 충격을 줍니다. 아니, 어떻게 하면 그토록 담대하고 초연하게 죽음의 위기를 직면할 수 있느냐는 것입니다. 진정 위기가 있으면 그리스도인의 됨됨이가 나타나지 않습니까? 바로 그런 세상에 대하여 흠이 없어라, 그것이 그리스도 자녀의 삶이다, 하나님의 능력으로 이와 같은 삶을 살라 말씀합니다.

다섯 번째는, "순전하여"에 대해 생각해 봅니다. "순전하여" 이것은 pure 또는 innocent라는 말입니다. 자기 자신에 대하여 순전하라는 말씀입니다. 그리스도의 자녀는 자기가 자기 자신을 보기에 순전해야 됩니다. 이것은 내적인 표현입니다. 비록 우리가 의지가 약하고 능력이 없고 결단력이 약하고, 성경말씀대로 육신이 약하여 하나님의 말씀에 전적으로 순종하지 못하더라도 중심에는 선한 양심을 가져야 됩니다. 깨끗한 마음을 가져야 됩니다. 하나님께서 우리에게 주시는 깨끗한 영, 깨끗한 마음, 선한 양심, 그 순간만은 누구도 자기 자신에 대하여 순전합니다. 그러나 이를 잊을 때 하나님의 초월적인 능력을 기억하지 못할 때 우리는 원상태로 돌아갑니다. 그래서 순전할 수가 없습니다. 대부분 그리스도인은 믿지 않는 사람에 비하여 순전하지만, 이것은 상대적인 것이 아닙니다. 이것은 하나님 앞에 그리스도인의 자녀됨을 말하는 것입니다. 동기와 정직, 이런 깊은 내면의 세계를 말하는 것입니다. 예를 들면, 십계명의 '간음하지 말라'와 '도적질하지 말라'는 계명은 외적인 것입니다. 그래서 그런 사건이 벌어지면 그에 대하여 정죄합니다. 그러나 예수님께서는 "마음의 탐심"이라고 말씀하십니다. 똑같은 죄입니다. 이 '순전'이라는 말은 외적인 것은 물론이고 깊은 내적인, 내재적인 것을 가리킵니다. 오직 하나님 나라의 가치관만 있어야 합니다. 혼합물, 세상적인 것이 섞여서는 안 됩니다. 어떻게 이렇게 살 수 있습니까? 참회해야 합니다. 하나님 앞에 참회해야 되는 것입니다. 그래서 하나님께 사유의 은총을 입으면 그는 믿음으로 말미암아 의인입니다. 하나님 앞에 순전합니다. 온전히 통회하고 자복하는 상한 심령, 그는 순전한 자입니다. 그러나 내가 죄인인 줄도 모릅니다. 진정한 참회의 기도를 드리지 못합니다. 끝없이 상대적 의를 누리는 바리새적 의로 살아갑니다. 그는 악한 사람입니다. 세상은 그를 칭찬할지 모르지만 하나님 앞에서 깊은 곳의 양심과 마음은 순전하지 못합니다. 그래서 바로 이런 순전함을 회복한 자, 그가 하나님의 자녀입니다. 그것이 그리스도인다운 삶입니다.

여섯 번째는, "흠 없는"에 대해 생각해 봅니다. "흠 없는"이라는 말씀은 "흠이 없고"라는 말씀과 같은 듯 하지만 의미가 다릅니다. without blemish 입니다. 오점이 없다는 의미의 다른 표현입니다. 그래서 하나님의 흠 없는 자녀, 이것이 그리스도인의 본질됨을 말하는데, 이 말은 하나님께 대한 말씀입니다. 영적인 표현입니다. 죄는 하나님 앞에 짓는 것입니다. 하나님께서 종말론적으로 우리를 평가하십니다. 판단하십니다. 심판하십니다. 그러므로 하나님 앞에 흠이 없어야 됩니다. 어느 누가 어느 인간이 윤리 도덕을 추구해나가면서 하나님 앞에 흠이 없을 수 있겠습니까? 그러므로 인간의 능력으로는 절대불가능입니다. 그러나 하나님의 능력, 하나님의 강권하시는 역사 속에서는 가능합니다. 너무도 쉬운 것입니다. 하나님 보시기에 흠 없는 제물, 봉헌물이 되라고 말씀하시는 것입니다. 그래서 로마서 12장에 이런 말씀이 있습니다. "너희 몸을 하나님이 기뻐하시는 거룩한 산 제사로 드리라(1절)." 하나님 앞에 경건한 예배자만이 흠 없는 자녀로 하나님께 인정받을 수 있습니다. 나아가 경건한, 예배화된 삶을 살아가는 사람만이 하나님 앞에 이러한 존재로 살아갈 수 있습니다.

이것이 가능한가? 극적인 인물을 예로 들겠습니다. 다윗은 분명 하나님의 사람이고 훌륭한 왕입니다. 그러나 그에게 결정적인 잘못이 있지 않습니까. 보통 죄가 아닙니다. 아시는 대로 가장 사랑하고 충성된 장군 우리야의 아내를 취했습니다. 여기서 멈춘 것이 아닙니다. 그 죄를 은폐하기 위하여 우리야를 죽입니다. 자기가 직접 죽이는 것도 아닙니다. 부하장수들을 시켜 죽입니다. 수많은 사람들을 합동시켜 악을 이루게 만듭니다. 이 죄를 1년 정도 지속했습니다. 다윗은 나단 선지자의 지적에 하나님 앞에 자기가 죄인이라고 참회 자복합니다. 하나님께서 용서하셨습니다. 이 장면을 생각해야 됩니다. 하나님께서 전적으로 흠이 없게 만드셨습니다. 그리고 그것을 확인시키기 위하여 비록 첫 밧세바의 자녀는 태어나자마자 죽지만 하나님의 은혜로 솔로몬이라는 왕을 낳게 됩니다. 그가 왕이 됩니다. 밧세바라는 이름이 예수님의 조상이 됩니다. 이것이 말이 됩니까? 어림도 없습니다. 하나님의 은혜가 아니면 지금 이러한 죄목을 가진 사람은 역사의 패륜아입니다. 유명할수록 역사적으로 끝까지 그 이름은 기록됩니다. 그리고 비난받을 것입니다. 하나님께서는 그의 죄를 용서하시고 보증해주십니다. "내 사랑하는 다윗, 내 사랑하는 자녀…." 하나님께서 전적으로 그 삶을 책임지십니다. 그리고 증거로 그러한 불륜의 관계에서 난 솔로몬을 왕이 되게 하시고 밧세바도 예수님의 족보에 나타납니다. 그것이 "흠 없는" 것입니다. 하나님 보시기에 흠이 없는 것입니다. "하나님의 흠 없는 자녀"입니다. 하나님 앞에 참회한 자, 예배한 자입니다. 하나님의 긍휼을 입은 자요, 하나님께서 책임지신 자입니다. 우리 모두가 예배하고 참회하고 하나님 앞에 있는, 하나님의 긍휼을 입은 자는 이와 같은 자녀입니다.

순전하여 흠 없는 하나님의 자녀가 되는 것, 이것은 하나님 앞에서 이루어지는 초월적 역사입니다. 하나님의 자녀는 흠이 없고 순전한 하나님의 자녀됨의 본질을 회복하여 우리의 주어진 구원을 이루어야 합니다. 왜냐하면 약속된 자녀요, 하나님의 약속이요, 하나님의 말씀이기 때문입니다. 내가 아무리 깨끗하고 아무리 경건해도 내 능력으로는 순전할 수도 없고 흠이 없을 수도 없습니다. 이것은 불가능합니다. 전적으로 불가능합니다. 그러나 이것은 율법이 아닌 하나님의 방법으로는 가능합니다. 하나님께서 의롭다 하신 자는 순전한 자입니다. 오직 믿음으로 의인이 된다고 성경은 말씀합니다. 그런 초월적인 하나님의 능력을 믿고 그 정체감으로 살아가는 그에게 이 말씀은 매일매일 이루어지는 것입니다. 이것이 하나님의 능력이요, 하나님의 역사입니다.

그래서 그 다음에 이런 말씀이 있습니다. "세상에서 그들 가운데 빛들로 나타내며." 우리가 어찌 빛이 됩니까? 그러나 하나님의 능력, 하나님의 지혜로는 빛을 발할 수 있습니다. 오늘, 비록 사람들이 나를 어떻게 보든, 나는 하나님의 자녀요, 하나님의 은총을 입은 자녀로 하나님의 은혜를 기억합니다. 사랑의 충만함을 경험합니다. 그래서 하나님의 말씀 위에 하나님의 역사를 증거합니다. 그는 빛입니다. 하나님께서 빛으로 인정해주십니다. 빛되라 하십니다. 세상의 빛과 소금, 여기에는 인간의 능력과 계획과 의지가 조금도 없습니다. 바로 이것이 하나님의 강권적 역사입니다. 하나님께서 내 안에 소원을 두시고 행하게 하십니다. "원망과 시비가 없이 하라." 그리고 하나님의 순전한 흠 없는 자녀가 되어라. 이것이 하나님께 영광을 돌리는 길입니다. 이러한 사람은 모든 것을 하나님의 것으로, 하나님의 능력으로, 하나님의 지혜로 살아갑니다.

중국인들에게 가장 영향력 있는 책이 있습니다. 계속적으로 그들에게 팔려지고 읽히는 책입니다. 제목이 『인생백미』입니다. 이 책에 재미있는 이야기가 하나 나옵니다. 어느 곳에서 새로운 옥수수 종자를 발견했습니다. 한 농부가 그 소식을 듣고 너무 기뻐 그 옥수수종자를 사옵니다. 그리고 그 씨앗을 정성들여 심고 재배했더니 아주 풍성한 열매를 맺습니다. 너무도 즐거 웠습니다. 옆집 농부가 그것을 보고 달려와 조금만 자기에게 팔라고 간곡히 요청합니다. 그런데 이 농부 생각에는 이 씨앗을 주면 경쟁력을 잃을까 두려 운 마음에서 단호히 거절합니다. 그 다음해가 됐습니다. 웬걸, 이전만큼 열 매가 맺히지 않는 것입니다. 다음다음해가 됐습니다. 더 안 열립니다. 이런 식으로 한 삼 년 되니까 이제는 아예 안 열립니다. 깜짝 놀라 그 원인을 조사 하게 됩니다. 그리고 드디어 원인을 발견합니다. 새로운 옥수수 종자가 바 로 이웃에서 날아온 옛날 종자의 꽃가루 때문에 열등한 종자로 변해버린 것 입니다. 이것이 과학적 설명입니다. 진작에 주었으면, 그것도 거저 달라는 것도 아니고 팔라고 했는데, 그때 주었으면 같이 win-win으로 큰 풍요를 누 렸을 텐데, 안타깝게 된 것입니다.

여러분, 우리에게 주신 하나님의 특권, 하나님의 말씀이 이와 같습니다. 우리는 하나님의 자녀입니다. 이성적 경험적으로 판단하고 제약하지 마십 시오. 완전한 자유, 완전한 풍요, 완전한 지혜가 있는 하나님 나라의 자녀로 부르심을 받았습니다. 하나님께서 인정해주셨습니다. 그런데 이 놀라운 은 혜와 사랑을 자기 혼자 꽉 쥐고 있으면 자기도 모르는 사이에 과거의 하나님 자녀, 하나님 나라 밖의 삶으로 돌아갑니다. 그래서 똑같아지는 것입니다.

용서하지 않고 화해하지 않고 끝까지 무한경쟁 속에서 결핍된 존재로 미 신적 행위와 같은 기도와 예배로 가득 차 있습니다. 항상 무응답의 기도입니 다. 하나님과의 인격적 만남을 경험하지 못합니다. 원인은 나에게 있는 것 입니다. 하나님의 사랑과 은혜를 증거해야 합니다. 그야말로 최종결론처럼 그 선교적 소명, 하나님의 위대한 역사를 증언할 때 내 믿음이 자랍니다. 내 가 더 큰 하나님의 은혜를 입습니다. 아브라함에게 주신 복의 근원, 그 역사가 나를 통하여 이루어집니다. 그럴 때 우리는 전적으로 하나님의 은혜였음을 고백합니다. 내가 헌신하고 내가 수고한 것 같지만 내가 한 것이 아닙니다. 내가 한 것이 없습니다. 이 모든 것이 하나님께서 소원을 주시고 행하게 하신 것입니다. 그야말로 아무리 힘들고 어렵고 고되고 어그러지고 거스르는 세상이라 할지라도 찬송을 부를 수 있습니다. 그리고 하나님께서 풍성한 복을 주심으로 모든 것을 회복하게 됩니다. 이것은 천당에만 있는 막연한 것이 아닙니다. 오늘의 현실에 있습니다. 그래서 하나님의 자녀는 용기가 있습니다. 지혜가 있습니다. 하나님의 능력을 나타냅니다. 이럴 때 하나님께서 영광을 받으시고 우리를 영광 안으로 초대하십니다. 이것은 하나님의 자녀에게 주신 실제적이고 구체적인 하나님의 역사입니다. 믿음으로 이 풍요롭고 아름답고 의미있는 삶을 누리면서 증인된 삶을 살기 바랍니다.

15.
생명의 말씀을 밝혀라

생명의 말씀을 밝혀 나의 달음질이 헛되지 아니하고 수고도 헛되지 아니함으로
그리스도의 날에 내가 자랑할 것이 있게 하려 함이라 만일 너희 믿음의 제물과 섬김 위에
내가 나를 전제로 드릴지라도 나는 기뻐하고 너희 무리와 함께 기뻐하리니 이와 같이
너희도 기뻐하고 나와 함께 기뻐하라 (빌2:16-18)

그리스도인됨은 하나님의 강권적 역사 안에 있다고 말씀드렸습니다. 전적
인 하나님의 은혜로 부르시고 말씀하시고 만나주심으로 하나님의 자녀가 될
수 있습니다. 하나님께서는 우리를 하나님의 '흠 없는 자녀' 되기를 바라십니
다. 하나님께서는 우리가 전능자 하나님 앞에서 완전한 삶을 살기를 바라십
니다. 그러나 이 불가능한 삶은 오직 하나님께서만 이루실 수 있습니다. 성
령의 역사로만 하나님의 뜻 안에서 그에 합당한 삶을 살아갈 수 있는 것입니
다. 우리는 "어그러지고 거스르는 세대(15절)"에 빛들로 불리움을 받았습니
다. 그래서 은혜의 통로가 되기를 하나님께서는 원하십니다. 이것이 하나님
의 뜻입니다. 그리스도인됨의 본질은 하나님의 자녀요, 하나님의 흠 없는 자
녀로 이 세대에 은혜의 통로되기를 하나님께서 원하신다는 것입니다.

오늘 주시는 말씀입니다. "생명의 말씀을 밝혀(16절)." 하나님의 자녀는 마
땅히 생명의 말씀을 증거해야 합니다. 그런고로 그리스도인은 빛의 자녀다.

생명의 말씀을 이미 받은 자라는 정체의식을 바로 가져야 합니다. 여기로부터 이제 보다 더 적극적인 이 세대를 향한 하나님의 선택의 목적을 깨달을 수 있는 것입니다. 그리스도인을 일컬어 세상의 빛이라 말씀하지 않습니까? 예수님 말씀입니다. 빛은 예수님 자체입니다. 우리는 빛의 자녀입니다. 우리 자체가 빛이 아니고 예수님께서 빛되시는 것입니다. 그 빛을 증거하는 자를 빛의 자녀라 말씀하는 것입니다.

이 말씀을 놓고 다시 상고해보도록 하겠습니다. 먼저 '세상의 빛', '빛의 자녀'에 대해 생각해 봅니다. 특별히 빌립보서에 나타난 '빛의 자녀'를 상고하기 위하여는 몇 가지를 동시에 이해할 필요가 있습니다.

첫째는, 세상의 문제입니다. "어그러지고 거스르는 세대"가 이 세상입니다. 이것이 하나님께서 보시는 이 세상의 정의입니다. 어두운 권세가 충만한 곳입니다. 하나님 없는 문화로 가득찬 곳이 이 세상입니다. 이것을 알아야 합니다. 그러면 이런 세상에서 그리스도인다운 삶, 그리스도인으로서 성공적인 행복한 삶은 어떤 것입니까? 이것을 분별해야 합니다.

며칠 전 오랜만에 친구한테서 전화가 걸려왔습니다. 오래된 친구인데 교회를 안 다닙니다. 열심히 전도를 하고 있는데 마침 전화를 걸어온 것입니다. 그래서 잘 지내느냐고 물었더니 잘 지낸다는 것입니다. 제가 금방 이렇게 되물었습니다. "잘 지내는 게 뭔데?" 그랬더니 "사업 잘 되고 아이들 공부 잘 하고 웰빙의 삶을 살아가는 것, 별로 걱정 없고 화목한 것, 그게 잘사는 거지." 합니다. 그래서 즉시 제가 이렇게 말했습니다. "예수 믿고 구원받지 못하면 잘사는 거 아냐." 그랬더니 늘 반복적으로 들려주는 말이라서 그런지 픽 웃더라고요. 예수믿고 신앙생활 하지 못한다면 그것은 죽은 삶과 같은 삶입니다. 잘 사는 거 아닙니다.

이것은 오직 그리스도인만이 압니다. 하나님을 모르는 자녀는 무엇이 잘사는 것인지 모릅니다. 그리스도인이 이런 어그러진 이 암흑의 세상에서 잘

사는 것은 하나님의 자녀로 살아가는 것입니다. 이 본질을 분명히 알고 살아갈 때 하나님께서 그와 함께하십니다. 복을 주십니다. 이것이 복음의 능력이요, 하나님께서 원하시는 그리스도인의 삶입니다.

둘째는, 인간의 문제입니다. 인간은 죽어가고 있고 죽은 존재라는 사실을 우리는 인식해야 합니다. 분명히 우리와 같은 사람이지만 하나님을 모르는 사람의 삶은 이미 죽은 존재입니다. 그래서 노아의 홍수사건을 통하여 하나님께서 계시해주십니다. 하나님을 모르는 세대의 삶은 오직 육체뿐이니라. 분명 우리와 똑같은 삶인 것 같으나 하나님의 영이 없으면 참인간이 아닙니다. 이것이 하나님께서 보시는 인간상입니다. 바로 이것이 우리의 영적 지식, 영적 세계관이 되어야 합니다. 오직 하나님을 아는 사람만이 참 생명의 사람다운 삶을 살아가는 것입니다. 하나님을 모르는 자녀는 이미 죽은 삶입니다. 우리가 그와 같았습니다. 그런 현실을 직시하고 나와 내 주변의 삶에 관심을 가져야 합니다.

셋째는, 빛의 필요성입니다. 어둠의 세계에서 오직 하나님의 자녀만이 빛의 자녀입니다. 그러나 어둠 속에 있는 그들에게도 빛이 필요합니다. 그것도 절박하게 필요합니다. 아주 긴급합니다. 운명적으로 필요합니다. 바로 이 부분에 대하여 오늘 믿지 않는 사람들뿐만 아니라 그리스도인조차도 바른 영적 지식을 가지고 있지 못합니다. 한번 초대교회 사람들과 오늘의 그리스도인들을 서로 비교해보십시오. 분명 그 시대 사람들보다 오늘의 그리스도인들이 더 많은 하나님의 계시적 말씀을 깨닫고 있습니다. 수많은 자료를 가지고 있습니다. 그 당시에는 성경도 없었습니다. 우리는 쉽게 신구약 성경을 이미 보고 읽고 여기에 관한 많은 하나님 말씀을 대할 수 있습니다. 그러나 분명하게 다른 것이 하나 있습니다. 그 시대 사람들은 그 시대가 성경 말씀 그대로 어그러지고 거스리는 세대로 빛이 필요하다는, 그 긴박성을 알고 빛을 증거하고 살았습니다. 그런데 오늘의 시대는 그 긴박성이 없는 것입니다. 이 성경적 세계관을 아직 가지지 못한 것입니다. 아직 하나님의 뜻을 분별하지 못한 것입니다. 이 시대에는 반드시 빛이 있어야 합니다. 그 빛을 예수 그리스도께서 보여주셨고 그 말씀이 우리를 통하여 증거되기를 원하십니다. 이 시대는 그야말로 복음의 절대성을 잃은 시대입니다. 이 점을 우리는 아주 분명하게 인식하고 이 시대가 빛이 필요한 시대라는 것을 인식해야 합니다.

『벤허』라는 작품이 세상에 나오기까지의 과정에 얽힌 유명한 일화가 있습니다. 두 사람이 있었습니다. 한 사람은 잉거스라는 이름의 대령이고, 또 한 사람은 루 윌리스라는 이름의 장군입니다. 이 두 사람이 함께 기차여행을 하던 중 서로 이야기를 나누고 있었습니다. 기쁘고 즐거운 시간입니다. 한데 그 잡담의 주제가 무엇이었느냐 하면, 바로 예수 그리스도에 관한 것이었습니다. 신성모독입니다. 잉거스 대령이 먼저 말합니다. "아니, 그리스도인은 예수님을 하나님의 아들 그리스도라고 믿고 있다는데 참 허튼소리 아니냐? 한심한 존재들이지. 가만 있어봐, 그리스도인이 많으니까 그러면 예수님을 주제로 연애소설 한 편 쓰면 이거 히트 칠거야." 이 말에 상대방은 또 맞장구를 치면서 서로 웃고 갑니다. 그리고 오랜 시간이 지났습니다. 그 윌리스 장군이라는 사람이 전역을 했는데 마땅히 할 일을 찾지 못합니다. 이런 저런 고민 끝에 문득 그 옛날 잉거스 대령과 나누던 대화가 떠오르는 것입니다. 그래서 이거 한번 해보면 되겠다고 생각합니다. '이거 돈벌이가 되겠네.' 장군은 드디어 예수님을 주인공으로 한 에로틱한 소설을 쓰고자 마음을 먹습니다. 하지만 성경을 알아야 쓰지 않겠습니까? 그래서 성경을 읽기 시작했다는 것 아닙니까. 그러다보니 더 분명한 역사적 자료가 필요하여 이스라엘에까지 가서 자료를 수집하게 됩니다. 그 과정에서 그는 마음에 변화가 일어납니다. 마침내 목적한 소설의 원고를 쓰게 되는데, 처음 계획과는 완전히 다른 소설을 쓰게 된 것입니다. 그는 즉시 무릎을 꿇고 기도합니다. "진실로 주는 하나님의 아들이요, 나의 구주시라." 이렇게 하여 『벤허』라는 명작이 나오고 이것을 원작으로 유명한 영화도 만들어진 것입니다.

넷째는, 하나님의 말씀입니다. 하나님의 말씀은 생명의 말씀입니다. 생명입니다. 살아 있습니다. 생명에는 능력이 있습니다. 완전히 사람을 변화시킵니다. 어둠 속에 있는 자를 하나님의 자녀로 불러일으키는 능력이 있습니다. 오직 하나님과 그 말씀만이 이런 생명력을 가지고 있습니다. 그런고로 또 하나 우리가 인식해야 될 것은 하나님의 말씀은 곧 기쁜 소식, 복음이요 그 자체는 오늘 주신 말씀대로 생명의 말씀이라는 것을 분명히 기억해야한다는 것입니다. 생명의 말씀입니다. 이 세상에 생명을 다루는 말씀은 오직 하나님의 말씀뿐입니다. 생명 자체가 예수 그리스도시요, 예수께서 하신 말씀 그대로가 생명력있는 능력의 말씀입니다. 이것을 믿으면 그리스도인은 하루라도 성경을 보지 않고는 살아갈 수 없는 존재입니다. 그 생명을 공급받아야 살아가는 존재가 그리스도인이기 때문입니다. 그런데 너무도 이 생명력있는 말씀에 대하여 무지하고 무감각합니다. 절실하게 '하나님의 말씀, 성경이 생명력 있는 말씀이다.' 이렇게 깨닫고 있지 못하다는 것입니다.

재미있는 예화가 하나 있습니다. 어느 시각장애인이 밤에 등불을 켜고 걸어가고 있었습니다. 상대방이 자기와 부딪히지 말라는 뜻에서입니다. 그런데 누가 와서 꽝하고 부딪힙니다. 그만 그 시각장애인은 화가 나서 말합니다. "너 눈 뒀다가 뭘 하냐? 등불도 보지 못하느냐? 정신 차려라." 그러자 상대방이 그 시각장애인을 살펴보더니 말합니다. "여보시오, 그 등불이 꺼졌소." 시각장애인이기에 등불이 꺼진 줄도 모릅니다. 자기가 지금 꺼진 등불을 들고 있는 줄도 모릅니다. 오늘의 그리스도인의 삶이 그와 같습니다.

성경은 꺼진 등불이 아닙니다. 생명 자체입니다. 생명의 말씀입니다. 신적 생명, 영원한 생명은 오직 성경으로부터 우리에게 주어집니다. 이것을 바로 믿고 영접할 때 그 말씀이 나를 새롭게 변화시킵니다. 그 간증을 가지고 있습니다. 그래서 이 어둠의 세상에 성경, 생명의 말씀을 증거하지 않고는 견딜 수 없는 것입니다. 또한 그 증거를 통하여 더 큰 하나님의 생명력을 공급받습니다. 그것이 또 하나님의 신비입니다. 이것을 믿고 받아들여야 합니다.

오래 전 프린스턴 대학에 구약학 교수인 짐 윌슨 박사가 있었습니다. 노교수였습니다. 어느 날 그의 학생들이 성경토론을 하고자 그의 집을 방문했답니다. 그래서 말씀을 나누려고 하는데 먼저 노교수가 질문을 합니다. "솔직히 한번 얘기해봐라. 성경 몇 번이나 봤냐? 정말 한 번이라도 제대로 본 적 있느냐? 손들어봐라." 그랬더니 단 한 사람도 없었답니다. 모두가 신학생들이었는데도 말입니다. 그래서 그는 말합니다. "나는 40년 동안 밤낮으로 성경을 연구했다. 그런데 단 하나의 오류도 발견할 수 없었다. 그야말로 이것은 하나님의 능력의 말씀이다. 자, 토론하기 전에 한번이라도 읽고 시작하자." 그리고 성경을 읽었다는 것입니다.

다섯째는, '생명의 말씀을 밝히라'입니다. 성경을 하나님의 말씀으로 믿으면 항상 가까이할 수 밖에 없습니다. 그 자체가 생명력있는 능력이기 때문입니다. 그런고로 바로 이 생명의 말씀을 밝혀야 된다는 것입니다. 오늘 본문말씀 그대로 생명의 말씀을 밝히라는 것입니다. 이것은 그리스도인의 본질입니다. 삶 자체입니다. 사명입니다. 특권입니다. 짐이 아닙니다. 자랑입니다. 생명의 말씀을 밝혀야 합니다. 그러기 위해서는 먼저 생명의 말씀을, 능력을 체험해야 됩니다. 알아야 됩니다. 믿어야 됩니다. 그래야 그 생명의 말씀을 증거할 수 있을 것 아닙니까? 우리보고 이 시대를 향하여 안 믿는 사람들에게 또는 믿음이 약한 사람들에게 도덕이나 윤리나 잘사는 법이나 성공하는 법을 가르쳐주라는 것이 아닙니다. 우리는 그들에게 복음은 생명이라는 것을 알게 해주어야 합니다. 생명력있는, 능력있는 말씀임을 증거해야 합니다. 바로 그러한 자가 그리스도인입니다. 이것은 신적 생명이요, 영생입니다. 이러한 종말론적 가치관 안에서 하나님 나라와 그 생명을 믿고 사는 자가 그리스도인입니다. 믿고 증거하는 자가 그리스도인입니다. 자, 자기의 삶을 생각해보십시오. 여기에 있는 분들은 다 그리스도인이라고 스스로 믿고 고백합니다. 얼마나 그 믿는 바 그 생명의 말씀을 이 어두운 세상에 증거하고 살아가고 있습니까? 이것은 그리스도인의 본질적 사명입니다.

좀 우스운 우화가 있습니다. 시골에서는 잔치 때 보통 돼지를 잡습니다. 그 이유가 있답니다. 처음에는 주인이 소를 잡으려고 했는데, 소가 이렇게 말하더랍니다. "주인님, 저를 잡으면 누가 밭을 갑니까?" 그래 주인은 다시 개에게 가서 개를 잡을까 했더니 개가 말합니다. "그러면 누가 도둑으로부터 이 집을 지킵니까?" 이번에는 고양이를 잡으려고 했더니 고양이가 말합니다. "그러면 쥐는 누가 잡나요?" 결국 마지막으로 돼지를 잡으러 갔더니 돼지는 쿨쿨 자고 있더랍니다. 그래서 잡아먹었다는 것입니다. 한 마디로 사명없는 돼지는 잡아먹힌다 이 말입니다.

그리스도인에게는 사명이 있습니다. 그래서 나를 택하신 것입니다. 누구보다 잘해서 누구보다 뛰어나서 하나님께서 나를 부르신 것이 아닙니다. 하나님의 놀라운 구속적 사랑과 그 경륜을 먼저 체험하고 증거케 하시기 위하여 빛의 자녀로 나를 부르셨습니다. 이를 우리는 믿고 알아야 합니다. 그래야 우리가 하나님의 자녀로 살아갈 수 있는 것입니다. 그런데 여기서 멈춘다면 어떻게 되겠습니까? 변질됩니다. 예전의 삶으로 돌아갈 수 밖에 없습니다. 그것은 이미 그리스도의 자녀의 삶이 아닙니다.

그 삶의 본질은 복음의 증거에 있습니다. 사도행전 1장 8절은 말씀합니다. "오직 성령이 너희에게 임하시면 너희가 권능을 받고 예루살렘과 온 유대와 사마리아와 땅 끝까지 이르러 내 증인이 되리라." You will be my witness-나의 증인이 되리라. 성령이 임하시면. 성령의 역사는 증인되게 하기 위하여 우리를 부르시는 것입니다. 그런데 이것을 거절하고 있습니다. 다른 소원성취만을 이루어달라고 기도하고 있습니다. 간구하고 있습니다.

뭔가 잘못된 인생을 살아가는 것입니다. 이러한 세대의 나의 나됨, 하나님 앞에서의 정체성 회복은 오직 사명의 본질에 충성할 때 나타납니다. 그럴 때 하나님께서 복을 주십니다. 그 뜻을 이루시기 위하여 형통케 하십니다. 구하지 않은 것까지 하나님께서 넘치도록 주십니다. 그러한 수많은 믿음의 선진들이 성경에 기록되어 있고 우리 주변에 얼마든지 있습니다. 우리 각 개개인이 바로 이 생명의 말씀에 대한 중인의 체험적 증거를 가지고 살아가는 것입니다. 하나님 나라에서 하나님께서 모든 것을 책임지시고 보상을 해주십니다.

다음으로, '그리스도의 날에 자랑할 것'에 대해 생각해 봅니다. 오늘 본문 16절 마지막 부분은 "그리스도의 날에 내가 자랑할 것이 있게 하려 함이라." 입니다. 그리스도의 날에 하나님을 만나는 날에 나로 자랑할 것이 있게 함이라. 여러분, 하나님 앞에서 자랑할 것이 무엇이겠습니까? 세상에서 인기 끈 것입니까? 일류대학 나온 것입니까? 웰빙의 삶입니까? 성공한 삶입니까? 하나님 앞에서 자랑할 것이 무엇인가를 생각해보십시오. 아무것도 없습니다. 세상적 기준이 아니고 나의 기준도 아닙니다. 하나님의 심판과 하나님의 기준은 오직 복음 증거, 중인의 삶 이것만이 자랑할 것이라고 성경은 말씀하는 것입니다. 그것만이 그리스도인됨의 본질이기 때문입니다. 우리 모든 그리스도인은 하나님께서 부르시는 그 날, 하나님의 은혜의 보좌 앞에 나아가는 그 날을 기대합니다. 그 날이야말로 구원의 완성의 날이요, 영원한 기쁨이 있는 날입니다. 그 소망으로 오늘 하루하루를 즐겁게 살아가는 것입니다. 하루하루를 주신 하나님을 찬양하면서 그 뜻을 이루고자 하는 자가 하나님의 사람입니다. 그런데 그 날 무엇을 자랑할 것입니까? 무엇을 하나님 앞에 말씀할 수 있습니까? 무엇을 준비하고 있습니까? 하나님 앞에서 준비된 삶은 오직 중인된 삶뿐입니다. 그것을 성령충만한 가운데 사도 바울은 알았습니다. 그래서 이것을 권면하고 있는 것입니다.

세계적인 위인이라고 일컬어지는 미국의 링컨 대통령은 믿지 않는 사람들한테는 그저 대통령이자 노예해방자로서 위인이지만, 신앙인에게는 그 이상의 의미를 지닙니다. 그가 위대한 것은 그리스도인이기 때문입니다. 한 영혼을 귀히 여기고 영향력있는 성공한 삶을 살았지만 그가 위대한 존재인 것은 그 우선순위를 하나님의 자녀됨에 두었다는 것입니다. 1861년 대통령에 당선된 그가 취임식장이 있는 워싱턴을 향해 가고 있을 때였습니다. 당시 세계적인 부흥사였던 무디 목사님이 링컨 대통령한테 초대장을 보냈습니다. 내용은 이렇습니다. "대통령 당선자께서 워싱턴으로 가시기 전에 우리 교회 성경학교 모임에서 어린이들에게 꿈과 신앙을 심어주는 말씀을 해주시면 진심으로 감사하겠습니다." 지금 취임식 하러 가는데 얼마나 바쁘겠습니까? 당시 링컨은 화급히 처리해야 할 수많은 문제들을 코앞에 두고 있었습니다. 새로운 내각을 구성하는 문제도 있고, 노예 문제도 있고, 남북 분열의 조짐도 보이는 와중이었습니다. 수많은 사건들과 문제들 틈에서 매우 바쁜 시간이었습니다. 그런데도 링컨 대통령 당선자는 무디의 교회에 갔습니다. 그것도 어른들을 상대로 한 것도 아니고 어린이들을 상대로 한 집회에 간 것입니다. 그리고 그 어린이들에게 복음이 얼마나 귀한 것인지, 한 영혼이 얼마나 귀한 것인지, 그 생명력 있는 말씀에 대하여 간증을 했습니다. 그래서 그가 위대한 자입니다. 하나님께서 그를 쓰셨고 그를 위대하게 만드셨습니다. 바로 그 중심이 하나님 말씀에 합당했기 때문입니다. 실제로 후에 남북전쟁이 일어났을 때 무디 목사님은 노예폐지론에 동참하면서 수많은 전쟁터에 가서 링컨 대통령을 위하여 하나님을 위하여 많은 수고를 합니다. 그렇듯 따르는 분들이 있었기에 링컨 대통령이 그만큼 위대한 사람이 될 수 있었던 것입니다. 그것은 그가 자기 안에 생명의 복음이 있고 그 말씀을 증거하는 것이 하나님의 뜻임을 알고 일상에서 실천적인 삶을 살았기 때문입니다.

여러분, 예수님의 마지막 유언과 같은 말씀이 어떤 것인지를 항상 기억해야 합니다. 수많은 귀한 말씀이 있지만, 그 중에서도 승천하시기 전에 마지막으로 주신 말씀이 참 귀합니다. 대위임령입니다. 마태복음 28장 18절에서 20절까지입니다. 땅 끝까지 내가 너와 함께하리라 하면서 주신 말씀입니다. 모든 족속을 제자화하고 복음을 전도하라는 것입니다. 사도행전 1장 8절에서 말씀합니다. "땅 끝까지 이르러 내 증인이 되리라." 복음전도 증인의 삶을 위탁하고 가셨습니다. 그리고 그것을 이루시기 위하여 그의 승기하신 영, 성령께서 이 땅에 오시어 먼저 행하신 일이 복음증거입니다. 하나님의 뜻이요, 가장 귀중한 소명입니다. 이것을 믿고 이 하나님의 뜻에 순종하는 것입니다. 그것이 하나의 역사를 이루고 내 삶이 하나님의 역사 중심에 있는 것이 되는 것입니다. 너무도 중요한, 아니 가장 중요한 복음의 핵심입니다.

사도 바울은 이 말씀을 너무도 잘 알았습니다. 그래서 오늘 말씀을 통하여 이것을 강조하면서 그 의미를 전달하고 기억케 하기 위하여 다른 표현으로 두 가지 비유로 생생하게 설명하고 있습니다.

하나의 비유는, 운동경기 비유입니다. 16절에 이런 말씀이 있습니다. "나의 달음질이 헛되지 아니하고 수고도 헛되지 아니함으로…." 달음질, 수고, 이것은 운동경기의 상황을 말씀하는 것입니다. 그 당시 헬라문화에서는 운동경기장이 있었습니다. 「글래디에이터」라는 유명한 검투사 영화에도 나옵니다. 대표적 운동경기인 올림픽경기는 4년마다 이루어지는데, 바로 거기에서 시작된 것입니다. 수많은 군중이 모입니다. 때로는 정치, 경제, 문화와 관련한 장소로도 쓰여졌습니다. 사도 바울도 거기 많이 참석했습니다. 복음증거를 위하여 사람이 모인 데는 다 갔습니다. 안갈 리 없습니다. 문화적 상황에서 복음전도자를 지금 설명하고 있는 것입니다. 그래서 고린도전서 9장과 디모데 전·후서에 보면 이 경기자의 모습을 예로 들어 복음증거자의 삶을 비유적으로 말씀합니다. 오늘도 마찬가지입니다. 달음질은 육상경기입니다. 뛰어가는 것입니다. 복음증거자는 이와 같이 뛰어가야 됩니다. 하나님 나라, 하나님께서 부르시는 결승점을 향해 달음박질하듯 최선을 다해야 함을 말씀하고 있는 것입니다. 더욱이 "수고도 헛되지 아니함으로…"라고 하였습니다. 이것은 헬라어로는 '코피안'입니다. 최선을 다하여 수고하고 노력한다는 의미입니다. 복음증거 하는 자는 최선을 다하여 간절한 마음으로, 탄식하는 마음으로, 불쌍히 여기는 마음으로 한 영혼의 구원을 위하여 기도하고 증인의 삶을 살아가야 합니다.

전당포 주인이었다가 예수 그리스도를 영접한 사람이 있었습니다. 생활이 완전히 변했습니다. 그래서 복음전도를 위하여 밖에 나가 좋은 일들을 많이 합니다. 그런데 어느 날 그가 술 취한 사람에게 복음증거를 합니다. "예수 믿고 구원 받으세요." 하니까 상황이 뻔하지 않습니까? 상대방이 빈정거리면서 그 증거자에게 이렇게 말했답니다. "여보슈, 내가 암만 술 취했어도 그렇지 내가 정말 지옥과 천당이 있다는 걸 믿는다면, 그게 확실하다면 당신처럼 흐지부지하게 그렇게 복음전도 안 해. 소신 없이 그런 식으로는 안 해. 나 같으면 몸과 마음과 뜻을 다하여 열정적으로 복음을 증거할 거야." 이렇게 오히려 빈정거리면서 그를 충고합니다. 그런데 이 말이 그에게 큰 충격으로 다가왔습니다. 그 날 이후 그는 더 열심히 열정을 가지고 복음증거를 합니다. 그러면서 구제활동을 합니다. 그가 바로 1878년 구세군을 창설한 윌리엄 부스입니다.

복음 증거는 "예수 믿으십시오. 안 믿으면 관두고." 이렇듯 무책임하게 되는 일이 아닙니다. 한 사람의 영혼, 죽은 자의 삶입니다. 하나님 앞에서는 다 죽은 자의 삶입니다. 불쌍합니다. 특별히 가족, 친구, 사랑하는 자를 위해 간절히 기도해야 합니다. 그러나 그 긴박성, 긴급성이 거의 다 사라졌습니다. 운동경기하는 자와 같이, 달음박질하는 것처럼 최선의 수고로 한 영혼의 구원을 위하여 기도하고 복음 증거하는 것이 하나님의 뜻이다, 하나님께서 기뻐하시는 일이다, 그것이 그리스도인에 합당한 삶의 본질이다. 이것을 말하고 있는 것입니다.

또 하나의 비유는, 제사의 비유입니다. 이방종교의 비유입니다. "만일 너희 믿음의 제물과 섬김 위에 내가 나를 전제로 드릴지라도…(17절)." 나를 관제로 드릴지라도, 이것은 비유입니다. 이방종교의 제사비유입니다. 한 마디로 그들의 종교문화에서 헌주(獻酒)라는 것입니다. 말 그대로 곡물을 이방신들에게 바칠 때 그 위에 술을 붓는 것입니다. 포도주를 쏟아 붓는 것입니다. 바로 그 희생과 같이 내 희생의 필요, 내 생명을 아끼지 아니하고 쏟아 부을지라도 나는 기뻐하리라. 복음전도에는 그만큼의 희생이 필요하다는 것을 말씀하는 것입니다. 한 영혼을 구원하기 위하여 그만한 대가를 지불할 마음으로 최선을 다해야 된다는 것을 비유로 우리에게 알려주고 있는 것입니다.

이 말씀을 다른 말로 하면 그 영혼을 구원하기 위하여 내게 가장 소중한 것을 내어줄 수 있어야 된다는 것입니다. 하나님께서 이삭을 바치라고 아브라함에게 명하십니다. 그는 그때 아주 행복한 시절입니다. 문제가 없습니다. 이스마엘도 분가했고 너무너무 행복한 삶을 살았습니다. 그야말로 하나님 없이도 이제는 잘살 수 있습니다. 아비멜렉과 언약도 맺었습니다. 아무도 그를 힘들게 하는 사람이 없습니다. 행복합니다. 이삭도 장성했습니다. 그런데 그때 갑자기 하나님께서 명하십니다. "네 사랑하는 독자 아들을 번제로 바쳐라." 한 마디로 네게 가장 소중한 것이, 나냐? 이삭이냐? 이것을 물으시는 것입니다. 하나님 앞에서 그리스도인으로서의, 하나님의 자녀로서의 정체의식을 회복케 하시기 위하여, 그의 믿음을 분명히 하시기 위하여 사건을 일으키십니다. 만일 그가 믿음이 없었다면 그는 실패한 자가 되고 말았을 것입니다. 그러나 그만큼 믿음이 자랐습니다. 그는 많은 고민 끝에 하나님을 택합니다. 주신 자도 하나님이시요, 취하시는 자도 하나님이시요, 더욱이 죽은 자와 같은 내 몸에서 하나님께서 생명을 만들어내셨습니다. 하나님께서 다 책임지실 것입니다. 그는 전능자 하나님을 택합니다. 그리고 결단하게 됩니다. 그래서 믿음의 조상입니다. "네 씨로 말미암아 천하 만민이 복을 얻으리라." 엄청난, 유일무이한 복을 받습니다. 그 믿음으로 하나님을 택한 자가 됩니다. 누구나 하나님의 뜻을 택한 자, 하나님과 하나님의 뜻 외의 그 무언가를 더 소중히 여긴다면 그것으로 큰 유혹에 빠질 것입니다. 하나님께서는 그것을 좋아하지 않으십니다. 하나님께서는 하나님의 존재와 하나님의 말씀을 우선시하는 삶을 가장 기뻐하십니다. 그래서 사건을 일으키십니다.

오늘, 사도 바울은 말씀합니다. "내가 나를 전제로 드릴지라도…(17절)." 그는 하나님의 말씀에 충성한 자요, 하나님의 뜻을 알았습니다. 여기에 기쁨이 있다는 것입니다. 역설적인 기쁨입니다. 아니 내 생명, 가장 소중한 것을 내어주는데 어떻게 기쁠 수 있다는 것입니까? 안 해본 사람은 모르는 것입니다. 진정 하나님의 뜻에 전적으로 순종한 사람만이 이 비밀을 압니다. 그 기쁨을 압니다. 그래 사도 바울은 말씀하기를 "나는 기뻐하고 너희 무리와 함께 기뻐하리니(17절)"라고 합니다. 모든 그리스도인의 영적으로 충만한 신령한 기쁨을 바로 이 복음의 증인으로서 하나님께서 그에게 주시고 그것을 누릴 수 있다는 것을 지금 말씀하고 있는 것입니다. 그래서 복음전도를 통하여 복음전도 안에서 하나님의 자녀로서 권세 있는 자와 같은 삶을 살 수 있다는 것을 강조하고 있습니다. '생명의 말씀을 밝혀라'라고 말입니다.

지금 이 말씀을 줄 때가 언제입니까? 감옥에 있을 때입니다. 그 감옥에서 그는 지금 석방되거나 몸이 건강하거나 또 다른 무슨 사역을 생각하지 않습니다. 오직 복음증거에 합당한 은혜의 도구가 되기를 원합니다. 더욱이 빌립보 교회에 보내는 편지입니다. 그 교인들은 합심해서 사도 바울이 이전같이 자유로운 몸으로 복음증거 하는 그 일을 위하여 기도했습니다. 사도 바울은 그 마음을 알고 지금 말씀하는 것입니다. 답을 주는 것입니다. "그것이 중요한 것이 아니다. 나는 이미 기뻐하고 있다. 나를 너희가 그리스도적 삶을 살아가는 것을 위해, 한 영혼이 구원받는 것을 위해 관제로 내어줄지라도 나는 기뻐한다. 나는 만족하다. 충만하다." 감옥에서조차 그런 영적으로 신령한 기쁨을 맛보면서 "너희도 이와 같이"라고 말씀하는 것입니다. "이와 같이 너희도 기뻐하고 나와 함께 기뻐하라(18절)." 이러한 전도적 소명, 그리스도인의 본질을 아는, 참된 가치를 아는 자만이 누릴 수 있는 영원한 기쁨, 신령한 기쁨을 그는 증거하고 있는 것입니다.

미국 LA에 새들백교회가 있습니다. 그 교회 목사님이 릭 워렌 목사님입니다. 최근 『목적이 이끄는 교회, 목적이 이끄는 삶』이라는 책으로 아주 유명해진 목사님입니다. 그 목사님의 아버지에 대한 이야기입니다. 저도 그 목사님의 아버지를 한 번 우연치 않게 뵌 적이 있습니다. 그 교회를 방문했을 때 보니 앞에 천막을 쳐놓고 책과 CD들을 팝니다. 그런데 마침 어느 노인 분이 모자를 쓰고 잠바를 입고 왔다 갔다 하더라고요. 그래 제가 그분에게 물었습니다. "여기서 추천할 만한 책 한 권만 제게 알려주십시오." 그랬더니 마침 릭 워렌 목사님의 책을 권합니다. 그 책 다 봤으니 다른 거 권해달라고 했더니 이번에는 조그만 책자를 권합니다. 굉장히 중요한 책이라고 해서 왜 중요하냐고 물었더니 릭 워렌 목사님의 책을 설명한 책이라는 것입니다. 그래 누가 썼느냐고 물었더니 놀랍게도 바로 자기가 썼다는 것입니다. 그 이름을 보니 지미 워렌 목사님입니다. 그 아버지입니다. 그래서 반갑게 인사를 나누었습니다. 우연히 그 분을 만난 것입니다. 그런데 그 분이 돌아가실 때 한 마디 유언을 한 것이 유명하게 전해지고 있습니다. "One more soul", 가장 가치 있는 삶은 한 사람의 영혼을 구원하는 것이다. 그것이 하나님께서 기뻐하시는 일이다. 가장 귀한 것을 간증하고 있습니다. 마지막 순간까지도 그 삶을 통하여 하나님께서 많은 역사를 이루시고 자손에게 큰 복을 주셨습니다. 한 영혼을 귀하게 여기는 마음 그것을 통하여 더 큰 하나님의 은총이 허락되는 것입니다.

20세기 선교역사를 바꾼 한 유명한 인물이 있습니다. 제가 가장 존경하는 신학자인 맥가브런입니다. 그는 93세에 돌아가셨습니다. 그분 주변의 많은 신학자들이 제게 말씀해주셨습니다. 그 유언이 무엇입니까? 단 한 마디, '판타 타 에스네', 이것은 마태복음 28장 말씀인 "모든 족속을 제자화하라"에서 '모든 족속'에 해당하는 헬라어입니다. All the nations입니다. 죽을 때까지 모든 족속을 제자화하라는 이 단순한 말씀 하나를 유언으로 남긴 것입니다. 생명의 말씀 그 자체가 진리이기에 그것을 목적으로 한 삶을 하나님께서는 너무도 풍요롭게 그 삶을 통하여 큰 역사를 이루십니다. 그 삶이 주 안에서 참된 영원한 기쁨을 누리며 하나님께서 큰 영광을 받으십니다.

여러분, 진정 내가 원하고 바라고 기뻐하는 그것이, 하나님의 뜻에 합당한 그것이 무엇입니까? 예수님께서 유언과 같이 주신 말씀, "땅 끝까지 내 증인이 되리라." 그 증인된 삶, 생명의 말씀을 부여받은 자가 마땅히 생명의 말씀을 증거하는 것은 당연한 것입니다. 그런데 이 당연함을 통하여 하나님께서 넘치는 복을 주십니다. 증인된 자에게 하나님께서 그를 증인되게 하시기 위하여 권세도 주시고, 능력도 주시고, 지혜도 주시고, 하나님의 임재의 확신도 주십니다. 복음의 증인으로 이 놀라운 하나님의 능력을 체험하는 모두가 되시기를 바랍니다.

16.
진실히 생각하는 자

내가 디모데를 속히 너희에게 보내기를 주 안에서 바람은
너희의 사정을 앎으로 안위를 받으려 함이니 이는 뜻을 같이하여 너희 사정을 진실히 생각할 자가
이밖에 내게 없음이라 그들이 다 자기 일을 구하고 그리스도 예수의 일을 구하지 아니하되
디모데의 연단을 너희가 아나니 자식이 아버지에게 함같이 나와 함께 복음을 위하여 수고하였느
니라 그러므로 내가 내 일이 어떻게 될지를 보아서 곧 이 사람을 보내기를 바라고 나도 속히 가게
될 것을 주 안에서 확신하노라 (빌2:19-24)

지난 시간까지는 사도 바울이 빌립보 교인을 향하여 그리스도의 본질에 관한 성경적이고 교리적인 권면을 하는 말씀을 집중적으로 상고해봤습니다. 오늘 본문은 보다 더 구체적이고 개인적인 자신의 소원을 편지를 통하여 권면하는 말씀입니다.

빌립보서는 사도 바울이 감옥에서 편지를 써서 에바브로디도 목회자를 통하여 빌립보 교회에 보내는 서신입니다. 그래서 오늘 본문의 중심에 디모데라는 인물이 나타납니다. 특별히 20절 말씀은 디모데에 대한 소개입니다. "이는 뜻을 같이하여 너희 사정을 진실히 생각할 자가 이밖에 내게 없음이라." 진실히 생각하는 자, 하나님의 사람 디모데, 이 말씀을 중심으로 오늘 본문 전체의 말씀을 함께 상고해보도록 하겠습니다.

사도 바울은 오직 믿음으로 의인된다는 '이신칭의론(以信稱義論)'을 말씀합니다. 또한 이 중요한 시기에 디모데를 '가장 믿음이 좋은 자' 또는 '정말 굳건한 믿음을 가진 자'라고 소개해야 마땅할 것 같은데, 오늘 본문에는 '믿음'이라는 말씀은 없고 대신 '진실히 생각할 자', '오직 한 사람, 진실히 생각하는 하나님의 사람'이라고 소개하고 있습니다. 이 깊은 뜻을 우리는 생각해야 합니다. 이런 이야기가 있습니다. 살아 있는 성녀라고 알려진 아주 믿음이 좋은 과부 한 분이 있었습니다. 이 분에게는 아주 귀한 아들이 하나 있었습니다. 한번은 그 아들을 데리고 함께 물 위에 놓인 다리를 건너는데 그만 아이가 실족하여 물에 빠지고 말았습니다. 물이 깊고 물살이 급하여 아이는 그냥 허우적거리기만 합니다. 마침 주변에 있던 사람들이 깜짝 놀라 빨리 아이를 구하고자 물에 뛰어들려 합니다. 한데 바로 그때 그 과부가 그들에게 멈추라고 말합니다. "그대로들 계세요. 이제 나의 신앙만으로, 내 기도만으로 그 아이를 구원해 낼 수 있을 것입니다." 그러면서 과부는 무릎을 꿇고 열심히 기도합니다. 결과는 어떻게 되었겠습니까? 아들은 죽었습니다. 과부는 아주 애통해하였습니다. 원망하고 불평하였습니다. 요즘 보면 '믿음'이라는 말들을 많이 하지만 진정한 믿음이 무엇인지는 모릅니다. 대개는 그냥 자기소원 말하고 믿는 것입니다. 그 믿음을 주신 분의 뜻을 깊이 알아야 합니다. 그것이 믿음입니다. 그 믿음에 대한 깊고 신중한 생각이 없습니다.

오늘 본문은 말씀합니다. "진실히 생각할 자…" 믿음이 있는 자는 믿음에 관하여 진실하고 정직하게 생각하고 사고하는 자입니다. 하나님께서는 우리에게 분별력과 이성을 주셨습니다. 그래서 중생하여 구원받은 이성으로 깊은 통찰을 통하여 말씀을 깨닫고, 말씀을 통하여 하나님을 경험하게 하십니다. 그 깊은 은혜의 세계에 동참할 때 주시는 하나님의 은혜입니다. 사도 바울은 디모데를 '진실히 생각할 자'라고 소개하고 있습니다. 디모데에 관해서는 성경에 기록이 많지 않습니다. 그러나 몇 가지를 놓고 그에 대해 살펴보면 첫째로, 그의 어머니는 유니게요, 조모는 루이스입니다. 두 사람 다 유대인입니다. 하지만 아버지는 헬라인입니다. 이러한 배경에는 깊은 신학적 이해가 있습니다. 신앙의 전통, 그 히브리적 교육은 바로 어머니를 통하여 전해집니다. 그러니까 어렸을 때 누구에게 교육을 받았느냐가 그의 정체성을 결정해줍니다. 이런 점에서 디모데의 어머니와 조모가 유대인이었다는 것은 디모데가 어떤 사람인지를 분명히 설명해주는 근거입니다. 대표적인 인물이 모세입니다. 그는 태어난 이후 40년 동안이나 애굽의 바로 왕궁전에서 고급교육을 받았습니다. 그럼에도 불구하고 성장한 뒤 자기가 누구인지, 그 정체성에 대한 의문을 품은 끝에 히브리 사람으로 살기로 결단합니다. 성경에 자세한 내용은 나오지 않지만, 우리는 밝은 이성으로 충분히 미루어 생각할 수 있습니다. 그 유모가 친어머니였기 때문입니다. 그 유대인 어머니를 통하여 어렸을 때부터 많은 교육을 받은 것입니다. 디모데 또한 그런 경우입니다. 둘째로, 사도행전 16장 1절 이하를 보면 사도 바울이 2차 세계전도여행 중에 더베와 루스드라라는 곳에 가서 디모데를 제자로 삼았다는 기록이 나옵니다. "아주 칭찬받는 제자가 바로 디모데다."셋째로, 성경은 그를 가리켜 제자요, 동역자요, 아들이라고 말씀합니다. 특별히 사랑하는 아들, 믿음의 아들이라고까지 소개합니다. 그만큼 디모데는 사도 바울에게 충성되고 진실한 자였다는 것을 성경을 통해 알 수 있습니다. 그래서 사도 바울은 항상 디모데와 동행합니다. 서신서 다섯 통 이상에 디모데라는 이름이 연서되니까, 그만큼 그가 사도 바울을 따랐고 둘이 함께 사역했다는 것을 알 수 있습니다. 그만큼 존경했고 사랑했기 때문입니다.

유명한 교훈이 있지 않습니까. "Out of Sight, Out of Mind." 눈앞에서 사라지면 마음에서도 멀어집니다. 정말 사랑하면 가까이 있기를 바라는 것입니다. 그만큼 디모데는 가장 사도 바울과 가까이 함께 지냈던 인물입니다. 디모데는 '가까이 있던 자'입니다. 더욱이 오늘 본문 20절은 말씀합니다. "진실히 생각할 자가 이밖에 내게 없음이라." 디모데밖에 없다는 것입니다. 한 마디로 진실히 생각하는 자를 알아보는 그 사람도 진실한 사람입니다. 그러고 보면 두 사람입니다. 사도 바울 자신과 디모데입니다. 이 두 사람만이 어떻게 보면 진실히 생각하는 자였다고 지금 성경은 기록하고 있습니다. 한 번 상황을 생각해보십시오. 사도 바울은 일평생 선교사역을 한 사람입니다. 수많은 사람들을 만났습니다. 많은 사람들을 전도했습니다. 또 그에게는 그와 함께 동역하기를 원하는 하나님의 사람들이 많았습니다. 그런데도 그 많은 사람들 중에서 오직 "이 밖에 내게 없느니라"라고 말씀합니다. 이런 사람들이 많아야 되는데 오직 디모데 뿐이었다는 것입니다. 신앙의 큰 본이 되는 인물이 바로 디모데라는 것입니다.

예수님을 생각해보십시오. 3년 동안 사역을 하셨지만, 그나마 남은 제자는 11명 뿐이었습니다. 12명에서 하나가 배반을 하지 않았습니까. 그만큼 진실한 동역자, 파트너는 귀한 것입니다. 많을수록 좋지만 참 어려운 문제입니다. 그럼 진실한 것이 무엇인가? 오늘 본문은 "뜻을 같이 하여"라고 말씀합니다. 뜻이 같습니다. 하나님의 뜻 안에서 너와 내가 함께 서로를 전적으로 신뢰하고 서로를 위하여 기도해주고 서로 용서하고 화해하고 위로하는 아름다운 관계를 말씀하는 것입니다. 목회자로서 저 역시 이런 부분을 깊이 생각해볼 수밖에 없습니다. 모든 목사님들이 다 동일한 생각일 것입니다. 교인들은 많지만, 정말 진실히 생각하는 자가 누구인가. 이름을 대기가 참 어렵습니다. 모르면 모르는 대로 어렵고 알면 아는 대로 어렵습니다. 여러분, 정말로 진실히 나를 위해 기도하고 나와 함께 은혜 중에 있는 사람을 몇이나 꼽을 수 있습니까?

21절에서 말씀합니다. "그들이 다 자기 일을 구하고 그리스도 예수의 일을 구하지 아니하되." 그 많은 사람들이 그리스도인입니다. 선교사역을 한 사람도 있었을 것입니다. 기도하는 사람도 많았을 것입니다. 그런데 사도 바울은 아는 것입니다. 그 깊은 중심을 영적으로 분별해보니 하나님을 믿는다고는 하지만 그 안에는 자기 일을 먼저 구함이 있는 것입니다. 우선순위가 예수 그리스도를 향하여야 하는데, 하나님 나라와 그 의를 구하는 삶이어야 하는데, 입술로는 고백하지만 실제 삶에서는 그렇지 않은 흔적들을 너무나 많이 발견하게 된 것입니다. 그래서 오직 디모데뿐이다. 지금 말씀하고 있습니다. 오늘날에도 이 부분은 간단합니다. 물론 사역 안하는 분은 빼고, 봉사하고 헌신하는 분들 중에서도 이 두 가지만 갖다놓으면 금방 나옵니다. 시간과 물질입니다. 봉사 좀 하십사 하고 일단 상황을 보고 권면해도 시간을 충분히 내지 못합니다. 이유를 알아보면 다 개인적인 것들입니다. 여기 개인적인 일 없어서 봉사하는 분 누가 있습니까. 물질의 문제도 그렇습니다. 시간 내기가 좀 어려운 분들은 물질로도 봉사 많이 하십니다. 그러나 오히려 넉넉한 분들, 하나님께서 물질의 은사를 주신 분들이 더 인색하여 물질봉사를 어려워합니다. 이것이 다 시험거리입니다. 하나님의 일? 아니면 나의 일? 우리는 결단해야 합니다. 선택할 수밖에 없습니다.

정신 분석가이자 상담가인 존 데이비스의 『Lord of All』(모든 것의 주인이신 주님)이라는 저서가 있습니다. 거창한 제목입니다. 그 책에 실화 하나가 나옵니다. 어떤 피상담자가 있었는데 자신밖에 모르는 사람이었습니다. 자기가 세상의 중심이라고 생각하는 여성 환자입니다. 모든 것이 자기를 중심으로 되어야 합니다. 자기가 주인공이어야 합니다. 그렇지 않으면 막 화를 냅니다. 불신합니다. 전혀 이해 불가한 인물이었습니다. 데이비스가 그 여성 환자와 상담을 하게 되었습니다. 그리고 권면합니다. 자기 이야기를 다시 한번 해보라고 하니 온통 다 자기자랑뿐입니다. 데이비스는 그 여성 환자가 하는 이야기를 충분히 다 듣고 그 환자를 돌려보냈습니다. 일주일 후에 다시 만났습니다. 그래 또 어렸을 때의 일을 이야기해보라고 합니다. 환자는 또 자기 이야기만 합니다. 자기자랑에 온통 자기중심적인 이야기뿐입니다. 그는 판단합니다. '이 환자 머릿속에는 자기 자신밖에 없구나. 그런 존재구나.' 그리고 처방을 내렸습니다. "당신 내일 아침 일찍 나이아가라 폭포로 가서 이 세상에 당신보다 더 큰 무엇이 있는가를 생각하고 보고 오시오." 나이아가라 폭포와 같은 큰 자연 앞에 서보면 나는 없습니다. 아주 작아집니다. 그것을 느끼고 오라는 것입니다.

하물며 그런 자연물을 지으신 창조주 하나님, 역사의 주인이신 하나님을 실제로 대면하고 그 임재를 확신한다면 그 앞에서 어찌 내 주장이 나오겠습니까? 내 주장이 나온다면 그것은 지금 내가 믿는 그 하나님께서 어떤 분이신지를 피상적으로 믿기 때문입니다. 그 모든 것을 지으신 역사의 주인이신 하나님 앞에서 내 존재는 없어지는 것입니다. 그것이 어떻게 보면 참된 기도요, 말씀 중에 자기를 발견하는 것입니다. 하나님 앞에서 나의 정체성을 회복하는 은혜 충만한 시간입니다. 그것이 은혜입니다. 내가 보인다면 그것은 아직 멀었다는 뜻입니다. 진정 깊이 있는 말씀의 세계에서는 하나님께서 하신 일만이 옳고 하나님의 영광만이 중요합니다. 디모데는 우리와 똑같은 사람이지만 전적으로 예수 그리스도의 일을 구한 진실한 사람으로 사도 바울을 통하여 지금 칭찬받고 있습니다.

또한 이 진실하다는 것은 이 전체 문맥을 통하여 다시 한 번 볼 수 있습니다. 사도 바울은 지금 감옥에 있습니다. 이 빌립보 교회의 상황을 알고 싶습니다. 하지만 움직일 수 없습니다. 그래서 자기 대신 디모데를 보냅니다. 자기 대신으로 보낼 만큼 디모데는 아주 특별한 존재라고 소개하는 것입니다. 마치 대사(大使)와 같습니다. 외국에 보낸 대사는 대통령을 대신하는 사람입니다. 나라의 국민을 대표하는 것입니다. 지금 사도 바울은 자신이 몸소 가지 않아도 사도 바울을 대신하여 충분히 그 역할을 수행할 수 있는 인물이라고 디모데를 소개하고 있는 것입니다. 창세기에 나오는 아브라함의 늙은 종과 같습니다. 아브라함이 자기 언약의 자녀 이삭의 배우자를 구하는

데 본인이 직접 가지 않고 늙은 종을 보냅니다. 그 귀한 일을 종에게 시키는 것입니다. 그리고 이릅니다. "하나님께서 너를 인도해주실 것이다." 정말 그 늙은 종은, 우리가 성경을 통하여 익히 알고 있는 것처럼 아브라함에 버금가는 훌륭한 신앙을 가진 사람입니다. 아브라함 곁에서 수십 년 동안 보고 배운 자입니다. 그래서 하나님께서 복을 주신 내 주인 아브라함의 뜻을 그 하나님께서 이루어주실 것을 믿습니다. 기도로 시작하여 기도로 끝납니다. 그 과정 자체가 기도입니다. 늙은 종은 투철한 사명감으로 목적을 달성합니다. 바로 그런 사람이 '진실한 자'입니다.

더욱이 오늘 본문 첫 말씀을 보면 사도 바울은 이렇게 말씀합니다. "내가 디모데를 속히 너희에게 보내기를…(19절)." 저는 여기에 '나 대신 보내기를'이라는 한 말씀을 더 첨가하고 싶습니다. "주 안에서 바람은 너희 사정을 앎으로 안위를 받으려 함이니." 이 말씀이 얼마나 아름답습니까? 사도 바울이 안위를 받기를 원합니다. 이미 보신 것처럼 사도 바울은 담대한 분입니다. "살든지 죽든지 내 몸 안에서 그리스도가 존귀히 되길 원하노라." 생사를 초월한 분입니다. "내게 사는 것이 그리스도니 죽는 것도 유익함이라." 이런 분이 빌립보 교인을 통하여 위로받기를 원합니다. 잘못 생각하면 '아, 이렇게 나약한 믿음을 가진 연약한 자가 있는가?'라며 비정상적인 믿음의 소유자라 생각하기 쉽겠지만 천만의 말씀입니다. 진정 마음이 따뜻한 하나님의 사람의 모습을 그대로 보여주고 있습니다. 아무리 내 믿음이 훌륭하고 담대하더라도 우리는 성도의 교제를 통하여 위로를 받아야 행복한 사람들입니다. 그 부분을 숨기지 않고 그대로 드러냅니다. 참 아름다운 그의 진실을 볼 수 있습니다. 이런 사람이 진실한 사람입니다. 예수님께서도 자기감정을 그대로 드러내시고 우시기도 하시지 않았습니까. 이것은 주저하거나 부끄러워할 모습이 아닙니다. 그리스도의 자녀됨이요, 가장 정직하고 진실한 자의 모습입니다. 그러한 내면의 세계를 지금 빌립보 교회를 향하여 알려주고 있습니다.

22절에 이런 말씀이 있습니다. "디모데의 연단을 너희가 아나니…." 진실한 자는 연단받은 자입니다. 진실한 사람이 하루아침에 됩니까? 누구를 한 번 딱 만나고 '정말 진실한 자다'라고 말할 수 있습니까? 이것은 한 마디로 오랜 기간을 통하여 형성되는 신앙적 인격입니다. 연단이라는 말에는 적어도 두 가지 의미가 있다고 생각합니다. 하나는 '시험'이고, 또 하나는 '시험 후에 증명된 인격'입니다. 디모데는 수많은 사건을 겪었습니다. 수많은 고난을 겪었습니다. 그래서 소위 credit, 신임을 얻은 자입니다. 다윗도 말하지 않습니까? "고난은 내게 유익이라." 극복할 수 있는 고난, 특별히 하나님께서 주신 고난의 확증만 있으면 그것 많이 받을수록 좋은 것입니다. 이런 사건을 통하여 하나님의 사람이 되어가는 것입니다.

성경의 그 많은 인물들, 아니 우리 주변의 모든 사람들, 하나님께서 쓰시는 분들 중에 고난 받지 않은 분들 없습니다. 사도 바울은 말씀합니다. "디모데의 연단을 너희가 아나니 나와 함께 복음을 위하여 수고하였느니라(22절)." 수고란 그야말로 종노릇했다는 것입니다. 부분적으로 조금이 아니라 전적으로, 생명을 바치면서까지 모든 위험과 위기와 고난과 수치를 피하지 않고 직면하며 하나님을 위하여 사도 바울을 도운 것입니다. 그래서 사도 바울은 그를 가리켜 '진실한 자'라고 말씀한 것입니다. 검증된 사람입니다.

다시 사도 바울은 말씀합니다. "나도 속히 가게 될 것을 주 안에서 확신하노라(24절)." 참 위대한 신앙고백입니다. 그는 지금 감옥에 있습니다. 정확하게는 이렇게 말해야 됩니다. "네로 황제가 나를 풀어 주면, 내게 기회를 주면 내가 너희에게 갈 수 있다." 그런데 지금의 상황은 본인도 알고 남들도 다 압니다. 그것은 죽을 수밖에 없는 상황입니다. 한 치 앞을 볼 수도 없습니다. 그러나 사도 바울은 담대하게 말씀합니다. "나도 속히 가기를 주 안에서 확신하노라." 이것이 믿음입니다. 주 안에서 주님의 뜻이 있으면, 주님의 능력 안에 내가 있으면 주님의 뜻대로 주님의 힘을 입어 반드시 그렇게 될 것을 믿는다는 것입니다. 내 소원을 믿는 것이 아니고 주 안에서 주의 주권, 주의 능력, 주의 통치 안에서 주께서 원하시면 이렇게 된다는 것을 믿는다는 것입니다. 그래서 확신한다는 것입니다. 하나님의 뜻이 있었기에 그 성취를 경험하게 됩니다. 이러한 믿음 가운데 그는 하나님을 생각합니다. 하나님의 사역을 깊이 생각합니다. 진실하게 생각하는 자입니다. 과거에 경험했습니다. 억울하게 옥살이 하는데 빌립보 감옥 문이 열립니다. 그 많은 고통 중에 그는 찬송을 부릅니다. 왜? 하나님의 역사를 깊이 생각했기 때문입니다. "살든지 죽든지 주의 뜻대로 하옵소서. 이 진실한 신앙 위에 하나님께서 놀라운 기적의 역사를 나타내시옵소서." 사도 바울은 말씀합니다. "나도 속히 가기를 주 안에서 확신하노라." 디모데를 보내면서도 말씀합니다. '주 안에서' 이렇게 되기를 소망합니다. 항상 '주 안에서'입니다. 주 안에서 주의 뜻대로 되기를 소망하고 확신하는 자가 진실한 하나님의 사람입니다.

버마에서 아주 헌신적인 선교사역을 한 아도니람 저드슨 목사님이 있습니다. 그가 1812년에 영국의 위대한 선교사 윌리엄 캐리를 인도로 직접 방문하여 귀한 대화를 주고받았습니다. 저드슨 목사님이 물었습니다. "참 큰일을 하셨습니다. 어떻게 그 많은 역경들을 다 극복하시고 그렇게 용기있게 사역하실 수 있었습니까?" 그도 그럴 것이 윌리엄 캐리는 세 차례나 살해를 당할 뻔했고 인도정부로부터 갖은 선교방해를 받았고, 또 그가 수고와 땀으로 이룩해놓은 원고와 인쇄도구들과 서류들이 거의 다 불타버리는 화재까지 경험합니다. 그런데도 그는 낙심하지 않았습니다. 큰 하나님의 사람으로 많은 일을 합니다. 바로 그 부분에 대한 질문입니다. "어떻게 그런 큰 믿음과 용기를 가지고 이런 일을 할 수 있었습니까?" 그러자 윌리엄 캐리는 저드슨 목사를 모시고 그 정원을 걸으면서 이렇게 고백합니다. "여기가 바로 나의 예배장소이자 기도와 묵상의 자리입니다. 이 자리가 없었다면 나는 용기를 가질 수 없었을 것입니다. 또한 계속해서 고난을 이겨내지 못했을 것입니다.

나는 이 자리에서 매일 새벽 5시에 기도를 하였고 하루일과가 끝나고 저녁이 되면 식사 후에 또 다시 손에 성경을 들고 이 자리에 와서 기도했습니다. 하나님의 말씀이 내게 용기를 주었고 주 안에서 주의 뜻대로 되기를 간절히 소망하는 가운데 한 마디로 하나님의 능력에 편승하여 이런 일을 겸손하게 이룰 수 있었습니다." 이런 자가 하나님의 사람이요, 진실된 사람입니다.

얼마 전 아버지 목사님께로부터 개인적으로 들은 말씀입니다. 대구에 부흥회를 인도하러 가셨다가 그곳 목사님의 간증을 들으신 것입니다. 내용은 이렇습니다. 그 목사님은 뒤늦게 신학을 했습니다. 성경을 잘 모른다는 이야기입니다. 어려서부터 다녔어야 성경을 골고루 알지, 갑자기 신앙생활을 하면 짧은 시간 안에 성경을 파악하기가 쉽지 않습니다. 확실한 부분만 파악되고 저 끝에 있는 부분은 잘 모르게 됩니다. 그 분이 이제 목사안수를 받고 첫 부임지에 갔습니다. 그런데 웬 설교 할 일이 그렇게 많은지, 너무너무 힘이 드는 것입니다. 그래 심방을 할 때는 설교준비를 안한 채로 가서 그냥 성경책을 탁 펴서 그때 보이는 말씀대로 인도를 했답니다. 그런 식으로 한동안 잘 나갔습니다. 한데 어느 날 어느 장로님 댁에 가서 또 그렇게 성경을 딱 펴니 창세기 5장의 에녹 사건 부분이 나타난 것입니다. 문제는 그분이 에녹을 모른다는 것입니다. 그래 가만히 생각해보니 이름이 예쁘거든요. '아, 에녹은 여자구나'라고 생각한 그분은 이렇게 설교를 했답니다. "하나님의 사람 신실한 여종이 하나님의 뜻에 잘 순종하여 하나님께서 승천케 하셨다." 그렇게 며칠이 지난 뒤에 그 장로님이 와서 조용하게 묻더랍니다. "목사님, 에녹이 남자입니까 여자입니까?" 그래 그분은 자신있게 대답했답니다. "여자죠." 그런데 장로님은 아무 말씀이 없습니다. 그렇게 3년이 지나 떠날 때가 되었답니다. 그 교회에서 환송파티를 하고 떠나려고 자동차에 오르려는데 그 장로님이 조용히 와서 또 묻더랍니다. "목사님, 에녹이 남자입니까 여자입니까?" 그제야 목사님은 대답했답니다. "남자죠." 그랬더니 그 장로님 "아,

그렇군요." 하며 가더랍니다. 이 분은 그 교회 떠나고 나서도 그 분 얘기만 나오면 꼼짝을 못한답니다. 그 장로님 한 번도 그 소문 내지 않았습니다. 흉 보고 다니지도 않았습니다. 얼마나 아름다운 광경입니까. 이것이 진실하게 생각하는 자의 삶입니다.

믿음은 진실하게 주님을 위하여 교회의 덕을 위하여 하나님의 사람을 위하여 생각하는 것입니다. 이것을 통하여 하나님께서 역사하십니다. 디모데 는 그런 사람입니다. 디모데는 리더가 아닙니다. Co-Leader, 동역하는 조력자 입니다. 리더는 사도 바울입니다. 그는 단지 조력자일 뿐입니다. 그러나 항상 '진실히 생각하는 자'로 그 하나님의 마음, 그리고 사도 바울의 마음을 흡족케 합니다. 얼마나 아름다운 관계입니까? 이것이 성도의 교제요, 은혜 공동체의 삶입니다. 제가 오늘 찬송을 355장으로 불렀습니다. 후렴이 '이름 없이 빛도 없이'입니다. 이것이 진정한 하나님의 사람이요, 진실한 자의 삶 입니다.

17.
존귀히 여길 자

그러나 에바브로디도를 너희에게 보내는 것이 필요한 줄로 생각하노니
그는 나의 형제요 함께 수고하고 함께 군사 된 자요 너희 사자로 내가 쓸 것을 돕는 자라
그가 너희 무리를 간절히 사모하고 자기가 병든 것을 너희가 들은 줄을 알고 심히 근심한지라
그가 병들어 죽게 되었으나 하나님이 그를 긍휼히 여기셨고 그뿐 아니라 또 나를 긍휼히 여기사
내 근심 위에 근심을 면하게 하셨느니라 그러므로 내가 더욱 급히 그를 보낸 것은
너희로 그를 다시 보고 기뻐하게 하며 내 근심도 덜려 함이니라 이러므로 너희가 주 안에서
모든 기쁨으로 그를 영접하고 또 이와 같은 자들을 존귀히 여기라
그가 그리스도의 일을 위하여 죽기에 이르러도 자기 목숨을 돌보지 아니한 것은
나를 섬기는 너희의 일에 부족함을 채우려 함이니라 (빌2:25-30)

빌립보서는 빌립보 교회의 사역자인 오늘의 목사님과 같은 분인 에바브로디도를 통하여 빌립보 교회에 전달된 서신입니다. 지난 시간에는 이 서신 중 '진실히 생각하는 자' 또 사도 바울이 '나의 사랑하는 아들'이라고 표현한 디모데를 천거하는 내용을 함께 깊이 상고해 보았습니다.

오늘 본문은 그에 이어 에바브로디도라는 사역자를 소개하고 아주 극적인 사건과 함께 그를 추천하는 말씀입니다. 지금 사도 바울은 디모데를 추천할 때보다 더 세밀하고 신중하게 신경을 쓰고 있습니다. 그 이유는 그 교회에서 에바브로디도를 파송했기 때문입니다. 이제 돌려보낼 때에 그 교회 안

에 불필요한 오해와 잘못된 생각을 가진 무리들이 있기에 그들의 생각을 제거하기 위하여 이와 같은 깊은 배려로 그를 통해 편지를 보내고 있는 것입니다. 어떤 사람은 이렇게 생각할 수 있습니다. '아마도 사도 바울에게 폐가 됐나보다. 그래서 돌려보낸 것 아니냐.' 또는 '그 상황이 어려우니까 무책임하고 비겁하게 돌아오는 것 아니냐?' 이런 무리들이 있을까봐 더욱 더 신중하게 배려하여 그를 천거하고 있습니다.

우리가 살다보면 누구를 천거받거나 천거할 기회들이 있을 것입니다. 저는 목회자를 추천받을 때 꼭 한마디를 되묻습니다. "이 분을 전적으로 당신의 인격과 신앙으로 믿고 책임질 수 있습니까?" 그 대답에 'Yes'라고 대답한 사람 거의 없습니다. 제가 워낙 신중하게 물으니 그렇기도 하겠지만, 심지어는 왜 제가 책임져야 하느냐고 반문하는 경우도 있습니다. 그럴 양이면 추천은 왜 합니까? 잘 생각해보십시오. 결국 그 대상도 중요하지만 누가 추천했느냐에 의하여 그를 평가할 수 있는 것입니다. 아주 신중해야 합니다. 그런데 그냥 본인이 무슨 선심 쓰듯 하면서 추천서를 보내는 경우는 참 어렵습니다. 그 분은 칭찬받지만 거절하는 이쪽은 불편하지 않습니까? 그렇다고 "내가 저 쪽에 물어보니 당신을 전적으로 안 믿더라." 하고 말해줄 수도 없고, 아주 곤혹스러운 경우가 많습니다.

사도 바울은 전심으로 에바브로디도를 추천하고 있습니다. 그런 상황은 특별하지 않습니다. 오늘 본문의 말씀입니다. "이와 같은 자들을 존귀히 여기라(29절)." 바로 에바브로디도를 추천하며 하는 말씀입니다. 우리가 그리스도인으로 살면서 교회 안에서 또는 세상에서 과연 어떠한 사람을 존귀히 여겨야 할까요? 아주 신중하게 생각해야 할 신학적인 질문입니다. 세상 사람들이 존경한다고 우리도 함께 그를 존경하는 것은 아닙니다. 우리는 하나님의 자녀요, 그리스도인입니다.

성경적 관점에서 존귀히 여길 자를 구별할 수 있는 분별의 영을 스스로 가져야 합니다. 그래야지 누가 항상 일러줄 것이 아니지 않습니까? 각자 맺고 있는 인간관계에서 누가 과연 하나님의 뜻에 합당한지를 알고 그런 사람들을 귀히 여기는 지혜를 얻어야 합니다. 내가 복 받지 못했으면 복 받은 자와 함께 지내야 더불어 복을 받는 것입니다. 성경에 나오는 아비멜렉이라는 블레셋 왕이 그런 인물입니다. 아브라함에게 또는 그 자녀 이삭에게 "하나님께서 함께하신 자다. 분명히 너와 함께 있어 복을 주는 것을 보았노라"라며 가까이 지내자고 청합니다. 그는 지혜로운 사람입니다. 오늘도 마찬가지입니다. 자신뿐만 아니라 하나님께서 복 주시는 자, 존귀히 여길 자를 분별하고 함께 가까이 지내야 됩니다. 그럴 때 동일한 은총을 우리가 입게 되는 것입니다. 오늘 본문의 상황은 이렇습니다. 사도 바울은 지금 감옥에 있습니다. 네로황제의 재판을 기다리고 있습니다. 큰 위기에 빠져 있습니다. 지금 생명의 위기에 직면하고 있습니다. 이럴 때 사도 바울이 수많은 교회를 건축하고 개척했지만 그 중에서 빌립보 교회만이 그 어려움을 돕게 됩니다. 물론 다른 교회도 속으로는 봉사하고자 하는 마음이 있었겠지만, 구체적으로 실현한 교회는 빌립보 교회뿐입니다.

우리가 봉사한다고 할 때 물론 마음이 중요합니다. 그 동기가 중요합니다. 그러나 마음뿐이고 실천이 없고 행동이 없다면 아무 소용이 없는 것입니다. 진정으로 대상을 사랑하는 마음이 있으면 행동까지 옮기게 되어 있습니다. 북한의 어린 아이들은 정말 불쌍합니다. 최소한의 생존을 위한 식량을 주는 것이 마땅하리라고 생각합니다. 그런데 그들을 위하여 기도는 하고 마음은 가지지만 아무런 실질적인 도움은 주지 못합니다. 그것은 헛것입니다. 아무 의미가 없습니다. 기도는 그런 의미에서 행위 자체입니다. 기도하고 행하는 것입니다. 믿음대로 행하기 때문입니다.

많은 교회들 가운데 빌립보 교회는 참으로 아름답고 존귀히 여길 교회요, 존귀히 여길 성도가 있는 교회라 생각됩니다. 그들은 구체적인 행동으로 실천했습니다. 그들이 실천한 구체적인 행동은 세 가지로 볼 수 있습니다. 첫째, 기도하는 것입니다. 그리스도인은 봉사의 기도로 임해야 됩니다. 둘째, 받은바 은사를 나누는 것입니다. 물질, 시간, 기회 등 여러 가지를 구체적으로 베풀어야 됩니다. 셋째, 도움이 될 사람을 보낸 것입니다. 사람이 직접 나서야 됩니다. 물질도 준비됐고 기도했습니다. 그런데 구체적으로 그 일을 시행할 사람이 없습니다. 그러면 효과가 발생하지 않습니다. 지금 좋은 이웃공동체가 물질이든 뭐든 다 준비해도 그것을 전달할 사람이 없으면 안 되는 것입니다. 가장 밝은 모습으로 그리고 겸손한 마음으로 직접 가서 준비된 그 봉사를 실천해야 되는 것입니다. 빌립보 교회는 이 사도 바울의 큰 역경에 함께 동참하고, 그를 위해 봉사하기로 결단한 후에 기도로 또 물질로, 더 나아가 그 교회의 목회자인 에바브로디도를 파송하여 직접 그를 도운 것입니다. 이 점이 아름답습니다. 구체적인 사랑을 보인 진정한 교회입니다. 그래서 우리의 예배와 예배화된 삶, 그 자체가 전체 그리스도인의 모습입니다. 우리가 교회에서 예배를 보지만, 그 예배화된 삶, 예배 후에는 여러 공동체의 모임이 있습니다. 함께 동참해야 합니다. 남을 위해서가 아닙니다. 엄격히 따지면 자신을 위해서입니다. 내가 하나님의 사랑을 구체적으로 체험하고 확신을 갖고 증거하고 하나님께 복을 받기 위해서라도 이 일을 기도하고 함께 동참해야 합니다. 그래야 진정 아름다운 교회요, 존귀히 여길 만한 성도가 되는 것입니다. 이어서 본문에 나타난 사도 바울의 마음, 그의 삶, 그의 신앙을 좀 더 깊이 상고해보도록 하겠습니다.

첫 번째는, 배려하는 마음입니다. 에바브로디도와 빌립보 교회를 배려하는 마음이 있습니다. 이것이 그리스도인으로서 존귀히 여길 자의 마음입니다. 에바브로디도 그가 지금 병이 들었습니다. 깊은 병에 걸렸는데, 아마도 풍토병이라 여겨집니다. 해외 선교지에 가면 경험할 수 있을 것입니다. 참 어려운 것입니다. 그러한 병에 지금 에바브로디도가 걸려 죽게 되었습니다.

죽을 정도로 아주 심각한 질병에서 어려워했다는 것입니다. 그런데 사도 바울은 오늘 본문 26절에서 이렇게 말씀합니다. "그(에바브로디도)가 너희 무리를 간절히 사모하고 자기 병든 것을 너희(빌립보 교회)가 들은 줄을 알고 심히 근심한지라." 바로 그러한 에바브로디도의 근심, 간절히 사모하는 마음을 읽었습니다. 사도 바울은 지금 한치 앞도 내다볼 수 없는 상황입니다. 육신의 고통도 있습니다. 목숨이 경각에 달린 위기상황입니다. 그럼에도 불구하고 사도 바울은 그런 상황에서조차 타인을 배려하고 있습니다. 그 마음을 헤아렸습니다. 지금 내가 편안할 때 타인의 마음을 헤아린 것이 아닙니다. 극한 상황에서조차 다른 사람을 헤아리는 마음을 가진 자를 존귀히 여겨야 합니다. 사도 바울은 생각했습니다. 그리고 결단합니다. "너희로 그(에바브로디도)를 다시 보고 기뻐하게 하며….(28절)" 그 교회의 큰 기쁨을 주기 위하여 자기에게 지금 꼭 필요한 존재인데 보냅니다. 속히 보낸다는 말씀이 있습니다. 이러한 마음, 이 배려하는 마음이 하나님의 사람의 마음이요, 우리가 본받아야 할 마음입니다. 자신보다 이웃과 교회를 더 생각하고 사랑하고 배려하는 마음, 이 얼마나 귀한 마음입니까? 진정 존귀히 여길 자의 마음입니다.

『탈무드』에 나오는 이야기입니다. 실화라고 생각됩니다. 안티오크라는 도시에 아바유단이라는 사람이 있었습니다. 이 사람은 자선하기를 좋아합니다. 아주 마음이 따뜻한 사람입니다. 구제를 많이 하고 이웃의 소외된 사람을 배려하는 봉사자입니다. 그러나 뜻하지 않은 재난을 당하여 거의 모든 재산을 다 잃어버립니다. 남은 것은 그냥 밭 한 마지기 조금 뿐입니다. 그 많은 재산 다 잃어버립니다. 그러던 차에 현자인 랍비 세 사람이 그 지방을 방문합니다. 가난한 학도를 위한 기부금을 모금하고자 방문한 것입니다. 이 사람 평소처럼 하고 싶은데 가진 게 아무것도 없는 것입니다. 너무 슬펐습니다. 그래서 아주 슬픈 기색으로 집에 들어오니 아내가 그 모습을 보고 묻습니다. "밖에서 무슨 일 있었나요? 어려운 일이었나요? 어디 아픈가요?" 그래 자초지종을 말해주니 아내는 말합니다. "그럼 그 밭 팔아 절반이라도 갖다 줍시다." 좋은 아내입니다. 그는 아내의 동의를 얻어 조금 남은 것까지 다팔아 그 절반을 기부금으로 냈습니다. 랍비들이 그 상황을 알았습니다. 너무도 귀한 그 마음을 알았습니다. 그래서 랍비들은 기부금을 더 많이 낸 사람들을 다 놔두고 그를 기부자 명단 맨 위에 올려놓았습니다. 그리고 그를 위하여 기도합니다. "하나님, 저에게 복을 주소서. 저에게 큰 보상을 허락해 주소서." 그리고 본인에게도 얘기합니다. 우리가 당신을 위하여 기도하겠노라고. 그리고 하나님께서 당신에게 복주시기를 원하노라 하고 떠났습니다. 얼마 뒤 그는 남은 돈으로 조그만 밭을 사서 농사를 지었습니다. 그런데 쟁기를 끌던 소가 그만 깊은 웅덩이에 푹 빠져 다리가 부러졌습니다. 얼마나 한탄스럽습니까? 그러나 그는 좌절하지 않았습니다. 소의 다리를 빼주려고 힘을 쓰는 중에 저 안에서 뭔가 번쩍하는 것이 보입니다. 그래 그것을 꺼내 열어보니 금은보화가 가득 든 보물 상자였습니다. 그래서 다함께 기뻐했다는 이야기입니다. 그렇다면 왜 이런 실제 이야기에 그 많은 장을 할애하여 탈무드에 기록했겠습니까? 남을 배려하고 자기가 궁핍함에도 불구하고 남을 사랑하는 마음, 이것이 가장 귀한 그리스도의 사랑이요, 하나님의 사랑임을 전하고자 하는 것입니다.

오늘 사도 바울의 상황과 그 마음이 그렇습니다. 그래서 그는 누구를 존귀히 여겨야 될지를 압니다. 이미 그가 그런 마음을 지닌 자이기 때문입니다. 더욱이 오늘 말씀을 보면 에바브로디도가 죽을 병에 걸렸습니다. 여기서 우리는 깊은 하나님의 말씀, 그 영적 지혜를 얻을 수 있습니다. 오늘 본문 27절에 말씀합니다. "그뿐 아니라 또 나를 긍휼히 여기사 내 근심 위에 근심을 면하게 하셨느니라." 이 상황이 무엇입니까? 지금 에바브로디도를 위하여 기도를 많이 하였습니다. 지금 사도 바울이 누구입니까? 엄청난 이적을 행한 사람입니다. 선교여행 때는 그가 가지고 있는 손수건만 가져다 엎어

눠도 사람이 나았습니다. 하나님께서 그런 큰 능력을 허락하신 사람입니다. 그런데 꼭 고쳐야 될 사람인, 자기를 위하여 헌신하는 사람이 지금 죽을 병에 걸렸습니다. 그를 위하여 기도했을 것입니다. 그러나 오히려 근심만 듭니다. 큰 근심 중에 있습니다. 사도 바울이 못 고친 것입니다. 여기서 우리는 큰 지혜를 얻어야 됩니다.

빌리 그레이엄 목사님 부흥집회 때 실제로 있었던 사건입니다. 거기 참석했던 어느 젊은 성도의 이야기입니다. 그는 불치병에 걸린 사람이었습니다. 암으로 죽어가고 있습니다. 그는 휠체어에 앉은 채로 집회에 참석합니다. 영적으로는 아주 암담합니다. 마음도 분노와 쓰라림으로 가득 차 있습니다. 그도 그럴 것이 암에 걸리고 나서 좋은 영적 신앙서적들을 많이 구입하여 열심히 읽었습니다. 그리고 신유(神癒)집회라는 데는 다 쫓아다녔습니다. 기도도 많이 받았습니다. 자신의 많은 기도와 봉사도 있었습니다. 그런데도 병이 안 낫는 것입니다. 얼마나 암담했겠습니까. 그는 생각하기를 '믿음이 없어서 그런가보다.' 하였습니다. 왜? 신유집회에 가면 대부분 믿음이 부족하여 병이 낫지 않는다고 하기 때문입니다. 그런 중에 마지막 집회에 참여하게 되었습니다. 조니 에릭슨이라는 미모의 여성이 휠체어를 타고 나와 이 빌리 그레이엄의 부흥집회에서 간증을 합니다. 그는 세계적으로 유명한 간증자입니다. 그 여성이 17세 때 수영선수였는데 연습을 하다가 다칩니다. 목뼈 이하로 전신마비가 왔습니다. 그럼에도 불구하고 절망하지 않은 그는 입으로 붓을 물고 그림을 그립니다. 피나는 노력이 있었을 것입니다. 그리고 수많은 사람들에게 감동을 주었습니다. 이런 사건을 통하여 예수 그리스도를 증거하는 것입니다. 아주 유명한 실제 간증자입니다. 그런 그가 이렇게 말하는 것이었습니다. "나도 수많은 신유집회에 가서 병 고침을 받고자 애썼습니다. 그러나 기적은 내게 없었습니다. 항상 낙망하고 절망한 가운데 지냈는데 어느 날 하나님의 은혜를 크게 체험했습니다. 그리고 하나님의 음성을 들었습니다." 육신의 치유가 아니라 마음과 영의 치유가 자기에게 임하는 것을 그는 체험한 것입니다. 그런 삶의 과정을 겪고 그렇듯 큰 간증자로 세워진 것입니다. 청년은 바로 그의 그 간증을 들은 것입니다. 그때 이 죽어가던 청년은 용기를 얻습니다. 은혜를 받습니다. 해방감을 느낍니다. 결국 그도 죽었습니다. 그러나 행복하게 죽었습니다. 그 부모도 찬송합니다. 청년의 믿음이 부족해서가 아니라 하나님께서 그 영혼을 새롭게 하시고 더 큰 은혜주심을 믿었기 때문입니다. 그리고 그것이 하나님의 뜻임을 깨달았습니다. 그래서 행복하게, 자유하게 죽을 수 있었습니다.

두 번째는, 치유의 은혜를 구하는 마음입니다. 한번 생각해보십시오. 사도 바울도 못 고친 병을 지금 누가 고친다고 하는 것입니까? 치유자는 하나님이십니다. 이것을 절대 잊지 마십시오. 하나님께서 치유하시는 것입니다. 그래서 오늘 사도 바울은 말씀합니다. "나를 긍휼히 여기사…." 지금 근심이 있는데 에바브로디도는 꼭 나아야겠거든요. 그러니까 에바브로디도를 불쌍히 여기는 것뿐만 아니라 그를 위해 기도하는 나를 긍휼히 여기사 그를 하나님께서 치유해주신 것입니다. 이것이 지금 에바브로디도 사건입니다.

우리는 하나님께 오직 긍휼을 구해야 됩니다. "나를 불쌍히 여기소서." 우리 기도를 불쌍히 여기시어 누군가가 치유받기를, 내가 치유받기를 기도해야 합니다. 오직 "하나님 나를 불쌍히 여기소서. 긍휼히 여기소서." 기도해야 합니다. 그리고 그 자체로 응답의 확신을 가져야 됩니다. 그러나 사람들은 꼭 내 뜻대로, 내가 기도한 기도제목 그대로가 이루어져야 응답받았다고 생각합니다. 그 마음은 결국 스스로 병들고 맙니다. 하나님의 능력에 대한 바른 이해와 오직 긍휼을 구하는 그 마음, 그 사람이 존귀히 여길 자입니다. 바로 그가 바른 '하나님의 사람'이기 때문입니다. 사도 바울은 오늘 본문을 통하여 에바브로디도를 존귀히 여길 자로 추천하고 있습니다. 빌립보 교회가 그런 아름다운 마음을 가진 교회라는 것입니다.

이제 나아가 에바브로디도를 사도 바울이 왜 존귀히 여기라 설명하는지 우리는 말씀을 통하여 지혜를 얻고자 합니다. 먼저는, 에바브로디도에게 향수병이 있었던 것 같습니다. "너희 무리를 간절히 사모하고…(26절)." 간절히 성도의 교제를, 다시 만남을 사모합니다. 어찌 보면 하나님의 일을 하고 전적으로 충성하겠다는 사람이 너무 나약한 모습 보이는 것 아닙니까? 너무 자연스럽지 못한 비신앙적 모습이라고 생각하는 분들도 있을 것입니다. 그러나 그렇지 않습니다. 가장 자연스럽고 가장 그리스도인다운 모습입니다. 실제로 선교지에 가면, 사람마다 다르겠지마는, 가족도 그렇고 모 교회의 성도들과의 관계가 그립습니다. 특별히 남자들 군대생활에서 몸이 아플 때면 왜 그렇게 집 생각이 나는지…. 그런 마음이 있는 것입니다. 그것은 가장 자연스러운 모습입니다. 나약한 탓에 그런 마음이 생기는 것이 아닙니다. 그것도 지금 가족이 보고 싶다는 것이 아닙니다. 간절히 사모하는 자가 누구입니까? 교인들입니다. 그래서 이것은 더 귀한 마음이라는 것입니다. 에바브로디도의 마음입니다. 저도 외국생활 중에 가장 간절히 바라는 것은 예배입니다. 외국 사람들의 예배는, 한두 번은 괜찮은데 몇 달씩 계속 가면 내가 예배를 드린 것인지 아닌지 알 수 없습니다. 영 감동이 없는 것입니다. 언젠가 그곳 미국에서 태어난 2세들에게 물어봤습니다. 10대, 20대, 30대까지는 미국예배를 더 좋아하지만, 30대 후반에서 40대로 넘어가면 이상하게, 한국말을 못 알아듣는데도, 한국예배가 더 좋다는 것입니다. 그런 정서가 있는 것입니다. 집중도 안 되고 기도도 안됩니다. 그럴 때면 고국의 예배가 더 그립더라고요. 그런 분들 참 많습니다. 지금 에바브로디도의 마음이 그렇습니다. 함께 예배보고 함께 기도하고 함께 봉사하는 것을 사모합니다. 이게 나약한 마음은 아니지 않습니까. 아름다운 마음입니다. 이런 마음을 가진 자 존귀히 여길 자입니다.

다음으로, 에바브로디도는 용기 있는 자입니다. 지금 사도 바울은 언제 죽을지 모를 아주 위험한 상황입니다. 아주 어려운 역경에 처해 있습니다. 그런데도 자원하여 그곳으로 갑니다. 아무리 친구가 많아도 정말 어려울 때, 꼭 필요할 때 친구여야 하는데 딱 모른 척하면 그 친구, 어렵지 않습니까. 좋을 때 친구는 항상 많은 거니까요. 에바브로디도는 지금 자기가 함께할 자가 가장 어려운 위기와 고난 중에 있습니다. 그런데도 그와 함께 있습니다. 이것은 생명을 놓고 돕는 일입니다. 어디서부터 이러한 용기를 얻는 것입니까? 그것은 예수 그리스도 때문입니다. 이것이 구원받은 자의 마땅함이요, 이 전체가 그리스도의 일이라고 그는 알았고 믿었기 때문입니다. 사도 바울을 돕는 것이 하나님의 일입니다. 도움을 필요로 하는 자를 돕는 것이 하나님의 일입니다. 세상 사람들이 볼 때는 한 개인의 도덕적 행위 같지만 이것은 하나님께서 기억하실 만한 하나님의 일입니다. 오늘 본문에서도 "그가 그리스도의 일을 위하여 죽기에 이르러도…"라고 하였습니다. '사도 바울의 일'이라고 하지 않습니다. '그리스도의 일'입니다. 그것이 바로 사도 바울을 돕고 함께 그를 위해 봉사하는 것입니다. 바로 그러한 영적인 지혜를 가졌기 때문에 용기를 가질 수 있습니다. 이러한 용기를 가진 자, 존귀히 여길 사람입니다.

그 다음으로, 에바브로디도는 전적인 헌신자입니다. 그리스도를 위하여 죽기까지 자기목숨을 돌보지 아니하고 생명 바쳐 사도 바울을 돕고자 합니다. 우리는 이런 사람을 존경해야 되는데, 현대의 비극이 무언고 하면 얼마 전까지만 해도 애국, 순국을 존경스럽게 여겼습니다. 물론 지금도 그런 기운이 있지만, 점점 사라져갑니다. 더욱 비극적인 것은 순국을 하고 나라를 위하여 충성하는 것은 귀히 여기지만, 정작 그리스도를 위하여 전적으로 생명을 바치는 자를 귀하게 여기는 마음은 없다는 것입니다. 물론 알아주는 사람이 별로 없어서이겠지요. 그러나 우리는 하나님께서 기억하시는 자를 존경해야 됩니다. 애국자보다 더 귀한 것은 그리스도의 일에 전적으로 헌신하는 자입니다. 우리는 그를 더욱 존귀히 여겨야 합니다. 그게 하나님의 일이요, 하나님의 뜻이기 때문입니다. 그러나 이런 마음을 갖지 못합니다. 그런 열정이 사라져가고 있습니다. 참 안타깝기 그지없습니다.

　감리교의 창시자인 존 웨슬리 목사님이 어느 날 교회에서 예배를 드리던 중 회심을 하게 됩니다. 내가 그리스도의 자녀라는 것을 확실히 알게 됩니다. 그 사실을 분명히 깨닫습니다. 그때 그는 그 기억을 잊지 않기 위하여 헌신의 결심을 글로 적습니다. 나는 앞으로 이러이러하게 살겠다고 하는 내용의 아주 간단한 글입니다. 그는 이 글을 평생의 모토로 삼습니다. 다음과 같습니다. "내가 할 수 있는 모든 선한 일을 모든 방법을 다해 모든 장소와 모든 시간에 모든 사람을 위하여 한다." 이것뿐입니다. 나는 그리스도의 자녀이기 때문입니다. 하나님의 일이 가장 귀중합니다. 전심전력으로 해야 합니다. 여가시간에 하는 것이 아닙니다. 이웃공동체뿐만 아니라 많은 사역자들이 남아도는 시간에 하나님의 일을 하는 것이 아닙니다. 시간이 남아도는 사람은 하나님의 일 더 못합니다. 오히려 바쁜 사람이 더 열심히 잘 합니다. 이것이 중요한 일이기 때문입니다. 우선순위에 있기 때문에 하는 것입니다. 바로 그러한 마음, 그 전심전력의 마음이 존귀히 여길 자의 마음입니다.

　사도 바울은 에바브로디도를 아주 간단명료하게 설명하고 있습니다. 그런데 이것은 에바브로디도에게만 향한 것이 아니고 모든 그리스도인을 지칭하는 단어입니다. 오늘 성경 25절에 나타나 있습니다. 이 한글번역판을 보면 이것이 명확하게 구분이 안됩니다. 25절에 보면 "그러나 에바브로디도를 너희에게 보내는 것이 필요한 줄로 생각하노니", "그는 나의 형제요, 함께 수고하고 함께 군사된 자요." 이 세 단어입니다. My brother and my co-worker and my fellow soldier-나의 형제요, 나와 함께 수고한 자요, 나와 함께 군사된 자, 이 세 단어로 에바브로디도를 아주 단순하게 설명하고 있습니다. 그 말씀에 이어서, "너희 사자로 나의 쓸 것을 돕는 자"라는 유어(類語)입니다.

your messenger and your minister to my need-빌립보 교회에서 보낸 메신저요, 빌립보 교회에서 나의 필요를 돕는 동역자다. 이렇게 에바브로디도를 설명하는데, 이것은 모든 그리스도인을 칭하는 보편적 표현입니다.

첫째, "나의 형제"입니다. 그리스도인은 모두가 형제입니다. 한 분이신 하나님이시기 때문입니다. 오직 한 분이신 하나님을 우리는 아버지라 부릅니다. 아버지 하나님, 이렇게 부르는 순간 그 분의 자녀 모두는 한 형제입니다. 더욱이 이것은 하나님의 뜻입니다. "네 이웃을 네 자신과 같이 사랑하라." 바로 이러한 본질, 보편적 진리를 회복해야 되는데 오늘 이 시대가 이것을 잃어가고 있습니다. 분명 초대교회는 다 한 형제된 마음으로 서로를 대했습니다. 그것이 그리스도인의 공동체요, 교회였습니다. 그러나 오늘은 그런 모습을 보기 어렵습니다.

더욱이 나의 형제, 이런 호칭뿐만 아니라 구체적인 사랑의 표현이 있어야 됩니다. 이것은 말만 하라는 것이 아닙니다. 실제 표현되는 것이 있어야 됩니다. 사도 바울과 에바브로디도가 그렇습니다. 지금 사도 바울이 얼마나 에바브로디도를 신중하게 추천하고 있습니까. 그의 마음을 헤아리고 있습니다. 사도바울에게 꼭 필요한 존재이지만 그리로 보내고 있습니다. 게다가 에바브로디도는 목숨을 내어놓고 사도 바울을 돕고 있습니다. 구체적인 삶의 현장에서 그 형제됨을 이뤄나가고 있습니다. 사도 바울은 말씀합니다. "나의 형제요." 이러한 신앙관, 이런 구체적 삶의 증거를 가진 사람을 존경해야 합니다. 존귀히 여길 자입니다. 이것이 하나님의 뜻이요, 본질이기 때문입니다.

둘째, 동역자, "함께 수고한 자"입니다. 함께 수고한다는 말은 동역자란 뜻입니다. 이 표현이 참 아름답습니다. 사도 바울은 사도요, 에바브로디도는 지금 저쪽에서 이쪽을 종과 같이 돕고자 보낸 사람입니다. 분명히 인간적으로 보면 차등이 됩니다. 그러나 사도 바울은 그를 동역자라고 소개합니다. 그 마음이 아름답습니다. 사도 바울이 항상 생각하는 것은, '우리가 누구를 위하여 일하느냐?' 이것입니다. 너와 나와의 관계는 다를 수 있으나 우리가 누구를 위하여 일하느냐는 것입니다. 그리스도의 일이거든요. 그러므로 그리스도 앞에서는 다 하나가 됩니다. 동질성을 회복해야 됩니다. 교회에도 여러 직분이 있습니다. 어떤 분은 권사님으로, 어떤 분은 집사님으로, 어떤 분은 그냥 평신도로…. 또 역할도 어떤 분은 교구장님이고, 어떤 분은 구역장님, 권찰님, 또 차량부 안내, 예배부 안내, 성찬 안내 등등 각기 직이 다릅니다. 하지만 다 똑같은 일입니다. 사람으로 보면 조금 다를 수 있습니다. 그러나 하나님께는 다 똑같은 하나님의 일이라는 것을 기억하십시오. 이 모든 것이 누구의 일인지를 항상 기억해야 됩니다. 하나님의 일입니다. 하나님께서 기억하시면 됩니다. 오히려 하나님께 복 받으려면 남 안가는 데 가야 될 것 아닙니까? 그런데 그게 안 되는 것입니다. 그러니까 자기 복을 자기가 걸어찹니다. 안 그렇습니까? 깊이 생각해야 합니다. 사도 바울은 누가 봐도 에바브로디도와 같은 동역자일 수 없는 관계인데, 에바브로디도를 자랑스럽게 추천합니다. "나의 동역자다." 그 마음의 중심이 하나님을 향해 있기 때문입니다. 하나의 목적, 하나님의 영광을 향하여 다양성을 인정하고 있는 것입니다. 바로 이러한 신앙의 자세, 존경받을 자의 모습입니다.

셋째, "함께 군사된 자"-Fellow Soldier입니다. 아주 적극적인 군사용어입니다. 지금 우리는 하나님의 자녀로서 영적 전투를 벌이고 있습니다. 이 점을 믿어야 됩니다. 예수님께서 사역 중에도 마귀가 예수님을 흔듭니다. 사단이 예수님을 시험합니다. 그리고 귀신을 축출하는 많은 사역이 나타납니다. 오늘도 동일합니다. 영적인 전투, 그리스도인 된 자를 사단이 가만둘 리 없습니다. 자꾸 유혹할 것입니다. 그래 주기도문 마지막은 이렇습니다. "악에서 구하소서." 사단의 권세로부터 벗어나야 하는데 내 능력으로는 안 됩니다. 사단도 인간한계 이상의 초월적인 능력을 가지고 있습니다. 그래서 예수님께서 사단에 대항하여 십자가를 통하여 그 사단을 굴복시킵니다. 하나님께 전적으로 순종함으로 굴복시키는 것입니다. 그리고 부활하면서 그 사망, 사단의 권세를 무너뜨립니다. 그런고로 그리스도의 자녀는 하나님 나라의 백성입니다. 하나님 나라는 절대 사단이 침범할 수 없습니다. 오직 하나님 나라와 그 의를 구하지 못하면 어느 누구도 시험에서 벗어날 수 없습니다. 그래 완전히 다른 차원의 삶을 살아가는 자가 그리스도인입니다. 이게 노력해서 되는 것입니까? 예수님께서 하신 그 구속적 사역을 덧입어 하나님의 자녀로 불리우고 이제부터 그 권세로 살아가는 것입니다. 그 의식과 그 기도와 그 믿음을 사단이 절대 건드리지 못합니다. 그러나 그 의식 밖에서 그 믿음 밖에서는 어림도 없습니다. 그냥 건드리면 넘어가는 것입니다.

그래서 사도 바울은 이렇게 표현합니다. "함께 군사된 자다." 하나님의 군대입니다. 영적인 군대입니다. 사단과 싸우는 영적인 군대입니다. 생명을 바쳐 싸웁니다. 두려워할 게 없습니다. 우리더러 싸우라는 것이 아닙니다. 하나님 나라 안에 있는 자녀로 군사된 자에게 대장은 그리스도이십니다. 그러므로 영적으로 무장된 하나님의 사람임을 선포하고, 믿음의 선한 싸움을 싸울 수 있습니다. 그 마음을 가진 자 그런 영적 세계에서 사는 자, 그가 존귀히 여김을 받을 자입니다. 사도 바울은 서신서에서 말씀합니다. "믿음의 선한 싸움을 싸우라." 영적 싸움을 말씀하는 것입니다.

29절에서 사도바울은 결론을 내립니다. "주 안에서 모든 기쁨으로…." 주 안에서, 하나님 나라 안에서, 예수 그리스도를 왕으로 모신 그 세계 안에서, 모든 기쁨으로 저를 영접하고, 에바브로디도를 영접하고…. 이와 같은 마음을 가진 자이기 때문입니다. 이와 같은 믿음과 믿음의 삶을 보인 자이므로 영접하고 또 이와 같은 자들을 존귀히 여기라. 에바브로디도 뿐만 아니라 이러한 마음, 이러한 믿음을 가진 자를 존귀히 여기라. 하나님께서 사도 바울을 통하여 에바브로디도 사건 안에서 우리에게 말씀을 주십니다. 나는 세상과 교회 안에서 누구를 존귀히 여깁니까? 누구를 존경합니까? 내가 아무리 존경하는 사람이라 할지라도 그는 내가 사단에게 시험받을 때, 내가 하나님께 불리움 받을 때 나를 보호하지 못합니다. 어떤 존재나 권세도 나를 보호할 수 없습니다. 오직 예수님만이 나를 보호하실 수 있습니다.

세계적인 화가 레오나르도 다빈치가 역작 '최후의 만찬'을 그렸을 때 제일 먼저 가장 친한 화가인 친구를 부릅니다. 그리고 그 그림을 평해달라고 합니다. 그 친구가 그림을 보고 감탄합니다. 깜짝 놀랍니다. 그리고 이렇게 말합니다. "아, 훌륭한 그림이야. 특별히 예수님 손에 들려 있는 저 잔, 너무도 아름다워." 그 말에 다빈치가 즉시 잔을 지워버렸답니다. 그리고 그는 이렇게 말했답니다. "나는 이 그림 속의 어떤 것도 예수님의 얼굴로부터 주의와 관심을 뺏는 것을 원하지 않는다. 오직 예수 그리스도께만 최고의 존경과 사랑과 관심과 충성이 집중되기를 원한다." 예수 그리스도만이 우리를 보호하시고 우리를 하나님 나라로 인도하실 분이기 때문입니다.

그리스도의 마음을 갖고 그의 영광만을 구하는 그의 모든 삶, 그 믿음, 그를 존귀히 여겨야 합니다. 그와 같이 존귀히 여길 자가 모인 공동체가 교회요, 그 은혜공동체를 통하여 하나님께서 영광 받으시는 것입니다. 그리고 우리에게 큰 은혜와 복을 주십니다. 이것이 하나님의 말씀입니다.

18.
주 안에서 기뻐하라

> 끝으로 나의 형제들아 주 안에서 기뻐하라 너희에게 같은 말을 쓰는 것이
> 내게는 수고로움이 없고 너희에게는 안전하니라 (빌3:1)

빌립보서를 칭하여 '평강의 복음' 또는 '희락의 복음'이라고 합니다. 그 이유는 주제가 기쁨과 희락이기 때문입니다. 그래서 이 빌립보서 안에는 기쁨 또는 기뻐하라는 그 단어가 무려 16번이나 나옵니다. 이 하나님의 은총적 기쁨이 사도 바울을 통하여 다양한 사건과 다양한 방법으로 빌립보 교인들에게 그리고 모든 그리스도인에게 선포되고 권면되고 있는 것입니다.

빌립보서에 나타난 기쁨은 역설적인 기쁨입니다. 종말론적 기쁨입니다. 오늘 본문은 이렇게 시작됩니다. "끝으로⋯." 영문으로는 finally 또는 for the rest입니다. 결국, 결론적으로, 그 밖에는, 이런 뜻입니다. 문자 그대로는 끝이지만, 그만큼 강조하는 것입니다. 아주 강하게 강조하여 그 기쁨과 행복에 관하여 다시 선포하는 말씀인 것입니다. 그리스도인은 행복한 존재로 기뻐하며 살아가도록 부름을 받았습니다. 일상적 삶에서 기뻐해야 하는데, 문제는 하나님의 자녀든 아니든 현대인들에게는 기쁨이 없다는 것입니다. 그렇게 행복하고자 노력하지만 행복하지 못한 것이 현실입니다. 오늘 같은 세대에 이 빌립보서는 우리에게 더욱 큰 충격과 도전을 줍니다.

이런 이야기가 있습니다. 어떤 사람이 간절히 하나님께 소원을 이루어달라고 기도했답니다. 하나님께서 감동받으셨습니다. 그래서 그에게 응답하시면서 세 가지 소원을 들어주겠다고 말씀하셨습니다. 그는 너무나 기뻤습니다. 하지만 불행하게도 그 당시 그는 아내와 관계가 아주 나빴습니다. 매일같이 싸우고 불평하며 지내던 터였습니다. 그래 그는 그만 하나님께 이렇게 첫 소원을 말합니다. '하나님, 지금 제 아내 좀 데려가주십시오. 그리고 새 아내를 주십시오.' 이 소원을 하나님께서는 약속대로 들어주셨답니다. 그 아내의 장례식에 수많은 조문객들이 왔습니다. 다들 그를 위로하여 하는 말이 한결같았습니다. "아, 참 안타깝습니다. 너무나 좋은 분이 돌아가셨습니다." 죽은 아내를 두고 다들 참 착하고 복된 사람이었다고 말하면서 안타까워하는 것입니다. 다들 아내를 칭찬합니다. 그런 말들을 자꾸 듣다보니 이런 생각이 듭니다. '참, 이거 내가 너무 잘못한 거 아닌가.' 그는 깊이 반성합니다. 그래서 하나님께 두 번째 소원을 말합니다. "아내를 다시 살려주십시오." 하나님께서 그 아내를 다시 살려주셨답니다. 이제 빌 수 있는 소원은 한 가지밖에 안 남았습니다. 아무리 생각해도 무엇을 구해야 할지 모르겠습니다. 그는 벌써 귀한 소원 두 가지를 날려버렸습니다. 그는 생각합니다. '하나님께 부탁하자. 그러면 하나님께서 무슨 소원을 빌어야 할지 알 수 있도록 지혜를 주시리라.' 하나님께서 응답하십니다. "지금 받은 은혜에 감사하는 마음을 달라고 기도해라." 그는 하나님 말씀대로 기도했습니다. 결국 그는 이렇게 고백하게 되었습니다. "현재의 내 처지, 이대로도 분에 넘칩니다. 너무 행복합니다." 그 자신이 변화된 것입니다.

이미 하나님의 자녀에게는 기쁨과 행복이 주어졌습니다. 지혜도 주셨습니다. 방법도 주셨습니다. 그런데도 이것을 깨닫지 못하는 것입니다. 그리고 그 신령한 기쁨을 누리지 못합니다. 기쁜 소식, 복음을 접하지만 삶에는 기쁨이 없습니다. 오늘 이 귀한 말씀을 다시 생각하십시오. 내게 주신 하나님의 말씀으로 깊이 새겨듣기 바랍니다.

철학자 쇼펜하우어의 유명한 말이 있습니다. "어떤 사람의 인생에 무슨 일이 일어나는가보다 더 중요한 것은 그 사람이 어떻게 느끼고 받아들이는가 하는 것이다." 신앙인에게도 많은 사건이 있습니다. 믿지 않는 사람들과 똑같이 겪습니다. 그 사건이 무슨 일이냐는 별로 중요하지 않습니다. 더 중요한 것은 그것을 어떻게 극복하느냐, 거기에 어떻게 대처하느냐 입니다. 어떻게 삶의 본질을 회복하고 인간의 존엄성을 지키며 하나님의 자녀로 살아가느냐가 문제입니다.

하나님의 뜻을 성취하고 복된 삶을 살려면 본질적으로 그 삶에 기쁨이 있어야 됩니다. 만족이 있어야 됩니다. 행복해야 됩니다. 그래야 그 영향력을 끼칠 수 있습니다. 하나님 나라의 권세와 능력은 기뻐하는 자에게 있습니다. 감사하는 자에게 있습니다. 행복해하는 자에게 있습니다. 불평불만과 원망이 있는 자는 주신 복도 누리지 못합니다. 능력이 나타나지 않습니다. 그래서 사도 바울은 간절히 권면합니다. "주 안에서 기뻐하라." 그러면서 이 위대한 복음을 여러 차례에 걸쳐 반복적으로 말씀하고 있는 것 같습니다. 그래서 오늘 말씀을 자세히 보면 "너희에게 같은 말을 쓰는 것이 내게는 수고로움이 없고…"라고 합니다. 같은 말 쓰는 것, 계속해서 반복한 것입니다. 빌립보서 안에서도 여러 번 말씀합니다. 2장에서는 "이와 같이 너희도 기뻐하고 나와 함께 기뻐하라(18절)"고 하였고, 4장에서는 "주 안에서 항상 기뻐하라 내가 다시 말하노니 기뻐하라(4절)"라고 하였습니다. 계속 기뻐하라고 강조하고 있습니다. 그만큼 중요하기 때문입니다.

사실 성경 전체로 보면 사도 바울의 사역은 16년에서 20년쯤 됩니다. 그 동안 수많은 편지를 썼을 것입니다. 그 중에서 우리의 성경에 있는 것은 13편 밖에 안됩니다. 언젠가 나머지가 더 발견되거나 또는 하늘나라에 가서 본다면, 이 기뻐하라는 말씀을 사도 바울은 아마 수백 수천 수만 번은 반복했을 것입니다. 너무도 중요한 것이기 때문입니다. 문제는 오늘의 현대인, 심지어 그리스도인도 마찬가지로 반복을 싫어한다는 데 있습니다. 항상 새로운 메시지를 추구합니다. 저는 매일 설교하고 특별히 수요일과 주일에 이렇듯 설교를 하니까 항상 그런 생각을 하게 됩니다. '예수님께서는 어떻게 설교하셨을까? 아, 예수님께서는 참 좋으셨겠다. 고작 3년밖에 안하셨으니까.' 게다가 예수님 시절에는 청중이 항상 달랐습니다. 늘 이곳저곳으로 다니시니까 잘한 설교 한 10편만 준비해놓고 있으면 됩니다. 여기 가서 전하시고, 또 경험하신 것을 덧붙여 하시고, 예수님께서는 설교 그렇게 많이 준비하지 않으셨을 것입니다. 실제로 성경을 봐도 그렇습니다. 본질적으로 중요한 것, 너무도 중요한 내용만 반복하셨으니까요. 과연 예수님께서 오늘 이 시대에 만일 한 교회에서 30년쯤 계속 목회를 하신다면 어떻게 설교를 하셨을지 아주 궁금합니다.

유대인들의 교육이 유명합니다. 그들에게는 아주 근본적인 교육철학이 세 가지가 있습니다. 첫째, 암기입니다. 반복해야 외울 수 있습니다. 둘째, 실천입니다. 셋째, 깨달음입니다. 그래야 지혜가 생깁니다. 오늘날 교육의 문제는 들어보고 이해하고, 깨닫고, 기억하고, 맨 마지막이 실천입니다. 완전히 거꾸로 됐습니다. 이래서 복음의 능력이 나타나지 않는 것입니다. 무엇보다도 하나님의 말씀은 적어도 반복적으로 들으면서 기억하고 문화화해야 됩니다. 성품화해야 됩니다. 그리고 그 가치관으로 일단 실천해야 됩니다. 그러한 삶을 통하여 그 진리를 깨달아나갑니다. 이것이 성경적 교육방법입니다.

요한복음 13장을 보면 예수님께서 제자들의 발을 씻기십니다. 베드로가 말합니다. "제 발은 안 됩니다." 그러자 예수님께서 뭐라고 말씀하십니까? "지금은 네가 알지 못하나 이후에는 네가 알리라." 기억해라 이 사건을, 그리고 이와 같이 실천해라, 이제 후에 성령께서 깨닫게 하시리라. 이것이 진리를 깨닫고 진리의 능력을 체험하는 방법입니다. 방법을 바꾸십시오. 들어보고 깨닫고 기억하고, 맨 나중에 실천하는 식의 방법으로는 어림도 없습니다. 그렇게 하면 아주 선택적이 되어버립니다. 그 진리에 담긴 풍성한 의미를 깨달을 수 없습니다.

사도 바울은 반복적으로 이 귀중한 복음을 선포하면서 말씀합니다. "너희에게는 안전하니라." 여러모로 안전합니다. 계속 반복적으로 들은 것이니까 의미도 깊고 쉽고 풍성합니다. 가장 본질적인 것이기 때문입니다. 이러한 반복을 통하여 믿음이 자랍니다. 믿음이 분명해집니다. 믿음이 견고해집니다. 그것은 하나님의 말씀의 반복을 통하여 주어지는 은혜입니다. 이 점을 우리는 깊이 생각해야 합니다.

그리스도인을 향한 명령의 말씀이 있습니다. "주 안에서 기뻐하라"-Rejoice in the Lord. 명령문입니다. 어찌 보면 권면하는 분위기이지만, 실상 권면이기보다는 명령에 가깝습니다. Rejoice in the Lord-주 안에서 기뻐하라. 강하게 강조하며 명령하고 있습니다. 절대 진리이기 때문입니다. 이 메시지는, 그 기쁨은 불멸의 기쁨이요, 참된 기쁨이기 때문입니다. 그래서 이것은 마땅히 받아들여야 됩니다. 그래서 강하게 명령하고 있습니다. 이것은 수동적이나 주관적인 기쁨이 아닙니다. 수동적이라는 것은 이런 것입니다. 믿고 깨달았습니다. 하지만 기다립니다, 기쁠 때까지. 그렇게 해서 정말로 기쁜 적 있었습니까? 그것은 하나님의 역사가 아닙니다. 이렇듯 수동적인 것이 아닙니다. 또한 주관적인 것도 아닙니다. 예를 들어, 내 뜻대로 되면 기쁘고 안 되면 안 기쁘고, 감옥에 가면 원망하고…. 이런 얘기가 아닙니다. 어떤 상황이라도, 어떤 역경이라도 문제가 되지 않습니다. 오히려 이 진리 안에서 진리로 인하여 내 삶이 만들어져가야 되는 것입니다. 그런 적극적이고 긍정적인 삶의 태도라야 기쁨을 누릴 수 있는 것입니다.

우리 교회 북까페에서 마시는 커피 맛이 참 좋습니다. 예전에 저는 커피를 썩 좋아하지는 않았습니다. 그나마 즐겨 마시던 커피도 프림 둘에 설탕 셋 하는 식으로 그야말로 다방커피였습니다. 한 20년 전에는 그런 커피가 제일 좋은 것이었습니다. 그렇게 커피를 배웠습니다. 그런데 제가 미국에서 공부하다보니 머리를 각성시키기 위하여 커피를 많이 마시게 되었는데, 그냥 커피 달라고 하면 그 사람들 엄청나게 큰 머그컵에 담아 줍니다. 그러니 간을 맞추려면 도대체 설탕이 얼마나 많이 들어 가던지요. 그렇게 다 마셔서는 안 되겠더라고요. 그래서 건강을 생각하여 아예 설탕을 안 넣기로 하고, 그곳에서 마시는 방법에 맞추어가기 시작했습니다. 그 커피가 바로 아메리칸 커피입니다. 전에는 어떻게 이런 맛없는 커피를 마시나 싶었습니다. 그때는 그랬습니다. 그러다가 요즘에는 아주 차원이 높아졌습니다. 우리 북까페 때문입니다. 에스프레소 커피라고 있지 않습니까. 예전에 미국에 있을 때는 잘 몰랐는데, 싱글이 고작 요만큼입니다. 그 비싼 돈에 양은 요만큼이 무엇입니까. 거기다가 왜 그렇게 씁니까. 영 맛이 없더라고요. 그래서 몇 번 흉내나 내봤지 이렇게까지 즐기지는 않았습니다. 하지만 지금은 열에 아홉은 에스프레소를 마십니다. 우선 양이 적어 좋습니다. 식후면 배가 부른데 거기다가 한 컵이나 되는 커피를 더 마셔보십시오. 하지만 에스프레소는 일단 간편해서 좋고 또 카페인이 제일 없습니다. 제일 진하기 때문에 제일 많을 것이라고 생각하기 쉽지만, 실은 카페인이 가장 적은 커피가 바로 에스프레소입니다. 이렇게 여러 가지 이유를 붙이다보면 결국 에스프레소를 마셔야 됩니다. 그러다보니 저는 이제 아주 적극적으로 에스프레소 체질이 되었습니다.

삶의 체질도 마찬가지입니다. 깨닫고 이해하고 선택하면 변하게 되어 있습니다. 모르는 문화조차도 그렇습니다. 이러한 적극성, 삶으로서 우리에게 거저 주어지는 것이 신령한 하나님 나라의 기쁨입니다. 그냥 가만히 앉아서 언젠가는 주 안에서 내게 기쁨이 오겠거니 하고 기다려가지고는 아무도 그 기쁨을 누릴 수 없습니다. 그런 수동적인 삶의 태도로 지금 주 안에서 기뻐하라는 말씀이 아닙니다. 사도 바울의 성품을 보십시오. 적극적입니다. 그는 지금 복음을 증거하다가 감옥에 있습니다. 그와 같은 삶의 자세, 그에게만 주어지는 은총입니다. 그런고로 주 안에서 기뻐하라는 것은 적극적인 기쁨이요, 객관적인 기쁨이요, 보편적인 기쁨입니다.

요한복음 16장 22절에서 예수님 말씀하십니다. "너희 기쁨을 빼앗을 자가 없으리라." 이 기쁨은 그 누구도 빼앗을 수 없습니다. 그래서 불멸의 기쁨이요, 참된 기쁨이라고 말씀드리는 것입니다. 비록 예수 그리스도를 믿지만, 우리가 이 세상 살면서 귀하게 여기고 또 가장 소원하던 것, 그런 사람, 그 모든 것을 잃을 수도 있습니다. 모든 것을 잃을 수 있습니다. 그러나 이 기쁨만은 잃을 수 없습니다. 이는 예수님께서 살아 계시기 때문이요, 예수님께서 주신 기쁨이기 때문입니다. 이것은 영원한 기쁨을 말하는 것입니다. 완전히 다른 차원의, 높은 영적 수준의 기쁨을 항상 누리라. 이것이 하나님의 자녀에게 주시는 축복입니다. 지금 그런 말씀을 우리에게 주고 계신 것입니다. 그래서 사도 바울은 감옥에 있어도 이 기쁨을 잃지 않습니다. 빌립보 감옥에서 찬송을 하고 기뻐할 때 기적이 일어납니다. 기뻐할 때 능력이 나타납니다. 용기가 생깁니다. 스데반은 죽어가면서도 기뻐합니다. 그럴 때 하늘의 문이 열리고 인자가 오는 모습을 봅니다. 하늘의 영광을 봅니다. 그리고 용서하고 순교할 수 있습니다. 신령한 기쁨을 누리는 자에게 주어진 행복이요, 기적입니다. 그 본질은 영적 기쁨에 있는 것입니다.

이러한 기쁨은 너무도 귀한 성경적인 불멸의 기쁨입니다. 하지만 이 기쁨이 오늘 이 시대에 너무도 왜곡되게 가르쳐지고 또 증거되고 있습니다. 그런 위험성을 안고 우리가 살아가고 있습니다. 대표적으로 한두 가지만 살펴보겠습니다. 가장 잘못된 것 중 하나는, 이 기쁨을 자꾸 감정을 자극하여 만들어낸다는 것입니다. 그 기쁨의 감정을 인위적으로 만들어내고자 합니다. 그러니까 그 기쁨을 신령한 것으로 느끼고 감사하는 데 엄청난 왜곡이 있다는 것입니다. 이는 거짓된 것입니다. 잘못된 또 다른 하나는, 기쁨을 가장하는 것입니다. 주 안에서 기뻐하라고 하니 실은 전혀 기쁘지 않은데도 기뻐하는 척하는 것입니다. 여기에 문제가 있습니다.

성경이 주고 말씀이 주는 기쁨은 영적인 기쁨이요, 자연적인 것입니다. 자발적인 것입니다. 그것은 존재론적인 기쁨입니다. 불멸의 기쁨이요, 참된 기쁨입니다. 오직 예수 그리스도를 믿는 그리스도인만이 누릴 수 있는 기쁨입니다. 자기가 아무리 행복하고 어떤 큰 것을 성취했다 하더라도 예수님을 모르는 사람들의 기쁨은 주님께서 주시는 영적 기쁨과 그 차원이 다릅니다. 조건에 달린 것입니다. 그러나 영적 기쁨은 완전히 다른 차원입니다. 오직 주 안에서 하나님의 자녀만이 누릴 수 있는 것입니다. 존재론적인 것입니다. 존재 자체에서 누립니다. 십자가만 해도 그들은 십자가를 멸망과 수치와 저주로 생각하지만 우리에게는 은혜인 것입니다. 그 안에서 더 큰 영적 기쁨을 누립니다. 그래서 오늘 사도 바울은 말씀합니다. "끝으로 나의 형제들아 주 안에서 기뻐하라."

시편 103편 2절에 이런 말씀이 있습니다. "내 영혼아 여호와를 송축하며 그 모든 은택을 잊지 말지어다." 그 모든 은택, 하나님께서 주신 은택을 기억하는 자에게 주시는 기쁨입니다. 이를 망각하는 자에게 기쁨은 없습니다. 오직 주 안에서만 누릴 수 있는 기쁨입니다. 그러니 하나님의 자녀에게만 주신 특권입니다. 그런 신령하고 영적인 기쁨을 말씀하는 것입니다.

우리가 기뻐해야 될 이유는 하나님의 자녀이기 때문입니다. 본질적으로, 존재론적으로 기뻐하는 것입니다. 그러나 좀 더 구체적으로 몇 가지 이유를 살펴본다면, 첫째로, 구원받은 자이기 때문입니다. 진노의 자녀, 죄의 값은 사망으로 죽을 수 밖에 없는 자가 이제 구원을 받았습니다. 생명을 얻었습니다. 그래서 기뻐합니다. 둘째로, 우리 삶이 하나님의 경륜과 은혜 안에 있기 때문입니다. 더욱이 하나님의 역사의 비밀에 동참하는 특권을 가졌습니다. 구원의 역사에 동역자로 우리를 써주십니다. 그래서 기쁩니다. 셋째로, 이 것은 주 안에서만 얻는 기쁨이기 때문입니다. 내 안에서, 우리 안에서 기뻐 하면 이런 기쁨을 누릴 수 없습니다. 오직 주의 사랑, 주와 동행함으로 얻는 기쁨입니다.

창세기에 보면 야곱이 사랑하는 라헬과 결혼하기 위하여 본인이 자발적 으로 7년을 봉사하겠다고 약속을 합니다. 한마디로 노동을 하는 것입니다. 그런데 성경의 기록은 이렇게 되어 있습니다. "7년을 마치 수일같이 여겼더 라." 라헬을 사랑하는 고로 7년을 마치 수일처럼 여겼습니다. 사랑하니까 동 행하니까 그래서 수일같이 여겼더라는 것입니다. 예수님을 사랑하고 예수 님께서 함께 해주시고 예수님께서 주 안으로 인도하신다는 확신 속에, 그 믿 음으로 우리는 그야말로 7년을 수일같이 여기는 그런 신령한 기쁨을 누립니 다. 기쁘기에 시간가는 줄 모릅니다. 너무도 감사합니다. 바로 그러한 영적 인 것을 말하는 것입니다. 그래서 기뻐합니다.

절대 기쁨이기 때문에 기뻐합니다. 이미 승리한 기쁨입니다. 이미 영광 을 이룬 기쁨이기 때문입니다. 하나님 우편에서 온 우주만물을 통치하시는 역사의 주인의 기쁨입니다. 그렇기에 우리에게 약속이 주어졌습니다. 그 은 혜의 보좌 앞에 동참하는 특권이 주어졌습니다. 그래서 소망 안에서 기뻐합 니다. 수없이 많은 구체적인 이유를 댈 수 있을 것입니다. 그래서 기뻐해야 됩니다. 절대적 기쁨을 말합니다.

그러나 이러한 불멸의 영적 기쁨이 작아지고 소멸되어갑니다. 그렇게 되 는 삶의 원리 두 가지를 말씀드리겠습니다. 첫째는, 소극적 방법입니다. 세 상적 욕망과 자기욕구의 집착을 버려야 된다는 것입니다. 너무도 중요합니 다. 우리가 기쁨을 누리지 못하고 행복하지 못한 것은 내 집착 때문입니다.

이것을 놔야 되는데, 그래야 새로운 것을 영접하고 그 차원 안에서 기쁨을 누리고 행복할 수 있는데, 이것을 놓지 못하는 것입니다.

영성가 엔소니 드 멜로가 쓴 『Call to Love』(사랑의 의무)라는 책이 있습니다. 우리는 하나님의 사랑으로 부름을 받은 자녀입니다. 마땅히 사랑받고 사랑할 의무가 있습니다. 이 책에서 그는 행복이 이미 우리 옆에 있는데도 사람들이 그것을 느끼지 못하는 것은 집착 때문이라고 설명합니다. 그래서 그는 행복해지기 위해서는 몇 가지의 모습이 필요하다고 말합니다. 한가지는, 소유를 통하여 행복해질 수 있다는 의존감정을 버려야 된다는 것입니다. 집착을 버려야 됩니다. 사람이나 물질에 대하여, 그 소유에 대하여 아주 강한 의존감정이 있을 때 결핍의 상황 앞에 금세 불행하다고 느끼기 때문입니다. 더욱이 잘못된 것은 그 행복과 소유가 비례한다고 믿고 있는 그 의식이 끝내 그를 영적인 주님의 기쁨으로 인도함을 받을 수 없게 한다는 것입니다. 다른 한 가지는, 지금 가지고 있는 것을 잃을까하는 두려움과 불안에서 자유로워야 한다는 것입니다. 건강이나 명예나 물질은 어차피 하나님께서 부르시면 없어지는 것입니다. 하나님께서 부르시면 가야 되는 것입니다. 이것을 잃을까하는 두려움 때문에 더 크고 새로운 기쁨을 누릴 수 없습니다. 이것을 버려야 됩니다. 또 다른 한 가지는 굳이 한두 송이의 꽃에 매달리지 않아야 한다는 것입니다. 들판에 나가면 수많은 꽃들이 있습니다. 그런데 왜 꼭 그 한두 가지에 꽉 잡혀 있느냐는 것입니다. 이렇게 되면 소유를 통한 행복은 절대로 느낄 수 없습니다. 공존을 통해야 즐거움을 누릴 수 있습니다. 내가 가장 소중히 여기는 것, 이 세상에서 가장 귀하게 여기는 것부터 놔야 됩니다. 그 집착에서 벗어나야 됩니다.

원숭이를 잡는 아프리카 사냥꾼들의 일화가 있습니다. 원숭이를 어떻게 잡는가 했더니, 아주 큰 바구니에 원숭이 팔 하나 들어갈 만한 구멍을 깊숙이 뚫어놓고 그 안에 원숭이가 가장 좋아하는 바나나를 가져다놓는답니다.

그러면 원숭이가 가서 자기의 긴 팔을 집어넣어 바나나를 딱 잡는데, 그때부터 팔이 나오지 않게 됩니다. 그래도 원숭이는 워낙 고집이 세고 집착이 강하여 그 바나나를 놓지 않고 계속 잡고 있다가 그만 잡히고 맙니다. 인간이 꼭 그렇습니다. 좌우지간 집착이 강합니다. 그 집착 버리지 못하면 끝내 하나님께서 주신 능력과 지혜를 경험하지 못합니다.

하나님께서 주시는 것 외에 원하고 소원하고 집착하는 모든 것들은 그것이 아무리 이 세상에 꼭 필요한 것이라 할지라도 내려놔야 합니다. 필요한 것은 하나님께서 주십니다. 넘치도록 주십니다. 성경의 인물이 그랬고, 오늘 하나님의 사람들에게도 그 복을 주십니다. 그래야 기쁨이 있고 그 기쁨으로 하나님의 마음을 움직일 수 있습니다. 하나님께서 기뻐하십니다. 그리고 더 큰 은총을 허락하십니다.

둘째는, 적극적인 방법입니다. 오늘 말씀대로 오직 주 안에서입니다. 예수 그리스도만 바라봐야 됩니다. 예수님만이 주인되심을 인정해야 됩니다. Lordship입니다. 모든 것의 주인이 그분이십니다. 오직 주 만을 향한 은혜의 결단을 내려야 합니다. 그럴 때 주님께서 말씀하십니다. "하나님 나라와 그 의를 구하라. 그리하면 그 모든 것을 더하시리라." 그 말씀을 믿어야 됩니다. 우리는 하루하루를 살면서 순간순간 내가 누구인지 묻고, '나는 하나님 나라의 자녀'라고 대답할 수 있어야 합니다. 하나님 나라가 어디 있느냐? 바로 여기 있다. 하나님께서 살아계신 이곳, 하나님의 통치가 있는 이곳, 창조주시요 역사의 주인이신 하나님께서 계신 이곳이 바로 하나님 나라입니다. 그 정체의식으로 순간순간 결단하고 살아가는 것입니다. 하나님께서 가장 기뻐하시는 것이 무엇일까? 지금 이 순간 하나님께서 가장 원하시는 것은 무엇일까? 하나님께서는 하나님 나라의 의를 구하는 자에게 모든 것을 다 이루어주시겠다고 약속하십니다. 그것이 하나님의 사람들의 간증입니다. 그러나 하나님의 나라는 막연합니다. 그 나라의 진리, 그 의가 내 안에 없습니다.

내 판단의 결정 근거가 되고 있지 못합니다. 그래서 끊임없이 진리를 깨달으나 진리를 체험할 수는 없는 것입니다. 그 진리 안의 기쁨을 열망하나 그 기쁨을 누릴 수 없습니다. 하나님 나라의 의를 구하는 자에게 거저 주시는 선물입니다. 오직 하나님의 길, 하나님의 방법으로 이루어져가는 것입니다.

위대한 탐험가 콜럼버스가 신대륙을 발견하기 위하여 떠납니다. 그때 선원들이 날마다 불평합니다. 매일매일 원망합니다. 날씨를 원망하고 환경을 탓하고 음식을 탓하고 불확실한 내일 때문에 두려워합니다. 그때 콜럼버스의 항해일지는 항상 다음과 같은 글로 하루하루를 마감하고 있었다고 합니다. "오늘도 우리는 서쪽으로 전진했다. 오늘도 우리는 서쪽으로 갈 뿐이다." 이런 긍정적인 마음, 그 믿음, 여기에 기적이 나타납니다. 여기에 행복이 있습니다. 그것은 이미 주어진 것입니다. 그리고 가면 발견됩니다.

주 안에서 주시는 기쁨이야말로 주만 바라보고 가면 항상 있는 것입니다. 그런데 하나님 나라, 바로 그 의를 구하지 못하면 이미 주어진 기쁨도 누릴 수 없습니다. 행복을 누릴 수 없습니다. 그의 능력과 지혜를 얻을 수 없습니다. 그리고 하나님 나라 밖에서 결핍된 존재의 삶을 살아가는 것입니다. 그리고 끝없이 행복을 또 구합니다. 이런 악순환 속에서 살아가는 이 세대, 다시 한 번 깊이 생각해야 합니다.

'주 안에서 기뻐하라.' 주님께서 주시는 하나님 나라의 기쁨, 신령한 기쁨입니다. 이것은 선택이 아닙니다. 하나님의 자녀에게 주신 존재론적인 당연한 응답입니다. 이것을 누리기를 하나님께서 원하십니다. 그리고 그것을 누리는 자에게 더 큰 능력을 보여주시기를 원합니다. 그래야 그 삶을 통하여 하나님께서 영광을 받으십니다. 그 삶을 통하여 하나님 나라가 확장되어가는 것입니다. 이것을 보고 우리는 하나님을 찬양하는 것입니다. 다시 한 번 깊이 생각하시기 바랍니다. '주 안에서 기뻐하라.'

19.
참된 예배자

| 개들을 삼가고 행악하는 자들을 삼가고 몸을 상해하는 일을 삼가라 하나님의 성령으로 봉사하며
| 그리스도 예수로 자랑하고 육체를 신뢰하지 아니하는 우리가 곧 할례파라 (빌3:2–3)

복음은 하나님께서 우리에게 주시는 하나님 나라의 신령한 참된 기쁨입니다. 그래서 그것은 영원한 기쁨이기도 합니다. 그것은 과거에도 오늘도 내일도 동일하게 역사하시는 하나님께서 주시는 영적인 신령한 기쁨을 말하는 것입니다. 그래서 복음은 항상 here and now, 현재성을 가져야 합니다. 어제 받은 은혜로 오늘 그 충만한 은혜를 경험할 수 없습니다. 오늘 하나님의 말씀을 들어야 합니다. 그래서 지난주에 보신 것처럼 3장 1절에 성경전체의 주제이자 빌립보서의 주제인 영적 기쁨을 하나님의 뜻으로 말씀하고 있습니다. '주 안에서 기뻐하라' 이것은 하나님의 강권하시는 능력이요, 우리에게 주시는 하나님의 뜻입니다. 그리스도인은 주 안에서 항상 기뻐해야 합니다. 은혜받은 자는 그 신령한 기쁨을 안고 있습니다. 그리고 그것을 증거합니다. 이것이 복음이요, 복음의 능력입니다.

이처럼 놀랍고 귀한 영적인 하나님의 은혜의 말씀을 선포하는데 갑작스럽게 돌변하여 바로 그 다음 2절에서 경고의 메시지를 빌립보 교회와 모든 하나님의 사람들을 향해 선포하고 있습니다. 왜 그러는 것일까요? 주 안에서 기뻐함이 마땅한데 그 신령한 은혜와 기쁨이 현실에서 사라져가고 있기 때문입니다. 특별히 복음의 왜곡으로 인하여 진정 주 안에서 참된 기쁨을 느끼는 것조차도 어렵습니다. 그런 현실에 대하여 그 위험성을 경고하기 위한 것입니다. 이것은 어떻게 보면 욕입니다. 개들이라고 표현하고 있습니다. 그때나 지금이나 어찌 성경에 이런 표현이 있을까 싶습니다. 그러나 보시는 대로 아주 강력한 언어를 씁니다. 그 이유는 그 영적 하나님의 은혜에 대한 큰 장애물이 복음의 왜곡에 있고, 왜곡된 자에 있고, 그들을 통하여 하나님께서 주시는 은혜가 소멸되기 때문입니다. 기쁨이 없습니다. 그러다보니 이것이 은혜로 시작하여 율법으로 끝나고 맙니다. 하나님의 뜻도 왜곡하게 됩니다.

출애굽기 15장을 보면 이스라엘 백성이 출애굽을 합니다. 상상해보십시오. 얼마나 기뻤겠습니까? 400년도 넘는 세월을 노예 신세로 지낸 그들입니다. 어느 민족도 전 세계를 지배하는 애굽 제국으로부터 벗어난 경우가 없습니다. 그러나 그 많은 민족이 초월적인 하나님의 은혜와 능력으로 출애굽을 하게 됩니다. 이대로 죽어도 좋다고 생각했을 것입니다. 이 얼마나 큰 은혜입니까! 그리고 출애굽하여 나왔는데 꼭 보름 있다가 광야로 가는 것을 보고 먹을 것이 좀 부족하다고 당장 원망하기 시작합니다. 은혜가 사라졌습니다. 기쁨도 없습니다. 모세를 원망하고 하나님을 원망합니다. 이것은 이스라엘 백성만의 삶을 말하는 것이 아닙니다. 오늘 우리 신앙의 현주소입니다. 우리는 어디 보름이나 가겠습니까.

주일에 예배드리고 하나님 말씀을 듣고 그 말씀을 정말 내게 주신 하나님의 말씀으로 알아 아주 전적인 헌신의 응답을 하지만, 그것이 며칠이나 갑니까. 바로 오늘 우리에게 주시는 하나님의 말씀입니다. 그런데도 스스로 크게 잘못된 복음에 대한 이해로 그 신령한 기쁨과 그 은혜를 소멸시키는 삶을 삽니다. 복음은 오직 하나님의 은혜로, 전적인 은혜로 주어진 구원의 역사입니다. 그런고로 복음을 아는 자는 그 복음의 가치관, 복음의 세계관을 가지고 오늘을 살아야 됩니다. 그런데 내 안에 복음 외의 다른 가치관이 있습니다. 대학교에서 배운 것, 박사과정에서 배운 것, 사회에서 경험한 것, 내가 옳다고 생각하는 가치관···. 그것들이 복음의 장애가 되는 것입니다. 전적으로 하나님 나라의 말씀과 진리와 가치관으로 살아가야 그 은혜를 기억하고 그 기쁨을 날마다 누리면서 찬양할 수 있습니다. 그러나 세상으로 돌아가면, 가정으로 돌아가면, 아니 교회 안에서도 봉사하다보면 자기도 모르는 사이에 그 기쁨이 사라집니다. 오늘, 아니 모든 역사에 동일하게 모든 인류에게 주시는 하나님의 말씀입니다.

사도 바울은 아마 수없이 생각했을 것입니다. '내가 어떻게 하나님의 자녀가 되었는가?' 우리가 다 아는 말씀입니다. 그래서 사도행전에는 무려 세 번이나 반복됩니다. 그리스도인을 감옥에 잡아 처넣어 죽이고자 저 먼 다메섹까지 갑니다. 그때 갑작스럽게 예수 그리스도께서 나타나시어 그에게 살아계신 하나님, 메시야를 보여주십니다. 바울은 그 말씀을 듣습니다. 그리고 변화합니다. 끝없이 그 생각을 했을 것입니다. '내가 어떻게 하나님의 자녀가 되었나?' 그리고 하나님께서, 성령께서 그를 통하여 그 삶의 경험을 통하여 죽을 수밖에 없는 죄인을 통하여 위대한 하나님의 복음을 증거하게 하십니다. 삶으로 전해지는 것입니다. 그에게는 오직 하나님의 은혜 외에는 하나님의 자녀되는 길이 없습니다. 전적인 하나님의 은혜로 자기가 하나님의 자녀가 되었기 때문입니다. 그런고로 구원의 역사는 오직 은혜다. 이것이 순복음입니다. 오늘도 동일한데, 문제는 이것을 증거했다는 것입니다.

그런데 이제 그 안에서 교회에서 신앙생활하면서 이것이 왜곡되기 시작합니다. 그 당시 빌립보 교회에 문제가 있었습니다. 대표적인 사람들이 그 주변의 유대인들이요, 또한 교회 안의 그리스도인된 유대주의자들입니다.

아주 가장 큰 장애물들입니다. 가장 악한 문젯거리입니다. 그 초대교회에 있었던 문제들이 성경에는 기록돼 있습니다. 그리고 그 해결책을 주었습니다. 역사적으로 2천년, 앞으로도 마찬가지입니다. 모든 교회의 이단성의 문제, 복음의 왜곡의 문제는 옛날성경에 다 있었던 것들입니다. 그 반복일 뿐입니다. 그런고로 그 답도 성경에서 찾습니다. 그래서 강력하게 말씀합니다. 이것은 절대로 안 되는 것입니다.

유대인들이 도대체 교회 안에서 무엇을 잘못했기에 사도 바울이 이렇듯 개들과 같다, 행악자라고 강하게 표현하는지 신학적으로 세 가지를 살펴볼 수 있습니다. 첫째, 전적인 하나님의 은혜로 구원받았습니다. 그런데도 끊임없이 그들은 옛날의 습관과 문화에 사로잡혀 있습니다. 그것이 율법주의라는 것입니다. 613개의 율법과 그 외의 부칙들을 따라야만 구원받는다는 생각에 꽉 사로잡혀 있습니다. 계속 예수 믿기 전의 문화적이고 종교적인 관습들과 가치관이 자꾸 나를 꽉 잡고 끌어갑니다. 오늘도 예수 믿고 구원받았습니까? 그런데도 끊임없이 세상에 있었던 내 가치관과 지식들이 나를 끌어당깁니다. 그러면서 갈등을 일으킵니다. 그래서 복음이 슬쩍 혼합되기 시작합니다. 예수 믿고 구원받는 것은 맞습니다. 그러나 율법도 지켜야 됩니다. 이렇게 나가는 것입니다. 시간이 지나다보면 은혜가 없어집니다. 그 율법을 지키는 것이 너무 힘듭니다. 이런 악순환 속에 있다는 것입니다. 둘째, 그 말씀을 지킴으로 공로와 공적을 많이 쌓아야 됩니다. 선한 일을 많이 행해야 됩니다. 그래야만 구원받는다고 확신하게 되고 또 남도 높여줍니다. 그런 사람들 즉, 눈에 보이는 공적이 높은 사람들을 마치 성인과 같이 여깁니다. 하지만 그것은 오직 하나님의 판단에 달린 것입니다. 이 세상에 의는 하나도 없습니다. 모두가 죄인인데 스스로 의인이라 생각합니다. 이쯤 되다보니 가톨릭에서는 종교개혁 시기에 면죄부까지 팔게 된 것 아닙니까. 공로를 쌓아야 됩니다. 그것이 있어야 되기 때문입니다. 처음부터 그런 것은 아닙니다. 시간이 지나면서 변질된 것입니다. 셋째, 구원은 오직 유대인에게만 있습니다. 유대인의 특권입니다. 유대인은 선민(選民)입니다. 그래서 예수 믿고 구원받았습니다. 너도 할례받고 유대인이 되어야 한다. 할례를 강조하고 또 강요합니다. 그래야 가장 온전한 구원을 받을 수 있다는 것입니다. 이렇게 성경적 왜곡을 통하여 오직 은혜로 구원받은 그 복음의 메시지가 점점 더 소멸돼가고, 그 과정에서 그 신령한 기쁨과 능력을 잃게 됩니다.

하지만 이것은 빌립보 교회, 그들에게만 있었던 문제가 아닙니다. 오늘의 우리에게도 마찬가지요, 나에게도 마찬가지입니다. 끝없는 형식주의입니다. 영적인 것을 보기보다는 세상적 성취와 성공의 잣대로 사람을 평가합니다. 하나님 앞에서 그 절대 진리에는 다양한 응답이 있는데, 오로지 획일적인 응답만이 가장 옳은 것이라고 하며 다른 것은 평가절하합니다. 이렇듯 많은 사회적, 문화적 의식들이 복음을 복음되게 하지 못하는 것입니다. 이것이 오늘 우리의 모습입니다.

어느 교회에 새로운 목사님이 부임해왔습니다. 한동안 담임목사님이 안 계시다가 새로 목사님이 오시니까 성도들은 너무나 기뻤습니다. 기대에 꽉 찼습니다. 게다가 첫 설교가 아주 히트를 쳤습니다. 교인들은 너무너무 행복해했습니다. '야, 이제 우리교회에 무슨 변화가 있겠다.' 그리고 다음 주에 큰 기대를 가지고 갔더니 이상하게도 지난주랑 설교가 똑같은 것입니다. 그래도 성도들은 '목사님이 부임해오자마자 너무 바빠서 실수하셨나보다'라고 생각했습니다. 세 번째 주가 되었습니다. 웬걸, 설교내용이 또 똑같은 것입니다. 드디어 성도들이 웅성거립니다. '야, 이거 우리 목사님 잘못 모셨네. 큰 일 났네.' 그들이 목사님께 이렇게 물었답니다. "언제 새로운 설교를 하시나요?" 목사님이 대답합니다. "이 말씀이 삶에서 실천될 때까지 동일한 설교를 할 것입니다." 틀린 말이 아닙니다. 진리를 들었는데, 그 절대 진리가 내 삶에서 궁극적 가치관으로 실천되지 못하면 어느 시기에 복음은 왜곡됩니다. 왜냐하면 진리 이상의 것이 있어 진리를 우선시하지 못하기 때문입니다.

빌립보 교회도 똑같습니다. 예수 그리스도의 십자가 사건, 그 부활의 사건을 보고 그 초월적 은혜에 감사했는데, 시간이 지나서 보니 자꾸 과거의 습관과 상식, 그들이 가지고 있는 가치관이 절대복음의 위로 올라섭니다. 그러면서 복음이 변질되는 것입니다. 그래서 사도 바울이 성령 충만한 역사 가운데서도 도대체 성경전체를 통틀어 어디에 또 이런 표현이 있을까 싶을 만큼 아주 강한 표현을 그것도 세 번이나 거듭 말씀합니다. "삼가라, 삼가라, 삼가라." 절대로 안 된다는 것입니다. 그만큼 중요성이 크기 때문입니다. 또한 세 가지 호칭으로 부릅니다. 개, 행악하는 자, 손할례당. 한마디로 욕설을 퍼붓습니다. 거룩한 욕설입니다. 그만큼 위험하기 때문입니다. 그런데 이것이 위험한 줄을 모릅니다. 어떻게 보면 사도 바울이 그렇듯 무지막지한 표현을 쓴 것은 아마도 그 표현들이 결국 자기 자신, 과거의 자기 자신을 향한 것이기 때문인지도 모릅니다. 그렇기에 더욱더 강조하여 그런 표현을 썼을 것이라는 생각이 듭니다. 사도 바울이 디모데전서에서 말씀하지 않습니까. "나는 포행자요, 훼방자요, 핍박자라." 한마디로 자기 자신이 천하에 죽일 놈이었다는 것입니다. 자기 자신이 개요, 행악자요, 손할례당이었다는 것입니다. 나 같은 사람이 되면 안 된다는 것입니다. 과거의 나 같은 사람이 되면 절대로 안 되기에 아마 그렇듯 자기 고백적 표현을 쓴 것이 아닌가 싶습니다.

사도 바울은 빌립보 교회 교인들을 향하여, 복음을 왜곡하는 자들을 향하여 선포하고 있습니다. 세 가지를 말씀합니다. 첫째, "개들을 삼가라." 거기에 개가 있다는 것입니다. 누가 개냐고 묻지 마십시오. 개 같은 행동을 하면 그가 개입니다. 그런데 이것을 문화적으로 해석해야 됩니다. 그 당시에는 가정에서 기르는 애견이 없었습니다. 사랑하는 개, 그런 것이 없습니다. 그 당시의 표현으로, 개는 집단적으로 떼 지어 다니며 싸움질을 합니다. 또 아주 더러운 행위를 합니다. 음란한 행위를 합니다. 그렇듯 욕심이 많은 짐

승의 상징이었습니다. 그래서 '개와 같다'라는 표현을 썼습니다. 이 말은 문화적 상황에서 이해하고 들어야 됩니다. 그러고 보면 꼭 유대인한테만 있는 것이 아닙니다. 오늘 우리에게도 있지 않습니까. 미국에도 있습니다. 예컨대 '개 같은….'처럼 '개'가 들어가는 욕이 많습니다. 그런 욕을 들으면 개에 대한 나쁜 이미지를 떠올리게 됩니다. 그런 의미가 전달되는 것입니다. 그러니 문화적인 것입니다. 철저하게 문화적인 것입니다. 특히 우리나라 사람들은 그런 면에서 오해받기 쉽습니다. 보신탕 때문입니다. 하지만 이것은 얼마든지 문화적으로 먹을 수 있는 음식입니다. 그런데도 몇몇 국가에서는 우리를 아주 야만인처럼 취급합니다. 자기네들은 말도 먹고, 별별 이상한 것들을 다 먹으면서도 개만은 안 된다는 것입니다. 문화적 편견입니다.

예수님께서 바로 이 표현을 쓰십니다. 마태복음 7장 6절에서 예수님 말씀하십니다. "거룩한 것을 개에게 주지 말며…" 여기서 개는 사람을 말하는 것입니다. 거룩한 것을 개에게 던지지 말라는 말을 예수님께서도 쓰셨습니다. 아주 강하게 꼭 기억해야 될 것이기 때문입니다. 당시의 문화에서는 유대인들만이 사람이고 하나님께 택함받지 못한, 하나님을 믿지 않는 모든 이방인들은 다 개들입니다. 그렇게 보편적으로 생각하면 됩니다. 지금 사도바울은 복음의 훼방자, 복음의 장애물된 그들을 향하여 그들이 쉽게 쓰는 표현, 가장 악하고 나쁜 표현을 되돌려주고 있는 것뿐입니다. 왜? 그들이야말로 이 의미들을 가장 잘 알기 때문입니다. 자기들 외에는 다 개들이기 때문입니다. 그러니 바로 '네가 개다.' 이것입니다. 복음의 은혜, 절대 하나님의 주권을 왜곡시켰습니다. 스스로 장애물이 되었습니다. 그래서 공로를 말하고 율법주의를 말하고 편협한 구원론을 말한 그들이야말로 개만도 못한 것입니다. 이 의미를 깊이 생각해야 합니다.

간디가 학생시절에 영국에 유학한 경험이 있는데, 그 과정에서 성경을 읽고 감동을 받았습니다. 인도에는 오늘까지도 카스트제도가 있습니다. 그것은 아무도 건드리지 못합니다. 교회 안에서도 안됩니다. 그래서 기독교로 개종한 사람들도 브라만은 브라만끼리만 모입니다. 불가촉 천민들과 같이 예배를 볼 수가 없습니다. 간디는 그런 강력한 악 중의 악인 카스트제도를 없애야겠다고 생각했습니다. 하지만 힌두교에서는 이것을 없앨 길이 없습니다. 가만히 생각해보니 예수님의 진리 안에서 그것이 없어질 수 있을 것 같았습니다. 그래 그는 교회예배에 참석하여 예배도 보고 목사님과 이 문제로 의논해봐야겠다고 생각하여 어느 교회를 방문했습니다. 그런데 입구에서 거부당합니다. 당신 같은 사람은 올 데가 아니라는 것이었습니다. 인종차별을 당한 것입니다. 그 당시에도 식민지의 문화권을 인정한 사회였습니다. 당신 같은 소수민족, 동양인들끼리 예배 보는 데로 가라고 멸시를 받았습니다. 그 이후 간디는 다시는 기독교로 개종할 생각을 하지 않습니다. 그 몇몇 개들 때문에 그렇게 된 것입니다. 자기들이 무슨 짓을 한 줄 모르는 것입니다. 생각해보십시오. 인도의 인구가 지금 10억이 넘습니다. 그때 간디가 기독교로 개종하여 있다가 순교를 했다면 지금 인도의 역사가 바뀌었을 것입니다. 세계적으로 큰 영향을 끼쳤을 것입니다. 하지만 간디는 힌두교인으로 죽습니다. 그 몇 명의 사람들이 복음을 왜곡했습니다. 인종차별주의로 그를 대했기 때문입니다. 물론 궁극적인 책임은 본인에게 있지만, 만일 그때 그들이 간디에게 진정한 참 복음을 전하고 그를 영접했었더라면 과연 어떻게 되었을까요? 바로 그런 사람을 개라고 부르는 사람이 잘못된 것입니까. 그래 성경은 말씀하는 것입니다.

둘째, 행악하는 자들을 삼가라. 유대인들은 그들 생각에 자신들만이 옳습니다. 자기들만이 정의롭습니다. 모든 선악과 옳고 그름의 판단이 그들에게 있습니다. 그래서 공로를 쌓아 구원을 받고, 율법을 지켜야 구원을 받고, 유대인이 되고 할례를 받아야 구원을 받을 수 있다고 생각하는 것입니다. 아주 절대로 옳습니다. 하나님께는 그들이 행악자입니다. 지금 무슨 행악을 한 것이 아닙니다. 사회법에 있는 간음과 살인 같은 죄를 지은 것이 아닙니다. 그러나 하나님 앞에서는 가장 큰 악한 자입니다. 행악자입니다. 더욱이 그들은 생각합니다. 자기 자신을 위하여 하는 일이 아닙니다. 이것은 어디까지나 하나님의 영광을 위하여, 하나님의 뜻을 위하여 하는 일입니다.

오늘도 이런 사람들 많습니다. 성경에 나오는 그 대표적인 인물이 가야바입니다. 그는 사회적으로 영웅입니다. 애국자입니다. 그런 칭찬을 받았습니다. 한 사람이 죽어 민족을 구하는 것이 옳지 않으냐? 멋진 말입니다. 인기투표를 했으면 절대다수의 지지를 얻었을 것입니다. 그러나 그 표현, 그 삶이 하나님께는 가장 악한 자입니다. 개와 같은 자요, 행악자입니다. 바로 그 말씀을 하는 것입니다.

셋째, 손할례당을 삼가라. 이 말씀이 참 재미있습니다. 창세기 17장을 보면, 아브라함이 99세 때 하나님께서 말씀하십니다. "나는 전능한 하나님이라. 너는 내 앞에서 행하여 완전하라." 아브라함이 휘청휘청거리고, 첩을 통하여 이스마엘을 낳는 등 많은 문제를 일으키지 않습니까. 하나님께서 전적인 은혜로 원래 처음 주신 소명, 그 약속, 그 언약을 다시 한 번 확인시켜주십니다. 너뿐만 아니라 너희 자손을 통하여 이 언약을 이루리라. 그리고 나서 은혜로 눈에 보이는 상징을 주십니다. 그것이 바로 할례입니다. 표피를 절단하는 것입니다. 하나님께서는 이것을 말씀하실 때 '언약의 표징'이라는 표현을 쓰십니다. 너와 내가 세운, 나와 네 자손 대대로 이어지는 언약의 표징이기에 그 후대로 백 년이 지나도, 이백 년이 지나도 할례를 통하여 그들은 생각합니다. 하나님께서 맺어주신 언약, 이 본래의 언약이 중요한 것입니다. 그것을 기억하기 위하여 은혜로 주신 것입니다. 눈에 보이도록 상징적 언약으로 주셨습니다. 그러나 내용을 잊어버렸습니다. 언약은 생각한 바가 없습니다. 자기가 하나님의 의를 대신합니다. 그러면서 할례를 받아야만 구원을 받는다고 합니다. 껍데기만 남았습니다. 사도 바울이 쓴 표현이 너무 재미있습니다. 원문에 가까운 영어를 보면 이렇게 돼 있습니다. mutilate the flesh. mutilate라는 말은 '훼손하다' 또는 '절단하다'라는 뜻입니다. 육체를 훼손하는 것뿐이다, 이것입니다.

보통 할례라고 하면 circumcising이라는 표현을 씁니다. 이것은 완전히 다릅니다. 단지 몸에 상처만 냈을 뿐이다, 몸을 훼손할 뿐이라는 뜻입니다. 지금 이런 표현을 쓰는 것입니다. 위트도 있고, 아주 적절한 표현입니다. 너희들이 할례 받고 하나님의 선민이라고 하지만 천만의 말씀이다, 몸에 흉터만 냈을 뿐이다. 왜 흉터를 냅니까? 지금 그 말, 똑같은 것입니다. 본질을 잊었기 때문입니다. 약속, 언약을 잊었기 때문에 오직 특권의식에 사로잡힌 외형만 남았습니다. 구약성경에 여러 가지 표현으로 나타납니다. 레위기 26장 41절은 "할례 받지 아니한 그들의 마음"이라고 말씀합니다. 영적인 할례, 마음의 할례여야 되는데 무할례적인 마음이 되어버렸습니다. 아무 의미 없는 것입니다. 또 예레미야 6장 10절은 말씀합니다. "그 귀가 할례를 받지 못하였으므로 듣지 못하는도다." 참 위트 있는 표현입니다. 우리도 할례 받아야 됩니다. 이것은 전인적인, 영적인 것이기 때문입니다. 그러고 보면 표현은 없지만 입도 할례받아야 됩니다. 손도 할례받아야 됩니다. 손 조심해야 됩니다. 발도 할례받아야 됩니다. 온몸이 할례받아야 됩니다. 이 영적인, 전인적인 할례를 하나님께서는 원하십니다. 왜? 그 본래적 의미는 하나님과의 언약에 있기 때문입니다. 그런데 이것을 왜곡시켰습니다. 몸에 상처 하나 내고 특권의식을 가지고 하나님의 자녀됨이라 주장하고 있는 것입니다. 복음을 왜곡시켰습니다. 진리를 왜곡시켰습니다. 그들을 향하여 손할례당을 삼가라, 너희는 행악자다, 개와 같다고 표현합니다. 위선자라는 것입니다.

프랑스의 루이 14세는 무려 72년 동안이나 황제의 자리에 있었습니다. 굉장합니다. 5살 때부터 시작하여 무려 72년 동안이나 황제노릇을 한 것입니다. 그래서 그의 별명이 '태양왕'입니다. 그가 남긴 유명한 말이 이것입니다. '짐은 곧 국가다.' 하긴 한 세기의 4분의 3을 통치했으니 보이는 게 없을 만도 합니다. 그에 얽힌 유명한 일화가 있습니다. 그 당시 페넬론 사제라는 상시 궁중설교자가 있었습니다. 중세 때는 기독교국가였으니까, 왕이 정규적으로 예배에 참석합니다. 많은 사람들이 와서 예배를 봅니다. 어느 날 루이 14세가 예배에 공식적으로 참여하는 날 와보니 한 사람도 없는 것입니다. 깜짝 놀라 이거 무슨 일이냐, 이것이 무슨 의미냐고 물으니 사제가 답합니다. "저는 오늘 예배에 왕께서 참석하지 않으실 거라고 거짓으로 광고를 했습니다. 그래서 아무도 오지 않은 것입니다." 그래서 왜 그랬느냐고 물으니 사제가 이렇게 답합니다. "왕께서 누가 진정으로 하나님을 예배하고 또 누가 왕께 아첨하는지를 구별하실 수 있도록, 친히 확인해보시라고 그와 같이 광고를 했습니다." 다 위선자입니다.

예배는 하나님과 나와의 관계입니다. 보기 싫은 사람 있다고 교회 안 다니고, 어떤 날은 기분 나쁘다고 안 나옵니다. 예배는 하나님과 나, 은혜받은 자로 마땅히 하나님을 찬양하고 내가 하나님 앞에 누구인가를 다시 생각하며 하나님의 은총을 입는 절대적이고 영적인 특권이자 책임입니다. 그런데 그 외의 것이 보입니다. 그 외의 것에 의해 좌우됩니다. 여기서 이제 위선적이고 무할례적이며 영적이지 않은 삶이 엿보이는 것입니다. 그래서 사도 바울은 아주 강하게, 강력한 표현으로 말씀합니다. 그들을 금하라. 말하지도 말고 밥 먹지도 말고 차 마시지도 말고 북까페 내려가지도 말고 그냥 모른 척하라, 이것입니다. 그렇다고 비난하라는 것이 아닙니다. 위하여 기도하고 무시하라는 것입니다. 삼가라, 경계하라, 조심하라. 지금 그렇게 표현하고 있습니다.

그리고 이제 적극적으로 3절에서 규정합니다. 진정한 그리스도인이 누구냐? 누구와 교제해야 되느냐? 우리자신이 어떠한 하나님의 자녀가 되어야 하느냐? 또한 어떤 교회가 참 그리스도적 교회냐? 그 표지를 아주 간단하게 세 가지로 정의하여 우리에게 알려주고 있습니다. 저는 이것을 참된 예배자의 영적인 본질이라고 생각하는바, 오늘 제목을 '참된 예배자'라고 정한 것입니다. 이것은 기억해야 합니다. 반드시 외워야 됩니다. 성경 전체에 걸쳐, 표현은 다르지만, 항상 있습니다. definition-정의라는 것 아주 중요합니다. 예를 들어, 교회란 무엇이냐? 하나님은 누구시냐? 또 예수님은 누구시냐? 성령은 누구시냐? 이런 질문에 대한 답으로서의 정의를 외우고 있어야 합니다. 그래서 세례문답을 받을 때 그것을 암기토록 하지 않습니까. 최소한의 것입니다. 저는 세례문답 때 다섯 가지를 묻습니다. 그것들이 가장 중요하다고 생각해서입니다. '하나님, 예수님, 성령, 그리고 교회, 교인이 누구인가?' 이것이 가장 본질적인 것입니다. 그리고 좀 고쳐서 답을 주고 세례를 줍니다. 왜? 알려줘서 기억하게 하려는 것입니다. 다시 한 번 생각하십시오. 누가 내게 질문했을 때 간단명료하게 답할 수 있어야 됩니다. 오늘 본문의 이 말씀은 참 예배자는 누구냐? 참 그리스도인은 누구냐? 교회의 본질은 무엇이냐? 이런 질문들에 아주 궁극적인 정의를 줍니다. 만일 이런 것에 대하여 불확실하고 애매모호하다면 자기도 모르는 사이에 본질을 상실하게 됩니다. 그래서 어디서 이 이야기 들리면 이것인가보다, 저기서 저 이야기 들으면 저것인가보다 하고 자기정체성을 잃게 됩니다. 당장 눈에 보일 때는 아무 상관없는 것 같지만 지속적으로 신앙생활을 할 때는 혼란과 분열과 파괴적인 삶을 경험하게 됩니다.

오늘 본문 말씀을 통하여 그리스도인은 누구이고 참된 예배자는 누구인가에 대하여 생각해 보겠습니다. 3절의 말씀은 반드시 기억하고 우리 그리스도인의 생활로 증거되어야 합니다.

첫째는, 하나님의 성령으로 봉사하는 자입니다. 여기서 봉사라는 말은 번역상 조금 문제가 있습니다. 예배라는 말입니다. Service는 예배라는 말입니다. 다시 말하면 하나님의 성령으로 예배하는 자입니다. 그리스도인, 참된 예배자는 영적인 존재이기 때문입니다. 성령의 영을 받지 못하면 그리스도인이 아닙니다. 누구든지 그리스도의 영이 없으면 하나님의 사람이 아닙니다. 우리는 양자의 영을 받은 하나님의 자녀입니다. 영적인 존재입니다. 우리는 신비 안에 살아갑니다. 보이지 않는 하나님을 믿고 그 나라를 믿고 그 능력을 사모합니다. 그 자체가 신비의 역사입니다. 그런고로 하나님의 성령으로 예배하는 자, 그 사람이 하나님의 사람입니다.

세계적인 설교자였던 찰스 스펄전 목사님의 교회는 100년 전에 굉장한 교회였습니다. 그 당시 교인수가 2만 명이었습니다. 본당이 6천석도 넘는 대형 교회였습니다. 지금 우리교회 본당이 6천석인데 백 년도 더 전에 그 정도 규모였으니 굉장한 것입니다. 영국의 런던에서 그런 규모의 예배당이 꼭 찼습니다. 영국의 모든 사람들이 한번쯤 꼭 가보고 싶어 하는 교회입니다. 그래 어느 날 대학생 5명이 그 교회를 방문했습니다. 시설들도 둘러보면서 관람을 하려고 갔습니다. 한데 그곳 사정을 잘 몰라서 마침 예배시간보다 아주 일찍 도착했습니다. 교회문이 닫혀 있습니다. 그래 밖에서 두리번거리고 있는데 안내인이 나와 어떻게 왔느냐고 묻습니다. 이러저러해서 왔다고 답하니 안내인이 안내를 해주겠다고 합니다. 무더운 한여름이었는데, 안내인은 먼저 지하실의 동력실로 그들을 안내합니다. 그들은 더웠지만 안내인에게 실례를 범하지 않기 위하여 묵묵히 따라갑니다. 한데 그곳에 있는 큰 방의 문을 여니 7~8백 명이나 되는 사람들이 가득 차 있는 것입니다. 아직 예배시간 전인데도 말입니다. 안내인이 말하는 동력실은 바로 기도의 동력실이었습니다. 그러면서 말합니다. "이 기도가 있기에 이곳이 예배가 있는 교회입니다."

영적인 기도가 없는 교회는 죽은 교회입니다. 오늘 우리도 주일예배를 위하여 수많은 사람들이 수고하고 봉사하고 기도합니다. 그들 덕에 기도 없이 왔다가는 사람도 은혜 받고 영적인 존재감을 회복하는 것입니다. 그도 진정 하나님의 사람이 되고 영적인 사람이 되면 예배를 귀히 여기고 위하여 기도하겠지요. 이 영적인 세계를 믿는 공동체가 교회요, 그 힘으로 하나님의 진리가 선포되고 내게 주신 하나님의 말씀을 듣습니다. 그런고로 참된 예배자의 본질은 하나님의 성령으로 영적인 존재로 예배하는 자입니다.

둘째는, 그리스도 예수로 자랑하는 자입니다. 제가 질문을 하나 던지겠습니다. 지금 무엇을 기뻐하고 자랑하고 있습니까? 가장 기뻐하고 자랑하는 것이 무엇입니까? 그것이 예수님이 아니라면 문제가 있는 것입니다. 영적인 예배자인 그리스도인은 처음도 끝도 예수 그리스도만이 자랑이 되어야 합니다. 예수 그리스도의 사랑, 그의 은혜, 그의 말씀, 그의 십자가. 사도 바울의 고백입니다. "예수 그리스도 외에는 알지 않기를 원하노라." 오늘 본문도 계속 이어 말씀합니다. '예수 그리스도를 아는 지식 외의 모든 이전의 유익된 자랑을 다 배설물같이 여긴다.' 오직 예수 그리스도만이 자랑이기 때문입니다.

여러분 잘 아시는 무디 목사님의 유명한 일화가 있습니다. 영국에서 큰 집회를 했는데 아주 성황리에 끝났습니다. 그런데 꼭 그런 사람이 있습니다. 한 청년이 오더니 심각하게 말하는 것입니다. 그것도 여러 사람 앞에서. "목사님 오늘 설교 좋았습니다. 한데 목사님 설교 중에 무려 18번이나 문법이 틀리고 단어를 잘못 쓰셨습니다." 그때 무디 목사님이 유명한 말을 합니다. "참 그것 저도 놀랍습니다. 나같이 무지한 자, 나같이 언어표현도 잘 못하는 사람을 하나님께서 쓰시어 이렇듯 놀라운 역사를 일으키시니 저도 놀랍습니다. 그런데 나도 질문 하나 합시다. 당신은 그렇게 똑똑하고 지혜로운 지식을 가지고 있는데, 도대체 얼마만큼 복음을 증거하셨습니까? 도대체 몇 사람이나 그 지식으로 하나님께 인도하셨습니까?" 지식으로 되는 것이 아니거든요. 그렇다고 나이로 되는 것도 아니고 경력으로 되는 것도 아닙니다. 예수 그리스도의 지혜와 능력과 인도하심으로 되는 것입니다. 이것은 전적인 신비의 영적인 세계이기 때문입니다.

하나님의 사람은 오직 그리스도만을 자랑합니다. 다시 한 번 생각해보십시오. 두고두고 생각해보십시오. 진정 나는 예수 그리스도만을 자랑하는가? 그것이 가장 가치 있는 것이요, 최고의 절대적 기준인가? 만일 그렇다면 그는 참된 예배자입니다. 만일 예수 그리스도를 최고의 궁극적 영광의 존재로 여기지 않는다면, 그 자리에 내 의가 있고 내 무엇인가가 그 위에 있는 것입니다. 그렇기 때문에 더 큰 문제입니다. 누구에게나 가장 귀하고 가장 기뻐하는 그 무엇이 있는데, 그것이 예수 그리스도가 아니라면 다른 무엇이 그 자리에 있다는 것 아닙니까? 그래서 예수님께서 말씀하십니다. "하나님 나라와 그 의를 먼저 구하라." 이것이 절대우선순위입니다. 나를 하나님의 자녀 되게 하신 예수 그리스도를 진정으로 자랑할 것입니다.

셋째는, 육체를 신뢰하지 아니하는 자입니다. 우리가 이 세상에 살면서 무엇을 의존합니까? 외모, 학력, 물질, 경험, 지식…. 다 필요한 것들입니다. 그러나 하나님의 자녀된 자가 아직도 이런 것에 우선순위를 두고 이에 의존하고 있다면 그는 하나님의 사람이 아닙니다. 아직, 오직 은혜로 구원받은 자가 아닙니다. 진정으로 오직 하나님의 은혜로 하나님의 자녀됨을 믿고 그 나라를 믿는다면, 우리는 세상의 것, 아니 나 자신 내가 경험한 모든 절대가치도 자랑할 수 없고 신뢰할 수 없습니다. 예수 그리스도의 말씀 안에서 다 해로 여길 것입니다. 왜? 그것이 하나님께 전적으로 헌신하는 데 장애가 되기 때문입니다. 은혜의 장애가 됩니다. 우리는 오직 하나님의 전적인 은혜와 그 긍휼로 구원받는 존재요, 구원받을 존재입니다. 그 초월적인 은혜 외에 구원의 길은 없습니다.

오늘 말씀을 다시 한 번 깊이 생각해보기 바랍니다. "개들을 삼가고 행악하는 자들을 삼가고 몸을 상해하는 일을 삼가라.", "하나님의 성령으로 봉사하고 예배하며 그리스도 예수로 자랑하고 육체를 신뢰하지 아니하는 무리가 곧 할례당이다, 하나님의 자녀다." 진정으로 예배하는 하나님의 능력 있는, 은혜 받은 하나님의 사람됨이 어떠해야 하는지 선포하고 또 권유하고 있는 말씀입니다. 이것이 복음입니다. 이것이 하나님 나라의 메시지입니다. 다시 한 번 깊은 이 초월적 지혜와 지식을 주신 하나님을 찬양하며 내가 누구인가를 하나님 앞에서 다시 한 번 생각해야 할 것입니다.

20.
해로 여긴 유익들

> 그러나 나도 육체를 신뢰할 만하며
> 만일 누구든지 다른 이가 육체를 신뢰할 것이 있는 줄로 생각하면 나는 더욱 그러하리니
> 나는 팔일 만에 할례를 받고 이스라엘 족속이요 베냐민 지파요 히브리인 중의 히브리인이요
> 율법으로는 바리새인이요 열심으로는 교회를 박해하고 율법의 의로는 흠이 없는 자라
> 그러나 무엇이든지 내게 유익하던 것을 내가 그리스도를 위하여 다 해로 여길뿐더러 (빌3:4-7)

『부활』을 쓴 러시아의 대문호 톨스토이는 자신이 어떻게 죄와 방탕한 생활
로부터 선한 신앙생활로 돌아왔는지에 대하여 신앙고백을 합니다. 유명한
이야기입니다.

예수 그리스도의 말씀은 제게 믿음을 주었습니다. 저는 그 말씀을 믿게 되
었습니다. 그로부터 저의 모든 삶이 변화되어 이전에 제가 바라던 것을 바
라지 않게 되었고, 반면에 제가 전에는 결코 바라지 않던 것을 바라게 되었
습니다. 또한 이전에는 저의 눈에 악으로 보였던 것이 이제는 선으로 보이
게 되었고, 전에는 선으로 보였던 것이 이제는 악으로 보이게 되었습니다.

참으로 귀한 신앙 간증입니다. 그리스도인은 놀라운 체험적 삶의 가치관

의 변화가 있어야 합니다. 하나님의 말씀이 그의 모든 세계관, 물질관, 가치관을 변화시킵니다. 예수 그리스도를 믿기 이전과 이후가 어떻게 달라졌는가는 자신의 삶을 돌이켜보면 알 수 있습니다. 그런데 예수 그리스도를 믿고도 이전의 가치관, 세계관이 변하지 않았다면 본인에게 문제가 있는 것입니다. 누가 진정한 그리스도인인가? 예수 믿기 전과 후가 완전히 다른 차원의 삶이라고 고백할 수 있는 자, 그런 체험적 간증이 있는 사람이 진정한 하나님의 사람입니다. 지난 시간 상고해본 것처럼, 3절에서 진정한 참된 예배자, 참된 그리스도인, 그리고 교회의 본질에 대하여 사도 바울은 하나님의 성령으로 예배하고, 예수 그리스도만을 자랑하고, 육체를 신뢰하지 않는 자라고 말씀합니다. 아주 귀한, 항상 기억해야 할, 그리스도인의 됨됨이를 정의하는 말씀입니다.

그리고 이제 4절부터 14절까지 그 말씀에 대한 구체적인 해석을 우리에게 제시하고 있습니다. 이제 네 번에 걸쳐 이 말씀을 좀 더 깊게 상고해 볼 예정입니다. 오늘은 그 첫 말씀입니다. 4절부터 7절까지의 말씀입니다. 오늘 본문에서 사도 바울은 두 가지 좀 특별한 방법론을 제시하면서 말씀을 우리에게 전해주고 있습니다. 첫째, 대조적 방법입니다. 말씀드린 것처럼 예수 그리스도를 영접하기 전과 후를 대조하고 있습니다. 그래서 얼마나 큰 변화가 있었는지를 자기 삶의 체험을 통하여 간증하고 있는 것입니다. 세계관과 가치관의 전적인 변화가 있었음을 사건으로 우리에게 알려주고 있습니다. 둘째, 예변적인 방법입니다. 예변이란 저쪽에서 나올 질문을 미리 알고 답을 해주는 것입니다. 설교학적, 논리학적 방법입니다.

지난 시간 상고해 본 것처럼 사도 바울은 유대주의자들을 신랄하게 비판합니다. 그들은 하나님께 대한 대적자들이기 때문입니다. 그들은 오직 율법만을 지키고 할례를 받음으로 인간의 공로로 인한 구원받음을 말하고 있습니다. 은혜에 전적으로 반대되고 왜곡된 진리를 선포하고 있는 것입니다.

그에 대하여 사도 바울은 말씀합니다. "너희들은 개와 같다. 개들을 삼가라. 행악자들이다. 악한 존재다." 이 소리 듣고 그들이 가만히 있겠습니까? 이제 그들은 사도 바울을 비난할 것입니다. "네가 뭘 아냐? 네가 우리 유대인, 선택받은 민족됨을 알기나 하냐? 너는 비록 그리스도인의 입장에서 말할지 모르지만 우리도 같이 예수 그리스도를 믿는 사람들이다. 그러나 유대인적 관점에서는 네가 잘못 얘기하는 것이다." 이렇게 강하게 반론할 것입니다. 이에 대하여 그 생각을 가지고 이제 예변적으로 사도 바울은 말씀하는 것입니다. 사도 바울 자신이 유대인으로 살았기 때문입니다. 그래서 이미 체험화된 신앙적 경험을 통하여 그는 강하게 그들에 대하여 간증적인 자기이해를 전하고 있는 것입니다.

오늘 말씀을 깊이 상고하기 위하여 먼저 살펴보아야 할 성경적 언어가 있습니다. 3절, 4절에 걸쳐 무려 세 번이나 반복적으로 나타나는 말씀입니다. 바로 '육체'라는 말입니다. 영어로는 'in the flesh'입니다. 그래서 오늘 본문에서도 육체를 신뢰한다고 하였습니다. 육체라는 말, 이 성경적 언어에 대한 깊은 의미를 바르게 깨달을 때 더 깊은 하나님의 말씀을 들을 수 있습니다. "육체를 신뢰하지 아니하는…(3절)." 한마디로 성경 전체에서 하나님의 사람은 육체를 신뢰하면 안된다고 하고 있습니다. 그런 메시지가 곳곳에 있습니다. 신학적으로, 성경 신학의 입장에서 보면 육체와 몸은 서로 다른 것입니다. 이 둘을 구별할 수 있는 능력이 필요합니다. '육체'라는 것은 영어로 flesh에 해당합니다. 헬라어로는 '사륵'입니다. 한편 '몸'은 영어로 body에 해당합니다. 헬라어로는 '소마'입니다. 둘 다 인간의 외형을 설명하고 지칭하는 말이지만, 성경에서는 이 둘을 서로 다른 것으로 구별하고 있습니다. body 즉, 몸이라는 것은 인간의 피조물성, 제한성을 의미하는 것입니다. 다시 말해 인간의 몸은 흙으로 지어졌기에 소멸될 것이라는 것입니다. 영원한 것이 아닙니다. 더욱이 흙은 하나님의 형상에서 나온 것이 아닙니다. 이것은 만들어진 것입니다. 우리의 영은 하나님께서 창조하신 것이지만, 몸은 창조된 흙으로 만들어진 것입니다. 그런 제한성이 있습니다. 그것이 피조물의 한계입니다. 도덕적으로는 중립적입니다. 마치 물건과도 같습니다. 선한 사람이 쓰면 선해지고 악한 사람이 쓰면 악해지는 것입니다. 그것이 몸입니다. 오늘 성경에 나타난 것처럼 '육체'는 자기 자신을 신뢰합니다. 더 나아가 자기 자신을 우상화합니다. 그래서 스스로 주인입니다. 하나님 앞에서도 나 자신의 주인은 나 자신입니다. 또한 세상 사람에게도 자기 자신의 생각을 강하게 주장합니다. 그런 존재는 이미 죄 가운데 있는 존재라는 것입니다. 하나님을 알지 못합니다. 하나님의 형상으로 지음받은 존재인데도 창조주의 뜻을 우선적으로 기억하지 못합니다. 그러한 자를 육체라고 말씀하고 있습니다.

예를 들어 로마서 12장에 유명한 말씀이 있지 않습니까? "너희 몸을 하나님이 기뻐하시는 거룩한 산 제물로 드리라(1절)." 여기서 몸, 이 몸을 거룩한 산제사로 드리라는 것은 거룩한 몸으로 드리라는 뜻입니다. 영적인 몸으로 드리라는 것입니다. 그럴 때의 몸은 body입니다. 그런가하면 같은 로마서 7장 25절에는 이런 말씀이 있습니다. "마음으로는 하나님의 법을, 육신으로는 죄의 법을 섬기노라." 이미 육신에는 인간의 나쁜 의지가 들어 있습니다. 하나님의 뜻이 없습니다. 사탄의 역사 가운데 죄의 속성이 들어있는 육신입니다. 단지 몸이 아닌 것입니다. 이미 죄 안에 있는 육신입니다. 그래서 이렇게 말씀하는 것입니다. "죄의 법 아래 있도다." 그래 성경을 보시면서 몸이라는 것과 육체라는 것이 성경적으로 구별되어 쓰이고 있음을 생각해야 합니다.

결론적으로 오늘 본문에 나타난 육체는 성령에 대하여 거역하는 것입니다. 대적의 관계입니다. 하나님의 사람은 육체를 신뢰하지 않아야 합니다. 영적인 존재이기 때문입니다. 그러나 하나님의 사람이 아닌 사람은, 예수 믿기 이전의 사람은 영을 모릅니다. 영적 존재라는 개념이 없습니다. 단지 자기육체를 주장할 뿐입니다. 육에 속한 사람입니다. 그런 표현을 하는 것입니다. 이제 더 나아가 사도 바울은 말씀합니다. 육체를 주장하여, 육체를 신뢰하여 육체 안에 갖고 있는 어떤 요소나 어떤 중요한 내적 자원도 스스로를 구원할 수는 없다는 것입니다. 유대인은 그 육체 안에 있는 할례, 육체가 성취한 공로, 그리고 율법주의로 인하여 구원받는다고 자꾸 잘못된 복음을 전하니까 사도 바울이 그들의 사고 안에서, 그 문화권 안에서, 지금 신학적으로, 성경적으로 구분하는 것입니다. 오직 은혜로 됩니다. 예수 믿기 전과 후를 생각해보라. 예수 믿고 영접한 후에는 완전히 영적인 존재라는 것입니다. 하나님의 성령을 입어야 됩니다. 이전 것으로는 구원받을 수 없습니다. 그것이 몸이요, 육체입니다. 이것이 그리스도인의 정체의식입니다. 완전히 다른 차원의 존재됨을 말씀합니다. 그래 성경은 말씀하지 않습니까? "누구든지 그리스도 예수 안에 있는 자는 새로운 피조물이다." 같은 몸, 같은 육체지만 우리는 영적으로 성령이 보는 관점에서는 영적 존재입니다. 그래서 사도 바울은 말씀합니다. "나는 십자가에 못 박혀 죽었다. 내게 사는 것은 오직 그리스도다." 신령한 세계에 영적 관점으로 인간론에 대한 이해를 갖습니다. 우리도 동일합니다. 자, 이제 예수 믿기 전과 예수 믿은 후의 인간론은 무엇인가? 완전히 다릅니다. 오직 은혜로, 영적으로 지음 받은 자, 그런 영적 존재가 바로 우리자신이요, 그리스도인입니다. 완전히 다른 차원의 가치관을 갖게 되는 것입니다.

19세기 영국이 낳은 세계적인 과학자로 존경받는 인물 마이클 패러데이는 참 많은 과학적 발견을 했습니다. 선구자적 공헌도 했습니다. 유명한 '패러데이 법칙'은 바로 그의 이름을 따 지은 것입니다. 그는 신실한 그리스도인이었습니다. 언젠가 그 당시 영국의 웨일즈 황태자가 참석한 가운데 수많은 유명 인사들이 함께 모인 곳에서 그는 강연할 기회를 가졌습니다. 그리고 그가 오랫동안 실험하고 연구한 것을 발표하는 시간이었습니다. 그 결과가 너무 좋았습니다. 다들 깜짝 놀랐습니다. 즉석에서 황태자가 일어나 그에게 경의를 표하며 말합니다. "저런 분에게는 특별한 표창을 수여해야 합니다. 우리 잠시 준비하고 그러한 시상식을 갖도록 하겠습니다." 그리고 준비했습니다. 그래 그 이름을 불러 시상을 하려고 하는데 당사자가 없는 것입니다. 찾을 수가 없었습니다. 나중에 알고 보니 그 날 저녁 정규적인 저녁기도회에 간 것입니다. 아마 수요사경회였던 것 같습니다. 거기 참석한 뒤 바로 하나님 말씀을 듣는 기도회에 참석하러 간 것입니다. 생각해보십시오. 예수 믿기 전에는 그 나라의 왕, 황태자를 비롯한 많은 유명 인사들이 와서 그를 높이고 찬양하고 그 공적을 인정하면 그것은 그야말로 큰 자랑이었습니다. 나쁘지 않습니다. 그러나 예수 믿고 나서는 그것보다 더 중요한 것이 생겼습니다. 하나님의 말씀입니다. 하나님 말씀 듣기를 가장 사모하게 된 것입니다. 그 시간이 더 귀합니다. 그리고 그 영광은 하나님께서 받으셔야 합니다. 그 이후 그는 신실한 기독교인으로 더 유명해졌습니다.

무엇이 그를 그렇게 만든 것입니까? 복음이, 예수 그리스도께서 그 삶을 완전히 변화시킨 것입니다. 전인격적 가치관의 변화가 일어났습니다. 세계관이 달라집니다. 물질관이 달라집니다. 소유관이 달라집니다. 죽음에 대한 생각도 달라집니다. 예수 믿기 전에 죽음은 공포입니다. 끝입니다. 두려움입니다. 그러나 예수 믿고 나서의 죽음은 기대하는 바입니다. 하나님 앞에 가는 것입니다. 영원한 세계입니다. 얼마 전 빌리 그레이엄 목사님이 마지막 부흥회를 인도했다는 신문기사를 봤습니다. 참 훌륭한 말씀을 남겼습니다. "이제 내게 남은 길은 하나님 앞에 가는 것입니다. 그 날을 기대합니다." 그가 기독교인입니다. 그가 크리스천입니다. 빨리 가고 싶습니다. 완전히 다른 차원의 인식론적 변화의 삶을 살아갑니다. 그래서 성령으로 지음받은 자입니다. 오직 자랑은 예수 그리스도뿐입니다. 내 삶을 한번 생각해보십시오. 예수 믿기 전과 예수 믿는 오늘, 무엇이 달라졌는가를 스스로 비교대조하면서 내가 어떤 가치와 존재의 삶을 살아가고 있나 다시 한 번 확인할 수 있습니다. 그럴 때 우리는 하나님을 찬양합니다. 정말 나는 신비의 삶을 살아가고 있고 나도 모르는 사이에 그리스도 안에서의 내 삶을 재발견하는 것입니다. 그것이 그리스도인의 바른 정체의식입니다.

유명한 미국 작가 게일 쉬이는 인간의 성장론을 많이 얘기합니다. 인간이 성장하기 위해서는 반드시 변화가 있어야한다고 역설합니다. 그래서 성장을 위한 변화를 추구하기 위해서는 꼭 필요한 네 가지 자세가 있다고 말합니다. 우리에게 좋은 교훈이 됩니다. 첫째, 익숙하지만 제한된 패턴을 과감하게 변화시켜야 한다는 것입니다. 오래 전 베스트셀러 중에 『익숙한 것으로부터의 결별』이라는 책이 있었습니다. 참 유익한 책이었는데, 그 결별이 바로 변화입니다. 그로부터 새로운 미래적 삶을 살아가는 것입니다. 그런 결별의 결단이 필요합니다. 익숙한 것으로부터 낯선 것으로 전환이 필요할 때 가치결별이 필요합니다. 이것이 변화라는 것입니다. 그것을 통하여 성장하는 것입니다. 둘째, 안전하지만 보상 없는 일을 내려놔야 한다는 것입니다. 과거의 경험으로 미루어보면 지금 하는 이 방법, 이 삶이 안전합니다. 그러나 이것을 기억하십시오. 내일도 그것이 나를 안전으로 인도하지는 않습니다. 내일은 완전히 다른 차원입니다. 셋째, 더 이상 믿을 수 없는 가치에서 과감히 돌아서야 한다는 것입니다. 우선순위를 바로 정해야 됩니다. 세상이 끝없이 변화됩니다. 옛날에 가졌던 가치관이 오늘이나 내일도 옳은 가치관은 아닙니다. 오늘 우리가 급변하는 세상에서 많은 것을 경험합니다. 옛날의 가치관을 과감하게 버려야 합니다. 이제는 새로운 가치관을 받아들여야 합니다. 불확실한 가치관을 과감히 버려야 합니다. 그것을 떨쳐버리지 못하면 아무런 변화도 이룰 수 없습니다. 넷째, 의미가 상실된 관계는 포기해야 된다는 것입니다. 더 이상 아무 의미가 없습니다. 그런데도 옛날의 구습이라서, 옛날의 관계라서 그것을 끌고 가는 것입니다. 그것은 과거 지향적 삶입니다.

그리스도인의 삶은 항상 하나님 앞으로 하나님 은혜의 보좌 앞으로 하나님 나라의 완성으로 향하는 것입니다. 그래서 변해야 되는 것입니다. 한마디로 그리스도 중심적 삶을 살아야 된다는 것입니다. 항상 그리스도의 진리가 판단의 중심에 있습니다. 알파와 오메가입니다. 오직 예수 그리스도만이 기준입니다. 믿음도 그리스도께서 시작하셨고 그리스도께서 완성하실 것입니다. 선한 행위도 그리스도께서 역사하셨고 그리스도께서 완성하실 것입니다. 우리의 모든 것을 그리스도께서 판단하실 것입니다. 그래서 그리스도 중심적 가치를 가지고 변화된 삶을 살아갈 때 진정한 하나님의 사람이다, 하나님께서 동행해 주시는 삶이다, 하나님께서 복 주시는 삶이다, 이렇게 고백할 수 있는 것입니다.

20세기 가장 유명한 과학자 중 한 사람인 스티븐 호킹의 말입니다. "나는 변화를 원하는가 하는 식의 질문은 무가치한 것이다. 단지 변해서 무엇이 되고 싶은가 그리고 어떻게 그렇게 될 수 있는가? 그 질문만이 진정한 질문이다." 만날 변해야 된답니다. 그거 모르는 사람이 어디 있습니까? 변하고 싶지 않은 사람이 어디 있습니까? 그러나 꿈쩍도 안합니다. 아무 소용없습니다. 날마다 변화, 변화해도 소용없습니다. 변화의 목적을 알아야 됩니다. 변화해서 무엇을 하려는 것인지 그리스도 안에서 바른 그리스도인의 정체의식을 가지고 분명한 목적론적 인식과 방법까지도 진리 안에서 깨달아야 합니다. 그럴 때 그 변화는 참된 의미가 있습니다. 큰 영적 체험을 경험하게 됩니다. 한마디로 그리스도 안에서 절대가치가 완전히 변화됩니다. 옛날에는 그렇게 소중히 여기고 아끼던 것이 예수 그리스도 안에서는 아무것도 아닙니다. 과거의 소유 중심의 삶에서 오늘 그리스도인의 존재중심의 삶으로 전환됩니다. 바로 이것을 경험하고 이것을 증거합니다. 이것이 바로 그리스도의 은혜 곧, 선교적 삶입니다. 그리스도인의 삶입니다. 그런데 예수 믿고 찬송도 하고 많은 성경구절도 외우고 있지만, 정작 삶은 옛날과 똑같습니다.

이것이 어렵게 느껴지거든 예수 믿기 전에 나를 알던 사람에게 나 어떠냐고 물어보면 압니다. 똑같다고 한다면 아직 먼 것입니다. 내 주변에서 놀라야 합니다. 생각이 달라져야 하기 때문입니다. 비록 같은 육체를 입고 있어 허물은 있을 수 있으나 오늘과 미래를 바라봄이 다릅니다. 그런 영적 가치관으로 사는 자가 성령의 역사 가운데 있는 하나님의 사람입니다. 다시 한 번 내 존재에 대한 인식을 깊이 생각하기 바랍니다.

오늘 본문에서 지금 사도 바울은 예수 그리스도 이전에 자기가 자랑하던 최고의 것들, 최고의 가치들을 사건을 통하여 설명하고 있습니다. 그것이 5절, 6절에서 계속됩니다. 일곱 가지를 말씀합니다. 유익하던 것― 과거에 가장 자랑하고 유익했던 것입니다. 그런데 지금 이것은 아무것도 아닙니다. 해가 됐다고 합니다. 다음 시간에 보면 알겠지만, 아예 '배설물'이라고 합니다. 이처럼 엄청난 가치변화가 생긴 것입니다.

전에는 육체를 신뢰했습니다. 지금은 육체를 신뢰하지 않습니다. 이제 그들이 말합니다. "네가 육체를 신뢰하는 것이 무엇인지 아느냐?" 이제 유대인들에게 과거 예수 믿기 전의 유대인으로서 답하는 것입니다. 7가지가 나타나는데, 크게 두 종류로 구분할 수 있습니다. 하나는 출생으로 얻은 특권 4가지이고, 다른 하나는 자신이 선택하여 스스로 성취한 3가지를 우리에게 제시하고 있습니다. 먼저 출생으로 얻은 특권 4가지를 살펴봅니다. 첫째, 오늘 말씀 보면 "내가 팔 일 만에 할례를 받고…"라고 하였습니다. 이것이 큰 자랑입니다. 유대인에는 출생부터 유대인인 사람이 있고, 개종하여 유대인이 된 사람이 있습니다. 오늘 한국인도 외국인이 귀화하여 한국인이 된 사람이 있고 아예 태생적으로 한국인이 있습니다. 다릅니다. 지금 그것을 말하고 있는 것입니다. 그는 난 지 8일 만에 할례 받은 자입니다. 자랑할 만합니다. 더욱이 창세기 17장에서 하나님께서 말씀하십니다. "난 지 팔일 만에 할례를 받을 것이라." 그러면 성경적 의미는 이것입니다. "나는 아브라함의 자손이다. 언약의 자녀다." 한마디로 순수혈통이라는 것입니다. 그것을 자랑했었습니다. 이것, 자랑할 만한 것입니다. 예를 들어 우리교회를 봐도 언제 등록하느냐가 중요합니다. 나중에 보십시오. 한 10년 지난 다음이면, 2003년 10월 개척 첫해부터 등록해서 다녔느냐, 아니면 5년쯤 지난 다음에 왔느냐에 따라 그 권세가 달라집니다. 주인의식이 다릅니다. 건축할 때, 그 건축하는 과정에 참여한 교인이냐, 아니냐? "너 언제 왔어? 아, 그 후로구만. 멀었어." 이렇게 나갈 것이라는 말씀입니다. 지금 그 얘기 하는 것입니다. 출생적부터 나는 처음부터 순수한 혈통인 유대인이다.

둘째, 이스라엘 족속입니다. 이것은 하나님과의 특별한 관계를 강조하는 것입니다. 할례하면 다 유대인이지만, 더 특별한 구분이 있습니다. 이스마엘도 할례받았습니다. 나는 이삭과 야곱의 자녀다. 이스라엘이라는 이름이, 야곱이 얍복강에서 천사와 씨름하면서 기도 중에 하나님께서 복을 주시어 "네 이름을 야곱이라 하지 아니하리라. 이스라엘이라 하라." 하시면서 주신 특별한 이름 아닙니까? 그러니까 할례 받은 그 출생에서도 족보가 다릅니다. 약속의 자녀로 이삭과 야곱으로 이어지는 아주 순수한 언약의 자녀다. 축복받은 자녀라고 말하는 것입니다. 혈통적으로 언약적으로 아주 특별하고 순수한 사람이 바로 사도 바울 자신임을 자랑하고 있습니다.

셋째, 베냐민 지파입니다. 이 말은 그 중에서도 또 엘리트라는 것입니다. 야곱의 자녀라고 다 같은 자녀가 아니라는 것입니다. 라헬의 자녀인지 아닌지가 중요하다는 것입니다. 야곱은 레아보다 라헬을 더 사랑하지 않았습니까? 그 자녀들 중 요셉과 베냐민이 있는데 베냐민의 지파다. 역사적으로 보면 이스라엘의 첫 왕인 사울이 베냐민 지파입니다. 그런 가계라는 것입니다. 특별히 페르시아의 아하수에로 왕 때, 에스더서에 나옵니다마는, 하만이라는 장군이 유대인을 말살하려고 합니다. 그때 유대인을 구한 모르드개가 또 베냐민 지파입니다. 이쯤 되니 유대인 중에서도 순수혈통 중에서도 베냐민, 이거 권세 있는 것입니다. 더 중요한 것은 솔로몬 왕 이후에 남북이 갈라집니다. 그럴 때 10지파는 북이스라엘로 가는데 남쪽에는 유다지파 하나만 갑니다. 거기에 베냐민이 합세합니다. 그래서 남 유다만 남는 것입니다. 그러고 보면 그 유다족속, 남 유다에서 결국은 메시야가 나옵니다. 직접은 아니더라도 간접적인 혈통 아닙니까. 자랑할 것이 한두 가지가 아닙니다. 그것을 그들 앞에서 얘기하는 것입니다.

넷째, 히브리인의 히브리인입니다. 이 말은 히브리인 가운데 언어와 문화에 있어 자기는 오리지널하다는 것입니다. 왜냐하면 그 당시 헬라파 유대인이었기 때문입니다. 그래서 나는 예수님께서 쓰시던 아람어를 쓰는 그 문화권에 속한 사람이다. 순수유대인이다. 한마디로 헬라문화에 오염되지 않은 유대인임을 자랑합니다. '너희들이 육체를 자랑하느냐? 내게는 출생적인 특권의 자랑이 있다. 까불지 마라.' 지금 그 말입니다.

다음으로 스스로 선택하고 성취한 세 가지를 말합니다. 첫째, 율법으로는 바리새인들입니다. 그들은 구별된 사람들입니다. 그 당시 6천명이 있었습니다. 특별히 사도 바울은 그 바리새인 중에서도 가장 존경받는 스승 가말리엘의 제자였습니다. 그것을 그들도 압니다. 또 이 바리새인은 좋은 의미에서 율법을 연구하고 지키는 성결운동을 하는 무리입니다. '내가 이 일을 선택하고 이 일을 부단히 노력하여 이런 존재까지 되었다. 랍비다. 너희들 할 말 있느냐'는 말입니다. 둘째, 열심히 교회를 핍박하고…. 이 말도 좋은 의미로 생각하면 그들 입장에서는 이스라엘의 순수성, 이스라엘의 율법주의를 지키고자 하는 마음이 있는 것입니다. 거기에 강한 열정이 있습니다. 적극적입니다. 철저히 헌신하는 사람입니다. 그래서 이 율법을 지키기 위해서는 폭력까지도 행할 수 있습니다. 목숨까지도 내놓을 수 있습니다. 그 당시 법으로 그들에게는 사람을 사형시킬 권한이 없습니다. 그런데도 스데반을 죽이지 않습니까? 사도 바울도 그 자리에 그들과 함께 있었습니다. 그리고 또한 그는 다메섹까지 예수 믿는 자들을 핍박하러 갑니다. '너희들 이런 열정 가지고 있느냐?' 사도 바울만한 열정 가지고 있는 사람 없습니다. 그러니 내가 유대인 중의 유대인이라는 말입니다. 셋째, 율법의 의로는 흠이 없는 자로다. 한마디로 모든 율법의 요구를 지켰다는 것입니다. 그 율법으로 의인이다. 이 말에 그들은 입이 딱 다물어졌을 것입니다. '너희들이 자랑하는 최고의 가치로 여기는 이런 것은 이제 예수 믿고 보니까 아무것도 아니다. 이것은 해다. 악이다.'라고 스스로 말합니다.

　해로 여겼다는 말, 여기에 중요한 의미가 있습니다. 어차피 아무것도 없습니다. 다 잃었습니다. 그래서 해로 여긴다는 말이 아닙니다. 지금 다 가지고 있습니다. 언제든지 그런 입장으로는 명예도 얻을 수 있고 세상적으로 존경받을 수도 있습니다. 그런데 스스로 자발적으로 포기해버립니다. 스스로 능력이 있습니다. 그러나 그것을 취하지 않습니다. 마치 예수님과도 같습니다. 죽은 자를 살리신 분이십니다. 십자가를 지시지 않고 큰 권세를 보이실 수도 있습니다. 그러나 가장 무능력한 자인 것처럼 십자가를 지십니다. 그래서 십자가의 능력이 귀한 것입니다. 사도 바울은 지금도 이런 것을 가지고 있습니다. 그러나 악이다, 이것입니다. 해로 여겨버립니다. 어느 사람이 교회봉사를 합니다. 헌신을 합니다. 그런데 아주 바쁜 사람이 그 일 하는 것과 지금 할 일이 없어 누가 자기를 불러주면 좋겠다고 생각하는 사람이 그 일 하는 것과, 둘 다 똑같은 봉사이기는 하지만, 서로 비교가 되는 것입니까? 안 됩니다. 겸손도 그렇습니다. 애초 교만할 거리가 없는 사람이 겸손한 것과 누가 봐도 교만할 거리가 많은 사람이 겸손한 것과는 서로 차원이 다른 것입니다. 사도 바울은 지금 이런 입장에서 모든 것을 소유한 자입니다. 그러나 그 모든 것을 해로 여긴다고 말씀하고 있습니다. 한마디로 그것으로는 구원받지 못합니다. 그것을 버리지 않으면 구원받지 못합니다. 소유 중심의 삶에서는 아무도 구원받을 수 없습니다. 그런데 자꾸 예수 믿고 복을 받아 소유 중심을 확대하려는 사람이 너무 많은 것입니다. 그러니 이전과 이후가 변화된 것이 없습니다. 예수 그리스도를 믿는 것이 무엇인가를 바로 알아야 합니다.

더욱이 사도 바울은 은혜의 복음을 율법으로 지금 바꾸고 있습니다. 하나님을 대적하는 길입니다. '결국 그들이, 아니 우리가 스데반을 죽이고 예수님을 십자가에 못 박지 않았느냐? 지금 그 말씀을 하는 것입니다. 그래서 본인이 이제 서신서에서 말씀합니다. "나는 괴수 중의 괴수였노라." 지금 이것은 자랑거리입니다. 요즘말로 바꾸면 최고의 명예로운 사람이요, 학식있는 사람이요, 열정있는 사람이요, 최고의 CEO입니다. 세상에서 다 알아줄만한 사람입니다. 그 당시 유대문화에서 최고의 것을 가진 자입니다. 그런데 나는 괴수 중의 괴수다, 그것은 아무 소용이 없다고 합니다. 아니, 무관심한 것이 아니라 해라는 말입니다. 이런 가치관의 변화를 갖습니다. 예수님께서 부자가 천국 가는 것은 낙타가 바늘귀 들어가는 것보다 어렵다고 말씀하십니다. 그런데도 사람들은 끊임없이 부자가 되려고 합니다. 어떻게 부자로서 천국에 들어가는지는 묻지도 않습니다. 어떻게 해야 부자가 천국에 들어갈 수 있느냐 하는 그것이 복음인데도 그것 말고 무조건 부자 되기만을 바랍니다. 이제는 예수 그리스도 안에서 그리스도인된 존재로서는 아무 의미가 없습니다. 다시 한 번 생각하기 바랍니다.

예수 그리스도를 영접하기 이전과 이후에 내게 어떤 변화가 있었습니까? 어떤 변화를 오늘 증거하면서 그 은택을 기억하고 자랑하며 찬양하고 있습니까? 거기에 만족이 있다는 것입니다. 왜? 하나님께서 함께하시기 때문입니다. 거기에 영적 존재에 대한 확실한 증거가 있지 않습니까. 내가 이렇게 변했지 않습니까. 생각이 변했습니다. 삶이 변했습니다. 그 이상의 증거가 어디 있습니까. 사도 바울은 말씀합니다. "너희들 다 그거 버려라, 그것으로는 구원받지 못한다, 예수 그리스도를 믿고 은혜 받은 자는 완전히 전적으로 다른 차원의 삶을 산다." 그것을 자기 자신의 사건으로 지금 증거하고 있는 것입니다.

삶의 목적이 다르고 동기가 다르고 과정이 다릅니다. 다시 한 번 말씀드려서 예수 그리스도 믿고 이제 나는 무엇을 그리스도를 위하여 버렸는가를 생각해야 합니다. 과거에는 그것이 기쁨이요, 자랑이었는데 아니 그것 때문에 예수 믿은건지도 모릅니다. 그런데 이제 예수 믿고 은혜 받고 보니 성령의 역사 안에서 보니 다 버려야 될 것들입니다. 자랑할 것들이 못됩니다. 구체적으로 생각해보십시오. 하나님과 나만이 아는 문제로 과연 나는 무엇을 포기하고 무엇을 버렸는지 그리고 예수 믿기 전의 세상적인 물질관, 소유관 또한 명예, 건강, 인격, 생명 등을 연장하기 위하여, 확대하기 위하여 아직도 기도하고 그것을 복이라고 생각한다면 완전히 잘못 믿는 것입니다. 그래서 사도 바울은 굳이 자기의 경험적 삶을 통하여 "그 모든 예수 믿기 전의 유익들을 다 해로 여겼다 나는 괴수 중의 괴수다"라고 고백합니다. 복음을 바르게 받아들이고 그리스도를 바로 영접하라고 지금 말씀하고 있는 것입니다.

독일의 유명한 조각가 다네커는 아주 신실한 그리스도인이었습니다. 그의 평생소원은 예수님의 상을 조각하는 것입니다. 그래서 많은 기도 끝에 수고하여 4년 만에 그 상을 만들었습니다. 이에 대한 평가를 받아야 할 것 아닙니까. 주일학교 선생님인지 아주 예수 잘 믿는 어린아이를 하나 불러다가 그 예수 상을 보고 무엇 같으냐고 물었습니다. 아이는 잘 모르겠다고 대답합니다. "잘못 만든 것 아니에요?" 그래 다시 수정작업 하는 데 2년 동안 수고합니다. 그리고 다시 그 아이를 불러 물었습니다. "네 생각에 이 조각이 누구 같으냐?" 이제 아이는 말합니다. "이 분은 예수님이시네요." 그는 너무나 기뻤습니다. 오랫동안 수고한 결과이기 때문입니다. 이 이야기가 소문으로 프랑스 전역에 퍼지게 됩니다. 그래서 프랑스 당국으로부터 그는 당시 신으로 모시는 비너스상의 조각을 부탁받습니다. 물론 높은 명예를 주고 큰 재물을 줍니다. 작업비도 줍니다. 참 놀라운 기회입니다. 그러나 그는 한마디로 거절합니다. 그리고 이렇게 말했답니다. "나는 거룩하신 예수님의 상을 조각한 사람입니다. 어찌 내 손으로 이방의 더러운 신을 조각할 수 있겠습니까?" 이런 삶의 구체적인 응답이 있는 자가 하나님의 사람입니다. 성령께서 그렇게 인도하십니다. 절대가치가 변화됩니다.

오직 그리스도 중심의 삶으로 자기도 모르는 사이에 성령의 인도하심 속에서 내가 나를 발견합니다. 하나님의 사람으로 지음 받아 새로운 변화의 삶을 살아가고 있음을 알게 됩니다. 오늘도 이 간증 속에서 하나님을 찬양합니다. 이 초월적 은혜, 이 신비한 삶이 내게 주어졌고, 이 안에서 우리는 소망할 수 있기 때문입니다. 그래서 성경은 말씀합니다. "항상 기뻐하라. 쉬지 말고 기도하라. 범사에 감사하라." 성령께서 그런 새로운 차원의 삶으로 우리를 인도하시기 때문입니다.

21.
가장 고상한 지식

그러나 무엇이든지 내게 유익하던 것을 내가 그리스도를 위하여 다 해로 여길뿐더러
또한 모든 것을 해로 여김은 내 주 그리스도 예수를 아는 지식이 가장 고상하기 때문이라
내가 그를 위하여 모든 것을 잃어버리고 배설물로 여김은
그리스도를 얻고 그 안에서 발견되려 함이니 내가 가진 의는 율법에서 난 것이 아니요
오직 그리스도를 믿음으로 말미암은 것이니 곧 믿음으로 하나님께로부터 난 의라 (빌3:7-9)

이번 시간에는 '가장 고상한 지식'이라는 주제로 하나님의 말씀을 같이 상고
해보도록 하겠습니다. 로마서 8장 9절에 참 귀한 말씀이 있습니다. "누구든
지 그리스도의 영이 없으면 그리스도의 사람이 아니라." 그리스도인은 그리
스도의 영을 소유해야 합니다. 체험해야 됩니다. 그것을 고백할 수 있는 사
람이 진정 하나님의 사람입니다. 그래서 이 빌립보서를 통하여 사도 바울은
말씀합니다. 하나님의 성령으로 예배하고 봉사하고 오직 예수 그리스도로
자랑하는 자, 그가 참된 예배자요, 참된 그리스도인입니다. 그래서 그러한
사람들은 자신의 육체적 삶을 주장하지 않습니다. 신뢰하지 않습니다. 이것
은 은혜 밖의 삶이기 때문입니다. 성령께서 원하시지 않는 것이기 때문입니
다. 그리스도인의 삶의 존재는 영적인 것이요, 신비한 것입니다.

　　그러나 오늘 예수 그리스도를 믿는 수많은 사람들처럼 그 당시 빌립보

교회 안에서도 육체를 신뢰하는 사람들이 많았습니다. 은혜를 모르는 자들입니다. 많은 사람들이 은혜로 시작한 하나님의 사람들이었지만 자꾸 율법주의로 빠지게 됩니다. 율법주의가 모든 사람의 마음 안에 있습니다. 왜? 사단은 끊임없이 우리를 은혜에 반대되는 율법주의적 삶을 추구하도록 끌어가기 때문입니다. 이는 스스로 노력한 공로와 업적으로 구원받음을 뜻합니다. 그럼으로써 구원의 판단기준인 의를 얻을 수 있다고 믿는 것입니다. 생각해보십시오. 우리가 흔히 누구를 의인이라고 합니까? 선행을 한 사람을 의인이라고 하지 않습니까. 구제활동 많이 하고 봉사 많이 한 사람을 참의인과 같다고 합니다. 그 안에 의가 있다고 합니다. 하지만 이것은 율법주의입니다. 이 세대의 가치관이 그렇습니다. 끊임없이 우리를 그 안으로 끌고 가는 것입니다.

성경은 아닙니다. 오직 은혜로 하나님께서 인정해주셔야 진정한 의입니다. 그 은혜로 하나님의 자녀가 되고 그렇게 살아가는 것입니다. 그런데 삶의 과정에서는 똑같이 세속적 가치관으로 살아가는 것입니다. 그리고 스스로 구원받았다고 믿습니다. 스스로 의가 있다고 생각합니다. 하나님의 말씀에 준하여 보면 의가 없습니다. 이 점을 알아야 합니다. 사도 바울은 그래서 지난 시간 4절, 5절, 6절을 통하여 본 것처럼 너희들이 스스로 의가 있다고 생각하느냐고 묻고 나 또한 그렇다고 말씀합니다. 나는 출생적으로 또한 내가 스스로 선택해서 많은 공로와 업적을 이루었다. 율법에 근거하여 나보다 더 큰 의를 가진 자가 있느냐고 묻습니다. 그만큼 사도 바울은 유대인의 율법주의에 입각한 아주 열성적인 사람이었습니다. 그래서 그는 자신의 간증을 고백하는 것입니다.

오늘 본문 7절 말씀의 시작이 이렇습니다. "그러나…." 그 모든 것이 아무것도 아니라는 것입니다. 지난 시간에 말씀드렸습니다. 해로 여긴다, 이것입니다. 그 자신의 삶이 그렇습니다. 결정적으로 그가 예수 그리스도를 영접한 다메섹 도상에서의 사건이 있습니다. 그는 그리스도를 믿는 자를 핍박하러 갔습니다. 그런데 예수님께서 초월적 은혜로 갑자기, 홀연히 나타나셨습니다. 그리고 그 삶이 변합니다. 그 전의 가치관으로는 예수 믿는 자를 핍박하고, 그렇게 하여 의인이 되고자 했습니다. 그것이 의라고 믿었습니다. 그래서 예수 믿는 자들을 핍박했고, 그럼으로써 하나님께 대적자가 됐습니다. 하지만 그 사건 후에 그의 삶은 완전히 변합니다. 그래서 그렇지 아니하다, 나는 너희들이 생각하는 그런 공로나 스스로의 의로운 행동을 해로 여긴다고 말씀합니다. 아주 전적인 가치관의 변화, 세계관의 변화를 겪은 것입니다. 우리 자신의 삶을 한번 생각해보십시오. 예수 믿기 전과 후에 그 가치관과 세계관과 물질관이 얼마나 변했습니까? 이전의 모든 지식이 예수 그리스도 안에서, 진리 안에서 새롭게 정리가 되어야 합니다. 그렇지 않으면 그 상식이 나를 은혜로 나아가지 못하게 하고 오히려 은혜 밖의 삶으로 나를 끌어당깁니다. 사도 바울 같은 인물, 예수님 당시의 수많은 지적인 사람들, 성경을 잘 알고 있던 그 사람들도 마찬가지였습니다. 오늘도 그러한 비복음적인 일들이 너무도 많습니다. 이를 깊이 생각해야 합니다.

세계 3대 테너의 한 사람인 호세 카레라스는 한때 불치병 환자였습니다. 한창 최고의 명성을 구가하던 1987년 10월, 41세 때였습니다. 그야말로 전성기였습니다. 한데 공연 연습 도중에 쓰러집니다. 병원에 실려가 진단을 받아보니 백혈병이라는 것이었습니다. 모든 것이 끝났다고 생각할 수밖에 없는 상황이었습니다. 하지만 그는 바로 그 순간 언젠가 말씀을 들었고 생각했던 하나님을 떠올립니다. 그리고 그 순간부터 당장 하나님께 기도합니다. 간절히 기도합니다. "하나님, 사랑하는 하나님, 제게 조금만이라도 생을 연장시켜주십시오. 그렇게 해주시면 모든 은사와 모든 기회를 하나님을 위하여 전적으로 사용하겠습니다." 이제 그는 날마다 찬송하고 기도하며 아주 강인한 정신력으로 투병합니다. 그리고 기적같이 백혈병이 치료됩니다. 그는 지금까지 활동하고 있습니다. 그 삶을 보십시오. 그는 자기의 전 재산을 다 팔아 백혈병 재단을 설립했습니다. 그리고 모든 공연수익의 절반을 불우하고 가엾은 환자들을 위한 기금으로 씁니다. 예수 그리스도를 영접하고 살아계신 하나님을 받아들이면서 그 생이 완전히 변한 것입니다. 눈에 보이게 변합니다. 가치관의 전적인 변화입니다. 왜? 하나님께서 살아계시기 때문입니다. 그에게는 그런 헌신의 삶이 의무가 아닙니다. 마땅히 해야만 할 일로 그런 아름다운 삶을 살아갑니다. 하나님께서 그를 그렇게 변하게 하신 것입니다.

복음의 능력입니다. 사도 바울은 바로 이것을 말씀하는 것입니다. 그래서 먼저 세 가지의 소극적 가치변화를 자기 경험적으로 8절 말씀을 통하여 증거합니다. 첫째, 모든 것을 해로 여겼다고 말씀합니다. 어떠어떠한 것이 아니고 과거 예수 그리스도를 믿기 전의 모든 것을 해로 여겼다는 것입니다. 자기 주관적인 가치변화입니다. 당신들은 어떻게 생각하든 나는 분명히 안다, 이것은 해다. 무관심이 아니라 해로 여겼다는 것입니다. 참 놀라운 변화 아닙니까? 그도 그럴 것이 자기가 자랑하던 특권의식, 선민의식, 자기가 누구보다 의인이라고 생각했던 것이 하나님의 대적자로 나타납니다. 너무도 잘못된 방향에서 잘못된 가치관에서 살았기 때문에 그 자기우월주의적인 모든 것을 포기하는 것뿐만 아니라 해로 여겼다고 고백하는 것입니다. 둘째, 모든 것을 잃어버렸다고 말씀합니다. 강도를 만나서 잃어버린 것이 아닙니다. 도적을 만나 잃어버린 것이 아닙니다. 자발적으로 버렸다는 것을 말합니다. 그 스스로 버려버립니다. 예수 그리스도를 믿기 이전의 모든 사고와 습관과 가치관을 다 버렸습니다. 스스로 끊어버립니다. 그것은 은혜생활과 하나님의 자녀됨에 큰 장애가 되기 때문입니다. 이것을 그는 분명히 알았습니다. 셋째, 배설물로 여겼다고 말씀합니다. 헬라어로는 '스쿠발라'입니다. 이 말에는 두 가지 의미가 있습니다. 하나는 개에게 던져주는 것입니다.

아주 쓸모없는 것입니다. 또 하나는 배설물입니다. 이것은 고상한 표현입니다. 직설적으로 말하면 이것은 똥입니다. 똥같이 여겼다는 것입니다. 실제로 삶이 그랬습니다. 자기한테는 이미 그 시대 사람들이 인정하는 높은 지식과 보장된 미래가 있습니다. 바리새인으로서 그런 권위가 있습니다. 그러나 그 모든 것을 다 배설물로 여겼다는 것입니다. 아무 쓸모가 없는 것입니다. 그것을 자랑하는 순간 은혜를 잃게 됩니다.

모든 것이 하나님의 은혜로, 신앙고백이 말뿐만이 아닙니다. 삶 자체로 그렇습니다. 실제로 그의 삶을 보십시오. 수많은 고난을 받습니다. 피해가는 길도 있지만 복음증거에 전적으로 헌신합니다. 그가 그렇게 자랑하던 것으로 결국 의인인 스데반을 죽이는 일에 동참했습니다. 그리고 수많은 교회를 핍박했습니다. 곧 그것이 자기가 의인되는 길이라고 생각했습니다. 오늘도 예수 믿지 않는 수많은 사람들이 그렇게 생각합니다. 다 그렇습니다. 예수 믿는 사람들 중에서도 그런 삶을 살아가는 분들 많습니다. '내가 교회를 몇 년 다녔는데. 내 직분이 뭔데. 내가 얼마나 헌신했는데….' 누구 들으라고 하는 말입니까. 하나님께서 그것을 인정해주신다는 말입니까? 이것이 감히 하나님 앞에서 할 수 있는 말입니까? 다른 사람으로 하여금 상대적 빈곤감을 느끼게 하는 말입니다. 어떤 사람에게는 '야, 이렇게 해야 예수 믿는 것 인가보다.' 하고 오히려 높은 벽을 느끼게 합니다. 교회의 벽입니다. 권위주의적인 것입니다. 아무것도 아닙니다.

오늘도 이것은 사도 바울 한 사람의 고백이 아니라, 하나님의 진정한 자녀된 자 모두의 신앙고백이기도 합니다. 모든 것을 해로 여기고 모든 것을 잃어버리고 모든 것을 배설물로 여겼다고 말합니다. 그는 그것이 잘못된 것이기 때문이라고 고백하고 있는 것입니다. 그러면 이렇게 놀라운, 전적인 가치전도의 근거는 무엇입니까? 그것이 오늘 본문 8절 말씀입니다. "내 주 그리스도 예수를 아는 지식이 가장 고상하기 때문이라." 이것 때문에 그 모든 것을 해로 여겼고 잃어버렸고 배설물로 여겼다는 것입니다. 가장 고상한 지식, 과거에 자기가 알고 있던 그 하나님을 아는 지식이 결국은 예수 믿는 자를 핍박케 했습니다. 이제 진정한 하나님의 계시론적 신비의 지식을 접하고 보니 너무도 후회스러운 것입니다. 잘못 산 것입니다. 그래서 그는 그런 고백을 하게 되는 것입니다. 여러분, 한번 솔직히 생각해보십시오. 내게 지금 가장 귀하고 가치 있는 지식과 가치관은 무엇입니까? 만일 예수 그리스도 외의 그 무엇이, 그 비슷하게 원래 놓여 있다면 그는 아직 예수님을 못 만난 것입니다. 잘못 알고 있는 것입니다. 그것은 무엇과도 바꿀 수 없는 가치이기 때문입니다. 성경이 말씀하듯, 농부가 밭에서 발견한 보화를 자기의 모든 것을 다 팔아서라도 소유하기를 원하는 것입니다. 그만큼 예수 그리스도의 존재와 능력과 가치가 너무도 귀한 것이라는 말씀입니다.

더욱이 오늘 말씀에 나오듯 그리스도 예수를 아는 지식이 최상최고의 가치인 것을 압니다. 이것을 아는 것만 해도 모든 것이 만족스럽습니다. 내가 은혜 중에 있다는 것을 알아야 됩니다. 그러나 그만큼 깨닫지 못합니다. 단적인 예를 들어 보면 압니다. 내가 성경을 얼마나 가까이 여기느냐, 이것입니다. 얼마나 성경적 가치관을 상고하고 판단하면서 생각하느냐? 그것이 최상의 가치입니다. 지금 이 시대는 일상생활에서 너무도 성경을 가까이하지 못합니다. 주일예배에서는 하나님께 예배드리면서 예배적 메시지를 듣습니다. 그것으로 스스로 매일매일 성경을 보고 묵상하면 얼마나 좋습니까? 하지만 부족합니다. 평소 성경을 잘 안보는 사람은 특별히 수요사경회에 반드시 나와야 됩니다. 새벽기도회나 성경공부 시간도 있습니다. 왜? 성경을 알아야 되니까요. 예수 그리스도를 아는 지식, 이것이 가장 고상한 지식이다, 이것입니다. 나를 변화시키고 생명으로 이끌어주기 때문입니다. 호세아서의 주제가 바로 그것입니다. 내 백성이 지식이 없어서 망하는 도다. 망합니다. 예수님을 아는 지식, 하나님을 아는 지식이 없으면 망합니다. 그 사람은 심판을 받습니다. 그가 하는 모든 일이 아무것도 아닙니다. 왜? 하나님 앞에서는 오직 '의' 하나로 평가받는 것입니다. 그것 말고는 아무것도 아닙니다. 그러나 의를 아는 지식이 없습니다. 무엇이 의인지도 모릅니다. 고작 좋은 봉사와 수고를 많이 하면 그것이 곧 의라고 생각합니다. 남들은 안하는데 나는 하니까 그런 내게 더 큰 의가 있다는 것입니다. 그러나 하나님께 이것은 아무것도 아닙니다. 하나님께서 인정해주시는 의를 아는 지식, 그 의를 얻는 지식을 가지고 사는 자가 하나님의 사람입니다.

유명한 헨리 나우웬의 저서에 『춤추시는 하나님 : 인생을 통찰하는 다섯 가지 지혜』라는 책이 있습니다. 그는 하나님과 동행하는 삶을 하나님과 함께 춤을 추는 것으로 표현하면서 인생의 5가지 문제에 대한 성찰을 우리에게 제시하고 있습니다. 첫째, 현실 중심적이고 개인중심적인 관점에서 예수 그리스도를 믿고 하나님과 동행하는 자의 삶으로 전환되어야 한다는 것입니다. 하나님 중심이요, 미래 중심적으로 바뀌어야 됩니다. 오늘 내가 그러한 가치관 중심으로 살아가면 하나님과 동행하는 삶입니다. 그러나 하나님을 믿는다고 하면서도 아직 현실중심이요, 개인중심이라면 그는 하나님을 아는 지식으로부터 거리가 먼 것입니다. 둘째, 소유 즉, 부와 명예와 권력중심으로부터 존재중심으로 전환해야 된다는 것입니다. 그럼으로써 진리가 나를 자유케함을 느낍니다. 하나님의 사랑을 경험합니다. 그것은 존재가치 중심의 삶 안에서만 느껴지는 하나님의 은혜입니다. 내가 오늘 하나님과 동행하는 것을 느끼지 못합니까? 자유함을 느끼지 못합니까? 그렇다면 아직 소유가치의 삶이 있기 때문입니다. 아주 간단합니다. 셋째, 사회적 기대와 통념에 맞추는 운명론적 태도는 잘못된 삶이라는 것입니다. 그리스도인은 미래에 대한 소망을 갖습니다. 적극적인 태도, 긍정적인 태도로 살아갑니다. 왜? 하나님께서 모든 것을 아시기 때문입니다. 역사의 주인이 하나님이심을 믿기 때문입니다. 이것이 다른 것입니다. 넷째, 타인과의 관계에서 자기감정을 쉽게 드러내고 또 하고 싶은 대로 한다면 그는 아직 그리스도인이 아니라는 것입니다. 그리스도인은 여기서 삶이 변화됩니다. 그래서 자기절제가 있습니다. 그리고 순수한 사랑을 동기로 이웃과 교제합니다. 이것이 하나님의 사람입니다. 다섯째, 죽음을 두려워하는 삶에서 죽음을 맞이하고 기대하는 삶으로 바뀌어야 한다는 것입니다. 왜? 하나님을 만나게 될 것이기 때문입니다. 그것이 기쁨입니다. 그러한 적극적이고 용기있는 삶을 살아갑니다. 이것이 그리스도인입니다. 무엇이 이러한 변화를 이끌어 냅니까? 바로 예수 그리스도의 진리와 지식이 우리를 이렇게 변화시키는 것입니다. 아무리 명문대학에서 박사학위를 받아도 소용없습니다. 아무리 선행을 많이 해도 알지 못합니다. 오직 하나님을 아는 지식, 예수 그리스도의 진리만이 삶을 전환시킵니다. 나는 지금 어디에 있는가? 내가 가장 귀하게 여기는 지식과 지혜는 무엇인가? 다시 한 번 깊이 생각하기 바랍니다.

자기 스스로는 구원받지 못합니다. 자기 스스로는 의를 이루지 못합니다. 조금이라도 내가 상대적 의를 품고 있거든 그 자체가 큰 문제임을 생각하십시오. 진리가 나를 자유케 하고 진리가 나를 변화시킵니다. 사도 바울은 말씀합니다. 과거의 것을 내가 끊었다. 자기가 스스로 먼저 의를 얻고 나서 예수 그리스도를 믿었다는 것이 아닙니다. 예수 그리스도를 안 것이 먼저입니다. 그 고귀한 지식으로 인하여 과거를 단절해버립니다. 이전의 것을 버려버립니다. 진리가 그를 그렇게 만든 것입니다. 자기 스스로 한 것이 아닙니다. 누가 잘못된 습관으로 고민하고 잘못된 삶의 방법과 잘못된 문화적 행위로 고민합니까? 그럴 때 자기 스스로 그것을 끊고 예수 믿는 것이 하나님의 은혜가 아닙니다. 그랬다면 그는 절대로 그것을 은혜라고 말하지 않을 것입니다. 그것은 어디까지나 자기의지라고 할 것입니다. 그러나 예수 그리스도를 믿는 가운데 자기도 모르는 사이에 그렇게 애쓰게 됩니다. 그것을 끊고 싶고 절제하고 싶어도 안되는데 복음이 그렇게 할 수 있도록 나를 이끌어줍니다. 이것이 진리의 능력을 체험하는 것입니다. 사도 바울은 다메섹 도상에서 예수님을 만났습니다. 그 후 그는 모든 것이 잘못되었다는 것을 압니다. 그리고 스스로 그것을 버립니다. 고린도전서에서도 이렇게 말씀합니다. 내 몸을 쳐서 복종케 하노라. 이것은 율법이 아닙니다. 다른 무엇이 있는 것도 아닙니다. 진리가 그렇게 만드는 것입니다. 스스로 잘못된 습관에 있는 것, 그것을 쳐서 복종케 하노라. 구원에서 멀어질까봐 그렇습니다. 의는 그것으로 인하여 이루어지는 것이 아니기 때문입니다. 예수님을 만남으로써 삶의 전적인 변화를 겪습니다. 그런고로 모든 것을 해로 여기고 모든 것을 잃어버리고 모든 것을 배설물로 여겼다. 다시 말해 가장 고상한 지식인 예수님을 아는 지식이 나를 변화시켰다는 것입니다. 성 아우구스티누스의 유명한 말이 있습니다. "당신이 만일 하나님의 복음 가운데에서 좋아하는 것만을 믿고 싫어하는 것은 거절한다면 당신이 믿는 것은 복음이 아니다. 자신을 믿는 것이다." 복음은 전적으로 받아들여야 됩니다. 100% 받아들여야 하나님의 능력을 경험할 수 있습니다.

유명한 부흥사인 무디 목사님이 한번은 겨울철 눈길에 어린 딸을 데리고 산책을 나갔습니다. 그래 딸의 손을 잡아주려고 하니까 딸이 싫다고 합니다. 까부는 것입니다. 무디 목사님은 딸의 자존심이 상할까봐 그냥 그러라고 하고 걸었습니다. 하지만 아니나 다를까, 딸은 조금 가다가 꽈당 하고 넘어집니다. 그러자 딸은 "아빠, 손가락 하나만 주세요." 합니다. 그래 무디는 손가락 하나를 빌려줬습니다. 하지만 손가락 하나만으로는 충분히 힘을 못받습니다. 조금 가다가 딸은 또 넘어집니다. 그제야 말합니다. "아빠, 내 손 꼭 잡아주세요." 왜? 자꾸 넘어지니까요. 하나님의 손 대충 잡아서는 온전히 못삽니다. 꼭 잡아야 합니다. 그러지 않으면 하나님의 능력을 체험할 수 없습니다. 하나님께서 동행해주시고 함께 해주시는 것을 느낄 수가 없습니다. 99%가지고는 안됩니다. 그것은 하나님께서 원하시는 방법이기 때문입니다.

100%라야 됩니다. 말씀을 들을 때는 내가 그것을 못해도 그대로 되기를 전적으로 사모하고 기도해야 됩니다. 그러한 믿음, 그러한 순종으로 진리의 능력을 체험하게 되는 것입니다. 이것이 복음의 능력입니다.

　사도 바울의 평생 관심은 의에 관한 문제였습니다. 구원에 관한 것이기 때문입니다. 그 당시의 유대인 모두, 특별히 바리새인이나 사두개인이나 종교지도자들 모두의 관심은 온통 의의 문제에 있었습니다. 의란 하나님과의 바른 관계입니다. 하나님과의 화해입니다. 오늘의 삶에서, 또 삶 이후에서 하나님께로부터 복을 받고 구원을 받아야 됩니다. 적어도 하나님께서 살아 계심을 그들은 믿었기 때문입니다. 어떻게 해야 바른 관계를 가질 수 있을까? 이것이 의에 대한 문제입니다. 이것을 조금 더 오늘의 문제로 풀면 모든 종교가 의를 추구합니다. 자기가 믿고 있는 신에 대하여 바른 관계를 가짐으로써 화평을 누리고 복을 얻고 구원받기를 원합니다. 그런 목적이 있는 것입니다. 더 나아가 모든 사람은 그 마음에 보편적으로 종교적 심성이 있습니다. 모든 인간은 자기는 제한적인 존재이기 때문입니다. 죽음을 비롯한 많은 사건들 앞에서 인간은 너무나 초라한 존재이기 때문입니다. 그래서 누구에게나 초월적인 존재에 대한 막연한 기대가 있습니다. 고목나무를 믿든 삼신할머니를 믿든 달을 믿든 해를 믿든 자연을 믿든 무엇을 믿든 모든 사람한테는 그런 마음이 있습니다. 이렇게 볼 때 우리는 하나의 보편적 진리를 말할 수 있습니다. 모든 사람이 의에 관심을 가지고 있으며 그 의란 초월적 존재와의 바른 관계입니다.

　유대인을 보십시오. 그들은 율법을 지킴으로써, 율법에 대한 열정으로 하나님과의 관계가 회복된다고 믿었습니다. 사도 바울이 그 대표적인 인물입니다. 그는 율법을 따라 스데반을 죽입니다. 열정을 가지고 다메섹에 가서 예수 믿는 사람들을 핍박합니다. 그것이 그의 의입니다. 그런데 그 방향만 바꾸니까 하나님의 귀하고 없어서는 안 될 사도가 되는 것입니다. 그가 추구한 것은 잘못된 의입니다. 또한 오늘날 이슬람을 보십시오. 참 무섭지 않습니까? 젊은 사람들, 공부 많이 한 사람들, 많은 것을 소유한 사람들이 자살폭탄테러를 합니다. 빈 라덴도 억만장자입니다. 왜 그렇습니까? 의의 문제입니다. 그렇게 하는 것이 지금 자기들이 믿는 알라신과 화해하는 길이라고 믿는 것입니다. 그럼으로써 더 큰 복을 얻을 수 있다는 것입니다. 그것이 구원받는 길이라고 생각하는 것입니다. 의에 대한 잘못된 지혜와 지식이 그토록 무서운 것입니다. 모든 사람들이, 자기는 종교가 없다고 하더라도, 선행을 통하여 의를 이룰 수 있다고 생각합니다. 한마디로 이 모든 것이 다 가짜 의입니다. 어떤 부분에서는 동의하고 싶겠지요. 선한 일을 많이 하는 사람은 의인과 같다는 말은 의인과 같은 거지 의인 자체는 아닙니다. 그것은 인간의 판단기준입니다. 초월적 존재, 기독교에서 믿는 하나님, 그 하나님 앞에서 인정받아야 진짜 의입니다. 이것이 절대 진리입니다. 그런고로 하나님 앞에서 오늘을 어떻게 사느냐 그 미래의 심판의 결과가 어떨 것이냐 하는 것이 지금 문제입니다. 결국은 이 문제를 고민할 수밖에 없습니다. 결국 누구든지 죽음 앞에서는 이 문제를 고민할 수 밖에 없지 않습니까? 사도 바울의 궁극적 관심이 결국 의였습니다. 오늘 깊이 이 문제를 생각해보겠습니다.

유대인은 율법을 통하여, 율법을 지킴으로써 의를 이룬다고 생각했습니다. 공로요, 선행이요, 업적입니다. 그러나 성경은 세상에 의인은 한 명도 없다고 말씀합니다. 다시 말해 율법을 온전하게 지킬 수 있는 사람은 단 한 사람도 없는 것입니다. 고로 다 의가 없는 것입니다. 그들이 있다고 생각하는 의는 상대적 의입니다. 스스로 생각하는 의입니다. 그러나 하나님의 '절대의' 외에는 아무것도 아닙니다. 이것을 몰랐던 것입니다. 사도 바울은 이것을 깨달은 것입니다. 또 모든 사람들이 선행을 통하여 의를 이룬다고 생각합니다. 그 또한 상대적 의입니다. 하나님 앞에서는 아무것도 아닙니다. 복음은 뭐라고 말씀합니까? '예수 그리스도 안에서 하나님의 의가 나타났다.' 이것이 복음입니다. 하나님의 뜻, 하나님의 방법, 하나님의 계획에 의하여 예수 그리스도를 통하여 의가 우리에게 나타났습니다. 그것만이 참된 의입니다. 왜? 하나님께서 주신 것이기 때문입니다. 하나님의 경륜이기 때문입니다. 하나님의 뜻이기 때문입니다. 그래서 그 의를 소유한 자를 하나님께서는 의인으로 칭해주시는 것입니다. 그것이 구원입니다. 이것이 복음입니다. 인간으로부터는 어떠한 사람도 얻을 수 없습니다. 취할 수가 없습니다. 하나님께서 인정해주셔야 됩니다. 그래서 이것을 은혜라고 합니다. 우리는 단지 은혜로 받아들이는 것입니다. 전적으로 수용하는 것입니다. 그럴 때 하나님께서 의롭다 여기십니다. 사람이 할 수 있는 게 아무것도 없습니다. 이것이 하나님의 말씀이요, 복음이요, 구원의 비밀입니다. 이 지식이 얼마나 놀랍습니까? 가장 고상한 지식입니다. 의를 얻는 지식이기 때문입니다.

의에 관해서 우리는 성경적으로 두 가지를 생각해야 합니다. 하나는, Justice, 공의입니다. 각 나라의 법이 있습니다. 법을 잘 지키는 사람을 의인이라고 합니다. 법을 안 지키는 사람을 죄인이라고 합니다. 다시 말해 법에 의하여 판단을 받는 것입니다. 하나님 앞에서의 공의에는 율법이라는 것이 있습니다. The Law, 그 법으로 판단 받습니다. 그래서 그 율법을 지키는 사람은 전적으로 두 가지를 받아들입니다. 첫째, 율법을 지켜야 된다는 것입니다. 그래야 의인입니다. 다 동의하는 것입니다. 둘째, 그 결과로서의 율법의 판단을 전적으로 받아들여야 됩니다. 율법에 의하여, 못 지키는 사람은 영원한 죄인입니다, 지키는 자는 의인입니다. 그 심판의 선언을 전적으로 받아들이는 것입니다. 그것이 공의입니다. 이 공의에 의로운 사람 있습니까? 단 한 사람도 없는 것입니다. 하나만 어겨도 죄인입니다. 우리나라에서 법 하나만 어겨도 죄인인 것 아닙니까. 마찬가지로 하나님의 법에서도 율법을 어기면 죄인입니다. 오직 한 분만이 이루실 수 있습니다. 그분이 예수 그리스도이십니다. 그래서 예수님을 통하여 하나님의 의가 나타났다는 것입니다. 율법이 완성됐다는 것입니다. 이것이 신비입니다. 이것이 하나님의 뜻입니다. 그런고로 우리가 생각하는 구원받을만한 의는 공의에 있지 않습니다. 그러면 어떤 의로 우리는 구원받습니까?

다른 하나는, Righteousness, 의롭게 함입니다. 의인이 아닙니다. 하나님께서 의인으로 인정해주셨습니다. 누구에게? 예수 그리스도를 믿는 자들에게. 이것이 은혜입니다. 은혜 중의 은혜입니다. 사도 바울이 예수 그리스도를 만남으로써 하나님의 그 은혜의 의를 경험합니다. 그러고 보니 예전에 율법으로 난 의는 쓰레기다, 이것으로는 아무도 구원시킬 수 없다. 이것이야말로 모든 자에 대한 정죄입니다. 9절에서 그는 말씀합니다. "내가 가진 의는 율법에서 난 것이 아니요." 신학적으로 말하면 공의가 아니라는 말씀입니다. "내가 가진 의는 … 오직 그리스도를 믿음으로 말미암은 것이니…."의롭게 함입니다. "곧 믿음으로 하나님께로부터 난 의라." 얼마나 귀한 지식입니까? 생명을 다루는 문제입니다. 그래서 예수 그리스도를 아는 지식은 가장 고상한 지식이요, 초월적인 하나님의 은혜의 지식임을 오늘 고백하고 있는 것입니다. 그 지식이 그를 이와 같이 변화시켰습니다. 새로운 존재의 삶을 살게 그를 만든 것입니다. 복음의 능력입니다.

고린도후서 5장 17절에서 말씀합니다. "누구든지 그리스도 안에 있으면 새로운 피조물이라." 그 의미가 바로 이것입니다. 이제 Justice, 공의는 the Law, 율법 아래 있지 않습니다. 예수님께서 십자가에 못 박혀 돌아가심으로써 그것을 완성하셨습니다. 그것을 파하셨습니다. 이제 새로운 은혜의 법을 선포하십니다. Righteousness, 오직 하나님을 믿고 하나님께로부터 나온 의, 예수 그리스도 안에 나타난 하나님의 의를 믿는 자에게 구원이 열렸습니다. 완전히 새로운 은혜의 세계입니다. 그래서 예수 그리스도 외에는 구원이 없는 것입니다. 있는 듯이 비교되지만, 없습니다. 왜? 바로 의의 문제이기 때문입니다. 오직 예수 그리스도를 통해서만 하나님의 의가 온전해지고 그 의가 우리에게 나타납니다. 여기서 중요한 것이 바로 믿음이라는 것입니다.

이제 믿음으로 말미암아 그 지식을 안 결과 소망이 두 가지로 나타납니다. 첫째, "그리스도를 얻고(8절)"입니다. 그리스도를 얻었습니다. 갈라디아서에서 말씀합니다. I have been crucified with Jesus-나는 예수 그리스도와 함께 십자가에 못 박혔다. 나는 죽었다. 그러나 대신 그리스도를 얻었다. 그래서 빌립보서에서 말씀합니다. To me to live is Christ-내게 살아계신 것이 그리스도다. 믿음으로 말미암아 나는 죽었습니다. 그때 내게 그리스도의 의가 나타나는 것입니다. 그래서 그는 그리스도를 얻었다는 표현을 쓰는 것입니다. 여기서 얻었다는 것은 그리스도가 내 안에서 주인이라는 말입니다. 둘째, "그 안에서 발견되려 함이니(9절)"입니다. 참 놀라운 고백입니다. 예수 그리스도 안에서 내가 의인된 것이 발견됩니다. 예수 그리스도 안에서 그리스도의 옷으로, 의의 옷으로 입힘을 받았습니다. 덧입었습니다. 그래서 자기가 자기를 봅니다. 그리스도 안에서 의인된 것을 발견합니다. 이것이 믿음으로 우리에게 주어진 신비입니다. 믿음으로 예수 그리스도와 연합하여 나는 죽고, 오직 살아계신 자는 예수 그리스도로 내게 새로운 존재의 삶, 의인된 삶이 나타나는 것입니다. 인간의 노력 지혜나 지식이 아닌 한마디로 이 세상을 넘어 초월적으로 오는 지식이라는 것입니다. 이것이 구원의 비밀입니다. 이것이 복음입니다. 복음의 진수입니다. 오직 의인은 믿음으로 말미암아 살리라. 그래서 이신칭의(以信稱義)입니다. 오직 의인은 믿음으로 말미암아 살리라. 그 안에, 예수 그리스도 안에서 예수 그리스도를 얻고 발견되었단 말입니다. 이것이 신앙인의 바른 신앙고백입니다. 오직 그리스도의 의로 말미암아 의인되었기에 이와 같은 놀라운 하나님 나라의 지혜와 지식을 증거하는 것입니다. 아주 체험적인 것입니다.

영국 베드포드 근처 한 마을의 아주 가난한 집에서 한 아이가 태어났습니다. 한데 그 부모가 너무 가난합니다. 주변 환경도 나쁩니다. 아이를 잘 돌볼 수가 없습니다. 그러다보니 아이는 아주 자연스럽게 거친 말을 배웁니다. 거친 욕도 하게 됩니다. 점점 비뚤어져갑니다. 문제아가 되어가는 것입니다. 거기다가 너무 가난하여 초등학교도 졸업하지 못합니다. 아이의 아버지는 땜장이입니다. 결국 아이도 그 기술을 배우면서 살아갑니다. 그런데 그 안에 항상 불평불만입니다. 감사가 없습니다. 고집이 세고 반항심이 강한 제멋대로요, 버릇이 없습니다. 미래가 없는 청년이 되었습니다. 그런데 어느 날 그가 예수님을 영접하여 잘 믿는 친구를 하나 만납니다. 이 친구와 가까이하다보니 교회에도 가게 됐고 성경말씀을 듣게 됐습니다. 복음을 받아들입니다. 자기도 모르게 복음을 증거합니다. 어느 날은 복음을 전도하다가 그 당시 불법집회라는 죄목으로 체포되어 6년이라는 세월을 투옥당합니다. 그런데도 낙심하지 않습니다. 찬송을 부릅니다. 좌절하지 않습니다. 그는 생각합니다. '글을 써야 되겠다.' 감옥 안에서 '아주 귀한 시간이다.' 생각하며 기도하면서 글을 씁니다. 그 책이 그 유명한 『천로역정』입니다. 그는 말합니다. "나는 절대 신앙만은 포기하지 않겠다. 교수형을 당할지라도 내 신앙은 결코 변하지 않을 것이다." 그것이 최상최고의 지혜요, 지식이기 때문입니다. 그가 바로 존 번연 목사님입니다. 그는 또 말합니다. "나는 가장 낮고 비천한 계층에서 출생한 자다. 자랑할 만한 것이 아무것도 없다. 학벌도 없고 신분도 없고 재산도 없다. 그러나 이처럼 불쌍한 나를 하나님께서 구원하셨다. 하나님의 자녀되게 하셨다. 생명을 얻는 지혜를 주셨다. 나는 고귀한 존재다."

오늘 본문에서 그는 말씀합니다. "오직 그리스도를 믿음으로 말미암은 것이니 곧 믿음으로 하나님께로부터 난 의라(9절)." 하나님께로부터 난 의는 오직 믿음으로 받게되는 것입니다. 이것은 주관적인 믿음이 아닙니다. "나는 믿는다. 나는 상대적 의가 있다. 나는 구원받을 것이다. 아니 구원받고 말 것이다." 아무리 이렇게 외우고 주장해봐야 소용없습니다. 이것은 객관적

의입니다. 계시론적 의입니다. 하나님께로부터 난 것이 아니기 때문입니다. 하나님께로부터 난 의를 믿는 것입니다. 예수 그리스도 안에서만 그 의가 나타나고 우리에게 전해짐을 믿습니다. 그것이 믿음입니다. 그런 사람은 자신 있게 고백합니다. "나는 그리스도 안에서 의인된다." 복음이 말해주기 때문입니다. 또한 그것을 믿기 때문입니다. 그래서 구원받는 것입니다. 그래서 오늘 본문에서 그는 말씀합니다. "내가 가진 의는…오직 그리스도를 믿음으로 말미암은 것이니." 이 얼마나 놀라운 고백입니까? 그래서 그는 가장 고상한 지식, 최상의 지혜라고 말씀하고 있는 것입니다.

하나님 앞에서 우리는 죄인이지만 그 은혜를 받을 때 귀한 존재로 변합니다. 의인됨의 칭함을 받기 때문입니다. 하나님께서 그렇게 인정하시는 것입니다. 그 믿음으로 오늘을 사니 용기있는 삶을 살 수 밖에 없습니다. 그 믿음으로 오늘을 사는 존재에게 하나님의 지혜와 능력이 있습니다. 성령께서 이와 같이 역사하십니다. 이 모든 판단의 근거, 가치변화의 중심에는 고상한 최상의 예수 그리스도라는 지식이 있습니다. 그것이 성경입니다. 성경 모두는 그 하나님 나라의 비밀을 우리에게 나타내고 있는 것입니다. 예수 그리스도 안에서 하나님의 의가 나타났습니다. 그것을 믿는 자에게 그 의를 주셨습니다. 그래서 우리는 하나님을 찬양합니다. 질병으로 병상에서 고통받아도 하나님께 찬송하고, 죽어가도 찬송하고, 아니 지금 임종을 가까이하고도 하나님을 찬송합니다. 아무리 어려운 일을 당하고 헐벗고 굶주려도 하나님의 은혜에 감사합니다. 바로 하나님의 의를 덧입었기 때문입니다. 이것으로 만족하지 못하는 자는 무엇을 주어도 만족할 수 없습니다. 예수님께서 십자가에 못 박히신 가장 큰 이유가 바로 이 의를 이루시기 위함입니다. 이 의를 주시기 위함입니다. 잘못된 의를 추구하는 이 세상에서 모든 죄인에게 의인되는 길을 주시기 위함입니다. 그 하나님의 의가 예수 그리스도 안에서 나타났고, 그 지혜와 그 지식이 우리에게 들립니다. 이것이 하나님 나라의 말씀이요, 복음입니다. 이것을 소유한 자, 이 가치관으로 살아가는 아름다운 은총적 삶을 살기 바랍니다.

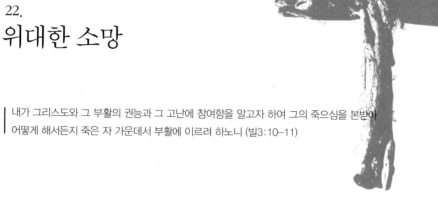

22.
위대한 소망

> 내가 그리스도와 그 부활의 권능과 그 고난에 참여함을 알고자 하여 그의 죽으심을 본받아
> 어떻게 해서든지 죽은 자 가운데서 부활에 이르려 하노니 (빌3:10-11)

우리는 하나님께서 주신 절대가치관 안에서 믿고 생각하고 판단하며 행위하는 존재를 '하나님의 사람'이라 말합니다. 그 사람이 그리스도인입니다. 내가 그리스도인이라고 말해봐야 소용없습니다. 어차피 하나님의 심판과 판단 안에서 구원을 받아야 진정한 그리스도인입니다. 스스로 아무리 자기 의와 영광을 주장해봐야 소용없습니다. 하나님께서는 이미 우리에게 보편적 진리와 가치와 심판의 기준을 주셨습니다. 사도 바울은 이것을 "예수 그리스도를 아는 지식"이라 말씀했습니다. 또 세상의 모든 지식 중에 가장 귀중하고 고상한 지식이라 하였습니다. 지난 시간에 살펴본 내용입니다. 그래 사도 바울은 그 전에 알고 있던 많은 세상적 특권과 성취와 귀한 것들을 다 해로 여겼다, 모든 것을 잃어버렸다, 다 배설물로 여겼다고 말씀하고 있습니다. 강제적인 것이 아닙니다. 자발적인 심령으로 그와 같은 가치의 대전도가 그의 삶에서 이루어집니다. 바로 그것을 고백하는 것입니다. 가장 고상한 지식의 본질이 바로 의에 있기 때문입니다.

하나님의 절대적 판단기준인 하나님의 의가 예수 그리스도 안에서 나타났고 또한 그것을 믿게 되었기 때문에 그 지식이야말로 구원받을만한 지식이요, 하나님 앞에 당당히 설 수 있는 의의 옷이라고 그는 신앙고백하고 있습니다. 그래서 믿음으로 하나님께로서 난 의, 그 놀라운 초월적 지식을 그는 선포하고 있는 것입니다. 그래서 그는 말씀합니다. "그리스도를 얻고 그 안에서 발견되게 하려 함이라." 한마디로 십자가에서 나는 죽고, 부활하신 예수 그리스도께서는 사시어 내 안에 역사하신다는 것을 고백하는 것입니다. 빌립보서 1장 말씀입니다. To me, to live is Christ-내게는 이제 사는 존재가 내가 아니고 오직 살아계신 예수 그리스도시다. 참 놀랍고도 신비한 초월적 지식을 담대히 선포하고 있는 것입니다. 이것을 우리는 칭의(稱義)라고 말합니다. 신학적으로 이신칭의(以信稱義)입니다. 로마서 1장에 나오는 대로입니다. "오직 의인은 믿음으로 말미암아 살리라(17절)." 사람의 의, 인간의 공로로 된 의는 아무리 세상에서 도덕적으로 높이 평가받고 또 노벨평화상까지 받는다 해도 아무 의미가 없습니다. 하나님께로서 난 의여야만 구원받을 수 있습니다. 그것만이 완전합니다. 어느 누구도 온전한 의를 이룰 수 없기 때문입니다. 이 의를 나타내고 보여주시고 시작하신 분이 예수 그리스도이십니다. 그분이 완성하시고 부활하시어 하나님 우편에 앉아 계시면서 하나님의 그 종말론적 의를 구체적으로 보여주십니다. 그것이 하나님 나라의 완성입니다. 이것이 구원이라는 것입니다. 이 점을 우리가 깊이 생각해야 합니다.

옛날에 믿음이 아주 좋은 사람이 살고 있었답니다. 그는 매우 정직했고 화평했고, 용서하고 인내하는 사람이었습니다. 어느 날 천사가 그에게 나타나 일러줍니다. "하나님께서 나를 보내셨다. 이제 네 소원을 들어주고자 하니, 소원을 말하라." 그러면서 천사가 묻습니다. "치유의 능력을 갖고 싶은가?" 한데 그는 싫다고 대답합니다. "저는 하나님께서 직접 치유해주시기를 바랍니다." 천사가 다시 묻습니다. "그럼 죄인을 바른 길로 인도하기를 원하는가?" "아니오. 그것은 내 소관이 아닙니다. 나는 전도를 할 뿐입니다. 그것은 하나님의 주권입니다." 참 놀라운 고백이었습니다. 천사가 다시 묻습니다. "모든 사람들로부터 존경받는 사람이 되기를 원하는가?" 그는 대답합니다. "아닙니다. 그렇게 되면 모든 사람들의 관심이 내게로 집중될 것입니다. 나는 그것을 원치 않습니다. 관심은 오직 그리스도께로만 집중되어야 합니다." 한 마디로 거절이었습니다. 그래도 천사는 포기하지 않습니다. 꼭 한 가지 원하는 것을 말하라고 강권합니다. 그는 마침내 이렇게 답합니다. "내게 필요한 것은 하나님의 은총입니다. 하나님께서 나를 사랑하신다고 하는 특별은총, 그것으로 나는 만족합니다. 저는 이미 만족하고 또한 그 안에서 행복합니다." 천사도 끈질깁니다. "안 된다. 어떤 기적의 능력이라도 구하라. 아니면, 강제로라도 주겠다." 그러자 그 믿음 좋은 사람은 이렇게 말했다고 합니다. "저를 통하여 좋은 일들이 이루어지기를 바랍니다. 그러나 제 자신이 알아차리는 일이 없도록 해주시기 바랍니다. 그것이 소원입니다."

하나님의 사람은 복의 자녀요, 복의 근원이라고 하나님께서 말씀하십니다. 하나님께로부터 내가 복을 받고 하나님께서 나를 통해 하나님의 뜻을 이루시며 복을 주십니다. 그는 하나님의 뜻대로 이루어지게 해달라고 구한 것입니다. 진정 귀한 사람입니다. 왜? 그래야만 전적으로 하나님께 의탁하고 의존하는 삶을 살 수 있기 때문입니다. 그렇지 않으면 아무리 깊은 신앙의 경륜을 가진 사람이라 하더라도 자기도 모르는 사이에 스스로 하나님의 위치에 올라앉고 말기 때문입니다. 여러분, 구원받는 의는 오직 하나님께로부터 온 의, 그것뿐입니다. 세상에서는 그만하면 구원받기에 충분할 것 같고, 그만하면 존경받기에 충분한 사람 같아도 천만의 말씀입니다. 구원은 오직 예수 그리스도 안에서만 받을 수 있습니다.

오늘날 타종교에도 구원이 있을 수 있다, 나아가 이 세상에서 정직하게 살고 많은 구제를 하고 높은 도덕적 수준의 삶을 살면 거기에도 구원이 있을 수 있지 않느냐는 식으로 자꾸 하나님의 말씀을 왜곡하곤 합니다. 상식적으로는 말이 됩니다. 그러나 그런 의로는 구원받지 못합니다. 오직 하나님의 의로만 구원받을 수 있습니다. 하나님의 의의 옷을 입어야만 구원받을 수 있습니다. 오직 예수 그리스도 안에서만 이루어지는 놀랍고 신비한 복음입니다. 여기에 타협이 있어서는 안 됩니다. 분명한 믿음과 절대 가치를 지니고 사는 사람에게만 구원의 역사가 나타납니다.

이 구원의 역사를 성서적으로 또 신학적으로 살펴보면 우리가 알아야 할 지식에 세 가지가 있습니다. 그 시작과 과정과 결과에 세 단계가 있습니다. 그 첫째 단계는, 칭의(稱義)입니다. 이미 말씀 드린 대로 하나님의 의가 예수 그리스도 안에 나타났습니다. 오직 믿음으로 그 의를 입어 이제 하나님의 자녀라 일컬음을 받습니다. 거저 주시는 의, 칭의, 이것을 신학적으로 Justification-의롭게 함이라고 말합니다. 그리스도인은 다 이 단계에 있습니다. 그 다음이 문제입니다. 둘째 단계는, Sanctification-성화(聖化)입니다. 이것이 그리스도인의 삶의 오늘의 현주소입니다. 모든 하나님의 사람은 이 성화의 과정에서 오늘 현재를 살아가는 것입니다. 마지막 셋째 단계는, Glorification-영화(榮化)입니다. 구원의 완성입니다. 하나님 나라의 우편에 가서 그리스도와 함께 영원한 생명을 누리는 삶, 이것이 영화입니다. 여기서 중요한 것은 성화도 좋고 영화도 좋지만 그것은 반드시 칭의로부터 시작된다는 점입니다. 모든 종교, 모든 철학, 모든 이데올로기가 다 성화와 영화를 주장하고 있습니다. 모두가 다 높은 도덕적인 삶을 통하여 죽음 후에 복을 받는 세계를 이야기합니다. 그럴듯합니다. 주장하는 바도 성경과 비슷합니다. 그러나 근본적으로 다른 것이 있습니다. 칭의가 없다는 점입니다. 성화와 영화는 하나님께서 주신 의에 대한 바른 응답으로 이루어지는 것입니다. 내 노력으로 안 됩니다. 아무리 수고하고 결단해도 이루어지는 것이 아닙니다. 그것은 성화될 수 없고 영화에 이르지 못합니다. 오직 하나님의 의를 아는 자가 의에 감격하고 감사하여 하나님의 말씀에 순종하고 믿음으로 오늘 성화의 과정을 살고 그 열매로 영화를 이루는 것입니다. 이것이 복음의 절대 비밀입니다. 이것을 분명히 기억해야 합니다.

지난 시간에 9절의 말씀을 가지고 의에 대하여 상고해 보았습니다. 믿음으로 예수 그리스도 안에 나타난 하나님의 의, 칭의를 말하는 것입니다. 그리고 오늘 10절에는 그 성화의 과정이 나와 있습니다. 또 11절은 영화입니다. 그러니까 이 9절, 10절, 11절은 아주 중요한 성경본문입니다. 구원의 역사 중 가장 중요한 본문이라고 해도 과언이 아닙니다. 이 10절이 중요한 것은 이것이 바로 오늘 우리 삶의 현주소이기 때문입니다. 이 성화만 바로 되면 영화, 그 최종 구원의 완성은 저절로 이루어지는 것입니다. 그러니까 오늘 현재 이 삶에서 가장 신경써야 되고 관심을 기울여야 되는 것은 성화의 과정입니다. 그것을 소위 Sanctification-거룩한 삶, 성도의 삶이라고 말합니다. 그래서 그 유명한 영국의 벡스터 목사님은 이 10절 한 절만을 가지고 25번이나 설교를 했습니다. 그리고 그것을 한 권의 책으로 묶어냈습니다. 유명한 책입니다. 제목은 『Going Deep』입니다. 깊게 깊게 들어가야 된다는 것입니다.

그렇다면 어디로 깊게 깊게 들어가는 것인가? 오늘 본문을 성경전체의 말씀으로 이해하면, 하나님의 의로, 그 거저 주신 의로 깊게 깊게 들어가는 삶입니다. 이것이 성화입니다. 이것이 오늘 성도의 삶입니다. 그러니까 하나님의 의를 모르고는 성화를 이룰 수 없는 것입니다. 불교든 이슬람교든 다른 모든 종교가 다 헛것입니다. 왜? 의가 없기 때문입니다. 거저 주신 의로 성화를 이루어나가는 것입니다. 그래서 그리스도인의 삶은 신비한 삶입니다. 그 자체가 기적입니다. 매일 매일의 기적을 맛보면서 살아가는 것입니다. 이것이 하나님의 역사입니다.

저는 오늘 본문말씀의 제목을 '위대한 소망'이라고 정했습니다. 그 이유는 이렇습니다. 하나님의 의는 내 노력으로 주어지는 것이 아닙니다. 내가 애쓴다고 되어지는 것도 아닙니다. 하나님께서 거저 주시는 것입니다. 지금 여기 계시는 분들은 100% 하나님의 의를 입은 하나님의 사람들입니다. 왜냐하면 수요사경회에 나와서 예배를 드리고 말씀을 사모하며 배우고자 하는 마음을 갖도록 해주신 분이 바로 하나님이시기 때문입니다. 결코 자신의 의지로 이 자리에 나오게 된 것이 아닙니다. 이제 관심은 무엇입니까? 성화와 영화입니다. 이것은 하나님께서 주신 소망입니다. 위대한 소망입니다. 어떤 철학가도 사상가도 줄 수 없는 것입니다. 하나님께서 주신 위대한 소망 두 가지가 있습니다. 그 하나는 성화고, 또 하나는 영화입니다. 이것이 10절과 11절의 말씀입니다. 우리는 우리의 소원과 소망을 구분해야 됩니다. 소원, 소위 희망이라고 하는 것은 내가 바라는 바, 기대하는 바입니다. 반면 소망은 하나님께서 주신 것입니다. 내가 바라기 전에 하나님께서 이미 주신 것입니다. 하나님께서 주시지 않으면 그 소원을 가질 수도 없습니다. 그 소원의 지식, 그 결단, 그 좋은 것을 하나님께서 주신 것입니다. 그래서 그것을 소망이라고 합니다. 이 성화와 영화는 하나님께서 주신 위대한 소망입니다. 그것은 의로 시작되며, 의의 과정을 통하여 의가 완성되는 것을 말합니다. 그래서 이 성화는 현재적 과정을 말하는 것이고, 영화는 종말론적 완성을 말하는 것입니다. 다시 말하면 의에 관한 가장 고상한 지식에 더 깊게 깊게 들어가서 그 의를 누리고 그 의를 경험하고 그 의의 열매를 이루는 삶, 그것을 바로 신학적으로 성화 또는 영화라고 말하는 것입니다.

신학자 월트 부르거만 박사가 예일대학에서 열린 큰 강연회에 참석하여 주제 강연을 한 적이 있습니다. 그때 그는 말하기를 '현대사회는 복음의 진리가 도처에서 주장되고 있다'고 하였습니다. 오늘도 보면 TV만 틀어도, 책방을 가도 수많은 복음이 전파되고 주장되고 있습니다. 그러나 여기에 가장 큰 문제가 있다고 그는 말합니다. 그것은 그 복음의 내용이 크게 축소되고 오해되고 왜곡된 것이라는 점입니다. 그는 그 이유를 세 가지로 말합니다. 이것이 우리에게 깊은 영적 지식을 줍니다. 첫째, 과학기술 위주의 사고방식은 mystery, 신비를 문젯거리로 축소한다는 것입니다. 성경 전체는 기적입니다. 왜? 하나님께서 살아계시고, 하나님께서 모든 것을 아시고, 하나님께서 모든 것을 감찰하심으로 하나님의 역사가 이루어지기 때문입니다. 바로 그 안에 그리스도인이 있는 것입니다. 오늘도 성령께서 역사하시고 우리에게 말씀을 주십니다. 그러니 기적 아닌 것이 어디 있습니까? 그런데도 이 신비와 기적이 안 믿어집니다. 자꾸 과학기술문명을 근거로 생각하기 때문에 기적을 등한시하게 되는 것입니다. 이 기적과 신비가 보편적인 하나님의 능력이라고 받아들여지지 않는 것입니다. 여기서 복음이 자꾸 축소되고 있는 것입니다. 둘째, 신뢰는 확실성만을 추구한다는 것입니다. 이거 보통 큰 문제가 아닙니다. 왜냐하면 이성에 근거하여 과학적 지식으로 믿어지는 것만을 믿으려 하기 때문입니다. 애초 복음은 이성 위에 있는 것입니다. 과학 위에 있습니다. 초월적입니다. 그렇듯 초월적인 지식인데도 자꾸 자기경험과 이성과 과학적 지식에만 근거하니까 안 믿어지는 것입니다. 믿는다고는 하지만 돌아서고 생각하면 안 믿는 것입니다. 여기에 문제가 있지 않습니까? 셋째, 질보다는 양을 우선시하는 풍조 때문이라는 것입니다. 복음은 시작과 과정을 중요시해야 합니다. 결과는 하나님께서 이루시는 것입니다. 그래서 사도 바울은 고린도전서 3장에서 말씀합니다. "나는 심었고 아볼로는 물을 주었으되 오직 하나님께서 자라나게 하셨나니(6절)." 그 결과는 하나님의 손에 달렸는데도 자꾸 이것을 가지고 평가합니다.

　오늘의 문제를 한번 생각해보겠습니다. 어떤 교회가 성장하고 교인의 수가 많다고 하는 것이 100% 하나님의 역사일까요? 이단도 있지 않습니까? 수와는 무관한 것입니다. 무엇으로 부흥했는가를 생각해야 됩니다. 오직 말씀과 성령의 역사만이 드러나야 합니다. 전적으로 하나님께서 하신 일로 나타나야 하는데 이 말은 인용구에 지나지 않고 전부 다 프로그램 위주, 교육 위주, 나아가 이벤트화 되고 있습니다. 그것은 세상에서 하는, 눈에 보이는 일입니다. 진정으로 영적인 말씀과 그 말씀의 능력으로 이루어지는 성장과 부흥이어야만 합니다. 그 성장과 부흥은 오직 하나님의 은혜 가운데 이루어지는 것입니다. 그리고 거기에 감사하여 이제 헌신하고 봉사하는 삶이 이루어지는 것입니다. 내가 전도한다고, 내가 수고한다고, 내가 열심히 기도한다고 하나님의 역사가 이루어지는 것이 아닙니다. 여기에 정말 안 믿기로 작정한 사람이 있습니다. 그런 사람 우리 주변에 많지 않습니까? 그런 사람 10년을 데리고 있어보십시오. 예수 안 믿습니다. 안 되는 것입니다. 우리는 간절히 바라지만, 하나님의 때가 있는 것입니다. 그런데도 마치 어떤 프로그램으로 이벤트를 하면 안 믿는 사람도 금방금방 믿어질 것 같은 것입니다. 당장이라도 불신자들이 몰려올 것 같은 것입니다. 천만의 말씀입니다. 온다면 그것은 이미 하나님께서 예비하셨기 때문입니다. 그 역사 안에서 돌아온 것입니다. 어떤 행위를 해보십시오. 그것으로 되는 역사가 아닙니다. 그렇게 되는 일이라면 예수님께서 십자가에 못 박혀 돌아가시지도 않았습니다. 이 자체는 성령의 역사만이 가능케 하는 것입니다. 그런고로 세상적 가치나 지식이나 기준과는 상관없이 그리스도인은 전적으로 하나님 나라의 지식, 하나님 나라의 관점, 하나님 나라의 가치관에서 생각하고 판단해야 됩니다. 그것을 볼 수 있는 영적 안목이 있어야 됩니다. 확신이 있어야 됩니다. 그가 하나님의 사람입니다. 그 사람이 의를 아는 자요, 오직 은혜 가운데 지금 성화의 과정을 살아가는 사람입니다. 이 점을 우리는 분명히 알고 바르게 신앙고백 해야 합니다.

오늘 본문 10절에는 성화의 과정이 나타나 있습니다. 여기에 두 가지 아주 중요한 갈망이 나타나 있습니다. 첫 번째는, "알고자 하여"-I want to know

입니다. 더 알기를 원합니다. 사도 바울은 그 가장 고상한 지식, 의를 알았고 느꼈습니다. 거기서 완전히 변한 삶을 삽니다. 그러나 이제 더 알기를 원합니다. 성화의 과정을 살아야 하기 때문입니다. 그 고상한 지식을 더 깊이 알기를 원합니다. 이것이 그리스도인의 마음입니다. 자, 그리스도인이라고 하는 사람이 오직 은혜로 의를 알게 되었습니다. 그래 '아, 우리 구원 받았구나' 하고 너무너무 기뻐합니다. 그러나 여기서 더 깊이 알기를 원하지 않는다면 그것은 가짜입니다. 누구 사랑하는 사람만 생겨도 그 사랑하는 사람의 일이든 사업이든 더 깊게 깊게 알고 싶고 더 깊게 깊게 빠져 들어가게 마련인데, 하물며 예수님을 알고 구원받을만한 의의 지식을 거저 받았는데 그것을 더 알기 원하는 마음은 당연한 것 아닙니까? 그것이 성령의 역사요, 그 마음으로 성화의 과정을 밟아가는 것입니다. 그래서 "알고자 하여"라는 표현이 있는 것입니다. 두 번째는, "본받아"입니다. By becoming like Him-그와 같이 되기를 원한다. 그 의를 주신 예수 그리스도, 그의 초월적인 은혜와 능력을 닮기 원하는 것은 당연한 것입니다. 그런데 예수님은 믿지만 예수님 닮기는 싫다고 합니다. 어떻게 된 일입니까? 이미 그에게는 성화의 과정은 물론 의도 없는 것입니다. 아직 하나님의 초월적 의, 그 은혜를 모르는 자입니다. 내 소원을 이루기 위하여 하나님을 필요로 할 뿐입니다. 절대 가치, 하나님의 의는 아직 경험하지 못한 것입니다. 만일 경험했다면 예수 그리스도를 더 깊이 알고 더 본받기를 원할 것입니다. 이것은 아주 자연스러운 것입니다. 결단할 필요도 없습니다. 그냥 자연스럽게 자꾸 앞으로 나아가게 되는 것입니다. 지금 그것을 성화의 과정에서 가장 중요한 것으로 사도 바울은 진술하고 있는 것입니다.

좀 더 깊이 살펴보겠습니다. 먼저는 첫 번째, "알고자 하여"라는 말씀을 생각해 보겠습니다. I want to know입니다. 알려는 갈망이 있습니다. 더 알고 싶은 열정을 가지고 있습니다. 이것이 진정한 의를 입은 하나님의 사람입니다. 그 "알고자 하다"라는 말의 헬라어는 '기노스케인' 입니다. 여기에는 좀 특별한 의미가 있습니다. 이론적 지식이나 추상적 지식을 뜻하는 말이 아닙니다. 몸으로 아는 지식을 말합니다. 개인적, 체험적, 경험적 지식입니다. 예를 들면 간단합니다. 어린아이가 어머니를 압니다. 분명히 알고 있습니다. 어머니의 사랑을 알고 어머니됨을 압니다. 그런데 그 아는 것이 학교에 다녀서 또는 지식으로 아는 것입니까? 그것은 경험으로 알고 인격으로 압니다. 몸으로 아는 것입니다. 그런 지식을 말하는 것이 오늘 본문에 나오는 "알고자 하여"입니다. 기노스케인입니다. 아주 중요한 것입니다. 성경이 하나님을 아는 지식을 말씀할 때는 바로 기노스케인을 말씀하는 것입니다. 창세기에 "아담이 그의 아내 하와와 동침하매"라는 표현이 있습니다. 여기서 "동침하다"라는 말의 원어는 히브리어로 '야다' 입니다. 헬라어 '기노스케인'과 같은 말입니다. 그러니까 다시 직역하면 '아담이 하와를 알았으매….' 이렇게 되는 것입니다. '알았다'와 '동침하다'를 같은 뜻으로 쓰고 있습니다. 몸으로 아는 인격적 결합이기 때문입니다. 신약성서에도 이런 예로 대표적인 것이 있습니다. "요셉이 마리아를 데려갔으나 동침하지 아니하였더라." 여기서 '동침하다'도 기노스케인입니다. 직역하면 '요셉이 마리아를 데려갔으나 알지 아니 하였더라'가 되는 것입니다. 그런 표현입니다. 한마디로 인격적이고 체험적인, 몸으로 아는 지식을 바로 '안다'라고 표현하는 것입니다. 이것이 성경적 표현입니다.

그러면 예수 그리스도를 안다는 것은 무엇입니까? 예수 그리스도에 대한 기독론을 다룬 책 몇 권 읽었다고 되는 것이 아닙니다. 예수 그리스도께서 이 땅에 성육신으로 오신 일에서부터 십자가 부활 사건까지의 모든 것을 아는 것을 넘어서서, 중요한 것은 내가 예수 그리스도를 인격적으로 만나야 된다는 것입니다. 그런고로 예수님께서 오심이 나와 연관이 있는 것입니다. 예수님의 삶이 나와 연관성이 있습니다. 예수님께서 십자가에 못 박혀 돌아가신 일이 나와 직접적으로 관련이 있습니다. 예수님의 부활도 내 먼 미래의 모습입니다. 이렇게 그의 모든 지식이, 그의 모든 삶이 나와 직접 연관을 가져야 됩니다. 바로 그것을 갈망했다는 것입니다. 이것이 그리스도인이 가져야 할 지식에 대한 열정입니다. 그래서 칼뱅은 명저 『기독교강요』를 이렇게 시작합니다. "하나님을 아는 지식…." 여기서 '지식'은 대학에 가는 지식, 박사가 되는 지식이 아니라, 하나님을 아는 지식, 몸으로 아는 지식을 말하는 것입니다. 그 하나님의 지식이 나와 직접 연관이 있는 지식이라는 것입니다.

오늘 본문은 지금 그러한 지식을 말씀하고 있습니다. "알고자 하여"라고 하면서 세 가지를 말씀합니다. 하나는, "내가 그리스도와"라는 표현입니다. 그리스도를 알아야 됩니다. 그리스도에 관한 것이 아니고 그리스도 그 자신을 아는 지식입니다. 한 마디로 내가 지금 예수 그리스도와 연합하여 fellowship, 교제를 합니다. 내가 만일 우리 대통령을 안다고 하면, 그것은 그분의 말투며 어법이며 생각이며 이력을 다 아는 것입니다. 하지만 이 "알고자 하여"는 그런 것을 뜻하는 말이 아닙니다. 직접 교제해야 됩니다. 항상 같이 생각하고 같이 동행하는 삶을 살아야 됩니다. 바로 그런 것을 갈망한다는 것입니다. 그리스도를 아는 것을 원합니다. 그리스도와 함께 교제하는 삶을 원한다는 것입니다. 그것이 성화의 삶입니다.

다른 하나는, "그 부활의 권능과"라는 표현입니다. 성경은 쪼개고 쪼개서 봐야 합니다. 그 부활의 권능, 다시 말해서 예수님께서 부활하신 것을 압니다. 봤기 때문입니다. 들은 바가 아닙니다. 직접 만났습니다. The power of resurrection, 그 부활하신 능력이 무엇이냐 이것입니다. 그것을 알고 싶어 합니다. 그것을 간절히 사모하는 것입니다. 그래야 내가 부활할 수 있기 때문입니다. 그런 자신의 사건으로서의 부활의 능력을 뜻합니다. 그래서 고린도전서 15장 13절에서 14절은 말씀합니다. "만일 죽은 자의 부활이 없으면 그리스도도 다시 살아나지 못하셨으리라. 그리스도께서 만일 다시 살아나지 못하셨으면 우리의 전파하는 것도 헛것이요, 또 너희 믿음도 헛것이며.” 그 부활이 가장 중요한 복음의 핵심인데, 그 부활의 능력이 어디로부터 나왔느냐는 것입니다. 하나님께로부터입니다. 성령의 역사입니다. 그것을 사모하는 것입니다. 그 부활의 권능을 알고 소유해야만 나도 부활할 수 있습니다. 예수님처럼 내 육체도 새로 부활할 수 있습니다. 예수님처럼 내 생명도 영원한 생명이 될 수 있습니다. 예수님처럼 나도 이제 하나님 나라에 가서 영원한 삶을 그리스도와 함께 살 수 있습니다. 이것을 보증해주는 것이 부활입니다. 부활의 능력, 부활의 권능을 알기 원하는 이것이 당연한 것입니다. 우리 모두가 사모해야 하는 것입니다. 아주 분명히 정확하게 알아야 합니다.

또 다른 하나는, “그 고난에 참여함을 알고자 하여”입니다. 고난 없이 구원 없습니다. 고난에 참여함 없이는 부활도 없는 것입니다. 그래서 그 부활의 권능을 안 자로서 그는 더 큰 신비한 삶을 추구합니다. 고난에 참여하기를 자청해서 원합니다. 그것이 부활의 능력을 입는 하나님의 권능이기 때문입니다. 그는 그것을 별로 생각하지 않습니다. 이것은 특권입니다.

참 그리스도인이 예수 그리스도를 위하여 한 번도 고난에 참예하지 않았다면, 그것은 문제있는 교인입니다. 지금, 세상이 악하니 가서 복음을 증거하면 그렇게 될 것 아닙니까? 너나 잘 믿어라 하지 않겠습니까? 여기서부터 고난에 참예하는 것입니다. 많은 조롱도 받을 수 있고 여러 오해도 받을 수 있습니다. “너 정도가 예수 믿으면 난 안 믿어도 돼.” 이러는 친구도 있을 수 있겠지요. 그것도 고난에 동참하는 것입니다. 우리는 내 인격, 내 도덕성으로 구원받는 것이 아닙니다. 하나님의 의, 그것으로 구원받는 것이기 때문입니다. 그래서 오늘 그 의의 응답으로 감사하며 살아가는 자에게 하나님의 은혜로 구원의 역사가 이루어집니다. 그러니까 그런 말에 별로 신경 쓰지 않습니다. “너 어떻게 알았냐? 나 원래 그런 놈이야. 그런데 하나님께서 나를 사랑하셔.” 아주 분명한 구원의 확신이 있습니다. 자기 확신이 있습니다. 의의 확신이 있습니다. 그럴 때 참 감동이 일어납니다. 어떻든 간에 고난에 참예함을 자청해야 됩니다. 이것은 다시 말해 화해의 역사, 인내의 역사, 사랑과 수고의 역사, 이 모든 것이 용서함의 역사입니다. 은혜 받은 자의, 하나님의 역사와 고난에 참예함으로 일어나는 초월적인 하나님의 은혜입니다. 자청해야 합니다.

그러므로 사도 바울은 적극적으로 그 고난에 참예하기를 원합니다. 그것이 내가 복 받는 길이기 때문입니다. 이것이 하나님께서 형통케 하시는 역사의 큰 비결입니다. 자청하여 고난에 참여합니다. 이 비밀을 아는 자, 여기에 부활의 역사가 있습니다. 부활의 권능이 있습니다. 뛰어 들어가야 합니다. 이것이 그리스도적 관점이요, 하나님 나라의 지식이요, 가치관입니다. 그런 고로 그리스도의 마음으로 이 세상을 바라봅니다. 그러면 여기저기에 불쌍한 사람들이 많아집니다. 가엾은 사람들이 많아집니다. 왜냐하면 사람은 참 좋은 사람인데 아직 복음을 모르고 있기 때문입니다. 주변에서 만나게 되는 어떤 사람을 위해 자꾸 기도를 하게 됩니다. 불쌍한 마음이 듭니다. 성경에 나타난 대로 예수님께서 항상 연민을 느끼시고 긍휼을 느끼시고 불쌍히 여기신 그런 마음을 갖게 되는 것입니다. 그것이 바로 그리스도의 고난에 동참하는 것입니다. 왜? 그리스도의 마음으로 그 사건을 보고, 그 사람을 바라보니 인내할 수 있고 화해할 수 있고 용서할 마음이 드는 것입니다. 이것이 더 큰 고난의 역사에 참예하는 것입니다. 지금 그것을 알고 싶다, 체험하고 싶다고 고백하고 있는 것입니다.

다음은 두 번째, "본받아"라는 말씀을 생각해 보겠습니다. By becoming like Him in His day입니다. 오늘 성경말씀대로 "그의 죽으심을 본받아"입니다. 본받기를 원합니다. 닮고 싶은 열정이 있습니다. 그 갈망이 있습니다. 신비한 것은 그의 죽으심을 닮기 원한다는 것입니다. 그 많은 것들이 있는데, 자기도 예수님을 만났고 수많은 하나님의, 예수님의 역사를 듣고 아는데, 그 많은 것들 중에서 오직 하나, 가장 중요한 것, 그의 죽으심을 본받고 싶다는 것입니다. 이 의미를 우리는 깨닫고 동일하게 그리스도의 죽으심을 본받아야 합니다. 로마서 12장 2절에 이런 말씀이 있습니다. "너희는 이 세대를 본받지 말고 오직 마음을 새롭게 함으로 변화를 받아 하나님의 선하시고 기뻐하시고 온전하신 뜻이 무엇인지 분별하도록 하라." 이 세대를 본받지 말라. 그리스도인이 본받을 것은 오직 그리스도뿐입니다. 그리고 그리스도를 본받을 때 변화받습니다. 마음이 새롭게 됩니다. 영적으로 변화가 이루어집니다. 그것을 말씀하는 것입니다. 사도 바울은 말씀합니다. "그의 죽으심을 본받아" 이는 하나님의 뜻에 전적으로 순종함을 말하는 것입니다. 하나님의 뜻이 십자가에 있습니다. 그것이 죽음인지 삶인지 개의치 않습니다. 하나님의 뜻이 십자가에 있습니다. 뜻에 순종하여 십자가를 지시는 것입니다. 그러니까 하나님의 뜻이 어디에 있느냐고 묻고, 오늘 그 뜻에 전적으로 순종하는 것, 그것이 그의 죽으심을 본받는 것입니다. 각자에게 주어진 하나님의 뜻이 있습니다. 이것은 상대적으로 비교할 것이 못됩니다. 하나님께서 내게 주신 절대적 소명입니다. 거기에 충성하는 것입니다. 이것이 예수 그리스도의 죽으심을 본받는 삶입니다.

20세기의 최고의 부자 오나시스는 유명한 일화를 많이 남겼습니다. 그는 17세 때 피난민 청년이었습니다. 단돈 100불로 사업을 시작하여 선박 왕으로 20세기 최고의 갑부가 된 사람입니다. 그의 가치관은 한 마디로 물질입니다. 오직 돈뿐입니다. 그래서 그가 이런 말을 합니다. "오늘날 정말 중요하고 믿을 수 있는 것은 돈뿐이다. 돈 있는 사람이 바로 이 세상에 왕족으로 사는 것이다." 이것이 그의 인생철학입니다. 1973년에 그는 생애 최정상에 이르게 됩니다. 그러나 바로 그해에 불행하게도 그의 사랑하는 아들 알렉산더가 비행기 추락으로 죽습니다. 그 뒤 오나시스의 인생이 완전히 변합니다. 한없는 비통에 빠져 그 날부터 그의 삶이 무너지기 시작합니다. 미국 「타임」

지에서는 그의 삶을 이렇게 기록한 바 있습니다. "오나시스는 하룻밤 사이에 폭삭 늙어버렸다. 하얀 백발노인이 되어버렸다." 실제로 그 사건이 있은 지 일 년 만에 그의 재산은 3분의 1로 줄어듭니다. 그리고 얼마 뒤 죽어버렸습니다. 얼마나 허망합니까. 아무것도 아닙니다. 이것이 이 세상을 본받는 자의 삶의 말로입니다.

그리스도인은 오직 예수 그리스도를 본받을 때 부활의 영광이 있습니다. 영원한 삶이 있습니다. 그 위대한 소망이 이루어집니다. 오직 한 길, 예수 그리스도의 삶을 본받는 것, 그 외에는 아무것도 이루어지지 않습니다. 그런고로 이 성화 즉, 구원의 현재의 과정은 하나님께로부터 주어진 의에 적극적으로 응답하는 것입니다. 그래서 믿음으로 살아갑니다. 의를 더 알기 원합니다. 의를 주신 예수님을 본받기 원합니다. 그 과정의 삶이 그리스도인의 오늘의 거룩한 삶이요, 성화의 과정이라는 것입니다. 이것을 성경은 아주 분명하고 간단명료하게 우리에게 알려주고 있습니다.

이제 더 나아가 Glorification, 영화를 살펴보겠습니다. 구원의 완성이 어떠한가? 사도 바울은 이렇게 말씀합니다. "어떻게 해서든지 죽은 자 가운데서 부활에 이르려 하노니(11절)." 어찌하든지 참 그리스도인은 부활해야 됩니다. 그 위대한 소망을 반드시 믿고 사는 것입니다. 그러니 믿음대로 되는 것입니다. 궁극적 소망, 그 구원의 완성을 그렇게 표현하고 있습니다. 여기에서 중요한 것은 이것입니다. "죽은 자 가운데서 부활에 이르려 하노니." 다시 말해 죽지 않으면 부활이 없습니다. 반드시 죽어야 됩니다. 죽음을 통하여 부활이 있습니다. 예수님의 생을 보면 십자가가 반드시 있어야 됩니다. 하나님의 뜻에 전적으로 순종한 십자가, 그것이 순교일지언정, 그것이 있어야 부활이 이루어집니다. 십자가 없는 부활은 없는 것입니다. 그런데 우리는 자꾸 부활만 바랍니다. 그냥 형통한 것만을, 복 받기만을 바라고 부활의 영광만을 바랍니다. 그 믿음으로는 부활을 이루지 못합니다. 자기 혼자 주관적인 것이지 하나님 앞에 가서 내세울 의가 없습니다. 십자가로 부활은 완성됩니다. 이 부활은 구원의 최종완성입니다. 죽음을 통하여 이루어지는 것입니다.

20세기의 가장 존경받는 지성의 한 사람이 사르트르입니다. 그 철학자는 평생을 통하여 죽음으로부터의 자유를 주장했습니다. 그 때문에 좌우지간 수많은 사람들이 큰 영향을 받았습니다. 신앙으로부터 떠난 사람도 있습니다. 아주 혼란된 시기였습니다. 그가 1980년 3월, 프랑스 파리의 부루셀 병원에 입원합니다. 병명은 폐수종. 그래서 마지막 한 달을 병원에 있다가 임종하게 됩니다. 그때의 사건으로 신문은 물론이고 그를 아는 사람들 모두가 아주 큰 충격을 받습니다. 한 마디로 발악하다가 아주 비참하게 삶을 끝내고 맙니다. 죽음이 두려워서였습니다. 그 고통이 두려워서였습니다. 그때 한 독자가 신문에 유명한 내용의 기고를 하였습니다. "그는 아마도 비그리스도인 이었을 것이다. 사르트르의 말로가 그렇게 비참했던 이유는 그에게는 돌아갈 고향이 없었기 때문이다." 돌아갈 고향이 없었다는 것입니다.

그리스도인에게는 분명한 고향이 있습니다. 돌아갈 내 고향 하늘나라를 바라봅니다. 그러기에 오늘 현재 그 구원의 소망을 가지고 하루하루를 살아가고 있는 것입니다. 그 과정이 성화의 과정이요, 그 시작이 예수 그리스도의 십자가에 나타난 의요, 그 의의 열매가 Final Salvation-최종 구원입니다. 그것이 영화, 영광이라는 말입니다. 그러니 분명한 목적의식과 소망이 있지 않습니까? 이런 사람은 절대로 죽음을 두려워하지 않습니다. 죽은 다음에는 곧바로 영화입니다. 그렇게 갈망하던 바로 그곳으로 가는 것입니다. 위대한 소망입니다. 위대한 능력입니다. 이것이 의의 열매입니다. 그래서 사도 바울은 지난 시간에 본 것처럼 그렇게 세상에서 귀중히 여겼던 그 특권들, 지식들, 성취들, 업적들, 귀한 신분을 다 배설물로 여겼다고 하지 않습니까? 부활의 영광, 영화를 이루려면 그것들을 다 버려야만 됨을 안 것입니다. 하나님의 의, 오직 예수 그리스도께 나타난 의가 아니고는 부활의 영광과 영화를 이룰 수 없기 때문입니다. 나머지는 다 방해가 되는 것입니다. 그 의를 작게 만듭니다. 자꾸 자기공로, 자기 의를 생각합니다. 여기에서 바른 신앙적 삶을 살지도 못합니다. 그래서 그는 깊은 말씀을 상고하면서 성령의 은혜 가운데 충만한 은혜의 세계에서 놀라운 신앙고백을 하는 것입니다. "어찌하든지 죽은 자 가운데서 부활에 이르려 하노니."

여러분, 이러한 궁극적 소망을 가지고 있습니까? 이런 위대한 소망을 가지고 오늘을 살아가고 있습니까? 내가 결단한 것 같지만 사실 그 결단조차도 하나님의 의로 결단케 하신 하나님의 역사입니다. 그래서 우리 모두는 내가 응답하고 내가 결단했지만, 내가 이 자리에 와 있지만, 그 모든 것이 결국 하나님의 은혜라고 생각합니다. 아니, 그대로 믿습니다. 하나님의 의가 먼저 있었기 때문입니다. 그 안에서 생각하고 그 안에서 계획하고 그 안에서 응답한 삶이 신앙인의 바른 선택이요, 결단입니다. 의에 대한 바른 응답입니다. 이 신비한 세계는 예수 그리스도를 믿지 않는 어느 누구도 살아갈 수 없고 느낄 수도 없고 소원할 수도 없습니다. 오직 그리스도인에게만 주신 하나님의 초월적인 지식이요, 은혜입니다. 오직 하나님의 뜻 안에, 그 무한한 은혜 가운데 하나님의 의의 바른 응답으로 구원의 역사는 이루어집니다. 내가 실수하고 내가 빗나가도 그 의를 믿고 있는 자를 하나님께서는 바르게 인도해주십니다. 성령께서 깨우쳐주십니다. 반드시 의의 열매를 맺게 해주십니다. 그래서 오늘 우리는 감사합니다. 어떠한 환경에 있어도 감격하는 것입니다. 이 의를 한번 생각해보십시오. 또 한 번 생각해보십시오. 이보다 더 큰 은혜가 어디 있습니까? 그래서 주를 찬양합니다. 그래서 항상 충만한 신비한 능력을 가지고 영적 지혜로 살아갈 수 있는 것입니다. 이것이 복음입니다.

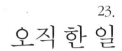

23.

오직 한 일

내가 이미 얻었다 함도 아니요 온전히 이루었다 함도 아니라
오직 내가 그리스도 예수께 잡힌 바 된 그것을 잡으려고 달려가노라
형제들아 나는 아직 내가 잡은 줄로 여기지 아니하고
오직 한 일 즉 뒤에 있는 것은 잊어버리고 앞에 있는 것을 잡으려고 푯대를 향하여
그리스도 예수 안에서 하나님이 위에서 부르신 부름의 상을 위하여 달려가노라 (빌3:12-14)

오늘 본문은 아주 유명하고도 매우 귀중한 하나님의 말씀입니다. 동시에 이에 관한 많은 신학적 논쟁과 오해가 있는 말씀이기도 합니다. 성경을 해석함에 있어 우리는 항상 성경전체의 메시지에 입각하여 중심적인 하나님의 뜻을 염두에 두고 개개의 구절들과 부분들을 해석해야 한다는 것을 기억해야 합니다. 또한 성령의 전적인 역사 가운데에서 이 일이 진행될 수 있다는 것입니다. 그러나 간혹 문자에 매여 말씀을 문자적으로만 해석을 하면 때로는 옳기도 하지만, 잘못된 해석을 내리게 되는 경우가 너무도 많습니다. 그래서 이단이 생길 수밖에 없는 것입니다.

오늘 본문 12절도 그렇습니다. "내가 이미 얻었다 함도 아니요, 온전히 이루었다 함도 아니라." 이 말씀만을 놓고 사도 바울의 구원관을 생각하면 사도 바울에게는 구원의 확신이 없다고 해석하게 됩니다. 이 말씀이 너무나 빈번히 그런 의미로 악용되고 있습니다. 아주 잘못된 해석입니다. 사도 바울은 이미 빌립보서에서 말씀했습니다. "To me living is Christ and dying is to gain"-내게 사는 것이 그리스도니 죽는 것도 유익하니라. 그만큼 확고합니다. 구원의 확신을 가지고 있습니다. 이미 1장에서 그는 선언하고 있습니다. "우리 마음에 착한 일을 시작하신 이가 그 마지막 예수 그리스도의 날까지 모든 일을 이루심을 내가 확신하노라." 그만큼 종말론적 구원관에 대한 분명한 믿음과 확신을 가지고 있는 것입니다. 그러니까 "내가 이미 얻었다 함도 아니요, 온전히 이루었다 함도 아니라." 이 말씀을 구원론에서 해석하면 안 됩니다. 하나님의 말씀 전체와 사도 바울의 신앙과 사상과 사역에 비추어 이 말씀을 재해석해야 합니다. 그리고 그 의미를 받아들여야 합니다. 또한 모든 인간의 체험, 특별히 신앙인의 체험이 계시론적 사건이 아니라는 것입니다. 흔히 우리는 큰 경험을 하면 그 경험에 이끌려 지식을 얻습니다. 부분적인 지식이요, 지혜입니다. 하지만 우리는 그것을 곧 하나님의 뜻으로 생각하는 경우가 있습니다. 개인의 신앙에 유익이 되는 것은 좋은 일이지만, 우리는 먼저 하나님의 뜻 안에서 그 개별적이고 체험적인 사건을 재조명해야 합니다.

계시적 사건은 거기에 하나님의 뜻이 있고 그로써 하나님의 역사가 반드시 나타남을 말합니다. 성경에서 요셉이 꿈을 꿉니다. 그 꿈이 13년 후에 또 20년 후에 정확히 이루어집니다. 사건으로 드러납니다. 하나님의 음성이 들려옵니다. 심지어 하나님을 믿지 않는 바로 왕의 꿈도 풍년과 흉년으로 그대로 일어납니다. 꼭 하나님의 사람한테만 해당되는 것이 아닙니다. 하나님의 주도적인 역사입니다. 하나님의 뜻을 사건으로 나타내심입니다. 출애굽사건을 비롯하여 성경에 나오는 모든 사건들은 대표적인 계시론적 사건들입니다. 그래서 성경이 하나님의 말씀인 것입니다. 사도 바울은 다메섹 사건을 경험합니다. 비록 한 개인의 사건이지만 그로써 하나님의 뜻을 알 수 있는 보편적 사건인 것입니다.

사도 바울의 개인적인 체험 안에서 그는 오늘 12절에서 14절에 이르는 말씀을 하게 됩니다. 개별적 체험이자, 보편적 사건입니다. 계시적인 하나님의 사건입니다. 이를 우리는 알아야 합니다. 오늘 본문에는 사도 바울의 생의 대원칙들이 나와 있습니다. 특별히 그의 생의 철학이 나타나 있습니다. 여러분은 어떠한 생의 철학을 가지고 살고 있습니까? 그리스도인으로서 그리스도인다운 생의 철학을 가지고 있어야 됩니다. 이 생의 철학은 인생의 목적관, 절대가치관과 밀접한 절대적 관계가 있습니다. 아주 확고한 인생의 목표가 정해지지 않으면 생의 철학을 세울 수 없습니다. 이것이 아주 중요한 부분입니다. 예를 들어 성공과 실패를 생각해보십시오. 무엇이 성공이고 무엇이 실패입니까? 세상에서는 흔히 물질적 성공과 인기를 얻거나 건강하고 명예를 얻는 것을 성공이라고 합니다. 만일 그것을 얻지 못하면 실패입니다. 하지만 성경은 그렇게 보지 않습니다. 십자가에서 돌아가신 예수님이나 돌에 맞아 순교한 스데반의 생은 실패한 생입니까? 성경이 말씀하는 성공과 실패는 무엇입니까? 목적과 관계가 있습니다. 성경적으로 분명한 생의 목적관을 가지고 바르고 성실하고 충성되게 살았다면 세상이 어떻게 평가하든 그는 성공한 사람입니다. 부자든 가난하든, 유명한 사람이든 아니든, 모두가 분명 하나님 앞에서는 성공한 사람일 수 있습니다. 그러나 만일 분명한 목적을 세우지 못했고 바른 목적관이 없다면 그는 세상이 뭐라고 하든 실패한 사람입니다. 분명한 목적의식이 있어야 합니다. 그럴 때 생의 철학을 세울 수 있습니다.

언젠가 읽은 글입니다. 어느 청년이 시골에서 상경했습니다. 청년이 보기에 서울 사람들은 모두 너무나 바쁘게 살고 있습니다. 그래서 친구한테 엽서를 보내면서 이렇게 썼습니다. "서울 사람들의 목표는 스피드일세. 1분 먼저 가기 위해 과감히 목숨까지 건다네." 답신이 왔습니다. "그렇게 위험을 무릅쓰고 번 1분을 어디에 쓰는지 그 시간의 용도를 좀 알려주게나. 나 몹시 궁금해." 청년이 다시 답신을 보냈습니다. "그 1분을 가지고 그들은 차를 마시기도 하고 노닥거리기도 하고 TV를 보기도 하고 때로는 화투도 치고 때로는 입을 벌리고 졸기도 하는 데 쓴다네." 목적의식 없는 삶의 형태가 바로 이렇습니다. 헬렌 켈러가 남긴 유명한 말이 있습니다. "진정한 행복은 자기찬양을 통하여 얻어지는 것이 아니라 가치 있는 목적에 충실함으로써 얻어진다." 아주 귀한 지혜의 말입니다. 근래 종교계와 비종교계를 통틀어 아주 널리 읽힌 책이 있습니다. 『The Purpose Driven Life』(목적이 이끄는 삶)입니다. 전 세계적으로 줄잡아 수천만 권이 팔렸답니다. 이 책에 앞서 신학적으로 아주 유명한 널리 읽힌 책이 또 있습니다. 『The Purpose Driven Church』(목적이 이끄는 교회)라는 책입니다. 아마 대부분 목적 없는 교회, 목적 없는 삶을 사는 사람들이 읽은 듯합니다. 좌우지간 큰 영향을 끼쳤습니다. 목적 주도적 삶, 이것이 너무나 중요한데도 사람들은 대부분 이를 바로 세우지 못하고 살기 때문입니다. 그래서 이 책이 더욱 크게 영향을 끼친 것 같습니다. 깊이 생각해야 합니다. 저는 신학교에서 '교회성장신학'을 가르치고 있습니다. 교회성장신학에 여러 가지가 있지만, 제가 가장 강조하는 것은 '원리중심의 목회'입니다. 그러니까 목회철학을 세워야 된다는 것입니다. 그런데 목회철학을 세우려면 분명한 목회관과 목적이 있어야 됩니다. 하나님께서는 우리들 각자에게 다 다른 은사를 주셨습니다. 보편적인 원칙이 있지만, 그 개인에게만 주신 특별한 은사가 있습니다. 그를 통하여 하나님께서 이루고자 하시는 것을 발견해야 됩니다. 그 소명을 발견하고 분명한 목적을 세우고 그 안에서 목회철학을 만들어야 됩니다.

오늘 본문 12절은 "내가 이미 얻었다 함도 아니요, 온전히 이루었다 함도 아니라." 이 말씀은 구원론과는 무관합니다. 목적에 관한 것입니다. 인생의 궁극적 목적을 사도 바울은 분명히 세웠습니다. 거기에 아직 도달하지 못했고 온전히 이르지 못했다는 그 말씀입니다. 특별히 영문성경을 보면 '온전히 이루었다 함도 아니라'는 말씀의 의미를 더 구체적으로 알 수 있습니다. "I have not already reached the goal."-그 궁극적 목표에 아직 도달하지 못했다. 그래서 구원론이 아니고 목적입니다. 궁극적으로 생을 통하여 이루고자 하는 목적, 거기에 아직 도달하지 못했다는 것을 고백하는 것입니다. 목적에는 세 가지 유형이 있다고 생각됩니다. 먼저, 내가 내 목적을 세우는 것입니다. 대부분의 인생이 이렇습니다. 다음은, 부모님이나 스승님이나 아니면 세상에서 떠밀려 맹목적인 목적을 가지고 살아가는 것입니다. 어떤 학과가 유행이다, 어떤 업종이 돈을 잘 번다하면 거기로 앞뒤 가리지도 않고 우 몰려가지 않습니까? 그 다음은, 하나님께서 만들어주신 목적이 있습니다. 아예 하나님께서 주셨습니다. 주어진 목적, 가장 중요한 것입니다.

　사도 바울이 가지고 있는 목적은 예수님께서 주신 것입니다. 바로 그것이 다메섹 도상에서의 체험입니다. 지금 그는 예수 믿는 자들을 핍박하러 갑니다. 그 길에서 예수님을 만났습니다. 예수님께서 말씀하십니다. "너는 이방인의 사도가 되리라. 복음을 증거하는 것뿐만 아니라 구체적으로 이방인의 사도가 되리라." 아주 분명한 생의 목적을 예수님께서 직접 주셨습니다. 아주 확실한 목표를 지니고 살아가게 됩니다. 우리 각자에게도 그러한 목적을 하나님께서 주십니다. 말씀을 통하여 주시고 사건을 통하여 주십니다. 항상 하나님의 말씀 안에서 내 생의 목적을 다시 한 번 생각해야 합니다. 특별히 사도 바울에게 주어진 구체적인 목적은 지난 시간에 우리가 상고해본 10절, 11절 말씀에 있습니다. "내가 그리스도와 그 부활의 권능과 그 고난에 참여함을 알고자 하여 그의 죽으심을 본받아 어떻게 해서든지 죽은 자 가운데서 부활에 이르려 하노니." 지난 시간에 '위대한 소망'이라는 주제로 이 두 절을 깊게 상고해봤습니다. 이것이 사도 바울의 위대한 소망입니다. 위대한 목적입니다. 그리스도와 그의 부활의 능력과 그의 고난을 알고자 하는 마음,

또 본받고자 하는 마음, 그의 고난과 부활에 동참하고자 하는 마음, 아주 궁극적인 그의 위대한 목표입니다. 바로 여기에 아직 도달하지 못했다는 것입니다. 인생은 그것을 이루는 과정 중에 있는 것입니다. 다메섹 도상에서 사도 바울에게 주어진 그 생의 목적관은 하나님의 계시론적 사건임으로 모든 사람에게 주어진 보편적인 하나님의 말씀입니다. 내게 주신 하나님의 말씀입니다. 분명 이 목적은 모든 그리스도인의 목적입니다. 단 한 마디로 예수 그리스도를 향한 예수 그리스도적 목적관을 가지고 살았다는 것입니다. 이것이 사도 바울의 위대한 점이요, 그의 생입니다.

오늘날 가장 불행한 사람은 누구입니까? 가장 문제 있는 사람들은 어떤 사람들입니까? 바로 목적이 없는 사람들입니다. 특히 그리스도인임에도 불구하고 분명한 목적의식이 없습니다. 불행한 사람들입니다. 이런 사람은 주로 어떠한 유형의 사람인가 하면, 목적이 자기 자신인 사람입니다. 내가 나 스스로 목적을 삼았습니다. 하나님은 수단입니다. 내 뜻, 내 소원, 내 목적을 이루는 데 꼭 필요한 존재가 하나님입니다. 그래서 하나님께로부터 복을 받아야 됩니다. 이런 삶을 '복을 좇는 삶'이라 합니다. 오늘날 신학적 표현으로 하면 기복 중심의 삶, 현세적 복을 추구하는 삶입니다. 지금 우리 마음에 그 마음이 항상 있고 또 그것이 기도의 대다수를 차지하고 있다면 그 삶의 목적은 바로 내게 있는 것이고 하나님은 수단일 뿐입니다. 그래서 항상 괴롭고 응답받지 못하는 것 같고, 하나님께서는 멀리 계신 것 같고, 이와 같은 불행한 삶을 살 수밖에 없는 것입니다. 사도 바울은 분명한 목적관을 가지고 산 사람입니다. 그럼에도 불구하고 그는 큰 비난을 받았습니다. 많은 멸시를 받았습니다. 수많은 루머가 있었습니다. 오늘날에나 유명한 사도지, 당시에는 그런 인물이 아니었습니다. 소수의 사람만이 그를 따르고 존경했습니다. 그러나 사도 바울은 개의치 않습니다. 인생의 성공과 성취가 거기에 있지 않기 때문입니다. 목적을 지녔기 때문입니다. 하나님께서 인정하신 분들, 하나님께서 판단하실 것입니다. 그러기에 담대하고 권세있게 살아갈 수 있습니다. 여러분, 내가 가진 인생의 목적이 무엇입니까? 오늘 주신 말씀을 통하여 다시 한 번 깊이 생각해야 할 것입니다.

성경은 말씀합니다. "오직 내가 그리스도 예수께 잡힌 바 된 그것을 잡으려고 달려가노라(12절)." 참 귀한 말씀입니다. 이것이 다메섹 도상에서의 체험입니다. 예수님께서 주신 그 목적을 잡으려고 좇아간다, 자기가 잡힌 바 되었다. 다른 말로 하면 예수님께 포로되었다는 것입니다. 그리스도인으로서 참 자유인이지만 오히려 자유를 반납한 자유인입니다. 잡힌 바 되었습니다. 그런 정체의식을 가지고 살았다는 것입니다. 동시에 그는 깊이 생각했을 것입니다. '왜 하나님께서는 나 같은 존재를 꽉 잡으셨을까? 왜 하필 나일까? 나는 예수 믿는 자를 핍박하고 죽이러 간 자인데, 왜 나일까?' 깊이 묻지 않을 수 없었을 것입니다. 여기서 '선택교리'라는 것이 나옵니다. 하나님께서 택한 데는 반드시 목적이 있습니다. 이유가 있습니다. 그것이 바로 사도 바울에게는 이방인의 사도된 그것입니다. 아주 구체적인 목표입니다. 다시 말하면 미래지향적인 비전을 주신 것입니다. 미래적 사건입니다. 그와 같이 쓰시겠다는 것입니다. 그것이 궁극적인 목적 지향적 삶으로 사도 바울을 완전히 바꿔놓습니다. 그래 그는 말씀합니다. "잡으려고 달려가노라(12절)." 미래적 소원, 그의 생의 가치관을 지금 말씀하고 있는 것입니다. 『성공의 법칙』이라는 책으로 널리 알려진 나폴레옹 힐 박사는 아주 특별하게 성공한 사람만 연구했습니다. 이 책은 그렇게 성공과 실패를 집중적으로 연구하여 쓴 책입니다. 무려 500명이 넘는 성공한 사람들을 연구조사 했습니다. 그리고 결론을 내립니다. "성공한 사람에게는 일률적인 공통점이 있다." 어느 누구든 한 사람도 예외 없이 성공한 자들이 가지고 있는 공통점은 뚜렷한 목표를 가지고 있었다고 결론짓습니다. 그 목표를 향해, 그 목적을 이루고자 아주 무섭도록 놀라운 열정으로 달려가더라는 것입니다. 목표에 장애가 되는 것은 서슴없이 끊어버립니다. 그들이 소위 '성공한 자들'이라는 분석결과를 내놓은 것입니다. 그리스도인은 하나님의 뜻을 이루는 자입니다. 분명 하나님의 뜻 안에서 내게 향한 하나님의 경륜을 헤아리지 못한다면 미래가 없는 것입니다. 하나님께서는 분명 미래지향적인 목표를 우리 모두에게 주셨기 때문입니다.

이제 구체적으로 사도 바울은 13절에서 이렇게 표현합니다. "오직 한 일."-This One Thing입니다. 이것 하나, 오직 하나, 이것만 이루면 됩니다. 아주 분명한 절대적 하나의 목적을 가지고 있다고 그는 고백하고 있습니다. 바로 예수 그리스도입니다. 과거의 고백이 아닙니다. 예수님을 다메섹 도상에서 만났던 그 사건을 회상하는 것이 아닙니다. 오늘과 미래적 삶에 대한 '오직 하나'가 있다고 그는 말씀하고 있습니다. 위대한 다윗 왕의 신앙 간증에도 같은 맥락의 간증이 있습니다. 시편 27편 4절 말씀입니다. "내가 여호와께 바라는 한 가지 일 그것을 구하리니 곧 내가 내 평생에 여호와의 집에 살면서 여호와의 아름다움을 바라보며 그의 성전에서 사모하는 그것이라." 오직 하나님과 하나님의 전에 거하는 것이 평생의 목적입니다. 항상 그것만 있으면 행복한 것입니다. 이를 그 삶의 궁극적 가치요, 목적으로 삼아 그는 기도했고 서원했음을 우리는 알 수 있습니다. 이것이 하나님의 사람의 생의 지혜입니다. 이것은 자기체험에 의존하여 나타나는 것이 아닙니다. 하나님의 말씀 안에서, 하나님의 경륜 안에서, 성령의 역사 가운데에서 발견하는 것입니다. 발견되는 것입니다.

하지만 하나님께서 이 뜻을 세우셨다 해도 내가 가만히 있으면 이루어지지 않습니다. 하나님께서 사도 바울을 통하여 이방사도 되게 하시려는데, 사도 바울이 아멘하고 성령께서 이루어주시겠지 하며 가만히 있기만 했다면 아무 일도 일어나지 않았을 것이고 아마도 하나님께서는 다른 사람을 쓰셨을 겁니다. 수동적인 기다림이나 저절로 되기를 기대하는 마음에는 하나님의 역사가 나타나지 않습니다. 적극적이며 능동적으로 목적을 이루려는 삶을 살아야 합니다. 그래서 오늘 본문에서 사도 바울은 고백합니다. "잡으려고 달려가노라(12절)." 반복적으로 이 표현이 나옵니다. 눈앞에 현실을 보는 것 같습니다. 그것을 잡으려고 좇아가노라. 그런 열정, 성실, 충성, 헌신이 있어야만 하나님께서 주신 목적이 이루어집니다. 하나님께서는 우리가 그렇게 응답할 때까지 기다리십니다. 이미 우리 각자에게 보편적으로 하나님의 말씀을 다 주셨습니다. 성령께서 깨닫게 해주십니다. 문제는 우리의 응답입니다. 그 위대한 소망에 대한 움직임이 있어야 하나님께서 그 일을 이루어주십니다. 바로 그것을 구체적으로 표현하고 있는 것입니다.

오직 한 일, 이 목표, 이 목적에 대한 의미가 두 가지 있다고 생각됩니다. 첫째, 왜 '오직 한 일'이라고 구체적으로 집약해서 말씀하고 이것이 중요하다고 하는 것인가하면 바로 우선순위의 문제이기 때문입니다. 우선순위를 바로 잘 정해야 생을 지혜롭게 관리하고 통제하면서 살아갈 수 있습니다. 분명한 목적이 없으면 우리는 시간을 잘 쓸 수 없습니다. 예를 들어 오늘 수요사경회에 나온 여러분은 적어도 이 순간만은 하나님의 말씀이 가장 중요한 우선순위되기에 그 안에서 이 시간을 선택할 수 있었던 것입니다. 만일 그런 열정이 평소에 없었다면 이 시간 여기에 나올 이유가 없습니다.

앨런 라킨 박사의 『시간을 지배하는 절대법칙』이라는 책이 있습니다. 제가 이 책에 매력을 느꼈던 이유는, 전직 미국 대통령인 빌 클린턴 때문이었습니다. 그는 소문난 독서광입니다. 한데 유독 이 책만은 몇 번을 거듭해 읽었다는 것입니다. 그래 관심 있게 이 책을 봤습니다. 아주 쉬운 책입니다. 우리는 이 책에서 시간을 관리하는 지혜를 얻을 수 있습니다. 전체의 주제는 '라킨의 법칙'을 잊지 말라는 것입니다. 매일매일 라킨의 법칙을 생각하라는 것입니다. 그래 그 법칙이 대단한 것인 줄 알고 읽어봤더니 이랬습니다. "지금 시간을 가장 잘 사용하는 방법은 무엇인가?" 이 질문을 하라는 것입니다.

매일 매시간 지금 시간을 가장 잘 사용하는 방법은 무엇인가를 물어야 한다는 것입니다. 이것을 알려면 자기의 인생의 목적이 분명해야 됩니다. 우선 순위가 분명하지 못하면 이 질문에 답을 내릴 수 없습니다. 그래야만 자기인 생의 궁극적 목적을 분명히 이루어나가면서 시간을 가장 지혜롭게 쓰면서 살아갈 수 있다는 것입니다. 아주 지당하고 옳은 말이라고 생각합니다.

둘째, '오직 한 일'이란 일을 정함으로써 집중할 수 있다는 것입니다. 이러한 목적의식이 있는 사람은 열정이 있습니다. 효과적으로 지속할 수 있습니다. 하나의 목적이 주어지면 그것보다 더 중요한 일이 없습니다. 큰 것에서부터 작은 것까지, 다니면서 오직 눈에 그것만 보이는 것입니다. 집중력이 생기고 지속적인 효과도 있습니다. 한 가지 일이라는 것이 분명히 내 인생 앞에 버티고 있기 때문입니다. 내 인생에서 가장 중요한 이것만 있으면 정말 나는 행복하겠다, 하나님 앞에서 떳떳이 정말 이것만이 가치 있는 것이라고 할 수 있는 그 한 가지가 무엇입니까? 그 한 가지를 위하여 얼마나 하나님께 기도합니까? 오직 한 가지, 이 한 가지를 하나님의 말씀을 통하여 들어야 됩니다. 발견해야 됩니다. 우선순위를 분명히 하고, 집중하면서 오직 한 일을 찾아야 됩니다. 성령께서 이것을 간절히 사모하는 자에게 넉넉히 충만히 깨닫게 하시고 알려주십니다.

사도 바울은 말씀합니다. 오직 한 가지 일 그것이 궁극적 목적이며 또한 이것을 이루기 위한 세 가지 방법과 지혜를 우리에게 제시해주고 있고 구체적으로 표현하고 있습니다.

그 첫 번째 방법이 13절 말씀입니다. "형제들아 나는 아직 내가 잡은 줄로 여기지 아니하고…." 이 말씀이 중요합니다. 하나의 분명한 목적을 이루려면 현재의 내 상태를 인식하고 평가할 능력이 있어야 됩니다. 오늘의 내 처지를 분명히 알지 못하면 어디서부터 시작해야 할지 모르지 않겠습니까. 오늘의 내 현 위치를 분명히 알아야 됩니다. 그는 말씀합니다. "아직 내가 잡은 줄로 여기지 아니하고….” 다시 말하면 그래서 목적이 중요하고 그것을 좇아야 한다는 것입니다. 오늘의 현 위치를 알아야 됩니다. 특별히 그 당시 교회에 완전주의자들이 있었습니다. 소위 종교제사장들이나 지도자들이나 유대인 율법주의자들이 있었습니다. 그들은 이미 율법을 지킴으로써 구원의 확신을 가진데다가 더욱이 예수 그리스도를 믿고 구원의 확신까지 있습니다. 그러니 자신은 목적을 이루었다고 생각합니다. 지금 그들을 놓고 구체적으로 말씀하는 것입니다. 그 목표가 성령께서 인정하신 것이어야 하고 계시론적인 것이어야 한다고 말입니다. “나도 아직 이루지 못했다. 그런고로 너희들은 잘못된 것이다. 우리 모든 그리스도인은 그 목표를 향하여 나아가는 과정의 삶을 살고 있다.” 지금 이것을 그들에게 강조하고 있는 것입니다.

우리 모두는 하나님의 종말론적 심판 아래 그 인생의 구원의 과정을 이루어가고 있는 것입니다. 미국의 유명한 정치가이며 학자인 다니엘 웹스터는 국무장관을 지낸 아주 유명한 인물입니다. 그에게 누가 물었습니다. “웹스터씨, 일생을 통하여 당신의 마음에 들어온 생각 가운데 제일 중요한 것은 무엇입니까?” 그때 그는 유명한 말을 남깁니다. “내가 지금 하는 모든 일을 이다음에 내가 하나님 나라에 가서 내가 책임져야 한다는 것입니다. 이 생각을 할 때마다 내 마음이 제일 엄숙해집니다.” 우리는 우리가 하는 모든 일에 대해 책임을 져야 합니다. 결국은 그것으로 심판받을 것입니다. 그런고로 분명한 목적의식이 있어야 최종 구원을 이룰 수 있는 것입니다. 이미 하나님께서는 말씀을 통하여 그것을 우리에게 다 알려주셨습니다.

두 번째 방법은, “뒤에 있는 것은 잊어버리고….” 다시 말해 과거 지향적 방법과 가치관을 다 끊어버려야 됩니다. 이 과거의 삶의 경험이 때때로 우리에게 지혜를 주지만 이것이 우리의 미래를 망치기도 합니다. 한두 가지 살펴보면, 첫째는 과거의 성공입니다. 예전에 이런 책 제목도 있었습니다.『작은 성공이 미래를 망친다』 과거에 조그만 일에서 성공한 경험이 있습니다.

그러면 계속 그 상태를 유지해야 한다고 생각합니다. 오늘의 현실은 영 아닌데도 말입니다. 오늘의 삶을 살아야 됩니다. 과연 그것을 오늘에 잘 적용하여 지혜로운 선택을 내림으로 미래의 예비적 삶을 살아가는 오늘이 중요한데 과거의 인기와 과거의 지위 때문에 오늘을 제대로 살지 못합니다. 오늘을 살지 못하면 내일이 없는 것입니다. 과거의 성공이 그를 자만하게 만듭니다. 현재를 잃어버리게 합니다. 사도 바울은 가말리엘의 제자입니다. 높은 지식을 가진 사람입니다. 게다가 그는 예수님을 직접 만났습니다. 부활하신 예수님을 만났습니다. 이 경험에서 누구랑 비교할 수 있겠습니까? 더욱이 그는 말씀합니다. 삼층천의 경험을 했습니다. 게다가 수많은 이적까지 행한 경험이 있습니다. 도대체가 영적으로나, 눈에 보이는 현상으로 보나, 그보다 더 큰 은사와 능력을 가진 사람이 누가 있습니까. 그런데도 그는 자랑하지 않습니다. 그것이 내 발목을 잡기 때문입니다. 과거에 했던 그 큰일, 중요하지 않습니다. 그거 다 하나님께서 하신 일입니다. 우리는 현재를 살아야 합니다. 그래서 끊어버리라, 뒤에 있는 것을 잊어버리라고 말씀합니다. 빌립보서에서 그는 말씀합니다. "너희 구원을 이루라. 두렵고 떨림으로 이루라." 현재적 삶입니다. 사도 바울의 고백입니다. 그렇듯 위대한 사도임에도 불구하고 그는 두렵고 떨리는 경건한 마음으로 겸손하게 구원의 삶을 이루라 말씀하지 않습니까.

둘째는, 과거의 실패입니다. 자꾸 그 실패를 생각하면 자존감이 낮아집니다. 사도 바울은 수많은 비난을 들었습니다. 자신이 포획자요, 강탈자였다고 고백합니다. 많은 잘못을 저질렀습니다. 성경에서도 사람들은 수없이 그의 사도권을 의심합니다. 계속해서 그의 과거를 들먹입니다. 사도 바울이 그것을 놓고 '그렇지, 내가 얼마나 나쁜 놈인데. 스데반이 죽어갈 때 내가 거기에 동참했던 사람인데. 나 같은 사람이 무슨 쓸모가 있나.' 이러면 끝나는 것입니다. 자신은 그렇게 생각할 수 있습니다. 그러나 하나님께서는 그러기를 원치 않으십니다. 그 어떠한 과거의 삶도 그리스도 안에서는 다 옛것입니다. 새로운 피조물로 오늘을 살아가는 것입니다. 그래서 끊어버리라, 잊으라 말씀합니다. 열등감, 죄책감 다 잊어야 합니다. 우리는 매일매일 십자가의 은혜로 살아갑니다. 십자가의 신비 안에서 십자가의 능력으로 새로운 하나님의 사람이 되어야 합니다. 어제의 십자가의 은혜로 오늘 그리스도인으로 구원받을 자 없습니다. 오늘, 매일매일 십자가의 능력과 신비를 의존하고 살아가는 자가 그리스도인입니다. 그래서 우리는 고귀한 존재입니다. 그리스도 안에 있는 자는 누구든지 새로운 피조물로서 하나님께서 귀한 존재로 인정하시기 때문입니다. 그래서 그는 말씀합니다. "과거 지향적 삶을 잊어버리라."

세 번째 지혜로운 방법은 이것입니다. 가장 중요한 것입니다. "앞에 있는 것을 잡으려고." 오직 앞만 봅니다. 다시 말해 미래지향적, 목적중심적 가치관의 삶을 살라고 권면하고 있습니다. 14절 말씀입니다. "푯대를 향하여 그리스도 예수 안에서 하나님이 위에서 부르신 부름의 상을 위하여 달려가노라." 미래적 하나님의 경륜을 바라보면서 좇아갑니다. 미래지향적 삶을 살아야 된다는 것입니다. 이것은 비유적인 말씀입니다. 100m 단거리 선수가 지금 결승점을 앞두고 있습니다. 뒤돌아 볼 수 없습니다. 오직 앞만 봐야 됩니다. 결승점만 향해서 가야 합니다. 그와 같은 마음입니다. 사도 바울은 지금 경주자의 마음으로 그의 생의 철학을 비유적으로 말씀하고 있는 것입니다.

여러분, 형통, 승리, 행복, 의미를 이루는 궁극적 비결은 목적중심의 삶입니다. 아주 분명하게 오직 한 가지 일을 하나님께 기도하고 하나님의 뜻 안에서 분별력 있게 그것을 추구하는 삶, 그것뿐입니다. 중국 선교로 유명한 허드슨 테일러는 25세 때 선교사로 중국에 가서 평생을 살았습니다. 그에게 수많은 사람들이 물었습니다. "어떻게 한평생 선교사로 살아갈 수 있습니까? 게다가 그 어려운 상황 가운데서 어떻게 한결같이 행복하고 의미있는 삶을 살았다고 고백하며 기뻐할 수 있는 것입니까?" 가는 곳마다 이런 질문을 받았습니다. 그에게는 준비된 답이 있었습니다. "나의 헌신과 행복의 비결은 하루를 어떻게 시작하느냐에 달려 있습니다. 연주자는 음악회가 시작하기 전에 악기를 조율합니다. 음악회가 끝나고 악기를 조율하는 자는 가장 어리석고 미련한 사람 아닙니까. 나는 아침에 일어나면 하나님의 뜻에 나의 생각을 맞추는 일부터 시작합니다. 그러면 인생이 보람되고 행복할것이기 때문입니다."

하나님의 사람은 성령 충만한 역사가 약속되어 있고 그것을 체험하며 고백한다 할지라도 매일매일 때를 따라 주시는 은혜로 살아갑니다. 분명한 목적의식을 가지고 하나님의 뜻에 맞추어진 삶을 서원하고 기도하는 자에게 하나님께서는 그 뜻을 이루어주십니다. 이 약속있는 하나님의 말씀과 그 놀라운 은총이 모두에게 함께 하시기를 바랍니다.

24.
온전히 이룬 자들

그러므로 누구든지 우리 온전히 이룬 자들은 이렇게 생각할지니
만일 어떤 일에 너희가 달리 생각하면 하나님이 이것도 너희에게 나타내시리라
오직 우리가 어디까지 이르렀든지 그대로 행할 것이라 형제들아 너희는 함께 나를 본받으라
그리고 너희가 우리를 본받은 것처럼 그와 같이 행하는 자들을 눈여겨 보라
내가 여러 번 너희에게 말하였거니와 이제도 눈물을 흘리며 말하노니
여러 사람들이 그리스도의 십자가의 원수로 행하느니라 그들의 마침은 멸망이요 그들의 신은 배
요 그 영광은 그들의 부끄러움에 있고 땅의 일을 생각하는 자라 (빌3:15-19)

빌립보서 3장은 누구나 하는 질문에 대한 명료한 답을 줍니다. 우리에게 다른 어떤 하나님 말씀의 장보다도 집중적으로 '그리스도인이 누구인가?' 라는 질문에 대한 명료한 답을 줍니다. 그리스도인의 정체성을 분명히 깨닫고 그 의식으로 살아가도록 귀한 생명의 말씀, 보편적 진리의 말씀을 우리에게 주고 있습니다. 하나님께서 쓰신 위대한 하나님의 종 사도 바울 개인의 체험을 통하여 빌립보 교회의 교인들을 권면하는 말씀이지만, 계시론적인 사건이므로 오늘 우리에게도 동일하게 주시는 하나님의 음성입니다. 이 안에는 신학적, 성경적 정의들이 가득 차 있습니다. 그리스도인은 오직 예수 그리스도를 향해 나아갑니다. 그리스도 중심적인 믿음과 가치관으로 살아갑니다. 그래서 이미 상고해본 말씀처럼 그리스도인은 위대한 소망을 갖습니다. 십자

가의 신비를 믿고 그 부활에 동참하고자 합니다. 위대한 궁극적 소망, 그리스도인만이 가질 수 있는 동시에 예수님께서 이 땅에 오시어 복음으로 주신 것은 하나님의 나라입니다. 그 나라를 보이기 위하여 오셨고 그 나라를 선포하기 위하여 오셨고 그 나라를 위하여 십자가에 돌아가셨습니다. 그리스도인은 궁극적인 하나의 목적을 향하여 예수 그리스도와 더불어 나아갑니다.

이 세상에 살지만 우리는 하나님 나라의 자녀입니다. 이런 분명한 믿음과 정체의식과 가치관과 믿음의 실천들, 이 모든 것이 하나님의 자녀의 삶이고 그리스도인다운 삶입니다. 그 궁극적 목적관이 분명해야 됩니다. 그래야 집중할 수 있고 열정을 가질 수 있고 지속적으로 우선순위를 가지고 결단하면서 살아갈 수 있습니다.

오래 전에 미국의 템플대학의 창립자인 러셀 콘웰 박사가 좀 특별한 연구를 하였습니다. 그 당시의 백만장자 4043명을 연구 조사한 것입니다. 그 결과 그가 경험한 바는 그들이 전혀 특별한 사람들이 아니더라는 것이었습니다. 대다수가 보통사람들과 다름없는 환경에서 자랐습니다. 지식이 아주 많은 사람들도 아니었습니다. 그러나 그들에게는 저마다 자기들만의 분명한 가치관이 있었습니다. 그것이 그들의 공통점이었습니다. 그는 그 공통점을 찾아낸 것입니다. 세 가지입니다. 첫째, 분명한 목표가 있었다는 것입니다. 그들은 모두 제각기 분명한 목표를 가지고 살았습니다. 둘째, 목표를 이루기 위하여 열정을 가지고 살았다는 것입니다. 셋째, 기도하면서 결코 포기하지 않는 불굴의 의지로 실천했다는 것입니다. 분명한 목표가 없으면 의지도 생기지 않고 열정도 생기지 않습니다.

그리스도인에게는 보편적이고 궁극적인 목표가 있습니다. 그것은 바로 하나님 나라입니다. 하나님 나라의 가치관이요, 하나님 나라를 통해서만 진정한 의미의 삶, 복된 삶을 회복할 수 있습니다. 이것이 복음입니다. 이 진리를 사도 바울은 오늘 본문 3장에서 계속 진술하고 있습니다. 1절부터 14절까지에 나타난 하나님 나라의 가치관들, 그 진리들에 대한 구체적인 적용과 실천입니다. 그 진리를 우리에게 전해줍니다.

　우리 온전히 이룬 자들은 이 말씀을 깊이 이해해야 그 전체의 뜻을 깨달을 수 있습니다. 그리스도인은 온전히 이룬 자들입니다. 그러나 12절에서 사도 바울은 이렇게 말씀합니다. "내가 이미 얻었다 함도 아니요, 온전히 이루었다 함도 아니라." 이렇게 온전히 이루었다 함도 아니라고 말씀해놓고 뒤에 가서 온전히 이룬 자들이라고 진술하고 있는 것입니다. 그야말로 문자적으로 보면 완전히 대조적인 말씀입니다. 제가 수차례에 걸쳐 강조하는 바이지만, 성경은 문자 그대로 보면 안 됩니다. 어떤 때는 그 말씀이 맞습니다. 그러나 다른 곳에서는 모순되고 대립되는 것 같습니다. 그래서 항상 전체의 메시지로, 하나님 나라의 관점으로 성령께 의탁하고 그 말씀을 재해석해야 됩니다. 그러면 "온전히 이루었다 함도 아니라"는 12절 말씀에서 '온전히'는 '절대적인 온전히'입니다. 이루지 못했습니다. 그래서 푯대를 향하여, 하나님의 은혜의 보좌를 향하여 나아갑니다. 거기서 이루어질 것입니다. 15절 말씀인 "우리 온전히 이룬 자들…"에서 '온전히'는 '상대적인 온전히'입니다. 특별히 그는 그 빌립보 교회의 율법주의자들을 할례한 것입니다. 완전주의자들인 그들을 더 생각했습니다. 그들에 비하면 십자가의 은혜로 구원받은 자들은 온전한 자들입니다. 우리가 예수 믿지 않는 사람들과 비교하면 이것은 차원적으로 다른 삶입니다. 소망이 다르고 목적이 다릅니다. 그는 상대적으로 구원받은 자요, 온전히 이룬 자입니다. 그러나 예수 안에서 온전함을 따지면 아직 온전히 이룬 것은 아닙니다. 이런 상황에서 사도 바울은 '온전하다'라는 표현을 쓰고 있다는 것을 기억해야 합니다. 그래서 자기뿐만 아니라 '우리 온전히 이룬 자들'이라고 복수로 이야기하고 있습니다. 한마디로 예수 그리스도의 십자가의 능력을 믿고 오직 예수님으로 말미암아 구원받을 수 있다는 진리를 영접하고 믿는 자가 온전히 이룬 자들입니다. 그들은 위대한 소망을 가진 자들입니다. 오직 하나님의 나라를 이루고자 그 의의를 항상 우선순위로 추구하는 사람들입니다. 그런 이해 속에서 오늘말씀을 조명해야 합니다.

온전히 이룬 자들이란 누구냐? 온전히 이룬 자들은 어떻게 해야 하는 것이냐? 그 위에서 하나님의 진리를 어떻게 삶에 적용하고 실천해야 하느냐? 오늘 본문은 그 지혜를 우리에게 아주 간단하게 알려주고 있습니다. 위대한 대원칙, 절대 필요한 두 가지를 우리에게 설명하고 있습니다.

첫째는, 믿음입니다. 그래서 오늘 본문은 말씀합니다. "온전히 이룬 자들은 이렇게 생각할지니…(15절)." '이렇게 생각한다'가 아닙니다. 1절부터 14절까지는 그리스도인의 정체성을 말씀합니다. 오직 그리스도를 본받는 삶, 그 위대한 진리와 가치들을 생각하는 자가 그리스도인입니다. 그 믿음이 있어야 그리스도인입니다. 바로 그것을 말씀하는 것입니다. 바른 믿음을 가지면 바르게 생각합니다. 사람은 믿는 대로 생각하게 되어 있습니다. 사도 바울은 로마서 1장 17절에서 말씀합니다. "오직 의인은 믿음으로 말미암아 살리라." 소위 이신칭의(以信稱義)입니다. 이 신학화된 진리는 예수님의 말씀이 아닙니다. 사도 바울은 부활하신 예수님을 봤습니다. 십자가를 이해했고 부활의 능력을 믿습니다. 그 믿음으로 깊이 생각하고 하나님의 음성을 듣습니다. 그리고 구약에서 이 말씀을 발견합니다. 구원받는 유일한 메시지로 이신칭의를 말씀하는 것입니다. 바른 믿음이 바른 생각을 만들어낸다는 것입니다. 또 바른 생각들은 바른 행위를 나타내지 않습니까. 사람은 생각하는 대로 실천하게 되어 있습니다. 그래서 성경적 진리들, 그 절대가치들에 대한 분명한 믿음이 있어야 하는 것입니다. 항상 자신을 점검해야 합니다. 왜냐하면 우리는 자기도 모르는 사이에 내 경험과 내 지식과 세상적 가치관과 이데올로기와 도덕과 윤리로 남을 판단하고 자기를 생각합니다. 우리는 항상 하나님 나라의 사람이므로 하나님의 말씀으로 생각해야 됩니다. 항상 그 마음에 절대가치에 대한 믿음이 있어야 됩니다.

오직 하나님의 구원의 역사만을 믿습니다. 그래서 이어 말씀합니다. "만일 무슨 일에 너희가 달리 생각하면 하나님이 이것도 너희에게 나타내시리라." 우리 구원받은 자가 세상의 가치관과 도덕관으로 사람을 평가한다면 결국은 하나님께서 많은 사건을 일으키시어 그를 바른 믿음으로 회복시켜 주실 것입니다. 하나님께서 그를 택하셨기 때문입니다. 오직 절대 진리로 살아가도록 하나님께서 그를 꼭 붙잡으실 것입니다. 그래서 이렇게 표현하고 있는 것입니다. 믿게끔 하나님께서 사건을 일으키실 것입니다. 영적으로 볼 때 우리는 그런 수많은 직·간접적 사건들을 겪으면서 하나님의 은혜를 회복하고 하나님의 진리를 깨달으며 살아가는 것입니다. 믿음, 오직 하나님께서 행하신 모든 사건과 말씀만이 진리라는 믿음으로 살아가는 자가 하나님의 사람입니다. 아주 구체적인 것입니다.

이런 이야기가 있습니다. 어떤 사람이 배를 타고 바다를 건넙니다. 큰 폭풍이 일어납니다. 그 배에는 수많은 사람들이 있습니다. 그들이 저마다 살려달라고 아우성치기 시작합니다. 배에 타고 있을 때 큰 폭풍을 한 번 만나보면 정말 두렵습니다. 공포입니다. 저는 군대생활을 해군에서 했기 때문에 그런 경험을 여러 번 했었습니다. 정말 아찔아찔합니다. 한데 그런 상황에서 어떤 노인이 편안한 모습으로 조용히 기도를 합니다. 사람들이 그에게 묻습니다. "두렵지 않습니까?" 그러자 노인은 아주 조용한 목소리로 이렇게 간증했다고 합니다. "두렵지 않습니다. 내게 두 딸이 있는데 큰딸은 오래 전에 이 세상을 떠나서 하나님 나라로 갔습니다. 둘째딸은 지금 내가 만나러 갑니다. 만일 이 배가 뒤집혀서 내가 죽으면 큰 딸을 먼저 만나러 갈 것이고, 다행히 살아서 항구로 돌아가면 작은 딸을 만나러 갈 텐데, 뭐가 두렵습니까?" 만남의 소망을 가지고 있으니 두려울 것이 없다는 것입니다. 참 훌륭한 믿음의 사람입니다. 믿음은 추상적인 것이 아닙니다. 믿음은 실제입니다. 믿음의 고백은 있는데 그 믿음의 평안, 그 믿음의 능력이 내게 없다면 그 믿음은 아무것도 아닙니다. 자기주관적인 것일 뿐입니다. 나를 믿는 것이 아닙니다. 내 능력을 믿는 것이 아닙니다. 내가 믿는 바를 믿는 것이 아닙니다. 하나님의 능력을 믿는 것입니다. 그럴 때 그 마음에 두려움이 없습니다. 예수님의 십자가, 죽음, 부활을 믿습니다. 두려움이 없습니다. 살아 있으면 살아서 좋고, 죽으면 천당에 가서 좋은 것입니다. 그야말로 이러한 믿음의 사람들이 놀라운 하나님의 은혜의 도구가 되어 하나님의 나라를 성취해나가며 하나님께 큰 영광을 돌리는 삶을 살았던 것입니다. 믿음입니다. 그 믿음이 그를 그렇게 만든 것입니다. 믿음은 실천으로 나타납니다. 특별히 하나님의 믿음에 대한 지식은 반드시 실천으로 나타납니다. 안 나타난다면 그것은 믿지 않기 때문입니다.

둘째는, 실천입니다. 오늘 본문에서도 "그대로 행할 것이라(16절)." 하였습니다. 그대로 행할지라, 믿는 그대로 행할지라. 아주 실재적인 경험이 있어야 됩니다. 생각하는 대로 행위가 나타납니다. 그 많은 순교자들이 하나님 나라를 믿었습니다. 부활을 믿었습니다. 그래서 죽음이 두렵지 않은 것입니다. 자기에게 주어진 잔을 그대로 감사하게 받아 마십니다. 그들이 순교자입니다. 오늘 우리는 각양각색의 모습으로 살아갑니다. 내가 믿는 대로 수용하는 것입니다. 그대로 삶으로 드러납니다. 그런데 중요한 것은 이것입니다. 잘못 믿는 것도 잘못된 행위로 나타납니다. 대표적인 것이 가룟 유다입니다. 그는 십자가를 믿지 않았습니다. 그는 예수님께서 로마를 능히 뒤엎으시고 회복시키시리라는 믿음을 가졌습니다. 자기믿음입니다. 하나님의 방법이 아닙니다. 그런 믿음대로 생각하다보니 예수님을 팔아넘길 수밖에 없는 것입니다. 아마도 그렇게 하면 예수님께서 큰 능력으로 기적을 나타내시리라는 기대를 했는지도 모릅니다. 어쨌든 자기가 믿는 대로 한 것입니다.

오늘의 이단들과 사이비들을 보십시오. 그 믿는 대로 하는 것입니다. 무섭지 않습니까? 이슬람의 자살폭탄테러도 자기 믿는 대로 하는 것입니다. 어떤 믿음입니까? 잘못된 믿음입니다. 애초 멸망할 믿음입니다. 무엇으로 사이비를 판단합니까? 비윤리적인 것, 비도덕적인 것 그리고 자기네 법과 체계를 부수는 것, 즉 드러난 행위로만 판단합니다. 무엇을 믿느냐 하는 것은 별로 관심이 없습니다. 그것으로는 바른 판단을 할 수 없습니다. 애초 행위 이전에 믿음이 잘못된 것입니다. 무엇을 믿느냐? 그것을 판단해야 합니다. 그런 지식도 없고, 그런 종교성도 없고, 그런 진리도 없으니 그냥 눈에 드러난 사건으로 합니다. 그래서 그러다 마는 것입니다. 애초 되지도 않는 것입니다. 우리나라도 비슷합니다.

믿음과 실천은 함께 갑니다. 더욱이 성경적 진리와 행위를 항상 수반합니다. 야고보서 2장 17절은 말씀합니다. "행함이 없는 믿음은 그 자체가 죽은 것이라." 이것을 조금 바꾸면 그 믿음이 죽은 믿음이고 잘못된 믿음이기 때문에 행위가 안 나타난다는 말입니다. 진정 바른 진리를 믿으면 그 진리가 사건으로 나타납니다. 나를 그렇게 행하게 만듭니다. 또 야고보서 2장 25절은 말씀합니다. "행함으로 의롭다 하심을 받은 것이 아니냐." 우리는 온전한 믿음을 달라고 합니다. 온전한 믿음을 사모합니다. 행위가 없으면 믿음이 온전해질 수 없다는 말입니다. 믿음이 온전한 것의 증거는 삶의 실천입니다. 믿음과 실천이 별개의 문제가 아니라는 것을, 그 자체를 믿어야 됩니다. 그러니까 사도 바울이 말씀하는 이신칭의, 오직 믿음으로 말미암아 구원받는다는 것과 야고보가 말씀하는 행함이 없는 믿음은 죽은 믿음이라는 말이 서로 반대가 아닙니다. 서로가 하나를 말씀하고 있는 것입니다. 둘 다 온전한 믿음은 온전한 삶으로 나타난다는 것을 다른 각도에서 강조한 것뿐입니다. 잘못된 신학자들은 이를 두고 서로 충돌질한다고 말하지만, 천만에입니다. 성령의 역사 가운데 이를 깊은 메시지로 받아들이면 이것은 메시지가 하나입니다. 온전한 믿음은 반드시 온전한 행위를 낳고 잘못된 믿음은 잘못된 행위를 낳는다는 것입니다. 문제는 믿음입니다. 그래서 오늘본문 16절은 말씀합니다. "오직 우리가 어디까지 이르렀든 그대로 행할 것이라." 이것이 그리스도인의 삶이요, 온전히 이룬 자들의 삶입니다. 성령의 역사 가운데 믿음이 그 삶을 이끌어가야 됩니다.

재미있는 이야기가 있습니다. 사단이 마귀들을 불러놓고 한 마귀에게 명령을 내렸습니다. "저 마을에 가서 하나님이 죽었다고 믿도록 사람들을 설득시키면 좋겠다." 이 마귀가 그 마을에 가서 조사해보니 사람들이 하나님을 믿는다고는 하면서도 만날 서로 죽이고 사기치고 죄짓느라 바쁩니다. 그래서 그는 그들의 모습에 오히려 놀라서 돌아옵니다. 사단이 깜짝 놀라 그마귀에게 묻습니다. "어찌 이리도 빨리 돌아왔느냐? 어떻게 설득시켰느냐?" 마귀가 대답합니다. "가보니 믿는 사람이나 안 믿는 사람이나 다 비슷하더라고요." 믿는 사람도 하나님이 안 계신 것처럼 하고 사는데 굳이 없었다고 말할 필요가 없다는 것입니다.

기독교 교육학자인 마리아 해리슨은 『Fashion Me a People』이라는 책에서 기도한 후에 실천을 함에 있어 꼭 필요한 두 가지의 지혜를 말합니다. 아주 쉽고 간단하지만 우리에게 큰 지혜를 줍니다. 첫째, holding on, 지속하는 것에 대한 결정을 명확하게 내려야 한다는 것입니다. 실천하기 위해서는 무엇을 계속적으로 실천할 것이냐를 바로 결정할 수 있어야 합니다. 둘째, letting go, 버리는 것 즉 무엇을 버려야 하는가를 명확하게 알아야 된다는 것입니다. 그러니까 지속하는 것과 하지 않아야 되는 것, 다시 말해 절대적인 것과 상대적인 것을 분명히 해놓지 못하면 실천할 수 없습니다. 하나님의 진리, 하나님의 말씀만이 절대적인 것입니다. 나머지 세상 것들은 사실상 상대적인 것입니다. 하면 좋지만 안 해도 그만인 것입니다. 그러나 하나님의 뜻은 반드시 이루어져야 됩니다.

성경에 나타난 사건을 보면 하나님께서 누군가를 택하시고 그에게 복을 주시려 할 때 그가 그것을 거절하면 하나님께서는 다른 사람을 쓰십니다. 왜? 하나님의 뜻은 반드시 이루어져야 되기 때문입니다. 다른 사람을 쓰십니다. 사울을 왕으로 부르셨습니다. 그에게 엄청난 은혜를 주셨습니다. 그리고 40년을 기다리셨습니다. 그러나 그는 하나님의 뜻에 순종하지 않습니다. 참회하지 않습니다. 하나님의 영광을 드러내지 않습니다. 하나님께서는 이미 다윗을 쓰셨습니다. 다윗을 세우십니다. 하나님의 사람은 하나님의 뜻이 이루어지기를 간절히 사모하고 그 믿음으로 사는 사람입니다. 물론 때로는 실수를 할 수도 있습니다. 부족할 수도 있습니다. 넘어질 수도 있습니다. 그러나 넘어질 때도 다시 하나님 생각을 합니다. 그것이 참회입니다. 또한 형통할 때도 하나님의 뜻을 생각합니다. 그럴때 하나님의 은혜가 충만케됨으로 진리가 능력으로 나타나도록 성령께서 깨우쳐주십니다. 이것이 온전히 이룬 자들의 삶입니다.

이렇듯 자세하게 구체적으로 반복해 알려주고, 더 적극적으로 구체적인 적용을 17절에서 말씀해주십니다. "형제들아 너희는 함께 나를 본받으라." 다시 말하면 나의 믿음, 나의 실천을 배우라, 이것입니다. 구체적인 모델을 주는 것입니다. 나를 본받으라. 참으로 엄청난 선언입니다. 가만히 생각해 봤습니다. '이렇게 말할 수 있는 사람이 지구상에 누가 있는가? 여러분도 마찬가지지만 목회자들 가운데서도 정말 이렇게 표현할 사람이 있습니까? 저는 못합니다. 하지만 사도 바울이 말씀했습니다. 그럼 어떤 관점에서 이럴 수 있을까요? 예수님을 믿으라는 것도 아니고, 예수님을 따르라는 것도 아닙니다. 사도 바울 자신을 본받으라는 것입니다. 습관적인 표현입니다. 고린도전서 4장 16절에서도 말씀하고, 11장 1절에서도 "너희는 나를 본받는 자가 되라." 똑같은 말씀을 합니다. 나를 따르라, 나를 본받으라. 나의 믿음을 본받으라는 이야기라면 저도 할 수 있겠습니다. 그런데 그런 차원을 넘었습니다. 나의 모든 삶을, 나의 모든 말을 본받으라, 이것입니다. 참 사도 바울답습니다.

그러나 그 상황을 깊이 생각해보니 그에게는 지금 더욱더 눈에 보이는 잘못된 믿음을 가진 사람들이 있는 것입니다. 율법주의자들입니다. 스스로 이미 율법으로 말미암아 구원받았다고 생각하는 완전주의자들입니다. 그런 존재들이 교회 안에 함께 있는 것입니다. 그들을 놓고 얘기할 수 있습니다. '내가 너희들과 같았어. 내가 너보다 더한 율법주의자였다. 그걸로 안돼. 그건 멸망에 이르는 길이야. 나를 본받으라.' 그러니까 믿음이 약한 잘못된 자들을 향한 선언이라 볼 수 있습니다.

처음 믿는 사람 또는 믿음이 좀 연약한 사람의 믿음을 결정하는 것은 그를 전도한 사람입니다. 책임이 있습니다. 만일 처음 믿는 사람이 친구를 따라 교회에 왔다고 할 때, 만일 그 친구가 한 달에 한 번은 꼭 예배에 빠져야 편안하게 신앙생활 하는 사람이라면 그 친구를 따라온 사람도 꼭 그렇게 빠지게 됩니다. 만일 그 친구가 주일예배 철저하게 지키고 수요사경회에도 잘 나오는 사람이라면 그 친구 따라 온 사람도 그렇게 됩니다. 지금 여기 계신 분들이 누구를 전도한다면 그도 여러분처럼 꼭 수요사경회에 나올 것입니다. 그러나 안 나오는 사람은 그거 안 나가도 된다고 말할 것 아닙니까. 새벽기도나 십일조나 봉사나 충성이 다 그렇습니다. 잘 믿는 사람은 잘 믿게끔 본을 보이고 시원찮게 믿는 사람은 시원찮은 본을 보입니다. 그럼 따라온 사람도 그렇게 됩니다. 그것이 끝까지 갑니다. 고치기 힘듭니다. 먼저 믿은 자들의 믿음이 얼마나 중요합니까? 차라리 이랬으면 좋겠습니다. '본래는 이래야 되는데, 나는 그렇게 잘하지 못한다. 원래 신앙생활은 이런 것이다.' 이렇게 성경대로 바르게 알려주면 좋겠는데, 꼭 자기기준으로 얘기한단 말입니다. 그래서 참 어려운 점들이 많습니다.

사도 바울은 구체적인 적용으로 "나를 본받으라." 말씀합니다. 그러면서 18절, 19절에서는 예수 믿고 구원받은 자들을 자꾸 율법주의로 끌어내리고 십자가 외의 다른 복음을 전하는 사람들에 대해서 경고를 합니다. 18절에서 말씀합니다. "내가 여러 번 너희에게 말하였거니와…." 여러 번 말했다고 합니다. "이제도 눈물을 흘리며 말하노니…." 그들 때문에 수많은 비난도 받고 핍박도 받고 너무나 괴로웠던 것 같습니다. 또 불쌍하기도 하여 눈물을 흘리며 말한다고 표현합니다. 그리고 계속 말씀합니다. "여러 사람들이 그리스도 십자가의 원수로 행하느니라." 한두 사람이 아닙니다. 사도 바울이 세운 빌립보 교회에, 그렇게 훌륭하고 아름다운 교회에 여러 십자가의 원수들이 있었다는 것입니다. 교회 밖에 있다는 말이 아닙니다. 교회 안에 있다는 것입니다. 그들은 빌립보서의 내용으로 보면 율법주의자들이요, 완전주의자들입니다. 십자가 은혜 외의 구원의 길을 선포하는 자들입니다. 한 마디로 바른 믿음이 없습니다. 하나님의 구원에 대한 온전한 믿음이 없습니다. 그러니 당연히 온전한 실천도 없는 것입니다. 여러 사람들이야 편합니다. 이를 예수님께서는 이렇게 말씀하십니다. '염소들', 양같이 보이는데 염소입니다. 최종심판 때 구분되지 않겠습니까? 또 예수님께서 표현하십니다. 알곡이 아닙니다. 비슷하게 보이는데 가라지입니다. 이 염소들과 가라지가 보통 센 것이 아닙니다. 교회 신자들 몇 만 명 되어도, 그런 가라지 열 개만 있으면 그 교회 휘청휘청합니다. 또 그런 가라지와 염소가 장로님들이나 권사님들이면, 더 난리입니다. 바로 그런 일이 사도 바울에게도 있었고, 예수님의 가룟 유다에게도 있었고, 계속 있는 것입니다. 그것 없어지기를 기대하면 안 됩니다. 그냥 어쩔 수 없는 것입니다.

사도 바울은 그런 사람을 가리켜 이렇게 말씀합니다. "그리스도 십자가의 원수다." 여러분도 그런 사람 보면 사도 바울처럼 십자가의 원수다, 하고 잊어버리십시오. 모든 것의 판단은 십자가입니다. 그리스도인의 모든 판단의 근거는 십자가입니다. 십자가의 은혜를 받았습니다. 십자가의 능력을 체험하고 구원을 받았습니다. 그런 사람은 아무리 어렵고 힘들어도 남을 비난하지 않습니다. 상처를 끄집어내지도 않습니다. 허물을 드러내지도 않습니다. 성경에 나오는 그 대표적인 사람이 저와 같은 이름을 가진 요셉입니다. 그 형제들이 자기를 팔아 넘겨 13년 동안 수많은 고난을 겪는데도 그는 형제들을 용서합니다. 과거사 청산하자는 말 안합니다. 아무 것도 묻지 않습니다. 그냥 그대로 용서해줍니다. 나를 보내신 자는 하나님이시기 때문입니다. 신앙적 현실로 살아가고 있습니다. 실제 사건은 원수입니다. 그러나 하나님의 은혜를 생각하니 그것도 하나님의 뜻입니다. 십자가의 은혜를 진정으로 경험하고 은혜받은 자는 은혜에 의하여 화해의 말씀, 권면의 말씀, 위로의 말씀, 중보기도의 말씀 외에는 응하지 않습니다. 그래서 사도 바울은 말씀합니다. "십자가의 원수다" 우리 또한 교회생활 하면서 얼마든지 볼 수 있습니다. 그러면 십자가의 원수구나 하고 그냥 잊어버리십시오.

알렉산더 대왕의 아버지는 필립 2세입니다. 그에게 아주 특별한 사건이 하나 있었습니다. 그는 아주 이상한 신하 하나를 두었는데, 그에게는 오직 한 가지 의무가 있었습니다. 아침에 일어날 때 왕에게 꼭 한 마디를 해야 한다는 것입니다. "대왕이시여, 당신은 죽어야 한다는 사실을 잊지 마셔야 합니다." 아침마다 이 말을 하는 것이 그 신하의 임무입니다. 누구에게나 심판이 있습니다. 현재적, 종말론적 심판이 있습니다. 십자가가 그것을 말합니다. 예수 그리스도께서 우리의 죄를 대신하여 돌아가신 사건입니다. 다시 말하면 대신 누가 꼭 죽어야 된다는 것입니다. 죄의 값은 사망입니다. 멸망입니다. 대신 죽을 만큼 반드시 하나님께서는 사망으로, 멸망으로 심판하실 것입니다. 그 상징적 메시지가 십자가에 있습니다. 그래서 예수님께서 십자가에 죽으실 수밖에 없는 것입니다. 그래야 죄사함이 있습니다. 그 심판을 해주시는 것입니다. 저희의 마침은 멸망입니다. 그러나 은혜받은 자에게는 복음입니다. 하나님께서 다 심판하실 것입니다. 마땅히 심판되어야 합니다. 이 가라지나 염소로 인해 슬퍼하거나 기도할 필요조차 없습니다. 오히려 나를 위해 기도할 시간입니다. 불쌍히 여길 시간입니다. 하나님께 맡기십시오. 어차피 멸망입니다. 하나님께서 심판하실 때 하나님의 진리를 그대로 믿고 그 은혜 가운데 거하는 자들은 구원받지만, 자기길을 사모한 자에게는 멸망으로 나타난다는 말입니다. 악인의 형통을 부러워할 것 없습니다. 시기할 필요도 없습니다. 진정 은혜받은 사람은 거기에 관심이 없습니다. 하나님의 나라를 보기 때문입니다. 모든 것을 하나님께서 판단하실 것입니다. 그것이 믿음입니다. 하나님께서는 사랑이시다, 전지전능하시다, 모든 것을 가능케 하신다는 것을 믿는 것입니다. 그러니 항상 은혜가 충만합니다.

이것은 실화입니다. 어느 지방에 하나님을 아주 우습게 아는 한 농부가 있었습니다. 교회나 성경이나 다 우습게 압니다. 그리스도인은 어리석은 자요, 위선자요, 변명이나 하는 약자들이라 생각합니다. 아주 몰지각한 사람이었습니다. 그에게 너무나 통쾌한 일이 있었습니다. 어느 해에 다 같이 농사를 지었는데 아주 큰 소출을 얻게 됩니다. 아주 풍작이었습니다. 열매를 풍성하게 거두었습니다. 곳간이 가득 찼습니다. 그래서 그 농부는 크리스천 신문의 편집장에게 이런 내용의 편지를 보냈습니다. "나는 일요일에 곡식을 심었습니다. 나는 일요일에 밭을 갈았습니다. 나는 일요일에 수확을 했습니다. 나는 일요일에 타작을 했습니다. 그런데도 추수가 끝나고 10월에 되어보니 내 창고가 가득 찼습니다. 어느 그리스도인보다도 나는 더 풍성한 열매를 거두었고 나는 부자가 되었습니다. 그러니 나는 주일이니 교회니 하나님이니 다 인정하지도 존경하지도 않습니다. 당신은 이 일에 대하여 어떻게 생각하십니까?" 답장이 왔습니다. 간단하게 한 줄이었습니다. "하나님의 모든 일의 최종결단은 세월에 매듭짓지 않습니다."

사도 바울은 하나님의 세계를 바라보며 확신하여 말씀합니다. "저들의 마침은 멸망이요(19절)." 반드시 멸망한다 그러면서 그런 멸망에 이르는 자들의 가치관, 잘못된 믿음을 갖는 생활관 세 가지를 오늘 또 구체적으로 정의

하고 있습니다. 첫째, 저희의 신은 배라는 말씀입니다. 뱃속에 들어간 것만 생각합니다. 욕망으로 가득합니다. 한 마디로 소유중심관을 가졌다는 말입니다. 오직 소유에 매여 있습니다. 소유만을 행복의 근원으로 압니다. 물질이 신과 같은 위치에 있습니다. 믿음이 없는 사람들입니다. 멸망할 자라고 표현합니다. 둘째, 그 영광은 저희의 부끄러움에 있다는 것입니다. 유대의 율법 지도자들이 구원받으려면 할례를 받아야 한다고 말합니다. 유대인만이 구원받는다, 할례받은 자만이 구원받는다고 주장합니다. 사도 바울은 어떤 때는 독설가와 같습니다. 아주 정확하게 표현합니다. '그까짓 살 조각, 요만한 것, 표피 조금 째진 것, 부끄러운 줄 알아라.' 그 영광이 그 부끄러움에 있다는 것입니다. 그들이 그렇게 영광스럽게 생각했던 실제적 영예와 인기, 하나님 나라 이외의 그 많은 것들이 다 부끄러운 것들입니다. 결국은 그 영광이 그 부끄러움에 있다고 말하고 있습니다. 셋째, 땅 위의 일을 생각하는 자라는 것입니다. 그리스도인은 하나님 나라를 생각합니다. 오직 하나님 나라만을 바라봅니다. 오늘도 내일도 예수믿기 전에는 하나님 나라에 관심이 없습니다. 믿어지지 않고 보지도 않습니다. 예수 믿고 난 다음에는 비록 이 땅에 살지만 하나님 나라 자녀, 하나님 나라가 임한다, 하나님 나라가 함께 있다, 반드시 완성될 것이다. 이런 생각으로 살아갑니다.

예수님의 복음은 하나님 나라입니다. 그러니 하나님 나라의 의식으로 꽉 차 있습니다. 하나님 나라의 영광을 사모합니다. 하나님 나라 안에서만 행복하기를 사모합니다. 그러나 그렇게 못한 사람도 교회 안에서 스스로 예수 믿고 구원받았다고 생각합니다. 그런데 땅의 것만 생각합니다. 그가 하는 기도를 들어보면 그의 관심이 어디에 집중돼 있는지 알 수 있습니다. 멸망할 자의 가치관이라는 말입니다. "저희의 마침은 멸망이요(19절)." 온전히 이룬 자들은 믿음으로 시작합니다. 그 믿음은 예수님께서 주신 것입니다. 십자가로 보이셨고 부활로 능력을 나타내셨습니다. 그의 말씀, 진리로 하나님 나라를 일으키셨습니다. 그 믿음으로 살아가는 자입니다. 그 믿음은 반드시 실천으로, 행위로 나타납니다. 항상 그 믿음 안에서 생각하기에 그 생각이 삶에서 나타날 수밖에 없습니다. 구체적인 사건으로 드러납니다. 그래서 예수 그리스도 중심적 가치관과 삶으로 하나님께 영광을 돌리며 살아가는 것입니다. 이것이 성령의 역사입니다. 하나님을 기쁘시게 하는 하나님의 자녀다운 삶입니다. 이 놀라운 진리와 진리의 능력이 우리 모두를 통하여 나타나야 할 것입니다.

25.
천국의 시민권

그러나 우리의 시민권은 하늘에 있는지라
거기로부터 구원하는 자 곧 주 예수 그리스도를 기다리노니
그는 만물을 자기에게 복종하게 하실 수 있는 자의 역사로 우리의 낮은 몸을
자기 영광의 몸의 형체와 같이 변하게 하시리라 (빌3:20–21)

이미, 빌립보서 3장에는 다른 장보다 위대한 성경적 진리들이 더 많이 가득 담겨 있다고 말씀드렸습니다. 그리스도인의 정체성에 대한 정의들과 담대하고 귀중한 진술들이 많이 나와 있습니다. 특별히 오늘 본문은 3장 전체의 완성이요, 결론입니다. 더욱 귀한 핵심적 진리를 우리에게 가르쳐주고 있습니다. "그러나 오직 우리의 시민권은 하늘에 있는지라(20절)." 놀라운 하늘의 선포입니다. 이를 원문에 가까운 영어 성경으로 보면 이렇습니다. "But our citizenship is in heaven." 그리스도인의 시민권은 이 땅에 있는 눈에 보이는 시민권이 아니라 나에게 보이지 않는 그 영원한 하나님 나라의 시민권이라고 선포하고 있는 것입니다. 이런 신비로운 말씀의 선포에서 저는 아주 유익한 비유를 항상 기억합니다. 우리나라에 있는 각국의 대사관들입니다. 예를 들어 미국 대사관은 분명히 한국 땅에 있지만 그 안은 치외 법권입니다. 한국의 법과 권리가 그곳에는 적용되지 않습니다. 분명히 우리 한국 땅에 있지

만 미국대사관은 엄격하게 따지면 미국 땅이나 마찬가지입니다. 미국에 있는 한국대사관도 마찬가지입니다. 그곳은 분명히 미국 땅이지만 그 한국대사관 울타리 안에는 미국법이 통하지 않습니다. 그런 것처럼 우리는 이 땅에 살지만 우리 시민권은 하나님 나라에 있다는 것입니다. 사도 바울은 그 당시 이미 로마의 시민권을 가지고 있었습니다. 그 권리가 무엇인지를 너무도 잘 압니다. 그래서 그는 그와 같은 문화적 배경을 잊고 진리에 그 당시 문화의 옷을 입히고 그 문화의 언어로 표현하여 설명합니다. 그 당시 로마 시민권은 굉장한 것입니다.

사도 바울은 지금 빌립보 교회 교인들에게 편지를 쓰고 있습니다. 빌립보는 로마의 식민지입니다. 로마가 아닙니다. 그러나 로마의 통치력이 미치고 로마법이 그대로 실행되는 로마의 식민도시입니다. 그들은 왕으로 로마의 식민지 황제를 섬깁니다. 법도 로마의 법을 따라야 됩니다. 그 장소는 분명 로마가 아닙니다. 그러나 로마의 정신과 세계관에 입각하여 모든 행정이 로마식대로 이루어집니다. 그 로마의 시민권을 가진 사람들은 당시 문화적 배경으로 봤을 때 특별한 권리가 있습니다. 수많은 노예들을 가질 권리도 있습니다. 또 로마 시민권 소유자들은 잘못을 저질러도 십자가 처형과 같은 수치스러운 처벌은 받지 않습니다. 가장 수치스러운 것이 십자가입니다. 또한 죄를 지어도 재판을 받지 않고 감옥에 가거나 고문을 당하지 않습니다. 특권입니다. 예를 들어 사도행전 16장에 보면 사도 바울이 억울하게 옥에 갇힙니다. 그런데 소요가 일어날까봐 그 무리의 생각을 받아들여 빌립보 관리들이 사도 바울을 매로 치고 많이 때렸다고 되어 있습니다. 그리고 그의 손발에 착고를 채운 채로 감옥에 가둬놓습니다. 가만히 생각해보니 재판도 할 필요가 없는 사안이었습니다. 그래 그 다음에 풀어주려고 하니 사도 바울이 따집니다. "로마 시민권 가진 사람을 이렇게 대할 수 있느냐?" 그랬더니 그들이 부들부들 떨면서 두려워했다는 것입니다. 그래서 그들은 사도 바울에게 사과합니다. 그리고 그를 내보냅니다. 그 장면이 성경에 기술되어 있습니다. 로마 시민권, 대단한 것입니다. 사도 바울이 로마 황제 가이사 앞에 가게 된 것도 시민권 덕입니다. 시민권이 없었다면 당장 처형당하고 마는 것입니다. 그 시민권 하나로 형제들 앞에서 재판받고 그 결과가 나올 때까지 그들은 사도 바울에게 아무 짓도 못합니다. 그만큼 로마 시민권은 큰 특권과 권리의 증명서였습니다.

당시 로마 시민권은 처음부터 아예 로마인으로 태어나거나 아니면 21년 동안 군복무를 해야 얻을 수 있는 것이었습니다. 또 세금을 많이 내도 얻을 수 있었습니다. 돈으로 회계하는 방법입니다. 사도 바울은 그의 부친이 큰 부자인 덕에 혹은 군복무를 한 보상으로 시민권을 취득한 것으로 여겨집니다. 어쨌든 사도 바울에게는 로마 시민권이 있었습니다. 그래서 시민권의 영향력이 얼마나 큰지 누구보다 잘 압니다. 로마 시민권을 가진 사람들은 어느 곳에 있든 로마말을 했고 로마인처럼 행동했습니다. 또 어느 곳에 있든 로마인처럼 생각하고 로마법을 지켰습니다. 이제 사도 바울은 말씀합니다. "그리스도인이 천국의 시민권을 가졌다." 다시 말해 그리스도인은 하나님 나라의 법, 하나님 나라의 통치를 영접하고 인정해야 됩니다. 그 안에서 살아가는 것이 그리스도인입니다. 우리에게 오직 왕은 예수 그리스도이십니다. 그러니 우리가 하나님 나라의 법을 지키지 않고 하나님 나라의 진리를 따르지 않는다면 우리는 스스로 하나님 나라의 시민권, 그 귀한 자격을 포기하는 것입니다. 마치 로마의 시민권을 가진 사람은 어디에 살아도 로마의 시민인 것처럼 하나님 나라의 시민권을 가진 사람은 어디에 살아도 그리스도인입니다. 그런 논리로 참 놀라운 선포를 하고 있습니다. 천국의 시민권을 가졌다. 깊이 생각해야 합니다.

저는 난시가 아주 심합니다. 빛을 잘 못 봅니다. 그래서 야외로 나갈 때는 도수가 있는 선글라스를 착용합니다. 얼마 전에도 외국여행 중에 친구를 만나고 여러 곳을 방문하면서 항상 선글라스를 끼고 다녔습니다. 저녁에 친구가 아주 좋은 스테이크 하우스로 안내하겠다고 하여 따라갔습니다. 분위기가 어두컴컴합니다. 자리에 앉아 식사를 주문하고 있는데 아무래도 너무 컴컴한 것입니다. 그래 제가 웨이터를 불러 도대체 밥은 먹을 수 있어야 하지 않겠느냐고 따졌습니다. 그 웨이터, 한번 씩 웃고는 가버립니다. 속으로 참 불친절하다 싶었습니다. 그때 제 친구가 말하더라고요. "여보게, 안경 좀 벗어." 제가 그런 경험이 몇 번 있습니다. 선글라스 쓴 채로 어두운 데 가면 정말 깜깜합니다. 항상 끼고 다니다 보니 지금 자기 상태를 자기가 모르는 것입니다. 우리가 지금 이 세상에 살다보니 육신의 안목 때문에 하나님의 메시지가 들려도 듣지 못하고 영적 안목으로 하나님 나라의 실재를 믿지 못합니다. 그 말씀이 들려야만 기억을 합니다. 영적 안목을 가지고 우리 정체성을 회복해야 됩니다. 그리스도인은 천국의 열쇠를 가진 자라는, 이 놀랍고 위대한 진리를 우리에게 전해주고 있는 것입니다.

정신의학자로 유명한 빅터 플랭크 박사의 『The Doctor and The Soul』이라는 책이 있습니다. 그는 이 책에서 인간의 필수 조건 세 가지를 말합니다. 인간이 바르고 의미있게 사는 데는 꼭 필요한 세 가지 기본요소가 있다는 주장입니다. 첫째는 spirituality, 영성입니다. 물질적 세계관으로는 누구도 만족할 수 없습니다. 끝도 없는 욕망에 사로잡히는 것입니다. 그래서는 진정한 실존적 행복관을 가질 수 없습니다. 의미있는 삶을 살 수 없습니다. 영원한 것, 초월적인 것에 대한 지식과 감각이 있어야만 오늘을 의미있게 살 수 있다, 바른 행복관을 가지고 살 수 있다는 것입니다. 지극히 옳은 말입니다. 둘째는 freedom, 자유입니다. 우리 모두에게는 선택과 결정의 자유가 있습니다. 그러나 영적인 지각이 없다면 바른 선택을 할 수 없습니다. 변하지 않는 궁극적 가치관을 가지고 참자유인답게 주도적 책임의식으로 선택할 수가 없습니다. 영적 자유가 없다면, 그래서 그것을 모른다면 그는 항상 편견 안에서 선택할 수 밖에 없습니다. 자신의 무한한 가능성도 발견할 수 없습니다. 왜? 물질의 한계 안에서 생각하기 때문에 그 외의 더 크고 영원한 세계를 발견하지 못하는 것입니다. 항상 왜곡된 지식으로 판단합니다. 옳은 판단이 될 수가 없습니다. 진정한 자유가 필요합니다. 영적인 안목을 가진 자, 진리를 깨달은 자에게 허락된 것입니다. 셋째는 responsibility, 책임성입니다. 주도적 책임을 지는 자만이 진정한 의미의 삶을 살아갑니다. 양적인 인생이 아니라 질적인 인생의 충만을 경험합니다. 영적인 자유, 영적인 지식, 영적인 세계를 알고 믿는 자만이 진정한 책임적 사람으로 살아갈 수 있습니다. 용기있게 살아갈 수 있습니다. 확신 있는 믿음의 삶을 살아갈 수 있습니다.

여러분, 그리스도인의 진정한 실존은 하나님 나라에 의해 좌우됩니다. 하나님 나라의 지식을 가지고 하나님 나라의 가치관을 가지고 하나님 나라에 대한 실제 믿음을 가질 때 하나님께서 우리에게 주시는 복을 누릴 수 있고 용기있는 삶을 살아갈 수 있는 것입니다. 인간실존입니다. 아주 절대적인 요소입니다. 영적인 세계, 영적인 가치관이 없다면 결국 그 사람의 끝은 제한되어 있고 올바른 판단도 내릴 수 없습니다. 그래서 사도 바울은 말씀합니다. "오직 우리의 시민권은 하늘에 있는지라(20절)." 천국의 시민권을 가진 자입니다. 진정 참된 진리요, 영원한 진리를 우리에게 깨우쳐 주고 있는 것입니다.

오늘 본문 바로 앞부분인 19절에 이런 말씀이 있습니다. "저희의 마침은 멸망이요, 저희의 신은 배요, 그 영광은 저희의 부끄러움에 있고 땅의 일을 생각하는 자라." 이 말씀과 극적인 대조를 이루는 것이 오늘 본문의 20절 말씀입니다. 이런 천국의 시민권을 가지지 않은 사람은 그리스도의 원수요, 그 끝은 멸망이라 말씀합니다. 그래서 그들의 생각은 마치 하나님께서 계실 자리에 배를 두는 것과 같습니다. 소유 중심입니다. 먹고 마시고 배 안에 들어갈 것만을 중시합니다. 물질 중심적 사관입니다. 그 결국은 멸망입니다. 그들이 영광으로 생각하는 것은 썩어 없어질 것이요, 부끄러운 것입니다. 더욱이 그들은 땅의 일을 생각하는 자라고 말씀합니다. 이제 그 말씀에 이어 '그러나 그리스도인은 누구냐' 묻습니다. 하지만 우리말 성경에는 '그러나'라는 말이 안 나와 있습니다. 영어원문에는 'but'이 있습니다. 적극적인 대조를 이루면서 강조하는 것입니다. 그리스도인은 그렇지 않다, 천국의 시민권을 가진 자다. 다시 말하면 천국의 시민권에 대한 확신이 없으면 그는 세상의 노예입니다. 19절과 같은 인생으로 끝날 수 밖에 없다는 말씀입니다. 여기서 우리는 위대한 진리를 생각합니다.

이 창조된 세계에는 두 세계 밖에 없습니다. 성경은 그것을 말씀합니다. 하나는, 하나님께서 통치하시는 하나님의 나라가 있습니다. 또 하나는, 사단이 통치하는 사단의 나라가 있습니다. 둘 다 보이지 않는 영적인 세계입니다마는 이 물질계 안에 초월적으로 임재하는 것입니다. 실재입니다. 예수님께서도 말씀하십니다. 내가 천국의 시민권에 대한 확신이 없다면 나는 현재 사단의 나라에 있는 것입니다. 그의 가치관과 생각, 그 모든 것이 거기에 종속돼 있습니다. 그래서 예수님께서 이 땅에 오시어 선포하고 이루신 것은 하나님 나라입니다. 하나님 나라의 복음, 하나님 나라의 진리입니다. 그러나 그리스도인이 그 하나님 나라의 진리를 아직도 알지 못합니다. 아직 그 가치관으로 내 삶을 이끌어나가지 못합니다. 또한 그 하나님 나라의 실재에 대한 불확실성이 있습니다. 중간이 없습니다. 그는 생각과 몸과 마음이 이미 사단의 나라에 있는 것입니다. 그래서 그 나라를 보지 못하는 것입니다. 아주 어두운 장애물을 스스로 가지고 있는 것입니다. 이것을 깨우쳐줍니다.

그리스도인은 반드시 천국의 시민권을 가지고 있다는 것을 믿어야 합니다. 그래서 우리의 왕은 그리스도요, 우리의 법은 이 나라의 법이 아니라 하나님 나라의 법입니다. 하나님의 말씀이 우리의 가치관입니다. 이러한 고백이 있는 그 사람이 그리스도인입니다. 그 사람이 천국의 시민권을 가지게 됩니다. 그리스도인에게는 돌아갈 고향이 있습니다. 지금도 하나님 나라의 성취 중에 있지만 그 완성이 하나님 나라에 있기 때문입니다. 완성된, 이미 결정된 목표를 향하여 나아가는 사람이 그리스도인입니다. 내 꿈, 우리의 소망은 아무 소용없습니다. 빨리 내가 생각하는 것, 내 뜻, 우리의 뜻을 하나님께 복종시켜 순종해야 됩니다. 그 뜻 안에서 바꾸어 나가야 됩니다. 성령은 우리를 변화시키십니다. 기도의 제목도 변화시키십니다. 하나님의 뜻에 일치하도록 우리를 전인적으로 훈련시키십니다. 하나님 나라의 완성에 참여할 수 있는 자입니다. 그래서 우리의 시민권은 천국에 있다는 것입니다. 바로 종말론적 가치관을 우리에게 제시하고 있는 것입니다. 깊이 생각해야 할 위대한 진리입니다.

『소중한 것을 먼저 하라』라는 유명한 베스트셀러가 있습니다. 스티븐 코비 박사의 저서입니다. 이 책의 내용 중의 일부입니다. 자기 딸과 대화하는 부분이 나옵니다. 결혼한 딸이 코비 박사에게 이렇게 묻습니다. "아버지, 아이 하나 키우느라 내 일을 전혀 할 수가 없어요. 하나님께서 주신 은사조차 쓸 수 없어요. 다른 활동을 할 수 있는 기회조차 가지고 있지 못해요. 이런 삶은 진정 인생을 낭비하는 것 아닌가요? 시간낭비 아닌가요? 아빠는 어떻게 생각하세요?" 스티븐 코비 박사가 답합니다. "시간 관리 같은 것은 신경 쓰지마라. 아예 달력을 없애버려라, 그리고 지금 네가 네 인생에서 가장 중요한 아이를 돌보는 것을 감사해라. 그것을 즐거워해라. 사랑하는 딸아, 인생에서 중요한 것은 시간이 아니다. 방향이다."

하나님께서는 하나님과 친밀하게 점점 더 가까이 하나님 나라를 향하여 그 완성을 향하여 우리가 한 걸음, 한 걸음 가기를 원하십니다. 궁극적인 방향으로 가는 과정 중에 위대한 일을 하고 업적을 남기고 명예를 얻게 됩니다. 그것이 인생입니다. 지금 어떤 모습으로 살고 있든 하나님께는 바로 그가 가장 귀한 존재입니다. 이 세상에서의 평가는 문제가 안 됩니다. 왜? 우리는 하나님 나라의 시민권을 가졌고 그 궁극적 판단은 왕이신 하나님께서 하실 것이기 때문입니다. 그 믿음으로 살아가는 자가 용기있는 자입니다. 비록 이 세상에서는 병들고 힘들고 누가 알아주지 않아도 확신이 있습니다. 담대함이 있습니다. 하나님께서 그를 통하여 영광 받으십니다. 그의 삶을 형통케 하실 것입니다. 그런 사람을 통하여 하나님의 뜻을 이루시게 됩니다. 오직 하나님의 은혜로 됨을 그 삶을 통하여 증거하시기 때문입니다. 여러분, 이런 확신을 가지고 살고 있습니까? 진정 스스로를 천국의 시민권을 가진 자로 생각하고, 믿고, 그 궁극적 목적을 향하여 날마다 나아갑니까? 그것만을 소원합니까? 내 기도의 제목은 무엇입니까? 다시 한 번 그리스도인의 정체성에 대하여 깊이 생각해야 할 것입니다.

더욱이 오늘 본문은 말씀합니다. "오직 우리의 시민권은 하늘에 있는지라(20절)." 이 말씀은 복음 중의 복음입니다. 우리의 시민권은 앞으로 하늘나라에 있을 것이라고 표현하지 않았습니다. our citizenship is in heaven. 현재성을 말합니다. our citizenship will be in heaven. 이러면 끝나는 것입니다. 우리의 노력과 의지로는 거기에 갈 수 없습니다. 아무리 선행과 노력을 많이 해도 우리는 끝내 죄인의 모습으로 하나님 앞에 갈 것입니다. 그러나 여기에 구원의 역사가 있습니다. 예수 그리스도 안에 있는 자에게는 이미 하나님 나라의 시민권이 있다는 것입니다. 앞으로 있으리라는 것이 아닙니다. 이미 오늘 예수 그리스도 안에서 주어졌다는 것입니다. 이것이 복음입니다. 그래서 하나님께서는 말씀하십니다. 하나님의 나라가 너의 주위에 있다, 오늘 있다는 것입니다. 예수 그리스도를 중심으로 있다는 것입니다. 중생의 역사입니다. 성령의 역사가 아니고는 도저히 믿을 수도 없고 이룰 수도 없고 생각할 수도 없고 느껴지지도 않는 것입니다. 그러나 성령의 역사 속에 그리스도와 함께 있다는 확신을 가진 자에게는 항상 믿음이 있습니다. "나는 천국의 시민권을 가진 자다, 그래서 죽음조차도 두려워하지 않는다." 우리는 찬송을 부릅니다. 하나님 나라에 가까이 갔기 때문입니다. 기독교 진리 외에 이러한 복음은 어디에도 없습니다. 율법주의자들, 성경에 나타난 유대인들은 선행을 해야 됩니다. 계명을 지켜야 됩니다. 그래야 천국에 갈 수 있다고 생각합니다. 타종교들도 마찬가지입니다. 그들의 절대도덕률을 지켜야 됩니다. 이 세상에서도 마찬가지입니다. 도덕과 윤리를 지켜야 선한 사람입니다. 그래야 이 다음에 무엇인가 보상을 받는다고 생각합니다. 기독교의 진리는 그런 것이 아닙니다. 그것을 초월했습니다. 이미 예수 믿는 자들에게 거저 주신 은혜입니다. 그래서 십자가로 대속하신 것입니다. 대속의 피를 흘리신 것입니다. 오직 은혜로, 오직 중생으로 이루어지는 신비의 역사입니다. 그런 사람이 그리스도인입니다.

완성된 하나님의 나라는 하나님께서 계신 곳에 있습니다. 이제 그 축소된 미완성된 하나님 나라가 땅에 있습니다. 그곳이 교회입니다. 교회는 하나님 나라의 유일한 도구이며, 불완전한 이 땅의 하나님 나라입니다. 도구입니다. 그래서 예수님께서 돌아가신 후 오순절에 처음으로 성령의 역사가 나타나면서 말씀과 함께 교회가 태동됩니다. 이것이 교회의 신비입니다. 눈에 보이는 교회가 있고, 하나님의 임재하심이 있고, 또 보이지 않는 하나님 나라의 공동체가 있는 것입니다. 교회의 주인은 누구입니까? 주님이십니다. 교회에 왜 나왔습니까? 하나님의 말씀을 들으러 나왔습니다. 이곳에서 기도하면서 하나님 임재의 확신을 가집니다. 교회는 하나님 나라의 상징적 대체 도구이기 때문입니다. 우리의 뜻, 우리의 방법으로는 교회가 교회되지 않습니다. 교회는 주님의 뜻을 믿는 곳입니다. 그럼 어떻게 묻느냐? 과거에는 주사위를 던졌습니다. 성경적 방법으로 제비뽑기를 한 적도 있습니다. 오늘은 오늘의 방법, 다수결로 합니다. 인간의 방법입니다. 성경에서도 다 인간의 방법으로 합니다. 그러나 기도하고 주님의 뜻을 묻습니다. 그럴 때 거기에 주님께서 협력하시어 선을 이루십니다. 거기에 평안이 있습니다. 교회는 오직 주님의 뜻이 이루어지고 나타나야 하는 곳입니다. 완전히 새로운 차원의 생명이 이루어졌습니다. 그리스도인의 시민권이 하늘에 있습니다. 여기에 권세가 있고 그리스도인의 신분이 있는 것입니다.

어느 미국인이 프랑스 시골의 장터에 가서 선물을 하나 사려고 물건들을 뒤적거리다가 아주 오래된 예쁜 목걸이 하나를 발견합니다. 하지만 금은 보석으로 된 것은 아닙니다. 싸구려 목걸이입니다. 아무 생각 없이 그것을 하나 샀습니다. 그런데 그것으로 세관원한테 무거운 세금을 부과받았습니다. 그래도 그 목걸이를 꼭 가지고 싶어 무거운 세금을 다 내고 가지고 왔습니다. 그는 그 목걸이의 값어치가 궁금했습니다. 그 목걸이를 보석감정전문가에게 가지고 갔습니다. 감정가가 확대경을 들고 목걸이를 자세히 들여다보니 거기에서 문자 하나를 발견했습니다. "조세핀에게 보나파르트 나폴레옹이." 금은보화가 아닙니다. 소재는 값싼 것입니다. 하지만 그 글자 때문에 목걸이는 굉장히 비싼 것이 되었더랍니다.

그리스도인이 이와 같습니다. 우리의 존재 안에는 십자가의 영적 신비가 새겨져 있습니다. 십자가의 흔적이 우리 안에 있습니다. 그 신비 안에 있는 자입니다. 더욱이 하나님께서 기억하시는 자입니다. 성경은 말씀합니다. 생명책에 기록된 자라. 우리의 가치가 이와 같습니다. 오직 하나님 나라의 시민권을 가진 자라고 밖에 표현할 길이 없습니다. 이것은 현재적 사실입니다. 하나님의 구원의 역사입니다. 아니, 예수 믿지 않는 사람이 이것을 어떻게 믿겠습니까? 꿈이라도 꾸나, 그러겠지요. 그러나 그리스도인에게는 진리입니다. 누가 뭐라고 해도 예수 그리스도 안에 있는 자에게는 그것이 하나님의 말씀이므로 진리입니다. 그래서 천국시민권을 가진 자는 그의 궁극적 소망이 예수 그리스도를 만나는 것입니다. 그리스도께서 오시는 것입니다. 그것이 제일입니다.

오늘 본문은 이어 말씀합니다. "거기로서 구원하는 자 곧 주 예수 그리스도를 기다리노니(20절)." 이 세상을 구원할 자, 나를 구원할 자 예수 그리스도 그런데 실제로 우리는 삶에서 예수 그리스도 이외의 것을 더 의존합니다. 그것이 우리에게 유익이 되는 것이 현실입니다. 사도 바울은 말씀합니다. "오직 예수 그리스도만이 우리를 구원할 자다." 말과 생각들이 예수 그리스도 앞에서 행해지는 것처럼 해야 합니다. 그리스도만이 그 행위, 그 마음, 그 진실을 판단하실 분이십니다. 그의 다시 오심을 갈망합니다.

신학적으로 보면 이 세대는 first coming과 second coming의 사이에 놓인 임시기간입니다. 이 교회도 이 실재도 전도도 성경도 봉사도 전부 예수님께서 다시 오시면 다 없어질 것입니다. 예수님께서 다시 오시기 전까지만 그런 충성과 봉사가 있는 것입니다. 그러니 그 오심을 기다릴 수밖에요. 이 시기는 선교의 시기요, 은혜의 시기요, 구원의 시기입니다. 그리스도인은 예수님의 오심을 기다립니다.

요한계시록 22장의 마지막 20절입니다. 예수님의 말씀입니다. "내가 진실로 속히 오리라." 성도는 말합니다. "아멘, 주 예수여 오시옵소서." 그래서 그리스도의 공동체인 교회는 '마라나타 공동체'입니다. 마라나타주 예수여, 오시옵소서. 예수님의 재림을 진정으로 소망하는 자들의 공동체가 교회입니다. 이런 궁극적이고 동일한 목적을 가지고 함께 생각하고 함께 봉사하고 함께 기도하는 곳이 교회입니다. 그것이 교회의 본성입니다. 성도는 기다립니다. 그냥 수동적으로 기다리는 것 뿐만이 아니라 적극적으로 기다립니다. 아주 갈망합니다. 주님께서 오실 날을 희망합니다. 이 세상이 너무나 좋으면 기다리지 않을 것입니다. 너무나 즐거우니 예수님께서는 조금 더 나중에 오시면 좋겠다, 내가 조금 병이 들면, 내가 조금 나약해지면 그때 오시면 좋겠다. 그러나 진정한 영원한 삶은 하나님 나라에 있습니다. 이것을 오늘의 현실로 하면 죽음을 기다린다는 것입니다. 예수님께서 오시는 날이 내 생애에 없으면 내가 가야지요. 내가 그리스도를 만나는 것이 내 생애 최고의 소망입니다. 그러면 죽겠다는 것입니다. 그만큼 역설적인 열망을 가지고 예수님과의 만남을 고대합니다. 그래서 예수님의 제자들은 다 순교합니다. 이것이 문제가 아닙니다. 이 세상에 있으면 그리스도와 동행하는 것이요, 저 세상에 있으면 그리스도와 하나님 우편에 동행하는 것입니다. 그 실재를 믿으면 어느 것이 더 좋습니까? 이것이 좋습니까, 저것이 좋습니까?

최근에도 사랑하는 한 권사님께서 돌아가셨는데 저는 그 생각을 했습니다. 개인적으로는 섭섭하고 마음도 아프지만 그분을 생각하면 참 부럽습니다. 그토록 고통받고 힘든 육신이었는데, 지금은 오늘 부른 찬송대로 얼마나 기쁘고 얼마나 행복한 삶을 누리고 있겠습니까. 뒤에 남은 사람들이 오히려 걱정입니다. 우리가 그분을 걱정할 것이 아니라 그분이 우리를 걱정해야 됩니다. 이것은 실재입니다, 하나님 나라의 실재, 오직 소망은 그리스도의 오심을 기다리는 것입니다. 성도의 인내로 그 믿음대로 이루어질 것입니다. 기다려야 됩니다. 하나님의 통치의 때, 완성을 기다립니다. 성도의 믿음에 인내하라 말씀합니다.

그리고 이제 더 큰 열망을 가지고 있습니다. 그것이 마지막에 기록되어 있습니다. "우리의 낮은 몸을 자기 영광의 몸의 형체와 같이 변케 하시리라 (21절)." 그 소망의 열매, 구원의 완성을 바라고 있습니다. 이것을 신학적으로 Glorification, 영화라고 합니다. 성도의 삶에서는 변화가 계속되어야 합니다. 성화입니다. 성화의 과정입니다. 그리스도 안에서 말씀대로 순종하며 살아가는 삶, 이것을 신학적으로 성화라고 합니다. 그러나 이 세상을 넘어 하나님 나라로 갔을 때는 이것도 멈추는 것입니다. 하나님께서 부르셨을 때는 더 큰 변화를 기대하고 그 변화에 동참하게 됩니다. 이것이 영화입니다. 부활하신 예수 그리스도의 몸과 같은 존재의 삶으로 변합니다. 사도 바울은 예수님을 만났습니다. 다메섹 도상에서 직접 눈으로만 봤습니다. 그 몸, 그 실재는 우리의 육신과 다릅니다. 무소부재한 초월적인 존재로 계십니다.

"자기 영광의 몸의 형체와 같이 변케 하시리라." 그리스도인의 궁극적 소망이 바로 영화에 있습니다. 마지막 변화되는 그 모습입니다. 그래서 오늘의 표현이 아주 극적입니다. "우리의 낮은 몸…(21절)." 그리스도의 부활하신 몸에 우리의 낮은 몸을 비교해 보십시오. 이것은 아무것도 아닙니다. 그것까지도 하나님께서 변화시키실 것입니다. 우리의 육체라는 것이 무엇입니까? 썩어가는 것입니다. 갈수록 나약해집니다. 병들어갑니다. 죽어가는 것입니다. 흙의 존재입니다. 100년, 200년 후에는 보이지도 않을 것입니다. 하지만 그것까지도, 그리스도의 변화된 몸의 그 영광까지도 변화시키리라. 이보다 더 큰 복음이 어디에 있습니까? 이 약속을 믿고 오늘을 살아가며 항상 찬송합니다. 주를 찬양합니다. 어떠한 상황과 환경에 있더라도 그는 소망을 잃지 않을 것입니다. 예수님께서 주신 말씀이기 때문입니다. 흙의 존재가 영광의 존재로 변하기 때문입니다. 그러므로 그리스도인은 화장이 좋으냐, 매장이 좋으냐, 그런 얘기 하면 안 됩니다. 그것은 천국의 시민권이 없는 사람들이나 할 얘기입니다. 그것은 문화적 습관일 뿐입니다. 그냥 질서대로 덕 있게 하십시오. 그 찌꺼기가 변하는 것이 아닙니다. 그 흔적인 흙이 있어야 영광의 몸으로 변하는 것이 아니지 않습니까? 완전히 초월적인 New Life, 새 생명입니다. 자기가 본 예수 그리스도, 자기가 목도한 영광의 몸, 그와 같이 우리를 변화시키리라.

우리는 사도신경으로 고백합니다. '몸이 다시 사는 것과 영원히 사는 것을 믿사옵나이다.' 생각 같아서는 몸은 빼고 영원히 사는 것을 믿사옵나이다라고 하면 짧고도 좋을 것 같은데, 군이 '몸'이라고 강조하는 데에는 더 큰 의미가 있습니다. 우리의 실재를 바라보며 더 구체적인 믿음의 확신을 주는 것입니다. 몸이 다시 사는 것과 부활하신 예수 그리스도의 몸을 잇는 그 날이 있음을 기대하게 합니다. 영원히 사는 것을 믿사옵나이다. 이것이 그리스도인의 신앙이요, 천국 시민권을 가진 자의 마땅한 응답입니다.

인도에서 실제로 있었던 사건입니다. 어느 교회에 가난한 여인이 있었습니다. 그녀가 어느 날 갑자기 아주 많은 예물을 교회에 바쳤습니다. 그래 목사님께서는 의아하여 물었습니다. "성도님, 특별히 감사한 일이라도 있습니까?" 여인이 답합니다. "예, 그럼요. 사실은 제게 열 살 난 아들이 있었는데, 지난해 그 애가 병이 났을 때 저는 하나님 앞에 기도했습니다. "하나님, 이 아이가 다시 살아날 수 있다면 제가 많은 예물을 드리겠습니다." 목사님이 말합니다. "아, 그 아이가 나았군요. 그래서 큰 예물을 드리셨군요." 한데 여인의 대답이 엉뚱합니다. "아닙니다. 그 아이는 일 년 동안 시름시름 앓다가 한 달 전에 세상을 떠났습니다." 목사님이 되묻습니다. "그러면 하나님과 한 약속이 무효가 되었을 텐데 어떻게 이런 일을 행하셨습니까?" "아닙니다. 이제야말로 주님께 선물을 드릴 때라고 생각합니다. 왜냐하면 하나님께서 제 아들을 하나님 나라로 데려가셨고, 지금 그 품에 안고 계신 것을 믿기 때문입니다. 그래 특별히 감사한 마음으로 예물을 드릴 수 있었습니다." 이것이 천국 시민권을 가진 자의 삶이요, 믿음이요, 기도요, 신앙고백입니다.

여러분, 이런 확신을 가지고 오늘을 살아갑니까? 이런 천국 시민권, 오늘 내게 주어진 이 복음을 기억하며 하나님을 찬송합니까? 다시 한 번 우리에게 주어진 무한한 하나님의 은혜의 복음이 무엇인지, 그 의미가 무엇인지, 내 존재의 가치가 어떠한지를 깊이 생각해야 할 것입니다. 하나님께서 말씀하십니다. "우리의 시민권은 하늘에 있는지라."

26.
교인의 본분

그러므로 나의 사랑하고 사모하는 형제들, 나의 기쁨이요 면류관인 사랑하는 자들아 이와 같이 주 안에 서라 내가 유오디아를 권하고 순두게를 권하노니 주 안에서 같은 마음을 품으라 또 참으로 나와 멍에를 같이한 네게 구하노니 복음에 나와 함께 힘쓰던 저 여인들을 돕고 또한 글레멘드와 그 외에 나의 동역자들을 도우라 그 이름들이 생명책에 있느니라 (빌 4:1-3)

오늘 본문에는 그리스도의 본분에 관하여 우리에게 주시는 하나님의 귀한 말씀이 담겨 있습니다. 그래서 제목과 주제를 '교인의 본분'이라고 하였습니다. 빌립보서는 빌립보 교회의 교인들에게 주시는 하나님의 말씀이었습니다. 사도 바울은 오늘 본문에서 성령의 감화, 감동하심으로 그들에게 하나님 나라의 차원에서 성경적 교리를 가르침으로써 그들이 직면한 문제를 어떻게 구체적으로 해결할 수 있는지에 관하여 그 실제적 적용의 지혜를 알려주고 있습니다. 앞서 3장에는 그리스도인의 정체성에 관한 위대한 진리들이 담겨 있었습니다. 먼저 하나님 나라의 지혜, 그 변함없는 진리들이 그들을 가르쳐줍니다. 그리고 나서 그와 같이 살라고 그들에게 권면하고 있는 것입니다.

오늘 본문의 첫 부분이 "그러므로"입니다. 적어도 앞의 말씀, 특별히 3장의 말씀을, 그 하나님의 진리를 '그러므로' 이와 같이 실천하라는 구체적 적용의 지혜를 이제부터 4장에서 보여주는 것입니다. 진리를 깨달았습니다. 그러나 구체적으로 실천할만한 지혜와 적용 능력이 없으면 아무것도 아닙니다. 이것이 우리의 성품이 되고 이성적 판단의 근거가 되어야 합니다. 그래서 그 말씀을 생각하고 또 생각하며 삶으로 증거할 수 있어야 합니다. 다시 말씀드리거니와 그리스도인은 '천국의 시민권을 가진 자'입니다. 영원한 소망을 가지고 예수 그리스도의 부활에 동참하기를 원하는 사람들입니다. 주께서는 그 형상이 변화되심과 같이 모든 하나님의 자녀를 그와 같이 하시리라 약속하십니다. 그 궁극적 소망을 가지고 오늘 이 땅에서 살아가는 자가 하나님의 사람입니다. 바로 그 진리, 그 영원한 하나님 나라의 진리를 어떻게 실천해야 하느냐? 그런 정체성을 가진 하나님 나라의 자녀, 즉 교인은 오늘 이 교회와 가정과 사회에서 어떻게 살아야 하느냐? 그 구체적인 적용의 지혜를 우리에게 알려주십니다. 이 말씀을 통하여 내게 주신 하나님의 음성을 듣기 바랍니다.

먼저 우리는 빌립보 교회를 향한 사도 바울의 그 아름다운 마음을 살펴볼 수 있습니다. 사도 바울의 그 따뜻하고 아름다운 마음을 통하여 목회자와 성도들 그리고 성도와 성도들 간에 그러한 마음을 가지라고 우리를 권면하는 것입니다. 구체적으로 1절에는 두 가지의 아름다운 표현이 나옵니다. 하나는 '형제들'이라는 말이고, 또 하나는 '사랑하는 자들'이라는 표현입니다. 빌립보 교인들을 향하여 저들은 나의 형제들이며 나아가 사랑하는 자들이라고 말씀하고 있습니다. 깊이 생각해야 합니다. 예수 그리스도 안에 있는 사람들은 다 한 형제들입니다. 이것이 하나님 나라의 관(觀)입니다. 옆 사람을 보십시오. 형제입니까, 아닙니까? 이것이 문제입니다. 우리는 하나님을 Our God, 우리의 아버지라고 부릅니다. 분명히 우리는 그렇게 고백합니다. 그 안에서 성경은 말씀합니다. '모두가 형제니라.' 내 경험, 내 판단은 중요하지 않습니다. 적용하는 것이 중요합니다. 삶을 사는 것이 중요합니다. 바로 그것을 사도 바울은 그 마음의 표현으로 우리에게 알려주시는 것입니다. 예수님 당시의 유대인들은 아주 독특한 형제관을 가지고 있었습니다. 유대인들에게는 형제나 이웃은 같은 유대인, 같은 혈통, 같은 민족만이 형제입니다. 잘못된 형제관입니다. 그래서 예수님께서는 그들의 형제관을 꾸짖으십니다.

모든 하나님의 백성은 주 안에서 하나다, 형제다. 이것을 말씀해주는 것입니다. 우리는 모두 이것을 하나님의 말씀으로 받아들입니다. 그러나 실제 사건에서는 이렇게 안 되지 않습니까? 실제 삶에서 우리는 너무나 다르게 살고 있지 않습니까? 다시 한 번 이 말씀을 깊이 생각하기 바랍니다. 주 안에서 한 형제다. 성경은 또 말씀합니다. "사랑하는 자들아…." 하나님께서 우리를 사랑하시므로, 하나님께서 그들을 사랑하시므로 우리도 사랑해야 합니다. 내게 좋아하는 감정이 있느냐, 사랑에 무슨 동기가 있느냐. 이것은 중요하지 않습니다. 내가 사랑을 받았습니다. 하나님의 초월적 은혜를 입었습니다. 그런고로 하나님께서 기대하시는, 하나님께서 사랑하시는 그들을 나도 사랑해야 합니다. 당연한 것 아닙니까? 그런데 이 당연함이 우리의 삶에서 또 무너지고 있습니다. 이것을 회복해야만 천국 시민권을 가진 자의 마땅한 삶이 되는 것입니다.

철학자 세네카의 아주 유명한 말이 있습니다. 다음과 같은 세 사람을 사랑할 때 비로소 사랑의 본성을 알 수 있다는 것입니다. 첫째, 자신에게 고통을 준 자입니다. 둘째, 욕하고 미워하는 자입니다. 셋째, 자기마음을 결코 보여주지 않는 자입니다. 우리는 이 세 사람을 사랑하지 못합니다. 그러나 이들까지도 사랑해야 진정한 사랑입니다. 하나님께서 그들을 사랑하시기 때문입니다. 예수님께서 말씀하시지 않습니까. "원수를 사랑하라." 이것이 복음입니다. 그 이유는 우리가 그 사랑을 입었기 때문입니다.

하나님께서 나를 택하시고 사랑하심은 나로 누군가에게 그 사랑을 전하도록 하시기 위함입니다. 여기서 멈추면 내 복도 멈춥니다. 하나님의 은혜가 여기서 썩습니다. 흘러 넘쳐야 계속 풍성해지는데 그 사랑의 능력을 잃어갑니다. 그 이유는 내게 있습니다. 말씀대로, 성도를 또한 하나님께서 기대하시는 자를 사랑하지 못하기 때문입니다. 사도 바울은 빌립보 교인들을 '형제들'과 '사랑하는 자들'이라고 표현하여 우리로 그와 같은 마음 갖기를 깨닫도록 합니다. 이 각각에 대하여 두 가지씩 모두 네 가지 표현이 나옵니다. 우선, '형제들'에 대한 두 가지 표현은 이렇습니다. 하나는, '사랑하고'입니다. 이것은 아주 개인적인 사랑을 의미합니다. 구체적인 것입니다. 또 하나는, '사모하는'입니다. 사랑하니까 그리워집니다. 함께 있기를 원합니다. 그런 형제관을 말하는 것입니다. 다음으로 '사랑하는 자들'에 대한 두 가지 표현이 있습니다. 하나는, '나의 기쁨'입니다. 놀라운 표현입니다. 깊이 생각해야 합니다. 참사랑은 참기쁨을 줍니다. 사랑하는 자, 이미 누군가를 사랑한다는 것은 기쁨이 있는 것입니다. 또 사랑받는 자도 기쁨을 누려야 됩니다. 그런데 사랑한다고 하면서 정작은 고문을 합니다. 아주 지나친 자기주장을 통하여 큰 갈등을 일으킵니다. 결국은 사랑하기 때문이라는 것입니다. 인간의 사랑이 이와 같다는 것입니다. 잘못된 사랑입니다. 내 사랑만이 옳다는 것입니다. 나만의 기준으로 상대방의 기쁨을 빼앗는 것입니다. 근심을 주어서는 안 됩니다. 내 사랑이 참사랑인지 어떻게 판단할 수 있습니까? 자기마음을 보십시오. 내가 그를 사랑하는지, 내 안에 정말 기쁨이 있는지…. 참사랑은 참기쁨을 낳습니다. 사랑이 전달되면 상대방도 기뻐합니다. 만일 참기쁨이 없다면 그것은 참사랑이 아닙니다. 사도 바울은 말씀합니다. '그들은 나의 기쁨이다.' 또 하나는, '나의 면류관'입니다. 면류관은 그 당시에 있었던 올림픽 경기에서 결승점에 먼저 들어와 우승한 자에게 씌워주던 것입니다. 월계관입니다. 우승자에게 주는 최종적 보상입니다. 다시 말하면 심판 때에 하나님께서 우리에게 주실 큰 보상입니다. 얼마나 놀라운 표현입니까? 사도 바울은 말씀합니다. '그 사람, 그 교인, 내가 영원히 구원한 그들이 바로 나의 면류관이다.' 얼마나 그 성도들을 주 안에서 사랑하는 것입니까. 다른 것이 필요 없습니다. 그들 자체가 하나님 안에서 면류관이라고 말씀하고 있습니다. 그리스도적인, 인격적인 성도의 관계를 우리에게 보여주고 있습니다.

여러분, 한 사람의 영혼 구원이 이처럼 귀한 것입니다. 한 사람이 하나님께로 돌아옴이 하나님께는 가장 귀하고 가치있는 일입니다. 그 기쁨을 사도 바울은 압니다. 오늘도 한 사람의 영혼 구원을 하나님께 기도하고 같은 형제관으로 함께 살아가는 자는 이 기쁨을 압니다. 만일 모른다면 그것은 내가 지금 그 일을 하지 않고 있다는 뜻입니다. 그 선교적 소명을 지금 내 삶을 통하여 실천하지 않고 있는 것입니다. 그래서 지금 나의 기쁨, 나의 면류관이라는 신앙고백을 하지 않는 것입니다. 이것을 회복해야 합니다. 이것이 성도의 마음이요, 이것이 성도들 간의 진정한 영적 교제입니다. 이것이 교인의 본분입니다.

여기에서 교인의 본분을 이루는 특별한 말씀 두 가지를 주십니다. 첫 번째는, Stand firm in the Lord-주 안에 굳게 서라. 이것이 성도간의 진정한 교제를 갖게 하는 말씀을 이루는 유일한 비결입니다. 이것만이 하나님의 뜻을 성취할 수 있게 합니다. 성도의 삶을 바르게 할 수 있습니다. 깊이 생각해야 합니다. 이것을 신학적으로 깊이 살펴보겠습니다. 먼저 '주 안에서'라는 표현입니다. 서신서를 통하여 사도 바울이 가장 많이 쓰는 진리의 표현 두 가지가 있습니다. 하나는, '주 안에서'이고, 또 하나는, '그리스도 안에서'입니다. '그리스도 안에서'라는 표현은 예수님의 죽음과 십자가 부활에 초점을 맞추는 것입니다. 그러므로 '그리스도 안에서'라고 할 때는 중생의 역사를 말씀하는 것입니다. 그러나 '주 안에서'라고 할 때는 보다 더 큰 차원의 뜻이 있는 것입니다. 이것은 지금 하나님 우편에 앉아 계시어 온 우주를 통치하시는 예수 그리스도의 주권을 말씀하는 것입니다. 예수 그리스도께서 통치하십니다. 우리는 흔히 이럴 때가 있습니다. 중요한 일을 결정할 때 이렇게 생각하는 것입니다. '지금 누군가가 나와 함께 있다면 이 문제를 쉽게 해결할 수 있을 텐데….' 어려운 시험 문제를 풀 줄 아는 사람과 함께 있으면 쉬운 것 아닙니까? 마치 그와도 같습니다. 일점일획도 변함없이 그 뜻 그대로 이루고자 하시는 예수 그리스도의 주권, 그 통치, 그 능력을 필요로 합니다. 전적으로 예수 그리스도께 의존하라는 것입니다. 그것이 '주 안에서'라는 성경적 표현의 뜻입니다. 가장 본질적인 것입니다. 주님만 바라봐야 합니다. 교회가 누구의 것입니까? 주님의 교회입니다. 오직 주 안에, 주의 통치와 섭리 안에 우리는 존재합니다. 그리고 주님과 동행합니다. 그 절대적 본질을 회복해야 합니다. 이것이 성도의 본분입니다.

다음으로, '굳게 서라'고 말씀합니다. 믿음을 가지라는 것입니다. 강력한 예수 그리스도의 주권, 그 능력을 힘입어 그 안에 굳게 서라는 것입니다. 굳센 믿음을 가지고 오직 주만 바라보고 주의 나라를 믿으며 주의 섭리와 주권을 인정하라는 것입니다. 눈에 보이지 않습니다. 그러나 약속입니다. 성경은 그것을 말씀해주고 있습니다. 세상의 삶으로 나아가기 전에 먼저 주 안에 굳게 서야 합니다.

주 안에 있는 자에게 형통한 길이 열립니다. 어떠한 세상적 지혜와 진리라도 하나님의 뜻을 이룰 수 없습니다. 오직 굳센 믿음으로 살아가는 자만이 교인이요, 성도입니다. 성서 신학자 조지스의 유명한 말이 있습니다. "인간과 하나님 사이가 파괴되는 것은 악마가 심한 시련을 주기 때문이 아니다. 사람들이 하늘의 소명을 위해 달려가는 것을 늦추기 때문이다." 사람이 소명을 향하여 곧장 가지 않고 무엇인가에 끌려 쉬어갈 때가 바로 하나님과 멀어지는 때라는 것입니다. 굳게 서지 못할 때, 주 안에 굳게 서야 하는데 그렇지 못할 때는 은혜 밖에 있는 삶이요, 하나님 나라 밖에 있는 삶입니다. 하나님 나라는 예수 그리스도의 통치가 현재적으로 이루어지고 있는 곳입니다.

그러니 주 이외의 다른 것은 바라보지 않습니다. 그러나 다른 것을 바라보고 있다면 이미 그 나라 밖에 있는 삶입니다. 그래서 시련을 겪고 고통을 겪고 절망감에 빠지게 됩니다. 그러한 교회는 이미 교회가 아닙니다. 분열과 싸움과 큰 불화가 있습니다. 주 안에 굳게 믿음으로 서는 개인과 교회와 민족과만 하나님께서는 함께 하십니다. 이 본질을 기억해야만 합니다.

오늘 본문에는 큰 사건이 나옵니다. 사도 바울이 세운 교회에 엄청난 문제가 생깁니다. 당시는 성령께서 왕성하게 활동하시던 시기였는데, 마게도니아 지방에 있던 빌립보 교회에 엄청난 문제가 생긴 것입니다. 한 마디로 비극입니다. 오늘도 동일한 경험을 많이 겪습니다. 교회의 분열입니다. 지금 빌립보 교회가 휘청거리고 있습니다. 분열의 위기를 겪고 있는 것입니다. 2절 말씀에 숨은 의미가 그것입니다. "유오디아를 권하고 순두게를 권하노니…." 그들로 인하여 빌립보 교회에 큰 위기가 왔습니다. 이대로 두었다가는 교회가 분산될 것 같습니다. 그런 소용돌이 속에서 지금 사도 바울은 큰 문제에 직면하여 성령의 감화와 감동 아래 그 사건을 지적하고 그들에게 지혜의 말씀을 주고 있습니다. 큰 교회는 물론이고, 우리 주변의 작은 교회들도 분열사건을 겪고 있습니다. 초대교회도 겪었던 일입니다. 오늘도 내일도 이 문제는 계속될 것입니다. 하나님의 역사가 강력하게 나타나는 곳에서는 사단도 가만히 있지를 않기 때문입니다. 예수님께서도 직접 가시어 시험하게 되는 판에 사단이 가만히 있겠습니까? 눈 깜빡할 순간에 사단의 도구가 되고 마는 것입니다. 예전에는 이런 사건이 서서히 진행되었습니다. 그런데 이제는 하루아침에 갑자기 그렇게 됩니다. 훌륭한 본이 되던 교회가 차마 말로 표현하지 못할 만큼 분열되어 서로 상처를 줍니다. 교회의 분열, 교회의 불일치, 교회의 다툼은 악입니다. 그것은 이미 교회가 아닙니다.

이런 재미있는 이야기가 있습니다. 황소 네 마리가 아주 친하게 잘 놉니다. 한데 이 황소들을 노리는 사자가 있었습니다. 한 마리 잡아 맛있게 식사를 해야겠는데, 황소 네 마리가 똘똘 뭉쳐서 다니니 도저히 당할 재간이 없는 것입니다. 사자는 꾀를 내었습니다. 마침 황소들이 제각기 흩어져 풀을 뜯어먹고 있었습니다. 사자는 뒤 쪽에 있던 황소에게 다가가 귓속말을 합니다. "네 친구가 네 험담을 하더라." 이렇게 슬쩍 한 마디 하니까 황소의 안색이 변합니다. 사자는 이제 되었구나 싶었습니다. 다음날, 이번에는 다른 소에게, 똑같은 말을 합니다. "저 소가 너를 욕하고 흉보더라." 그런 식으로 각각의 소에게 한 마디씩 해주고 나니 황소들이 서로 싸우기 시작합니다. 그리고 다시는 같이 안다닙니다. 결국 사자는 네 번에 걸쳐 아주 훌륭한 식사를 했다는 것입니다. 간단한 우화지만 우리에게 주는 깊은 의미가 있습니다. 흩어지면 아무 힘이 없습니다.

성도의 공동체도 마찬가지입니다. 어떤 경우든 하나님의 뜻은 성도가 하나되는 것입니다. 일치하는 것입니다. 화목해야 됩니다. 화평이 있어야 합니다. 그래야 주님의 주권이 그대로 임합니다. 그런데 불일치가 있고 경쟁 속에 다툼이 있고 시기와 질투가 있고 분열의 조짐이 보인다면 그것은 교회가 아닙니다. 주님의 뜻이 이루어지지도 않는데 어떻게 교회입니까. 주님의 뜻이 그대로 이루어져서 모두가 '아멘'하는 영광이 있는 공동체가 교회입니다. 하나님 나라에는 그런 분열이 없습니다. 싸우는 순간 이미 그것은 사단의 나라입니다. 하나님 나라의 본질을 깊이 생각해야 합니다.

오늘 본문에는 구체적으로 두 사람의 이름이 나옵니다. 유오디아와 순두게입니다. 이 두 사람은 여성들입니다. 당시 로마나 교회에서 여성의 파워는 낮았습니다. 영향력이 없었습니다. 그러나 마게도니아 지방 빌립보에서만은 여성의 파워가 높았습니다. 상업적으로나 정치적으로나 지도력이 굉장히 크게 인정되었습니다. 대표적으로 사도행전 16장에 나오는 빌립보 교회의 창립 당시를 생각해보십시오. 루디아라는 사람, 여성입니다. 자수성가한 그 가정에서 빌립보 교회가 가정교회로 출발합니다. 주도적인 영향력이 여성에게 있었습니다. 아무래도 흐름이 그래서였는지 그 교회에서 큰 영향력을 가진 사람은 유오디아와 순두게입니다. 요즘으로 치면 장로교회의 장로에 해당합니다. 궁금한 것은 루디아는 어디에 갔느냐 하는 것입니다. 성경에 안 나타납니다. 그래서 신학적으로 생각합니다. 루디아가 다른 지방으로 갔거나, 사업상으로 루디아가 늙어서 은퇴했거나, 또는 루디아의 다른 이름이 유오디아나 순두게이거나…, 이렇게까지도 봅니다. 그만큼 이 두 인물은 우리에게 큰 교훈을 줍니다. 항상 기억하기 바랍니다. 이 둘은 사도 바울의 동역자들 이었습니다. 그것도 '과거의' 동역자들 이었습니다. 이 말이 중요합니다. '지금'이 아닙니다.

오늘 본문은 이렇게 표현합니다. "복음에 나와 함께 힘쓰던 저 여인들…(3절)." 지금 그 두 사람은 교회의 훼방자요, 가라지들과 같은 원수들입니다. 하지만 얼마 전까지는 사도 바울과 함께 복음에 힘쓰던 동역자들이었습니다. 어제까지는 그랬단 말입니다. 빌립보서 3장에서는 '십자가의 원수'라고 표현합니다. 교회를 분열시키는 주동인물이라는 것입니다. 우리 그리스도인은 항상 하나님 앞에서 내가 교회에 어떠한 존재인가를 자문해야 합니다. 구원은 오늘의 믿음으로, 하나님께서 인정하신 것으로 받는 것입니다. 이 얼마나 두려운 표현입니까. 딱 한 줄입니다. 만일 우리가 하나님 나라에 갔다면, 성경에는 한 줄로 어떻게 기록 되겠습니까? 교회에 덕이 되는 인물입니까? 아니면 교회를 분열시키는 인물입니까? 한 줄입니다. 여러 장 적는다면 과거에 수많은 위대한 일을 사도 바울과 함께 했다고 할 수도 있겠지만, 하나님께는 아무것도 아닙니다. 기억하지도 않으십니다. 교회를 깬 인물로 성경에는 기록되어 있습니다. 얼마나 두려운 일입니까? 오늘 우리에게 주시는 하나님의 말씀입니다. 과거의 업적으로는 구원받지 못합니다. 이것은 실제입니다. 교회를 분열시키고 훼방하는 사람, 처음 교회에 나온 사람 아닙니다. 교회에서 큰 역할을 담당했던 사람들입니다. 복음에 함께 힘썼던 사람들입니다. 예수님을 팔아넘긴 사람도 예수님 모르는 사람이 아니었습니다. 예수님의 공생애 3년 동안 항상 함께했던 가룟 유다입니다. 초대교회도 그렇고, 오늘 교회의 분열도 그와 같습니다. 교회의 처음 태동과 함께 많은 역할을 했습니다. 그러나 자기도 모르는 사이에 십자가의 원수가 되고 말았습니다. 성경은 그것을 말씀하고 있습니다. 누구도 하나님 앞에서 내 공덕을 말할 수 없습니다. 잠깐 사이에 사단의 도구가 되어버립니다. 이 말씀만 바로 기억해도 어느 누구도 어떤 교회도 분열되거나 나누어지지 않을 것입니다. 감히 하나님 앞에 이와 같이 기록된 것을 본인들이 알겠습니까? '왕년에 내가 얼마나 많은 일을 했는데….'

이유는 아주 간단합니다. 왜 유오디아와 순두게 같은 분들이 사단의 도구가 되었던가를 영적으로 생각해보면 세 가지 정도로 요약할 수 있습니다.

첫째, 은혜를 기억하지 못하기 때문입니다. 간단합니다. 십자가의 은혜 없이도 살아갈 만큼 공덕을 쌓았다는 것입니다. 그래서 하나님 앞에 자기주장이 있습니다. 자기주장이 곧 하나님의 뜻입니다. 하나님께서 먼저 계시를 주셨으나, 그뿐인 줄 알고 자기 말은 곧 하나님의 말씀처럼 꼭 이루어질 것으로 생각합니다. 그러니까 유오디아와 순두게 두 사람이 서로 다른 생각을 합니다. 갈라질 수밖에 없습니다. 영향력이 있습니다. 교회를 분열시킬 수밖에 없습니다. 출애굽기 1장에는 출애굽 역사의 기록이 나옵니다. 요셉을 알지 못하는 새로운 왕이 나타났다, 그리고 이스라엘을 굉장히 핍박합니다. 그런데 왜 핍박했느냐? 성경 그대로 요셉을 알지 못했기 때문입니다. 요셉은 애굽을 구원한 자입니다. 그 은혜를 저버렸습니다. 그 은혜를 저버린 사람은, 은혜를 기억하지 못하는 사람은 항상 이런 식입니다. 이렇게 해서 큰 문제를 일으킵니다.

둘째, 그 마음에 시기와 질투가 있기 때문입니다. 지금 유오디아와 순두게가 서로 시기와 질투를 하고 서로 다른 생각을 가지고 있으니까 꽝하고 부딪힌 것 아닙니까. 그것이 문제입니다. 시기와 질투라는 것이 얼마나 무서운 것인지 보십시오. 악한 일에는 악한 생각이 있다고 치지만 시기와 질투는 악한 생각뿐만 아니라 선한 일에도 함께 들어옵니다. 어떻게 보면 선한 일에 더 많이 들어오는 것 같습니다. 선한 일에 처음에는 열심을 내다가 나중에는 교묘하게 시기하고 질투하게 됩니다. 누구한테나 있는 일입니다. 가인은 하나님께 자기예배가 받아들여지지 않자 동생 아벨을 죽이기에 이릅니다. 이것이 시기와 질투입니다. 어느 누구도 은혜를 기억하지 못합니다. 하나님께 참회하고 겸손히 기도하지 못합니다. 이 시기와 질투의 유혹에서 벗어날 수 있는 사람은 아무도 없습니다. 다 무방비상태입니다.

셋째, 나쁜 생각 때문입니다. 시기와 질투가 생기면 덩달아 나쁜 생각을 하게 됩니다. 생각이 점점 악해집니다. 그것이 행위로 나아갑니다. 출애굽기에서 요셉을 알지 못하는 새 왕이 결국은 은혜를 기억하지 못하고 시기와 질투를 하니까 이스라엘 백성이 자기들보다 더 강하다는 생각을 하게 되고 더 나아가 나쁜 생각을 품게 됩니다. 그러다보니 신하를 따로 씁니다. '전쟁이 나면 저들이 나의 적군과 합하여 나를 칠 것이다.' 하지만 역사상 이런 일은 한 번도 없었습니다. 가상 시나리오가 점점 실제의 사건으로 다가오는 것입니다. 그리고 그들을 핍박합니다. 나중에는 유아들까지 학살합니다. 그 동기가 나쁜 생각입니다. 그 이전에는 시기와 질투입니다. 그 더 이전에는 은혜를 저버렸기 때문입니다. 유오디아와 순두게와 오늘 교회를 분열시키는 가라지와 염소 같은 분들, 똑같습니다. 아주 간단한 영적인 유혹으로 와르르 무너지고 맙니다. 하나님께서 그들을 하나님의 자녀로 부르신 것은 그들로 하나님의 나라와 교회를 세우도록 하시기 위함입니다. 그런데 그 교회를 깨버린 것입니다.

그 결과는 무엇입니까? 세상의 조롱거리가 됩니다. 교회가 저렇게 싸우는 것을 보면 기업의 노사분규보다 더 유치합니다. 그것을 보고 누가 예수 믿겠습니까. 분열과 파괴 밖에 없습니다. 이것이 결과입니다. 사도 바울은 그래서 지금 너무도 긴장하는 것입니다. 그냥 놔두었다가는 교회가 갈라질 판입니다. 그래서 편지를 쓰면서 전교인을 동원합니다. 이 일의 중재에 나섭니다, 성령의 감화와 감동하심으로. 이것은 역사적으로 계속되고 반복되는 일이기 때문에 하나님께서는 강력하게 말씀하십니다. 이와 같이 하라, 주 안에서 굳게 서라. 그러지 않으면 이런 일 항상 당한다는 것입니다. 예전에 한참 유행하던 유머가 있었습니다. 버스 안에서 청년들이 말다툼을 합니다. 그걸 보고 뒤에 있던 사람이 말하더라지 않습니까. "야, 임마. 여기가 교회냐, 싸우게. 싸우려면 교회에 가서 싸워라." 교회를 비판하고 조롱하는 이야기입니다. 어느 만큼은 사실 아닙니까? 하도 싸우는 교회가 많기 때문입니다.

두 번째는 일치와 화평을 이루는 비결입니다. 하나님의 나라는 일치와 화평뿐입니다. 내 이름, 우리 이름이 유오디아와 순두게처럼 성경에 기록되어서야 되겠습니까? 그래서야 하나님 앞에서 어찌 구원을 받을 수 있겠습니까? 오직 주 안에서는 일치와 화평뿐입니다. 천국의 시민권을 가진 하나님의 나라와 교회는 일치해야 합니다. 화평해야 합니다. 화목해야 합니다. 그러기 위해서는 이와 같이 하라는 것입니다. 그 영적 지혜, 그 비밀을 우리에게 알려주고 있습니다. 그것이 오늘 본문에 나타나 있습니다. 가장 중요한 것입니다.

첫째, 주 안에서 같은 마음을 품어야 한다는 것입니다. 사도 바울은 말씀합니다. "주 안에서 같은 마음을 품으라(2절)." 왜 싸우는 것입니까? 다른 마음이기 때문입니다. 같은 마음을 가져야 합니다. 그러나 자기들 생각에 절대로 같은 마음이 안 되는 것입니다. 오직 주 안에서만 같은 마음이 될 수 있습니다. 그렇지 않습니까? 그래서 주 안에서 같은 마음을 품으라고 또 한 번 말씀합니다. 주 안에서 그 능력에 힘입어 주님의 절대통치를 인정하라는 것입니다. 주님의 능력, 그 주권 안에서 덕으로 절대 순종함으로 하나되라는 것입니다. 내 판단을 멈추어야 합니다. 오직 주의 뜻만이 이루어져야 합니다. 아무리 싸워봤자 결국 하나님의 뜻은 이루어집니다. 그들에게는 심판이 있을 뿐입니다. 그러므로 주 안에서, 주님의 권능 안에서 순종함으로 하나되라 말씀합니다. 주님의 뜻만이 그들의 생각을 멈추고 같은 마음을 갖게 할 수 있습니다. 나의 뜻, 우리의 뜻으로는 아무리 해도 하나될 수 없습니다. 절대로 하나될 수 없습니다. 그래서 제가 아주 간단한 영적 원리지만, 반복적으로 말씀드리지 않습니까? 교인은 주님의 뜻을 이루어 가는 자입니다. 그 주님의 뜻을 어떻게 분별합니까? 민주주의식으로, 그러나 기도하는 것입니다, 간절히. "주님의 뜻을 나타내게 하시옵소서." 그렇게 기도한 결과로 거기에 일치를 봐야 합니다. 아니면 무슨 수로 일치를 봅니까. 역사적으로 안 되는 것입니다. 만장일치라야만 한다면 예수님께서도 십자가 못 지십니다. 가룟 유다 때문입니다. 부부간의 갈등이 있습니다. 사건의 갈등이 있습니다. 목소리 크거나 힘있는 사람이 잠깐 수용하는 것처럼 보일 뿐인 것이지, 인격적으로 그대로 묻어두어야 합니다. 어차피 인생은 문제를 안고 가는 것 아닙니까. 그 문제가 없으면 다른 문제가 생깁니다. 차라리 그거 들고 가는 편이 낫습니다. 어차피 문제를 가지고 가는 것입니다. 그러면서 주 안에서 자연스럽게, 평안하게, 은혜롭게 그 문제가 해결되는 것을 경험하게 됩니다. 하나님께서 깨끗하게 정리해주십니다. 그것이 지혜입니다. 하지만 주님의 뜻을 물었는데 도저히 표결로도 안 된다면, 그만두십시오. 그냥 마음에 지니고 가십시오. 이것을 일치시키려고 애쓸 필요 없습니다. 억지로 해서는 오히려 더 큰 화가 됩니다. 오직 주 안에서 같은 마음을 가질 때에만 일치할 수 있습니다. 이외에는 방법이 없습니다. 일치할 수 없습니다. 절대 화평할 수 없습니다. 유일한 진리는 주 안에서 같은 마음을 품는 것뿐입니다.

둘째, 권면해야 한다는 것입니다. 사도 바울은 이제 갈등이 있는 그들에게 권면합니다. 절대로 명령하면 안 됩니다. 오늘 본문 2절은 말씀합니다.

"내가 유오디아를 권하고 순두게를 권하노니…." 두 번 반복합니다. 권하라, 권하라. 사도 바울은 이 바로 전에 '십자가의 원수'라고 말씀했습니다. 교회의 분열을 일으키는 것, 교회를 미혹케 하는 것은 사단의 역사입니다. 십자가의 원수는 사단입니다. 분명히 해야 합니다. 그러나 이제 우리가 그들을 대할 때는 불쌍히 여겨야 합니다. 예수님은 자신을 팔아넘긴 가룟 유다의 발도 씻어주셨습니다. 불쌍히 여겨야 합니다. 얼마나 불쌍합니까? '저러다 지옥 가는데….' 이런 마음을 가져야 합니다. 그래야 하나님께서 이루어주십니다. 바울은 사도임에도 불구하고 이렇게 명하지 않습니다. "저 가라지들을 제거하라." 오히려 아주 친절하고 겸손하게 말씀합니다. 권하라, 권하라. 권면하라는 것입니다. 깊이 생각해야 합니다. 한 마음을 가지되, 우리는 서로 권면해야 합니다. 성경적으로 분명히 잘되고 잘못된 것을 가려 권면해야 합니다. 하나님의 사람인가 아닌가를 가려야 합니다. 그럼에도 불구하고 그들을 대할 때는 따뜻한 마음, 불쌍한 마음으로 권면해야 됩니다. 율법적 관계가 아니라 은혜와 사랑으로 그들을 대해야 합니다. 그래서 사도 바울은 권하라고 말씀합니다.

셋째, 적극적으로 참여해야 된다는 것입니다. 그래서 그들을 도와야 됩니다. 무관심하거나 소극적으로 해서는 안 됩니다. 그래서 오늘 본문은 말씀합니다. "저 여인들을 돕고…나의 동역자들을 도우라…(3절)." 일을 하는 사람들도 돕고, 교회를 훼방하려는 그들도 도와라. 도와서 교회를 분열시키라는 것이 아닙니다. 하나되게 하라는 것입니다. 하나 되게 직접 참여하라고 지금 전교인을 동원하고 있습니다. 그만큼 분열이라는 조짐은, 불일치는 하나님의 역사에 장애가 되기 때문입니다. 그런데 오늘 가만히 교회의 문제를 생각해보니 무관심한 사람이 80~90%입니다. 무책임합니다. 어떤 사람은 안일한 생각을 가집니다. '될 대로 되라지. 싸우면 난 간다. 어차피 하나님께서 하실 것 아니냐.' 그렇게 하면 하나님께서 역사하지 않으십니다. 만일 그래도 된다면 사도 바울은 하나님께 맡겨라, 그냥 두어라, 그랬을 것입니다. 그래가지고는 눈에 안 봐도 뻔합니다. 하나님의 자녀답게 스스로 돕는 자로 나서야 됩니다, 하나님의 방법으로. 인간의 지혜의 방법이 아닌 하나님의 방법을 위하여 기도해야 하고 그들에게 권면해야 됩니다. 그 일에 열심히, 하나님의 사람으로 일한 사람을 위해 기도해주고 후원해주어야 하고 격려해주어야 합니다. 또 사단의 도구가 된 자에게 이것은 잘못된 것이라고 성경적으로 말해주고, 또 자기 의견을 얘기하고 이와 같이 하지 말라고 권면해야 됩니다. 당신을 위하여 기도하겠다고 해야 합니다. 그래도 말을 안 들으면 만나지 말아야 합니다. 같이 밥도 먹지 말아야 합니다. 함께 식사하지도 말라고 성경은 말씀합니다. 역사상 이런 문제없던 교회는 하나도 없습니다. 하나님 나라에만 없는 것입니다. 성경대로 지혜롭게 주도적인 책임의식으로 권면하고 성경의 방법대로 그들에게 성도의 본분을 다해야 합니다. 그럴 때 성령께서 화해케 하십니다. 큰 영향을 끼치지 못하도록 성령께서 잠잠케 하십니다. 아니면 그때까지 기다리십시오. 그렇게 해서 크게 분열되는 것을 막습니다.

넷째, 종말론적 가치관을 가져야 한다는 것입니다. 이것이 하나되는 비결입니다. 그래서 오늘 본문 마지막 절에서 말씀합니다. "그 이름들이 생명책에 있느니라." 참 놀라운 말씀입니다. 천국의 시민권을 가진 자니 그 이름이 생명책에 있느니라. 이미 하나님 나라에 있는 자가 성도입니다. 이 말씀이 가장 큰 위로요, 가장 큰 소망이요, 가장 큰 힘입니다. 그러므로 성도의 인내를 가지고 담대하게 성도의 본분을 다하라고 말씀합니다. 이럴 때 그 교회는 화평합니다. 그 교회에는 하나되는 역사가 나타납니다. 우리의 작은 수고와 말씀의 전격적인 순종을 통하여 일치되는 역사가 계속되는 것입니다. 하나님께서 그 교회에 복을 주십니다. 함께하십니다. 놀라운 주님의 평안을 경험하게 됩니다.

교회는 하나 되어야 합니다. 오직 주 안에서 화평해야 합니다. 은혜가 충만해야 합니다. 그럴 때에만 교회가 교회되는 것입니다. 또한 성도가 성도 되는 것입니다. 성도는 각자 자신의 본분에 합당한 삶과 신앙적 선택을 할 때 하나님께서 영광 받으시고 하나님 나라의 완성된 그 평안을 이 땅의 교회와 성도에게 충만히 내려주십니다. "이와 같이 주 안에 서라, 주 안에서 같은 마음을 품으라." 이것이 교인의 본분입니다. 이 은혜가 성도들에게 충만히 임하시기를 바랍니다.

27.
교인의 표지

주 안에서 항상 기뻐하라 내가 다시 말하노니 기뻐하라 너희 관용을 모든 사람에게 알게 하라
주께서 가까우시니라 (빌4:4-5)

매튜폭스라는 신학자의 저서, 『A Spirituality Named Compassion』(열정이라 일
컬어지는 영성)에서 읽은 내용입니다. 이 책에서 그는 현대인들이 스스로 자기
삶을 무의미하게 만드는 원인 세 가지가 있다고 말합니다. 첫째, 굳은 마음
입니다. 이상은 있으나 실천의 마음이 없는 상태를 말합니다. 그런 굳은 마
음을 가진 사람에게는 기쁨이 없습니다. 결국 스스로 자기 삶을 무의미하게
만들어갑니다. 둘째, 냉담함입니다. 삶에 대하여 냉담한 태도를 지닌 사람
은 자기사랑만이 중요하다고 생각합니다. 그래서 이웃에 대한 애정을 필요
로 하지 않습니다. 아무리 많은 공동체에 속하여 사회적 네트워크를 형성하
고 있어도 실상 그들은 애정 없는 관계를 이루고 있다는 것입니다. 그러니
상호간에 공동체의식도 없고 진정한 우정도 없습니다. 점점 더 외로워집니
다. 셋째, 무감각입니다. 두려워해야 할 존재에 대한 감각이 무뎌지고 분별
력을 잃어버린 상태입니다. 삶의 거룩한 회상도 감격적 순간도 모두 잊고 살
아갑니다. 소위 '회색인간'이 되어갑니다. 이것이 바로 현대인의 모습이요,

현대인의 삶을 무미건조하게 만드는 내적 요인이라고 그는 지적하고 있습니다. 그리스도인도 마찬가지입니다. 예수 그리스도를 믿으며 복음 안에 있고 하나님 나라를 고백하고 전지전능하신 하나님을 의존한다고는 하지만 실제 삶에서는 굳은 마음과 냉담함과 무감각한 태도로 살아갑니다. 이런 사람들 우리 주변에서 흔히 발견할 수 있습니다. 바른 신앙인의 삶이 아닙니다.

하나님께서는 우리 그리스도인을 위하여 두 가지 계명을 주십니다. 하나는 마음과 정성과 뜻을 다하여 하나님을 사랑하라는 것이고, 또 하나는 네 이웃을 사랑하라는 것입니다. 하나님과의 관계, 이웃과의 관계, 이 절대적 관계를 통하여 인간은 살아갈 수 있습니다. 바로 그 사람이 그리스도인입니다. 그 삶에는 굳은 마음, 냉담, 무감각이 없습니다. 그것은 죄이기 때문입니다. 하나님의 뜻이 아닙니다. 중생한 자에게는 그와 같은 마음이 생기지 않습니다. 그리스도인은 홀로 그리스도인됨의 삶을 살아갈 수 없습니다. 홀로 구원받을 수 없습니다. 너무나 많은 사람들이 혼자 믿고 혼자 책을 보고 혼자 봉사를 합니다. 혼자 좋은 선행을 하면서 스스로를 온전한 그리스도인으로 자처하는 것입니다. 자신은 하나님의 뜻에 합당한 삶을 살아가고 있다고 자족합니다. 이런 현대인들이 너무도 많습니다. 그러나 성경은 그것은 하나님의 뜻이 아니며 더 나아가 하나님의 백성의 삶도 아니라고 말씀합니다. 어떤 무리는 끼리끼리 모이기를 좋아합니다. 그 자체에는 문제가 없습니다. 그러나 하나님의 나라는 끼리끼리 모이는 무리가 아닙니다. 교회는 내가 선택한 무리들끼리 만의 모임이 아닙니다. 하나님께서는 우리가 하나님 나라에서 하나님의 뜻대로 모든 사람들과 새로운 관계를 맺고 새로운 삶을 살아가기를 바라십니다. 이것이 성도의 교제입니다. 그래 점점 더 깊이 하나님께 순종하고 점점 더 높은 영성적 삶을 살아가는 것입니다. 산 속으로 들어가는 것이 아닙니다. 세상으로 나아가는 것입니다. 이것을 알아야 됩니다.

오늘 본문에는 위대한 교리 두 가지가 나옵니다. 그리스도인의 삶, 더 나아가 교회의 책임있는 성원으로서의 교인의 삶에서 반드시 지켜야 할 교리입니다. 그래서 오늘 설교의 제목이 "교인의 표지"-Marks of Christian Church Members입니다. 단순한 교리입니다. 첫째 교리는 기쁨입니다. "항상 기뻐하라(4절)." 영적인 기쁨입니다. 우리의 실제 삶에서 이런 기쁨을 가지고 살아야 합니다. 하나님과 나와의 절대적 관계에 있는 기쁨입니다. 둘째 교리는 관용입니다. "너의 관용을 모든 사람에게 알게 하라(5절)." 선택적으로가 아닙니다. 자기가 택한 가족, 친구에게만이 아닙니다. 끼리끼리가 아닙니다. 모든 사람에게 관용을 베풀라는 것입니다. 모든 사람으로 알게 하라. 하나님의 말씀입니다. 만일 이 기쁨과 관용이 없다면 그는 그리스도인이 아닙니다. 지금 내 삶에서 기쁨과 관용이 나타나지 않는다면 그것은 내가 하나님의 뜻에 불순종하고 있음을 말하는 것입니다. 분명히 알아야 됩니다. 하나님의 말씀이 내 삶의 절대가치, 내 삶의 중심이 되지 못하고 있다는 것입니다. 무언가 내가 지금 하나님의 복음에 장애물이 되고 있다는 것입니다. 깊이 생각해야 합니다.

먼저, 위대한 첫째 교리인 기쁨에 대하여 깊이 생각해보겠습니다. "주 안에서 항상 기뻐하라. 내가 다시 말하노니 기뻐하라(4절)." 너무나 귀한 생명의 말씀입니다. 이 빌립보서의 대주제입니다. 기뻐하라, 기뻐하라. 빌립보서를 통틀어 무려 16번이나 나오는 말씀입니다. 우리는 이미 이 말씀을 깊이 상고해 보았습니다. 앞서 3장 1절 말씀인 "끝으로 나의 형제들아, 주 안에서 기뻐하라."를 주제로 이미 강해설교를 하였습니다. 내가 다시 말하노니 기뻐하라. 반복하여 강조하고 있는 것입니다. 그만큼 이것은 절대 진리이기 때문입니다. 로마서 14장 17절에서 말씀합니다. "하나님의 나라는 먹는 것과 마시는 것이 아니요, 오직 성령 안에 있는 의와 평강과 희락이라." 희락이요, 기쁨이라는 것입니다.

또 데살로니가전서 5장 16절에서도 말씀합니다. "항상 기뻐하라." 이것이 그리스도인의 삶의 표지입니다. 누가 훌륭한 크리스천이냐 누가 영적으로 충만한 존재냐는 그가 기뻐하느냐로 판단할 수 있습니다. 이것은 보편적 진리요, 절대 진리입니다. 상대적이거나 일시적 교훈이 아닙니다. 바로 여기에서 Christian과 non-Christian이 갈라집니다. 삶에서 갈라진다는 말입니다. 세상적 성공과 건강에서는 갈라질 수 없습니다. 그러나 그 안에 진정한 기쁨이 있느냐, 없느냐로 그 삶의 태도와 가치관의 모습이 완전히 다르게 표현된다는 것입니다. 그리스도인은 시련을 받을 때든 고통을 받을 때든 죽어가는 때든 언제나 하나님을 찬양합니다. 그 안에 기쁜 영적인 충만이 있습니다. 그러나 믿지 않는 사람은 시련받고 죽어갈 때 꼼짝 못합니다. 기쁨이 없습니다. 기뻐할 수가 없습니다. 무엇을 근거로 기뻐한다는 말입니까. 그래서 삶이 허무하다는 것입니다. 그러나 하나님의 사람은 그럴수록 하나님과 더 깊은 영적 교제를 합니다. 신적인 기쁨을 느낍니다. 이 기쁨은 불멸의 기쁨이요, 영원한 영적 기쁨입니다.

예수님께서는 요한복음 16장에서 말씀하십니다. "너희 기쁨을 빼앗을 자가 없으리라(22절)." 빼앗을 자가 없습니다. 그러니 이 기쁨은 내가 만들 수 있는 것도 아니요, 내가 스스로 얻을 수 있는 것도 아니요, 주변 사람이 줄 수 있는 것도 아닙니다. 더더군다나 세상이 줄 수 있는 것도 아닙니다. 오직 예수 그리스도께서만 주실 수 있는 것입니다. 그래서 우리는 기뻐하는 것입니다. 일에서 큰 성공을 거두고 건강하고 형통하여 얻는 기쁨이 아니라는 것입니다. 그런 복으로 말미암아 얻는 기쁨이 아님을 말씀하는 것입니다. 빼앗을 자가 없느니라. 아무리 힘들고 어려운 일이 있더라도 그리스도인에게만 주어진 신적 기쁨이 있습니다. 그래서 성경은 말씀하는 것입니다.

주 안에서 기뻐하라. 방법적인 것입니다. 우리는 어떻게 항상 그 기쁨을 누리고 인지하며 감사할 수 있는가? 오늘 본문은 말씀합니다. "주 안에서 항상 기뻐하라."-Rejoice in the Lord. 이것뿐입니다. 주 안에서 기뻐합니다. 주의 능력으로, 주의 통치로, 주의 말씀으로 우리는 기뻐합니다. 아무리 우리가 수고하고 노력해도 얻을 수 없습니다. 나와 이 세상과 우리 자신을 의존해서는 얻을 수 없습니다. 이것은 거저 주신 선물입니다. 하나님의 자녀에게 주신 은혜의 선물입니다. 예수님께서는 '씨 뿌리는 자의 비유'를 통하여 이렇게 말씀하십니다. "천국은 좋은 씨를 제 밭에 뿌린 사람과 같다." 이 말씀, 곧 복음입니다. 옥토에 뿌려져야만 백 배, 육십 배, 삼십 배로 열매를 맺습니다. 가시덤불이나 돌밭이나 길가에 뿌려지면 금방 없어집니다. 기쁨을 맛보아도 금방 없어집니다. 하나님께서 주신 기쁨을 옥토에 심으면, 하나님의 말씀을 영접함이 옥토와 같으면 삼십 배, 육십 배, 백 배의 열매를 풍성하게 맺을 수 있습니다. 주님 말씀입니다. 오직 주 안에서만 이 기쁨을 누릴 수 있습니다.

오늘 이 말씀을 생각해보십시오. 사도 바울은 감옥에 있습니다. 언제 죽을지 모릅니다. 큰 고통 중에 있습니다. 한 치 앞을 볼 수 없는 어두운 권세 아래 있습니다. 그러나 말씀합니다. "기뻐하라." 자기가 기뻐하고 있습니다. 빌립보 교회를 생각해보십시오. 그 당시 외부의 핍박이 있습니다. 환난이 있습니다. 또 내부에도 분열이 있습니다. 혼란이 있습니다. 유오디아와 순두게처럼 내적으로 큰 영적 갈등이 있습니다. 그런데도 기뻐하라고 말씀합니다. 그 사건이 다 치유되면 기뻐하라, 감옥에서 나오면 기뻐하라. 이런 말씀이 아닙니다. 지금 내적 갈등을 겪고 있는 바로 그 교회 안에서, 또 감옥 안에서, 그 고통을 받는 그 안에서 그리스도인은 기뻐함이 마땅하다는 말씀입니다. 항상 기뻐하라. 이 말씀은 절대 진리입니다.

폴 투르니에라는 심리학자의 『Escape from Loneliness』(고독으로부터의 탈출)라는 저서가 있습니다. 이 책에서 그는 사람들이 만족하지 못할 때 자기 삶에서 계속되는 요구와 불평의 상황이 스스로에게 얼마나 많은 해로움을 끼치는지를 설명합니다. 하나는, 피로와 권태입니다. 우리도 피로하고 권태로움을 느낍니다. 우리는 그 원인을 그리스도인의 삶에서 찾아야 됩니다. 성경말씀에서 찾아야 됩니다. 만족이 없기 때문입니다. 다시 말해 내 안에 기쁨이 없기 때문입니다. 기쁨이 감소된 만큼 그 안에 큰 공간이 생겼습니다. 그래서 권태감에 빠지는 것입니다. 자신을 올바르게 판단하는 데 방해가 된다는 것입니다. 이쯤 되면 판단할 능력도 잃습니다. 온전한 이성적 능력이 결여됩니다. 불만족한 상황이 편견을 갖게 합니다. 바르게 판단할 수 있는 능력을 잃게 됩니다. 다른 하나는, 불평과 요구입니다. 이것은 우리로 자기연민에 빠지게 합니다. 자기연민은 모든 감정을 가장 약하게 만듭니다. 그러니 내가 어떤 존재이며, 하나님께서 내게 무엇을 기대하시고, 우리가 얼마나 고귀한 존재로 지음받았는지를 생각할 능력이 없습니다. 엄청난 장애로 이미 무의미한 삶을 스스로 만들어가고 있는 것입니다. 여기에서 회복하려면 십자가의 은혜, 하나님 나라의 백성, 하나님 나라의 초월적 기쁨을 먼저 체험해야 합니다. 그러지 않고는 회복할 길이 도무지 없는 것 아닙니까.

성경에 나타난 이 보편적 기쁨은 무엇을 말씀하는 것입니까? 우리는 이미 알고 있습니다. 몇 가지 살펴보면 이렇습니다. 첫째, 하나님 나라의 자녀됨입니다. 가장 중요한 것입니다. 나는 누구인가? 하나님의 자녀로 부르심을 받은 자다. 이 빌립보서의 말씀대로 천국의 시민권을 가졌습니다. 세상의 시민권이 아닌 천국의 시민권입니다. 이 얼마나 기쁜 일입니까? 그 안에서 가만히 상상해보십시오. 하나님 나라의 백성이요, 하나님께서 나를 기억하시고 이제 하나님께서 나를 부르시면 그곳으로 갈 것입니다. 언제나 영적 자유, 그 기쁨이 있습니다. 둘째, 죄사함의 기쁨입니다. 과거의 죄가 아니라 오늘의 죄입니다. 우리는 항상 죄를 지을 수 밖에 없습니다. 그러나 예수 그리스도의 이름으로 진정한 참회를 하는 자는 사유의 은총을 받습니다. 약속입니다. 그 안에서 우리는 자유로워집니다. 어느 종교, 어떤 사람이 이렇듯 죄를 용서받을 수 있습니까. 하나님께서는 용서하십니다. 그러니 받을 수

밖에요. 셋째, 선택받음의 기쁨입니다. 하나님께서 나를 선택하셨습니다. 하나님의 경륜 안에서 하나님의 동역자요, 복음의 증인으로 선택하신 것입니다. 그러니까 봉사하고 헌신하는 것이 기쁨이라는 말입니다. 이 영적 기쁨을 체험하고 신앙고백하는 자가 되어야 합니다. 책임과 의무를 넘어서는 헌신과 봉사가 그리스도인의 특권으로 인식되고 고백됩니다. 헌신과 봉사가 내게 특권으로 다가옵니다. 그 안에 영적인, 비교할 수 없는 기쁨이 있기 때문입니다. 넷째, 함께 하심의 약속이 있는 기쁨입니다. 하나님께서는 우리와 함께하심을 약속하십니다. 이것 또한 기쁨입니다. 우리에게 부활의 소망을 주셨습니다. 절대 진리를 주셨습니다. 성령의 역사를 주셨습니다. 수많은 이유들이 있습니다. 이 모든 것들이 이미 우리가 받은바 은혜입니다.

그래서 사도 바울은 말씀합니다. "항상 기뻐하라." 보편적 진리입니다. 그리스도인의 표지입니다. 그런고로 항상 예배자의 마음으로 하나님의 은혜를 십자가의 구속적 은혜를 기억할 때, 이 중생의 기쁨 이 성령의 역사의 기쁨은 우리 안에 예배화되는 것입니다. 바로 이것을 우리에게 말씀하고 있습니다.

그런데 오늘 우리의 현실은 어떻습니까? 특별히 이 세대에 기쁨이 없습니다. 아무리 문화와 문명이 발전해도 과거에 비하여 분명히 현대인들은 기쁨이 없는 시대를 살아가고 있습니다. 감격도 없는 시대를 살아가고 있습니다. 이것은 비극입니다. 더욱이 그리스도인조차도 그런 기쁨을 잃어가고 있습니다. 이것은 비극 중의 비극입니다. 바로 기뻐하는 삶을 통하여 복음의 증인으로 살아갈 수 있는 것인데, 그것이 없습니다. 안 믿는 사람이나 믿는 사람이나 기쁨이 없기는 다 비슷비슷합니다.

여기에 문제가 있는 것입니다. 그 원인, 그 장애물은 첫째, 믿음이 없는 것입니다. 그 불멸의 기쁨, 그 위대한 기쁨이 이미 내게 주어진 하나님의 은총이라는 절대 믿음이 없습니다. 그래서 그 기쁨을 찾아다닙니다. 열심히 일해서 찾으려고 하고 열심히 공부해서 찾으려고 합니다. 자기가 만들어갑니다. 그러나 도달해봐야 아무것도 없습니다. 여기서 빗나갑니다. 그 말씀의 기쁨, 우리에게 주어진 그 기쁨을 전적으로 영접해야 됩니다. 이것은 선물로 주어지는 것입니다. 은혜입니다. 노력과 공로의 보상이 아닙니다. 그것은 하나님께서 주신 말씀에 순종할 때 주어지는 기쁨입니다. 그런데 말씀의 순종이 없습니다. 행함이 없습니다. 그러니 그 기쁨이 왔다가 스스로 사라지고 맙니다.

둘째, 삶의 목적이 자신에게 있습니다. 하나님께 영광을 돌림으로써 이 기쁨은 계속 확장됩니다. 그런데 목적이 내게 있고 이 세상에 있습니다. 예수님께서는 마태복음 6장 24절에서 말씀하십니다. "너희가 하나님과 재물을 겸하여 섬기지 못하느니라." 하나님과 재물을, 하나님과 인간의 욕구와 소원을 겸하여 섬길 수 없습니다. 그런데도 함께 가고 있지 않습니까. 그래서 기쁨이 없는 것입니다. 하나님과 영적인 관계를 지속적으로 가져야 되는데 단 한 번 세게 받은 다음에는 자기마음대로입니다. 그래서 기쁨이 사라져가는 것입니다. 오늘 본문에 빌립보 교회의 두 사람이 나옵니다. 유오디아와 순두게입니다. 그들은 함께 사도 바울의 동역자요, 빌립보 교회를 세운 초창기 멤버입니다. 너무나 훌륭한 하나님의 사람들이었습니다. 그러나 지금 그들은 어떻습니까? 십자가의 원수가 되고 말았습니다. 지속적인 하나님과의 관계를 맺지 못했기 때문입니다. 그럴 때 기쁨은 사라집니다.

셋째, 우리가 환경에 너무도 많이 의존하고 너무도 많이 환경을 불평한다는 것입니다. 그럴 때 영적 기쁨은 없습니다. 사라집니다. 오직 예수 그리스도 안에서 하나님만을 의존할 때 기쁨은 계속 찾아옵니다. 물밀듯이, 넘치도록 찾아옵니다. 그러나 그 마음속 깊은 곳에 세상의 환경을 의존하거나 불평하면 그 기쁨은 금세 사라집니다. 이 모든 것이 스스로 내가 장애물을 만드는 것입니다. 나 스스로 만들어가고 있습니다. 그래서 초월적 기쁨을 누리지 못하는 것입니다. 사도 바울은 지금 감옥에 있습니다. 그런데도 기뻐합니다. 하나님만을 바라보니 그 안에서 기쁨이 충만합니다. 그리고 권면합니다. "항상 기뻐하라." 오직 그리스도 안에서, 오직 주 안에서 회복될 수 있고 누릴 수 있는 것입니다. 이것이 성령의 역사입니다. 이 기쁨을 믿고 깨닫고 소유하고 누리고 증거해야 됩니다. 이것이 하나님의 뜻입니다. 이것이 교인의 표지입니다. 예수 믿지 않는 사람과 완전히 구별되는 삶의 표지입니다. 기쁨이 있어야 합니다. 이 점을 깊이 생각해야 합니다.

다음으로, 두 번째 교리인 관용에 대하여 생각해보겠습니다. 오늘 본문은 말씀합니다. "너희 관용을 모든 사람에게 알게 하라(5절)." 관용이 없으면 기쁨이 사라집니다. 기쁨 없는 관용은 위선입니다. 이 관용과 기쁨은 절대적인 관계에 있습니다. 그래서 그리스도인의 삶의 표지가 둘 있는데, 그것은 바로 기쁨과 관용입니다. 이 기쁨이라는 것은 하나님과의 수직적 관계에서 오는 영적인 기쁨입니다. 동시에 실제적인 것입니다. 관용이라는 것은 하나님께서 주신 불멸의 기쁨이 세상과 이웃과 타인을 향해 나가는 표현입니다. 온전한 믿음으로 그 기쁨을 영접한 자는 복음의 능력으로 그 영적 기쁨이 흘러넘쳐 타인을 향해 나타나게 되어 있습니다. 기쁨과 관용은 한 쌍의 짝과 같습니다.

이런 재미있는 이야기가 있습니다. 어느 할머니와 할아버지가 나들이를 갔답니다. 한참 걷는데 할머니가 피곤해서 할아버지에게 말합니다. "영감, 나 좀 업어줄 수 없소?" 할아버지는 업어주기 싫었습니다. 하지만 나중에 잔소리 들을 것이 싫고 겁나서 업어주었습니다. 할머니가 미안해서 말합니다. "나, 무겁지요?" 할아버지가 대답합니다. "아, 무겁지, 그럼." 할머니가 묻습니다. "왜?" 할아버지가 대답합니다. "머리는 돌이지, 얼굴은 철판이지, 간은 부었지." 돌아오는 길에 할아버지가 다리를 다쳤습니다. 할아버지가 말합니다. "할멈, 다리가 아파 걸을 수가 없구료. 나 좀 업어주오." 할머니는 업어주기 싫었지만, 받은 은혜가 있지 않습니까. 그래서 업어주었습니다. 할아버지는 미안했지만 아까처럼 "나 무겁지?" 하면 똑같은 답을 들을까봐 지혜를 내어 이렇게 묻습니다. "나 가볍지?" 할머니가 답합니다. "그럼, 가볍지." 그러면서 덧붙이더랍니다. "머리는 비었지, 입은 싸지, 허파에는 바람만 가득 들었지." 우스운 유머지만, 관용 없는 삶을 보여주는 것입니다. 부부관계든 이웃관계든 도무지 용서도 없고 기쁨도 없습니다. 관용이 없는 것입니다.

관용, 아주 어려운 말입니다. 헬라어로는 '에피에이케이아'입니다. 번역이 아주 어렵습니다. 영어성경을 찾아보니 NIV, NRSV에 둘 다 gentleness라고 되어 있습니다. 친절, 온화, 상냥으로 번역할 수 있는 말입니다. 하지만 단순한 말이 아닙니다. 다른 번역본에는 이렇게도 되어 있습니다. 인내, 부드러움, 겸손, 온화, 관용…. 이 '관용'을 국어사전에서는 '너그럽게 받아들이거나 용서함'이라고 풀이하고 있습니다. 하지만 그 이상입니다. '에피에이케이아'의 뜻을 가장 적절하게 표현하면 '법 이상의 것'입니다. 우리가 어떤 문제에 부딪혀 어려움을 겪을 때 마지막 결론을 무엇을 근거로 내립니까? 법입니다. 그것이 최종결론입니다. 그러나 관용은 법 이상의 것입니다. 법의 판단이 아닙니다. 그것은 보통사람들이 하는 것입니다. 그리스도인은 법 이상의 것으로 표현합니다. 다시 말해 공정 이상의 더 좋은 것으로 대하는 것, 그것이 관용입니다.

예수님께서 그 본을 몇 번 보여주십니다. 말씀으로 주시고 사건으로 보여주셨습니다. 어느 날 간음한 여인이 있는 현장을 보게 됩니다. 율법대로라면 돌로 쳐 죽여야 마땅합니다. 가혹하다고 말할 사람 없습니다. 그런데 예수님께서는 이미 그를 용서하셨습니다. "죄 없는 자가 던져라." 그러자 다 떠나갑니다. 예수님께서 다시 말씀하십니다. "다시는 그러지 말라." 끝입니다. 왜 그랬느냐, 어쩌자고 그랬느냐고 묻지 않으십니다. 아무것도 묻지 않으십니다. 법 이상의 것입니다. 이것이 관용입니다. 긍휼입니다. 그리스도인의 마음에는 관용이 있어야 됩니다. 그래서 관용을 모든 사람에게 알게 하라 하십니다. 특정인이 아닙니다. 모든 사람에게 알게 하라는 것입니다. 탕자의 비유를 통해서도 말씀하십니다. 탕자가 집을 나갔습니다. 불효자입니다. 허랑방탕하게 지냅니다. 모든 재산을 다 날렸습니다. 아니, 부모님에게 큰 상처를 안겨드렸습니다. 이제 모든 것을 잃고 거지가 되어 돌아옵니다. 그러나 아버지는 이유를 묻지 않습니다. 무슨 일이 있었는지도 묻지 않습니다. 그냥 가락지를 끼워주고 씻겨주고 잔치를 베풀어줍니다. 이것이 관용입니다.

불공평합니까? 나한테 그렇게 베풀어주면 감사하겠지만, 다른 사람에게 그렇게 베풀어준다면 그것은 불공평한 것입니다. 그러나 그리스도인의 삶이 여기 있다는 것입니다. 우리는 하나님의 초월적 은혜를 입은 자입니다. 그러니 그렇게 하는 것이 마땅하다는 것입니다. 이것이 그리스도인의 표지입니다. 너희 관용을 모든 사람에게 알게 하라는 것입니다. 심지어 사도 바울은 말씀합니다. 십자가의 원수에게까지 하라. 지금 교회를 분란시키는 순두게와 유오디아가 있습니다. 그러나 그들 모두를 포함하여 지금 권면하는 것입니다. 예수님께서 원수를 사랑하라 말씀하십니다. 그 표현입니다. 관용을 베풀라고 하십니다. 우리는 교회를 분란시키는 사탄의 도구가 된 사람을 하나님의 말씀으로 엄격하게 깨우쳐주어야 됩니다. 그러나 그들에게 권면을 할 때는 따뜻한 마음, 불쌍히 여기는 마음으로 해야 됩니다. 내가 정죄하거나 심판할 일이 아닙니다. 이것이 관용입니다.

예수님께서 비유를 통하여 말씀하십니다. 교회는, 하나님 나라는 알곡과 가라지가 함께 있는 곳입니다. 하나님의 사람과 사탄의 자식이 함께 있는 그곳이 교회입니다. 어떻게 생각하면 사탄의 자식이 없으면 교회가 아닙니다. 영적으로 충만할 때 사탄의 권세도 충만한 것입니다. 은밀히 들어오는 것입니다. 그대로를 말씀으로 인정합니다. "추수 때까지 함께 두라." 이제 그들을 어떻게 대합니까? 관용으로 대하라, 이것입니다. 모든 사람으로 관용을 알게 하라.

어떤 글에서 읽은 실제 사건입니다. 어느 집사님이 아주 추운 겨울날 연탄을 잘 피워놓고 잠자리에 들었습니다. 그런데 갑자기 너무 추운 것입니다. 그래 연탄불이 꺼졌나싶어 일어나 가봤더니 꺼진 것이 아니라 아예 연탄이 없어진 것입니다. 누가 훔쳐간 것입니다. 그 다음날에도 똑같은 일이 벌어졌습니다. 또 그 다음날에도 마찬가지였습니다. 이래서는 안 되겠다 싶어 집사님은 밤에 잠을 자지 않고 몰래 지켜보기로 하였습니다. 짐작가는 데가 있었습니다. 아니나 다를까, 범인은 자기 집에 세 들어 있는 건넌방의 한 부인이었습니다. 그 부인이 잘 타고 있는 연탄을 훔쳐가는 것이었습니다. 생각 같아서는 당장 뛰쳐나가 한바탕 하고 싶지만, 큰 싸움이 될 수도 있고 저 여자가 얼마나 당황하고 창피할까 싶기도 했습니다. 그 집사님은 생각합니다. '그래도 내가 그리스도인인데…' 그러면서 침묵합니다. 하지만 계속 그러면 아무리 집사님이라도 곤란하지 않겠습니까. 그렇게 무려 2주가 지났답니다. 그런데 어느 날 그 건넌방 부인이 찾아와 이렇게 고백하더랍니다. "제가 연탄을 훔쳐간 거 알고 계셨죠?" 그러면서 털어놓기를, 사실은 남편이 사업에 실패하여 엄청난 고통 중에 있었답니다. 그래 생각다 못하여 함께 점쟁이한테 갔더랍니다. 점쟁이 하는 말이 누구와 실컷 싸우고 나면 남편의 액운이 물러가고 행운이 온다고 했다는 것입니다. 그래서 지금 싸움을 걸려고 연탄을 훔쳐가고 있었다는 것입니다. 그런데 아무리해도 싸움이 일어나지 않아 지금 이실직고를 한다는 것이었습니다. 이 집사님, 관용으로 사람을 얻은 것입니다. 잘못을 가르쳐준 것입니다. 온 집안이 구원을 받았습니다. 이것이 관용입니다.

관용은 성도의 복음전도, 선교의 삶과 직결됩니다. 한 개인의 판단을 넘어 하나님의 능력이 나타납니다. 그래서 말씀합니다. "너희 관용을 모든 사람에게 알게 하라." 왜 우리는 그리스도인이 되어야 하느냐? 어떻게 그럴 수 있느냐? 그 답을 오늘 본문이 우리에게 주고 있습니다. 5절 말씀입니다. "주께서 가까우시니라." The Lord is near-주께서 가까우시니라. 그래서 관용을 베풉니다. 이것이 관용의 절대이유입니다. 그리스도인은 하나님 나라의 백성입니다. 하나님 나라가 가까워지고 있습니다. 그리스도인은 예수 그리스도의 통치 안에 있습니다. 그의 뜻이기 때문에 우리는 관용을 베풀어야 됩니다. 그가 판단하실 것이기 때문입니다. 최종 심판이 하나님께 있기 때문입니다. 관용을 베푸는 자의 삶을 통하여 하나님께서는 영광을 받으시고 우리에게는 놀라운 은총이 주어집니다. 더욱이 우리 모두는 예수 그리스도 앞에 가야 하기 때문입니다. 가까이 갈 날이 얼마 남지 않았습니다. 하나님께서는 그리스도인이 그 안에 충만한 기쁨을 표현함으로써 큰 관용을 베푸는 삶을 살기를 원하십니다. 이것이 그리스도인의 됨됨이입니다.

기쁨과 관용 중에 어느 것이 더 어려울 것 같습니까? 관용이 더 어려운 것입니다. 그 영적 기쁨은 하나님과 우리와의 수직적 관계에서 경험할 수 있습니다. 많은 분들이 찬송 중에 또 말씀의 은혜 중에 여러 사건을 통하여 그 Peak Experience, 절정 경험을 합니다. 또 그것을 간직할 수도 있습니다. 그런데 그들조차도 그것을 이웃에게 표현하지는 못합니다. 자기 혼자 멈춰버립니다. 기쁨이 영적인 진리라면, 관용은 진리의 적용입니다. 우리의 삶에서 이웃과 타인에 대한 하나님의 영적 진리의 적용이 관용입니다. 그러니 관용이 얼마나 어려운 것입니까? 그래서 예수님께서 새 계명을 주노라 하시면서 말씀하십니다. "서로서로 사랑하라. 내가 너희를 사랑한 것같이 서로 사랑하라." 이웃을 사랑하라고 말씀하십니다. 왜? 거기에 모든 것이 들어 있기 때문입니다. 그것이 관용입니다. 관용이 없으면 우리에게 주어진 중생의 기쁨, 진리가 준 초월적인 불멸의 기쁨이 사라집니다. 생각해보십시오. 내게 기쁨이 있는가? 일상적으로 항상 기뻐하는가? 아니, 정말 기쁨을 갖고 있는가? 이미 주어졌습니다. 그것이 없는 것은 관용이 없기 때문입니다. 긍휼이 없기 때문입니다. 관용은 더 높은 차원의 기쁨이요, 더 크고 성숙한 사랑의 고차원적인 표현입니다.

사도 바울이 빌립보 교회를 세울 때 빌립보 감옥에 갇힙니다. 억울하게 누명을 쓰고 감옥에 갇혀 수많은 매를 맞고 착고로 채워집니다. 하지만 그는 찬양합니다. 기뻐서 찬미를 했다고 되어 있습니다. 주 안에서 기뻐한 것입니다. 그럴 때 능력이 나타납니다. 옥문이 열리는 기적을 체험합니다. 그 영적 기쁨이 충만해야 하나님께서 주시는 것입니다. 그러나 그런 순간에도 그는 감옥에서 나가지 않습니다. 그 앞에 자기를 때렸고 자기를 가두고 자기를 지킨 그 간수가 있었기 때문입니다. 자기가 나가면 그가 죽습니다. 그래서 그가 두려워할 때 "내가 여기 있노라." 하며 그를 부릅니다. 이것이 관용입니다. 그리고 "주 예수를 믿으라."라고 말합니다. 그 집안 모두가 세례를 받고 하나님께로 돌아오는 역사가 일어납니다. 기쁨과 관용은 하나님께서 주시는 은총이요, 모든 그리스도인의 보편적 삶의 표지입니다. 오늘 본문은 말씀합니다. "주 안에서 항상 기뻐하라." "너희 관용을 모든 사람에게 알게 하라." 하나님의 말씀입니다.

28.
하나님의 평강

아무 것도 염려하지 말고 다만 모든 일에 기도와 간구로,
너희 구할 것을 감사함으로 하나님께 아뢰라 그리하면 모든 지각에 뛰어난 하나님의 평강이
그리스도 예수 안에서 너희 마음과 생각을 지키시리라 (빌4:6-7)

이미 말씀드린 바처럼 그리스도인의 삶의 표지에는 두 가지가 있습니다. 첫
째는, 기쁨입니다. 영원한 기쁨, 불멸의 기쁨, 영적인 기쁨이 그리스도 안에
나타나야 합니다. 그것이 하나님의 뜻입니다. 둘째는, 관용입니다. 이웃 모
두에게 드러나야 할 그리스도인의 됨됨이입니다. 긍휼을 베풀라는 것입니
다. 정의의 문제가 아닙니다. 법 그 이상의 것을 보이는 것입니다. 그것이 하
나님의 자녀, 그것이 교인의 표지라는 것입니다. 이 두 가지를 상고해 보았
습니다. 만일 그리스도인의 삶에 기쁨과 관용이 나타나지 않는다면 그는 잘
못된 교인입니다. 무언가 잘못 믿고 있는 것입니다. 왜곡된 진리를 받아들
이고 있는 것입니다. 무언가 잘못된 진리를 받아들이고 있다는 것을 스스로
감지하고 깨달아야 합니다. 그리고 다시 하나님의 말씀에 귀를 기울여야 합
니다. 그러나 실상 이 말씀을 믿고 영접함에도 불구하고 우리 삶에서 그런
기쁨과 관용이 나타나기는 매우 어렵습니다. 이 세상이 너무나 복잡하기 때
문입니다. 또 우리 자신에게 그만한 온전한 믿음이 없기 때문입니다. 그러

나 더 크고 중대한 문제는 하나님께서 주시는 기쁨과 관용을 빼앗아가는 그 무엇이 내 안에 존재한다는 것입니다. 그런 장애물이 내 안에 있음을 인정해야 합니다. 그래야 하나님께서 주시는 기쁨과 관용을 누리고 베풀며 살아갈 수 있습니다.

오늘 성경말씀은 바로 이것을 우리에게 가르쳐주고 있습니다. "아무것도 염려하지 말고…." 염려가 문제입니다. 근심, 걱정, 염려…. 이것이 하나님께서 주시는 은혜의 신비로운 기쁨과 긍휼을 빼앗아갑니다. 이것이 인간실존의 가장 큰 문제입니다. 성경은 바로 이것을 가르쳐줍니다. 인간실존의 본질이 염려라고 하는 보편적인 사실이라는 말씀입니다. 염려가 없는 사람은 없습니다. 인간은 누구나 근심, 걱정, 염려를 할 수 밖에 없는 실존적 존재입니다. 피조물이기 때문입니다. 완전한 존재가 아니기 때문입니다. 인간은 항상 근심, 걱정, 염려를 안고 살아갑니다. 또한 그 염려는 인간 스스로 없앨 수 없습니다. 어느 누구도 자기 스스로의 능력과 지혜로 거기에서 벗어날 수 있는 사람은 없습니다. 오늘 성경에서 사도 바울은 성령이 충만하여 우리 모두에게 말씀합니다. "그 장애물을 없애라. 그런고로 아무 염려도 하지 마라." 이 무슨 말씀입니까? 지금 사도 바울은 감옥에 갇혀 있습니다. 한 치 앞을 내다볼 수 없습니다. 재판받고 죽을 수도 있습니다. 고통 중에 있는 것입니다. 그런데도 아무 염려하지 말라고 했다면 그것은 그가 이미 답을 알고 있다는 말입니다. 그렇다면 그 모든 것에 대한 확신이 미래적으로 있다는 말입니까? 아닙니다. 그도 계시받은 바 없습니다.

빌립보 교회에 큰 문제들이 있습니다. 밖으로는 핍박과 환난이 있고 안으로는 유대의 율법주의자들이 있습니다. 4장에 나오는 대로 예전의 동역자였던 유오디아와 순두게가 그의 화평을 깨고 있습니다. 가라지들이 자라고 있습니다. 어떻게 염려를 안 할 수 있습니까? 자기 자신이나 교회의 문제나, 다 한치 앞을 볼 수 없는 상황 속에서 아예 생각조차 하지 말라는 이야기입니까? 아닙니다. 그런 문제가 아닙니다. 염려라는 것은 지나치게 생각하는 것을 이르는 말입니다. 조바심을 갖고 불안해하며 속을 썩이는 심적 상태를 말하는 것입니다. 전혀 생각을 아니할 수는 없습니다. 오늘을 살면서 어떻게 생각을 안 할 수 있겠습니까? 그러나 너무 깊이 생각하여 오늘의 삶을 잃지는 말라는 것입니다. 성경말씀을 직역하면, 그것 때문에 하나님께서 주신 영원한 기쁨과 자유와 은혜를 저버리지 말라는 것입니다. 그 은혜 밖의 삶으로 나가지 말라는 것입니다. 바로 이것을 우리에게 강조하며 가르치고 있습니다.

미국의 심리치료학자 빌 리터 박사는 공연한 걱정거리를 만드는 사람의 일곱 유형을 말합니다. 첫째, 부정적인 면만을 주시하는 사람입니다. 다른 사람한테서 불공평한 대우를 얼마나 받았는지 그것만을 기억하고 사는 사람입니다. 피곤한 사람입니다. 이런 사람 많습니다. 염려하는 사람입니다. 둘째, 실현 불가능한 꿈을 꾸며 항상 현실에 실망하는 사람입니다. 몽상가입니다. 셋째, 다른 사람의 존재를 아무 가치가 없는 것으로 생각하는 사람입니다. 스스로도 비하합니다. 인간의 존엄성을 생각지 못합니다. 이런 사람, 항상 염려가 많습니다. 넷째, 절대 다른 사람을 칭찬하지 않는 사람입니다. 절대 격려하지 않습니다. 스스로 소외된 자로 살아갑니다. 이 역시 염려가 많은 사람입니다. 다섯째, 내 진작 이럴 줄 알았어라며 현실에서 무슨 일만 일어났다 하면 이미 예상하고 있던 나쁜 일만 일어난다고 그럴 줄 알았다고 하는 사람입니다. 이 또한 염려가 많은 사람입니다. 여섯째, 사태를 눈더미처럼 키우는 사람입니다. 분노도 있고 고민도 있지만 그 마음을 풀지 못합니다. 마음 속 깊이 간직하고 있지만 풀지를 못합니다. 미련한 사람입니다. 일곱째, 다른 사람의 문제를 자기문제로 자책하는 사람입니다. 세상 모든 문제를 다 자기와의 관계에서 생각하며 스스로 낙담합니다. 이런 유형의 사람들이 공연한 걱정거리를 만드는 사람들입니다. 여러분, 나 자신은 어떤 사람입니까?

노만 빈센트 박사는 『적극적 사고방식』이라는 유명한 저서를 썼습니다. 거기에 염려에 대한 참 귀한 이야기가 있습니다. 제가 항상 수첩에 적어 다닙니다. 내용은 이렇습니다. 40%의 사람들은 절대로 발생하지 않을 일에 관하여 걱정을 합니다. 또 이미 일어난 사건이기에 어쩔 수가 없는 일인데도 그것 때문에 30%가 걱정을 합니다. 그리고 22%는 아주 사소하고 작은 일, 신경 안 써도 되는 일에 염려를 한다는 것입니다. 바꿀 수 없는 사건입니다. 불가항력입니다. 그런데도 걱정하고 고민합니다. 이것이 4%입니다. 이를 합하면 96%입니다. 해결해야 될 사건이 4%뿐입니다. 그런데 이 염려, 자기 힘으로 하는 것입니까? 걱정, 근심…. 어느 범주에 속합니까? 정말 쓸데없고 허황되고 잘못된 염려가 세상에는 너무나 많습니다. 이를 알고 말씀을 다시 생각해야 됩니다. "아무것도 염려하지 말고…(6절)." 객관적 분석에 의하면 정확히 96.7%입니다. 그런데 그것 때문에 불안과 두려움에 떨며 살아가고 있다는 말입니다. 바로 그 장애물이 하나님께서 주신 초월적인 기쁨과 은혜조차도 소멸시키는 것입니다.

오늘 성경을 보면 이 염려, 분명 내적인 것입니다. 마음 안에 있는 것입니다. 생각 안에 있는 것입니다. 그래서 오늘 본문 마지막 절은 말씀합니다. "하나님의 평강이 그리스도 예수 안에서 너희 마음과 생각을 지키시리라." 염려는 어디에 있는 것입니까? 우리 마음과 생각 안에 있는 것입니다. 스스로 자기 안에 있는 것입니다. 사도 바울은 자기 스스로 이것을 깨달았습니다. 신중하게 의도적으로 단어를 선택하여 우리에게 말씀하고 있습니다. 예수님께서도 말씀하고 계시잖습니까? "내일 일을 위하여 염려하지 말라." 적극적으로 말하면 무엇입니까? 내 마음과 생각을 다스리라는 것입니다. 내 마음과 생각의 주인이 누구냐? 통제권을 가진 자가 누구냐? 우리가 염려할 때 내 마음의 주인은 내가 아닙니다. 따로따로 가고 있습니다. 어떻게 보면 이미 사단에게 뺏긴 것일 수도 있습니다. 그렇다고 예수 그리스도께서 주인이신 것도 아닙니다. 바로 그것을 회복하라는 것입니다. 마음과 생각을 지키고 통제하라. 이것을 우리에게 가르쳐주고 있습니다.

정채봉씨의 『날고 있는 새는 걱정할 틈이 없다』라는 책이 있습니다. 제목부터가 아주 괜찮습니다. 이 책에 재미있는 이야기가 하나 나옵니다. 애늙은이라고 하는 굴뚝새가 굴뚝 위에 앉아 시름에 잠겨 있습니다. 마침 어미 새와 새끼 새가 그곳을 지나가며 대화를 나눕니다. 그 내용입니다. 어미 새가 아기 새한테 말합니다. "걱정은 결코 위험을 제거한 적이 없다. 그리고 걱정은 결코 먹이를 그냥 가져다준 적이 없다. 그리고 걱정은 눈물을 그치게 한 적도 없다." 이렇게 고상하게 또 철학적으로 말을 하니 아기 새가 묻습니다. "엄마, 걱정을 어떻게 해야 해결할 수 있나요?" 어미 새가 답합니다. "네 날개로 네 발로 풀어야지, 어떻게 한나절 걱정할 틈이 있겠느냐." 그러면서 어미 새는 창공으로 높이 날아오릅니다. 그러면서 한 마디 합니다. "걱정은 결코 두려움을 없애준 적이 없다. 날고 있는 새는 걱정할 여가가 없다." 너무 멋있지 않습니까. 그런데 바로 그 순간 땅 하고 총소리가 났답니다. 포수가 총을 쐈는데 굴뚝새가 맞아서 죽었습니다. 걱정하다가 그렇게 된 것입니다.

우리가 염려하고 걱정하는 것은 죽어가는 시간입니다. 의미있는 시간이 아닙니다. 창조적인 시간이 아닙니다. 그야말로 무의미한 시간입니다. 그런데도 계속 염려와 걱정이 있습니다. 그것이 얼마나 큰 장애이며 무서운 일인지를 우리에게 알려줍니다. 아무것도, 어떤 것도 염려하지 마라. Do not worry about anything. 어떤 것도 염려하지 마라. 마음과 생각을 굳게 지키라는 것입니다. 그런데 어떻게 해야 이렇게 할 수 있는 것입니까? 이것이 문제입니다. 철학자는 철학적 방법으로, 심리학자는 심리학적 방법으로, 교육자는 교육학적 방법으로 답을 찾습니다. 수많은 사람들이 저마다의 방법으로 답을 찾습니다. 이 방법 제대로 찾아 알려주고 효과가 있으면 그는 당장 재벌이 될 것입니다. 예수님께서는 공짜로 알려주셨습니다. 그런데도 안 믿으니까 어떻게 하겠습니까? 인간의 능력으로는 불가능합니다. 인간 스스로가 한계적, 실존적 인물이기 때문입니다. 본성의 염려가 있습니다. 자기의지로는 극복할 수 없습니다. 오직 초월자, 완전자만이 이것을 해결할 수 있습니다. 그래서 하나님께서 주신 말씀이 다 복음인 것입니다. 그 문제를 해결할 수 있는 비결을 우리에게 주십니다.

오늘 본문말씀은 참으로 귀한 위로가 있는 생명의 말씀입니다. 아주 현실적이고 구체적인 말씀입니다. 그 답을 오늘 성경은 한 마디로 말씀합니다. "하나님께 아뢰라(6절)." 바로 그것입니다. 하나님께 아뢰라. in everything. 그러면 하나님께서 알려주시겠다. 바로 이것이 비결입니다. 오직 하나님께서만이 가능하시기 때문입니다. 오늘 본문은 구체적으로 세 가지 방법을 알려줍니다. 본래는 하나인데 그 하나의 기도를 구별하여 특별히 강조하고 있습니다. 그래서 세 가지로 나타나고 있는 것입니다.

하나님께 아뢰는 방법 세 가지입니다. 첫째는, Prayer-기도입니다. 기도로 아뢰라는 것입니다. 바로 이 기도는 하나님 앞에서 하는 보편적 기도입니다. 예배, 경배와 같은 기도입니다. 하나님의 임재를 믿습니다. 그 앞에서 모든 것을 조용히 말씀드립니다. 그리고 그 창조주이며 역사의 주인이시고 전지전능하신 하나님을 생각하며 조용히 묵상기도 합니다. 이 자체를 믿고 기도하는 자, 그것이 특권입니다. 기도란 무엇입니까? 하나님께 우리의 염려와 걱정을 비롯한 모든 것을 드러내는 것입니다. 말하는 바로 그 순간 내 안에서 떠나는 것입니다. 하나님께 맡기겠다는 것입니다. 하나님의 도움을 요청하는 것입니다. 하나님께서 들으실 줄 믿고 기도하는 것입니다. 내 손에서 떠났습니다. 그것을 믿고 기도하는 것입니다. 그럴 때 염려를 없앨 수 있다는 것입니다. 여러분이 잘 아시는 테레사 수녀님, 70이 넘는 노구를 이끌고 그 많은 지역에 봉사를 하러 다녔습니다. 많은 사람들이 테레사 수녀님에게 물었습니다. "어떻게 그 연세에도 이런 일을 할 수 있습니까?" 테레사 수녀는 준비된 답을 말합니다. "기도입니다." 테레사 수녀에게는 자기만의 평생의 기도문이 있었습니다.

> 하나님 저와 함께 계시옵소서. 당신의 말이 아닌 것은 입으로 내뱉지 않게 하시옵소서. 당신의 생각이 아닌 것은 머리에 담아두지 않게 하시옵소서. 당신의 뜻이 아닌 것은 애시 당초 시작도 하지 말게 하시옵소서.

이 기도가 테레사 수녀를 모든 염려와 걱정에서 벗어날 수 있도록 해주었던 것입니다. 성경이 말씀하는 '바른 기도'는 하나님의 뜻을 깨닫는 기도입니다. 하나님께 모든 것을 맡기는 것입니다. 그리고 하나님의 뜻을 이루어나가는 것입니다. 담대한 용기를 가지고 나가는 것입니다. 그 안에 많은 문제가 있습니다. 사도 바울은 감옥에 있습니다. 그러나 이제 더 이상 문제가 안 되는 것입니다. 하나님께 기도했기 때문입니다. 그것을 믿었기 때문입니다. 기도하십시오. 하나님께 아뢰십시오.

둘째는, Supplications-간구입니다. 자기만의 개별적인 것을 구체적으로 하나님께 요청하는 것을 말합니다. 그럴 때 우리의 염려가 사라집니다. 누구에게도 말하지 못한 내적인 고민들, 상처들, 근심들이 있지 않습니까? 하나님께만 할 수 있는 것입니다. 이미 말씀드렸지만, 저는 이 부분에서 좀 재미있는 경험을 한 바 있습니다. 미국의 풀러 신학교에서 공부할 때입니다. 제가 좀 멀리 살았습니다. 학교까지 45분 거리입니다. 한데 천 명이 넘는 재학생에 주차장은 차를 200대도 채 세울 수가 없을 만큼 좁았습니다. 주차를 못하면 한참을 갔다가 다시 걸어서 와야 합니다. 참 걱정이었습니다. 집은 멀지, 차는 세워둬야지. 그러니 기도 말고 무슨 방법이 있겠습니까. 겨우 주차문제 때문에 기도를 드리자니 처음에는 참 유치하더라고요. 그러나 어쩔 수가 없었습니다. 저한테는 심각한 문제였습니다. 그래서 정말 신중하게 기도하기 시작했습니다. 그랬더니 정말 자리가 생기는 것이었습니다. 간단합니다. 다른 사람들은 기도를 안했기 때문입니다. 그럼 왜 빈자리 없는 경우가 두세 번 있었는가? 아마 그 날은 나보다 더 절실하게 기도한 사람이 있었기 때문일 것입니다. 아주 간단합니다. 일상적이고 아주 사소한 것이라도 모든 것을 하나님께 기도해야 합니다. 제가 새벽기도 때마다 첫 기도부터 마지막 기도 때까지 항상 반복적으로 드리는 기도가 있습니다. 그 새벽에 눈을 뜨고 나온 것을 감사하는 기도입니다. 그것부터가 감사한 일입니다. 목회자로서 살펴보니 주변에서 갑자기 돌아가시는 분들이 많습니다. 하루의 첫 생각이 하나님이라는 것, 제일 먼저 하나님을 생각하고 기도할 수 있는 특권을 주신 것, 얼마나 감사한 일입니까? 오늘의 건강, 오늘의 기회, 누군가를 만나는 것, 미지의 만남, 이 모든 것을 생각해보면 얼마나 감사한 일인지 알 수가 없습니다. 죽을 뻔했다가 되살아난 것만을 기적으로 생각하는 것이 문제입니다. 산 사람, 멀쩡한 사람이 갑자기 죽는 것도 기적입니다. 원래 재앙이 그런 것입니다. 갑자기, 홀연히 나타나는 것, 그리고 죽어가고 고통받는 것이 기적입니다. 그 가운데 일상적인 기적이 있는 것입니다. 조용히 보호하시고 인도하시는 하나님께 맡겨야 합니다. 바로 그런 기도를 말씀하고 있는 것입니다. 그럴 때 우리의 염려가 사라집니다.

셋째는, Thanksgiving-감사입니다. 감사기도를 해야 됩니다. 감사기도는 능력의 원천입니다. 하나님의 능력이 나타나는 신비의 열쇠입니다. 예수님께서도 이 부분을 우리에게 보여주십니다. 그리고 말씀해주십니다. 예수님께서 기도를 가르쳐주시며 말씀하십니다. "내 이름으로 기도하라. 그리고 받은 줄로 믿으라." 감사기도란 무엇입니까? 받은 줄로 믿고 기도하는 것입니다. 요한복음 11장에서 예수님께서는 죽은 나사로를 살리십니다. 그 바로 전에 예수님께서 하신 말씀이 있습니다. "아버지여 내 말을 들으신 것을 감사하나이다(41절)." 하나님께서 기도 들어주실 것을 믿고 감사하라고 말씀하십니다. "나사로야 나오라(43절)." 예수님께서 본을 보여주십니다. 우리의 감사기도에는 하나님께서 우리를 자녀로 불러주시고 우리에게 말씀을 주시고 은혜를 주시고 구원의 확신을 주신 그 수많은 체험적 제목들이 있습니다. 그러나 그것보다도 더 큰 구원은 이것입니다. '감사의 기도는 받은 줄로 믿으라.'

때와 기한은 하나님께 있습니다. 그러니 그 안에 염려가 있겠습니까? 다시 사도 바울을 생각해보십시오. 그는 감옥에서 고통 중에 있습니다. 몸도 약합니다. 언제 죽을지도 모릅니다. 그런데도 사도 바울은 아무 염려하지 말고 하나님께 아뢰라고 합니다. 자기가 체험한 것입니다. 구체적으로 확증한 것입니다. 그래서 성령께서 그 삶과 인격과 그 기도를 통하여 하나님의 말씀을 전해주십니다.

오늘 성경은 말씀합니다. "다만 모든 일에 기도와 간구로, 너희 구할 것을 감사함으로 하나님께 아뢰라. 그리하면 모든 지각에 뛰어난 하나님의 평강이 그리스도 예수 안에서 너희 마음과 생각을 지키시리라." 이것이 복음입니다. 이것보다 더 큰 위로의 말씀이 어디 있습니까? 아주 구체적으로 우리에게 방법을 일러주십니다. 하나님께 아뢰면 모든 걱정과 근심과 염려를 다 없애주실 것이지만 만일 기도하지 않으면, 만일 하나님께 아뢰지 않으면 아무것도 없는 것입니다. 하나님의 사람 위대한 왕 다윗은 기도의 사람이요, 은혜 충만한 사람입니다. 그가 이제 하나님의 능력으로 큰 위업을 달성했습니다. 나라를 통일시켰습니다. 이스라엘 나라를 세웠습니다. 그런데 어느 날, 갑자기 무엇을 생각했는지 모르겠습니다마는, 좌우지간 마음이 좀 복잡했던 것 같습니다. 너무 큰일을 이루고난 뒤의 허전함 같은 어떤 염려거리가 있었는지도 모릅니다. 바로 그런 시간에 그는 기도하지 않았습니다. 그는 지붕 위로 올라갔습니다. 싸돌아다닌 것입니다. 거기에서 어슬렁거리다가

저 밑에서 목욕하는 여자 밧세바를 보게 된 것입니다. 그 시간, 거기에 올라가지 않았더라면 보지 않게 되었을 광경입니다. 왜 쓸데없이 잠을 안자고 그럽니까? 잠 못 이루는 밤입니다. 그래서 잘못을 저지릅니다. 평생 다시없을 엄청난 잘못입니다. 그 안에 염려가 있었거든요. 그래 성경은 말씀합니다. 모든 것을 하나님께 아뢰라고 말입니다. 그 안에 답이 있습니다. 그것이 염려를 해결할 수 있고 제거할 수 있는 유일한 길임을 우리에게 알려주고 있습니다. 그럴 때 하나님의 약속은 이것입니다. 이 말씀을 항상 기억하기 바랍니다. "하나님의 평강이…" 이것이 능력이요, 이것이 응답입니다. 지금 사도 바울이 감옥에 있습니다. 그러나 기도하면 감옥에서 벗어나게 해주겠다는 것도 아닙니다. 기도하면 그 즉각 모든 환경, 외적 요소를 싹 제거해주겠다는 성경구절은 하나도 없습니다. 그것은 하나님의 주권입니다. 약속이 아닙니다. 너희가 기도하면 너희에게 임재를 보여주고 계시를 주시겠다는 것도 아닙니다. 그 말씀도 하나님의 주권 안에서 누군가에게 초월적으로 나타난 것뿐입니다. 성경은 약속의 말씀입니다. 보편적인 것입니다. 항상 있는 것입니다. 그것을 우리에게 말씀해주십니다. 그것이 하나님의 평강입니다.

평강을 주노라. 하나님의 평강을 주시겠다고 약속하십니다. 오늘도 하나님의 사람은, 하나님의 임재를 믿고 기도하고 간구하고 감사하는 사람은 언제나 누구나 하나님의 평강을 체험할 수 있습니다. 이것이 응답입니다. 이것으로 확신을 받아야 됩니다. 그 외의 것을 또 쫓아다니면 또 하나의 근심과 염려가 생깁니다. 그러면 평생 응답받을 수 없습니다. 성경은 약속이 있는 말씀입니다. '하나님의 평강이 너희를 지키시리라.' 이것이 약속이 있는 은혜로운 말씀입니다. 사도 바울은 감옥에서 이를 체험한 것입니다. 이를 느낀 것입니다. 하나님의 평강이 옵니다. 과거에도 경험했습니다. 빌립보 감옥에서 매 맞고 착고에 채워지지만 그는 찬송을 부릅니다. 하나님의 평강과 평안이 있기 때문입니다. 하나님 외의 어떤 인간, 어떤 제도가 우리에게 이것을 줄 수 있습니까? 아무도 줄 수 없습니다. 오직 하나님의 평강만이 주는 능력입니다.

　이런 이야기가 있습니다. 유명한 화가 두 명이 동시에 한 그림을 그리기로 약속을 했습니다. 서로 좀 경쟁적인 관계입니다. 선의의 경쟁입니다. 그래 무슨 제목으로 그림을 그릴까 고민하다가 제목을 정했습니다. '고요할 정(靜)'이었습니다. 그리고 열심히 그렸습니다. 두 사람 다 비슷한 시간에 작품을 완성하였습니다. 한 화가가 그린 그림은 끝없이 펼쳐진 청록색 호수였습니다. 물결 한 점 일지 않습니다. 투명한 호수의 수면에는 언덕 위의 수양버들과 흩날리는 옷자락이 비추입니다. 그야말로 전체가 다 조용하고 고요합니다. 사실적인 그림이었습니다. 다른 화가가 그 그림을 그린 화가에게 참 잘 그렸다고 칭찬합니다. 그러면서 자기 그림을 보여줍니다. 펼쳐놓으니 정반대의 그림이었습니다. 깊은 산 속에 웅장한 폭포가 있습니다. 깎아지른 듯한 바위 위로 맹렬한 물살의 기운이 느껴집니다. 그리고 큰 나무의 흔들거리는 가냘픈 나뭇가지 위에 엉성하게 얽은 새집 하나가 있습니다. 그 안에는 갓 알에서 나온 새끼새 두 마리가 얌전히 눈을 감고 있습니다. 폭포 떨어지는 소리에도 아랑곳없이 조용히 잠들어 있는 모습이었습니다. 어느 것이 더 고요함을 잘 나타냈습니까? 당연히 두 번째 그림입니다. 호수그림을 그린 친구가 말합니다. "나는 경치를 잘 묘사했는데 자네는 상황을 잘 묘사했구만. 자네가 나보다 낫네." 이 이야기가 주는 교훈은 무엇입니까?

　고요함이란 물리적 고요를 가리키는 것이 아니라, 심적 변화를 가리키는 것입니다. 사도 바울은 지금 감옥에 있습니다. 물리적으로는 고통 중에 있습니다. 상황에 아무 변화도 없습니다. 그러나 그 안에서 하나님의 신비로운 평안, 인간이 주는 평안이 아니라 하나님께서 주시는 평안을 느꼈습니다. 하나님의 임재를 체험했습니다. 그래서 염려하지 않습니다. 그 마음에 아무런 근심걱정이 없습니다. "너희 마음과 생각을 지키시리라." 바로 이러한 삶이, 이러한 삶의 태도가 세상 모두에게 충격을 줍니다. 세상 모든 사람들이 그런 삶을 추구합니다. 인간은 그 안에 염려가 있습니다. 걱정이 있습니다. 그러나 스스로 해결할 수 없습니다. 그렇다면 어떻게 해야 그렇듯 진정한 평안을 누릴 수 있을까요? 말로 해서는 아무도 안 믿습니다. 아무리 성경말씀을 믿으라고 해도 믿지를 않습니다. 그들에게 충격을 주고 관심을 유발하고 놀라움을 주는 방법은 하나 뿐 입니다. 내가 직접 보여 주는 것입니다. 그런 상황에도 불구하고 찬송하고 화평하고 평안한 삶을 보여주는 것뿐입니다. 왜? 말씀이 그를 변화시켰습니다. 하나님께서 주시는 평안의 능력을 체험했기 때문입니다. 이것이 전도요, 성교(聖敎)입니다. 말로 한다고 되는 것이 아닙니다. 이것을 체험한 자가 삶으로 보여줄 때 구체적이고 실제적인 말씀의 능력을 함께 공유할 수 있게 되는 것입니다.

오늘 성경은 말씀합니다. "하나님의 평강이 그리스도 예수 안에서 너희 마음과 생각을 지키시리라." 그리고 이것은 오직 예수 안에 있는 것이라 말씀합니다. 예수 그리스도 이름의 권세요, 예수 그리스도 말씀의 권세요, 예수 그리스도 통치의 주권을 우리에게 알려줍니다. 그 길이요, 그 진리요, 그 생명이신 오직 그분에 대한 믿음 안에서 하나님의 평강이 주어진다는 것입니다. 그래서 성경은 말씀합니다. 지키시리라, 하나님의 평강이 너희를 지키시리라, 염려로부터 어떠한 걱정으로부터도 너희를 보호하고 인도하시리라. 그야말로 은혜로운 약속이요, 생명과 위로의 말씀입니다. 이것이 복음입니다.

제가 근래 『존 웨슬리의 일기』라는 책을 읽었습니다. 그 책을 읽고 참 많이 감동받고 회개했습니다. 그리고 다시금 하나님 말씀을 깊이 생각하게 되었습니다. 웨슬리는 감리교의 창시자입니다. 그 당시 핍박이 참 많았더라고요. 설교 중에 깡패들이 쳐들어와 폭행을 하지를 않나, 새로이 감리교를 창시하는 와중이니 교회 밖에서 예배를 많이 드렸는데 그럴 때 1,000명,

5,000명씩 모여 있는 자리에 황소를 풀어놓아 방해하지를 않나, 좌우지간 별별 일을 다 겪었더라고요. 웨슬리는 굴하지 않고 그러는 중에 비가 억수같이 쏟아지는데도 몇 시간씩 설교를 하였습니다. 사람들은 하나님의 충만한 은혜 가운데 움직이지도 않았습니다. 요즘 그런 일이 벌어졌다가는 모두 다 도망갈 것입니다. 그러나 그들은 은혜를 받고자 그 자리에 꼼짝않고 있었습니다. 그 모습을 상상해보십시오. 더욱이 제게 특별한 관심을 주는 것은 그 일기입니다. 웨슬리의 부인이 소크라테스 마누라보다 더한 악처였습니다. 세계 3대 악처 중 한 사람을 이 부인으로 바꾸어야 합니다. 사모가 아닙니다. 그냥 마누라입니다. 돈 많은 과부입니다. 결혼은 나중에 하게 됩니다. 의부증이 심했습니다. 웨슬리가 집회 인도하러 갔을 때 하루 이틀 지나면 거기까지 쫓아와 설교하는 웨슬리 목사님의 머리를 잡고 사람들 다 보는 앞에서 폭행을 가합니다. 그 기가 막힌 내용을 일기에 적은 것입니다. 사람들은 그 광경을 보면서 그 여자를 천하의 악녀라고 욕합니다. 기록에 나옵니다. 존 웨슬리 목사님의 간증도 있고 다른 사람들의 고백도 있습니다. 그런데도 웨슬리는 단 15분도 그 문제로 염려한 적이 없다는 것입니다. 얼마나 상심했겠습니까? 얼마나 답답했겠습니까? 그런데도 단 15분의 시간조차 거기에 뺏기지 않았다는 것입니다. 정말 존경스럽더라고요. 무엇이 사람을 이렇게 만든 것입니까? 무엇이 그로 온갖 염려와 걱정에서 벗어나게 한 것입니까? 바로 하나님의 평강입니다. 기도와 간구와 감사로 하나님의 약속과 평강을 체험했습니다. 그리고 하나님께서 주신 평안으로 모든 것을 다스릴 수 있었던 것입니다. 마음과 생각을 지킬 수 있었습니다.

오늘 주신 말씀은 생명의 말씀입니다. "그리하면 모든 지각에 뛰어난 하나님의 평강이 그리스도 예수 안에서 너희 마음과 생각을 지키시리라." 우리에게 주신 하나님의 이 평강을 소유해야 합니다. 누려야 합니다. 체험해야 합니다. 그리고 증거해야 합니다. 모든 그리스도인에게 주시는 약속인 하나님의 은총입니다. 그래서 우리는 주님을 찬양합니다. 이 거저 주신 바 이 놀라운 하나님 나라의 지식, 이 신비한 능력의 말씀을 믿는 자에게 그대로 하나님의 평강이 나타날 것입니다.

29.
이것들을 생각하고 행하라

> 끝으로 형제들아 무엇에든지 참되며 무엇에든지 경건하며 무엇에든지 옳으며
> 무엇에든지 정결하며 무엇에든지 사랑 받을 만하며 무엇에든지 칭찬 받을 만하며 무슨 덕이 있든
> 지 무슨 기림이 있든지 이것들을 생각하라 너희는 내게 배우고 받고 듣고 본 바를 행하라 그리하면
> 평강의 하나님이 너희와 함께 계시리라 (빌4:8-9)

오늘 본문말씀은 사도 바울이 빌립보 교회에 보낸 서신의 마지막 권면입니
다. 그래서 그 첫 부분이 "끝으로…(8절)"로 시작됩니다. 영어로는 "Finally…"
입니다. 여기서 몇 가지 생각할 점이 있습니다. 정말 마지막이라서 마지막
이기도 하겠지만, 달리 보면 '요약하여' 혹은 '강조하여'의 뜻도 있는 것입니
다. 앞서 3장 1절에 "끝으로"라는 표현이 이미 한번 나온 바 있습니다. 끝이
라는 말이 아닙니다. 강조하여 말씀한다는 뜻입니다. 오늘 본문의 표현은
강조뿐만이 아니라 '요약하여' 또는 '마지막으로' 주는 권면의 말씀이라는 뜻
입니다. 이것은 편지의 형식이기 때문입니다. 우리가 보통 편지글에서 그
마지막 부분에 이르면 '결론적으로' 또는 '마지막으로'와 같은 표현을 쓰게
됩니다. 사도 바울은 자기가 쓰는 편지가 성경이 될 것이라는 생각은 못했습
니다. 성령이 충만하여 빌립보 교회에 권면하는 말씀을 서신으로 보낸 것이
후에 성경이 된 것이기 때문입니다. 하지만 예수님께서는 그 많은 말씀을 하

시는 중에서도 '결론적으로' 또는 '마지막으로'와 같은 표현은 쓰신 적이 없습니다. 그 말씀 전체가 하나님 나라의 메시지이기 때문입니다. 그래서 현대 설교학에서는 '마지막에', '마지막으로', '끝으로'와 같은 표현은 설교 중에 쓰지 않는 것이 좋다고 권합니다. 오늘 본문은 그야말로 강조하는 마지막 권면의 말씀입니다. 그래서 지금까지 나타난 전체 말씀의 본질이 담겨 있습니다. 동시에 광범위한 주제를 담고 있습니다. 이것은 그리스도인의 생활철학을 담고 있습니다. 이것을 신학적으로는 '기독교 윤리'라고 말합니다. 오늘 이 간단한 말씀에 기독교 윤리의 핵심이 드러나 있습니다. 매우 어렵고 광범위한 주제입니다.

기독교 윤리는 다른 종교의 윤리처럼 상대적 윤리가 아닙니다. 기독교 윤리는 절대적 윤리입니다. 이것을 항상 생각해야 합니다. 또한 기독교 윤리는 율법적 윤리입니다. 다른 윤리는 이것을 하지 마라, 이것을 행하라. 이런 식으로 아주 확실하게 구분하지 않습니다. 하지만 복음은 그렇지 않습니다. 기독교 윤리는 복음적이요, 은혜적입니다. 이것을 알아야 됩니다. 요즘 우리 사회에 기독교 단체가 많이 생겼습니다. 특히 기독교 윤리라는 타이틀을 내걸고 어떤 상황이 벌어질 때마다 '이것이 기독교 윤리다'라고 주장하는데, 정말 마음에 안 듭니다. 그냥 우리윤리라고 바꿔주면 좋겠습니다. 조금도 기독교 윤리답지가 않습니다. 진정한 기독교 윤리를 찾아볼 수가 없습니다. 원수를 사랑하라는 것이 진정한 기독교 윤리입니다. 그런데 원수를 이미 지옥으로 몰고 가고 있습니다. 이미 원수도 아닙니다. 자기와 생각이 다르다고 완전히 비난하고 정죄합니다. 그런 것이 어떻게 기독교 윤리일 수 있습니까? 화평을 말하는 것이 아닙니다. 오히려 흑백을 가리고 있습니다. 분리를 더욱 조장하는 것입니다. 거기에 누가 있느냐는 중요한 것이 아닙니다. 어떤 것이든 성경적으로 분별해야 됩니다. 그런 것은 기독교 윤리가 아닙니다. 잘 봐줘야 초등학교 바른생활 수준입니다. 또 다르게 보면 '저분들이 언제 검사가 되었지? 하는 생각이 듭니다. 자격 없는 검사입니다. 자격 없는 재판관입니다. 복음에는 그런 정죄나 비난적 요소가 없습니다.

오늘 본문 8절의 중심은 "생각하라"이고, 9절의 중심은 "행하라"입니다. "배우고 받고 듣고 본 바를 행하라." 이것이 기독교 윤리의 주제요, 중심입니다. 먼저 생각해야 할 것은, 인간은 그 스스로가 무엇을 생각하느냐에 따라 그 삶이 결정된다는 것입니다. 그 인격도 결정됩니다. 어떻게 생각해보면 그의 직업도 결정됩니다. 어떤 사람이 컴퓨터를 매우 좋아합니다. 그러면 컴퓨터관련업계에 종사해야 할 것입니다. 어떤 사람이 운동을 좋아합니다. 그러면 운동에 관한 일을 할 것 아닙니까? 어떤 사람이 돈을 좋아합니다. 그러면 돈 많이 버는 일을 할 것이 아닙니까? 노래를 좋아합니다. 그러면 노래 부르는 일을 합니다. 무엇을 생각하느냐에 따라 미래의 운명, 그 삶, 나아가 그 인격조차도 결정되는 것입니다. 이것을 알아야 합니다. 왜냐하면 인간은 이성적 존재이기 때문입니다. 이성이라는 것은 생각하는 기능입니다. 추리하는 기능입니다. 그러니까 인간은 생각하는 존재라는 것입니다. 그래서 유명한 철학자 데카르트의 명언이 있지 않습니까? "나는 생각한다. 고로 나는 존재한다." 생각하는 자만이 인간입니다. 생각하는 그 자체가 인간의 됨됨이를 결정합니다.

다음으로 생각해야 할 것은, 인간의 마음은 무엇인가에 항상 집착한다는 것입니다. 항상 변합니다. 대개의 경우 끊임없이 무엇엔가에 집착하고자 합니다. 어떤 때는 외모에, 어떤 때는 학업에, 어떤 때는 경쟁에, 어떤 때는 성에, 어떤 때는 명예에 집착합니다. 무엇엔가에 항상 집착합니다. 흔히들 우리가 방황한다고 말할 때는 두 가지를 생각할 수 있습니다. 하나는 소극적인 의미로 잘못된 것에 집착하는 것입니다. 그래서 방황하는 것입니다. 더 적극적인 의미로는 지금 아무것도 바로잡지 못했다는 것입니다. 집중하는 마음이 없습니다. 항상 이것일까 저것일까 고민합니다.

그리스도인의 방황은 무엇입니까? 두 마음을 가진 것입니다. 이 세상의 영광과 하나님의 영광을 동시에 생각합니다. 둘 다 가지고자 합니다. 그래서 끝없이 방황하는 것입니다. 거기에는 평안이 없습니다. 분명 성경은 "하나님 나라와 그 의를 먼저 구하라"고 말씀합니다. 그리스도인은 하나님의 나라를 추구해야 되는데 끝없이 세상의 것을 추구하니 방황할 수 밖에 없는 것입니다. 세상이 그를 어떻게 평가하든 하나님 앞에서 그는 방황하는 존재요, 낙심하는 존재요, 항상 두려움을 가지고 살아가는 사람입니다. 또 인간의 행동은 자신의 생각으로부터 마음으로부터 결정된다는 것입니다. 생각대로 행동합니다. 그래서 인간은 자기 행동에 책임을 져야 됩니다. 그 행동의 근거가 자기에게 있기 때문입니다. 인간에게는 생각 자체가 너무도 중요한 요소임을 우리는 항상 기억해야 합니다.

그래서 오늘 본문은 말씀합니다. "이것들을 생각하라." 그리스도인은 그리스도인다운 것을 생각해야 됩니다. 한마디로 하나님 나라의 가치관과 진리들을 생각해야 됩니다. 하지만 그 외의 것을 생각하고 실천한다면 어디서부터 문제가 잘못된 것입니까? 그 생각부터 잘못된 것입니다. 이것들을 생각하라. 이것이 그리스도인의 윤리관, 즉 기독교 윤리관의 시작이요, 본질입니다. 저는 이 말씀 "이것들을 생각하라"의 의미를 더 적극적으로 해석하고 싶습니다. 이것들을 집중하여 생각하라. 이것이 더 옳은 표현일 것입니다. 우리는 사단의 역사가 어떤 큰 사건이나 현상으로 나타난다고 생각하기 쉽지만, 아닙니다. 바로 생각으로부터 시작하는 것입니다. 사단이 사람을 조종할 때 인간의 생각을 건드립니다. 가룟 유다를 생각해보십시오. 그는 3년 동안 예수님께로부터 직접 배웠습니다. 수많은 것을 직접 자기 눈으로 봤습니다. 특별히 예수님께서는 다른 분이시다, 정말 하나님의 존재이신가 하고 생각할 만큼 위대한 분이심을 알았을 것입니다. 그런데 궁극적인 문제가 있었습니다. 예수님의 생각과 내 생각이 서로 다르다는 것이었습니다. 예수님께서는 자꾸 죽겠다고 하십니다. 십자가를 지신다고 하십니다. 그러나 가룟 유다는 그리해서는 안 될 것 같다는 생각이 듭니다. 유다는 예수님으로 인하여 이스라엘의 정치적 해방이 이루어져야 된다고 생각한 것입니다. 이것이 유다가 생각한 하나님 나라입니다. 그가 결국 추구한 것은 현실적인 하나님 나라입니다. 바로 그 생각에서 유다가 예수님을 팔아넘기지 않았습니까? 하나님과의 이런 대적 관계, 그 악한 행위의 시작이 무엇입니까? 생각입니다. 그 생각이 삶을 결정하는 것입니다. 사단은 그로 하나님 나라 이외의 것을 생각하게 하고 그로 사단의 도구가 되게 합니다. 이 얼마나 중요한 문제입니까. 그래서 사도 바울은 말씀합니다. 마지막에 결론적으로 말씀합니다. "이것들을 생각하라."

하버드 대학의 총장을 지냈던 찰스 엘리어트라는 사람이 있습니다. 그는 보스턴의 한 그리스도인 가정에서 태어났습니다. 그런데 나면서부터 얼굴에 보기 흉한 흉터가 있었습니다. 자라면서 그 흉터로 인해 자꾸 조롱을 받게 되었습니다. 굉장히 신경 쓰이는 일이었습니다. 그래 그는 그 상처로 큰 수치와 부담감을 갖게 되었습니다. 청년이 된 그는 스스로 의사를 찾아갑니다. 흉터를 제거하려는 생각이었습니다. 그러나 진단결과 제거할 수 없다는 것이었습니다. 결국 그대로 그 흉터를 안고 삽니다. 그는 그때를 두고 말합니다. "암담한 순간이었다." 무척 절망하게 됩니다. 그때 그 어머니가 절망하고 있는 아들한테 이렇게 조언했다고 합니다. "찰스야, 너는 네 얼굴의 그 흉터를 지워버리지 못할 것이다. 그러나 하나님의 도우심으로 너의 마음과 인격이 큰 사람이 되면 사람들은 너를 볼 때 네 얼굴에서 흉터를 보지 않을 것이다." 어머니의 이 조언을 그는 그대로 받아들였습니다. 그러고 나서 그는 드디어 마음과 인격이 훌륭한 인물이 됩니다. 그는 하버드 대학의 교수를 거쳐 무려 40년 동안이나 총장으로 봉직합니다. 그 동안 그는 하버드 대학을 명문으로 만들고 또 미국 교육에도 지대한 영향을 끼칩니다. 만일 그가 그 깊은 흉터에 계속 부담감만 느끼고 좌절하였다면 과연 그런 큰 인물이 되었겠습니까? 생각 하나가 사람을 바꿉니다. 운명을 바꿉니다.

그리스도인의 됨됨이는 그가 가진 생각, 오늘의 생각, 간절히 기도하는 그 생각들로 이루어지고 변화합니다. 그래서 오늘 성경말씀에 이런 표현이 나옵니다. "무엇에든지 참되며 무엇에든지 경건하며 무엇에든지 옳으며…(8절)." 무엇에든지-Whatever입니다. 이 표현의 분명한 의미를 생각해볼 필요가 있습니다. 어디에서든지, 누구에게든지, 어떤 시간에든지, 어떤 상황에든지…. 이런 의미입니다. 모든 것에서 선하고 옳은 것을 분별할 수 있는 능력을 가지고 그것들을 생각하라는 말씀입니다. 사도 바울은 지금 감옥에 있습니다. 재판을 기다립니다. 언제 죽을지 모릅니다. 위기상황입니다. 빌립보교회는 지금 몇 사람의 지도자들로 인하여 분열의 위기를 겪고 있습니다. 게다가 그 깊은 곳에는 유대의 율법주의자들이 있습니다. 이단들이 있습니다. 지금 큰 위기상황입니다. 빨리 그 문제를 해결해야 합니다. 그렇지 않습니까? 그 교회에 보낸 서신이라면 마땅히 이것은 이렇게 하고 저것은 저렇게 하라는 내용이 들어 있어야 할 것입니다. 생각할 필요도 없습니다. 그러나 하나님의 사람 사도 바울에게 가장 본질적이고 중요한 그리스도인의 삶의 본질은 하나님의 것을 생각하는 데에서 출발합니다. 그것이 답입니다. 그래서 Whatever is true-무엇에든지 참되며, 무엇에든지 경건하며, 무엇에든지 옳으며, 무엇에든지 정결하며, 무엇에든지 사랑할 만하며, 무엇에든지 칭찬할 만하며, 무슨 덕이 있든지 무슨 기림이 있든지 이것들을 생각하라 말씀합니다. 이러한 것들을 생각하라는 것입니다. 어떤 사람이 돈을 위하여 삽니다. 돈을 목적으로 삽니다. 돈을 너무도 사랑합니다. 그러면 그 인격도 그 삶도 돈에 의해 좌지우지되는 것 아닙니까? 돈이 있으면 인격이 있는 것이요, 돈이 있으면 성공한 것이요, 행복한 것입니다. 하지만 돈이 없으면 불행한 것입니다. 돈만을 생각하기 때문입니다. 명예와 인기와 성공과 쾌락이 다

마찬가지입니다. 어떤 세상의 것, 자기의 것, 이런 것들을 생각하지 말라고 오늘 성경은 말씀합니다. 하나님 나라의 가치관과 성경적인 것들, 복음적인 것들을 생각하라 말씀합니다. 이것이 출발이라 말씀합니다. 예를 들어 지금 교회의 원수들, 십자가의 원수들이 있습니다. 사도 바울의 표현입니다. 그런데 그들이 교회를 핍박하고 분열시킵니다. 그런 것에서 직접적으로 영향을 받습니다. 그러면 분노가 일어납니다. 정의가 어디에 있는가, 하나님의 선은 어디에 있는가, 하나님의 공평과 공의는 어디에 있는가. 그러면서 동시에 그들을 원수로 생각하게 됩니다. 결국은 분노의 사람이 되고 맙니다. 어떤 이유에서든 간에 그 마음에 분노가 있으면 그는 분노의 사람이 되고 맙니다. 결론은 어떻게 끝나겠습니까? 악을 대항하다가 자기도 악한 사람이 되고 마는 것입니다. 그러니 어떤 상황에서든 누구든지 우선적인 것이 무엇입니까? 하나님의 것들, 하나님 나라의 것들, 영원한 가치, 그 복음들을 먼저 생각하라는 것입니다.

지금 빌립보 교회의 상황이 너무 좋지 않습니다. 그러나 그 문제를 직접 대면할 것이 아니라, 그 문제를 직접 생각할 것이 아니라, 먼저 하나님 나라의 가치관과 진리들을 생각하라는 것이 8절의 말씀입니다. 좀 더 구체적으로는 두 가지로 표현할 수 있을 것 같습니다. 그 가라지들로부터, 그 십자가의 원수들로부터, 배우라는 것입니다. 거기에 무슨 선한 것이 있는지, 어떤 장점이 있는지, 과연 긍정적인 것이 있는지…. 예수님께서 말씀하시지 않습니까? "뱀 같이 지혜로워라." 이 세상으로부터, 아무리 악한 것이라 할지라도 거기에서 지혜를 배우라는 것입니다. 이를 무시하고 동떨어져 지내는 것이 아니라, 무엇인가 선한 것을 거기에서 발견하라는 것입니다. 기독교적 윤리입니다. 실제로 아주 악한 사람들을 한번 생각해보십시오. 그들한테서 배울 것 많습니다. 정말 악바리입니다. 아주 목숨 걸고 그러지 않습니까? 그것 말고는 다 인정을 안 합니다. 오직 그것만을 생각합니다. 게다가 연합을 얼마나 잘 합니까? 똘똘 뭉칩니다. 얼마나 많은 시간을 들여 그 악한 것을 이루고자 노력합니까? 배울 것 많습니다. 가룻 유다가 예수님을 팔아넘기는데 아무도 그것을 모릅니다. 얼마나 은밀하고 주도면밀합니까? 오직 예수님만 아셨습니다. 그들의 보잘것없는 악한 행위조차도 빌립보 교회의 교인들 입장에서 보면 배울 것이 있다는 것입니다. 악한 십자가의 원수라 일컫는 그들을 보면서 조차 하나님의 선하심이 어디에 있는지를 생각하라는 것입니다. 그 장점, 긍정적인 것을 생각하라는 것입니다. 이것이 그리스도인이 먼저 해야 하는 일이라고 가르쳐주고 있습니다. 또한 하나님의 약속, 그 가치에 집중하라는 것입니다. 의, 선, 사랑…. 이런 가치관이 승리케 하는 하나님의 형통의 길임을 우리에게 알려주고 있는 것입니다.

어느 책에서 읽은 내용입니다. 당나라 때 반규라는 스님이 큰 법회를 열었답니다. 그래 수많은 승려들이 몰려왔습니다. 그런데 자꾸 물건과 돈이 없어지는 것입니다. 그래 이런 경건한 분위기에 왜 이런 일이 생기나 하고 보니 도둑이 다른 사람이 아니라 한 승려인 것이었습니다. 사람들은 그 도둑 승려를 큰스님인 반규 스님에게 데리고 가 그를 처벌해 달라고 고발합니다. 하지만 반규 스님은 딱 한 마디, 그를 용서하라고 말하고는 돌아서는 것이었습니다. 사람들은 감히 반규 스님에게 도전할 수 없어 그 말씀에 순종합니다. 그런데 며칠 뒤에 또 도난사건이 생깁니다. 범인을 잡고 보니 똑같은 그 도둑 승려였습니다. 그래 그를 또 반규 스님에게 데려갔습니다. 반규 스님은 또 용서하라고 말합니다. 사람들은 워낙 권위있는 분의 말씀이라 그 체면을 생각하여 범인을 그냥 돌려보냅니다. 그런데 또 같은 도난사건이 발생합니다. 이번에도 범인은 그 도둑 승려였습니다. 반규 스님이 또 말합니다. "용서해라." 하지만 이번에는 사람들도 참지 못합니다. "안됩니다. 이게 도대체 몇 번째입니까? 만약 저 도둑 승려를 쫓아내지 않으시려면 차라리 우리를 쫓아내소서. 우리가 나가겠습니다. 도대체 어떻게 저런 인간과 함께 수행을 할 수 있습니까?" 이에 반규 스님은 이렇게 말했답니다. "하는 수 없구나. 그렇다면 너희들이 모두 나가라. 왜냐하면 너희들은 옳고 그름을 분별할 수 있는 지혜로운 사람들이다. 그러나 저 사람은 옳고 그름도 분별할 수 없을뿐더러 지금 나쁜 행위를 하고 있으니 내가 누구를 가르치는 것이 옳으냐?" 이 말을 듣고야 다들 반규 스님의 뜻에 순종하고 따랐다는 것입니다. 물론 도둑 승려는 눈물을 흘리며 참회를 했다는 것입니다.

정의의 문제가 아닙니다. 용서가 한 사람을 변화시킨다는 것입니다. 치유한 것입니다. 사건을 해결합니다. 그 사건 자체가 문제가 아닙니다. 그것보다 더 높은 가치관이 그 어려운 문제를 해결했다는 것입니다. 잘 아시다시피 용서, 봉사, 사랑…. 이 모든 것은 선(善), right, 옳음, 하나님 나라의 가치관입니다. 오늘 성경에 나타난 것뿐만 아니라 많은 가치관들을 성경에서 발견하고 알고 계십니다. 바로 집중하여 그것을 생각할 때 그 문제를 하나님의 은혜로, 하나님의 인도하심으로 넉넉히 해결할 수 있다는 것을 말하고 있는 것입니다. 그런데 여기서 아주 중요한 것이 있습니다. 제가 의도적으로 지금 이 불교사건을 예로 들었는데, 이 세상적 가치관, 다른 종교의 가치관과 기독교의 가치관은 완전히 다릅니다. 이것을 항상 기억해야 합니다. 불교에도 용서가 있습니다. 용서라는 단어는 같습니다. 그러나 그 깊은 의미는 차원이 다릅니다. 완전히 다른 것입니다. 개념으로 논한다면 예를 들어 기독교는 '사랑의 종교'라고 합니다. 불교는 '자비의 종교'라고 합니다. 자비라는 것은 누가 나에게 잘못을 했을망정 그를 용서한다는 것입니다. 넉넉히 용서해줍니다. 그러나 기독교적 사랑은 차원이 다릅니다. 용서하는 것뿐만이 아니라 내 목숨까지도 내어줘야 됩니다. 내 의를 완전히 내어주는 것이 사랑입니다.

이것을 좀 더 분명한 성경말씀을 근거로 얘기하면 사랑이나 용서나 선과 같은 기독교의 가치관들은 그 근거가 십자가에 있습니다. 십자가의 은혜, 십자가의 사랑, 십자가의 용서에 있습니다. 그리고 무엇보다도 그것을 먼저 우리가 받았습니다. 무조건적인 은혜로 체험하고 깨달았습니다. 그래서 하나님의 고귀한 십자가의 사랑을 증거하는 것입니다. 그래서 용서하는 것입니다. 그래서 사랑하는 것입니다. 내 인격과 내 의지와 내 노력이 아닙니다. 그러나 다른 종교의 가치관은 그 사람의 지식의 문제요, 인격의 문제입니다.

이것을 어떻게 비교할 수 있습니까? 더 구체적으로 말씀드리면 이 세상적 지식, 그들이 말하는 선이나 사랑이나 자비, 이 모든 것들은 지식을 추구하는 형이상학적 가치관입니다. 그러나 기독교에서 추구하는 사랑이나 용서, 관용, 자비는 사건 중심적 가치관입니다. 예수 그리스도의 인격체, 그 사건을 경험함으로 거기에 응답하는 것입니다. 막연한 깨달음을 통하여 이러이러한 사람이 되어야겠다, 하는 것을 보여주는 것이 아닙니다. 출발부터 그 차원이 완전히 다릅니다. 이러한 관점들, 더 나아가 성경적 가치관들을 생각해야 됩니다. 완전히 생각이 전환될 때 하나님의 사람에게 그곳에서 하나님의 능력이 나타날 것입니다.

예수님께서 우리에게 이것을 보여주셨습니다. 예수님과 믿지 않는 사람이 다른 것은 단 하나입니다. 예수님께서는 하나님 나라의 가치관으로 사신 분입니다. 처음부터 끝까지 하나님 나라의 진리와 가치관, 하나님 나라의 귀한 것들만을 생각하고 실천하셨습니다. 믿지 않는 사람의 입장에서 보면 예수님이나 석가나 공자나 다 비슷비슷할 것입니다마는, 사실은 완전히 다릅니다. 그것은 어디까지나 세상적 판단일 뿐입니다. 그리스도인은 그런고로 생각하는 존재이고 하나님의 것들, 하나님의 진리를 계속 생각해야 합니다. 그럴 때 그 생각이 그 사람의 인격과 삶을 풍성하게 만듭니다. 점점 성장하고 성숙합니다. 한번 은혜 받았다고 그 수준에 멈추는 것이 아닙니다. 계속 깊이 있는 하나님과의 영적 교제를 통하여 성장하고 성숙해집니다. 이것이 그리스도인의 삶이요, 윤리관입니다.

하나님 나라의 가치관을 깨닫게 되면 우리는 두 가지를 발견합니다. 먼저, 내가 누구인지를 압니다. 내 정체성을 압니다. 나의 결핍됨을 압니다. 그래서 하나님의 완전성, 절대성, 그 능력과 그 권세로 우리가 생각할 수 없는 엄청난 가능성을 소망하면서 살아갑니다. 내 능력으로는 안 됩니다. 내 능력으로 어떻게 구원받을 수 있겠습니까? 죽은 다음의 세계를 누가 보장할 수 있겠습니까? 그러나 하나님의 말씀과 예수 그리스도의 삶과 죽음과 부활은 그것을 우리에게 소망하게 합니다. 엄청난 가능성을 열어놓습니다. 계속적으로 하나님 나라의 것을 생각함으로써 그 삶이 변화됩니다. 이것을 사도 바울은 경험하고 우리에게 가르쳐주고 있습니다. 다음으로, 더 중요한 것은 생각의 목적은 실천이라는 것입니다. 생각의 목적은 생각뿐이 아닙니다. 너무나 당연한 것이지만 우리의 삶이 그렇습니다. 이성적 존재의 위험은 오직 생각만 한다는 데 있습니다. 우리가 하나님의 귀한 가치를 깨달았습니다. 그러면 감사하고 은혜가 충만해야 합니다. 분명 그러한 느낌이 있습니다. 그런데 거기에서 멈춘다면 아무 생각이 없다는 말입니다. 아무것도 아닌 것입니다. 그러니까 생각뿐인 은혜, 생각뿐인 진리의 깨달음이 무슨 소용이 있습니까? 기독교 진리가 아닙니다. 사단의 가장 강력한 유혹이 생각만 하라는 것일 것입니다. 항상 깨닫기만 하고 거기서 자유함을 느낍니다. 인간의 존엄성을 생각합니다. 그리고 스스로를 그런 존재로 여깁니다. 얼마나 어처구니없는 사람이 많습니까? 이것이 세상이 주는 가치관입니다. 철학적 존재라든지 생각하는 존재라든지 헬레니즘의 영향이라든지 전부 다 이 범주에 속하는 것입니다. 우리는 이성적 존재를 넘어서 영적인 존재임을 잊어서는 안 됩니다. 영적인 존재는 영적인 것을 생각하고 영적인 것을 실천하는 사람입니다. 성령께서 그렇게 인도하십니다. 예수님께서 그 본을 보여주시고 진리가 나를 그렇게 변화시킵니다.

예수님의 제자들, 성경에 나오는 그 위대한 하나님의 사람들이 하나님의 말씀을 듣습니다. 즉각 응답하고 실천합니다. 하나님의 말씀을 듣고 그 깨달음에 충만한 것으로 구원받은 사람은 한 사람도 없습니다. 그래서 오늘 성경은 이것들을 생각하라고 말씀합니다. 이것이 시작입니다. 그러나 그 생각의 목적은 실천에 있습니다. 그것이 9절 말씀입니다. "행하라." 너희는 내게 배우고 받고 듣고 본 바를 행하라. 다시 말해서 이것들을 생각하라, 하나님의 것들을 생각하라, 복음 준 것을 생각하라, 그리고 행하라. 이것이 기독교 윤리요, 기독교 삶의 철학입니다. 광범위한 주제이지만 이것이 본질입니다. 야고보서 2장 17절은 말씀합니다. "행함이 없는 믿음은 그 자체가 죽은 것이라." 오늘 본문을 인용하면 어떻게 됩니까? 생각뿐인 깨달음, 생각뿐인 은혜는 헛것입니다. 마태복음 7장 21절에서 예수님께서 직접 말씀하십니다. "나더러 주여 주여 하는 자마다 다 천국에 들어갈 것이 아니요, 다만 하늘에 계신 내 아버지의 뜻대로 행하는 자라야 들어가리라." 행하는 자, 하나님의 것들을 생각하고 행하는 자들에게 천국이 주어진다고 분명히 말씀하십니다. 인간은 이성적 존재, 감성적 존재임에 틀림이 없지만 그 존재로써 하나님의 말씀을 생각합니다. 하나님의 나라를 생각합니다. 하나님을 생각합니다. 그래서 항상 생각만 합니다. 항상 느끼려고만 합니다. 그것이 체험 주도적이요 감성 주도적이요, 이성주도적인 신앙입니다. 본질적으로 잘못된 것입니다. 이것들이 지금 우리 안에 있습니다.

그러면 성경은 우리에게 무엇을 가르쳐줍니까? 영적 존재로 하나님을 생각하고 하나님의 말씀을 실천하는 존재로 변화시킵니다. 이것을 기억해야 합니다. 오늘은 참 어려운 시대입니다. 영적인 것을 얘기하고 영성을 얘기하는데 정작 오늘의 교회를 보고 오늘의 기독교 서적들을 보면 영적인 것을 다루면서도 방법론으로 이성적으로 깨닫고 감성적으로 느끼는 것들 뿐입니다. 그래서 공부가 아니면 산으로 가는 것입니다. 교회에서 안 되는데 산에 간다고 됩니까? 수양관에 간다고 뭐가 나옵니까? 성경에는 그런 말씀

전혀 없습니다. 계속 이성 주도적으로, 감성 주도적으로, 인본주의로 하나님의 것을 생각하는 것입니다.

오늘 성경은 이에 대하여 너무도 분명하게 우리에게 지적하고 있습니다. 영적인 것을 생각하고 영적인 것을 실천해야 합니다. 그것이 하나님의 뜻이요, 하나님의 방법입니다. 오늘 교회가 점점 더 그 본질을 잃어가고 있습니다. 왜냐하면 이성 주도적이기 때문입니다. 또는 무엇에든 느끼게 하려고 합니다. 느껴서 무엇할 것입니까? 그러다보니 온통 영적인 것의 본질인 예배와 경건과 경외는 사라져갑니다. 교회가 교회된 역할을 못하게 되는 것입니다.

CNN의 설립자인 테드 터너에 관한 재미있는 이야기가 있습니다. 그는 부모를 일찍 여의었습니다. 그래서 어려서부터 가난과 싸워야 했습니다. 아주 힘든 청소년기를 보냅니다. 지금은 CNN, TIME지, 영화사, 스포츠 팀…. 이 모든 것을 묶어 '타임 워너'라는 그룹을 만들어 그 회장으로 있습니다. 세계적인 부자입니다. 한 마디로 엄청난 부와 명예를 누리고 있습니다. 그러나 그의 인생관은 의외로 소박합니다. 우리에게 큰 교훈을 줍니다.

> 나야말로 최고의 행운아였다. 이루려고 마음먹은 것은 모두 성취하였다. 돈이 많다는 것은 마치 팝콘을 먹는 것과 비슷하다. 팝콘으로 배를 채울 수는 있지만 만족을 느끼지는 못한다. 만족을 얻기 위해서는 남을 배려해야 한다. 그래서 나의 나머지 삶을 세상을 위하여 살기로 나는 결심했다.

그는 정말로 더 나은 세상을 위하여 핵감축과 여성의 권리를 인정하는 문제와 구제를 비롯하여 많은 일들을 합니다. 그의 별명은 짠돌이입니다. 그런 그가 해마다 사회에 기부하는 금액은 엄청납니다. 1998년에는 재산의 1/3을 UN에 기부했습니다. 그때 그가 한 고백이 재미있습니다. "내가 처음부터 이랬던 것은 아니다. 처음에는 기부금 100불에 사인하는 데도 손이 벌벌 떨렸다. 그러나 쉬운 것, 작은 것부터 하나하나 그 실천을 반복하자 후엔 쉬워졌다" 반복하니 쉬워졌다는 것입니다. 누구나 나눔을 말합니다. 하지만 그 나눔을 실천하는 것은 어렵습니다. 나눔에도 연습이 필요합니다. 계속적으로, 반복적으로 연습해야 합니다. 그러다보면 후에 더 큰 것을 더욱 나눌 수 있습니다. 아무리 큰 깨달음을 얻었다하더라도 그것이 그의 삶을 변화시키지는 않습니다. 실천이 없으면 아무것도 아닙니다. 하나님 나라, 하나님의 말씀, 하나님의 은혜로 믿게 되었습니다. 그런데 그것으로 멈춘다면, 그것이 삶에 드러나지 않는다면 아무 소용이 없는 것입니다.

하나님의 복음은 우리를 강권하여 복음에 지배당하는 삶을 살게 합니다. 삶 자체에서 그 진리가 능력으로 우리를 끌어갑니다. 사도 바울은 참 위대합니다. 존경스럽습니다. 어떻게 이런 말씀을 할 수 있을까 싶습니다. 오늘 본문에서 그는 말씀합니다. "너희는 내게 배우고 받고 듣고 본 바를 행하라(9절)." 무슨 말입니까? 본인이 행했다는 것입니다. 본인이 생각하고 행했다고 합니다. 한 마디로 전적으로 복음 중심적 삶을 살았다는 것입니다. 그래서 이렇게 하나님의 말씀을 권면하고 있습니다. 아니 성령께서 그 위대한 삶, 그 진술에 대하여 보증해주시는 것입니다. 이것이 복음이고 이것이 기독교 윤리다. 우리 모두가 이와 같이 완벽한 삶을 살 수는 없습니다. 그러나 분명한 것은 방향성만은 같이 가야 된다는 것입니다. 분명한 방향성, 기독교적 삶의 철학, 그 원칙의 방향성은 같이 가야 됩니다. 그래야 거기에 성숙이 있고 진보가 있습니다. 사도 바울은 복음에 집중했습니다. 생각하고 삶에서 실천했습니다. 복음 주도적 삶, 그리스도 중심적 삶을 살았습니다. 한 마디로 말씀이 그의 삶을 완전히 지배해버렸습니다. 생각하고 느끼고 행하는 것이 모두 다 말씀과 일치합니다.

그러나 여기서 우리가 하나를 분명하게 생각해야 합니다. 그리스도인의 됨됨이는 예수 그리스도를 믿기 이전의 삶을 수정하거나 개정하는 것이 아닙니다. 그리스도인의 삶은 하나님의 말씀, 하나님 나라의 가치관으로 완전히 변하는 새로운 차원의 삶입니다. 그래서 사도 바울이 유명한 말씀을 하고 있습니다. "누구든지 그리스도 안에 있으면 새로운 피조물이라, 이전 것은 지나갔으니 보라 새것이 되었도다." 그 삶으로 경험한 것입니다. 어떻게? 하나님의 것으로 생각해야 됩니다. 순종적으로 생각해야 됩니다. 그러면 성령께서 그 진리가 나를 변화시키고 나로 인하여 그 진리가 능력으로 내 삶이 하나님 나라 안에 있도록 나를 실천적으로 이끈다는 것을 말씀하는 것입니다. 이것이 그리스도인의 생활이요, 그리스도인의 윤리요, 전적으로 다른 차원의 삶입니다.

성경은 약속합니다. 9절 말씀입니다. "그리하면 평강의 하나님이 너희와 함께 계시리라." 여기서 '그리하면'이 마음에 안 드시지요? 성경말씀입니다. "평강의 하나님이 너희와 함께 계시리라." 모세에게 하나님께서 율법을 주셨습니다. 십계명을 주시고 거기에 대한 많은 대속을 주셨습니다. 한 마디로 이렇게 얘기할 수 있습니다. 모세에게 준 율법은 if, 만약 순종하면 복을 주시고 순종하지 않으면 진노입니다. 구약성경이 그것 말고 무엇이 있습니까? 만약 하나님 말씀에 순종하면, 하나님께서 그 모든 것을 책임지시지만, 순종하지 않으면 바로나 애굽에 생긴 그 수많은 재앙처럼 다 멸망하고 맙니다. 구원의 역사, 출애굽의 역사, 그 영생의 역사는 인간의 노력으로는 안 되는 것입니다. 하나님의 말씀이 있습니다. 영원한 가치들이 있습니다. 순종할만한 자격과 지혜와 책임을 주셨습니다. 이제 책임은 인간의 책임입니다. 나의 책임입니다. 그 이전까지 하나님께서 다 주셨습니다. 인간에게 자유의지를 주셨습니다. 선택은 내 마음 아닙니까? 아무리 하나님께서 말씀을 계시해주시고 직접 나타나 말씀을 주셔도 선악과를 따먹고 안 먹는 내 마음이라는 것입니다. 그것이 자유의지입니다. 그러면 어떻게 됩니까? 쫓겨나는 것입니다. 그러나 순종하면 하나님과 동행하는 삶을 사는 것입니다. 그리하면, 이것이 복음입니다. 성경의 진리입니다. 그럼 신약에서는 무엇이라고 말씀합니까? 하나님 나라를 믿으면, 예수 그리스도께 순종하면 영원한 삶을 허락하십니다. 형통한 삶을 허락하십니다. 오늘 본문도 말씀합니다. "이것들을 생각하라 … 행하라 그리하면…." 이것이 복음입니다. "그리하면 평강의 하나님이 너희와 함께 계시리라." 이 말씀을 믿지 않는 자, 이 말씀을 깨닫지 못하는 자는 아무리 노력하고 아무리 선을 행해도 그에게 하나님의 평강이 없습니다. 그 끝은 허무요 종말입니다. 이 말씀을 믿고 소망하는 자에게만 항상 하나님 나라의 평강과 기쁨이 있는 것입니다. 영원한 삶이 있는 것입니다. 이것이 약속 있는 말씀이요, 이것이 복음입니다. "그리하면 평강의 하나님이 너희와 함께 계시리라."

지난 시간 6절, 7절 말씀을 통하여 하나님의 평강이라는 주제를 다루었습니다. "아무 것도 염려하지 말고 다만 모든 일에 기도와 간구로, 너희 구할 것을 감사함으로 하나님께 아뢰라 그리하면 모든 지각에 뛰어난 하나님의 평강이 그리스도 예수 안에서 너희 마음과 생각을 지키시리라." 이것은 보편적 진리입니다. 오늘 8절, 9절 말씀은 아주 구체적 진리입니다. 그것들을 생각하라, 하나님의 진리들을 생각하라, 그리고 실천하라, 그리하면 하나님의 평강이 너희와 함께 하시리라, 복을 주시리라.

여러분, 오늘 우리는 무슨 생각을 하고 있습니까? 무엇을 생각하면서 기도하고 있습니까? 무엇을 생각하면서 실천하고 있습니까? 그리스도인은 복음을 생각해야 합니다. 하나님의 가치관을 생각해야 합니다. 하나님 앞에서 생각하고 순종해야 합니다. 그 길만이 형통의 길이요, 평강의 길입니다. 오늘 성경은 말씀합니다. "그리하면 평강의 하나님이 너희와 함께 계시리라."

30.
진정한 자족의 비결

> 내가 주 안에서 크게 기뻐함은 너희가 나를 생각하던 것이 이제 다시 싹이 남이니
> 너희가 또한 이를 위하여 생각은 하였으나 기회가 없었느니라 내가 궁핍하므로 말하는 것이 아니니라
> 어떠한 형편에든지 나는 자족하기를 배웠노니 나는 비천에 처할 줄도 알고 풍부에 처할 줄도 알아
> 모든 일 곧 배부름과 배고픔과 풍부와 궁핍에도 처할 줄 아는 일체의 비결을 배웠노라
> 내게 능력 주시는 자 안에서 내가 모든 것을 할 수 있느니라 (빌4:10–13)

빌립보서는 에바브로디도 목회자를 통하여 사도 바울이 빌립보 교회에 보낸 서신입니다. 그래서 사도 바울 자신이 처해 있는 상황과 빌립보 교회의 내외부적 문제에 대한 설명과 해결책을 먼저 제시합니다. 외적으로는 기독교에 대한 탄압과 핍박이 있었고, 내적으로는 교회의 분열과 이단사상으로 복음이 왜곡되는 문제가 있었습니다. 사도 바울은 이 사태를 어떻게 바라보고 어떻게 해결해야 할지에 관해서 기독교의 진리에 입각하여 그들에게 지혜를 줍니다. 그래 그 안에는 기독교 교리가 가득 담겨 있음을 우리는 이미 상고해 보았습니다. 오늘 본문 10절에서부터 20절까지는 편지의 마지막 부분으로 사도 바울이 빌립보 교인들에게 보내는 감사의 글입니다. 물론 여기에도 또 다른 기독교 교리가 담겨 있습니다.

사도 바울이 감옥에 있을 때 그들은 에바브로디도를 보내 사도 바울을

위로하고 보필케 합니다. 또 그 편에 선물도 보냅니다. 그것이 물질인지 다른 무엇인지 잘은 모르겠습니다. 분명한 것은 그것이 사도 바울에게, 그 선교사에게, 현재 감옥에 갇혀 있는 궁핍한 삶에 도움이 되는 선물이었다는 것입니다. 그래서 거기에 대하여 사도 바울은 구체적으로 감사하고 있습니다. 우리가 흔히 북한동포를 위하여 기도하고 세계평화를 위하여 기도하고 우리나라를 위하여 기도합니다마는, 기도와 동시에 행할 것이 있습니다. 실천입니다. '나는 그것을 위하여 무엇을 실천하고 있는가?' 이것이 중요합니다. 북한을 위하여 기도한다고 하면 그들의 궁핍을 돌보기 위하여 누구든 구체적으로 은혜를 베풀어야 됩니다. 이것이 신앙인의 바른 삶입니다. 빌립보 교회는 그런 면에서 아주 모범이 되는 교회였습니다. 그런데 사도 바울은 그 성품상 교리를 말할 때 신중하게 단어를 선택하여 성령 충만의 역사 가운데 간단명료하게 설명해줍니다. 전체가 4장밖에 안 되는 짧은 편지이지만, 오늘 본문 10절부터 20절까지 무려 11절이나 할애하여 감사를 표합니다. 일반적인 감사 이상을 표현하는 것입니다. 왜? 그에게는 깊은 고민이 있었습니다. 감사에도 고민이 따르는 법입니다. 그가 어떤 고민을 하고 있는가를 살펴봄으로써 우리가 얻을 수 있는 지혜가 있습니다. 우선 사도 바울은 성도로서 또 그에게 주어진 소명인 사역자로서의 dignity, 품위에 대하여 깊은 고민을 하는 것 같습니다.

오늘 본문에서 사도 바울은 이렇게 말씀합니다. "내가 궁핍하므로 말하는 것이 아니니라(11절)." 또 17절에서는 이렇게 말씀합니다. "내가 선물을 구함이 아니요…(17절)." 선물에 대하여 감사를 하면서도 간단하게 표현할 수 없는 것입니다. 그 편지에 담긴 감사의 내용을 받아 읽어보는 빌립보 교인들이 사도 바울의 마음을 어떻게 헤아릴까가 중요하기 때문입니다. 상대방과의 커뮤니케이션이 쉬운 일은 아니지 않습니까? 특별히 감사를 표할 때도 지혜가 필요합니다. 하나님의 자녀의 본분으로 행한다든지 또는 특정한 사역을 맡은 지도자로서 행할 때는 더 그렇습니다. 그래서 사도 바울은 감사를 표하기는 하지만 그런 선물을 기대하지는 않았다, 더 나아가 선물에 의존하지는 않는다는 것을 굳이 밝힐 수 밖에 없는 것입니다. 오해가 생길까봐 그러는 것입니다. 예컨대 누가 나한테 생일선물을 했을 경우 그 일을 두고 그에게 두 번 세 번 연거푸 감사하다고 인사를 하면 그 사람 내년에 선물 또 가지고 와야 합니다. 아주 불편한 것입니다. 사소한 문제이지만 중요합니다. 그래도 이것이 교회 안에서 성도 간에 오가는 문제라면 덜하겠지만, 믿지 않는 사람들과의 사이에서라면 그 표현이 조금 더 달라야 하리라고 생각합니다. 책임있는 자리에 있는 입장이라면 더더욱 그렇습니다. 지금 사도 바울이 걱정하는 것이 바로 그런 문제입니다. 오해가 없이 마음이 통해야 되는데, 서로 멀리 떨어져 있지 않습니까. 과연 사도의 품위를 잃지 않고 감사를 저들에게 잘 표현할 수 있을까. 천재적인 지혜와 지식을 가진 사도 바울조차도 적절한 단어를 못 찾고 고민합니다. 그래서 여러 모로 설명하는 것입니다. 특별히 목회자여서 더 그렇습니다. 바로 이 문제로 사도 바울은 지금 고민을 하고 있는 것입니다. 간단히 고맙다고 하고 넘어가면 그만인데 사도 바울은 그러지를 못합니다. 여기에서 우리는 많은 지혜를 얻을 수 있습니다.

사려깊은 배려입니다. "너희가 또한 이를 위하여 생각은 하였으나 기회가 없었느니라(10절)." 우리는 여기에서 사도 바울의 너무도 아름답고 따뜻하고 신중한 배려의 마음을 엿볼 수 있습니다. 상황은 이렇습니다. 사도 바울이 지금 감옥에 갇힌 지 꽤 되었습니다. 그래 그들과 사도 바울 사이에 한동안 연락이 끊긴 것입니다. 이제 그들이 다시 사도 바울의 입장을 생각하면서 그를 적극적으로 도우려고 합니다. 지금까지는 기도로만 했습니다. 실질적인 도움, 물질적인 도움은 못준 것입니다. 이 부분에 대하여 교회가 반성하고 사도 바울에게 도움을 주기로 한 것입니다. 그것을 사도 바울은 이렇게 표현합니다. "다시 싹이 남이니…(10절)." 다시 시작한 것입니다. 하지만 사도 바울의 입장에서 보면 생각하기 나름입니다. 만일 부정적으로 받아들이면 괘씸한 일일 수도 있습니다. 감옥에 갇힌 지가 언젠데 그동안 연락도 없다가 이제 와서 갑자기 도와주겠다고 나오는 것인지, 사도 바울 입장에서는 얼마든지 서운할 수 있는 일입니다. 그러나 사도 바울은 긍정적으로만 받아들입니다. 이것이 사도 바울의 위대한 점입니다. 깊은 배려입니다. 부정적인 쪽으로는 아예 생각도 않습니다. 장점만 봅니다. 긍정적인 면만 봅니다. 이것이 그리스도인의 자세요, 성도의 마음입니다.

상대방에 대하여 내가 무엇을 원하는지 생각해보십시오. 내 장점만 봐주기를 원할 것입니다. 그렇다면 나도 최소한 상대방의 장점을 볼 줄 알아야 합니다. 이것이 좋은 성도의 교제요, 인격적 관계입니다. 한데 군이 단점을 보려 한다면 어떻게 바른 인격적 관계가 되겠습니까? 그리스도인은 상대방의 장점, 좋은 점을 볼 줄 알아야 합니다. 허물이나 부족한 점, 옳지 못한 점은 하나님께 맡기십시오. 내가 어찌할 문제가 못됩니다. 성경에는 그런 부분이 나타나지 않습니다. 예수님께서도 하지 않으십니다. 하나님을 대신하려고 하지 마십시오.

사도 바울은 설사 속마음은 섭섭하고 불편할지언정 전혀 내색하지 않습니다. 오히려 "너희가 또한 이를 위하여 생각은 하였으나 기회가 없었느니라." 하고 말씀합니다. 기회가 왜 없었겠습니까? 항상 있었습니다. 그러나 사도 바울은 그들이 기회가 없어서 아직 못했다고 말씀합니다. 얼마나 아름다운 마음입니까. 예수님께서도 이와 같은 사건의 본을 하나 보이십니다. 십자가를 지시기 전 겟세마네 동산에서 기도하실 때 제자들한테도 기도하라고 하십니다. 그런데 내려와 보니 제자들이 하라는 기도는 않고 쿨쿨 자고 있는 것이었습니다. 그러자 예수님께서 말씀하시지 않습니까? "너희가 마음에는 원이로되 육신이 약하구나." 위로의 말씀입니다. 문제는 이 말씀만을 딱 떼어다가 자기경우에 부적절하게 적용하는 것입니다. 변명입니다. 변명하기 위하여 함부로 말씀을 인용하지 마십시오. 말씀마다 적절한 상황이 있습니다. 예수님께서는 좋은 면만을 보신 것입니다. 제자들의 깊은 내면만을 보시고 그것을 인정해주신 것입니다. 마음은 원이로되, 지금 현재의 모습은 형편없지만 그 중심만을 보신 것입니다. 예수님 입장에서는 하실 말씀 많습니다. 3년 동안 열심히 교육을 시키셨습니다. 그리고 이제 내일이면 십자가에 못 박혀 돌아가시게 생겼는데, 제자들은 그 잠시를 못 참고 잠이 든 것입니다. 그 순간 제자들을 향하여 무슨 책망을 하셔도 다 옳은 것입니다. 그러나 하지 않으십니다. 하다못해 겉으로 보이지 않는 것을 그들 마음 속 깊은 곳에서 찾아내십니다. 그것이 그리스도의 마음이요, 성도의 마음입니다. 지금 사도 바울이 보여주는 것이 바로 그 마음입니다. "생각은 하였으나 기회가 없었느니라." 얼마나 은혜로운 말씀입니까. 이것이 우리에게 주는 교훈입니다.

영국 여왕 엘리자베스 2세의 어머니 엘리자베스 왕비가 2002년에 세상을 떠났습니다. 그때 엘리자베스 왕비의 죽음을 애도하는 수많은 인파가 몰려들어 끝도 없는 행렬을 이루었습니다. 2차 세계대전 때 그 왕비가 남긴 말들이 영국인들의 마음 속 깊이 남아 있었기 때문입니다. 그때 히틀러는 엘리자베스 왕비를 가리켜 "유럽에서 가장 위험한 여인"이라고 하였습니다. 왕비는 정치인이 아닙니다. 그러나 왕비는 국민들이 어려운 상황속 실의에 빠져 있을 때마다 아주 적절하게 사려깊은 표현으로 그 국민들의 사기를 올려주었습니다. 한번은 이런 사건이 있었습니다. 영국이 공습의 위기에 처했을 때 처칠 총리가 왕비에게 안전한 곳으로 피하라고 권합니다. 그때 왕비는 이런 말로 처칠의 권유를 단호히 뿌리쳤다고 합니다. "우리 아이들은 내가 함께 떠나지 않으면 가지 않을 것이고, 나는 폐하의 곁을 떠날 수 없습니다. 그리고 폐하는 영국 국민을 절대로 위험한 곳에 내버려둔 채 혼자 떠나지 않을 것입니다." 그 말이 얼마나 국민들에게 위로가 되었겠습니까? 또 버킹검 궁이 폭격을 받아 벽이 무너졌을 때였습니다. 왕비는 국민들에게 이렇게 말했다고 합니다. "여러분, 걱정하지 마십시오. 독일군 덕분에 왕실과 국민을 가로막았던 벽이 사라졌습니다. 이제 여러분의 얼굴을 더 가까이 볼 수 있으니 얼마나 다행입니까." 참 훌륭한 분입니다. 실의에 빠진 국민들을 안심시키고 희망을 주는 사람입니다. 그리스도인의 마음을 가진 사람입니다. 이런 사람이 진정한 지도자입니다. 실제 정치를 하지는 않았지만, 지도자의 위치에 있었던 것은 아니지만 그는 훌륭한 정치가요, 지도자였습니다. 지금 사도 바울이 우리에게 이런 것을 가르쳐주고 있는 것입니다. 신중하고 사려 깊은 표현을 통하여 그들을 위로하고 그들에게 희망을 주고 있습니다. 그래서 이 감사의 표현에 길게 많은 절을 할애하고 있는 것입니다.

사도 바울은 또 사랑과 위로의 빚을 지고 있음을 표현합니다. 먼저 빌립보 교회에 대한 감사를 표현하고 있습니다. 당연히 감사한 일입니다. 교인들에게 감사하고 있습니다. 구체적으로 감사를 표합니다. 그러나 사도 바울에게는 더 중요한 것이 있습니다. 그것은 궁극적으로 감사할 대상은 하나님이시라는 것입니다. 왜냐하면 이 모든 것이 다 주 안에서 이루어지는 일이기 때문입니다. 하나님께서 그들에게 성령의 역사를 허락하지 않으셨다면 어찌 사도 바울을 도울 수 있었겠습니까? 어찌 사도 바울을 위하여 기도할 수 있었겠습니까? 구체적인 물질을 보내고 봉사하는 것은 사람이 하는 일이지만, 그들에게 감사하기 이전에 먼저 하나님께 감사해야 한다는 것을 설명하자니 이것이 보통 어려운 문제가 아닙니다. 그래서 그는 아주 힘들게 신중히 감사를 표현하는 것입니다. 내가 주 안에서 기뻐하고 내가 너희들에게 감사한다는 식의 표현이 나오지 않습니다. 주 안에서 감사한다, 이것입니다. 예를 들어 우리가 교회에 헌금을 합니다. 십일조도 하고, 감사헌금도 하고, 여러모로 헌금을 합니다. 문제는 다음입니다. 헌금은 하나님께 드린 것입니다. 제가 봉헌기도를 하면서 의도적으로 신중하게 쓰는 용어가 있습니다. "저희가 감사하매 주님 앞에 영혼을 바칩니다." '주님 앞에' 드리는 것입니다. 그러면 그 다음은 잊어버립니다. 그것을 계속 생각하면 다 시험에 듭니다. 그 다음은 하나님께서 주신 권위를 가지고 그 누군가가 전체를 위하여 책임질 것입니다. 문제는 내 것이 아닙니다. 하나님의 것입니다. 하나님의 것이 쓰이는 것입니다. 하나님의 약속이요, 하나님의 경륜 속에 있는 것입니다. 사도 바울은 지금 바로 이것을 그들에게 가르치고 있는 것입니다. 그들은 그들이 수고하여 모은 물질과 헌금의 일부를 사도 바울에게 보냈을 것입니다. 그중 몇은 하나님이 아니라 자기가 했다고 생각할 것입니다. 사도 바울이 그에 대한 감사를 그들에게 표현했을 때 자기가 한 것으로 생각하는 사람이 있을 것입니다. 사도 바울이 조심하는 것이 바로 이 문제입니다. 물론 감사하지만 먼저 주 안에서 감사하고 하나님께 감사해야 한다는 것을 가르치기 위하여 사도 바울은 지금 깊은 고민에 빠져 있는 것입니다.

역사적으로 이름을 남긴 세계적인 골프선수들의 명단에는 게리 플레이어라는 선수의 이름이 항상 들어가 있습니다. 그에게는 남다른 기록이 있습니다. 그는 남아프리카의 가난한 지역에서 태어나 외롭고 힘든 고난과 역경의 시절을 지냈습니다. 열심히 골프연습을 했습니다. 혼자 연습한 것입니다. 밤낮으로 열심히 했습니다. 그리고 1953년에 프로로 전향합니다. 그리고 무려 150여 개의 대회에서 우승합니다. 최고의 골퍼가 된 것입니다. 그 명성이며, 그 상금이며, 그로 인해 출연한 광고들이며…. 대단한 성공이었습니다. 하지만 그는 자기 재능에 관해서는 언제나 올바로 이해를 하고 있었습니다. 그리스도인입니다. 한번은 그가 이렇게 말했다고 합니다. "나는 수없이 무릎을 꿇고 하나님께 감사기도를 드리고 있습니다. 왜냐하면 내게 있는 재능은 하나님께서 빌려 주신 것이기 때문입니다." 물론 우리가 수고하고 노력하고 한 부분이 있습니다마는, 하나님께서 그렇게 할 수 있는 여건을 주시고 지혜를 주시고 능력을 주신 것입니다. 그게 아니라면 오늘의 내 모습은 없습니다. 그래서 항상 먼저 하나님을 생각하고 하나님 앞에 감사해야 합니다.

이것이 사도 바울의 의중입니다. 바로 이것을 사도 바울은 빌립보 교회에 가르치고 있는 것입니다. 사도 바울은 말씀합니다. "내가 자족하기를 배웠노니(11절)." "일체의 비결을 배웠노라(12절)." 자족하기를 배웠다는 것이 무슨 말씀입니까? 내가 자족의 비결을 배웠으므로 너희도 자족의 비결을 배우라는 말씀입니다. 이것은 나뿐 아닌 성령께서 모든 사람에게 주시는 보편적 진리다. 이 선물의 사건, 그리고 이 상황을 통하여 하나님의 위대한 진리를 깨달았고 그것을 너희에게 말하노니 너희도 자족하기를 배워야 한다고 가르치는 것입니다. 우리 모두에게 주시는 하나님의 말씀입니다.

이 '자족'은 아주 어려운 말입니다. 헬라어로는 '아웃타르케이아'인데, 환경의 지배를 받지 않고 자신의 내면적 자원에 만족하는 상태를 이르는 말입니다. 완전하게 초연한 마음의 상태입니다. 다시 말해 누구도 필요로 하지 않는 상태와 태도와 인격과 마음을 가진 상태입니다. 이것이 자족입니다. 얼마나 어려운 표현입니까? 철학적으로는 스토아학파의 도덕적인 최고의 목표가 바로 자족입니다. 중국철학에서 최고의 도덕적 가치는 중용입니다. 그러나 서양철학의 최고의 도, 그 최고의 수준, 그 상태를 자족이라고 표현합니다. 그 비결을 깨달았다는 것입니다. 오늘 성경은 그 헬라 철학적 용어를 그대로 씁니다. '아웃타르케이아', 사도 바울은 성경적 용어를 쓰는 사람인데 여기서는 굳이 철학적 용어를 그대로 사용합니다. 모든 지식인들이 추구하는 그 높은 수준의 자족의 비결을 자기가 깨달았다는 것을 강조하기 위함입니다. 그것을 모두가 알게 하기 위함입니다. 믿지 않는 사람들까지도 이 비결에 대하여 관심을 가지고 하나님께 돌아올 수 있도록 그 통로를 지금 신중하게 마련하는 것입니다.

에피쿠로스학파를 만든 대표적인 헬라철학자 에피쿠로스는 인간의 욕구를 세 가지로 구분할 수 있다고 말합니다. 첫째는, 의식주의 욕구입니다.

누구에게나 있는 필요하고 자연스러운 욕구입니다. 이 욕구가 충족되지 않으면 인간은 고통스럽습니다. 그래서 이 욕구를 '고통스러운 욕구'라고 표현합니다. 둘째는, 성의 욕구입니다. 이것은 충족이 안 되어도 참을 수 있는 욕구입니다. 셋째는, 부와 명예의 욕구입니다. 이것은 채울 수 없는 욕구입니다. 이렇게 세 가지입니다. 절대적 분량으로 생각하는 것이 아닙니다. 항상 상대적 분량으로 비교하며 생각합니다. 그래서 이 부와 명예에 대한 욕구는 끝없이 커집니다. 계속 가지고 싶어 하는 욕망은 상승작용을 하는 것입니다. 이것 역시 인간의 기본욕구입니다.

그러면 자족이란 무엇입니까? 없애는 것입니다. 위의 세 가지 욕구들이 있는 한 자족할 수 없습니다. 그렇다면 이 욕구들을 어떻게 없앨 수 있습니까? 제거하는 것입니다. 헬라 철학적 방법입니다. 좀 더 깊이 설명드리면 스토아학파를 비롯하여 다른 종교기관들을 생각해보십시오. 사상에는 하나의 공통점이 있습니다. 그것은 인간이 최고의 도덕적 수준에 이를 수 있는 가능성을 준다는 것입니다. 희망을 주는 것 같습니다. 하지만 그것은 성경적 진리를 역행하는 것입니다. 예를 들어 의지를 강조합니다. 인간에게 의지가 얼마나 중요합니까? 의지를 강화시켜 그런 기본욕구를 억제할 수 있지 않습니까? 그랬을 때 자족한다고 말할 수 있다는 것입니다. 이것이 바로 현대의 교육입니다. 수천 년 내려온 오늘날의 교육이라는 것은 지적 능력을 계발하여 의지를 키우는 것입니다. 훈련시키는 것입니다. 그리하여 전인적 인간이 되는 모습을 생각하는 것입니다. 그러나 오늘 이미 다 부도수표가 되었습니다. 많이 교육받는다고 참인간이 됩니까. 교육정도와 참인간은 별개의 문제입니다. 그것이 오늘 큰 문제로 드러나고 있습니다. 몇몇 사람은 이룰 수 있을 것입니다. 선각자적 입장에서 그러한 주장을 하면 그들은 하나의 학파를 이루고 그것이 종교가 되기도 합니다. 그러나 보편적인 것이 아닙니다. 불교에서는 고행을 합니다. 수행을 합니다. 무엇을 위해서입니까? 득도하기 위해서입니다. nonbeing의 존재가 되기 위해서입니다. 하지만 이성적 감성적 제어를 통하여 이 행복에 이르는 것은 예수님의 뜻이 아닙니다. 기독교의 진리는 여기에 머무르지 않습니다. 정반대입니다. 만일 소수의 그런 사람들이 있다면 그것은 은사적인 문제입니다. 특별한 소수의 방법조차도 금욕주의적인 것입니다. 기독교는 금욕주의를 절대적인 조건으로 주장하지 않습니다. 절제를 말할 뿐입니다. 금욕주의를 통한 성숙한 인간상은 성경의 역사와 무관합니다. 모든 인간은 복음 안에서 자족할 수 있다고 성경은 말씀합니다. 오늘 성경말씀을 따르면 내게 능력주시는 자 안에서 자족할 수 있습니다. 이것이 하나님의 말씀입니다.

오늘 본문에서 사도 바울은 일체의 비결을 말씀합니다. 일체의 비결을 내가 배웠다고 하면서 몇 가지 예를 듭니다. 첫째는, 궁핍과 비천에 있는 상황입니다. 아주 절대빈곤에 있을 때, 배고플 때의 이야기입니다. 이럴 때 자족할 수 있습니까? 보통 어려운 일이 아닙니다. 한 끼, 한 달, 제한된 기간이 아닙니다. 10년, 20년 동안 계속 자족하는 것은 어렵지 않습니까. 그러나 사도 바울은 말씀합니다. 나는 거기서도 자족하는 것을 배웠다. 둘째는, 배부름과 풍부할 때, 아주 부유할 때입니다. 그 때도 자족한다는 것입니다. 쉬운 일 같지만 쉽지 않습니다. 욕망은 끝이 없습니다. 채울수록 오히려 더 부족함을 느낍니다. 아주 부족할 때와 아주 부유할 때, 어느 쪽이 더 자족하기 어려울 것 같습니까? 쉽게 생각하면 부족할 때 같지만 어떤 관점에서 보느냐에 따라 완전히 다릅니다. 예를 들어 아주 궁핍할 때는 육체적인 관점에서 생각할 때는 너무도 고통스러워 자족하기 어렵지만, 정신적으로는 자유합니다. 그래서 구원받기가 더 쉽습니다. 전 세계적으로 예수님 당시를 한번 생각해보십시오. 가난한 자에게 더욱 복음의 문이 활짝 열려 있고 하나님 말씀을 더 잘 듣습니다. 왜? 필요한 것이 많고 소망하는 것이 많기 때문입니다. 자연스럽게 복음 안에서 새로운 삶을 살아갈 수 있습니다. 소위 구원받을 수 있다는 것입니다. 그런데 부유하고 부족한 것이 없습니다. 물질적 차원에서는 자족하기 쉽지만 영적, 정신적 차원에서 이것은 절벽과 같습니다. 강퍅합니다. 예수님께서도 말씀하십니다. "부유한 자가 천국 들어가는 것이 낙타가 바늘귀에 들어가는 것보다 어렵다." 그만큼 어렵다는 것입니다. 자족이라는 것이 육체적이고 정신적인 모든 차원을 내포하는 것인데 어느 쪽이 더 어렵겠습니까? 영적 차원에서 보면 부유한 자의 자족하기가 더 어려운 것입니다. 셋째는, 이것을 넘어서 사도 바울은 어떤 형편에서도 자족하는 것을 배웠다고 말씀합니다. 일체의 비결을 배웠다고 말씀합니다. 여기서 중요한 말은 배웠다는 말입니다. 오늘 성경에서 두 번이나 강조합니다. 'I've learned, I have learned." 배워야 됩니다. 스스로 깨달을 수 있는 문제가 아닙니다. 배워야 됩니다. 모든 사건으로부터 배우고 모든 사람으로부터 배우고 특별히 하나님의 말씀으로부터 자족의 비결을 배워야 됩니다. 자기가 깨달은 일체의 비결을 오늘말씀을 통하여 우리에게 가르쳐주고 있습니다.

여기에 중요한 진리가 있습니다. 자족의 비결은 secret, 비밀에 있습니다. 비밀이 있다는 것을 성경은 말씀합니다. 다른 모든 종교와 철학과 사상에도 있다고 얘기하지만 그것은 금욕주의를 통해서 이루는 것입니다. 그렇게 하여 거기에 도달할 사람은 거의 없습니다. 성경은 모든 그리스도인이 복음 안에서 이룰 수 있는 가능성을 말씀합니다. 성경에 그 형통한 길이 있다는 것을 우리에게 가르쳐주고 있습니다. 또한 배웠다는 것은 즉시 배웠다는 의미가 아닙니다. 물론 어느 날 갑자기 '아하' 하고 깨달을 수 있습니다. 그러나 깨달음 자체로는 아무것도 일어나지 않습니다. 그것을 삶에 적용해야 됩니다. 그래서 배움은 오랜 시간에 걸쳐 이루어져야 합니다. 대부분 우리가 실패하는 것은 시간의 실패입니다. 오랜 기간을 통하여 사도 바울도 배운 것입니다.

그러면 사도 바울은 어떻게 배웠을까요? 어떻게 그는 이런 일체의 비결을 배웠을까요? 오늘 성경말씀에는 안 나오지만 성경 전체를 놓고 보면 확연히 알 수 있습니다. 간단하게 세 가지만 살펴보겠습니다. 먼저는, 고린도후서 12장에 '육체의 가시'라는 표현이 나옵니다. 그에게는 큰 질병이 있었습니다. 하나님의 답이 음성으로 들립니다. "내 은혜가 네게 족하도다(9절)." 거기서 배운 것입니다. 하나님의 음성이 들렸습니다. 내 은혜가 족하다. 자족하라는 말씀입니다. 그런데 사도 바울이 "아닙니다. 족하지 않습니다." 하면 하나님께 순종하는 관계가 못 되지 않습니까. 그 말씀을 들으면서 지혜를 얻었습니다. 거기서부터 비결을 들은 것입니다. "내 능력이 약한 데서 온전하여짐이라(9절)." 비록 나는 약하고 너무도 필요한 것이 많고 고통스럽습니다. 그러나 깊은 영적 세계에서 보니 이때가 하나님의 뜻과 능력이 가장 온전하게 나타날 때입니다. 그런고로 그는 만족합니다. 아주 역설적으로 구체적인 체험을 통하여 자족의 비결을 배웁니다. 우리도 누가 죽을병에 걸리거나 어떤 사건이 있으면 그 당사자만이 알고 있는 자족의 비결이 있습니다. 예를 들어 6·25를 경험한 분들은 적어도 궁핍에 처하는 부분에 대해서는 자족의 비결을 안 것입니다, 잊어버려서 문제이지만. 분명 배운 것입니다. 그러나 오늘 그런 고통을 겪어보지 않은 사람은 모릅니다. 먹을 것이 필요하면 냉장고를 열면 된다는 식입니다. 차원이 다릅니다. 다음으로는, 모든 상황에서 배웠겠지만 특별히 감옥에서 배운 것입니다. 여러 차례 감옥에 있었습니다, 지금도 감옥에 있습니다. 억압과 고통이 극심한 그곳에서도 사도 바울은 복음을 증거합니다. 그는 기질 자체가 세계를 누비고 다녀야 될 사람입니다. 복음을 자유롭게 증거해야 할 사람입니다. 그러나 지금 아무것도 할 수 없습니다. 깊은 고독과 어둠 속에서 하나님의 신비한 능력을 체험합니다. 그리고 그 안에서 만족하는 것입니다. 그것이 자족입니다. 그 다음으로는, 하나님의 말씀으로부터입니다. 여러 사건을 통하여 주시는 말씀으로부터 또 여러 사도들로부터 들은 예수님의 말씀으로부터, 깊은 묵상을 통하여 자족, 만족의 비결을 체득하는 것입니다. 그래서 그는 말씀합니다. 배웠다, 배우라. 이것은 모든 자에게 주시는 은사입니다. 성령의 역사가 일체의 자족의 비결을 배우라고 권면합니다.

그러나 이 말씀 깨닫기가 어려운 것은 오늘 우리 현대인이 너무도 의존적인 삶을 살고 있기 때문입니다. 아주 정반대의 상황을 생각해보면 알 수 있습니다. 홀로 있는 시간이 너무도 싫기 때문입니다. 무언가에 의존하고 있기 때문입니다. 홀로 있는 시간, 하나님과 함께 있는 그 조용한 시간을 견디지 못하는 것입니다. 무엇에 의존하나를 생각해 보십시오. 지식에 의존합니다. 삶을 통하여 경험을 얻었습니다. 그것이 하나님의 지식보다 더 앞섭니다. 성경말씀보다 그것이 더 앞섭니다. 왜? 그것에 의존하기 때문입니다. 그 순간 하나님의 말씀은 뒷전입니다. 또 환경에 의존합니다. 자동차에 의존합니다. 집에 의존합니다. 물질에 의존합니다. 그것이 없으면 너무도 허전한 것입니다. 뭔가 잘못 산 것 같습니다. 현재의 삶 자체가 우리를 현재의 체제에 의존적으로 만들어가고 있기 때문입니다. 그렇기 때문에, 자족이라는 것이 그렇게 어려울 수가 없습니다. 그러나 이것은 하나님께서 우리에게 주시는 복음입니다. 사람들이 집에 있을 때 가장 많이 의존하는 것이 TV 아닙니까? TV에 의존합니다. 연속극 보지 않으면 몸이 아파옵니다. 마음이 안정되지도 않습니다. 무엇이 빠진 것 같습니다. 운동도 그렇습니다. 운동하면 건강하다는 말이 있지만, 천만의 말씀입니다. 그 말이 맞다면 운동하는 사람은 다 만수무강할 것입니다. 아플 사람은 아프고 죽을 사람은 죽습니다. 운동도 마음 편안하게 즐겁게 해야 건강에 도움이 됩니다. 스트레스 받으면서 하면 결코 건강할 수 없습니다. 예수님께서 운동하셨다는 말 들어보았습니까? 제가 얼마 전 운동에 대한 어떤 스크랩에서 보았는데, 운동하는 과정과 운동 후의 즐거움으로 인하여 생기는 건강이지 운동 자체가 사람을 건강하게 하는 것은 아니라고 합니다. 근육 조금 키우다가 마는 것이랍니다. 하지만 자꾸 하다보면 운동에 의존하게 됩니다. 약에도 의존합니다. 의존은 다 세상의 것입니다. 하나님의 것이 없습니다. 정말 하나님께로 돌아올 때는 이것저것 해서는 안 될 때입니다. 그러니 일체의 비결, 자족의 비결을 배우려면, 사도 바울 같은 체험이 없이는 어렵습니다. 오늘의 시기가 그렇다는 것을 알아야 합니다.

그래서 사도 바울은 성경말씀을 통하여 성령 충만한 가운데 모든 세대의 자족의 비결, 그 궁극적 지식과 핵심을 우리에게 알려주는 것입니다. 그것이 13절 말씀입니다. "내게 능력 주시는 자 안에서 내가 모든 것을 할 수 있느니라." 이 얼마나 좋은 말씀입니까? 아마 전 세계 그리스도인이 가장 좋아하는 말씀일 것입니다. 특히 우리나라 사람들, 공부방에도 붙이고, 부엌에도 붙이고, 사무실에도 붙입니다. 그러나 잘 생각해야 합니다. 이것은 자족의 비결을 알려주는 것입니다. 성경말씀 한 구절 딱 떼어다가 아무데나 붙이면 그게 내가 복음이고 성경을 왜곡하는 것이 되어버립니다. 주문이 되어버렸습니다. 그럴 때 쓰라고 있는 말씀이 아닙니다. 잘못 쓰고 있거든 다 떼버리십시오. 하나님의 말씀이 걸려 있다고 능력이 있는 것이 아닙니다. 이 말씀은 11절과 12절에 연결된 말씀입니다. 연관하여 전체 안에서 그 부분을 해석해야 됩니다. 궁핍하든 풍부하든 모든 상황에서 일체의 자족의 비결을 배웠다는 바로 그것을 말씀하는 것입니다.

자족할 수 있는 것을 배웠다는 것입니다. 모든 일, 모든 상황에서 자족하는 지혜를 얻었다는 것입니다. 이것이 오늘 본문이 우리에게 주는 지혜입니다. 그래서 제가 오늘 설교의 제목을 "진정한 자족의 비결"로 정했습니다. 다른 것은 다 가짜입니다. 이것만이 진정한 자족의 비결입니다. 이 말씀을 원문에 가까운 영어성경으로 보면 이렇습니다. "I can do all things through Him who strengthen me."-내게 힘주신 그를 통하여. 여기서 가장 중요한 말은 through-안에서입니다. '안에서'의 뜻을 바르게 깨달아야 합니다. 이는 첫째, 그분을 통하여 된다는 것입니다. 내게 능력 주시는 자 안에서, 그분을 통하여 모든 것이 가능한 것입니다. 자족할 수 있는 것입니다. 그런데 우리는 자꾸 나 스스로 하려 합니다. 그래서 안 되는 것입니다. 자꾸 환경이나 내 지식에 의존하면서 자족하려고 합니다. 자꾸 세속적인 방법을 따라가지 마십시오. 그렇게 되어봐야 부처밖에 안됩니다. 우리는 예수 그리스도 안에서 그의 형상의 영광으로 변해가는 하나님의 사람입니다. 능력 주시는 자를 통하여 자족할 수 있고 모든 것에 만족할 수 있다는 것입니다. 둘째, 그렇다고 하나님만 하시는 것이 아니라는 것입니다. 오늘 본문의 표현에도 '내가'라는 말씀이 두 번이나 나옵니다. "내게 능력 주시는 자 안에서 내가 모든 것을 할 수 있느니라(13절)." 내가 할 몫이 있습니다. 제가 이 표현을 쓸 때 잘 인용하는 예화가 있습니다. 어느 신학생이 부잣집 딸과 연애를 하여 서로 결혼을 약속하게 되었습니다. 그래 여자 집에 인사를 갔는데 장인, 장모될 사람들이 그를 싫어합니다. 부잣집일수록 가난한 신학생 안 좋아합니다. 오늘날도 안 좋아합니다. 장인이 그 신학생을 만나 진지하게 물었답니다. 이렇게 물었습니다. "결혼하면 살 집은 있는가?" 신학생은 대답합니다. "하나님께서 해주실 것입니다." "반지 살 돈은 있어?" "하나님께서 해주실 것입니다." "자녀를 낳으면 양육비는 댈 수 있나?" "하나님께서 해주실 것입니다. 전부 다 하나님께서 해주실 것입니다." 그리고 그 신학생은 돌아갔습니다. 장모되는 분이 남편에게 물었습니다. "어떤 청년이에요?" 남편이 말합니다. "저놈이 나를 하나님으로 알고 있어." 아니, 하늘 보고 입 딱 벌린다고 뭐가 이루어집니까? 우리는 능력을 구합니다. "하나님, 하나님께서 해주십시오." 하지만 하나님께서는 항상 대답하십니다. "네가 하거라." "내가 모든 것을 할 수 있느니라." 내가 할 수 있습니다. 하나님께서 함께해주시어 내가 할 수 있는 바로 그것이 자족입니다.

하나님께서는 하나님의 몫을 하십니다. 우리는 우리의 몫을 합니다. His

parts와 our parts가 분명히 정해져 있습니다. 그래서 함께 하나님의 역사를 이루어나가는 것입니다. 이것이 진정한 자족의 비결임을 우리에게 가르쳐주고 있습니다. 감리교회의 창시자인 존 웨슬리가 51살 때 있었던 사건입니다. 그가 병이 났습니다. 복음을 전하는 여행 도중이었는데, 설교도 못하게 되었습니다. 여행 자체가 어려워졌습니다. 그러나 그는 낙심하지 않았습니다. 오히려 감사합니다. 그는 이렇게 감사합니다. "글을 쓸 수 있는 시간을 주시니 감사합니다." 설교하러 다니다보니 차분히 앉아서 글 쓸 시간이 없었던 것입니다. 그래 그는 신약주석을 씁니다. 또 그는 이렇게 감사합니다. "규칙적인 생활을 주서서 감사합니다." 그 이전에는 취침시간과 기상시간이 일정하지 못했습니다. 그러나 지금은 아파서 한곳에 있으니까 일정합니다. 그래서 감사하는 것입니다. 이것이 일체비결에 대한 자족입니다. 더욱이 웨슬리는 그렇게 아픈 중에 자식이 아프다는 전갈을 받습니다. 아프기 시작한지 한 달도 채 안되었을 때였습니다. 간단한 병이 아니었습니다. 아들은 죽어가고 있었습니다. 당시 웨슬리가 있던 곳은 핫웰이었는데, 거기에서 자식이 있는 런던까지 갑니다. 웨슬리가 런던에 도착한 며칠 뒤에 자식이 죽었습니다. 그러나 그때도 그는 딱 한 절 간단한 기록만을 남깁니다. "그럼에도 불구하고 우리는 기쁨으로 하나님께 찬양을 드렸습니다." 참 위대한 분입니다. 모든 상황에서, 고통이나 슬픔이나 부할 때나 자족의 비결을 배운 하나님의 사람입니다.

여러분, 하나님의 말씀 안에서 자족의 비결을 얻고 하나님께 기도해야 합니다. 능력을 구해봐야 얻을 수 없습니다. 말씀이 능력입니다. 말씀 안에서 지혜를 얻어 하나님과 동행하는 삶에서 하나님과 함께 뜻을 이루는 것입니다. 그 안에 자족의 지혜가 있고 능력이 나타나는 것입니다. 오늘 말씀은 너무도 귀한 하나님의 말씀을 전해줍니다. 진정한 자족의 비결을 배우라고 말씀합니다.

31.
풍족케 하신 하나님

> 그러나 너희가 내 괴로움에 함께 참여하였으니 잘하였도다
> 빌립보 사람들아 너희도 알거니와 복음의 시초에 내가 마게도냐를 떠날 때에
> 주고 받는 내 일에 참여한 교회가 너희 외에 아무도 없었느니라 데살로니가에 있을 때에도
> 너희가 한 번뿐 아니라 두 번이나 나의 쓸 것을 보내었도다 내가 선물을 구함이 아니요
> 오직 너희에게 유익하도록 풍성한 열매를 구함이라 내게는 모든 것이 있고 또 풍부한지라
> 에바브로디도 편에 너희가 준 것을 받으므로 내가 풍족하니
> 이는 받으실 만한 향기로운 제물이요 하나님을 기쁘시게 한 것이라
> 나의 하나님이 그리스도 예수 안에서 영광 가운데 그 풍성한 대로 너희 모든 쓸 것을 채우시리라
> 하나님 곧 우리 아버지께 세세 무궁하도록 영광을 돌릴지어다 아멘 (빌4:14-20)

빌립보서는 로마의 감옥에서 사도 바울이 쓴 옥중서신입니다. 에바브로디도라는 사역자를 통하여 빌립보 교회에 보내는 편지인 것입니다. 특별히 본문 말씀은 그 편지 내용의 마지막 권면 중의 하나입니다. 그들이 보내온 얼마간의 물질에 사도 바울은 아주 감사하고 있습니다. 그러나 깊고 신중하게 감사를 표하면서도 동시에 교리적 설명을 해나가고 있습니다. 그들은 분명 사도 바울의 고난에 동참했습니다. 동시에 사도 바울의 개인적 삶에 필요한 것들을 충족시키는 일에서도 그들은 물질로써 사도 바울을 도왔습니다. 이에 대하여 사도 바울은 매우 감사하고 있습니다. "너희가 내 괴로움에 함께

참여하였으니 잘하였도다(14절)." 내 괴로움에 동참했다. 지금 그는 감옥에 있습니다. 어려운 상황입니다. 재판을 기다립니다. 그 결과로 죽을 지도 모릅니다. 그런 사도 바울의 곤고한 입장을 교인들이 생각하고 그런 그에게 필요한 물질과 기도와 사랑을 전했던 것입니다. 그래서 사도 바울은 공개적으로 말씀합니다. "잘하였도다." 진정한 그리스도인은 이웃이나 성도의 고통을 외면하지 않습니다. 남의 고통을 외면하고 자기는 행복하다, 즐겁다고 말하는 사람은 하나님의 사람이 아닙니다. 특별히 사도 바울은 교역자로서, 목회자로서의 필요를 미리 헤아려 얼마간의 물질로 그 궁핍을 채우고자 후원해준 그들의 선행을 두고 아주 잘하였다고 칭찬합니다. 이것이 그리스도인의 마땅한 은혜받은 삶의 행위이기 때문입니다.

세계적으로 유명한 미국의 철강 왕 카네기는 아주 가난한 환경에서 자수성가하여 큰 재벌이 된 사람입니다. 하지만 그는 큰 부자로 보다는 오히려 아주 대단한 사회사업가로서 많은 구제활동을 한 인물로 더 많이 알려져 있고 또 많은 영향을 끼치고 있습니다. 예컨대 카네기 공대, 카네기 연구소, 카네기 재단 등 무수한 사회사업을 많이 하였습니다. 그래서 그는 돈을 잘 버는 것도 중요하지만 잘 쓰는 것이 더욱 중요하다는 인생관을 지니고 있습니다. 분명한 인생철학입니다. 그는 말합니다. "부유한 채 베풀지 않고 죽는 것은 치욕이다." 수많은 재물을 가지고도 아무 선행도 베풀지 않은 채 죽는 것은 치욕이라는 것입니다. 그래서 봉사의 삶, 헌신의 삶, 베푸는 삶을 살았습니다. 본이 되는 생입니다. 이것이 그리스도인의 삶입니다. 예수소망교회에도 공동체가 있습니다. 크게 세 가지 사역으로 나눕니다. Study그룹, Fellowship그룹, Ministry그룹입니다. 다 중요합니다. Study와 Fellowship은 자유롭게 선택하면 되겠지만, 저의 개인적인 희망은 온 교인이 Ministry, 사역 공동체는 필수로 동참하여 함께 사역을 배워 나갔으면 하는 바람입니다. 은혜의 사역을 실천하는 것이 중요하다는 것입니다. 여러분 모두 이 공동체에 직접 참여하여 하나님의 더 큰 은총을 입으시기 바랍니다. 이처럼 이웃의 실질적인 필요나 궁핍이나 고통에 동참하여 함께 위하여 기도하고 사랑을 전달하고 그들과 함께 있어주고 나아가 물질로 그들을 돕는 것은 하나님의 일입니다.

사도 바울은 빌립보 교회에 대한 구체적인 감사의 근거를 과거의 사역에서 회상하여 그들에게 말씀하고 있습니다. "복음의 시초에 내가 마게도냐를 떠날 때에 주고받는 내 일에 참여한 교회가 너희 외에 아무도 없었느니라(15절)." 사도 바울은 아시아를 떠나 유럽으로 선교여행을 갑니다. 마게도냐를 향한 것입니다. 그 첫 선교지가 빌립보입니다. 사도행전에 나옵니다. 그 유럽의 첫 교회가 빌립보 교회입니다. 그때로부터 사도 바울은 핍박을 받아 그 빌립보를 떠나게 됩니다. 그리고 데살로니가로 갑니다. 베뢰아로 갑니다. 아데네로 갑니다. 그리고 마침내 고린도로 갑니다. 유럽전역에서 선교활동을 한 것입니다. 지금 바로 그 말씀을 하는 것입니다. '복음의 시초'입니다. 유럽에 처음으로 복음을 전하던 때, 마게도냐를 떠날 때 그들이 사도 바울의 선교 사역에 참여했다는 것입니다. 선교 사역을 하려면 물질이 필요합니다. 그런데 그 일에 동참한 자, 동참한 교회가 오직 빌립보 교회라는 것입니다. 그 이전에 아시아에 수많은 교회들을 세웠습니다. 그런데 오직 빌립보 교회만이 두 번 사도 바울의 선교 사역에 동참했다는 것입니다. 그런데 지금 에바브로디도를 통하여 물질적인 후원을 한 것까지 포함하면 최소한 세 번이 되겠지요. 그 세 번 모두 빌립보 교회를 통하여 교인들이 헌금을 했다는 것입니다. 목적헌금입니다. 그래서 특별하게 선교 사역과 옥중 사도 바울의 궁핍을 돕기 위하여 물질을 보냈다는 것입니다. 아마 그 당시 이 편지를 본 다른 교회 사람들이 있었다면 빌립보 교회야말로 참으로 은혜로운 교회라고 하면서 참회했을 것입니다. 아니면 그런 사실을 공개적으로 이야기했다는 것을 못 마땅해 했을지도 모릅니다.

그러나 성경의 기록은 성령께서 하신 것입니다. 왜? 모든 교회 교인들에게 본이 되게 하기 위해서입니다. 사도 바울 또한 자기를 돕지 않은 사람들을 비난하기 위하여 기록을 한 것이 아닙니다. 선행을 한 교회, 모범이 된 교회를 칭찬하기 위하여 기록한 것입니다. 강조입니다. 빌립보 교회는 세운 지 얼마 안 된 교회입니다. 아마 2년도 채 안되었을 것입니다. 다 초신자였습니다. 외부의 핍박이 있었습니다. 내부적으로 그들은 가난한 교인들이었습니다. 그런데도 하나님의 중심에 있는 사도 바울의 고통을, 그의 사역을 외면하지 않았습니다. 얼마나 귀한 일입니까?

처음 된 자 나중 되고, 나중 된 자 처음 된다는 예수님의 말씀이 있습니다. 참 아리송한 말씀입니다. 그러나 많은 경우 이 말씀이 옳다는 것을 우리는 깨닫습니다. 한 마디로 구원은 하나님의 손에 달린 것입니다. 오래 믿었다고 구원받고 믿은 지 얼마 안 되었다고 구원 못 받는 것이 아닙니다. 그러나 적어도 물질적인 부분에서는 이 말씀이 참입니다. 대부분 크게 봉사를 하거나 크게 물질로 후원하는 분들을 보면 신앙생활 초기에 크게 감동하여 십자가의 은혜로 충만할 때는 다른 은총을 기대하지 않습니다. 그저 너무도 감사할 따름입니다. 그러나 시간이 5년, 10년, 20년 흐르면서 이 감사의 마음이 서서히 약해집니다. 실제로 영적으로 충만하여 교회에 크게 봉사하는 분들은 대개 신앙생활 초기입니다.

지금 빌립보 교회는 오랜 믿음으로 성숙한, 많은 훈련을 받은 교회가 아닙니다. 그 빌립보 교회가 지금 열악한 상황에서도 성령 충만한 가운데 교회의 본을 보이는 것입니다. 특별히 오늘 본문에 "주고받는 내 일에…(15절)"라는 말씀이 있습니다. 아주 중요한 표현입니다. Giving And Receiving입니다. 인간의 삶 자체가 주고받는 행위입니다. 주고받는 그 사회적 행동에 의하여 인간다운 삶을 살 수 있습니다. 특별히 그리스도인의 삶이 그렇습니다. 모든 그리스도인은 먼저 하나님께로부터 전적인 은혜를 받았습니다. 모든 것이 하나님의 경륜 속에서 하나님의 주권 안에 이루어짐을 믿습니다. 그리고 그 받은 은혜를 세상을 향해 증거합니다. 시간을 통하여, 물질을 통하여 그들을 돕습니다. 은혜의 삶은 은혜를 받고 은혜를 나누는 것입니다. 만일 은혜를 받은 자가 은혜를 베풀지 못한다면 그것은 병든 심령입니다. "주고받는 내 일에 너희들이 동참했다." 참 귀한 말씀입니다.

그러나 이렇듯 건강하고 균형 잡힌 성숙한 삶에서 벗어난 삶의 두 가지 예가 있습니다. 하나는, 자기는 오직 주는 삶만을 살았다고 생각하는 사람입니다. 실제로 세상에는 지식이 많고 물질이 충만하여 남들이 '저 사람은 주는 자다.', '아쉬운 게 뭐 있겠느냐.', '받을 일이 없을 것 같다'라고 생각할만한 사람이 있습니다. 그런데 만일 자기 스스로 '나는 주는 사람이다', '나는 뺏기는 삶을 살아간다'라고 생각한다면 그것은 교만입니다. 내가 누구에게 선행을 베푼다면 동시에 그 선행을 베푸는 나에게 돌아오는 것이 있습니다. 내적 기쁨입니다. 때로는 도덕적 기쁨도 있습니다. 사회적 명예가 주어지기도 합니다. 단순히 주고받는 행위에서도 그렇습니다. 물질을 주고 그보다 더 가치가 큰 영적 기쁨, 정신적 기쁨, 도덕적 기쁨을 얻지 않습니까? 일방적으로 주기만 하는 삶은 없는 것입니다. 부모는 자녀들에게 일방적으로 주는 삶을 사는 듯하지만, 실은 그러는 데서 기쁨을 얻는 것입니다. 보람되지 않습니까? 주고받는 것입니다. 주고받음을 인정하는 것이 인격적 삶입니다. 더욱이 그가 줄 수 있는 그 무엇은, 지식이든 물질이든 시간이든, 다 하나님께서 그에게 주신 은사입니다. 그에게 맡기신 청지기적 삶입니다. 그러므로 성숙한 그리스도인에게는 일방적으로 주기만 하는 삶이란 없는 것입니다.

다른 하나는, 자기는 단지 받기만 하는 삶을 살아가고 있다고 생각하는 사람입니다. 자존감이 매우 낮은 사람입니다. 받는 행위에만 익숙하여 자기를 지나치게 낮게 평가하는 것은 올바른 신앙인의 자세가 아닙니다. 영적이고 객관적으로 생각해보면 받는 자의 입장에서도 이미 주는 것이 있습니다.

상대방에게 선행을 베풀 기회를 준 셈이기 때문입니다. 또 기쁨도 준 것입니다. 자녀들이 특히 그렇습니다. 그들은 일방적으로 받기만 하는 것 같은데도 얼마나 당당합니까. 아주 당당합니다. 끝까지 당당합니다. 부모님께 드리는 것이 있지 않습니까? 무엇이든 건강한 인격적인 삶은 주고받는 행위에서 비롯됩니다. 그래서 예수님께서 네 몸과 같이 네 이웃을 사랑하라고 말씀하신 것입니다. 그 사랑하는 행위가 이미 주고받는 것입니다. 여기서 인간다운 삶이 이루어집니다. 지금 사도 바울은 그것을 칭찬하고 있습니다. 주고받는 근본적인 인간다운 삶에 너희들이 동참했다고 말입니다. 특별히 그들의 그 선행이 그리스도적입니다. 하나님의 은혜로 충만하여 감사하는 삶의 응답입니다. 그것을 칭찬하는 것입니다.

어떤 사람이 고대 인도의 성자로 추앙되는 힌두교의 라마누자라는 성인을 찾아와 묻습니다. "저는 오직 신만을 사랑하고 신만을 찬양하고 싶습니다. 그 길을 제게 좀 가르쳐주십시오." 라마누자는 말합니다. "먼저 당신이 내 질문에 답하면 그 길을 알려주겠소." 그리고 질문을 던집니다. "그대는 누구와 사랑을 주고받은 적이 있습니까?" 청년이 대답합니다. "나는 이 세상일에나 이 세상에는 관심이 없습니다. 그런 형이하학적인 일에는 관심이 없습니다. 나는 오직 신만을 사랑하고 싶습니다." 라마누자가 묻습니다. "그러면 당신은 지금까지 정말 한 사람도 사랑한 적이 없다는 말입니까?" "그럼요. 저는 종교적인 사람입니다. 그러므로 세속적인 사랑은 하지 않았습니다. 저는 신만을 사랑하기를 바랍니다." 그러면서 그는 신만을 사랑하는 방법을 알려달라고 간청합니다. 그때, 성자는 이렇게 말했다고 합니다. "그것은 불가능합니다. 그대가 누구를 사랑한 적이 없다는 것은 그대가 진정한 사랑에 대하여 알지 못한다는 것인데, 사랑을 모르면서 어떻게 신을 사랑할 수 있습니까?"

기독교에는 이보다 더 큰 보편적 진리가 있습니다. "하나님을 사랑하라." 이것이 먼저입니다. 그리고 "네 이웃을 사랑하라." 이중계명입니다. 함께 갑니다. 서로 동떨어진 계명이 아닙니다. 결국 인간을 사랑하지 못하는 사람은 하나님을 사랑할 수 없고, 하나님을 사랑하지 못하는 사람은 인간을 사랑할 수 없습니다. 진정한 사랑의 관계는 일방적인 것이 아니기 때문입니다. 주고받는 행위입니다. 균형잡힌 신앙인의 삶에 절대적으로 필요합니다. 감사히 받고 자발적으로 주는 삶이 기독교인의 건강한 삶입니다. 빌립보 교인이 이 일에 동참하고 이 일에 선행을 했습니다. 그리고 칭찬을 합니다. 그러면서도 그는 그들이 한 선행과 선물에 대하여 아주 신중한 태도를 취합니다.

성경적인, 신학적인, 교리적인 입장을 그 선물이라는 사건을 통하여 그들에게 일러주고 있습니다. 이것이 깊은 의미의 하나님의 말씀입니다. 그 세 가지를 오늘 본문에서 살펴볼 수 있습니다.

첫 번째, 17절 상반절 말씀입니다. "내가 선물을 구함이 아니요." 감사하지만 내가 선물을 구하지 않았다. 한 마디로 나는 너희에게 선물을 바라지도, 나아가서는 의존하지도 않았다는 것을 명백히 표명하는 것입니다. 이어 18절에서 말씀합니다. "내게는 모든 것이 있고 또 풍부한지라." 나는 이미 풍성합니다. 만족합니다. 그러니 내가 너희들에게 선물을 바랄 리가 있느냐는 것입니다. 이 부분을 명확히 하고 싶은 것입니다. 지금 감사하다, 잘한다고 칭찬을 하지만 동시적으로 더욱 분명하게 도리적인 것을 알려주는 것입니다. 그 이유는 목회자로서 사역자로서 선행에 대한 개인적인 것을 칭찬했을 때 그들이 그 깊은 의미의 진실을 왜곡할까봐, 그것이 하나님의 말씀에 누가 될까봐 경계하고 있는 것입니다. 그래서 계속해서 신중한 언어로 자기 입장을 말합니다. "내가 선물을 구함이 아니요." 이 사건을 좀 더 깊이 생각해 보려면 사도 바울의 전반적인 원칙, 선교사로의 원칙을 고려해야 합니다. 사도 바울은 자비량 선교를 했습니다. 항상 자비량 선교를 한 것은 아닙니다. 빌립보 교회로부터 선교헌금도 받고 개인적으로도 후원헌금을 받았습니다. 그러나 많은 경우 그것을 받지 않았고 스스로 사역을 하기 위하여 장막을 만드는 기술로 직접 노동을 하여 필요한 것을 스스로 공급했습니다. 이를 자비량 선교라고 합니다. 여기에는 사도 바울의 하나님에 대한 보다 큰 헌신이 있었다는 것입니다. 그는 먼저 예수님께서 어떻게 말씀하셨는지를 살폈습니다. 누가복음 10장 7절 말씀입니다. "그 집에 유하며 주는 것을 먹고 마시라 일군이 그 삯을 받는 것이 마땅하니라." 이것은 사역자들, 제자들을 파송하시면서 주신 말씀입니다. 너희들은 복음을 증거하는 자들이다. 그러므로 어디에 가서든 그 집에 유하고 또 그들이 베푸는 것에 대하여 마땅히 받을 자격이 있으니 사역에 전념하라. 예수님 말씀입니다. 그러니까 네가 몸소 노동을 하여 네 생활비를 벌지 말고 복음을 증거 하라는 것입니다. 'Full Time 사역자'로 일하라는 것입니다. 이것이 예수님의 말씀입니다. 구약으로 가면 열두 지파들 중 레위인들에게 이 역할이 주어집니다. 다른 지파에서 하나님께 감사헌금을 비롯하여 여러 헌금들을 바칩니다. 그것이 레위기에서 레위인들에게 주어집니다. 별도로 그들에게 직접 사역을 주어 하나님의 일을 하라고 따로 분깃을 주시지 않았습니다. 그래 예수님께서도 사역 중에는 따로 목수일을 하셨다는 기록이 없습니다. 열두 제자들에게도 그리 말씀하셨습니다. 효과적인 복음전도를 위하여 사역 이외의 일은 하나님께서 책임지신다는 것입니다. 그런데도 지금 사도 바울은 말씀을 거스르고 있습니다. 사도 바울은 지금 그야말로 사역에만 전념해야 되는 것입니다. 자비량 사역이라는 것은 없습니다. 특별히 고린도서를 보면 자세히 나옵니다. 그 이유를 알아야 합니다. 예수님의 말씀을 안 들었구나, 이렇게 생각하면 안 됩니다. 제가 미국에서 공부할 때 그런 점을 많이 느꼈습니다. 특히 한의사분들이나 엔지니어 쪽 직업을 가진 분들이 자비량 선교를 많이 강조합니다. 그것이 사도 바울의 고린도적 삶이기 때문입니다. 그때마다 제가 이것을 설명하느라 몇 시간을 들였는데도 무슨 말인지 말귀를 알아듣지 못합니다. 결국 문자적으로만 해석했습니다.

사도 바울에게는 더 큰 신앙적 의미가 있습니다. 아덴을 비롯하여 고린도 지역을 살펴보면 거기에는 수많은 철학자들이 있었고 종교인들이 있었습니다. 그들은 그들이 알고 있는 진리를 가르치면서 물건 파는 장사를 했습니다. 그야말로 진리를 가르치는 대가를 받아냈습니다. 더욱이 모금활동도 했습니다. 그런 풍습이 아덴과 고린도를 비롯한 대도시들에 퍼져 있었습니다. 그곳으로 사도 바울이 갑니다. 가서 보니 그렇게 일했다가는 은혜의 복음인 하나님의 진리가 왜곡될 것 같았습니다.

사도 바울은 복음의 가장 핵심적인 은혜성, 절대 은혜성을 상실할 것을 두려워합니다. 그래서 아무 도움도 받지 않고 스스로 노동하면서 복음을 전도하는 것입니다. 목적이 무엇입니까? 복음의 은혜성입니다. Free Gift입니다. 거저 주신 선물입니다. 바로 그것을 가르쳐주신 것입니다. 왜냐하면 그 지역은 진리를 가르쳐준다고 하면서 대가를 원했기 때문입니다. 다른 지역에는 그런 사람이 없습니다. 그러니까 복음의 효과를 위하여 오로지 전념하여 복음만을 증거합니다. 상황별로 다른 것입니다. 이를 두고 절대적으로 자비량을 했구나, 자비량이 하나님의 뜻이구나, 하고 잘못 생각하면 안 됩니다. 또 사도 바울이 예수님의 말씀을 거슬렀다고 생각해서도 안 됩니다. 오히려 예수님의 말씀을 깊이 이해하고 그 의미를 받아들인 것입니다. 그만큼 사도 바울은 물질에 대한 문제에서 민감합니다. 왜냐하면 복음의 문제와 결부되기 때문입니다. 아무리 저쪽에서 은혜 충만하여 감사의 선물을 주었다 하더라도 그에 대한 그들의 이해가 조금이라도 왜곡될까봐, 또 다른 사람들에게 잘못 전달될까봐 두려워하고 있는 것입니다. 그래서 사도 바울은 반복하여 선물의 문제를 매우 신경써 중요하게 다루고 있습니다. 사도 바울은 우선순위로 은혜의 절대성을 생각했습니다. 그리고 복음의 효과성을 생각했습니다. 그래서 성령의 인도하심을 따라 자비량도 했다가, Full Time으로도 일했다가 합니다. 그래 그는 말씀합니다. "내가 선물을 구함이 아니요."

두 번째, 17절 하반절 말씀입니다. "오직 너희에게 유익하도록 풍성한 열매를 구함이라." 이것이 사역자의 마음입니다. 아마 모든 사역자의 마음일 것입니다. 성도가 경제적으로 문화적으로 풍성하기를 바랍니다. 특별히 사도 바울은 귀한 지혜를 바랍니다. 너희 선행은 곧 너희 자신을 위한 것이다, 이렇게 말씀하고 있습니다. 왜? 선행은 하나님께 은혜를 꾸는 것이기 때문입니다. 그러므로 선행은 천국의 보화를 쌓는 것입니다. 저축해놓는 것입니다. 네가 나에게 주었지만, 이것은 성경적으로 그 의미를 생각하면 하나님께 저축한 것과 마찬가지입니다. 그래서 이렇게 말씀하는 것입니다. "너희에게 유익하도록 과실이 번성하기를 구함이라."

세 번째, 18절 말씀입니다. 선물에 대한 가장 중요한 말씀입니다. "향기로운 제물"입니다. 참으로 놀라운 표현입니다. A Fragrant Offering, 향기로운 제물입니다. 구약에 반복하여 나타나는 하나님의 말씀입니다. 지금 예배시간에 헌금한 것이 아닙니다. 그것을 두고 사도 바울은 자기에게 준 것이 아니라고 말씀합니다. 분명 내가 받았지만 이것은 하나님께 드리는 것이라고 그것을 가리켜 향기로운 제물이라고 말씀합니다. 그래서 사람한테 베푼 선행은 잊어버려야 합니다. 은혜받은 것은 기억하고 은혜베푼 것은 빨리빨리 잊어버려야 향기로운 제물이 됩니다. 그래서 예수님께서 말씀하시지 않습니까? 오른손이 하는 것을 왼손이 모르게 하라고요. 익명적 헌신입니다. 그가 기억하면 그로부터 인사를 받습니다. 감사하다는 표현을 듣습니다. 그러면 그것으로 끝난 것입니다. 그 영광을 하나님께 돌리지 못했습니다. 그래서 사도 바울이 빌립보 교인을 배려하는 마음으로 말씀합니다. 가르치는 것입니다. 내게 주었지만 내게 준 것을 잊어라, 이것은 하나님께 드린 향기로운 제물이다, 이것을 기억하라. 그래서 오늘 성경은 말씀합니다. "받으실만한…." 하나님을 기쁘시게 해드릴 만한 향기로운 제물이라는 것입니다. 얼마나 아름다운 말씀입니까?

어느 젊은이가 수도원에 가서 수도사가 되겠다고 청합니다. 그러자 그 수도원 원장이 몇 가지 질문으로 테스트를 한 다음에 그를 받아들이겠다고 합니다. 먼저 원장이 그에게 묻습니다. "너에게 만일 금화 세 닢이 있다면 그것을 기꺼이 가난한 사람에게 나누어주겠느냐?" 젊은이가 답합니다. "그럼요. 진심으로 가난한 사람에게 다 줄 것입니다." 다시 원장이 묻습니다. "만일 너에게 은화 세 닢이 있다면 어떻게 하겠느냐?" "자발적인 마음으로 다 주겠습니다." 마지막으로 또 질문합니다. "그러면 동전 세 닢이 있다면 어떻게 하겠느냐?" "그것은 안 됩니다." "왜 안 되느냐?" "지금 내가 가진 것이 동전 세 닢이거든요." 거창하게 하나님 사역, 봉사를 하면서도 막상 자기가 가지고 있는 것은 내어놓기가 어려운 것입니다.

하나님께서 기뻐하실 향기로운 제물은 쓰다 남은 것이 아닙니다. 여유가 많아 그중 하나를 드린다면 그것은 향기로운 제물이 아닙니다. 정말 향기로운 제물은 꼭 필요한 것을 내어놓는 것입니다. 지금 빌립보 교회는 밖으로 큰 핍박을 받고 있고, 내부적으로 그들의 삶 자체가 가난합니다. 그런데도 꼭 필요한 자기 것을 하나님의 사역자에게 하나님의 사역을 위하여 선물로 드립니다. 바로 그것을 말씀하는 것입니다. 그것이 하나님께서 기뻐하실만한, 받을만한 향기로운 제물입니다. 오늘도 이 역사는 동일한 하나님의 역사로 일어나고 있는 것입니다.

그리고 나서 그들에게 놀라운 동일한 말씀을 선포합니다. 19절 말씀입니다. "나의 하나님이 그리스도 예수 안에서 영광 가운데 그 풍성한 대로 너희 모든 쓸 것을 채우시리라." 참으로 위대한 복음입니다. 이 말씀을 믿습니까? 100% 믿어야 됩니다. 이것을 믿지 않는 것이 비극입니다. My God Will Fully Satisfy, 내 하나님께서 가득히 너를 만족히 하시리라. 이것을 선언하는 것입니다. 그래서 오늘 설교 제목이 '풍족케 하신 하나님'입니다. 선포하는 것입니다. 하나님의 계시입니다. 하나님께서는 하나님의 자녀를 풍족케 하십니다. 이것을 절대 진리로 믿어야 됩니다. 형이상학적인 철학적 진리로 선포하는 것이 아닙니다. 아주 구체적이고 체험적인 진리로 선포하고 있습니다. 그래서 빌립보 교회에 말씀하면서 '우리 하나님'이라고 하지 않고 'My God' 내 하나님이라고 한 것입니다. 내가 경험한 하나님이라고 선포하는 것입니다. 그는 자기 일생의 사역을 통하여 하나님께서 풍족케 하시는 은혜를 경험했기 때문입니다. 지금도 감옥에서조차 하나님의 놀라운 은혜를 체험하고 있습니다. '그 하나님이 너희를 풍족케 하시리라.' 이 얼마나 위대한 말씀입니까?

예수소망교회 지을 때 많은 일들이 있었습니다. 그때 계약금을 두 달마다 상환해야 했습니다. 그런데 신기하게도 두 달 째가 되면 때마다 어김없이 돈이 생겼습니다. 그런 식으로 빚을 갚아가면서 예배당을 완공할 수 있었습니다. 그래서 오늘 우리가 여기에서 이렇게 예배를 드릴 수 있는 것입니다. 하나님의 일은 하나님께서 책임져주십니다. 그야말로 하나님의 뜻 안에 있는 것, 그 중심이 정말 하나님 안에 있는 것에 대해서는 하나님께서 다 책임져주십니다. "너희 모든 쓸 것을 채우시리라." 그 위대한 진리를 개인적인 자기체험을 통하여 말씀하고 있는 것입니다.

여러분, 나는 얼마나 이 말씀을 증거하고 경험했다고 말할 수 있습니까? 정말 나의 하나님께서 나의 모든 쓸 것을 채워 주신다고 확신할 수 있습니까? 특별히 오늘 본문에 이런 말씀이 있습니다. "영광 가운데 그 풍성한 대로…(19절)." 이 말씀, 너무너무 아름답습니다. 어느 사람, 어느 기업의 풍성이 아닙니다. 하나님의 풍성하심입니다. 하나님 나라의 풍족하심입니다. 그 풍성함을 비교할 수 없는 하나님의 전지전능하심으로 채워주신다는 말씀입니다. 이것이 복음입니다. 그러나 우리가 기억해야 할 것이 있습니다. 우리 개인의 사치나 허영이나 자신의 어떤 이기적 욕망이나 집단적 이기심을 충족하기 위해서가 아니라는 것입니다. 타락해가는 과정에 필요한 것을 주시는 것이 아니라는 말씀입니다. 그래서 오늘 본문은 말씀합니다. "너희 모든 쓸 것…(19절)."-Every Needs of Yours. 이것을 주목해야 합니다. Wants와 Needs는 다릅니다. 하나님께서는 꼭 필요한 그것을 주시겠다고 약속하십니다. 여기 에는 또 하나의 제한성이 있습니다. 한계입니다. 그것은 바로 "그리스도 예수 안에서…(19절)."-In Christ Jesus입니다. 나의 하나님께서 영광 가운데 풍성 한대로 너희 쓸 것을 채우시는 데에는 조건이 하나 있습니다. 예수 그리스 도입니다. 예수 그리스도를 통하여 주십니다. 예수 그리스도 안에서 주십니 다. 예수 그리스도의 의에서 주십니다. 이것이 복음입니다. 예수 그리스도 의 이름을 온전히 믿어야 됩니다. 그래서 우리가 기도할 때 '예수 그리스도 의 이름으로 기도하옵나이다'라고 하지 않습니까? 그의 이름으로, 예수 그리 스도의 이름으로 구하는 것입니다.

다시 한 번 하나님께서 그 부분을 강조하십니다. 하나님을 믿는 사람이 어떻게 해야 응답받는 기도, 또 예수 그리스도 안에서 하나님께서 풍족케 하 시는 기쁨을 누릴 수 있는가에 대하여 우리는 성경적으로 세 가지를 간단히 살펴볼 수 있습니다.

첫째는, 빌립보서 전체에 나와 있는 것처럼 자족하는 마음을 배워야 한 다는 것입니다. 있는 자에게 더 주십니다. 하나님께서는 이스라엘 백성을 출애굽 시키십니다. 그들은 큰 환희를 경험합니다. 그리고 곧바로 하나님께 서 인도하시는 길은 홍해 건너 광야입니다. 저 위의 해변길, 아름다운 길, 좋 은 길로 인도하시지 않습니다. 성경에 아주 구체적으로 나와 있습니다. 인 도하지 아니하시더라. 꽉 막힌 홍해입니다. 그 홍해를 수백만이나 되는 사 람들이 어떻게 다 건넙니까? 배도 한 척 없습니다. 그런데 건넙니다. 그 홍 해를 다 건너니 이제는 광야입니다. 그것이 하나님께서 주시는 꼭 필요한 선 물이었습니다. 만일 이스라엘 백성이 웅성거리지 않고, 불평하지 않고 그냥 하나님의 큰 뜻이 있겠지, 하나님의 경륜이 있겠지, 하고 믿음으로 소망했다면 3주면 지나갔을 것입니다. 그리고 약속의 땅 가나안으로 들어갔을 것입니다. 그러나 그들에게는 자족하는 마음이 없었습니다. 불평합니다. 원망합니다. 결국 사십 년이나 걸립니다. 원망했던 사람은 단 한 사람도 들어가지 못합니다. 풍족케 하시는 하나님의 능력을 경험하지 못합니다. 자족하는 마음, 그 비결을 배워야 합니다. 그럴 때 그리스도 안에서 풍족케 하시는 비결을 경험하게 됩니다.

둘째는, 주는 마음, 베푸는 삶을 생활화해야 된다는 것입니다. 오늘 본문에 나오는 것처럼 천국에 저축하는 지혜를 얻어야 됩니다. 그래서 예수님께서 하신 말씀 중에 사도 바울이 인용하는 말씀이 있습니다. "주는 자가 받는 자보다 복이 있느니라." 주는 자가 되어야 합니다. 기도로 주고 물질로 주고 사랑으로 주고 용서해주는 그에게 복이 있습니다. 미국의 대통령을 지낸 카터는 재임시절보다 그 이후에 더 유명해진 인물입니다. 유명한 일화가 있습니다. 그 부부에 대한 이야기입니다. 아주 화목한 가족이지만 보통의 부부들처럼 그들도 부부싸움을 했습니다. 원인은 늘 정해져 있었습니다. 시간을 지키지 않았을 때입니다. 카터는 시간을 잘 지켰습니다. 하지만 그의 부인은 시간을 너무 잘 어깁니다. 준비하느라 안 지키고, 바빠서 안 지키고…. 그래서 공적 행사에 나갈 때면 항상 충돌이 생깁니다. 카터는 이 일로 스트레스를 많이 받았습니다. 그래 카터는 아내의 생일에 남편으로서 카드를 보냈습니다. 이런 내용이었습니다. "여보, 오늘날까지 내가 시간문제로 당신을 괴롭혔다고 생각하오. 그러나 오늘 이후로 시간문제에 대해서는 나에게 매이지 말고 자유하시오." 왜냐하면 10년을 살아봐도 안 고쳐지는 것임을 알았기 때문입니다. 결국 스스로 포기하고 그것을 수용한 것입니다. 아니면 죽을 때까지 싸우는 것입니다. 바로 그 편지에 대하여 부인인 로잘린 여사가 얼마나 감사했는지 모릅니다. 그래 기회 있을 때마다 이런 말을 했다고 합니다. "당신이 나에게 준 최고의 선물은 시간을 지키는 것에서 자유하라고 한 그 말입니다." 그날 이후로 더욱 행복했다는 것입니다. 먼저 주어야 됩니다. 그것이 용서든 무엇이든 베푸는 자의 삶을 살지 않으면 행복은 없습니다. 그렇듯 지혜를 베푸는 자에게 하나님께서는 더 큰 은혜를 베풀어주십니다.

셋째는, 믿어야 된다는 것입니다. "너희 모든 쓸 것을 채우시리라." 예수 그리스도 안에서 하나님께서 반드시 채우시리라고 믿어야 됩니다. 믿는 자에게 주시는 약속입니다. 믿지 않는 자에게는 부도수표입니다. 20세기 최고의 과학자인 아인슈타인의 유명한 말이 있지 않습니까? "이 세상에는 두 가지 사람이 있다. 하나는 기적이 없다고 믿는 사람이고, 또 하나는 모든 것이 기적이라고 생각하는 사람이다. 나는 후자를 택할 것이다." 여러분은 기적을 믿습니까? 하나님께서 주시는 기적은 일상적입니다. "너희 모든 쓸 것을 채우시리라." 하나님의 약속의 말씀입니다. 믿는 자에게만 이 은총이 허락될 것입니다.

그래서 사도 바울은 이 위대한 진리를 선포하면서 결론을 내렸습니다. 그것이 20절 말씀입니다. "하나님 곧 우리 아버지께 세세 무궁하도록 영광을 돌릴지어다 아멘." 풍족케 하시는 하나님이시기 때문입니다. 또 풍족케 되는 비결을 우리로 깨닫게 해주시기 때문입니다. 창조주 하나님이십니다. 역사의 주인이십니다. 모든 피조세계의 주인이십니다. 비할 수 없이 풍족하시고 충만하신 하나님이십니다.

그 하나님께서 우리의 필요를 아시고 채워주시겠노라 약속하십니다. "그리스도 예수 안에서 영광 가운데 그 풍성한 대로 너희 모든 쓸 것을 채우시리라(19절)." 하나님의 말씀입니다. 이 말씀을 믿고 항상 때를 따라 주시는 은혜로 풍족케 하시는 하나님의 은혜를 고백하고 경험하는 모두가 되시기 바랍니다.

32.
성도의 교제

그리스도 예수 안에 있는 성도에게 각각 문안하라
나와 함께 있는 형제들이 너희에게 문안하고 모든 성도들이 너희에게 문안하되
특히 가이사의 집 사람들 중 몇이니라
주 예수 그리스도의 은혜가 너희 심령에 있을지어다 (빌4:21-23)

빌립보서는 옥중의 사도 바울이 빌립보 교회에 보낸 서신입니다. 사도 바울은 지금 감옥에 갇혀 있습니다. 큰 핍박과 고난 중에 있는 것입니다. 하지만 그는 주 안에서 한 형제인 빌립보 교인들을 생각하고 감사합니다. 그래 오히려 그들을 위하여 기도하고 기쁨으로 충만하여 그들에게 하나님의 말씀을 전합니다. 빌립보서 전체의 주제는 기쁨입니다. 영적 기쁨, 불멸의 기쁨입니다. 그래서 주 안에서 기뻐하라, 내가 말하노니 항상 기뻐하라 그 영적인 메시지를 주제로 빌립보 교회에 말씀을 전하고 있습니다. 특별히 이 기쁨은 그 상황 그대로 고난 중의 기쁨입니다. 큰 핍박과 환난 중에 하나님께서 주시는 충만한 영적 기쁨입니다. 모든 고난 받는 자들, 특별히 환난 중에 있는 자들에게 위로가 되는 말씀입니다. 이것이 빌립보서의 특징입니다. 우리가 열심히 논리적으로 복음을 전해도 그 안에 기쁨이 없으면 아무 소용이 없습니다. 말씀을 전하는 자의 기쁨과 즐거움이 전달되지 않으면 그들은 복음

으로부터 아무런 영향도 받지 못합니다. 진정한 전도와 선교는 전하는 자 스스로에게 먼저 은혜가 있고 큰 즐거움이 있어야 됩니다. 말씀과 함께 실제 자기 삶의 즐거움과 참된 소망이 함께 전달되어야 합니다. 사도 바울은 실제 자기 삶을 통하여 충만한 은혜 가운데 하나님의 말씀을 전합니다.

오늘 본문은 서신의 결론 부분입니다. 간단하지만 말씀 전체의 주제와 위대한 성경적 진리들이 함축되어 있습니다. 그래서 본문의 시작이 이렇습니다. "그리스도 예수 안에 있는 성도에게 각각 문안하라…(21절)."-Every Saint in Christ Jesus…. 이 말씀의 우선적 메시지는 성도의 교제입니다. 성도 간에 서로 문안하라는 것입니다. 성도 간에 서로 환영하라는 것입니다. 친교를 강조하는 말씀입니다. 사도신경에도 나옵니다. "성도가 서로 교통하는 것과…." 신앙고백입니다. 하나님의 뜻입니다. 그런데 여기에 대한 믿음이 없습니다. 세상 사람들뿐만이 아니라 교회에 다니는 사람조차도 성도의 교제가 얼마나 중요한지, 이 안에 얼마나 많은 하나님의 은총과 뜻을 담았는지를 잘 분별하지 못합니다. 오늘 이 시대의 큰 문제입니다. 분명히 위대한 계명으로 말씀을 주셨습니다. 하나님을 사랑하라, 그리고 네 이웃을 사랑하라. 예수님께서도 새 계명을 주노니 네 이웃을 네 몸과 같이 사랑하라 말씀하십니다. 친교요, 교제입니다. 현대인은 물론이고 현대의 그리스도인조차도 성도의 교제, 세상 안에서의 교제의 귀중함을 모르고 있습니다. 이 점을 우리는 스스로 깨닫고 분별해야 합니다.

미래학자 엘빈 토플러의 『미래의 충격』(Future Shock)이라는 책이 있습니다. 이 책에서 그는 고독이라는 테마를 다룹니다. 현대사회의 가장 큰 특징이 고독이라는 것입니다. 이 고독은 인간소외를 야기합니다. 현대사회의 몇 가지 문제들이 이 고독의 원인이라는 것입니다. 첫째, 현대사회는 변화만을 추구한다는 것입니다. 변화는 일시적인 것입니다. 비영구적인 것입니다. 이 변화를 성숙으로 보고, 변화만을 발전으로 봅니다. 계속 변화만 추구하다보니 이미 가지고 있고 누리고 있는 소유의 가치를 잃는다는 것입니다. 사람 관계도 마찬가지입니다. 그래서 새로운 무엇을 추구함으로써 결국은 스스로 점점 더 깊은 고독에 빠지는 것입니다. 아이러니입니다. 둘째, 현대사회는 이동성이 많다는 것입니다. 그러다보니 진정한 인간관계를 맺기 어렵습니다. 임시적이고 일시적인 관계가 있을 뿐입니다. 현대사회의 구조가 이와 같습니다. 경제적인 이유, 직업상의 이유를 비롯한 여러 가지 이유와 목적으로 이동을 합니다. 옛날에는 같은 지역에서 대를 이어 살기도 했습니다. 그래서 이웃사촌이라는 말도 있습니다. 하지만 요즈음에는 바로 앞집에 누가 사는지도 모릅니다. 서로 무관심합니다. 자주 이동하다보니 겪게 되는 인간소외입니다. 셋째, 현대인은 고도의 융통성만을 추구한다는 것입니다. 대인관계에서 서로의 감정이 개입되는 것을 원치 않습니다. 적당한 관계가 좋은 것입니다. 임시적이고 일시적인 관계뿐입니다. 점점 더 고독해집니다. 진정한 친구가 없습니다. 진정한 인간관계가 없습니다. 아니, 그것이 아예 불필요하다고 생각합니다. 바로 이것이 인간소외의 문제요, 고독의 문제라고 그는 강조합니다. 공산주의나 사회주의를 비롯하여 우리 세대에서 보게 되는 분쟁이나 투쟁이 결국은 다 이러한 인간소외를 극복해보고자 하는 나름대로의 이기적인 방법들입니다. 그러나 오히려 더 강한 인간소외를 겪게 됩니다. 분노가 되기 때문입니다. 결국 이 세상에는 계속되는 고독과 소외가 있을 수밖에 없습니다. 체제적으로 그렇습니다. 현대인 스스로가 그 길을 가는 것입니다.

하지만 복음은 치유합니다. 화해시킵니다. 하나되게 합니다. 하나님의 말씀은 그 목적이 교제케 하고 친교케 하고 인간적인 인간관계를 맺게 하는 데 있습니다. 예수 그리스도 안에서 모두가 형제 자매로서의 바른 정체의식을 갖도록 우리를 변화시킵니다. 인간의 본래성을 회복케 합니다. 이 방법은 오직 예수 그리스도 안에서만 가능한 것입니다. 그래 오늘 본문도 말씀합니다. "그리스도 예수 안에 있는 성도에게 각각 문안하라(21절)." 이것만이 가능하기 때문입니다. 어떤 인간적인 방법이나 사회적 제도로도 하나되게 할 수 없습니다. 그럴듯하지만 결국은 안 됩니다. 역사가 말해주는 교훈입니다. 오늘도 한국기독교 역사에서 전체 교회가 하나되자며 연합회도 만들고 하지만, 다 잠깐일 뿐입니다. 금세 다 없어질 것입니다. 제도나 이데올로기로는 하나될 수 없습니다. 또 최근에 기독교인들을 놓고 New Right Movement를 펼칩니다. 얼마나 갈지 모르겠으나, 분명히 말할 수 있는 것은 이 또한 머지않아 없어질 것이라는 것입니다. 역사가 말해주고 있습니다.

성경은 오직 예수 그리스도 안에서 하나되는 것만을 말씀합니다. 각자가 예수 그리스도 안에서 바른 성도의 정체성을 회복하면 그대로 하나되는 것입니다. 하나의 소망을 가지고 하나의 뜻을 이루며 살아가는 것입니다. 하나님의 역사입니다. 인간의 힘으로 하나되고자 하는 것은 바벨탑을 쌓는 것과 똑같습니다. 즉각적인 효과는 볼지 모르지만, 그것은 하나님의 뜻이 아닙니다. 하나님의 방법일 수도 없습니다. 오직 그리스도 예수 안에서 맺어진, 주님께서 직접 맺어주신 인간관계, 그 성도의 관계, 성도의 교제만이 참이며 계속될 것입니다. 하나님께서 하신 일이기 때문입니다. 그래서 성도의 교제를 귀히 여겨야 합니다.

메어리 엘시가 쓴 『황금의 열쇠』라는 책이 있습니다. 이 책에 나오는 이야기 하나를 소개하겠습니다. 어느 작은 마을에 한 여인이 있었습니다. 그런데 특별한 이유도 없이 비난을 받고 있습니다. 주변에서 자꾸 이 여인에 관한 루머를 만드는 것입니다. 그녀가 나타나면 다들 슬금슬금 피해갑니다. 결국 교회에서까지 그 여인을 제명합니다. 억울하기 그지없지만, 어쩔 수 없는 일이었습니다. 결국 그 여인의 마음에 증오심이 생겼습니다. 다들 상종하기 싫은 것입니다. 미움이 생겼습니다. 분명 이 여인에게는 잘못이 없습니다. 그러나 그 주변은 물론이고 교회에서조차 따돌림을 받게 된 것입니다. 여인은 혼자 조용히 지내면서 생각합니다. '언젠가는 그들이 내게 와서 사과할 것이다. 나는 잘못한 것이 없으니까. 하나님께서 살아 계신다. 언젠가는 그들이 나를 친절히 맞아줄 것이다. 그들 스스로 내게 용서를 빌 것이다.' 시간이 흐릅니다. 그러나 7년이 되었는데도 아무도 찾아오지 않습니다. 고독은 점점 더 심해집니다. 이제 그녀는 생각을 달리 하기로 결심합니다. 가만히 보니 자기 손해입니다. 그래 적극적으로 본인이 다가서기로 합니다. 한 사람 한 사람 이름을 적어놓고 매일 기도합니다. "제게 저들을 사랑하는 마음을 주시옵소서." 그러던 어느 날 여인이 교회에 갔습니다. 그런데 다들 아주 반갑게 여인을 맞아주는 것이 아닙니까? 게다가 자기들이 잘못했다고 용서를 빌기까지 합니다.

예수 그리스도 안에서 새로운 인간관계, 하나님께서 원하시는 인간관계는 오직 화해와 용서와 사랑뿐입니다. 십자가의 은혜로 되는 것입니다. 어떤 이데올로기도 어떤 인간적인 경륜도 하나되게 할 수 없습니다. 허물과 절망뿐입니다. 그리스도인은 이 성도의 교제를 귀히 여겨야 합니다. 이 안에 놀라운 하나님의 은총이 있습니다. 하나님의 지혜를 체득하고 감사하는 은혜의 길이 있습니다. 그런데 오늘날 현대세계는 인간관계를 깨뜨립니다. 교인들조차도 친교가 얼마나 귀중한 것인지를 잊고 있습니다. 오늘 본문에 '성도'라는 말씀이 나옵니다. 영어로는 Every Saint입니다. 성도라고 하면 괜찮은데 Saint하면 이상하지요? 성자, 성인이라는 말입니다. 성인, 성자라고 하면 우리는 흔히 위대한 업적을 남긴 성자들을 떠올립니다. 더 종교적인 사람은 가톨릭에서 성인으로 떠받드는 교황이나 몇몇 성자들을 떠올릴 것입니다. 하지만 그 모두가 다 세상적인 것입니다. 하나님 앞에서는 성자가 없습니다. 오직 그리스도인일 뿐입니다. Saint, 성도라는 말 자체가 성자 혹은 거룩한 자라는 뜻입니다. 예수 그리스도 안에 있는 성도, 그가 성자입니다. 하나님께서 인정하십니다. 거룩한 자, 이것을 믿음으로 받아들여야 합니다.

물론 내가 볼 때 나는 성자가 아닙니다.

그러나 성경은 말씀합니다. "그리스도 예수 안에 있는 성도"-Saint in Jesus Christ. 성자 혹은 성인이라 하면 누구를 가리키는 것입니까? 바로 그리스도인입니다. 왜냐하면 하나님께서 하나님의 은혜를 입혀주셨기 때문에 성자입니다. 성서적으로 성자라는 말은 먼저 하나님의 긍휼을 입은 자입니다. 하나님께서 불쌍히 여겨주셨습니다. 죄인이지만 하나님께서 불쌍히 여겨주셨습니다. 그리고 하나님께서 택하셨습니다. 인간이 택하여 성자가 되고 그리스도인이 되는 것이 아닙니다. 하나님께서 택하셔서 성자가 되는 것입니다. 게다가 구별하셨습니다. 똑같이 세상 사람으로 살았는데 어느 날 갑자기 하나님의 은혜로, 하나님의 의로 구별하셨습니다. 성도와 세상 사람으로 완전히 구별하셨습니다. 이 자체가 하나님의 놀라운 역사요, 놀라운 세계관입니다. 그래서 성도는 하나님의 통치를 찬양합니다. 하나님의 나라를 믿습니다. 이 세상에 살지만 이것은 잠시 지나가는 것일 뿐입니다. 영원한 것은 하나님의 나라뿐입니다. 그것을 믿습니다.

성도는 종말론적 소망을 품고 있는 자입니다. 하나님 앞에서 그 은혜의 보좌 앞에 나아가는 그때를 믿고 바라보면서 오늘을 사는 것입니다. 구원의 감격이 있고, 참된 소망이 있고, 믿음이 있고, 믿음의 인내가 있습니다. 전적으로 하나님께서 주시는 은혜입니다. 하나님께서 주시는 능력입니다. 소망이 없으면 우리는 인내할 수 없습니다. 더욱이 성령께서 함께하십니다. 말씀이 기억나게 하시고 사건 중에 하나님의 말씀을 깨닫게 하십니다. 특별히 구별된 사람들입니다. 성자요, 성도요, 그리스도인입니다. 우리 자신의 정체성이 이와 같음을 알아야 합니다. 오직 믿음으로 되는 것입니다. 하나님의 역사, 하나님을 믿습니다. 하나님께서 이렇게 하신 것을 믿습니다. 그 자체로 성도가 됩니다.

출애굽기를 보면 하나님께서 어느 날 갑자기 이스라엘 백성을 애굽 땅,

애굽 문명 안에서 출애굽시켜 놓으십니다. 그리고 이들은 내 백성이라고 하십니다. 이것으로 끝입니다. 하나님께서 그들을 성도, 성자로 인정하셨습니다. 구별되게 하셨습니다. 이제 문제는 믿음으로 사느냐, 불신앙으로 사느냐입니다. 다 예수 그리스도를 믿는 사람들이지만 그 안에서 믿음으로 하나님의 은혜를 기억하며 사는 사람은 감사, 찬양하고 약속의 땅에 들어갈 것입니다. 그러나 원망하는 불신앙의 사람은 거기서 죽어버립니다. 스스로 하나님 나라를 포기한 결과입니다. 종말론적 구원은 하나님 앞에서 이루어지지만 분명 예수 그리스도를 믿는 자는 오늘 성자입니다. 이것이 하나님께서 그리스도인에게 주신 정체성입니다. 그 믿음에 달렸습니다.

믿는 사람은 하나님의 뜻이기 때문에 성도의 교제를 귀히 여깁니다. 그 안에 참된 지혜와 능력이 있음을 압니다. 슬플 때나 기쁠 때나 같이 동참하면서 놀라운 은총적 삶을 회복합니다. 이것만이 참된 길이요, 진정한 인간관이라는 것을 경험합니다. 그리고 증거합니다. 권하는 것입니다. 혼자서 구원받는 사람은 없습니다. 성전 중심의 삶만이 참된 주의 길이요, 형통의 길입니다. 왜? 성도의 교제를 귀히 여기는 사람이기 때문입니다. 그래서 "그리스도 예수 안에…." 이것이 중요한 것입니다. 예수 그리스도 안에 있는 성도, 그런 믿음으로 하나님께 의롭다 칭함을 받습니다. 그래서 그들은 생각합니다. 아니, 우리도 생각합니다.

우리 삶의 주인은 예수님이십니다. 우리 삶의 주인은 하나님이십니다. 이것을 깊이 생각해야 합니다. 아주 단순한 하나님의 말씀인 것 같지만 여기에 모든 인간의 문제가 달렸습니다. 그리스도인이 유혹받고 좌절하고 쓰러지는 것은 깊은 내적 차원에서 보면 물질의 문제도 아니요, 명예의 문제도 아니요, 지식의 문제도 아닙니다. 사상의 문제도 아닙니다. 내 삶의 주인이 나라고 생각하게 된 것이 문제입니다. 예수님, 하나님을 주인으로 생각하면서도 자기 뜻대로 삽니다. 스스로 좌절과 멸망의 길로 가는 것입니다. 오직 현실만을 봅니다. 이스라엘 백성이 그렇습니다. 10가지 재앙과 홍해가 갈라지는 것을 눈으로 직접 보면서 찬송을 하고도 며칠도 안 되어 다시 스스로가 자기 삶의 주인이 됩니다. 하나님을 잊어버립니다. 환경에 매입니다. 물이 없다, 먹을 것이 없다고 원망하다가 광야에서 죽습니다.

삶의 주인이 하나님이심을 고백하는 자는 하나님만을 믿습니다. 과거처럼 세상의 죄인, 죽어가는 진노의 자녀를 하나님의 의의 자녀로 불러주셨습니다. 그 구원의 감격과 은혜를 동일하게 오늘도 베풀어주실 것을 믿습니다. 그 은혜로 살아가는 것입니다. 하나님의 지혜와 하나님의 풍요로움으로 살아갑니다. 이러한 사람이 진정한 성도입니다. 오늘 본문에 문안이라는 말씀이 나옵니다. 성도의 교제입니다. 서로 문안하라는 것입니다. 예수 그리스도 안에 있는 성도의 교제는 하나님의 뜻입니다. 그것으로 하나님께 영광을 돌리는 것입니다. 나는 진정 성도의 교제를 얼마나 귀히 여기는가 깊이 생각해봐야 할 것입니다.

사도 바울은 오늘 본문에서 "성도에게 각각 문안하라." 말씀합니다. "가이사의 집 사람들 중 몇이니라." 하고 특별히 강조합니다. 성도의 교제, 성도의 문안이 있습니다. 영문으로는 especially those of the Imperial's household입니다. 가이사란 황제라는 말입니다. 황제의 다른 칭호입니다. 황제의 가족들 중 몇 사람입니다. 대신 인사를 전하는 것입니다. 참 엄청난 놀라운 말씀입니다. 신학적으로, 성경적으로 지금 정확하게 이 황제의 측근들이 누구인지는 모릅니다. 어떻게 그들에게 복음을 증거했는지에 대한 기록은 없습니다. 황궁에 있는 로마 황제의 시위대일 수도 있고 고급관료일 수도 있습니다. 정확한 기록은 없지만 중요한 것은 그 가이사 집 사람들, 황제의 측근들, 그 부하들 중에 하나님을 믿는 사람이 있다는 것입니다.

여기서 우리에게 주신 말씀이 이것입니다. 그리스도인, 예수 그리스도 안에 있는 하나님의 자녀, 성도는 누구나 될 수 있고 어디서나 됩니다. 분명 누군가 복음을 전했습니다. 누군지는 모릅니다. 그것이 하나님의 역사입니다. 은밀한 중에 하나님께서 하나님의 사람을 택하십니다. 그 오묘한 세계를 믿고 성도의 관계를 귀히 여겨야 합니다. 우리가 어디를 가 누구를 만나든지 그가 예수 믿는 사람이다, 교회 다닌다 하면 얼마나 반갑습니까? 아주 반가워해야 됩니다. 그런데 누가 예수 믿는다고 할 때 안 믿는 척하고 그러면 안 됩니다. 분명히 해야 합니다. 얘기해야 됩니다. 내가 예수를 믿습니다. 단 한 번 만났어도 자주 만난 사람처럼 반가움이 있어야 됩니다. 안 보면 좋겠다 뭐 이런 생각이 난다면 이것은 잘못된 것입니다.

하나님께서 역사하신 결과로 결국 300년 후 로마가 열립니다. 313년, 로마가 기독교를 국교로 인정합니다. 얼마나 놀라운 역사입니까? 하나님께서 성도를 그렇게 세우신 것입니다. 하나님께서는 성도들의 연합, 교제를 통하여 위대한 하나님의 나라를 이루시기 때문입니다. 그래서 성도들의 교제가 중요한 것입니다. 특별히 오늘 본문에서 가이사 집 사람들 몇이라는 말씀에는 큰 메시지가 있습니다. 당시는 황제가 신입니다. 충성을 서약합니다. 그러니까 오늘날로 치면 가이사 집의 몇 사람은 곧 공무원을 이릅니다. 고급 관리들입니다. 그들은 황제에게 충성을 맹세합니다. 만일 다른 사람에게 충성을 맹세하면 죽음입니다. 「쿼바디스」라는 영화에 나오는, 기독교인들을 핍박하여 사자굴에 집어던지는 사람입니다. 로마 장군입니다. 그들이 예수님을 만나 은혜를 받습니다. 황제는 가짜다, 예수님께서 신이시요, 하나님의 아들이심을 고백합니다. 그리고 경기장에서 사자들과 마주한 극적인 마지막 장면에서 구출되지 않습니까? 지금처럼 관리로 지내면서 편하게 예수 믿는 것이 아닙니다. 당시는 예수 믿는다, 예수님께 충성한다고 하면 그것이 곧 죽음이었습니다. 그럼에도 불구하고 황제, 그 고급 관리들이 목숨을 내놓고 순교자적 신앙으로 주님을 영접했다는 것입니다. 얼마나 귀한 일입니까? 그래서 그들의 귀한 교제, 성도와의 귀한 교제를 알고 문안 인사를 드립니다.

세상 어느 곳에 있든 그리스도인은 다 주 안에서 하나입니다. 진정한 성도는 다 하나입니다. 예수님 안에서 하나될 수 있는 것입니다. 이것이 하늘 나라의 놀라운 역사입니다. 그럼 어떻게 그리스도께 그처럼 생명을 바치며 충성할 수 있는 것입니까? 무슨 지식, 무슨 의지로 놀라운 결단을 할 수 있는 것입니까? 인간의 능력으로는 안 되는 것입니다. 오직 하나님의 능력으로 되는 것입니다. 성령의 역사가 아니고는 어느 누가 이런 결정을 내릴 수 있겠습니까. 오직 은혜로 된 관계뿐입니다. 그가 성도입니다. 그들의 교제는 하나님의 뜻입니다.

마틴 루터의 유명한 일화가 있습니다. 그가 종교개혁을 하며 95개조의 반박문을 성당 벽보에 붙였습니다. 자기 교회 안에서 오직 믿음으로 신앙생활을 하자는 주장이 크게 확산된 것입니다. 교황청에서 그를 죽이고자 합니다. 그도 인간인지라 두려웠습니다. 절망 속에 빠져 있었습니다. 그래 한숨을 푹푹 쉬고 있으니 마틴 루터의 부인이 상복을 입고 나타났다는 것 아닙니까. 마틴 루터가 "아니, 누가 죽었소?" 하고 물으니 부인이 대답합니다. "하나님께서 죽지 않으셨는데 어찌 당신이 한숨을 쉬고 있어요? 하나님께서 살아 계신데 당신이 절망하고 있다니…." 오직 은혜, 오직 하나님의 능력입니다. 하나님께서 살아 계심을 믿는 하나님의 사람은 생명을 걸고 오직 예수 그리스도만을 생각합니다. 그 길 이외에 다른 길은 보지 않습니다. 특별히 핍박이 있으면 있을수록 더욱더 예수 그리스도만 바라봅니다. 오직 은혜로만 되는 것입니다. 성도의 교제는 내 의지로 안 됩니다. 내 노력으로 안 됩니다. 진정한 성도의 교제는 하나님의 은혜로만 됩니다. 내가 그 안에 있으면 전적으로 하나님께서 주신 은혜요, 하나님께서 주신 기쁨입니다. 바로 그것으로 되는 것입니다. 이것이 그 안에서 하나됨, 그 하나님의 놀라운 역사를 경험하는 자의 삶입니다.

마지막 절의 말씀은 이렇습니다. "주 예수 그리스도의 은혜가 너희 심령에 있을지어다(23절)." 이 한 마디가 성경 전체의 주제였습니다. 빌립보서를 통하여 강조하고 싶은, 반복하여 강조하고 싶은 주제입니다. 갈라디아서에도 똑같은 말씀이 나옵니다. "주 예수 그리스도의 은혜가 너희 심령에 있을지어다." 예수님의 은혜가 없이는 아무것도 아닙니다. 성도도 될 수 없을 뿐더러 성도의 교제도 할 수 없습니다. 예수님께 충성할 수도 없습니다. 새로운 삶을 인정할 수도 없습니다. 더욱이 성도의 교제라는 것은 생각도 못합니다. 오직 예수님의 은혜로만 되는 관계입니다. 예수님을 주인으로, 예수님을 한 주인으로 모두가 고백하고 받아들이는 것입니다. 그래서 믿음의 눈을 뜨게 됩니다. 은혜의 세계를 바라봅니다. 무엇이 가장 중요한 것인지를 알게 됩니다. 사도 바울은 그것을 가르쳐줍니다. 성도의 교제입니다. 서로 문안하라. 이것이 참된 하나님 나라의 삶이라는 것입니다. 그런데 은혜의 눈을 뜨지 못했습니다. 예수님을 주인으로 모시지 못했습니다. 그들은 성도의 교제를, 그 가치를 알지 못합니다. 오직 현실에만 얽매여 하나님의 말씀, 하나님의 뜻이 어디에 있는지를 분별치 못합니다.

오늘 우리가 말씀을 선포합니다. "주 예수 그리스도의 은혜가 너희 심령에 있을지어다." 이것이 강복선언입니다. 축도입니다. 이것이 있기를 바랍니다. 있기를 축원합니다. 진정한 복의 선언이 아닙니다. 성경대로 자기가 비는 것이 아닙니다. 성경말씀대로 하나님의 은혜 가운데 선포하는 것입니다. 전하는 자나 듣는 자나 아멘으로 그 복을 누리는 것입니다. 믿음으로 누리는 것입니다. 간절히 빌어서 있는 것이 아닙니다. 하나님께서 성도의 교제, 성도의 공동체의 찬양을 받으시고 예배를 받으시고 말씀대로 선포하시는 것입니다. 이것이 진정한 하나님의 복을 주시는 하나님의 말씀입니다. 그야말로 복음입니다. "주 예수 그리스도의 은혜가 너희 심령에 있을지어다." 특별히 이 말씀을 영어원문으로 보면 Grace be with your soul입니다. 직역하면 '너희 영에 있을지어다'입니다. 참 놀라운 선언입니다. 너의 영에 하나님의 은혜가, 예수 그리스도의 은혜가 있을지어다. 예수님의 은혜를 땅 사는 데, 사업하는 데 받을 생각하지 마십시오. 우리의 영에 하나님의 은혜가 있어야 됩니다. 우리의 관심은 여기에만 있어야 합니다. 그러면 모든 것을 아시는 하나님께서 주실 것입니다. 조목조목 세상일을 놓고 여기에 하나님의 은혜, 저기에 하나님의 은혜, 하고 백 날 외쳐봐야 입만 아픕니다. 그래서 울부짖고 기도하는 것입니다. 초점을 바로하십시오.

말씀 그대로 복 주시는 이는 하나님이십니다. 말씀 그대로입니다. 하나님의 말씀에 초점을 맞추십시오. 영의 문제입니다. 믿음도 영의 문제요, 은혜도 영의 문제입니다. 영의 중생이 구원입니다. 인간에게는 육체가 있고 정신세계가 있습니다. 그 안에 이성과 감성이 있습니다. 영적인 차원이 있습니다. 성도는 영이 중생한 자입니다. 그 영이 하나님과 호흡하고 하나님을 바라보고 하나님의 은혜의 말씀을 전적으로 수용하게 합니다. 그 영이 이성을 지배하고 감성을 지배합니다. 그 결과 삶이 변화되는 것입니다. 하나님의 관심은 영에 있습니다. 우리의 관심은 어디에 있습니까? 우리의 영에 있어야 됩니다.

그래서 성경의 가장 복 받은 하나님의 사람 다윗의 고백이 있지 않습니까. "여호와여 정직한 영을 창조해주소서." 내가 갖고 있는 영으로는 안 됩니다. 오직 하나님께서 새롭게 창조해주셔야 됩니다. 예수 그리스도 안에 있는 성도입니다. 예수 그리스도를 바르게 보면 그 영이 회복됩니다. 영이 예수 그리스도와 교제합니다. 그의 말씀을 듣고 전적으로 그의 지혜를 얻습니다. 그리고 그 삶이 변합니다. 영의 문제입니다. 예수님께서 사역하실 때 열 사람의 문둥병 환자가 한 촌에서 예수님께로 옵니다. 그들은 말합니다. "다윗의 자손이여 나를 구원하소서." 예수님께서는 그들을 불쌍히 여기십니다. 아무 말씀 없이 제사장에게 가서 네 몸을 보이라고 하십니다. 가는 중에 그들 모두가 다 나았습니다. 그러나 딱 한 사람만이 예수님께로 돌아옵니다. 사마리아인입니다. 이방인입니다. 그때 예수님께서 말씀하십니다. "네 믿음이 너를 구원하였다." 그의 영이 구원받았다는 것입니다. 딴 사람들이 구원받았다고 치유받았다고 예수님을 만났다고 하는 것은 다 가짜입니다. 어차피 다 죽을 것입니다. 구원받지 못했습니다. 오직 영이 소생함을 입은, 하나님의 은혜에 참 감격하고 감사하는 그 사람만이 구원받은 것입니다. 그 영이 중생한 것입니다. 은혜를 은혜되게 하는 것입니다. 그래서 주를 따릅니다. "네 믿음이 너를 구원하였느니라." 결국 영의 문제입니다. 우리는 정신적인 문제, 감정의 문제, 환경의 문제를 자꾸 생각하지만, 하나님의 뜻과 우리의 뜻은 너무도 다릅니다. 하나님의 뜻에 초점을 맞추어야 됩니다.

20세기 미국에서 가장 존경받고 많은 영향을 끼친 에이든 토저 목사님이 "영적인 사람의 7가지 습관"을 말했습니다. 너무도 귀한 성경적인 지혜입니다. 첫째, 영적인 사람은 행복해지는 것보다 거룩해지는 것을 원한다는 것입니다. 편하게 사는 것이 행복하다는 것은 세상적인 관점입니다. 그러나 영적인 사람은 행복해지는 것보다 거룩해지는 것에 초점을 맞춥니다. 그리고 행복합니다. 거룩한 행복을 추구합니다. 그것이 하나님의 사람입니다. 둘째, 영적인 사람은 주기도문을 고백할 때 "이름이 거룩히 여김을 받으시오며"에다가 "내게 어떤 희생이 뒤따르더라도"라는 조건을 덧붙인다는 것입니다. 오직 하나님의 영광만으로 충분합니다. 고통을 받아도 이대로 죽습니다. 하나님의 영광을 위하여 나는 행복하다, 오직 하나님의 이름이 높임을 받는 것으로 충분하다는 그것을 목적으로 산다는 것입니다. 셋째, 영적인 사람은 하나님의 관점에서 사물을 보는 습관이 있다는 것입니다. 세상적 관점은 외향 주도적 입니다. 깊은 내적 세계를 감지할 만한 영적 미묘함이 없습니다. 통변(通辯)적으로 봐야 됩니다. 하나님 편에서 죄가 무엇인지, 하나님 편에서 잘못된 것이 무엇인지, 기뻐하실 일이 무엇인지, 전적으로 하나님 편에서 보는 세계관을 가져야 됩니다. 그 사람이 영적인 사람입니다. 넷째, 영적인 사람은 사촌이 땅을 사도 배가 안 아프다는 것입니다. 자기는 낮아져도 주변사람들이 높임을 받으면 그것으로 기쁜 것입니다. 그 사람이 영적인 사람입니다. 다섯째, 영적인 사람은 죽음에 관하여 두려움이 없다는 것입니다. 단 하루라도 의미있는 삶을 살기 위해 최선을 다합니다. 그가 영적인 사람입니다. 여섯째, 영적인 사람은 장기적인 안목을 가지고 있다는 것입니다. 그래서 순간적인 현재 상황을 초월합니다. 초연한 마음자세로 사건을 재해석합니다. 그리고 하나님의 평안으로 살아갑니다. 멀리 영원한 소망을 가지고 살아갑니다. 일곱째, 영적인 사람은 기꺼이 고통을 감수한다는 것입니다. 우리는 하나님의 일에 봉사하면서도 거기에 너무 이유가 많습니다. 그래가지고야 십자가의 고난까지 갈 수 있겠습니까? 교회봉사, 한번 시작하면 끝까지 해야 합니다. 1년 하고 그만두고, 2년 하고 그만두고, 6개월 하고 그만두는 식이어서는 곤란합니다. 뭐가 어떻고 저떻고…. 차라리 다른 사람더러 하라고 하는 게 낫습니다. 아니, 필요한 일은 누군가 해야 하는데 내가 하면 다른 사람들이 편한 것입니다. 내가 안하면 다른 사람들이 불편한 것입니다. 그 일이 하나님의 일이라는 것을 기억하십시오. 하나님의 일은 즐거워서 하는 것입니다. 은혜받은 자는 그 일 자체를 특권으로 여깁니다. 중요한 것은 몸이 불편해서도 아니고 시간이 없어서도 아닙니다. 은혜가 없어서 그렇습니다. 하나님의 크고 귀한 은혜에 보답하고자 하는 마음이 없습니다. 깊이 생각해야 합니다. 이제 그는 결론을 말합니다. "인간의 힘만으로 이 7가지 습관을 가질 수 없으며 먼저 성령의 도우심을 받아야만 영적인 사람으로 살아갈 수 있다." 성령의 역사하심, 오직 예수 그리스도의 은혜로만 되는 것입니다.

그래서 오늘 성경은 증거합니다. "주 예수 그리스도의 은혜가 너희 심령에 있을지어다." 얼마나 귀한 말씀입니까? 얼마나 귀한 지식입니까? 이 한 말씀 분명히 믿고 이 말씀 안에서 하나님의 은혜를 구하는 자에게 오늘도 새로운 영적 회복이 있습니다. 새로운 영을 충만하게 불어 넣어주실 것입니다. 오직 그리스도의 은혜로 하나님의 자녀가 됩니다. 그리고 성도의 교제를 이루어갑니다. 오직 그리스도의 은혜로 하나님의 길, 구원의 길, 형통의 길에 이르게 됩니다. 그리고 승리하게 됩니다. 그 마음에 두려움이 없습니다. 원망도 없습니다. 감사와 감격 뿐입니다. 하나님께서 함께 하시고 오늘도 그리스도의 은혜가 나와 함께 하신 것을 믿습니다. 권세있는 자의 삶을 회복할 것입니다. 그 삶을 통하여 주께서 영광 받으십니다. 다시 한 번 깊이 생각하기 바랍니다. "주 예수 그리스도의 은혜가 너희 심령에 있을지어다."